세상의
참신한 이야기

世說新語

2

宋 劉義慶 撰
梁 劉孝標 注
金長煥 譯注

| 세상의 참신한 이야기 |
| 세설신어 |
| 2 |

초판1쇄 인쇄일 2008년 12월 20일
초판1쇄 발행일 2008년 12월 28일

송 유의경 찬
양 유효표 주
김장환 역주

만든이 : 임성렬
만든곳 : 도서출판 신서원

ISBN 978-89-7940-076-2 94820
　　　978-89-7940-074-8(전3권)

서울특별시 종로구 교남동 47-2(협신209호)
등록 제300-1994-183호(1994.11.9)
Tel : (02)739-0222 · 0223
E-메일 : sinseowon@naver.com
신서원 blog : http://blog.naver.com/sinseowon

세상의 참신한 이야기

세설신어

2

송 유의경 찬
양 유효표 주
김장환 역주

도서출판 신서원

세상의 참신한 이야기, 세설신어 2

목 차

제 8편 상예賞譽 ……………………………………… 9
제 9편 품조品藻 ……………………………………… 147
제10편 규잠規箴 ……………………………………… 231
제11편 첩오捷悟 ……………………………………… 277
제12편 숙혜夙惠 ……………………………………… 289
제13편 호상豪爽 ……………………………………… 299
제14편 용지容止 ……………………………………… 317
제15편 자신自新 ……………………………………… 347
제16편 기선企羨 ……………………………………… 355
제17편 상서傷逝 ……………………………………… 363
제18편 서일棲逸 ……………………………………… 385
제19편 현원賢媛 ……………………………………… 409
제20편 술해術解 ……………………………………… 461
제21편 교예巧藝 ……………………………………… 477
제22편 총례寵禮 ……………………………………… 493
제23편 임탄任誕 ……………………………………… 501
제24편 간오簡傲 ……………………………………… 565
제25편 배조排調 ……………………………………… 589

『세상의 참신한 이야기, 세설신어』1 목차

『세상의 참신한 이야기, 세설신어』를 옮기면서

제1편 덕행德行 제2편 언어言語
제3편 정사政事 제4편 문학文學
제5편 방정方正 제6편 아량雅量
제7편 식감識鑒

『세상의 참신한 이야기, 세설신어』3 목차

제26편 경저輕詆 제27편 가휼假譎
제28편 출면黜免 제29편 검색儉嗇
제30편 태치汰侈 제31편 분견忿狷
제32편 참험讒險 제33편 우회尤悔
제34편 비루紕漏 제35편 혹닉惑溺
제36편 구극仇隙

부록 1 世說新語 佚文
부록 2 劉義慶傳 / 劉孝標傳 / 歷代 序跋文 / 歷代 著錄 /
劉注 引用書目 / 人名譜
부록 3 표 -「世說新語關係年表」·「三國晉宋世系表」·「漢晉官制簡表」
찾아보기 -「人名」·「官名」·「地名」·「評語」·「成語」·「劉注 引用書名」
研究資料目錄
해 제

세상의 참신한 이야기
세설신어
2

제8편

상예
賞譽

Appreciation and Praise

본편은 『세상의 참신한 이야기, 세설신어』의 8번째 편으로 총 156조가 실려 있다.

　'상예'는 인물의 훌륭한 품격과 재능 등을 칭찬하고 기리는 것을 말한다. 앞의 「식감識鑒」편을 통해서 한말漢末·위진魏晉의 인물식감의 다양한 목적과 방법을 살펴볼 수 있다면, 「상예」편에서는 한말·위진의 인물식감의 다양한 표준을 살펴볼 수 있다.

　한말에서는 종종 '치국지기治國之器'의 여부를 가지고 인물을 평가했지만, 위진에서는 진솔하고 강직한 인품, 청담과욕淸淡寡慾한 처세태도, 준일하고 대범한 언행, 여러 가지 뛰어난 재능 등을 보다 중시했다.

　위진의 사인士人들은 인물의 추상적인 품격과 재능을 보다 구체적으로 나타내기 위하여 청담淸談을 나누는 중에 자연의 아름다움을 인품의 훌륭함에 대비시키는 방법을 널리 사용했는데, 이러한 특징이 「상예」편에 잘 드러나 있다. 예를 들어 왕공王恭이 '맑은 이슬 흐르는 새벽에 새 오동잎이 갓 돋아나는' 아름다운 경치를 보면서 산뜻하고 말쑥한 왕침王忱을 떠올린 경우는 자연의 아름다움과 인물의 훌륭한 재정才情을 교묘하게 조화시킨 것으로, 고도의 예술적인 심미감審美感을 느끼게 한다.

• 8:001 [0422]

진중거陳仲擧[陳蕃]가 일찍이 감탄했다.

"주자거周子居[周乘]와 같은 사람은 진실로 나라를 다스릴 만한 그릇이로다!① 보검에 비유하면 세상의 진귀한 간장干將이다."②

①•『여남선현전汝南先賢傳』: 주승周乘은 자가 자거며, 여남汝南 안성安城사람이다. 천부적으로 총명했으며 높은 산악처럼 탁월하여 진중거와 황숙도黃叔度[黃憲]의 무리가 아니면 교제하지 않았다. 진중거가 일찍이 감탄했다.

"주자거라는 사람은 진실로 나라를 다스릴 만한 그릇이다!"

태산太山태수가 되어 매우 어진 정치를 펼쳤다.

②•『오월춘추吳越春秋』①: 오왕吳王 합려闔閭가 간장에게 검을 만들라고 요청했다. 간장은 오나라 사람이며, 그의 처는 막야莫邪라고 했다. 간장은 오산五山의 정수와 육금六金의 영기英氣를 캐서② 천지를 살피고 음양을 관찰했으며, 이에 따라 온갖 신들이 강림했지만 쇠의 정수가 녹아 흐르지 않았다. 그래서 부부가 머리카락과 손톱을 잘라 화로 속에 던졌더니 비로소 쇠가 녹아 마침내 두 자루의 검을 만들었다. 양검陽劍은 '간장'이라 이름하고 거북이 문양을 새겼으며, 음검陰劍은 '막야'라 이름하고 퍼져나가는 물결무늬를 새겼다. 간장이 양검을 숨겨놓고 음검을 가지고 가서 합려에게 바쳤더니, 합려는 그것을 매우 귀중한 보배로 여겼다.

[역주]
① 『吳越春秋』: 『吳越春秋』 권2 「闔閭內傳」에 나옴.
② 五山의 정수와 六金의 英氣을 캐서 : 원문은 "采五山之精, 六金之英". '五山'은 中岳 嵩山, 東岳 泰山, 西岳 華山, 南岳 衡山, 北岳 恒山의 五岳을 말함. 한편 『吳越春秋』에는 "採五山之鐵精, 六合之金英."이라 되어 있는데, 다음 문장에 "쇠의 정수[金鐵之精]"라는 구절이 나오는 것으로 보아 이것이 문맥상 보다 타당하다고 여겨짐. '六合'은 天地와 四方, 즉 세계 또는 우주를 뜻함.

[참고] 『太平廣記』169.

陳仲擧嘗歎曰; "若周子居者, 眞治國之器!① 譬諸寶劍, 則世之干將!"②

①•『汝南先賢傳』曰; 周乘, 字子居, 汝南安城人. 天姿聰朗, 高峙嶽立, 非陳仲擧・黃叔度之儔則不交也. 仲擧嘗歎曰; "周子居者, 眞治國之器也!" 爲太山太守, 甚有惠政.

②◦『吳越春秋』曰; 吳王闔閭請干將作劍. 干將者, 吳人, 其妻曰莫邪. 干將采五山之精, 六金之英, 候天地, 伺陰陽, 百神臨視, 而金鐵之精未流. 夫妻乃翦髮及爪, 而投之鑪中, 金鐵乃濡, 遂成二劍. 陽曰'干將', 而作龜文, 陰曰'莫邪', 而作漫理. 干將匿其陽, 出其陰, 以獻闔閭, 闔閭甚寶重之.

• 8 : 002 [0423]

세상 사람들이 이원례李元禮[李膺]를 품평했다.

"곧게 뻗은 소나무 아래에 이는 바람처럼 엄숙하다."①

①◦『이씨가전李氏家傳』: 이응李膺은 산처럼 높고 연못처럼 맑은 인품을 지녔으며, 그 의연한 풍모는 귀중하게 여겨졌다. 중국 사람들이 칭송했다.

"영천潁川의 이부군李府君[李膺]은 옥산玉山처럼 위대하고,② 여남汝南의 진중거陳仲擧[陳蕃]는 천리마처럼 헌걸차며,③ 남양南陽의 주공숙朱公叔[朱穆]은 소나무와 측백나무 아래를 걸어가는 것처럼 고상하다.④"

[역주]
① 곧게 뻗은 소나무 아래에 이는 바람처럼 엄숙하다 : 원문은 "謖謖如勁松下風". '謖謖'은 松風이 이는 소리나 그 모양, 또는 우뚝 솟아 있는 모양. 淸新하고 嚴肅한 기상을 뜻함. 한편『金樓子』권6「雜記下」에는 "冽冽如長松下風"이라 되어 있음.
② 위대하고 : 원문은 "顒顒(옹)". 머리가 큰 모양. 卓越하고 偉大한 기상을 뜻함.
③ 헌걸차며 : 원문은 "軒軒". 높고 큰 모양. 出衆하고 軒傑찬 기상을 뜻함.
④ 고상하다 : 원문은 "飂飂(료)". 바람이 높이 부는 모양. 峻逸하고 고상한 기상을 뜻함.

[참고]『事類賦』24,『太平御覽』953,『金樓子』6.

世目李元禮; "謖謖如勁松下風."①
①◦『李氏家傳』曰; 膺嶽峙淵淸, 峻貌貴重. 華夏稱曰; 潁川李府君, 顒顒如玉山. 汝南陳仲擧, 軒軒若千里馬. 南陽朱公叔, 飂飂如行松柏之下."

• 8 : 003 [0424]

사자미謝子微[謝甄]가 허자장許子將[許劭] 형제를 보고 말했다.

"평여平輿①의 연못에 용 두 마리가 있다."

또한 허자정許子政[許虔]이 20살 되었을 때 사자미가 보고 감탄했다.

"허자정과 같은 사람은 나라를 다스릴 기량을 지니고 있도다! 얼굴색을 바로 하고 충간하는 것은 진중거陳仲擧[陳蕃]에 견줄 만하고,② ①악한 자를 징벌하고 못난 자를 물리치는 것은 범맹박范孟博[范滂]의 풍격과 같다." ②

① □『여남선현전汝南先賢傳』: 사견謝甄은 자가 자미며 여남汝南 소릉邵陵③사람이다. 인물을 명확히 알아보는 것에 대해서는 곽임종郭林宗[郭泰]도 사견의 감식력에 미치지 못했다. 허자장 형제가 20살 되었을 때 사견이 보고 곧 말했다.

"평여의 연못에 용 두 마리가 있다."

벼슬은 예장종사豫章從事를 지냈다.

허건許虔은 자가 자정이며 평여사람이다. 그의 인품은 고결함을 숭상했으며 아정하고 활달했다. 사자미가 허건 형제를 보고 감탄했다.

"허자정과 같은 사람은 나라를 다스릴 만한 그릇이로다!"

허건의 동생 허소許劭가 아직 그 명성이 드러나지 않았을 때, 당시 사람들은 허소가 허건만 못하다고 생각했다. 그러나 허건은 항상 탄식하면서④ 허소를 칭찬했으며, 스스로 그만 못하다고 생각했다. 처음 벼슬길에 나아가⑤ 군郡의 공조功曹⑥가 되었는데, 간악한 자들을 모두 파직시킴으로써 온 군이 숙연해졌다. 35세에 죽었다.

□『해내선현전海內先賢傳』: 허소는 자가 자장이며 허건의 동생이다. 인품은 산처럼 높고 연못처럼 고요했으며 행동은 규범에 들어맞았다. 소릉邵陵의 사자미는 뛰어난 재능과 심원한 감식력을 지니고 있었는데, 허소가 10살⑦되었을 때 사자미가 그를 보고 감탄했다.

"이 사람은 세상에 보기 드문 위대한 인물이로다!"

처음에 허소는 번자소樊子昭를 시장의 상점에서 뽑았고, 우승현虞承賢을 여관에서 불러냈으며, 이숙재李叔才를 무명의 상태에서 초징하고, 곽자유郭子瑜를 말단관리에서 발탁했다.⑧ 광릉廣陵의 서맹본徐孟本[徐璆]⑨이 여남 태수로 부임했을 때 허소의 높은 명성을 듣고 그를 공조로 초징했다. 당시 원소袁紹는 재상집안 출신으로 복양장濮陽長⑩이 되었는데, 관직을 그만두고 고향 여남으로 돌아갈 때⑪ 수레와 기병을 거느리고 여남군의 경계로 들어가려다가 탄식했다.

"허자장은 청정한 풍격을 지닌 인물인데 어찌 내가 성대한 수레와 의복으로 그를 만날 수 있겠는가!"

그러고는 마침내 혼자 말을 타고 돌아갔다. 허소는 공부연公府掾⑫에 초징되었는데 정중한 초청에도 불구하고 모두 나아가지 않았다. 강남으로 피난 갔다가 예장豫章에서 죽었다.

②∘ 장번張璠의 『한기漢紀』: 범방范滂은 자가 맹박이며 여남 이양伊陽⑬ 사람이다. 공조로 있다가 공부연에 초징되었다. 수레에 올라 말고삐를 잡고 관직에 나아가 천하를 맑게 하려는 뜻을 갖고 있었는데,⑭ 온 성城에서 범방의 높은 명성을 듣고 부정한 관리들이 모두 인장끈을 풀어놓고⑮ 도망갔다. 당고黨錮의 사건⑯에 연루되어 주살당했다.

[역주]··························

① 平輿 : 汝南郡의 縣名으로 許虔과 許劭 형제가 살았던 곳임. 『後漢書』 권68 「許劭傳」의 李賢 注에서 "平輿故城在今豫州汝陽縣東北, 有二龍鄕, 月旦里."라고 함.
② 陳仲擧[陳蕃]에 견줄 만하고 : 陳蕃은 청렴한 관료의 대표적인 인물로서, 과감하게 宦官 세력에 대항하다가 도리어 주살당했음. 「德行」1 劉注① 참조.
③ 邵陵 : 『後漢書』 권68 「郭太秦傳」에 附載된 「謝甄傳」에는 "召陵"이라 되어 있음.
④ 탄식하면서 : 원문은 "撫髀". 넓적다리를 쓸면서 스스로 탄식하는 것을 말함.
⑤ 처음 벼슬길에 나아가 : 원문은 "釋褐". '釋褐'은 '解褐'과 같은 뜻임. 신분이 천한 자가 입는 거친 갈포 옷을 벗고 관복을 입는다는 뜻으로, 처음 관직에 나아가는 것을 말함.
⑥ 功曹 : 人事와 考課를 관장하는 郡의 屬官을 말함.
⑦ 10살 : 『三國志』 권23 「魏書·和洽傳」의 裴注에 인용된 『汝南先賢傳』에는 '18살'이라 되어 있음.
⑧ 樊子昭를~발탁했다 : 원문은 "拔樊子昭於市肆, 出虞承賢於客舍, 召李叔才於無聞, 擢郭子瑜於小吏." 『三國志』 권23 「魏書·和洽傳」의 裴注에 인용된 『汝南先賢傳』에는 "發明樊子昭於鬻幘之肆, 出虞永賢於牧豎, 召李淑才於鄕閭之間, 郭子瑜鞍馬之吏, 援楊考祖, 舉和陽士. 茲六賢者, 皆當世之令懿也."라 되어 있어서, 그 人名과 내용이 劉注에 인용된 『海內先賢傳』과 다소 다름.
⑨ 徐孟本[徐璆] : 『後漢書』 권48 「徐璆傳」에는 字가 "孟玉"이라 되어 있고, 『三國志』

권1 「魏書・武帝紀」의 裴注에 인용된 『先賢行狀』에는 字가 "孟平"이라 되어 있음.
⑩ 濮陽長 : 『後漢書』 권68 「許劭傳」에는 "濮陽令"이라 되어 있음.
⑪ 관직을 그만두고 고향 여남으로 돌아갈 때 : 『後漢書』 권74 「袁紹傳」에 따르면, 당시 袁紹는 모친상을 당하여 관직을 그만두고 귀향했다고 함.
⑫ 公府掾 : 三公[太尉・司徒・司空]의 幕府에 있던 屬官을 말함.
⑬ 伊陽 : 『後漢書』 권67 「范滂傳」에는 "征羌"이라 되어 있으며, 李賢 注에 인용된 『謝承書』에는 "細陽"이라 되어 있음. 『後漢書』 「郡國志」에 따르면, 汝南郡에는 細陽縣과 征羌縣은 있지만 伊陽縣은 없으므로 '伊陽'은 '細陽'의 誤記로 보임.
⑭ 수레에~있었는데 : 원문은 "升車攬轡, 有澄淸天下之志". 「德行」1에는 陳仲擧[陳蕃]에 대한 말로 되어 있음. 『後漢書』 권67 「范滂傳」에 따르면, 당시 范滂은 冀州에 기근이 들어 도적이 들끓었을 때 淸詔使에 임명되어 여러 지방의 시찰에 나섰다고 함.
⑮ 인장끈을 풀어놓고 : 원문은 "解印綬". '印綬'는 任官과 동시에 받는 印章을 매단 끈을 말하는데, 그것을 풀어놓는다는 것은 辭任하는 것을 뜻함.
⑯ 黨錮의 사건 : 後漢 靈帝 建寧 2년(169)에 일어난 제2차 '黨錮의 禍'를 말함. 외척 竇武가 陳蕃과 결탁하여 환관세력을 제거하려다가 사전에 일이 탄로되는 바람에 도리어 曹節을 중심으로 한 환관세력에게 100여 명이 살해당했는데, 그때 范滂도 虞放・李膺・李密 등과 함께 투옥되었다가 죽었음.

謝子微見許子將兄弟, 曰; "平輿之淵, 有二龍焉." 見許子政弱冠之時, 歎曰; "若許子政者, 有榦國之器! 正色忠謇, 則陳仲擧之匹,①伐惡退不肖, 范孟博之風."②
①・『汝南先賢傳』曰; 謝甄, 字子微, 汝南邵陵人. 明識人倫, 雖郭林宗不及甄之鑒也. 見許子將兄弟弱冠時, 則曰; "平輿之淵有二龍." 仕爲豫章從事. 許虔, 字子政, 平輿人. 體尙高潔, 雅正寬亮. 謝子微見虔兄弟, 歎曰; "若許子政者, 榦國之器!" 虔弟劭, 聲未發時, 時人以謂不如虔. 虔恒撫髀稱劭, 自以爲不及也. 釋褐爲郡功曹, 黜姦廢惡, 一郡肅然. 年三十五卒.
・『海內先賢傳』曰; 許劭, 字子將, 虔弟也. 山峙淵停, 行應規表. 邵陵謝子微高才遠識, 見劭十歲時, 歎曰; "此乃希世之偉人也!" 初, 劭拔樊子昭於市肆, 出虞承賢於客舍, 召李叔才於無聞, 擢郭子瑜於小吏. 廣陵徐孟本來臨汝南, 聞劭高名, 召功曹. 時袁紹以公族爲濮陽長, 棄官還, 副車從騎, 將入郡界, 乃歎曰; "許子將秉持淸格, 豈可以吾輿服見之邪!" 遂單馬而歸. 辟公府掾, 敎辟皆不就. 避地江南, 卒於豫章也.
②・張璠『漢紀』曰; 范滂, 字孟博, 汝南伊陽人. 爲功曹, 辟公府掾. 升車攬轡, 有澄淸天下之志. 百城聞滂高名, 皆解印綬去. 爲黨事見誅.

• 8 : 004 [0425]

공손도公孫度가 병원邴原을 품평했다.

"이른바 구름속의 흰 학이니, 제비나 참새의 그물로는 잡을 수 있는 바가 아니다."

1 ◦『위서魏書』: 공손도는 자가 숙제叔濟①며 양평襄平사람이다. 여러 벼슬을 거쳐 기주冀州자사와 요동遼東태수에 기용되었다.

◦『병원별전邴原別傳』: 병원은 자가 근구根矩며 동관東管② 주허朱虛사람이다. 어려서 고아가 되었다. 몇 살 안되었을 때③ 학당을 지나가면서 울었더니 선생님이 물었다.

"애야, 어찌하여 우느냐?"

병원이 말했다.

"무릇 공부할 수 있는 사람은 부모님이 계시기 때문입니다. 그들이 공부하고 있는 것을 보니 한편으로는 그들이 고아가 되지 않기를 바라고, 다른 한편으로는 그들이 공부할 수 있는 것을 부러워합니다. 이런 생각에 마음이 서글퍼져서 울었을 따름입니다."

선생님이 측은하게 여기며 말했다.

"정말로 공부하고 싶다면 학비는 낼 필요 없느니라."

그래서 공부할 수 있게 되었다. 장성해서는 박학다식했으며 품행이 고귀했다. 세상이 장차 어지러워질 것을 알고 요동으로 피난했는데, 요동태수로 있던 공손도가 그를 후하게 예우했다. 중원이 안정된 뒤에 고향으로 돌아가고자 했으나 공손도가 막았다. 병원은 은밀히 혼자 여장을 꾸려놓고 부락민들에게 "부근의 군郡으로 옮겨가려 한다"④고 말하여 그들의 의향을 살펴보았더니, 모두들 기꺼이 옮겨가라고 말했다. 병원은 예전부터 고기 잡는 큰 배를 가지고 있었는데, 부락민들을 초청하여 실컷 취하게 만들어 놓고 밤을 틈타 떠났다. 며칠이 지난 뒤에야 비로소 공손도가 알아차렸다. 관리가 그를 추격하려 하자 공손도가 말했다.

"병군邴君은 이른바 구름속의 흰 학이니, 메추라기나 종달새의 그물로는 잡을 수 있는 바가 아니다."

위왕魏王[曹操]이 그를 좨주祭酒⑤로 초징했으며, 그는 여러 벼슬을 거쳐 오관중랑장五官中郎將[曹丕]⑥의 장사長史에 기용되었다.

[역주] ……………………
① 叔濟 : 『三國志』 권8 「魏書·公孫度傳」에는 "升濟"라 되어 있음.
② 東管 : 『三國志』 권11 「魏書·邴原傳」에는 "北海"라 되어 있음. 『後漢書』 「郡國志」에는 朱虛侯國이 옛날에 琅邪에 속했다가 永初 원년(107)에 北海國에 속했다고 함. 또한 『晉書』 「地理志」에는 東莞郡이 朱虛를 비롯한 8縣을 관할했다고 함. 따라서 '東管'은 '北海'나 '東莞'으로 고치는 것이 타당하다고 생각함.
③ 몇 살 안되었을 때 : 『三國志』 권11 「魏書·邴原傳」의 裵注에 인용된 『邴原別傳』에 따르면, 邴原은 당시 11살이었다고 함.
④ 부근의 郡으로 옮겨가려 한다 : 원문은 "移比近郡". 宋本과 袁褧本에는 "移北近郡"이라 되어 있음.
⑤ 祭酒 : 『三國志』 권11 「魏書·邴原傳」의 裵注에 인용된 『邴原別傳』에는 "東閣祭酒"라 되어 있음.
⑥ 五官中郎將[曹丕] : 원문에는 '將'자가 없지만, 『三國志』 권11 「魏書·邴原傳」에는 '將'자가 들어 있음.

[참고] 『三國志』11.

公孫度目邴原; "所謂雲中白鶴, 非燕雀之網所能羅也."①

①・『魏書』曰; 度, 字叔濟, 襄平人. 累遷冀州刺史·遼東太守.
・『邴原別傳』曰; 原, 字根矩, 東管朱虛人. 少孤. 數歲時, 過書舍而泣, 師問曰, "童子何泣也?" 原曰; "凡得學者, 有親也. 一則願其不孤, 二則羨其得學. 中心感傷, 故泣耳." 師惻然曰; "苟欲學, 不須資也." 於是就業. 長則博覽洽聞, 金玉其行. 知世將亂, 避地遼東, 公孫度厚禮之. 中國旣寧, 欲還鄕里, 爲度禁絶. 原密自治嚴, 謂部落曰; "移比近郡." 以觀其意, 皆曰樂移. 原舊有捕魚大船, 請村落皆令熟醉, 因夜去之. 數日, 度乃覺, 吏欲追之, 度曰; "邴君所謂雲中白鶴, 非鶉鷃之網所能羅也." 魏王辟祭酒, 累遷五官中郎長史.

──────── • 8 : 005 [0426]

종사계鍾士季[鍾會]가 왕안풍王安豐[王戎]을 품평했다.
"아융阿戎[王戎]은 사람의 의향을 명확하게 이해한다."①
또한 말했다.

"배공裴公[裴楷]의 담론은 종일토록 해도 다함이 없다."②

이부랑吏部郞에 결원이 생겨 문제文帝[司馬昭]가 그 적임자를 종회鍾會에게 물었더니 종회가 말했다.

"배해裴楷는 청통淸通①하고 왕융王戎은 간요簡要②하니 모두 그 적임자입니다."

그래서 배해를 등용했다.③

① · 왕은王隱의 『진서晉書』: 왕융은 젊어서부터 총명하여 깨달음이 빨랐다.
② · 배위裴頠는 이미 나왔다.③
③ · 생각건대 : 여러 책에는 모두 "종회가 배해와 왕융을 진晉 문왕文王[司馬昭]에게 추천하자, 문왕이 초징하여 속관으로 삼았다"고 되어 있으니, 이부랑이 되었다는 것은 듣지 못했다.

[역주]
① 淸通 : 머리가 명석하여 널리 이치에 통달한 것을 말함.
② 簡要 : 간결하게 요체를 잘 파악하는 것을 말함.
③ 裴頠는 이미 나왔다 : 劉孝標는 본문의 裴公을 裴頠로 여겼지만, 본문의 전체 문맥과 『晉書』 권35 「裴楷傳」의 내용을 살펴보면 裴楷가 타당함. 裴頠는 「言語」 23 劉注④에 나왔고, 裴楷는 「德行」18 劉注②에 나왔음.

[참고] 『晉書』35, 『藝文類聚』48, 『北堂書鈔』33·60·98.

鍾士季目王安豊; "阿戎了了解人意."① 謂; "裴公之談, 經日不竭."② 吏部郞闕, 文帝問其人於鍾會, 會曰; "裴楷淸通, 王戎簡要, 皆其選也." 於是用裴.③
① · 王隱 『晉書』曰; 戎少淸明曉悟.
② · 裴頠, 已見.
③ · 按; 諸書皆云; "鍾會薦裴楷·王戎於晉文王, 文王辟爲掾." 不聞爲吏部郞.

• 8 : 006 [0427]

왕준충王濬沖[王戎]과 배숙칙裴叔則[裴楷] 두 사람이 소년시절에 종사계鍾士季[鍾會]를 찾아갔다. 잠시 뒤 그들이 떠난 뒤에 손님이 종사계에게 물었다.

"방금 전의 두 아이는 어떻습니까?"

종사계가 말했다.

"배해裵楷는 청통清通하고 왕융王戎은 간요簡要하오. 20년 뒤에 이 두 현자는 틀림없이 이부상서吏部尙書가 될 것이니, 그 때 천하에 묻혀 있는 인재가 없게 될 것을 기대하시오."①

① ▪ 『진양추晉陽秋』: 왕융이 아이였을 때 종회鍾會는 그를 남다른 인물이라고 생각했다.

[역주]··············
* 본 고사와 비슷한 내용이 본편 제5·14조에도 보임.

[참고] 『晉書』35, 『藝文類聚』22·48, 『事文類聚』新11, 『北堂書鈔』60, 『初學記』11, 『太平御覽』214·385·444.

王濬沖·裵叔則二人, 總角詣鍾士季. 須臾去後, 客問鍾曰; "向二童何如?" 鍾曰; "裵楷清通, 王戎簡要. 後二十年, 此二賢當爲吏部尙書, 冀爾時天下無滯才."①
① ▪ 『晉陽秋』曰; 戎爲兒童, 鍾會異之.

• 8 : 007 [0428]

세간에서 말했다.

"후진으로서 영도적인 인물에는 배수裵秀가 있다."①

① ▪ 우예虞預의 『진서晉書』: 배수는 자가 계언季彦이며 하동河東 문희聞喜사람이다. 부친 배잠裵潛은 위魏나라의 태상太常이었다. 배수는 뛰어난 풍모와 절조를 지니고 있었으며, 8살 때부터 글을 잘 지었다. 숙부 배휘裵徽는 명성이 높았다. 배수가 10여 살쯤 되었을 때, 빈객들은 배휘를 찾아왔다가 돌아갈 때면 반드시 배수에게 들리곤 했다. 그것을 두고 당시 사람들이 말했다.

"후진으로서 영도적인 인물에는 배수가 있다."

대장군大將軍[曹爽]이 그를 초징하여 속관으로 삼았다. 부친이 죽자 재산을 형[裵衍]에게 넘겨주었다. 25세에 황문시랑黃門侍郞으로 전임되었다. 진晉나라가 위魏나라의 제위를 선양받았을 때 거록공鉅鹿公에 봉해졌다. 나중에 여러 벼슬을 거쳐 좌광록대부左光祿大夫와 사공司空에 기용되었다. 48세

에 죽자, 원공元公이라는 시호가 내려졌으며 종묘에 배향配享되었다.①

[역주]
① 配享되었다 : 원문은 "配食". 主神 옆에 다른 신을 합하여 제사 드리는 것을 말함. 『晉書』 권35 「裴秀傳」에 따르면, 裴秀는 武帝 司馬炎으로부터 두터운 신임을 받아 石苞 등과 함께 王公의 자격으로 종묘에 배향되었다고 함.

[참고] 『晉書』35.

諺曰; "後來領袖有裴秀."①

①。虞預『晉書』曰; 秀, 字季彦, 河東聞喜人. 父潛, 魏太常. 秀有風操, 八歲能著文. 叔父徽, 有聲名. 秀年十餘歲, 有賓客詣徽, 出則過秀. 時人爲之語曰: "後進領袖有裴秀." 大將軍辟爲掾. 父終, 推財與兄. 年二十五, 遷黃門侍郎. 晉受禪, 封鉅鹿公. 後累遷左光祿·司空. 四十八歲薨, 謚元公, 配食宗廟.

• 8 : 008 [0429]

배령공裴令公[裴楷]이 하후태초夏侯太初[夏侯玄]를 품평했다.

"그 엄숙함이 마치 묘당朝堂 안에 들어간 것과 같아서, 위의威儀를 차리지 않아도 사람들이 저절로 경의를 표하게 된다."①

일설에는 이렇게 말했다고도 한다.

"하후태초를 만나면 마치 종묘에 들어간 것처럼 그 빛나는 모습①이 예기禮器와 악기樂器를 보는 것만 같고, 종사계鍾士季[鍾會]를 만나면 마치 무기고를 참관하는 것처럼 쌍날창과 미늘창을 보는 것만 같으며,② 부란석傅蘭碩[傅嘏]③을 만나면 그 광대함④이 갖추지 않은 것이 없고, 산거원山巨源[山濤]을 만나면 마치 산에 올라 아래를 내려다보는 것처럼 아득히 심원하다."②

①。『예기禮記』: 주풍周豐이 노魯나라 애공哀公에게 말했다.
"종묘사직 안에서는 사람들에게 위의를 차리지 않아도 사람들이 저절로 경의를 표하게 됩니다."⑤

②。하후현夏侯玄·종회鍾會·부하傅嘏·산도山濤는 모두 이미 앞에 나왔다.⑥

[역주]··························
① 빛나는 모습 : 원문은 "琅琅". 눈부실 정도로 훌륭한 모습을 형용한 말. 또는 玉器가 부딪치는 소리를 형용한 것이라고도 함.
② 쌍날창과 미늘창을 보는 것만 같으며 : 원문은 "但覩矛戟". 『晉書』권35 「裴楷傳」에는 "森森但見矛戟在前"이라 되어 있음.
③ 傅蘭碩[傅嘏] : 『三國志』권21 「魏書·傅嘏傳」에는 "傅蘭石"이라 되어 있음.
④ 광대함 : 원문은 "江廧". 宋本에는 "汪廧", 『晉書』권35 「裴楷傳」에는 "汪翔"이라 되어 있는 것으로 보아, 원문의 '江'은 '汪'의 誤記로 보이며 '汪廧'과 '汪翔'은 모두 '汪洋'과 통함. 汪洋은 물이 넓고도 거대한 모양으로, 사람의 학문과 사상이 광대하고 심원한 것을 말함.
⑤ 위의를~표하게 됩니다 : 원문은 "未施敬而民自敬". 『禮記』「檀弓下」에는 "未施敬於民而民自敬"이라 되어 있음.
⑥ 모두 이미 앞에 나왔다 : 夏侯玄은 「方正」6 劉注①, 鍾會는 「言語」12 劉注①, 傅嘏는 「文學」9 劉注①, 山濤는 「政事」5 劉注①에 각각 나왔음.

[참고]『晉書』35.

裴令公目夏侯太初; "肅肅如入廊廟中, 不修敬而人自敬." ① 一曰; "如入宗廟, 琅琅但見禮樂器. 見鍾士季, 如觀武庫, 但覩矛戟. 見傅蘭碩, 江廧靡所不有. 見山巨源, 如登山臨下, 幽然深遠." ②
①. 『禮記』曰; 周豐謂魯哀公曰; "宗廟社稷之中, 未施敬而民自敬."
②. 玄·會·嘏·濤, 並已見上.

━━━━━━ • 8:009 [0430]

양공羊公[羊祜]이 낙양洛陽으로 돌아올 때, 곽혁郭奕①은 야왕현野王縣의 현령으로 있었다.① 양공이 야왕현의 경계에 이르러 사람을 보내 곽혁을 초청하자, 곽혁이 곧장 직접 찾아갔다. 곽혁은 양공을 만나보고 나서 감탄했다.

"양숙자羊叔子[羊祜]가 어찌 나 곽태업郭泰業[郭奕]②만 못하리오!"

이어서 양공의 처소로 갔다가 잠시 후③ 돌아와서 또 감탄했다.

"양숙자는 사람들보다 훨씬 뛰어나도다!"

양공이 떠날 때 곽혁은 온종일 그를 전송하면서 계속 수백 리를 갔다가 마침내 관할 현의 경계를 벗어나는 바람에 관직에서 파면당했다. 곽혁이 다시 감탄했다.

"양숙자가 어찌 안자顔子[顔回]만 못하리오!"

1・『진제공찬晉諸公贊』: 곽혁은 자가 태업이며 태원太原 양곡陽曲사람이다. 대대로 명문귀족이었다. 곽혁은 재능과 명망이 있었으며, 옹주雍州자사와 상서尙書를 역임했다.

[역주]……………………
① 郭弈 : 『晉書』 권45 「郭奕傳」과 『三國志』 권26 裴注에 인용된 『晉諸公贊』에는 "郭突"이라 되어 있음.
② 郭泰業[郭弈] : 『晉書』 권45 「郭奕傳」에는 郭弈의 字가 "大業"이라 되어 있음. '大'는 '太'로도 읽고, '太'는 '泰'와 통함.
③ 잠시 뒤 : 원문은 "小悉". 짧은 시간의 경과를 나타내는 '少選'・'少息'・'少頃' 등과 같은 의미로 쓰였음.

[참고] 『晉書』45.

羊公還洛, 郭弈爲野王令.1 羊至界, 遣人要之, 郭便自往. 旣見, 歎曰; "羊叔子何必減郭泰業!" 復往羊許, 小悉還, 又歎曰; "羊叔子去人遠矣!" 羊旣去, 郭送之彌日, 一擧數百里, 遂以出境免官. 復歎曰; "羊叔子何必減顔子!"

1・『晉諸公贊』曰; 弈, 字泰業, 太原陽曲人. 累世舊族. 弈有才望, 歷雍州刺史・尙書.

• 8 : 010 [0431]

왕융王戎이 산거원山巨源[山濤]을 품평했다.

"마치 가공하지 않은 옥과 정련하지 않은 금과 같아서, 사람들은 모두 그 보배로움을 흠모하면서도 그 그릇됨을 무어라 일컬을지 알지 못한다."1

1・고개지顧愷之의 『화찬畵贊』: 산도山濤는 이름을 드러냄①이 없었으며 순박하고 심오하고 고요하고 과묵하여 사람들이 그 인품의 한계를 알 수 없었으나, 그 기량②은 또한 도道에 들어맞았다. 그래서 그를 본 사람은 그에 대

해서 무어라 일컬을 수는 없었지만[3] 그 위대한 기량에 탄복했다.

[역주]……………………

① 이름을 드러냄 : 원문은 "標明". 宋本에는 "標名"이라 되어 있는데, 문맥상 보다 타당하다고 여겨 이것에 따라 번역함.
② 그 기량 : 원문은 "其器". 宋本에는 "囂然"이라 되어 있음. '囂然'은 스스로 뜻을 얻어 욕심이 없는 '自得無欲'의 상태를 말함.
③ 그에 대해서 무어라 일컬을 수는 없었지만 : 원문은 "莫能稱謂". 器量이 너무 위대하고 훌륭하여 도리어 무어라 일컬을 수조차 없다는 뜻.『論語』「泰伯」에서 "泰伯, 其可謂至德也已矣. 三以天下讓, 民無得而稱焉."이라 함.

[참고]『晉書』43.

王戎目山巨源; "如璞玉渾金, 人皆欽其寶, 莫知名其器."[1]

[1]。顧愷之『畫贊』曰; 濤無所標明, 淳深淵默, 人莫見其際, 而其器亦入道. 故見者莫能稱謂, 而服其偉量.

──────• 8 : 011 [0432]

양장화羊長和[羊忱]의 부친 양요羊繇는 태부太傅 양호羊祜와 친사촌간[1]으로 서로 사이가 좋았다. 벼슬은 거기연車騎掾에까지 이르렀으나 일찍 죽었다. 그 바람에 양장화의 형제 5명은 어려서 고아가 되었다.[1] 양호가 조문하러 왔다가 양장화의 애통하는 모습과 태도가 완연히 어른과 같은 것을 보고는 이내 감탄했다.

"종형은 저토록 훌륭한 아들을 두었으니 돌아가시지 않은 것이나 다름없구나!"

[1]。『양씨보羊氏譜』: 양요는 자가 감보堪甫며 태산太山사람이다. 조부 양속羊續은 한漢나라의 태위에 초징되었으나 임명되지는 않았으며, 부친 양비羊祕는 경조京兆태수를 지냈다. 양요는 거기연을 역임했으며, 악국정樂國頲의 딸을 부인으로 맞아 승乘·흡洽·식式·량亮·열悅[2]의 다섯 아들을 낳았다.

[역주]……………………

① 친사촌간 : 원문은 "同堂". 祖父가 같은 친족을 말함.

② 乘·洽·式·亮·悅 : 宋本과 汪藻의 『世說敍錄』 「人名譜·羊氏譜」에는 '乘'·'洽'·'悅'이 각각 '秉'·'絞'·'忱'이라 되어 있음. 「方正」19 劉注①에서도 羊長和의 이름을 '羊忱'이라 함.

羊長和父繇, 與太傅祜同堂相善. 仕至車騎掾, 蚤卒. 長和兄弟五人, 幼孤.①
祜來哭, 見長和哀容擧止, 宛若成人, 乃歎曰; "從兄不亡矣!"
① □『羊氏譜』曰; 繇, 字堪甫, 太山人. 祖續, 漢太尉, 不拜. 父祕, 京兆太守. 繇歷車騎掾, 娶樂國禎女, 生五子, 乘·洽·式·亮·悅也.

• 8 : 012 [0433]

산공山公[山濤]이 완함阮咸을 이부랑吏部郞으로 천거하면서 품평했다. "청순하고 욕심이 적어서 어떠한 것으로도 그의 마음을 움직일 수 없다."①

① □『명사전名士傳』: 완함은 자가 중용仲容이며 진류陳留사람으로, 완적阮籍의 형[阮熙]의 아들이다. 예법에 구애받지 않고 자유분방했기 때문에 당시 사람들은 모두 그의 행동을 이상하게 여겼다. 그러나 그와 함께 있어보면, 욕심이 적고 슬픔과 즐거움의 진솔한 감정이 남들보다 훨씬 뛰어났기 때문에, 나중에는 모두 그에 대한 이전의 평판을 잊어버리곤 했다. 산기시랑散騎侍郞으로 있을 때 산도山濤가 그를 이부랑으로 천거했으나 무제武帝[司馬炎]가 등용하지 않았다. 태원太原의 곽혁郭弈①이 그를 보고 심취하여 자기도 모르게 탄복했다. 음악을 잘 이해했으며 술을 너무 좋아하다가 죽었다.

□ 산도의 『계사啓事』: 이부랑 사요史曜가 사직하여 결원이 생겼는데, 결원된 이부랑을 선발할 때 산도가 완함을 추천하면서 말했다.

"진솔하고 욕심이 적으며 청탁淸濁을 깊이 헤아리고 있어서 어떠한 것으로도 그의 마음을 움직일 수 없습니다. 만약 관리를 선발하는 관직에 있게 된다면 틀림없이 당대에 절묘함을 발휘할 것입니다."

그러나 조정에서는 조서를 내려 육량陸亮을 임용했다.

□ 『진양추晉陽秋』: 완함은 행동이 예법에 어긋나는 경우가 이미 많았다. 산도가 그를 이부랑으로 천거했으나, 세조世祖[武帝 司馬炎]가 윤허하지 않았다.

◦『죽림칠현론竹林七賢論』: 산도는 완함을 천거하면서도 주상主上[司馬炎]께서 그를 등용할 수 없음을 본래 알고 있었으니, 대개 천하에 보기 드문 준재가 그 진심②을 인정받지 못함을 안타깝게 여겼기 때문이다. 대저 완함이 범한 것이 세상 밖의 뜻③이었음을 고려하여 그를 '청순하고 욕심이 적다'고 칭송했으니, 그 탈속적인 뜻④이 저절로 드러날 뿐이다.

[역주]……………………
① 郭弈 :『晉書』권45「郭奕傳」과『三國志』권26 裵注에 인용된『晉諸公贊』에는 "郭突"이라 되어 있음. 본편 조 [역주]① 참조
② 그 진심 : 원문은 "其眞". 宋本에는 "其意"라 되어 있음.
③ 세상 밖의 뜻 : 원문은 "方外之意". '方外'는 '出世'와 같은 의미. 세간의 통념적인 범주를 초월한 심경을 말함.『莊子』「大宗師」에 "孔子曰; '彼遊方之外者也, 而丘遊方之內者也.' 知方外指出世, 方內指入世."라는 구절이 있음.
④ 탈속적인 뜻 : 원문은 "迹外之意". '方外之意'와 같은 의미. 세속의 선례나 관습을 초월한 심경을 말함.

[참고]『晉書』49,『藝文類聚』48,『北堂書鈔』33·60,『太平御覽』216,『事文類聚』新11.

山公擧阮咸爲吏部郞, 目曰; "淸眞寡欲, 萬物不能移也." ①
①◦『名士傳』曰; 咸, 字仲容, 陳留人, 籍兄子也. 任達不拘, 當世皆怪其所爲. 及與之處, 少嗜欲, 哀樂至到, 過絶於人, 然後皆忘其向議. 爲散騎侍郞, 山濤擧爲吏部, 武帝不用. 太原郭弈見之心醉, 不覺歎服. 解音, 好酒以卒.
◦山濤『啓事』曰; 史部郞史曜出處缺, 當遷, 濤薦咸曰; "眞素寡欲, 深識淸濁, 萬物不能移也. 若在官人之職, 必妙絶於時." 詔用陸亮.
◦『晉陽秋』曰; 咸行已多違禮度. 濤擧以爲吏部郞, 世祖不許.
◦『竹林七賢論』曰; 山濤之擧咸, 固知上不能用, 蓋惜曠世之儁, 莫識其眞故耳. 夫以咸之所犯, 方外之意, 稱其淸眞寡欲, 則迹外之意自見耳.

──────• 8 : 013 [0434]

왕융王戎이 완문업阮文業[阮武]을 품평했다.
"고아한 인품에 인물을 알아보는 감식력을 지녔으니, 한초漢初① 이래로 아직 이런 인물은 없다." ①
①◦두독杜篤의『신서新書』: 완무阮武는 자가 문업이며 진류陳留 위지尉氏사

람이다. 부친 두심杜諶은 시중侍中을 지냈다. 완무는 성품이 활달하고 박학다식했으며 진중하고 고상한 선비였다.

▫『진류지陳留志』: 완무는 위魏나라 말에 하청河淸태수[2]를 지냈다. 종친의 아들 완적阮籍[3]이 소년시절에 아직 이름이 알려지지 않았을 때, 완무가 그를 보고 뛰어나다고 여겨 자기보다 낫다고 생각했다. 그가 인물을 알아보는 것이 대부분 이와 같았다. 저서 18편을 남겼는데, 그것을 『완자阮子』라고 한다. 가택에서 생을 마쳤다.

▫곽태郭泰의 친구 송자준宋子俊[宋沖]이 곽태를 칭송했다.

"한초 이래로 임종林宗[郭泰]에 필적할 만한 인물은 아직 없다."

[역주]
① 漢初 : 원문은 "漢元". 『通鑒』 권47 「漢紀」의 胡三省 注에서 "漢元, 謂漢初也."라고 함.
② 河淸太守 : 『三國志』 권16 「杜恕傳」 注에 인용된 『杜氏新書』에는 "淸河太守"를 지냈다고 되어 있음.
③ 종친의 아들 阮籍 : 원문은 "族子籍". 『晉書』 권49 「阮籍傳」에는 "族兄文業"이라 되어 있음. 이것에 따르면 阮籍은 阮武의 '族弟'가 됨.

王戎目阮文業; "淸倫有鑒識, 漢元以來, 未有此人."[1]
[1] ▫杜篤『新書』曰: 阮武, 字文業, 陳留尉氏人. 父諶, 侍中. 武闊達博識, 淵雅之士.
▫『陳留志』曰: 武, 魏末河淸太守. 族子籍, 年總角, 未知名, 武見而偉之, 以爲勝己. 知人多此類. 著書十八篇, 謂之『阮子』. 終於家.
▫郭泰友人宋子俊稱泰: "自漢元以來, 未有林宗之匹."

무원하武元夏[武陔]가 배해裵楷와 왕융王戎을 품평했다.

"왕융은 간약簡約함을 숭상하고 배해는 청통淸通하다."[1]

[1] ▫우예虞預의 『진서晉書』: 무해武陔는 자가 원하며 패국沛國 죽읍竹邑사람이다. 부친 무주武周는 위魏나라의 광록대부光祿大夫[1]였다. 무해와 두 동생 무흠武欽[2]·무무武茂는 모두 소년시절부터 칭송을 받았으며 한결같이 명망[3]이 있었지만, 향리의 어른들은 그들이 얼마나 훌륭한지 깨닫지 못했다. 당

시 같은 군郡의 유공영劉公榮[劉和]은 사람을 잘 알아보는 것으로 명성이 높았는데, 한번은 무주를 찾아갔더니 무주가 그의 세 아들을 인사시켰다. 유공영이 말했다.

"당신의 세 아들은 모두 나라의 준재들이오. 원하는 기량이 가장 뛰어나 재상의 기풍이 있으니 벼슬길에 힘을 쓰면④ 아공亞公⑤이 될 수 있을 것이며, 숙하叔夏[武欽]와 계하季夏[武茂]도 상백常伯⑥이나 납언納言⑦ 이하는 되지 않을 것이오."

무해는 좌복야左僕射에까지 올랐다.

[역주]··················
* 본 고사와 비슷한 내용이 본편 제5·6조에도 보임.
① 光祿大夫 : 『晉書』 권45 「武陔傳」에는 "衛尉"를 지냈다고 되어 있음.
② 武欽 : 『三國志』 권27 「胡質傳」 注에 인용된 虞預의 『晉書』와 『晉書』 「武陔傳」에는 모두 "武韶"라 되어 있음.
③ 명망 : 원문은 "品望". 宋本에는 "器望"이라 되어 있음.
④ 벼슬길에 힘을 쓰면 : 원문은 "力仕宦". 『三國志』 「胡質傳」 注에 인용된 虞預의 『晉書』에는 "展力仕宦"이라 되어 있고, 『晉書』 「武陔傳」에는 "陳力就列"이라 되어 있음.
⑤ 亞公 : 三公에 다음 가는 지위로 宰相을 말함.
⑥ 常伯 : 侍中이나 散騎常侍의 관직을 말함.
⑦ 納言 : 御命의 출납을 관장하는 관리. 侍中이나 尚書의 관직을 말함.

武元夏目裵·王曰; "戎尙約, 楷淸通." ①

①。虞預『晉書』曰; 武陔, 字元夏, 沛國竹邑人. 父周, 魏光祿大夫. 陔及二弟欽·茂, 皆總角見稱, 並有品望, 郷人諸父, 未能覺其多少. 時同郡劉公榮名知人, 嘗造周, 周見其三子. 公榮曰; "君三子皆國士. 元夏器量最優, 有輔佐之風, 力仕宦, 可爲亞公. 叔夏·季夏不減常伯·納言也." 陔至左僕射.

———— • 8 : 015 [0436]

유자숭庾子嵩[庾敳]이 화교和嶠를 품평했다.①

"천 길이나 되는 소나무처럼 높다랗고 무성하여, 비록 울퉁불퉁② 옹이가 있다고는 하지만 대저택③을 짓는 데에 쓰인다면 기둥이나 대들보④로 사용될 만하다."[1]

[1] ▫『진제공찬晉諸公贊』: 화교는 항상 외숙부 하후현夏侯玄의 인물됨을 흠모했기 때문에 조정의 인사들 중에서 엄숙한 위의를 갖추고 무리 짓지 않았다. 그래서 당시 동료들은 그의 꿋꿋한 기개를 꺼려했다.⑤

[역주]⋯⋯⋯⋯⋯⋯⋯⋯⋯⋯⋯
① 和嶠를 품평했다 :『晉書』권45「和嶠傳」에는 본 고사처럼 庾敳가 화교를 품평한 것으로 되어 있으나,『晉書』권50「庾敳傳」에는 溫嶠를 품평한 것으로 되어 있음. 宋 王觀國의『學林』권3「史訛」이후로 대부분의 학자들은 유애・화교・온교의 연령과 활동시기・관직 등을 비교분석하여 본 고사를 원교에 대한 평어로 추정함.
② 울퉁불퉁 : 원문은 "磊砢(뢰라)". 원래는 돌이 쌓여 있는 모양을 가리키나, 여기서는 나무의 옹이가 울퉁불퉁하게 돋아 있는 모양을 나타냄.
③ 대저택 : 원문은 "大廈". 국가를 비유함.
④ 기둥이나 대들보 : 원문은 "棟梁". 국가의 중책을 맡을 만한 인물을 비유함.
⑤ 꺼려했다 : 원문은 "憚". 宋本에는 "傳"이라 되어 있음.

[참고]『晉書』45・50,『事類賦』24.

庚子嵩目和嶠; "森森如千丈松, 雖磊砢有節目, 施之大廈, 有棟梁之用."[1]
[1] ▫『晉諸公贊』曰; 嶠常慕其舅夏侯玄爲人, 故於朝士中峨然不羣. 時類憚其風節.

• 8 : 016 [0437]

왕융王戎이 말했다.

"왕태위王太尉[王衍]는 정신과 자태가 고상하고 고결하여 옥림옥수玉林玉樹와 같으니, 본디 풍진 밖의 인물이다."[1]

[1] ▫『명사전名士傳』: 왕이보王夷甫[王衍]는 타고난 풍모가 특출했으며, 명철하고 빼어남이 신인神人 같았다.
▫『팔왕고사八王故事』: 석륵石勒이 왕이보를 보고 나서 자신의 장사長史 공장孔萇에게 말했다.
"내가 오랫동안 세상을 돌아다녔지만 일찍이 이러한 인물을 본 적이 없으니, 살려두는 것이 어떻겠는가?"

장홍이 말했다.

"그는 진晉나라의 삼공三公①이니 우리에겐 쓸모가 없습니다."

석륵이 말했다.

"그렇지만 칼날을 댈 수는 없지."

결국 밤에 담을 밀어 넘어뜨려 그를 깔려 죽게 했다.

[역주]
① 三公 : 당시 王衍은 三公[太尉·司空·司徒] 가운데 하나인 太尉로 있었음.

[참고] 『晉書』43.

王戎云; "太尉神姿高徹, 如瑤林瓊樹, 自然是風塵外物."①
① 『名士傳』曰; 夷甫天形奇特, 明秀若神.
  『八王故事』曰; 石勒見夷甫, 謂長史孔萇曰; "吾行天下多矣, 未嘗見如此人, 當可活不?" 萇曰; "彼晉三公, 不爲我用." 勒曰; "雖然, 要不可加以鋒刃也." 夜使推牆殺之.

----------• 8 : 017 [0438]

왕여남王汝南[王湛]은 친상①의 상기喪期가 이미 끝났지만 그대로 묘소에 머물러 있었다. 종형從兄[王渾]의 아들 왕제王濟는 묘소에 참배하러 올 적마다 거의 숙부[王湛]에게 들르지 않았으며 숙부도 그를 기다리지 않았다. 왕제는 설령② 어쩌다 들린다 하더라도 간단한 인사말만 할 뿐이었다. 나중에 불쑥 시험 삼아 근자의 시사時事를 숙부에게 물어보았는데, 그 대답이 매우 논리적이었고 왕제의 생각을 뛰어넘는 것이어서 왕제는 깜짝 놀랐다. 그래서 계속 함께 토론했는데 점점 정미精微한 경지에 이르렀다. 왕제는 이전에는 숙부에게 조카로서의 경의를 거의 차리지 않았는데, 이미 그의 언변을 듣고 나자 자기도 모르게 경외심이 생겨 마음과 몸이 모두 숙연해졌다. 마침내 그곳에 머물러 함께 토론하면서 며칠 밤낮을 보냈다. 왕제는 비록 뛰어난 준걸이었지만 스스로 돌아보고 부족함을 느껴③ 곧 한숨을 쉬며 탄식했다.

"집안에 명사가 있었는데도 30년 동안④ 몰랐다니!"

왕제가 떠날 때 숙부는 문에까지 나와 전송했다. 왕제의 측근 중에 말 한 필이 있었는데 정말 타기가 어려워 몰 수 있는 사람이 드물었다. 왕제가 불쑥 숙부에게 물었다.

"말 타기를 좋아하십니까?"

숙부가 말했다.

"그것도 좋아하지."

왕제가 또한 그 타기 어려운 말을 몰게 했더니, 숙부는 기마자세가 절묘하고 실이 엉킨 것처럼 채찍을 휘둘렀는데,⑤ 어떠한 명기수도 그를 뛰어넘지 못할 정도였다. 왕제는 그의 헤아리기 어려운 것이 한두 가지가 아니라는 점에 더욱 감탄했다.1 왕제가 돌아오자 부친 왕혼王渾이 왕제에게 물었다.

"잠시 다녀온다더니 어찌하여 며칠이나 걸렸느냐?"

왕제가 말했다.

"비로소 숙부 한 분을 알게 되었습니다."

왕혼이 그 까닭을 물었더니 왕제가 그러한 일을 감탄하면서 자세히 술회했다. 왕혼이 말했다.

"우리와 비교하면 어떠하냐?"

왕제가 말했다.

"저 이상의 인물입니다."

무제武帝[司馬炎]는 왕제를 만날 때마다 문득 왕담王湛을 조롱하여 말했다.

"경 집안의 바보 숙부는 죽었소?"

그럴 때마다 왕제는 늘 대답을 하지 못했었다. 그러나 이미 숙부를 알고 난 후로는 무제가 다시 이전처럼 물으면 왕제는 말했다.

"신의 숙부는 바보가 아닙니다."

그러면서 그의 진정한 훌륭함을 칭찬했더니 무제가 말했다.
"누구에게 비견할 수 있소?"
왕제가 말했다.
"산도山濤보다는 낮고 위서魏舒보다는 높습니다." ②
그리하여 왕담은 이름을 드러내게 되어 28살에야 비로소 벼슬을 했다.

① ▫ 등찬鄧粲의 『진기晉紀』: 왕담은 자가 처충處沖이며 태원太原사람이다. 덕량德量을 숨기고 있었기 때문에 사람들이 그를 알아보지 못했다. 형제와 친족조차도 그를 바보라고 여겼지만, 오직 부친 왕창王昶만이 그를 남다르게 생각했다. 왕창이 죽자 왕담은 묘소에서 시묘살이를 했다. 종형의 아들 왕제가 왕담을 위로하러 갔다가 침상 맡에 『주역周易』이 놓여 있는 것을 보고 왕담에게 말했다.
"숙부께서는 이것을 가지고 무얼 하십니까? 좀 읽어라도 봤습니까?"
왕담이 웃으며 말했다.
"몸의 상태가 좋을 때⑥ 어쩌다⑦ 읽을 뿐이지. 오늘은 마땅히 너와 얘기 좀 해야겠다."
그러면서 함께 『주역』에 대해서 담론했는데, 분석이 심오한 경지에 이르렀으며 논변이 오묘하고 논시가 뛰어나 왕제가 들어보지 못한 바이었다. 왕제는 왕담의 헤아릴 수 없는 재능에 감탄했다. 왕제는 본래 말을 좋아했는데 타고 다니는 말이 준일하고 빨라서 마음속으로 심히 아끼고 있었다. 그 말을 보고 왕담이 말했다.
"이 말은 조금 빠르기는 하지만 힘이 약해서 고된 일은 감당하지 못한다. 근자에 독우督郵⑧의 말을 보았는데 당연히 이것보다 낫다고 생각한다. 다만 영양상태가 좋지 않을 뿐이다."
그래서 왕제는 독우의 말을 빌려서 10여 일 동안 곡물을 먹인 뒤 왕담과 시합하기로 했다. 왕담은 한 번도 말을 타본 적이 없었지만 곧장 말에 올라 치달렸는데, 완급緩急을 조절하는 기술이 왕제와 다름이 없었으며 양쪽의 말들도 서로 비슷했다. 왕담이 말했다.
"지금처럼 평탄하고 넓은 마찻길을 직선으로 달려가지고 어떻게 말의 우열을 가릴 수 있겠느냐? 마땅히 작은 구릉들이 있는 곳[9]으로 가야 한다."

그래서 작은 구릉들이 있는 곳으로 가서 말을 회전시켰더니, 왕제의 말이 과연 넘어지고 말았다.[10] 왕담의 뛰어난 식견과 천부적인 재능이 이와 같았다.

2 ▫ 『진양추晉陽秋』: 왕제는 인물에 대한 감식력이 있었으며, 인물의 아속雅俗과 시비是非에 대해서 칭찬하는 일이 드물었는데,[11] 왕담을 만나보고는 그의 덕량에 탄복했다. 당시 사람들이 왕담을 평했다.

"위로 산도에 견주어서는 부족하지만, 아래로 위서에 비해서는 남음이 있다."

왕담이 이를 듣고 말했다.

"나를 계손씨季孫氏과 맹손씨孟孫氏 사이[12]에 두려고 하는가?"

▫ 왕은王隱의 『진서晉書』: 위서는 자가 양원陽元이며 임성任城사람이다. 어려서 부친을 여의고 외갓집 영씨甯氏에 의해 양육되었다. 영씨가 저택을 지으려 할 때 점술가가 말했다.

"틀림없이 귀한 외손이 나올 것이오."

외조모는 마음속으로 외손 성씨盛氏[13]가 어리지만 총명하기 때문에 점술에 부응할 것이라고 생각했다. 위서가 말했다.

"외갓집을 위해 이 저택에 대한 점술을 틀림없이 실현하겠다."

위서의 어릴 적 이름은 지둔遲鈍[14]이었다. 숙부 위형魏衡이 그에게 물방아[15]를 관리하게 하면서 늘 말했다.

"서舒가 800호의 장長[16]만 된다면 나는 소원이 없겠다."

그렇지만 위서는 개의치 않았다. 신장은 8척 2촌이었으며, 보통사람들의 평범한 일은 행하지 않았다. 젊어서부터 활솜씨가 뛰어났는데, 가죽옷을 입고 산속으로 들어가 사냥할 때마다 사냥감을 많이 잡아오곤 했다. 후장군後將軍 종육鍾毓의 장사長史로 있을 때, 종육이 참모들과 함께 활쏘기 시합을 하면 위서는 늘 옆에 앉아서 산가지를 놓곤 했다.[17] 나중에 한번은 조원組員[18]이 부족한 경우가 생겨 위서를 넣어 충원했다. 그래서 쏘았더니 명중하지 않음이 없었으며 게다가 행동거지[19]까지 고상하여 거의 그 묘기를 다 보여주었다. 종육이 감탄하고 미안해하면서 말했다.

"내가 그대의 재능을 충분히 발휘하지 못하게 했구먼. 이처럼 활솜씨가 뛰어나다니!㉠"

상국참군相國參軍으로 전임되었다. 진왕晉王[文帝 司馬昭]은 매번 조회가 끝나면 그를 눈으로 배웅하면서 말했다.

"위서는 당당하니 사람들의 영수로다!"

여러 벼슬을 거쳐 시중侍中과 사도司徒에 기용되었다.

[역주]
① 친상 : 원문은 "所生服". 자신을 낳아주신 양친의 喪. 여기서는 父親喪을 말함.
② 설령 : 원문은 "脫". 단독으로 쓰일 때는 가정을 나타내는 부사로 쓰임.
③ 스스로 돌아보고 부족함을 느껴 : 원문은 "自視缺然". 『莊子』「逍遙遊」에 나오는 구절.
④ 30년 동안 : 王昶이 魏나라 甘露 4년(259)에 죽었을 때 王湛은 겨우 11살이었으므로 시묘살이 기간을 더한다 하더라도 '30년'은 사리에 맞지 않음. 또는 그냥 오랜 기간을 뜻하는 것으로도 볼 수 있음.
⑤ 실이 엉킨 것처럼 채찍을 휘둘렀는데 : 원문은 "回策如縈". 채찍을 휘두르는 솜씨가 너무나 뛰어나 마치 실이 이리저리 엉키는 것과 같다는 말.
⑥ 몸의 상태가 좋을 때 : 원문은 "體中佳時". 『晉書』 권75 「王湛傳」에는 "體中不佳時"라 되어 있음.
⑦ 어쩌다 : 원문은 "脫復". '脫' 뒤에 '復'가 붙으면 우연히·어쩌다의 뜻으로 쓰임.
⑧ 督郵 : 郡守의 屬官으로 郡이 관할하는 縣의 행정을 감독하는 관리.
⑨ 작은 구릉들이 있는 곳 : 원문은 "蟻封". 원래는 개미 굴 앞에 쌓여 있는 흙더미를 말하는데, 여기서는 낮은 구릉의 뜻으로 쓰임.
⑩ 과연 넘어지고 말았다 : 원문은 "果倒踣". 『晉書』 권75 「王湛傳」에는 "濟馬果躓, 而督郵馬如常."이라 되어 있어서 문맥이 훨씬 분명함.
⑪ 칭찬하는 일이 드물었는데 : 원문은 "少有優潤". 宋本에는 "少所優調[칭찬하거나 폄하하는 일이 드물었다"라 되어 있는데, 문맥상 보다 타당한 것으로 보임.
⑫ 季孫氏와 孟孫氏 사이 : 원문은 "季孟之間". 『論語』「微子」에 "齊景公待孔子曰; '若季氏則吾不能, 以季孟之間待之.'"라는 구절이 있음. 즉 양자의 중간정도로 대우하겠다는 뜻.
⑬ 盛氏 : 『晉書』 권41 「魏舒傳」에는 "魏氏"라 되어 있는데, 문맥상 타당함. 魏氏는 魏舒를 말함.
⑭ 遲鈍 : 宋本에는 "濘純"이라 되어 있음.
⑮ 물방아 : 원문은 "水碓(대)". 수력을 이용하여 방아를 찧는 기구.

⑯ 800호의 長 : 小邑의 장관을 말함.
⑰ 산가지를 놓곤 했다 : 원문은 "畫籌". 명중한 화살을 계산하는 것을 말함. 『通鑑』 권78 「魏紀」 注에서 "射之畫籌, 猶投壺之釋算也."라고 함.
⑱ 組員 : 원문은 "朋人". 활쏘기 시합에서 한 조를 이루는 두 명의 射手를 말함. 『通鑑』 권78 「魏紀」 注에서 "射以兩人爲朋. 射之有朋, 猶古射儀之有耦也."라고 함.
⑲ 행동거지 : 원문은 "博措". 淸 沈寶硯의 校本에는 "擧措"라 되어 있는데, 문맥상 타당하다고 여겨짐.
⑳ 내가~ 뛰어나다니 : 원문은 "吾之不足盡卿, 如此射矣". 이 구절만으로는 의미가 분명하지 않아 아마도 誤脫字가 있는 듯함. 『晉書』 권41 「魏舒傳」에는 "吾之不足以盡卿才, 有如此射矣, 豈一事哉!"라 되어 있음.

[참고] 『晉書』75.

王汝南旣除所生服, 遂停墓所. 兄子濟每來拜墓, 略不過叔, 叔亦不候. 濟脫時過, 止寒溫而已. 後聊試問近事, 答對甚有音辭, 出濟意外, 濟極惋愕. 仍與語, 轉造精微. 濟先略無子姪之敬, 旣聞其言, 不覺懍然, 心形俱肅. 遂留共語, 彌日累夜. 濟雖儁爽, 自視缺然, 乃喟然歎曰; "家有名士, 三十年而不知!" 濟去, 叔送至門. 濟從騎有一馬, 絶難乘, 少能騎者. 濟聊問叔: "好騎乘不?" 曰; "亦好爾." 濟又使騎難乘馬. 叔姿形旣妙, 回策如縈, 名騎無以過之. 濟益歎其難測, 非復一事. ① 旣還, 渾問濟: "何以暫行累日?" 濟曰; "始得一叔." 渾問其故, 濟具歎述如此. 渾曰; "何如我?" 濟曰; "濟以上人." 武帝每見濟, 輒以湛調之, 曰; "卿家癡叔死未?" 濟常無以答. 旣而得叔後, 武帝又問如前, 濟曰; "臣叔不癡." 稱其實美. 帝曰; "誰比?" 濟曰; "山濤以下, 魏舒以上." ② 於是顯名. 年二十八, 始宦.

① ▫ 鄧粲『晉紀』曰; 王湛, 字處沖, 太原人. 隱德, 人莫之知, 雖兄弟宗族, 亦以爲癡, 唯父昶異焉. 昶喪, 居墓次. 兄子濟往省湛, 見牀頭有『周易』, 謂湛曰; "叔父用此何爲? 頗曾看不?" 湛笑曰; "體中佳時, 脫復看耳. 今日當與汝言." 因共談『易』, 剖析入微, 妙言奇趣, 濟所未聞, 歎不能測. 濟性好馬, 而所乘馬駿敏, 意甚愛之. 湛曰; "此雖小駛, 然力薄不堪苦. 近見督郵馬, 當勝此, 但養不至耳." 濟取督郵馬穀食十數日, 與湛試之. 湛未嘗乘馬, 卒然便馳騁, 步驟不異於濟, 而馬不相勝. 湛曰; "今直行車路, 何以別馬勝不? 唯當就蟻封耳." 於是就蟻封盤馬, 果倒踣. 其儁識天才乃爾.

② ▫『晉陽秋』曰; 濟有人倫鑒識, 其雅俗是非, 少有優潤. 見湛, 歎服其德宇. 時人謂湛: "上方山濤不足, 下比魏舒有餘." 湛聞之曰; "欲以我處季孟之間乎?"
 ▫ 王隱『晉書』曰; 魏舒, 字陽元, 任城人. 幼孤, 爲外氏甯家所養. 甯氏起宅, 相者曰; "當出貴甥." 外祖母意以盛氏甥小而惠, 謂應相也. 舒曰; "當爲外氏成此宅相." 少名遲鈍. 叔

父衡使守水碓, 每言; "舒堪八百戶長, 我願畢矣." 舒不以介意. 身長八尺二寸, 不修常人近事. 少工射, 箸韋衣入山澤, 每獵大獲. 爲後將軍鍾毓長史, 毓與參佐射戲, 舒常爲坐畫籌. 後値朋人少, 以舒充數. 於是發無不中, 加博措閑雅, 殆盡其妙. 毓歎謝之, 曰; "吾之不足盡卿, 如此射矣!" 轉相國參軍. 晉王每朝罷, 目送之曰; "魏舒堂堂, 人之領袖!" 累遷侍中・司徒.

───────── • 8 : 018 [0439]

배복야裴僕射[裴頠]를 당시 사람들이 평했다.

"담론의 숲이다."[1]

[1]◦『혜제기거주惠帝起居注』: 배위裴頠의 철리는 매우 심오하면서도 해박하여 난제難題을 논하는 데 능했다.

[참고]·····················
『晉書』35, 『北堂書鈔』98・100, 『太平御覽』390.

裴僕射, 時人謂: "爲言談之林藪."[1]

[1]◦『惠帝起居注』曰; 頠理甚淵博, 瞻於論難.

───────── • 8 : 019 [0440]

장화張華가 저도褚陶를 만나고 나서 육평원陸平原[陸機]에게 말했다.

"당신 형제陸機・陸雲는 은하수[1]에서 뛰는 용이고, 고언선顧彦先[顧榮]은 조양朝陽에서 우는 봉황[2]이오. 동남지방의 보물이 이미 바닥난 것으로 생각했더니, 뜻밖에 다시 저생褚生[褚陶]을 보게 되었소"

그러자 육평원이 말했다.

"공께서는 울지 않고 뛰지 않는 인물을 아직 보지 못했을 뿐입니다!"[1]

[1]◦『저씨가전褚氏家傳』: 저도는 자가 계아季雅며 오군吳郡 전당錢塘사람으로, 저선생褚先生[褚少孫][3]의 후손이다. 저도는 총명함이 출중하여 30세에[4] 「구

조부鵩鳥賦」와 「수애부水磑賦」⑤ 2편을 지었다. 완릉宛陵의 엄중필嚴仲弼[嚴隱]⑥이 그를 보고 비범하다고 생각하여 말했다.

"저선생이 다시 출현했도다!"

어려서부터 노는 것을 좋아하지 않았고, 성품이 청담淸淡⑦하고 과묵했으며, 고서古書⑧를 읽으면서 스스로 즐겼다. 친한 이들에게 말했다.

"성현의 도道가 책⑨ 속에 다 갖추어져 있으니, 이것을 버리고 무엇을 구하리오?"

주군州郡에서 초징했으나 나아가지 않았다. 오吳나라가 국권을 진晉나라에 넘겼을 때,⑩ 세조世祖[武帝 司馬炎]가 그를 대랑臺郞⑪과 건충교위建忠校尉로 임명했다. 사공司空 장화張華가 저도에게 서찰을 보내 말했다.

"이륙二陸[陸機·陸雲]은 강한江漢에서 뛰는 용이고, 언선은 조양에서 우는 봉황이오. 지금 이후로는 남방의 황금⑫이 이미 바닥난 것이라고 늘 걱정했는데, 다시 그대를 얻게 되었소! 그래서 연주延州[季札]⑬의 덕德이 외롭지 않고⑭ 산천⑮의 보물이 없어지지 않은 것을 알게 되었소."

벼슬은 중위中尉⑯에 이르렀다.

[역주]······················

① 은하수 : 원문은 "雲津". 天津·天河·天漢 등이라고도 함. 은하수를 말함.
② 朝陽에서 우는 봉황 : 원문은 "鳳鳴朝陽". 『詩經』「大雅·卷阿」에서 "鳳凰鳴矣, 于彼高岡. 梧桐生矣, 于彼朝陽."이라 하고, 이에 대한 毛傳에서 "山東曰朝陽"이라 함. '鳳凰朝陽'은 賢才가 때를 얻은 것을 비유하고, '朝陽'은 일반적으로 동방을 뜻함.
③ 褚先生[褚少孫] : 前漢 沛사람으로 大儒 王式을 師事하고 博士가 됨. 『漢書』 권88 「儒林傳」에 보임.
④ 30세에 : 宋本과 袁褧本에는 "年十三"이라 되어 있는데, 문맥상 타당하고 생각함.
⑤ 「水磑賦」 : 원문은 "水磑". 宋本에는 "水碓(대)", 袁褧本에는 "水硾(추)"라 되어 있음. '磑'는 맷돌, '碓'는 방아, '硾'는 찧다의 뜻. 수력을 이용하여 방아를 찧는 도구.
⑥ 嚴仲弼[嚴隱] : 「賞譽」20 劉注① 참조.
⑦ 淸淡 : 원문은 "淸談". 宋本과 袁褧本에는 "淸淡"이라 되어 있는데, 문맥상 타당하다고 여겨 이것에 따름.
⑧ 古書 : 원문은 "眞典". 三眞五典을 말함. 三皇五帝가 지었다고 전해지는 고대의 책.
⑨ 책 : 원문은 "黃卷". 옛날의 책은 벌레가 먹는 것을 막기 위해 표지를 누런색으

로 염색했는데, '黃卷'은 여기에서 나온 말로 책에 대한 통칭으로 쓰임.
⑩ 吳나라가 국권을 晉나라에 넘겼을 때 : 원문은 "吳歸命". 280년에 吳나라의 마지막 군주 孫皓가 晉나라에 항복한 것을 말함.
⑪ 臺郞 : 尙書郞을 말함.『晉書』권92「褚陶傳」에는 "尙書郞"이라 되어 있음.
⑫ 남방의 황금 : 원문은 "南金". 남방에서 나오는 양질의 황금.『詩經』「魯頌·泮水」에 "元龜象齒, 大賂南金."이라는 구절이 보임. 여기서는 황금처럼 보배로운 남방의 인재를 비유함.
⑬ 延州[季札] :『晉書』권92「褚陶傳」에는 "延門"이라 되어 있음. '延州'와 '延門'은 모두 延陵을 가리킴. 延陵은 춘추시대 吳나라의 季札이 받은 封土임.
⑭ 德이 외롭지 않고 : 원문은 "德不孤".『論語』「里仁」에 "德不孤, 必有鄰."이라는 구절이 있음.
⑮ 산천 : 원문은 "淵岱".『晉書』권92「褚陶傳」에는 "川嶽"이라 되어 있는데, 唐 高祖 李淵의 諱를 피하기 위하여 고친 것으로 보임.
⑯ 中尉 : 漢代에는 執金吾라 했으며, 수도의 경비와 치안을 맡은 관직.

[**참고**]『晉書』92.

張華見褚陶, 語陸平原曰; "君兄弟龍躍雲津, 顧彦先鳳鳴朝陽. 謂東南之寶已盡, 不意復見褚生." 陸曰; "公未覩不鳴不躍者耳!"①

①『褚氏家傳』曰: 陶, 字季雅, 吳郡錢塘人, 褚先生後也. 陶聰惠絶倫, 年三十, 作「鷗鳥」·「水碓」二賦. 宛陵嚴仲弼見而奇之曰; "褚先生復出矣!" 弱不好弄, 淸談閑默, 以墳典自娛. 語所親曰; "聖賢備在黃卷中, 舍此何求?" 州郡辟不就. 吳歸命, 世祖補臺郞·建忠校尉. 司空張華與陶書云; "二陸龍躍於江漢, 彦先鳳鳴於朝陽. 自此以來, 常恐南金已盡, 而復得之於吾子! 故知延州之德不孤, 淵岱之寶不匱." 仕至中尉.

• 8 : 020 [0441]

어떤 사람이 채수재蔡秀才[蔡洪]①에게 물었다.
"오吳 땅의 명문 구족舊族은 어떻습니까?"
채수재가 대답했다.
"오부군吳府君[吳展]은 성군시대의 노련한 인물②이고 태평성대의 걸출한 인재며, 주영장朱永長[朱誕]은 백성을 다스리는 지극한 품덕을 지녔고 공평한 인선人選을 행하는 높은 명망을 지녔으며, 엄중필嚴仲弼[嚴

隱]은 깊은 소택지에서 우는 학이고[③] 그윽한 계곡에서 노니는 흰 망아지며,[④] 고언선顧彦先[顧榮]은 팔음八音[⑤]으로 조화된 금슬이고 오색[⑥]으로 아롱진 용무늬며, 장위백張威伯[張暢]은 추운 겨울에도 무성한 소나무고 어두운 밤에도 빛나는 빛이며, 육사형陸士衡[陸機]과 육사룡陸士龍[陸雲][⑦]은 창공을 배회[⑧]하는 큰 기러기와 고니고 북채로 치기를 기다리는 매달린 북입니다.[1] 무릇 이러한 여러 명현들은 큰 붓을 호미와 쟁기로 삼고 종이와 죽간을 비옥한 밭으로 삼으며, 현묵玄默[⑨]함을 경작으로 삼고 철리를 풍년으로 삼으며, 담론을 화려한 꽃으로 삼고 충서忠恕[⑩]를 진귀한 보물로 삼으며, 문장을 비단 수놓듯이 짓고 오경[⑪]을 비단 짜듯이 마음에 새겨 넣으며, 겸허함을 자리삼아 깔고 앉고 예의와 겸양을 휘장삼아 펼치며, 인의를 집삼아 행동하고 도덕을 넓은 저택삼아 수양합니다."[2]

[1] · 수재는 채홍蔡洪이다.

· 『채홍집蔡洪集』에 실려 있는 채홍의 「자사 주준周俊[⑫]에게 보내는 글[與刺史周俊書]」: 어느 날 천자를 모시고 앉아 있다가 화제가 오 땅의 명사에 미치게 되었는데, 소인에게 물으시어[⑬] 마침내 하문을 받게 되었습니다. 그때는 황망한 중에[⑭] 어안御顔을 뵙고 보니 갑자기 말씀을 올리지 못했는데, 오 땅의 명사들의 이름과 행장을 조목조목 열거하라는 칙명이 내렸기에 물러나 생각해보았습니다. 이제 알고 있는 바를 적어 보냅니다.

오전吳展은 자가 사계士季며 하비下邳사람입니다. 충직함은 잘못을 바로잡기에 충분하고 청렴함은 풍속을 쇄신하기에 충분하며, 신실함은 신명神明과 통할 만하고 재능은 세상을 다스릴 만합니다. 오吳나라에서 벼슬하여 광주廣州자사와 오군吳郡태수를 지냈으나, 오나라가 평정된 뒤에는 하비로 돌아와 두문불출하고 스스로를 지키면서 빈객들과 교제하지 않았습니다. 진실로 성군시대의 노련한 인물이고, 태평성대의 걸출한 인재입니다.

주탄朱誕은 자가 영장이며 오군사람입니다. 몸소 화평함을 실천하면서, 재덕才德을 간직하고 이치에 통달했습니다.[⑮] 오나라 조정에서 현량賢良[⑯]

으로 천거되어 의랑議郞⁽¹⁷⁾에까지 올랐으나, 지금은 귀향하여 집에 있습니다. 진실로 백성을 다스리는 지극한 품덕을 지녔고, 공평한 인선人選을 행하는 높은 명망을 지녔습니다.

엄은嚴隱은 자가 중필이며 오군사람입니다. 타고난 기품이 청순하며, 사려가 깊고 도량이 큽니다. 오나라 조정에서 현량으로 천거되어 완릉령宛陵令을 지냈으나, 오나라가 평정된 뒤에는 관직을 떠났습니다. 깊은 소택지에서 우는 학이고, 그윽한 계곡에서 노니는 흰 망아지입니다.

장창張暢⁽¹⁸⁾은 자가 위백이며 오군사람입니다. 타고난 품성이 강인하고 총명하며 뜻과 행동이 청명淸明하여, 혼란한 가운데에 있으면서도 전혀 흔들리지 않았습니다.⁽¹⁹⁾ 추운 겨울에도 무성한 소나무고, 어두운 밤에도 빛나는 빛입니다.

▫『육운별전陸雲別傳』: 육운은 자가 사룡이며 오나라의 대사마大司馬 육항陸抗의 다섯째아들로서 육기陸機의 친동생이다. 학자로서의 온아함을 지닌 준재로서, 용모가 훌륭하고 논변에 능했으며 해박하고 기억력이 뛰어나 저술에 뛰어났다. 6살에 이미 시를 잘 지을 수 있어서 당시 사람들이 그를 항탁項託이나 양오揚烏⁽²⁰⁾의 무리라고 생각했다. 18살 때 자사 주준이 그를 주부主簿로 임명했는데, 주준은 늘 감탄했다.

"육사룡은 오늘날의 안연顔淵이로다!"

여러 벼슬을 거쳐 태자사인太子舍人과 청하내사淸河內史에 기용되었다. 성도왕成都王[司馬穎]에게 살해당했다.

②▫생각건대 : 채홍이 논급한 명사 16명에는 육기 형제가 들어 있지 않고 또한 "무릇 이러한 여러 명현들은" 이하의 문장도 없으니, 아마도 나중에 덧붙인 것 같다.

[역주]······················
① 秀才[蔡洪] : 漢代에 설치한 인재 추천과목 중의 하나. 魏晉代에도 이 과목을 설치하여 인재를 선발함. 後漢에서는 '茂才'라고도 함.
② 노련한 인물 : 원문은 "老成". 경험이 풍부하고 훌륭한 품덕을 갖춘 인물을 말함. 『詩經』「大雅·蕩」에 "雖無老成人, 尙有典刑."이라는 구절이 있음.
③ 깊은 소택지에서 우는 학이고 : 원문은 "九皐之鳴鶴". 『詩經』「小雅·鶴鳴」에 "鶴鳴于九皐"라는 구절이 있음.
④ 그윽한 계곡에서 노니는 흰 망아지며 : "空谷之白駒". 『詩經』「小雅·白駒」에

"皎皎白駒, 在彼空谷."라는 구절이 있음.
⑤ 八音 : 金·石·絲·竹·匏·土·革·木의 8가지 악기를 말함.
⑥ 오색 : 黃·靑·赤·白·黑의 5가지 색을 말함.
⑦ 陸士衡[陸機]과 陸士龍[陸雲] : 원문은 "陸士衡·士龍". 宋本에는 "陸士龍"이라고만 되어 있음.
⑧ 배회 : 원문은 "裵回". 徘徊와 같은 뜻.
⑨ 玄默 : 淸靜한 默想.
⑩ 忠恕 : '忠'은 자신의 성심성의를 다 하는 것을 말하고, '恕'는 자신의 처지를 헤아려 남을 이해해주는 것을 말함. 『論語』 「里仁」에 "夫子之道, 忠恕而已矣."라는 구절이 있음.
⑪ 오경 : 원문은 "五色". 袁褧本에는 "五經"이라 되어 있는데, 문맥상 타당하다고 여겨 이것에 따라 번역함.
⑫ 周俊 : 『晉書』 권61 「周浚傳」에는 "周浚"이라 되어 있음. 周浚은 자가 開林이며 汝南 安成사람임.
⑬ 소인에게 물으시어 : 원문은 "詢于芻蕘". 『詩經』 「大雅·板」에 나오는 구절. '芻蕘'는 꼴 베고 나무 하는 신분이 천한 사람이라는 뜻으로, 여기서는 자신에 대한 謙稱으로 쓰임.
⑭ 황망한 중에 : 원문은 "造次". 다급한 지경을 말함. 『論語』 「里仁」에서 "君子無終食之間違仁, 造次必於是, 顚沛必於是."라고 함.
⑮ 才德을 간직하고 이치에 통달했습니다 : 원문은 "黃中通理". 『周易』 「坤卦」에 "君子黃中通理, 正位居體."라는 구절이 있음. '黃中'은 才德을 깊이 간직하고서 밖으로 드러내지 않는 것을 말함.
⑯ 賢良 : 漢代에 설치한 인재 추천과목 가운데 하나. 魏晉代에도 계속됨.
⑰ 議郎 : 文官의 郎官에서 가장 높은 직위로서 光祿勳에 속함.
⑱ 張暢 : 宋本에는 "張鴨(압)"이라 되어 있음.
⑲ 혼란한 가운데에 있으면서도 전혀 흔들리지 않았습니다 : 원문은 "居磨涅之中, 無淄磷之損". 『論語』 「陽貨」에서 "不曰堅乎? 磨而不磷. 不曰白乎? 涅而不淄."라고 함. 절대적으로 견고한 것은 갈아도 닳지 않고 절대적으로 흰 것은 물들여도 검어지지 않는다는 뜻으로, 君子는 혼탁하고 어지러운 와중에서도 자신을 더럽히지 않는다는 말.
⑳ 項託이나 揚烏 : 둘 다 어려서부터 문장력이 뛰어난 神童으로 유명함. 항탁에 대해서는 『史記』 권71 「甘羅傳」에서 "項橐[託]生七歲, 爲孔子師."라고 함. 양오는 揚雄의 아들로서, 양웅의 『法言』에서 "育而不苗者, 吾家之童烏乎! 九齡而與我玄文."이라 함.

有問秀才; "吳舊姓何如?" 答曰; "吳府君, 聖王之老成, 明時之俊乂. 朱永長, 理物之至德, 淸選之高望. 嚴仲弼, 九皐之鳴鶴, 空谷之白駒. 顧彥先, 八音之琴瑟, 五色之龍章. 張威伯, 歲寒之茂松, 幽夜之逸光. 陸士衡·士龍, 鴻鵠之裵回, 懸鼓之待槌.① 凡此諸君, 以洪筆爲鉏耒, 以紙札爲良田, 以玄默爲稼穡, 以義理爲豊年, 以談論爲英華, 以忠恕爲珍寶, 著文章爲錦繡, 蘊五色爲繒帛, 坐謙虛爲席薦, 張義讓爲帷幕, 行仁義爲室宇, 修道德爲廣宅."②

① 。秀才, 蔡洪也.

　。『集』載洪「與刺史周俊書」曰; 一日侍坐, 言及吳士, 詢于芻蕘, 遂見下問. 造次承顔, 載辭不擧, 敕令條列名狀, 退輒思之. 今稱疏所知. 吳展, 字士季, 下邳人. 忠足矯非, 淸足厲俗, 信可結神, 才堪幹世. 仕吳爲廣州刺史·吳郡太守, 吳平, 還下邳, 閉門自守, 不交賓客. 誠聖王之老成, 明時之儁乂也. 朱誕, 字永長, 吳郡人. 體履淸和, 黃中通理. 吳朝擧賢良, 累遷議郎, 今歸在家. 誠理物之至德, 淸選之高望也. 嚴隱, 字仲弼, 吳郡人. 稟氣淸純, 思度淵偉. 吳朝擧賢良, 宛陵令, 吳平, 去職. 九皐之鳴鶴, 空谷之白駒也. 張暢, 字威伯, 吳郡人. 稟性堅明, 志行淸朗, 居磨涅之中, 無淄磷之損. 寒歲之松柏, 幽夜之逸光也.

　。『陸雲別傳』曰; 雲, 字士龍, 吳大司馬抗之第五子, 機同母之弟也. 儒雅有俊才, 容貌瓌偉, 口敏能談, 博聞强記, 善著述. 六歲便能賦詩, 時人以爲項託·揚烏之儔也. 年十八, 刺史周俊命爲主簿. 俊常歎曰; "陸士龍當今之顔淵也!" 累遷太子舍人·淸河內史. 爲成都王所害.

② 。按; 蔡所論士十六人, 無陸機兄弟, 又無 "凡此諸君" 以下, 疑益之.

• 8:021 [0442]

어떤 사람이 왕이보王夷甫[王衍]에게 물었다.

"산거원山巨源[山濤]의 철리는 어떠합니까? 어느 무리입니까?"

왕이보가 말했다.

"그 사람은 애당초 청담가로 자처하려 하지 않고 『노자老子』와 『장자莊子』도 읽지 않았는데, 때때로 그가 하는 말을 들어보면 종종 『노자』·『장자』의 논지와 부합하곤 합니다."①

① 。고개지顧愷之의 『화찬畫贊』: 산도山濤는 지식이나 능력 따위를 지니고 있으면서도 그것을 믿지 않는 것이 모두 이와 같았다.

人問王夷甫; "山巨源義理何如? 是誰輩?" 王曰; "此人初不肯以談自居, 然不讀『老』·『莊』, 時聞其詠, 往往與其旨合."③
③ 。顧愷之『畫贊』曰; 濤有而不恃, 皆此類也.

• 8 : 022 [0443]

　　낙양洛陽의 온아한 인물①에 삼하三瑕가 있는데, 유수劉粹는 자가 순하純瑕고 유굉劉宏은 자가 종하終瑕며 유막劉漠②은 자가 충하沖瑕다. 이들은 친형제로서 왕안풍王安豊[王戎]의 외조카이자 모두 왕안풍의 사위다. 유굉은 유진장劉眞長[劉惔]의 조부다.① 낙양의 쟁쟁한 인물③ 풍혜경馮惠卿은 이름이 손蓀이며 풍파馮播의 아들이다.② 풍손과 형교邢喬는 모두 사도司徒 이윤李胤의 외손자며, 이윤의 아들 이순李順과 함께 모두 이름이 알려졌다. 당시에 이들을 평했다.
　　"풍손의 재주는 맑고, 이순의 재주는 밝으며, 순수한 건 형교로다."③

① 。『진제공찬晉諸公贊』: 유수는 패국沛國사람이며, 시중侍中과 남중랑장南中郞將을 역임했다. 유굉은 비서감秘書監과 광록대부光祿大夫를 역임했다.
　。『진후략晉後略』: 유막은 젊어서부터 탁월한 식견으로 명성이 높았고, 왕이보王夷甫[王衍]와 친한 사이였으며, 모두 인물품평을 좋아했다. 그래서 당시 사람들은 그를 재지才智가 뛰어난 인물이라고 인정했다. 상국우장사相國右長史로 있다가 지방으로 나가 양주襄州자사④가 되었다. 간약簡約함을 귀히 여기는 인물이라고 평해졌다.
　。생각건대 : 『유씨보劉氏譜』에는 유빈劉邠의 처는 무주武周의 딸로서 수·굉·막을 낳았다고 되어 있으니, 이들은 왕씨王氏[王戎]의 외조카가 아니다.
② 。『진후략』: 풍파는 자가 우성友聲이며 장락長樂사람이다. 벼슬은 대종정大宗正⑤에 이르렀으며 풍손을 낳았다.
　。『팔왕고사八王故事』: 풍손은 젊어서부터 현명하여 당시의 마땅한 바를 알고 있었다. 일찍 청관淸官⑥을 역임하고 벼슬이 시중侍中에 이르렀다. 장사왕長沙王[司馬乂]에게 살해당했다.
③ 。『진제공찬』: 형교는 자가 증백曾伯이며 하간河間사람이다. 재능과 학식

이 있었으며, 벼슬은 사례교위司隸校尉에 이르렀다. 이순은 자가 만장曼長이며,⑦ 벼슬은 태복경太僕卿에 이르렀다.

[역주]······················
① 온아한 인물 : 원문은 "雅雅". 성품이 온화하고 거동이 고아한 것을 말함.
② 劉漠 : 『三國志』권29「魏書·管輅傳」에는 "劉漠", 『晉書』권43「山簡傳」에는 "劉誤", 『晉書』권75「劉惔傳」에는 "劉漠"이라 되어 있음.
③ 쟁쟁한 인물 : 원문은 "錚錚". 재능이 출중하고 명성이 높은 것을 말함.
④ 襄州刺史 : 『晉書』「劉惔傳」의 관련기록에는 劉漠이 양주자사를 지냈다는 언급이 없으며, 『晉書』「地理志」에는 襄州라는 지명이 보이지 않음. 아마도 '湘州'의 오기로 보임.
⑤ 大宗正 : 皇族을 통솔하는 관리. 晉代에는 황족 이외의 사람을 채용함.
⑥ 淸官 : 원문은 "淸職". 명류 출신이 거쳐 가는 관직으로, 侍中·黃門侍郞·散騎侍郞·散騎常侍·秘書郞 등과 함께 천자를 측근에서 모시는 명예직임.
⑦ 이순은 자가 曼長이며 : 원문은 "順字曼長". 宋本에는 '順'이 '愼'으로 되어 있음. 『晉書』권44「李胤傳」에는 "三子, 固·眞長·脩. 眞長位至太僕卿."이라 되어 있어서, '曼長'이나 '眞長' 둘 중의 하나가 잘못된 것으로 보임.

[참고] 『晉書』35.

洛中雅雅有三嘏, 劉粹字純嘏, 宏字終嘏, 漠字沖嘏. 是親兄弟, 王安豊甥, 並是王安豊女壻. 宏, 眞長祖也.1 洛中錚錚馮惠卿, 名蓀, 是播子.2 蓀與邢喬俱司徒李胤外孫, 及胤子愼並知名. 時稱, "馮才淸, 李才明, 純粹邢."3
1 『晉諸公贊』曰; 粹, 沛國人. 歷侍中·南中郞將. 宏, 歷秘書監·光祿大夫.
  『晉後略』曰; 漠少以淸識爲名, 與王夷甫友善, 並好以人倫爲意, 故世人許以才智之名. 自相國右長史, 出爲襄州刺史. 以貴簡稱.
  按; 『劉氏譜』, 劉邵妻, 武周女, 生粹·宏·漠. 非王氏甥.
2 『晉後略』曰; 播, 字友聲, 長樂人. 位至大宗正, 生蓀.
  『八王故事』曰; 蓀少以才悟, 識當世之宜. 蚤歷淸職, 仕至侍中. 爲長沙王所害.
3 『晉諸公贊』曰; 喬, 字曾伯, 河間人. 有才學, 仕至司隸校尉. 順, 字曼長, 仕至太僕卿.

위백옥衛伯玉[衛瓘]이 상서령尙書令으로 있을 때, 악광樂廣이 중조中朝[西晉]의 명사들과 담론하는 것을 보고 그를 비범한 인물이라 여겨 말했다.

"옛 명사들이 세상을 떠난 이후로 미언微言[1]이 장차 끊어질 것이라고 항상 걱정했는데, 지금 당신에게서 그러한 언담을 다시 듣게 되었소이다!"

그리고는 자제들에게 그를 찾아가보라고 명하면서 말했다.

"이 사람은 수경水鏡과 같은 사람[2]이니, 그를 보면 마치 운무를 헤치고 푸른 하늘을 우러러보는 것과 같으니라."[1]

[1] ▫『진양추晉陽秋』: 상서령 위관衛瓘이 악광을 보고 말했다.

"옛날 하평숙何平叔[何晏] 등 여러 명사들이 세상을 떠난 뒤로 청담이 사라진 것이라고 항상 생각했는데, 지금 당신에게서 그것을 다시 듣게 되었소이다."

▫왕은王隱의『진서晉書』: 위관은 명리名理에 뛰어나 하안何晏·등양鄧颺 등과 함께 자주 담론을 했다. 위관이 악광을 보고 그를 비범한 인물이라 여겨 말했다.

"매번 이 사람을 볼 때면 마치 운무를 걷어내고 푸른 하늘을 우러러보는 것처럼 밝게 빛난다."

[역주] …………………

① 微言: 심오한 철리에 대한 언담이나 논의. 여기서는 淸談·淸言·玄言 등의 의미로 쓰임.

② 水鏡과 같은 사람: 원문은 "人之水鏡". 물을 거울삼아 明澄하게 사람을 비춰준다는 뜻으로, 高明한 식견을 지닌 인물을 비유함.『三國志』권40「李嚴傳」의 裴松之 注에 인용된 習鑿齒의 글에서 "夫水者至平而邪者取法, 鏡至明而醜者無怒. 水鏡之所以能窮物而無怨者, 以其無私也."라고 함.

[참고]『晉書』43.

衛伯玉爲尙書令, 見樂廣與中朝名士談議, 奇之曰; "自昔諸人沒已來, 常恐微言將絶, 今乃復聞斯言於君矣!" 命子弟造之, 曰; "此人, 人之水鏡也, 見之若披雲霧覩靑天."[1]

[1] ▫『晉陽秋』曰; 尙書令衛瓘見廣曰; "昔何平叔諸人沒, 常謂淸言盡矣, 今復聞之於君!"

▫王隱『晉書』曰; 衛瓘有名理, 及與何晏·鄧颺等數共談講. 見廣奇之曰; "每見此人, 則瑩然猶廓雲霧而覩靑天也."

─────── • 8 : 024 [0445]

왕태위[王衍]가 말했다.

"배령공裴令公[裴楷]을 보니 그 명철함이 환하게 빛나 모든 사람을 압도하니 보통 식견을 지닌 인물이 아니다. 만약 죽은 사람을 다시 살릴 수 있다면 마땅히 그와 함께 뜻을 같이 하겠다."

혹은 왕융王戎이 한 말이라고도 한다.①

① ▫『예기禮記』① : 조문자趙文子[趙武]②가 숙예叔譽와 함께 구원九原③을 둘러 보다가 조문자가 말했다.

"죽은 사람을 다시 살릴 수 있다면[如可作], 나는 누구와 뜻을 같이할까?"

▫ 정현鄭玄의 주 : '작作'은 '기起'의 뜻이다.

[역주]⋯⋯⋯⋯⋯⋯⋯⋯⋯⋯

① 『禮記』:「檀弓篇」下에 나옴.
② 趙文子[趙武] : 춘추시대 晉나라 사람으로 悼公 때 재상을 지냄.
③ 九原 : 卿·大夫의 묘지. 나중에는 일반적인 묘지의 뜻으로 쓰임.

王太尉曰; 見裴令公精明朗然, 籠蓋人上, 非凡識也. 若死而可作, 當與之同歸." 或云王戎語.①

① ▫『禮記』曰; 趙文子與叔譽觀于九原, 文子曰; "死者如可作也, 吾誰與歸?"
▫ 鄭玄曰; 作, 起也.

─────── • 8 : 025 [0446]

왕이보王夷甫[王衍]가 스스로 탄식했다.

"나는 악령樂令[樂廣]과 담론할 때마다 일찍이 나의 언담이 번잡하다고 느끼지 않은 적이 없다!"①

① ▫『진양추晉陽秋』 : 악광樂廣은 간결한 언담으로 사람들의 마음을 만족시키는 데 뛰어났으며, 자신이 알지 못하는 것에 대해서는 침묵을 지켰다. 태위太尉 왕이보와 광록대부光祿大夫 배숙칙裴叔則[裴楷]은 청담에 능했지만, 늘 말

했다.

"악군樂君[樂廣]과 담론해보면 그 언담이 지극히 간결하여 우리들은 모두 자신의 언담이 번잡하다고 느낀다."

[참고]·······················
『晉書』43

王夷甫自歎; "我與樂令談, 未嘗不覺我言爲煩!"[1]
[1]。『晉陽秋』曰; 樂廣善以約言厭人心, 其所不知, 默如也. 太尉王夷甫・光祿大夫裴叔則能淸言, 常曰; "與樂君言, 覺其簡至, 吾等皆煩."

———————— • 8 : 026 [0447]

곽자현郭子玄[郭象]은 빼어난 재능을 지녔으며, 『노자老子』와 『장자莊子』를 논하는 데 뛰어났다. 유애庾敳가 그를 칭찬하며 매번 말했다.

"곽자현이 어찌 반드시 나 유자숭庾子嵩[庾敳]만 못하겠는가!"[1]
[1]。『명사전名士傳』: 곽상郭象은 자가 자현이다. 황문랑黃門郞으로부터 사마태부司馬太傅[司馬越]의 주부主簿가 되었는데, 직무를 처리하는 데 위세를 떨쳐 온 태부부太傅府를 움직일 정도였다. 유애가 곽상에게 말했다.

"당신은 본래 당대의 위대한 인재이니, 내가 예전에 생각하고 있던 것은 모두 이미 바닥이 났소이다!"

곽상의 뛰어난 논리에 감복하여 진심으로 탄복함이 모두 이와 같았다.

郭子玄有俊才, 能言『老』・『莊』. 庾敳嘗稱之, 每曰; "郭子玄何必減庾子嵩!"[1]
[1]。『名士傳』曰; 郭象, 字子玄. 自黃門郞爲太傅主簿, 任事用勢, 傾動一府. 敳謂象曰; "卿自是當世大才, 我疇昔之意, 都已盡矣!" 其伏理推心, 皆此類也.

———————— • 8 : 027 [0448]

왕평자王平子[王澄]가 형 왕태위王太尉[王衍]를 품평했다.

"형님은 겉으로는 무위無爲의 도道를 체득한 듯하지만, 정신적인 기세가 너무 예리합니다."

왕태위가 답했다.

"진실로 그대의 대범함과 침착함①에는 미치지 못하지."[1]

[1]。왕은王隱의『진서晉書』: 왕징王澄은 사리에 밝고② 인물을 품평하길 좋아했는데, 조금도 감정이 개입된 바가 없었다.

[역주]······················

① 대범함과 침착함 : 원문은 "落落穆穆". '落落'은 도량이 넓어 마음이 대범하고 솔직한 것을 말하며, '穆穆'은 인품이 신중하고 장중한 것을 말함.
② 사리에 밝고 : 원문은 "通朗". 이치에 통하여 사리에 밝은 것을 말함.

[참고]『晉書』43.

王平子目太尉; "阿兄形似道, 而神鋒太儁." 太尉答曰; "誠不如卿落落穆穆."[1]
[1]。王隱『晉書』曰; 澄通朗好人倫, 情無所繫.

———— • 8 : 028 [0449]

사마태부司馬太傅[司馬越]의 막부에 세 명의 재사才士가 있었는데, 유경손劉慶孫[劉輿]①은 기억력이 뛰어난 장재長才고,[1] 반양중潘陽仲[潘滔]②은 학문이 큰 내재大才며, 배성성裴景聲[裴邈]③은 인품이 청렴한 청재淸才다.[2]
[1]。『진양추晉陽秋』: 사마태부가 장차 유여劉輿를 초징하려 할 때 어떤 사람이 말했다.

"유여는 기름과 같아서 가까운 장래에 사람을 더럽힐 것입니다."

사마태부는 그럴지도 모른다고 의심하여 그를 멀리했다. 그래서 유여는 천하의 병부兵簿, 여러 주둔지와 창고의 소재, 인원과 곡물의 분량, 우마와 병기, 수륙의 지형 등을 은밀히 살펴 모두 묵묵히 기억해두었다. 당시는 군사상·정치상으로 사건이 많았는데, 매번 회의를 열어 국사를 논할 때마다 반도潘滔 이하의 사람들은 모두 대답할 바를 알지 못했다. 그러나 유여는 곧장 손가락을 꼽으면서 계책을 세우고 병사와 병기를 징발할 장소, 군량미 수송 등의 일에 막힘이 없었다. 그래서 사마태부는 마침내 그에게 모든 일을 맡겼다.

②『팔왕고사八王故事』: 유여는 종합적으로 조사하는 재주가 뛰어났고, 반도는 박학博學으로 명성이 높았으며, 배막裴邈은 방정方正을 힘써 행했는데, 모두 동해왕東海王[司馬越]의 신임을 얻어 함께 막부에서 두각을 나타냈다. 그래서 당시 사람들이 칭찬했다.

"유여는 장재고, 반도는 대재며, 배막은 청재다."

[역주]……………………
① 劉慶孫[劉輿]: 「雅量」10 劉注①에 그에 관한 기록이 보임.
② 潘陽仲[潘滔]: 「識鑒」6 劉注①에 그에 관한 기록이 보임.
③ 裴景聲[裴邈]: 「雅量」11 劉注①에 그에 관한 기록이 보임.

[참고] 『晉書』62, 『太平御覽』206.

太傅府有三才, 劉慶孫長才,① 潘陽仲大才, 裴景聲淸才.②
①。『晉陽秋』曰; 太傅將召劉輿, 或曰; "輿猶膩也, 近將汙人." 太傅疑而禦之. 輿乃密視天下兵簿, 諸屯戌及倉庫處所, 人穀多少, 牛馬器械, 水陸地形, 皆默識之. 是時軍國多事, 每會議事, 自潘滔以下, 皆不知所對. 輿便屈指簿計, 所發兵仗處所, 糧廩運轉, 事無凝滯. 於是太傅遂委仗之.
②。『八王故事』曰; 劉輿才長綜覈, 潘滔以博學爲名, 裴邈彊力方正, 皆爲東海王所昵, 俱顯一府. 故時人稱曰; "輿長才, 滔大才, 邈淸才也."

───────── • 8 : 029 [0450]

죽림竹林의 여러 명현들은 각기 재능이 빼어난 아들을 두었다. 완적阮籍의 아들 완혼阮渾은 기량이 넓고 컸으며,① 혜강嵇康의 아들 혜소嵇紹는 청정하고 아정했으며,② 산도山濤의 아들 산간山簡은 대범하고 소탈했으며,③ 완함阮咸의 아들 완첨阮瞻은 겸허하고 화평하여 고원한 뜻을 지녔으며, 완첨의 동생 완부阮孚는 활달하고 명랑하여 사소한 일에는 대부분 신경 쓰지 않았으며,④ 상수向秀의 아들 상순向純·상제向悌는 모두 품행이 훌륭하여 맑은 풍모를 지녔으며,⑤ 왕융王戎의 아들 왕만자王萬子[王綏]는 대성할 자질을 지니고 있었으나 꽃도 펴보지 못하고 요절했으며,①⑥ 오직 유령劉伶의 아들만 명성이 알려지지 않았다. 무릇 이러한 여러 아들들 중에서 완첨이 으뜸이었으며, 혜소와 산간도 당시에 존중받았다.

1 · 『세어世語』: 완혼은 자가 장성長成이다. 청렴하고 겸허하여 욕심이 적었다. 벼슬은 태자중서자太子中庶子에 이르렀다.

2 · 혜소는 이미 나왔다.②

3 · 우예虞預의 『진서晉書』: 산간은 자가 계륜季倫이다. 화평하고 온아하여 부친의 풍모가 있었다. 혜소·유막劉漠 등과 명성을 나란히 했다. 상서尙書로 전임되었다가, 지방으로 나가 정남장군征南將軍이 되었다.

4 · 『명사전名士傳』: 완첨은 자가 천리千里다. 거리낌 없이 행동하고 욕심이 적었으며, 명분에 따른 품행 따위는 차리지 않고 마음속에서 스스로 만족을 찾았다. 책을 읽을 때도 그다지 깊이 파고들지 않고 그 요점만을 이해했다. 벼슬은 태자사인太子舍人에 이르렀으며, 30세에 죽었다.

· 『중흥서中興書』: 완부는 성품이 자유분방하여 젊어서부터 가문의 기풍을 지니고 있었다. 처음 안동장군安東將軍[元帝 司馬睿]의 참군參軍이 되었을 때, 머리를 풀어헤치고 술을 마시면서 정무 따위는 마음에 두지 않았다.

5 · 『죽림칠현론竹林七賢論』: 상순은 자가 장제長悌며, 벼슬은 시중侍中에 이르렀다. 상제는 자가 숙손叔遜이며, 벼슬은 어사중승御史中丞에 이르렀다.

· 『진제공찬晉諸公贊』: 낙양洛陽이 함락되었을 때,③ 상순과 상제는 노략질했으나 적에게 살해당했다.

6 · 『진제공찬』: 왕수王綏는 자가 만자며, 태위연太尉掾으로 초징되었으나 나아가지 않았다. 19세에 죽었다.

· 『진서晉書』: 왕융의 아들 왕만王萬은 훌륭한 명성이 있었으나 살이 너무 쪘는데, 왕융이 그에게 쌀겨를 먹으라 했으나 살은 더욱 불어났다.

[역주]
① 꽃도 펴보지 못하고 요절했으며 : 원문은 "苗而不秀". 『論語』 「子罕」에 "苗而不秀者有矣夫, 秀而不實者有矣夫."라는 구절이 있음. 뛰어난 재능을 발휘해보지도 못하고 요절한 것을 말함.
② 이미 나왔다 : 「德行」43 劉注 4 에 나왔음.
③ 洛陽이 함락되었을 때 : 永嘉 5년(311)의 '永嘉의 亂'을 말함. 흉노족 劉淵의 아들 劉聰이 수도 낙양을 함락하고 懷帝를 포로로 잡아감.

林下諸賢, 各有儁才子. 籍子渾, 器量弘曠.① 康子紹, 淸遠雅正.② 濤子簡, 疏通高素.③ 咸子瞻, 虛夷有遠志. 瞻弟孚, 爽朗多所遺.④ 秀子純·悌, 並令淑有淸流.⑤ 戎子萬子, 有大成之風, 苗而不秀.⑥ 唯伶子無聞. 凡此諸子, 唯瞻爲冠, 紹·簡亦見重當世.

①。『世語』曰; 渾, 字長成. 淸虛寡欲. 位至太子中庶子.
②。已見.
③。虞預『晉書』曰; 簡, 字季倫. 平雅有父風. 與嵇紹·劉漠等齊名. 遷尙書, 出爲征南將軍.
④。『名士傳』曰; 瞻, 字千里. 夷任而少嗜欲, 不修名行, 自得於懷. 讀書不甚硏求, 而識其要. 仕至太子舍人. 年三十卒.
 。『中興書』曰; 孚風韻踈誕, 少有門風. 初爲安東參軍, 蓬髮飮酒, 不以王務嬰心.
⑤。『竹林七賢論』曰; 純, 字長悌, 位至侍中. 悌, 字叔遜, 位至御史中丞.
 。『晉諸公贊』曰; 洛陽敗, 純·悌出奔, 爲賊所害.
⑥。『晉諸公贊』曰; 王綏, 字萬子, 辟太尉掾, 不就. 年十九卒.
 。『晉書』曰; 戎子萬有美號而太肥, 戎令食糠, 而肥愈甚也.

--------- • 8 : 030 [0451]

유자궁庾子躬[庾琮]은 불구의 병이 있었지만 명성은 대단히 높았다. 그의 집이 성의 서쪽에 있었기 때문에 사람들이 '성서공부城西公府'①라고 불렀다.①

① 。우예虞預의 『진서晉書』: 유종庾琮은 자가 자궁이며 영천潁川사람으로, 태상太常 유준庾峻의 둘째아들이다. 벼슬은 태위연太尉掾에 이르렀다.

[역주]........................
① 城西公府: '公府'는 본래 三公의 지위에 있는 자의 저택을 말함. 유종은 삼공의 지위에 오른 적이 없었지만 그 명성이 대단하여 그렇게 부른 것임.

庾子躬有廢疾, 甚知名. 家在城西, 號曰'城西公府'.①
①。虞預『晉書』曰; 琮, 字子躬, 潁川人, 太常峻第二子. 仕至太尉掾.

--------- • 8 : 031 [0452]

왕이보王夷甫[王衍]가 악령樂令[樂廣]에게 말했다.

"명사는 많은 사람은 필요 없고 진실로 왕평자王平子[王澄]의 인정을 받아야 한다."[1]

[1]·『왕징별전王澄別傳』: 왕징은 풍격이 고매하고 지기志氣가 출중했다. 사촌형 왕융王戎과 친형 왕이보는 명성이 당대의 으뜸이었지만, 천하의 인사들이 일단 왕징에게 품평을 받으면 두 형들은 더 이상 의견을 내놓지 않으면서 말했다.

"이미 평자의 비평을 거쳤다면…"

그 존중받음이 이와 같았다. 그래서 왕징은 명성이 더욱 높아져서 세상에서 그를 아는 자나 모르는 자나 마음을 기울이지 않는 사람이 없었다. 그러나 왕징은 그 후의 사적이 명성에 미치지 못하여 조야朝野의 사람들이 실망했다. 하지만 이전부터 교제하면서 알고지낸 사람들은 여전히 말했다.

"당대의 명사로다!"

王夷甫語樂令; "名士無多人, 故當容平子知."[1]

[1]·『王澄別傳』曰: 澄風韻邁達, 志氣不羣. 從兄戎, 兄夷甫, 名冠當年. 四海人士, 一爲澄所題目, 則二兄不復措意, 云; "已經平子." 其見重如此. 是以名聞益盛, 天下知與不知, 莫不傾注. 澄後事迹不逮, 朝野失望. 及舊遊識見者, 猶曰; "當今名士也!"

──── • 8 : 032 [0453]

왕태위王太尉[王衍]가 말했다.

"곽자현郭子玄[郭象]의 논변은 마치 폭포에서 물이 쏟아지는[1] 것처럼 아무리 부어도 다함이 없다."[1]

[1]·『명사전名士傳』: 곽자현은 걸출한 재능을 지녔으며, 『노자』와 『장자』를 논하는 데 뛰어났다.

[역주]······················

* 본 고사는 『北堂書鈔』 권98에 인용된 『語林』에는 "王太尉問孫興公曰; '郭象何如人?' 答曰; '其辭淸雅, 突奕有餘, 吐章陳文, 如懸河瀉水, 注而不竭.'"이라 하여, 孫興公[孫綽]이 한 말로 되어 있음.

① 폭포에서 물이 쏟아지는 : 원문은 "懸河寫水". '懸河'는 공중에 매달려 있는 듯이 떨어지는 급류, 즉 폭포를 말함. '寫'는 '瀉'와 통함. 여기서는 문장이나 才思가 거침없이 분출하여 끝없이 이어지는 논변을 비유한 것으로, 이른바 '懸河之辯'을 말함.
[참고] 『晉書』50, 『太平御覽』464.

王太尉云; "郭子玄語議如懸河寫水, 注而不竭."①
①。『名士傳』曰; 子玄有雋才, 能言『老』・『莊』.

----• 8:033 [0454]

사마태부司馬太傅[司馬越]의 막부에는 명사가 많았는데, 하나같이 당시의 준걸들이었다. 유문강庾文康[庾亮]이 말했다.

"그 가운데에 있는 유자숭庾子嵩[庾敳]을 보니 항상 정신력이 충만해 있다."①①

①。『진양추晉陽秋』: 유애庾敳는 사마태부의 종사중랑從事中郞으로 있었다.
[역주].........................
① 정신력이 충만해 있다 : 원문은 "神王". '王'은 '旺'과 통하며 旺盛하다는 뜻. 『莊子』「養生主」에 "不蘄畜乎樊中, 神雖王不善也."라는 구절이 있음.
[참고] 『晉書』50.

司馬太傅府多名士, 一時儁異. 庾文康云; "見子嵩在其中, 常自神王."①
①。『晉陽秋』曰; 敳爲太傅從事中郞.

----• 8:034 [0455]

태부太傅 동해왕東海王[司馬越]이 허창許昌을 다스리고 있을 때, 왕안기王安期[王承]를 기실참군記室參軍으로 삼았는데, 평소에 그를 인정해주고 존중했다. 그래서 세자 사마비司馬毗에게 권계勸誡했다.

"대저 배워서 얻는 것은 얕고 몸으로 체득한 것은 깊다. 예법을 힘써 익히는 것은 예의바른 몸가짐을 모범삼아 견습하는 것만 못하고, 성현이 남긴 말씀을 음미하는 것은 직접 가르침을 받는 것만 못하다. 왕참군王參軍[王承]은 사람들의 사표師表이니, 너는 그를 스승으로 모시도록 하여라."

혹은 이렇게 말했다고도 한다.

"왕王·조趙·등鄧 세 참군은 사람들의 사표이니, 너는 그들을 스승으로 모시도록 하여라."

왕·조·등은 왕안기·등백도鄧伯道[鄧攸]·조목趙穆을 말하는 것이다.① 1 원굉袁宏이 지은 『명사전名士傳』에서는 왕참군만을 거론했다. 혹자는 조씨 집안에 예전부터 그러한 판본이 있었다고 말하기도 한다.

1 ·『조오군행장趙吳郡行狀』: 조목은 자가 계자季子며 급군汲郡사람이다. 정숙貞淑②하고 온아했으며 재주와 식견이 뛰어나 사리에 통달했다. 상서랑尙書郞과 사마태부司馬太傅[司馬越]의 참군을 역임했다. 나중에③ 태부 사마월司馬越이 조목과 왕승王承·완첨阮瞻·등유鄧攸에게 서찰을 보내 말했다.

"『예기禮記』에서 '8살이 되면 나가서 외부의 스승께 나아가며, 10살을 유幼라 하고 배움을 시작한다'④라고 했으니, 선왕의 가르침에 점진적으로 나아갈 수 있음을 알 수 있소. 그러나 배워서 얻는 것은 얕고 몸으로 체득한 것은 깊소. 그래서 예법을 힘써 익히는 것은 올바른 의용儀容을 모범삼아 견습하는 것만 못하고, 성현이 남긴 말씀을 음미하는 것은 직접 가르침을 받는 것만 못하오. 어린 자식 비毗는 본래 훌륭한 자질이 없는데다가 아직 도덕의 말씀도 듣지 못했으니, 수고스럽더라도 여러분들이 한가한 틈을 내서 왕래하면서 가르침을 주었으면 하오."

조목은 진晉 명제明帝[司馬紹]의 사師와 관군장군冠軍將軍·오군吳郡태수를 역임했으며, 남향후南鄕侯에 봉해졌다.

[역주]······················

① 왕안기·鄧伯道[鄧攸]·趙穆을 말하는 것이다 : 『晉書』 권49 「阮瞻傳」에서는 "瞻與王承·謝鯤·鄧攸俱在越府, 越與瞻書."라고 하여, 趙穆 대신에 謝鯤이 들어가 있음.

② 貞淑 : 宋本에는 "眞淑"이라 되어 있음.

③ 나중에 : 원문은 "後". 宋本과 袁褧本에는 모두 "代"라 되어 있는데, 문맥상 통하지 않음.
④ 8살이 되면 나가서 외부의 스승께 나아가며, 10살을 幼라 하고 배움을 시작한다 : 원문은 "八歲出就外傅, 十年曰幼, 學." 『禮記』 「內則」에 "十年, 出就外傅, 居宿於外, 學書記."라는 구절이 있음. 또한 「曲禮上」에 "人生十年曰幼, 學."이라는 구절이 있고, 그것에 대한 鄭玄의 注에서 "名曰幼, 時始可學也."라고 함.

[참고] 『晉書』 75, 『太平廣記』 235.

太傅東海王鎭許昌, 以王安期爲記室參軍, 雅相知重. 敕世子毗曰; "夫學之所益者淺, 體之所安者深. 閑習禮度, 不如式瞻儀形, 諷味遺言, 不如親承音旨. 王參軍人倫之表, 汝其師之." 或曰; "王·趙·鄧三參軍, 人倫之表, 汝其師之." 謂安期·鄧伯道·趙穆也.① 袁宏作『名士傳』, 直云王參軍. 或云趙家先猶有此本.
① 。『趙吳郡行狀』曰; 穆, 字季子, 汲郡人. 貞淑平粹, 才識淸通. 歷尙書郎·太傅參軍. 後太傅越與穆及王承·阮瞻·鄧攸書曰; "『禮』'八歲出就外傅, 十年曰學', 明可以漸先王之敎也. 然學之所受者淺, 體之所安者深. 是以閑習禮度, 不如式瞻軌儀, 諷味遺言, 不如親承辭旨. 小兒毗, 旣無令淑之資, 未聞道德之風, 欲屈諸君, 時以閑豫, 周旋燕誨也." 穆歷晉明帝師·冠軍將軍·吳郡太守. 封南鄕侯.

──────── • 8 : 035 [0456]

유태위庾太尉[庾亮]는 젊어서부터 왕미자王眉子[王玄]에게 인정을 받았다. 유태위가 강남으로 건너온 뒤 왕미자에 대해 찬탄했다.

"그의 집 처마 밑에 몸을 들이면 사람으로 하여금 추위와 더위를 잊게 한다!"①

① 。『진제공찬晉諸公贊』: 왕현王玄은 젊어서부터 대범하고 도량이 넓은 것을 희구했다.
。『팔왕고사八王故事』: 왕현이 진류陳留태수로 있을 때, 어떤 사람이 왕현에게 강남으로 건너가 낭야왕琅邪王[司馬睿]에게 의탁하라고 권하자, 왕현이 말했다.

"왕처중王處仲[王敦]은 그[낭야왕]의 밑에서 세력을 얻었소. 숙부[王澄]①도 오히려 죽임을 면치 못했는데, 어찌 나를 용납할 수 있겠소?"

그[왕현]의 기량이 왕돈王敦에게 용납되지 못할 것임을 말한 것이다.
[역주]……………………
① 숙부[王澄]: 원문은 "家叔". 王澄을 말함. 王澄은 王玄의 부친인 王衍의 동생이며, 王敦에게 살해당함.

庾太尉少爲王眉子所知. 庾過江, 嘆王曰; "庇其宇下, 使人忘寒暑!"①
①﹒『晉諸公贊』曰; 玄少希慕簡曠.
﹒『八王故事』曰; 玄爲陳留太守, 或勸玄過江投琅邪王, 玄曰; "王處仲得志於彼, 家叔猶不免害, 豈能容我?" 謂其器宇不容於敦也.

―――――――― • 8 : 036 [0457]

사유여謝幼輿[謝鯤]가 말했다.

"친구 왕미자王眉子[王玄]는 이치에 통달하고 자유분방하며, 혜연조嵇延祖[嵇紹]는 고아하고 품덕이 뛰어나며, 동중도董仲道[董養]는 탁월하고 기품이 있다."①

①﹒왕은王隱의『진서晉書』: 동양董養은 자가 중도. 태시太始연간(265~274) 초에 낙양洛陽으로 가서 벼슬을 구하면서 영달을 꾀했다.① 영가永嘉연간(307~313)에 낙양성 동북쪽 보서리에 있는 보광리步廣里의 땅이 함몰되었고 그 안에 거위 두 마리가 있었는데, 푸른 거위는 날아갔으나 흰 거위는 날지를 못했다. 박식한 사람에게 그 이유를 물었으나 알지 못했다. 동양이 그 소식을 듣고 탄식했다.

"옛날 주周나라 때 회맹을 했던 적천狄泉②이 바로 이곳이다. 갑자기 나타난 두 마리의 거위 중에서 푸른 거위는 호족胡族을 상징하니 나중에 틀림없이 호족이 낙양을 침입할 조짐이며,③ 흰 거위가 날지 못한 것은 나라에 불길한 일이 생길 조짐이다."

﹒사곤謝鯤의「원화론서元化論序」④: 진류陳留의 동중도는 원강元康연간(291~299)에 혜제惠帝[司馬衷]가 양도후楊悼后를 폐위시킨 것⑤을 보고 태학당太學堂에 올라 탄식했다.

"이 당을 지은 것은 장차 무엇을 하기 위함인가? 매번 국가의 사면장을 보면, 반역을 꾀한 자는 모두 사면되지만 손자가 조부모를 죽이거나 자식이 부모를 죽인 경우는 사면되지 않으니, 국법에 용납될 수 없다고 여기기 때문이다. 어찌하여 공경公卿들이 의론하고 전례典禮를 다듬는다면서 이러한 지경에 이르렀단 말인가? 천리天理와 인도人道가 이미 스러졌으니 대란이 일어날 것이로다!"

또한 사곤과 완부阮孚를 돌아보면서 말했다.

"『역경易經』에서 '기미를 아는 것은 신묘한 일이다'[6]라고 했으니, 당신들은 몸을 깊이 숨기는 것이 좋을 것이오."

그리고는 부인과 함께 짐을 메고 촉蜀으로 들어갔는데 그 종국을 알지 못했다.

[역주]..........................

① 벼슬을 구하면서 영달을 꾀했다 : 원문은 "干祿求榮". 『晉書』 권94 「董養傳」에는 "不干祿求榮"이라 되어 있음. 전체적인 문맥상 후자로 해석하는 것이 보다 어울릴 것으로 생각됨.

② 狄泉 : '翟泉'이라고도 함. 『左傳』 「僖公29年」 條의 기록에 따르면, 춘추시대 周나라의 僖公이 晉·宋·齊·陳·秦나라의 제후들과 이곳에서 회합하여 鄭나라를 토벌할 것을 모의했다 함.

③ 틀림없이 호족이 낙양을 침입할 조짐이며 : 원문은 "明當入洛". 宋本에는 "胡當入洛"이라 되어 있는데, 문맥상 타당하여 이것에 따라 번역함. 永嘉 5년(311)에 匈奴의 劉聰이 낙양을 함락한 사건을 말함. 이로 인해 西晉은 멸망하게 됨.

④ 「元化論序」 : 『晉書』 권94 「董養傳」에 따르면, 동양이 「無化論」을 지었다고 함. 아마도 '無'의 별자인 '无'가 '元'과 비슷하여 혼동된 것으로 보임. 謝鯤이 그 論에 서문을 쓴 것임.

⑤ 惠帝[司馬衷]가 楊悼后를 폐위시킨 것 : 永平 원년(291) 3월에 惠帝의 妃 賈后가 조서를 날조하여 혜제의 계모인 楊悼后를 庶人으로 폐위하고 金墉城에서 살해한 사건을 말함. 『晉書』 권4 「惠帝紀」와 권31 「武悼楊皇后傳」 참조.

⑥ 기미를 아는 것은 신묘한 일이다 : 원문은 "知幾其神乎". 『周易』 「繫辭傳上」에 나오는 구절.

謝幼興曰; "友人王眉子淸通簡暢, 嵇延祖弘雅劭長, 董仲道卓犖有致度."[1]

[1]. 王隱『晉書』曰; 董養, 字仲道. 太始初, 到洛下, 干祿求榮. 永嘉中, 洛城東北角步廣里中地陷, 中有二鵝, 蒼者飛去, 白者不能飛. 問之博識者, 不能知. 養聞, 歎曰; "昔周時所盟會狄泉, 此地也. 卒有二鵝, 蒼者胡象, 後明當入洛, 白者不能飛, 此國諱也."

。謝鯤「元化論序」曰; 陳留董仲道, 於元康中, 見惠帝廢楊悼后, 升太學堂, 歎曰; "建此堂也, 將何爲乎? 每見國家赦書, 謀反逆皆赦, 孫殺王父母, 子殺父母不赦, 以爲王法所不容也. 奈何公卿處議, 文飾禮典以至此乎? 天人之理旣滅, 大亂斯起" 顧謂謝鯤·阮孚曰; "『易』稱'知幾其神乎', 君等可深藏矣." 乃與妻荷擔入蜀, 莫知其所終.

────────── • 8 : 037 [0458]

왕공王公[王導]이 왕태위王太尉[王衍]를 품평했다.

"험준한 바위①가 수려하게 우뚝 솟아 천 길 벽으로 서 있다."①

①。고개지顧愷之의 「왕이보화찬王夷甫畫贊」: 왕이보[王衍]는 타고난 풍모가 빼어나, 식자들이 그를 험준한 바위가 수려하게 우뚝 솟아 천 길 벽으로 서 있다고 생각했다.

[역주]··························

① 험준한 바위: 원문은 "巖巖". 높고 험준한 바위의 모양『詩經』「小雅·節南山」에 "維石巖巖"이란 구절이 있음.

王公目太尉; "巖巖淸峙, 壁立千仞."①

①。顧愷之「夷甫畫贊」曰; 夷甫天形瓌特, 識者以爲巖巖秀峙, 壁立千仞.

────────── • 8 : 038 [0459]

유태위庾太尉[庾亮]가 낙양洛陽에 있을 때 유중랑庾中郞[庾敳]①을 방문했다.① [유태위가 가려고 하자] 유중랑이 그를 붙잡으면서 말했다.

"사람들이 틀림없이 올 것이오."

이윽고 온원보溫元甫[溫嶠]②·유왕교劉王喬[劉疇]③·배숙칙裴叔則[裴楷]이 모두 도착하여 하루 종일 담론을 펼쳤다.② 유공庾公[庾亮]은 나중에도 유왕교·배숙칙의 걸출한 재능과 온원보의 청아하고 중정함淸中을 떠올리곤 했다.④

①。유중랑은 유애庾敳다.

②。『진제공찬晉諸公贊』: 온기溫幾는 자가 원보며 태원太原사람이다. 재성才性

이 청아하고 온화했다. 사도우장사司徒右長史와 상주湘州자사를 역임했으며, 관직에 있다가 죽었다.

③ ▫ 조가지曹嘉之의 『진기晉紀』: 유주劉疇는 자가 왕교며 팽성彭城사람이다. 부친 유눌劉訥은 사례교위司隸校尉였다. 유주는 명리名理를 논하는 데 뛰어났다. 일찍이 전란을 피하여 자그마한 보루③로 갔는데, 호군胡軍 수백 명이 그를 죽이려고 했다. 유주는 두려워하는 기색도 없이 갈잎피리를 만들어 불면서 「출새입새出塞入塞」④라는 곡을 연주했는데, 그 소리가 원정 나온 호군의 향수를 불러일으켜 뭇 호군들이 모두 눈물을 흘리면서 떠났다. 벼슬은 사도좌장사司徒左長史에 이르렀다.

④ ▫ "청중淸中"의 '중中'이 어떤 판본에는 '평平'이라 되어 있다.

[역주]······

① 庾中郎[庾㪍] : 從事中郎을 말함. 東晉・南北朝의 諸公府 및 將軍은 모두 從事中郎을 속관으로 두었음. 隋代 이후에는 폐지됨.

② 담론을 펼쳤다 : 원문은 "酬酢". '酢'은 '酌'과 통함. 여기서는 서로 주고받으면서 담론하는 것을 말함.

③ 자그마한 보루 : 원문은 "塢壁". 적을 방어하기 위하여 흙을 쌓아 만든 자그마한 보루. 「識鑒」12 [역주]② 참조.

④ 「出塞入塞」: 樂府 橫吹曲의 곡명.

庾太尉在洛下, 問訊中郎①. 中郎留之云; "諸人當來!" 尋溫元甫②・劉王喬③・裴叔則俱至, 酬酢終日. 庾公猶憶劉・裴之才儁, 元甫之淸中.④

①▫庾㪍.

②▫『晉諸公贊』曰; 溫幾, 字元甫, 太原人. 才性淸婉. 歷司徒右長史・湘州刺史, 卒官.

③▫曹嘉之『晉紀』曰; 劉疇, 字王喬, 彭城人. 父訥, 司隸校尉. 疇善談名理. 曾避亂塢壁, 有胡數百欲害之. 疇無懼色, 援笳而吹之, 爲「出塞入塞之」聲, 以動其遊客之思, 於是羣胡皆泣而去之. 位至司徒左長史.

④▫'中', 一作'平'.

채사도蔡司徒[蔡謨]가 낙양에 있을 때 속관의 관사①에 머물고 있는 육기陸機 형제를 만나보았는데, 세 칸짜리 기와집에서 육사룡陸士龍[陸

雲은 동쪽에 머물고 육사형陸士衡[陸機]은 서쪽에 머물고 있었다. 육사룡은 사람됨이 문아文雅하고 유약하여 친근감이 있었으나, 육사형은 7척이 넘는 키에 목소리는 쇠북소리가 났고 말투는 매우 격앙되어 있었다.①

① · 『문사전文士傳』: 육운陸雲은 성품이 너그럽고 침착하며 온화하여 친구들의 존경을 받았다. 육기는 강직하고 엄격한 기풍을 지니고 있어서 향리사람들②에게 꺼림을 받았다.

[역주]
① 속관의 관사 : 원문은 "參佐廨". '參佐'는 府의 參軍, 州의 諸曹書佐, 郡의 諸曹掾吏 등의 여러 속관을 말함. '廨'는 官廳이나 官署. 여기서는 官舍의 뜻으로 풀이함.
② 향리사람들 : 원문은 "鄕黨". 周代에는 500戶를 黨이라 하고 2,500戶를 鄕이라 함. 여기서는 그냥 鄕里의 뜻으로 쓰임.

[참고] 『太平御覽』181·388.

蔡司徒在洛, 見陸機兄弟住參佐廨中, 三間瓦屋, 士龍住東頭, 士衡住西頭. 士龍爲人, 文弱可愛, 士衡長七尺餘, 聲作鍾聲, 言多忼慨.①
① · 『文士傳』曰; 雲性弘靜, 怡怡然爲士友所宗. 機淸厲有風格, 爲鄕黨所憚.

─── • 8 : 040 [0461]

왕장사王長史[王濛]는 유자궁庾子躬[庾琮]의 외손자다.① 왕승상王丞相[王導]이 유자궁을 품평했다.

"철리를 매우 깊이① 깨닫고 있으니 나보다 뛰어난 인물이다."②

① · 『왕씨보王氏譜』: 왕몽王濛의 부친 왕눌王訥이 영주潁州② 유종庾琮의 딸을 아내로 맞았는데, 그녀는 자가 삼수三壽다.
② · 유자궁은 유자숭庾子嵩[庾敳]의 형이다.

[역주]
① 매우 깊이 : 원문은 "泓然". 물이 맑고 깊은 모양.
② 潁州 : 宋本과 袁褧本을 비롯한 諸本에는 모두 "潁川"이라 되어 있음.

王長史是庾子躬外孫.① 丞相目子躬云; "入理泓然, 我已上人."②
①◦『王氏譜』曰; 濛父訥, 娶穎州庾琮之女, 字三壽也.
②◦子躬, 子嵩兄也.

---- • 8 : 041 [0462]

유태위庾太尉[庾亮]가 유중랑庾中郎[庾敳]을 품평했다.
"우리 집안의 종숙從叔①은 담론의 으뜸이다家從談談之許."②①

①◦『명사전名士傳』: 유애庾敳는 자세하게 분석하는 담론은 펼치지 않고 그 요지만을 거론했는데, 태위太尉 왕이보王夷甫[王衍]가 평소에 그를 존중했다.
◦어떤 판본에는 "가종담지조家從談之祖"라 되어 있다. '종從'이 어떤 판본에는 '송誦'이라 되어 있고, '허許'가 어떤 판본에는 '사辭'라 되어 있다.

[역주]························
① 우리 집안의 從叔 : 원문은 "家從". 庾敳를 가리킴. 庾敳는 庾亮의 부친인 庾琛과 사촌형제간이었음.
② 담론의 으뜸이다 : 원문은 "談談之許". 이 구절은 의미가 분명하지 않기 때문에 劉注에서 거론한 "談之祖"에 따라 번역함. 한편 李詳은 "談談猶沈沈, 謂言論深邃也."라고 하여 담론이 심오한 경지에 이른 것으로 풀이함.

庾太尉目庾中郎; "家從談談之許."①
①◦『名士傳』曰; 敳不爲辨析之談, 而擧其旨要, 太尉王夷甫雅重之也.
◦一作"家從談之祖". '從'一作誦, '許'一作辭.

---- • 8 : 042 [0463]

유공庾公[庾亮]이 유중랑庾中郎[庾敳]을 품평했다.
"정신과 기색이 고요하고 담백하여 거의 최상의 경지에 이른 듯하다."①

①◦『진양추晉陽秋』: 유애庾敳는 예법을 팽개치고 분방하게 행동하여 그 누구의 말에도 귀를 기울이는 법이 없었다.

庾公目中郎; "神氣融散, 差如得上."①
① 。『晉陽秋』曰; 敳頹然淵放, 莫有動其聽者.

———— • 8 : 043 [0464]

유곤劉琨이 조거기祖車騎[祖逖]를 고명하게 높은 경지에 이르렀다고 칭송하면서 말했다.
"그는 젊었을 때 왕돈王敦의 감탄을 받은 인물이다."①

① 。우예虞預의 『진서晉書』: 조적祖逖은 자가 사치士稚며 범양范陽 주遒사람이다. 활달하고 분방하여 예의를 차리지 않았으며, 재물을 가볍게 여겨 남에게 베풀기를 좋아했다.
。『진양추晉陽秋』: 조적은 사공司空 유곤과 함께 모두 호걸로 이름이 자자했다. 24세에 유곤과 함께 사주주부司州主簿로 초징되었는데, 사이가 매우 친밀하여① 이불을 함께 덮고 잘 정도였다. 한밤중에 닭이 우는 소리를 듣고 함께 일어나 말했다.
"이것은 나쁜 소리만은 아니다."②
매번 세상일을 논할 때면 한밤중에 일어나 앉아 말했다.
"만약 천하가 끓는 솥처럼 어지러워져서 호걸들이 힘께 일어나게 되면, 나와 그대는 중원에서 서로를 피해야 한다."
여남汝南태수③가 되었을 때 도성[洛陽]이 함락되자④ 유민 수백 호를 거느리고 남쪽으로 건너가 사수泗水의 입구에 도달했는데, 안동장군安東將軍[元帝 司馬睿]이 조서⑤를 내려 그를 서주徐州자사로 임명했다. 조적은 본디 호걸의 재능을 지니고 있어서 항상 격앙된 마음으로 중원을 회복하는 것을 자신의 임무로 여기고 있었다. 그래서 중종中宗[元帝 司馬睿]에게 중원을 회복할 계책을 진언하자, 중종이 그를 예주豫州자사로 임명하여 스스로 병사를 모집하게 했다. 조적은 마침내 사병私兵⑥ 백여 호를 거느리고 장강을 건너 북으로 진격하면서 맹세했다.
"나 조적이 만약 중원을 평정하지 못하고 다시 이곳을 건너온다면, 저 장강에 걸고⑦ 분명히 천벌을 받을 것이다!"

성을 공격하고 땅을 공략하면서 의로운 용사들을 휘하로 불러들여 석호石虎⑧를 여러 차례 무찔렀다. 그래서 석호는 감히 더 이상 하남河南을 넘보지 못했으며, 석륵石勒은 조적의 모친 묘를 위해 묘를 지키는 관리를 두었다. 유곤이 친구에게 서찰을 보내 말했다.

"나는 창을 베개 삼아 베고 아침을 기다리면서 역적을 효수梟首할 뜻을 지니고 있는데, 조생祖生[祖逖]이 나보다 먼저 채찍을 휘두를까⑨ 항상 걱정이다!"

조적은 병으로 죽었는데, 그 이전에 요성妖星이 예주의 상공에 나타나자 조적이 말했다.

"이것은 필시 나 때문이니, 하늘이 아직 외적을 멸하려 하지 않기 때문일 뿐이다!"

거기장군車騎將軍에 추증되었다.

[역주]························
① 매우 친밀하여 : 원문은 "綢繆". 본래는 얽히고설킨다는 뜻. 여기서는 교분이 매우 친밀한 것을 말함.
② 이것은 나쁜 소리만은 아니다 : 닭은 본래 새벽에 울어야 하는데 한밤중에 울었다는 것은 세상이 어지러워질 불길한 조짐을 암시함. 그러나 오히려 그 소리를 나쁘지만은 않다고 한 것은 난세가 되어 영웅이 활약하게 되면 자신들도 큰일을 할 수 있는 기회를 잡을 수 있다고 생각했기 때문임.
③ 汝南태수 : 『晉書』 권62 「祖逖傳」에는 "濟陰太守"라 되어 있음.
④ 도성[洛陽]이 함락되자 : 懷帝[司馬熾] 永嘉 5년(311)에 흉노족 前趙王 劉聰이 낙양을 함락한 것을 말함.
⑤ 조서 : 원문은 "板". 詔板, 즉 詔書를 말함. 왕이 신하에게 관직을 除授하는 것을 '板授' 또는 '板官'이라고 함. 琅邪王 司馬睿[元帝]는 당시 아직 즉위하지 않았지만, 愍帝[司馬鄴] 建興 4년(316)에 흉노족 前趙王 劉曜가 長安을 함락하여 愍帝가 몽진을 떠나 조정에 군주가 없었기 때문에 대신 미리 '板官'한 것임.
⑥ 私兵 : 원문은 "部曲". 官軍이 아닌 개인소유의 사병을 말함.
⑦ 저 장강에 걸고 : 원문은 "有如大江". 맹세를 할 때 흔히 사용하는 말.
⑧ 石虎 : 羯族 後趙를 개국한 石勒의 조카로서, 석륵이 華北 지역을 평정하는 데 공을 세움.
⑨ 먼저 채찍을 휘두를까 : 남보다 먼저 일에 착수하는 것을 말함.

劉琨稱祖車騎爲朗詣, 曰; "少爲王敦所歎."⑪

①◦虞預『晉書』曰; 逖, 字士穉, 范陽遒人. 豁蕩不修儀檢, 輕財好施.
　◦『晉陽秋』曰; 逖與司空劉琨, 俱以雄豪著名. 年二十四, 與琨同辟司州主簿, 情好綢繆, 共被而寢. 中夜聞雞鳴, 俱起曰; "此非樂聲也." 每語世事, 則中宵起坐, 相謂曰; "若四海鼎沸, 豪傑共起, 吾與足下相避中原耳!" 爲汝南太守, 値京師傾覆, 率流民數百家南度, 行達泗口, 安東板爲徐州刺史. 逖旣有豪才, 常忼慨以中原爲己任, 乃說中宗雪復神州之計, 拜爲豫州刺史, 使自招募. 逖遂率部曲百餘家, 北度江, 誓曰; "祖逖若不淸中原而復濟此者, 有如大江!" 攻城略地, 招懷義士, 屢摧石虎. 虎不敢復闚河南, 石勒爲逖母墓置守吏. 劉琨與親舊書曰; "吾枕戈待旦, 志梟逆虜, 常恐祖生先吾箸鞭耳!" 會其病卒, 先有妖星見豫州分, 逖曰; "此必爲我也, 天未欲滅寇故耳!" 贈車騎將軍.

• 8 : 044 [0465]

당시 사람들이 유중랑庾中郎[庾敳]을 품평했다.

"대도大道에 마음을 맡기는① 데 뛰어나고, 자신의 재능을 감추는 데 능하다." ①

① ◦『명사전名士傳』: 유애庾敳는 비록 관직에 있었지만 일찍이 업무를 가지고 자신을 번거롭게 한② 적이 없었으며, 조용히 널리 이치에 통달하여 마음을 세상 밖에 둘③ 따름이었다. 당시는 세상에 변고가 많아 사건들이 자주 일어났는데, 야심을 가진 자는 기발한 지략을 내보였다가 화와 복이 이어졌으니, 유애는 항상 침묵을 시켰으므로 근심도 즐거움도 이르지 않았다.

[역주].........................
① 大道에 마음을 맡기는 : 원문은 "託大". 심오한 大道의 경지에 마음을 맡기고서 일상적인 일에는 관심을 갖지 않는 것을 말함.
② 자신을 번거롭게 한 : 원문은 "自嬰". '嬰'은 두르다·얽다의 뜻. 여기서는 마음을 번거롭게 한다는 뜻으로 쓰임.
③ 마음을 세상 밖에 둘 : 원문은 "寄通". 大道에 마음을 맡긴 채 세속을 초탈하여 유유자적하는 것을 말함.

時人目庾中郎: "善於託大, 長於自藏." ①
① ◦『名士傳』曰; 敳雖居職任, 未嘗以事自嬰, 從容博暢, 寄通而已. 是時天下多故, 機事屢起, 有爲者拔奇吐異, 而禍福繼之, 敳常默然, 故憂喜不至也.

• 8 : 045 [0466]

왕평자王平子[王澄]는 세상을 뛰어넘는 걸출한 재능을 지니고 있어서 남에게 감복하는 경우가 드물었지만, 매번 위개衛玠의 말을 들으면 곧 탄식하면서 졸도하곤 했다.①

①ᆞ『위개별전衛玠別傳』: 위개는 젊어서부터 철리에 뛰어났으며, 『노자』와 『장자』에 정통했다. 낭야琅邪의 왕평자는 높은 기상이 출중하여 세상을 뛰어넘어 홀로 도도했지만, 매번 위개의 언담을 듣다가 그 언담이 이치를 꿰뚫을 때나 핵심적인 오묘한 경지①에 이르게 되면 곧 그 자리에서 절도하곤 했다. 전후로 세 번 위개의 언담을 들었는데 그 때문에 세 번 절도했다. 그래서 당시 사람들이 마침내 말했다.

"위군衛君[衛玠]이 도를 논하여 평자가 세 번 절도했다."

[역주]··················
① 핵심적인 오묘한 경지 : 원문은 "要妙之際". '要妙'는 要諦가 되는 玄妙한 도리를 말함.

[참고] 『晉書』36.

王平子邁世有儁才, 少所推服, 每聞衛玠言, 輒歎息絶倒.①

①ᆞ『玠別傳』曰; 玠少有名理, 善通『老』·『莊』. 琅邪王平子高氣不羣, 邁世獨傲, 每聞玠之語議, 至於理會之閒, 要妙之際, 輒絶倒於坐. 前後三聞, 爲之三倒. 時人遂曰; "衛君談道, 平子三倒."

• 8 : 046 [0467]

왕대장군王大將軍[王敦]이 원황元皇[司馬睿]에게 올린 표문에서 이렇게 말했다.

"왕서王舒는 풍격이 진솔하고 정대하여 진실로 전아한 인물이며 왕수王邃보다 뛰어납니다.① 그래서 그는 신이 젊어서부터 가장 높이 인정한 사람입니다. 중간에 왕이보王夷甫[王衍]와 왕징王澄이 신에게 말했습니다.

 '그대는 왕처명王處明[王舒]과 왕무홍王茂弘[王導]을 인정해주었는데, 왕무홍은 이미 훌륭한 명성이 있어서 진실로 그대의 품평①에 부합되지만, 왕처명은 가까운 사람이나 먼 사람이나를 막론하고 그를 인정해주는 자가 없소. 우리는 항상 그대의 평어評語를 주시하고 있는데 왕처명에 대해서는 거의 합당함을 얻지 못했으니 아마도 이미 그것을 후회하고 있지는 않소?'

 그래서 신이 개탄하면서 말했습니다.

 '당신은 왕처명에 대한 나의 평가를 두고 보시오. 근자에 비로소 그를 칭찬하는 사람이 생겨나기 시작했으니까.'

 보통사람들은 정작 남을 인정해줄 때는 너무 지나칠까使過 걱정하고, 인정해주지 않을 때는 사실에 어긋날까使負實 걱정하는 법입니다."②

1 ▫ 왕서는 이미 나왔다.②

  ▫『왕수별전王邃別傳』: 왕수는 자가 처중處重③이며 낭야琅邪사람으로 왕서의 동생이다. 의지가 강직하고 청아했으며 정무를 잘 처리하여 칭송받았다. 여러 벼슬을 거쳐 중령군中領軍과 상서좌복야尙書左僕射에 기용되있다. 왕서와 왕수는 모두 왕돈王敦의 사촌동생이다.

2 ▫ "사과使過"와 "사부실使負實"의 "사使"는 어떤 판본에는 "변便"이라 되어 있다.

[역주]
① 품평 : 원문은 "淸論". 주로 인물에 대한 평론을 말함.
② 이미 나왔다 : 「識鑒」15 劉注③에 나왔음.
③ 處重 : 汪藻의 『世說敍錄』「人名譜・琅邪臨沂王氏譜」에는 "處沖"이라 되어 있음. 한편 王湛의 자도 處沖임.

王大將軍與元皇表云; "舒風槪簡正, 允作雅人, 自多於邃.1 最是臣少所知拔. 中閒夷甫・澄見語; '卿知處明・茂弘, 茂弘已有令名, 眞副卿淸論, 處明親疎無知之者. 吾常以卿言爲意, 殊未有得, 恐已悔之?' 臣慨然曰; '君以此試, 頃來始乃有稱之者.' 言常人正自患知之使過, 不知使負實."②
① 。王舒, 已見.
  。『王邃別傳』曰: 邃, 字處重, 琅邪人, 舒弟也. 意局剛淸, 以政事稱. 累遷中領軍·尙書左僕射. 舒·邃並敦從弟.
② "使"一作"便".

• 8 : 047 [0468]

주후周侯[周顗]가 형주荊州에서 패전하고 건강建康으로 돌아와 아직 등용되지 못하고 있을 때, 왕승상王丞相[王導]이 어떤 사람에게 서찰을 보내 말했다.

"주후는 고아한 인물로 큰 기량을 지니고 있으니 어찌 버려둘 수 있으리오?"①

① 。등찬鄧粲의 『진기晉紀』: 주의周顗가 형주자사가 되어 막 부임했는데, 건평建平①의 유민 부밀傅密 등이 반란을 일으켜 촉적蜀賊②을 맞아들였다. 주의는 낭패하여 대처할 바를 잃고 있었는데, 도간陶侃이 그를 구원해주어 화를 면할 수 있었다. 주의는 무창武昌으로 가서 왕돈王敦에게 의탁했지만,③ 왕돈은 주의 대신에 도간을 선발했다. 주의는 건강으로 돌아왔으나 곧바로 등용되지는 못했다.

[역주]
① 建平 : 荊州의 郡名.
② 蜀賊 : 杜弢(도)를 말함.
③ 武昌으로 가서 王敦에게 의탁했지만 : 周顗는 建興 원년(313)에 杜弢에게 패한 뒤 王敦에게 의탁함. 『晉書』 권69 「周顗傳」에는 '豫章'으로 가서 왕돈에게 의탁했다고 되어 있음.

[참고] 『晉書』69.

周侯於荊州敗績, 還, 未得用, 王丞相與人書曰; "雅流弘器, 何可得遺?"①
① 。鄧粲『晉紀』曰; 顗爲荊州, 始至, 而建平民傅密等叛, 迎蜀賊. 顗狼狽失據, 陶侃救之, 得免. 顗至武昌投王敦, 敦更選侃代顗. 顗還建康, 未卽得用也.

• 8 : 048 [0469]

당시 사람들이 고좌도인高坐道人[帛尸黎密多羅]①을 품평하려고 했으나 할 수 없었는데, 환정위桓廷尉[桓彝]가 주후周侯[周顗]에게 물었더니 주후가 말했다.

"가히 탁월하고 고명하다고 이를 만합니다."

나중에 환공桓公[桓溫]이 말했다.

"고좌도인은 정신이 심오하고 현저하다."①

① 『고좌전高坐傳』: 유량庾亮・주의周顗・환이桓彝는 당대의 명사들이었는데, 화상을 한 번 보고는 흉금을 열고 친교를 맺었다. 일찍이 화상을 품평하려고 했으나 오랫동안 할 수 없었는데, 어떤 사람이 말했다.

"시리밀尸利密[高坐道人]은 가히 탁월하고 고명하다고 일컬을 만합니다."

그래서 환이는 비로소 감탄하면서 그것이 실제에 가장 근사한 평어라고 생각했다. 또한 환선무桓宣武[桓溫]가 일찍이 말했다.

"젊었을 때 화상을 만났는데, 그 정신이 심오하고 현저하여 당대의 출중한 인물이라고 일컬을 만하다."

그가 명사들의 감탄을 받음이 이와 같았다.

[역주]······················

① 高坐道人[帛尸黎密多羅]: '高坐'는 '高座'라고 쓰기도 함. 永嘉연간(307~313)에 중국에 들어온 西域僧. '帛'은 출신국명이고 '尸黎密多羅'는 이름임. 「言語」39 劉注①에 인용된 『高坐別傳』과 『塔寺記』에 그에 관한 행적이 비교적 자세히 기록되어 있음.

[참고] 『高僧傳』1.

時人欲題目高坐而未能, 桓廷尉以問周侯, 周侯曰; "可謂卓朗." 桓公曰; "精神淵箸."①

①。『高坐傳』曰; 庾亮・周顗・桓彝一代名士, 一見和尙, 披衿致契. 曾爲和尙作目, 久之未得, 有云; "尸利密可稱卓朗." 於是桓始咨嗟, 以爲標之極似. 宣武嘗云; "少見和尙, 稱其精神淵箸, 當年出倫." 其爲名士所歎如此.

• 8 : 049 [0470]

왕대장군王大將軍[王敦]이 자신의 아들을 칭찬했다.
"그 정신상태가 올바르고자 하는 것 같다."①[1]
[1]。 자신의 아들은 왕응王應이다.

[역주].........................
① 올바르고자 하는 것 같다 : 원문은 "似欲可". 楊勇의 『世說新語校牋』에서는 '可'를 '適'의 뜻으로 보아 지나침이나 부족함이 없는[無過無不及] 中庸의 상태로 풀이함.

王大將軍稱其兒云; "其神候似欲可."[1]
[1]。 王應也.

• 8 : 050 [0471]

변령卞令[卞壼]이 숙향叔向①을 품평했다.
"밝게 훤히 트인 것이 마치 백 칸짜리 집과 같다."[1]
[1]。『춘추좌씨전春秋左氏傳』: 숙향은 양설혜羊舌肸②며, 진晉나라 대부大夫다.

[역주].........................
① 叔向 : 劉注에서는 춘추시대 晉나라 大夫 羊舌肸라 했으나, 『世說新語』에는 직접적으로 古人을 품평한 예가 거의 없으므로 의문의 여지가 있음. 한편 卞壼의 숙부 卞向이라는 설이 보다 설득력이 있으나 이 또한 확실한 증거가 없음.
② 羊舌肸 : 宋本에는 "羊肸(힐)", 袁褧本에는 "羊舌肹(혜)"라 되어 있으나, 『左傳』 「昭公14年」에는 "羊舌肸"이라 되어 있는 것으로 보아, '肸'와 '肹'는 모두 '肸'의 오기로 보임.

卞令目叔向: "朗朗如百閒屋."
[1]。『春秋左氏傳』曰; 叔向, 羊舌肸也. 晉大夫.

• 8 : 051 [0472]

왕돈王敦이 대장군大將軍이 되어 예장豫章에 주둔하고 있을 때,① 위개衛玠가 전란을 피하여 낙양洛陽으로부터 와서 왕돈에게 의탁했는데, 서로 만나보고는 기뻐하면서 며칠 동안 담론을 나눴다. 그때 사곤謝鯤이 왕돈의 장사長史로 있었는데, 왕돈이 사곤에게 말했다.

"영가永嘉연간에 정시正始연간의 청담[2]을 다시 듣게 될 줄은 생각지도 못했소. 아평阿平[王澄]이 만약 살아 있다면 틀림없이 또 절도했을 것이오!"[3]①

① 『위개별전衛玠別傳』: 위개가 무창武昌으로 가서 왕돈을 만났는데, 왕돈이 그와 함께 담론하면서 이틀 밤낮을 보냈다.④ 왕돈이 속관들을 돌아보면서 말했다.

"옛날 왕보사王輔嗣[王弼]가 중원에서 금종金鍾소리[5]를 냈는데 이 사람이 지금 다시 강남에서 옥경玉磬을 치니,[5] 현언玄言의 실마리가 끊어졌다가 다시 이어졌소. 영가연간에 정시연간의 청담을 다시 듣게 될 줄은 생각지도 못했소. 아평⑥이 만약 살아 있다면 틀림없이 또 절도했을 것이오!"

[역주]

① 王敦이~주둔하고 있을 때 : 衛玠가 王敦을 만난 것은 永嘉 6년(312)이며 같은 해에 위개는 사망함. 『晉書』 권68 「王敦傳」에 따르면, 그 해에 왕돈은 蜀賊 杜弢를 토벌하기 위하여 陶侃을 파견하고 자신은 豫章으로 진격하여 주둔하고 있으면서 諸軍을 지원했는데, 그 당시 왕돈은 揚州刺史·左將軍·都督征討諸軍事로 있었으며 大將軍은 아니었음.

② 正始연간의 청담 : 원문은 "正始之音". '正始'는 魏 齊王 曹芳의 연호(240~249). '音'은 당시 활약했던 何晏·王弼 등의 淸談을 말함.

③ 阿平[王澄]이~절도했을 것이오 : 王澄이 衛玠의 담론을 듣고 절도한 일화는 「賞譽」45 본문과 劉注에 이미 실려 있음.

④ 이틀 밤낮을 보냈다 : 원문은 "彌日信宿". '彌日'은 하루를 다 보내는 것을 말하고, '信宿'은 이틀 밤을 묵는 것을 말함.

⑤ 金鍾소리, 玉磬을 치니 : 원문은 "金聲"과 "玉振". 『孟子』「萬章下」에 "集大成也者, 金聲而玉振之也."라는 구절이 있음. 본래는 才德을 겸비하고 여러 현인들의 장점을 집대성한 孔子를 칭송한 말인데, 나중에는 인물의 才學이 출중하여 명성이 널리 전파되는 것을 비유함. 여기서는 王弼과 衛玠가 훌륭한 청담을 펼친 것을 말함.

⑥ 아평 : 『晉書』 권36 「衛玠傳」에는 "何平叔", 즉 何晏이라 되어 있는데, 「賞譽」45

의 고사로 보아 "阿平", 즉 王澄이 타당한 것으로 여겨짐.
[참고] 『晉書』36, 『太平御覽』446.

王敦爲大將軍, 鎭豫章, 衛玠避亂, 從洛投敦, 相見欣然, 談話彌日. 于時謝鯤爲長史, 敦謂鯤曰; "不意永嘉之中, 復聞正始之音. 阿平若在, 當復絶倒!"①
①。『玠別傳』曰: 玠至武昌見王敦, 敦與之談論, 彌日信宿. 敦顧謂僚屬曰; "昔王輔嗣吐金聲於中朝, 此子今復玉振於江表, 微言之緖, 絶而復續. 不悟永嘉之中, 復聞正始之音. 阿平若在, 當復絶倒!"

• 8 : 052 [0473]

왕평자王平子[王澄]가 어떤 사람에게 서찰을 보내 자신의 아들을 칭찬했다.

"풍격과 기개가 날로 향상되니, 나의 근심을 풀어주기에 충분합니다."①

①。『영가류인명永嘉流人名』: 자신의 아들은 왕징王澄의 넷째아들 왕미王微다.①
。『왕징별전王澄別傳』: 왕미는 고매高邁하여 부친의 기풍을 지니고 있었다.

[역주]............
① 王澄의 넷째아들 王微다 : 원문은 "澄弟四子微". '弟'는 명백히 '第'의 오기이므로 '第'에 따름. 『晉書』 권43 「王澄傳」에는 "長子詹, 早卒. 次子徽, 右軍司馬."라 되어 있고, 汪藻의 『世說敍錄』「人名譜・琅邪臨沂王氏譜」에는 "詹, 澄子, 蚤卒. 徽, 澄子, 字幼仁, 小字荊産, 晉右軍司馬."라 되어 있는 것으로 보아, 원문을 "澄第二子徽"로 바꾸는 것이 타당하다고 생각함.

王平子與人書, 稱其兒; "風氣日上, 足散人懷."①
①。『永嘉流人名』曰; 澄弟四子微.
。『澄別傳』曰; 微邁上有父風.

• 8 : 053 [0474]

호무언국胡毋彦國[胡毋輔之]은 훌륭한 언담을 톱밥처럼 토해내니 후

진 가운데 으뜸이다.①

①・언담이 흘러나오는 것이 마치 나무를 켤 때 톱밥이 나오는 것처럼 끊임없이 이어진다①는 뜻이다.

[역주]
* 본 고사는 『晉書』 권49 「胡母輔之傳」에서는 "澄嘗與人書曰; '胡母彦國吐佳言如鉅木屑, 霏霏不絶, 誠爲後進領袖也.'"라고 하여, 王澄이 胡母彦國을 품평한 것으로 되어 있음.
① 끊임없이 이어진다 : 원문은 "靡靡". 『晉書』 권49 「胡母輔之傳」에는 "霏霏"라 되어 있음. '霏霏'는 비나 눈 따위가 흩날리는 모양, 또는 이야기가 길게 이어지는 모양을 뜻함. 문맥상 후자가 타당하다고 여겨 이것에 따라 번역함.

[참고] 『晉書』49.

胡母彦國吐佳言如屑, 後進領袖.①

①・言談之流, 靡靡如解木出屑也.

-------- • 8 : 054 [0475]

왕승상王丞相[王導]이 말했다.

"조현량刁玄亮[刁協]은 명찰하고,① 대약사戴若思[戴儼]는 엄숙하며,②① 변망지卞望之[卞壺]는 준엄하다.③"②

①・우예虞預의 『진서晉書』④ : 대엄戴儼은 자가 약사며⑤ 광릉廣陵사람이다. 재기와 언변이 뛰어났고 훌륭한 풍격과 예리한 지혜를 지녔다. 여러 벼슬을 거쳐 정서장군征西將軍에 기용되었다. 왕돈王敦에게 살해당했다. 좌광록대부左光祿大夫・의동삼사儀同三司에 추증되었다.

②・『변호별전卞壺別傳』 : 변호는 자가 망지며 제음濟陰 원구冤句사람이다. 부친 변수卞粹는 태상경太常卿을 지냈다. 변호는 젊어서부터 고귀하고 바른 인품으로 칭송받았다. 여러 벼슬을 거쳐 어사중승御史中丞에 올랐는데 권문세가들이 꺼려하여⑥ 영군領軍・상서령尙書令으로 전임되었다. 소준蘇峻이 난을 일으키자⑦ 병사를 이끌고 대항해 싸우다가⑧ 두 부자⑨가 함께 국난國難에 목숨을 바쳤다.

・등찬鄧粲의 『진기晉紀』 : 처음 함화咸和⑩연간(326~334)에 귀족자제⑪로서

담론에 능하고 세상을 조롱하던 자들은 왕평자王平子[王澄]와 사유여謝幼輿[謝鯤] 등을 '통달'⑫했다고 여기면서 흠모했다. 이러한 풍조를 보고 변호가 조정에서 성난 얼굴로 말했다.

"예교禮敎를 무너뜨리고 있으니 이보다 더 심한 죄는 없습니다! 중조中朝[西晉]가 전복된 것은 진실로 이것에서 비롯된 것이었습니다!"

그러면서 상주하여 그들을 체포하려고 했으나, 왕도王導와 유량庾亮이 따르지 않아 결국 그만두었다. 그 후에 그들은 모두 품행을 바르게 고쳐⑬ 명사가 되었다.

▫『어림語林』: 공탄孔坦이 시중侍中으로 있을 때, 성제成帝[司馬衍]께 왕도王導의 저택으로 가서 조부인曹夫人[王導의 妻]에게 배례하는 것은 옳지 않다⑭고 은밀히 아뢰었다. 왕승상王丞相[王導]이 그 말을 전해 듣고 말했다.

"나 왕무홍王茂弘[王導]이 아둔한 탓이다. 만약 내가 변망지의 엄숙함과 조현량의 명찰함과 대약사의 준엄함을 지니고 있다면 감히 이럴 수 있겠는가?"

▫『어림』에서 이렇게 말한 데에는 아마도 다른 이유가 있는 것 같으므로 잠시 이것을 기록해 놓는다.

[역주]······························
① 명찰하고 : 원문은 "察察". 정밀하게 사물을 관찰하여 분석해내는 것을 말함.
② 엄숙하며 : 원문은 "巖巖". 산이 높고 험한 모양으로, 풍격이 고상하고 태도가 엄숙한 것을 비유함.
③ 준엄하다 : 원문은 "峯距". 산봉우리가 높이 솟아 있는 모양으로, 성품이 준엄한 것을 비유함.『晉書』권70「卞壺傳」에는 "峯岠"라 되어 있음. '岠'는 높은 산을 말함. '距'와 '岠'는 서로 통함. 한편『太平御覽』권447에 인용된『郭子』에는 이 구절 다음에 "並一見我而服也[모두 나를 한 번 보고 탄복했다]"라는 구절이 첨가되어 있음. 이 구절이 있으면 전체내용은 王導가 刁協·戴儼·卞壺 3인을 대수롭지 않게 여긴 것이 됨.
④ 虞預의『晉書』: 원문은 "虞預書". '書'자 앞에 '晉'자가 빠진 것이 분명함.
⑤ 戴儼은 자가 약사며 :『晉書』권69「戴若思傳」에는 "戴若思, 廣陵人也, 名犯高祖廟諱."라고 되어 있음. 이것에 따르면 唐高祖는 휘가 '淵'이므로 戴若思의 성명은 "戴淵"이 됨. 또한「自身」2 劉注에 인용된 虞預의『晉書』에서도 "機薦淵於趙王倫曰; …伏見處士戴淵…""이라 함. 아마도 두 가지 이름이 있었던 것으로 추정함.

⑥ 꺼려하여 : 원문은 "屛迹". 자취를 감추고 멀리 피하는 것을 말함.
⑦ 蘇峻이 난을 일으키자 : 당시 실권을 쥐고 있던 외척 庾亮이 王敦의 난을 평정하는 데 공을 세운 蘇峻의 세력을 제거하려고 하자, 소준이 咸和 2년(327)에 祖約 등과 함께 난을 일으켜 다음 해에 도성 建康을 함락함.
⑧ 대항해 싸우다가 : 원문은 "距戰". 宋本에는 "拒戰"이라 되어 있음. '距'와 '拒'는 서로 통함.
⑨ 두 부자 : 원문은 "父子二人". 『晉書』 권70 「卞壺傳」의 "敗, 二子眕·盱見父沒, 相遂赴賊, 同時見害."라는 기록에 따르면, 卞壺는 두 아들과 함께 전사한 것이므로 '二人'은 '三人'으로 고치는 것이 타당하다고 생각함. 또는 '父子二人'을 '부친과 아들 두 명'으로 해석할 수도 있음.
⑩ 咸和 : 成帝 司馬衍의 연호
⑪ 귀족자제 : 원문은 "貴遊子弟". 王公貴族의 자제로서 아직 벼슬에 오르지 않은 자를 말함.
⑫ 통달 : 원문은 "達". 스스로 道에 통달했다고 여기면서 俗事나 예법에는 관심을 두지 않고 자유분방하게 행동하는 것을 말함.
⑬ 품행을 바르게 고쳐 : 원문은 "折節". 본래는 절조를 꺾는다[굽힌대]는 뜻이지만, 여기서는 평소의 좋지 못한 품행을 바르게 고친다는 뜻으로 쓰임.
⑭ 曹夫人[王導의 妻]에게 배례하는 것은 옳지 않다 : 『晉書』 권70 「卞壺傳」에 따르면, 당시 成帝는 어렸기 때문에 왕도가 정사를 보좌하고 있었는데, 성제가 王導의 저택으로 행차하여 그의 부인 曹氏에게 拜禮한 일이 있었음. 그 일을 孔坦이 비판한 것임.

[참고] 『晉書』/0.

王丞相云; "刁玄亮之察察, 戴若思之巖巖,① 卞望之之峯距."②
①。虞預書曰; 戴儼, 字若思, 廣陵人. 才義辯濟, 有風標鋒穎. 累遷征西將軍. 爲王敦所害. 贈左光祿大夫·儀同三司.
②。『卞壺別傳』曰; 壺, 字望之, 濟陰冤句人. 父粹, 太常卿. 壺少以貴正見稱. 累遷御史中丞, 權門屛迹, 轉領軍·尙書令. 蘇峻作亂, 率衆距戰, 父子二人俱死王難.
 。鄧粲『晉紀』曰; 初, 咸和中, 貴遊子弟能談嘲者, 慕王平子·謝幼輿等爲達. 壺厲色於朝曰; "悖禮傷敎, 罪莫斯甚! 中朝傾覆, 實由於此." 欲奏治之, 王導·庾亮不從, 乃止. 其後皆折節爲名士.
 。『語林』曰; 孔坦爲侍中, 密啓成帝不宜往拜曹夫人. 丞相聞之曰; "王茂弘駑痾耳. 若卞望之之巖巖, 刁玄亮之察察, 戴若思之峯距, 當敢爾不?"
 。此言殊有由緖, 故聊載之耳.

• 8 : 055 [0476]

왕대장군王大將軍[王敦]이 왕우군王右軍[王羲之]에게 말했다.

"너는 우리 집안의 훌륭한 자제①로서,1 당연히 완주부阮主簿[阮裕]에 못지않다."2

1 ▫ 생각건대 : 『왕씨보王氏譜』를 살펴보니, 왕희지王羲之는 왕돈王敦의 사촌형②의 아들이다.

2 ▫ 『중흥서中興書』: 완유阮裕는 젊어서부터 훌륭한 덕행이 있었는데, 왕돈이 그의 명성을 듣고 초징하여 주부로 삼았다. 그러나 완유는 왕돈에게 반역의 야심이 있는 것을 알고는 술에 빠져 진탕 취한 채 직무일랑 돌보지 않았다.

[역주]

① 우리 집안의 훌륭한 자제 : 원문은 "我佳子弟". 『晉書』 권80 「王羲之傳」에는 "我家佳子弟"라 되어 있는데, 문맥상 의미가 보다 분명하므로 이것에 따라 번역함.
② 王敦의 사촌형 : 王曠을 말함.

[참고] 『晉書』80.

大將軍語右軍; "汝是我佳子弟,1 當不減阮主簿."2
1 ▫ 按; 『王氏譜』, 羲之是敦從父兄子.
2 ▫ 『中興書』曰; 阮裕少有德行, 王敦聞其名, 召爲主簿. 知敦有不臣之心, 縱酒昏酣, 不綜其事.

• 8 : 056 [0477]

세간에서 주후周侯[周顗]를 품평했다.

"깎아지른 산처럼 준엄하다."①1

1 ▫ 『진양추晉陽秋』: 주의周顗는 정직하고 준엄하여 비록 당시의 동년배일지라도 모두 감히 함부로 대하지② 못했다.

[역주]

① 준엄하다 : 원문은 "嶷(억)". 산이 높이 치솟아 있는 모양.

② 함부로 대하지 : 원문은 "媟(설)近". '媟慢'과 같은 뜻으로, 무례하게 가까이 대하는 것을 말함.

世目周侯; "嶷如斷山."①
① ◦『晉陽秋』曰; 顗正情嶷然, 雖一時儕類, 皆無敢媟近.

──────── • 8 : 057 [0478]

왕승상王丞相[王導]이 조약祖約을 불러 밤에 담론을 나누다가 새벽까지 잠을 자지 못했다. 다음 날 아침에 손님이 왔는데, 왕공王公[王導]은 아직 머리도 빗지 못하고 있었고 또한 약간 피곤한 상태였다. 손님이 말했다.

"이와 같으시니 공께서는 아마 어젯밤에 주무시지 못한 모양이군요?"

그러자 공이 말했다.

"어젯밤에 조사소祖士少[祖約]와 함께 담론을 나누었는데, 사람으로 하여금 피곤함을 잊게 하더이다."

王丞相招祖約夜語, 至曉不眠. 明旦有客, 公頭鬢未理, 亦小倦. 客曰; "公昨如是似失眠?" 公曰; "昨與士少語, 遂使人忘疲."

──────── • 8 : 058 [0479]

왕대장군王大將軍[王敦]이 왕승상王丞相[王導]에게 서찰을 보내 양랑楊朗을 칭찬했다.

"양세언楊世彦[楊朗]은 감식력과 논리가 뛰어나고 재능을 감춘 채 사물을 명확히 판단하니 이미 국가적인 인재며, 게다가 양후회楊侯淮[楊淮]①의 아들이기도 합니다.① 그러나 근자에 직위와 명망이 점점 쇠미해지고 있으니,② 당신이라면 충분히 그에게 걸맞은 자리를 마련해줄 수 있을 것입니다."

1 ▫『세어世語』: 양회楊淮는 자가 시립始立이며 홍농弘農 화음華陰사람이다. 증조부 양표楊彪와 조부 양수楊脩는 전대에 명성이 있었으며, 부친 양효楊囂는 전군교위典軍校尉를 지냈다. 양회는 원강元康③연간(291~299) 말에 기주冀州 자사가 되었다.

▫ 순작荀綽의 『기주기冀州記』: 양회는 국정④이 문란한 것을 보고는 마침내 술에 빠져 정무政務에 뜻을 두지 않은 채 소일하면서 세월만 보낼 뿐이었다. 성도왕成都王[司馬穎]은 양회가 직무를 돌보지 않는 것을 알고서도 여전히 그를 명사라고 여겼다. 또한 그의 재능을 아깝게 여겨 파면하지 않고 초징하여 군자의좨주軍咨議祭酒로 삼았다. 성도왕의 막부가 해산된 뒤에는 집에 머물렀다. 관동關東의 제후들이 양회를 삼사三事⑤의 직위에 임명하여 현덕한 인물을 존중한다는 뜻을 보이고자 했으나, 시행하기 전에 죽고 말았다. 당시 나이가 27세였다.

[역주]·······················
① 楊侯淮[楊浦]: 본문에는 "淮"라 되어 있지만,『三國志』권19「陳思王傳」의 裴注에 인용된『世語』와『冀州記』에는 "準, 字始立, 惠帝末爲冀州刺史."라 되어 있고, 汪藻의『世說敍錄』「人名譜·弘農華陰楊氏譜」에도 "準, 囂子, 字始立. 晉冀州刺史·太常, 卒年二十七."이라 되어 있는 것으로 보아 "準"이 타당한 것으로 보임. 아마도 '準'의 약자인 '准'이 나중에 '淮'자로 오인된 것으로 추정함. 「識鑒」13 [역주]③ 참조
② 점점 쇠미해지고 있으니: 원문은 "陵遲". '陵夷'와 같은 뜻으로, 형세나 기세 따위가 날로 쇠락하거나 쇠미해지는 것을 말함.
③ 元康: 晉 惠帝 司馬衷의 연호.
④ 국정: 원문은 "王綱". 帝王의 政治紀綱을 말함.
⑤ 三事: 三公을 말함.『尚書』「立政」에 "立政, 任人·準夫·牧, 作三事."라는 구절이 있음. 즉 天·地·人의 三事를 다스린다는 뜻.

王大將軍與丞相書, 稱楊朗曰; "世彥識器理致, 才隱明斷, 既爲國器, 且是楊侯淮之子.1 位望殊爲陵遲, 卿亦足與之處."

1 ▫『世語』曰; 淮, 字始立, 弘農華陰人. 曾祖彪, 祖脩, 有名前世. 父囂, 典軍校尉. 淮元康末爲冀州刺史.

。荀綽『冀州記』曰; 淮見王綱不振, 遂縱酒不以官事規意, 消搖卒歲而已. 成都王知淮不治, 猶以其名士, 惜而不遣, 召爲軍咨議祭酒. 府散停家. 關東諸侯欲以淮補三事, 以示懷賢尙德之事, 未施行而卒. 時年二十有七.

━━━━━━━━━ • 8 : 059 [0480]

하차도何次道[何充]가 왕승상王丞相[王導]의 저택으로 갔더니, 왕승상이 주미麈尾[1]로 자리를 가리키면서 하차도를 불러 함께 앉으며 말했다.
"오시오! 오시오! 여기가 당신의 자리요."1

1 。하충何充은 이미 나왔다.[2]

[역주]
① 麈尾 : '麈尾扇' 또는 '拂子'라고도 함. 禪僧이나 淸談客들이 담론할 때 손에 들고 흔드는 둥근 모양의 총채. 「言語」52 [역주]② 참조.
② 이미 나왔다 : 「政事」17 劉注1에 나왔음.
[참고] 『晉書』77.

何次道往丞相許, 丞相以麈尾指坐, 呼何共坐曰; "來! 來! 此是君坐."1
1 。何充, 已見.

━━━━━━━━━ • 8 : 060 [0481]

왕승상王丞相[王導]이 양주揚州의 관청을 수리하게 했는데, 일하는 것을 살펴보러 갔다가 말했다.
"나는 바로 하차도何次道[何充]를 위하여 이것을 수리하는 것이다!"
하차도가 젊었을 때 왕공王公[王導]의 중시를 받았기 때문에 왕공이 누차 이러한 감탄을 하곤 했다.1

1 。『진양추晉陽秋』 : 하충何充은 왕도王導의 처형의 아들이자 명목황후明穆皇后[庾后]①의 매부다. 사고력이 넓고 면밀하며 문리文理와 재기才氣를 지니고 있어서 왕도가 그를 매우 중시했다. 이 때문에 하충은 젊어서부터 훌륭한

명성을 지니게 되어 마침내 고관을 역임했다. 왕도는 하충에게 자신을 보좌케 하여 재상의 직위를 잇게 할 뜻을 갖고 있었기 때문에 군신君臣[2]에게 이러한 뜻을 누차 드러냈다.

[역주]..........
① 明穆皇后[庚后] : 晉 康帝 司馬岳의 황후 庚后를 말함. 아들 穆帝.司馬聃이 2살에 즉위하자 12년 동안 섭정했으며, 明穆庚皇后라는 시호를 받음.
② 君臣 : 원문은 "上下". '上'은 主上, '下'는 臣下를 말함.

[참고] 『晉書』77.

丞相治揚州廨舍, 按行而言曰; "我正爲次道治此爾!" 何少爲王公所重, 故屢發此歎.[1]
[1]。『晉陽秋』曰; 充, 導妻姊之子, 明穆皇后之妹夫也. 思韻淹濟, 有文義才情, 導深器之. 由是少有美譽, 遂歷顯位. 導有副貳己使繼相意, 故屢顯此指於上下.

———— • 8 : 061 [0482]

왕승상王丞相[王導]이 사도司徒에 임명되고 나서 탄식했다.

"유왕교劉王喬[劉疇]가 만약 장강을 넘어왔더라면, 나 혼자만 삼공三公에 임명되지는 않았을 텐데!"[1]

[1]。조가지曹嘉之의 『진기晉紀』: 유주劉疇는 높은 명성을 지니고 있었지만, 영가永嘉연간(307~313)에 염정閻鼎에게 살해당했다.① 사도 채모蔡謨가 매번 탄식했다.

"만약 유왕교가 강남으로 건너올 수 있었다면, 사도공司徒公에 최적임자였을 텐데!"

[역주]..........
① 閻鼎에게 살해당했다 : 閻鼎은 永嘉의 亂 때 낙양을 빠져나온 秦王 司馬鄴[孝愍帝]을 옹립한 인물. 염정이 자신의 고향에 가까운 關中으로 秦王을 옮기려고 했는데, 山東 출신이었던 劉疇 등이 관중으로 가는 것을 꺼려하여 도망쳤다가 살해당함.

[참고] 『晉書』35·39.

王丞相拜司徒而歎曰; "劉王喬若過江, 我不獨拜公!"[1]

①。曹嘉之『晉紀』曰; 疇有重名, 永嘉中爲閻鼎所害. 司徒蔡謨每歎曰; "若使劉王喬得南渡, 司徒公之美選也!"

• 8 : 062 [0483]

왕람전王藍田[王述]은 대기만성형의 인물이었기 때문에 당시 사람들이 그를 어리석다고 말했다.① 왕승상王丞相[王導]은 그가 동해東海태수[王承]의 아들이라고 해서 초징하여 속관으로 삼았다. 항상 집회가 열리면 왕공王公[王導]이 말을 할 때마다 뭇 사람들이 다투어 찬성했다. 그러나 왕술王述이 말석에서 말했다.

"주인[王導]이 요堯·순舜이 아닌데 어떻게 일마다 모두 옳을 수 있겠소?"

이 말을 듣고 왕승상이 크게 찬탄했다.②

①。『진양추晉陽秋』: 왕술은 도를 체득하여 청순하고 대범·청고淸高·침착·정직했으며, 기쁜 마음으로 스스로 만족하고 같은 무리가 아니면 교제하지 않았다. 비록 많은 영재들이 분분히 일어나고 준걸들이 서로 치달린다 하더라도, 왕술은 혼자 그들을 멸시하면서 한 번도 부러워해본 적이 없었다. 이 때문에 명예를 오래 지닐 수 있었다.

②。왕도王導가 성인이 아니니 잘못이 없을 수 없다는 말인데, 그 뜻은 왕도의 말에 무조건 찬성하고 추종하는 무리를 비판한 것이다.

[참고]························
『晉書』75.

王藍田爲人晚成, 時人乃謂之癡.① 王丞相以其東海子, 辟爲掾. 常集聚, 王公每發言, 衆人競贊之. 述於末坐曰; "主非堯·舜, 何得事事皆是?" 丞相甚相歎賞.②

①。『晉陽秋』曰; 述體道清粹, 簡貴靜正, 怡然自足, 不交非類. 雖羣英紛紛, 俊乂交馳, 述獨蔑然, 曾不慕羨. 由是名譽久蘊.
②。言非聖人, 不能無過, 意譏讚述之徒.

• 8 : 063 [0484]

세간에서 양랑楊朗을 품평했다.

"침착하고 명찰明察하며, 경험이 풍부하고 과단성이 있다."

채사도蔡司徒[蔡謨]가 말했다.

"만약 서진西晉 왕조가 어지러워지지 않았다면, 양씨 가문에서 삼공三公을 배출하는 것①이 아직도 끊이지 않을 텐데!"

사공謝公[謝安]이 말했다.

"양랑은 큰 인재다."[1]

[1] 『팔왕고사八王故事』: 양회羊淮②에게는 교喬③·모髦·랑朗·림琳④·준俊·중仲⑤의 여섯 아들이 있었는데 모두 훌륭한 명성을 얻었다. 논자들은 그들이 모두 재상⑥이 될 명망을 지니고 있다고 생각했다. 문강文康 유공庾公[庾亮]이 매번 회고하면서 탄식했다.

"서진 왕조가 어지러워지지 않았다면, 양씨 가문에서 삼공을 배출하는 것이 아직도 끊이지 않을 텐데!"

[역주]
① 양씨 가문에서 三公을 배출하는 것 : 楊朗의 부친 楊準은 冀州刺史와 太常卿에 머물렀지만, 楊準의 증조부 楊彪부터 거슬러 올라가 後漢의 楊震까지 4代에 걸쳐서 太尉를 지냈음.
② 羊淮 : 『三國志』권19 「陳思王傳」의 裴注에 인용된 『世語』와 『冀州記』에는 "羊準"이라 되어 있음. 「賞譽」58 [역주]① 참조.
③ 喬 : 『三國志』「陳思王傳」注에 인용된 『冀州記』에는 "嶠"라 되어 있음.
④ 琳 : 汪藻의 『世說敍錄』「人名譜·弘農華陰羊氏譜」에는 "林"이라 되어 있음.
⑤ 仲 : 宋本과 『世說敍錄』「人名譜·弘農華陰羊氏譜」에는 "伸"이라 되어 있음.
⑥ 재상 : 원문은 "台輔". 三公이나 宰相의 직위.

世目楊朗: "沈審經斷". 蔡司徒云; "若使中朝不亂, 楊氏作公方未已!" 謝公云; "朗是大才."[1]

[1] 『八王故事』曰; 楊淮有六子, 曰喬·髦·朗·琳·俊·仲, 皆得美名. 論者以謂悉有台輔之望. 文康庾公每追歎曰; "中朝不亂, 諸楊作公未已也!"

• 8 : 064 [0485]

 유만안劉萬安[劉綏]은 바로 유도진劉道眞[劉寶]의 조카로서, 유공庾公[1]이 말한 대로 눈부시게 옥처럼 빼어났다.[2] 유공이 또한 말했다.
 "천 명 속에서도 눈에 띄고 백 명 속에서도 눈에 띈다."[2]

[1]。 유종庾琮은 자가 자궁子躬이다.
[2]。『유씨보劉氏譜』: 유수劉綏는 자가 만안이며 고평高平사람이다. 조부 유오劉奧는 태축령太祝令이었고, 부친 유빈劉斌[3]은 저작랑著作郎이었다. 유수는 표기장사驃騎長史를 역임했다.

[역주]……………………
① 庾公 : 劉注에서는 庾公을 庾琮으로 보았지만, 『世說新語』에서는 庾亮을 庾公이라 하는 것이 통례이므로 의문의 여지가 있음. 또한 庾琮은 『晉書』에 傳이 없으며,「賞譽」30의 劉注[1]에 그 대강이 기록되어 있는데 三公의 지위에 오른 적이 없음. 아마도 庾亮이 타당한 것으로 보임.
② 눈부시게 옥처럼 빼어났다 : 원문은 "灼然玉擧". '灼然'은 눈부시게 광택이 나는 모양을 말함. 한편 '灼然'은 後漢代부터 魏晉代까지 존재했던 인재선발 과목 중의 하나로서 九品中正制의 第2品에 해당한다는 설이 있는데, 『北堂書鈔』 권68에 인용된 『續漢書』의 "陳寔, 字仲躬, 擧灼然", 『晉書』 권49 「阮瞻傳」의 "擧止灼然", 권67 「溫嶠傳」의 "擧秀才灼然二品", 권90 「鄧攸傳」의 "擧灼然二品" 등의 기록이 그 증서로 제시됨.
③ 劉斌 : 宋本에는 "劉賦"라 되어 있음.

[참고] 『太平御覽』446.

劉萬安卽道眞從子, 庾公[1]所謂"灼然玉擧". 又云; "千人亦見, 百人亦見."[2]
[1]。 琮, 字子躬.
[2]。『劉氏譜』曰; 綏, 字萬安, 高平人. 祖奧, 太祝令. 父斌, 著作郎. 綏歷驃騎長史.

• 8 : 065 [0486]

 유공庾公[庾亮]이 호군장군護軍將軍으로 있을 때, 환정위桓廷尉[桓彝]에게 훌륭한 관리 한 명을 물색해 달라고 부탁했는데, 이미 1년이 지나갔다. 환정위가 나중에 우연히 서녕徐寧을 만나보고 그를 인정하여 마침내 유공에게 추천하며 말했다.

"남이 당연히 가지고 있는 것①은 그라고 해서 반드시 가지고 있는 것은 아니지만, 남이 당연히 가지고 있지 않는 것②은 그도 반드시 가지고 있지 않으니,③ 진실로 해대海岱④의 청고한 인물입니다!"[1]

[1] ▫『서강주본사徐江州本事』: 서녕은 자가 안기安期며 동해東海 담郯사람이다. 명철하고 타고난 품덕을 지니고 있어서 젊어서부터 이름이 알려졌다. 처음에는 여현령厲縣令으로 있었다. 초국譙國의 환이桓彛는 인물에 대한 감식력이 뛰어났는데, 일찍이 관직을 그만두고 하는 일없이 광릉廣陵으로 친구를 찾아간 적이 있었다. 그런데 바람을 만나 포구에서 며칠 동안 정박하게 되었다. 배 안에 있자니 걱정되고 울적하여⑤ 하안河岸에 올라 소요하다가 빈집 한 채를 보았는데 관청 같아보였다. 환이가 찾아갔더니 관리가 말했다.

"이곳은 여현의 관청이며, 현령의 성은 서씨고 이름은 녕이라 합니다."

환이는 혼자 여행하던 차에 함께 얘기할 상대⑥를 만나길 바라고 있었기에 잠시 들어갔다. 서녕은 총명하고⑦ 박식했으며 서로 즐겁게 만났다. 그래서 환이는 마침내 머물러 숙박하기로 하고 며칠을 지낸 뒤에 서녕과 친교를 맺고 나서 헤어졌다. 환이가 도성에 도착하여 유량庾亮에게 말했다.

"내가 당신을 위하여 훌륭한 이부랑吏部郎 한 명을 찾아냈습니다."

그러자 유량이 그의 소재를 물었더니, 환이가 즉시 얘기해주었다. 서녕은 여러 벼슬을 거쳐 이부랑·좌장군左將軍·강주자사에 기용되었다.

[역주]·························
① 당연히 가지고 있는 것 : 사람들이 저마다 가지고 있는 '장점'을 말함.
② 당연히 가지고 있지 않는 것 : 사람들이 저마다 가지고 있지 않는 '결점'을 말함.
③ 반드시 가지고 있지 않으니 : 원문은 "不必無"이지만 문맥상 '不'이 빠져야 타당하다고 여겨 '必無'의 뜻으로 번역함.「賞譽」84에서도 "王長史道江道羣; '人可應有, 乃不必有. 人可應無, 己必無.'"라고 하여 '不'이 빠져 있음.
④ 海岱 : 舜임금 때의 12州 가운데 하나로서 東海에서 泰山 사이의 땅. 옛날에는 靑州라고 했으며, 지금의 山東省 지방에 해당함. '岱'는 泰山을 말함.
⑤ 걱정되고 울적하여 : 원문은 "憂邑". '邑'은 '悒'과 통함.

⑥ 함께 얘기할 상대 : 원문은 "悟賞". 서로 만나 얘기를 나눌 만한 사람을 말함. '悟'는 '晤[만나다]'와 통하고, '賞'은 '談'의 뜻으로 쓰임.
⑦ 총명하고 : 원문은 "淸惠". 우수하고 총명함. '惠'는 '慧'와 통함.
[참고] 『晉書』74.

庾公爲護軍, 屬桓廷尉覓一佳吏, 乃經年. 桓後遇見徐寧而知之, 遂致於庾公曰; "人所應有, 其不必有, 人所應無, 己不必無, 眞海岱淸士!"①

①•『徐江州本事』曰; 徐寧, 字安期, 東海郯人. 通朗有德素, 少知名. 初爲輿縣令. 譙國桓彝有人倫鑒識, 嘗去職無事, 至廣陵尋親舊. 遇風, 停浦中累日. 在船憂邑, 上岸消搖, 見一空宇, 有似廨署. 彝訪之, 云; "輿縣廨也, 令姓徐, 名寧." 彝旣獨行, 思逢悟賞, 聊造之. 寧淸惠博涉, 相遇怡然. 遂停宿, 因留數夕, 與寧結交而別. 至都, 謂庾亮曰; "吾爲卿得一佳吏部郞." 亮問所在, 彝卽敘之. 累遷吏部郞・左將軍・江州刺史.

――――― • 8 : 066 [0487]

환무륜桓茂倫[桓彝]이 말했다.

"저계야褚季野[褚裒]는 뱃속에 『춘추春秋』를 담고 있다."①

이것은 그가 마음속으로 재단裁斷하는 것을 말한 것이다.①

①•『진양추晉陽秋』: 저부褚裒는 간약簡約하고 온화하며 인물에 대한 감식력이 뛰어나기 때문에, 환이桓彝에 의해 이러한 평가를 받은 것이다.

[역주]·······················
① 뱃속에 『春秋』를 담고 있다 : 원문은 "皮裏陽秋". 겉으로 好惡를 말하지 않고 마음속으로 褒貶하는 것을 말함. 『晉書』 권93 「褚裒傳」에서 "裒有皮裏陽秋, 言其外無臧否, 而內有褒貶也."라고 함. '陽秋'는 원래 '春秋'인데, 東晉 元帝의 鄭太后 阿春의 諱를 피하기 위하여 고친 것임. 한편 周一良의 『魏晉南北朝史札記』「任子春秋與皮裏春秋」條에서는 "'皮裏'實卽'活人'之意. 『梁書』三三「劉孝綽附子諒傳」云; '少好學, 有文才, 又博悉晉代故事, 時人號曰皮裏晉書.' …意卽活晉書. 以此例推之, 皮裏春秋原意亦不外活春秋也."라고 하여 '皮裏陽秋'를 '活陽[春]秋', 즉 '살아 있는 『춘추』'라고 해석하는 것이 옳다고 주장함.

[참고] 『晉書』93.

桓茂倫云; "褚季野皮裏陽秋." 謂其裁中也.①

①。『晉陽秋』曰; 袁簡穆有器識, 故爲彝所目也.

• 8 : 067 [0488]

하차도何次道[何充]가 일찍이 동쪽 지방 사람들을 전송할 때, 가녕賈寧이 뒤 수레①에 있는 것을 멀리서 바라보며 말했다.

"이 사람이 죽지 않는다면 결국에는 제후의 상객上客②이 될 것이다!"①

①。『진양추晉陽秋』: 가녕은 자가 건녕建寧이며 장락長樂사람으로, 가씨의 서자다. 처음에는 스스로 왕응王應③・제갈요諸葛瑤④와 결탁했으나, 왕응이 패하자 오군吳郡과 회계會稽를 유랑했는데, 오吳 땅 사람들이 모두 그를 모욕했다. 도성이 어지러워졌다는 소문을 듣고는 소준蘇峻에게 달려가 투신했는데, 소준이 그를 매우 신임하여 주요 참모⑤로 삼았다. 소준이 의군義軍⑥이 봉기했다는 소문을 듣고 고숙姑孰을 떠나 석두石頭에 주둔한 것은 가녕의 계책이었다. 소준이 패하자 가녕은 먼저 투항했다. 벼슬은 신안新安태수에 이르렀다.

[역주]
① 수레 : 원문은 "輪". 李慈銘은 "舳" 또는 "舩"의 오기일 것이라고 의심했는데, 이는 水路를 이용한 것을 전제로 한 것임.
② 上客 : 존귀한 빈객. 여기서는 최고의 막료를 말함.
③ 王應 : 王含의 아들로서 숙부 王敦의 양자. 왕돈이 반란을 일으켰다가 패한 뒤에 荊州刺史 王舒에게 살해당함.
④ 諸葛瑤 : 당시 王敦의 部將으로 있었음.
⑤ 주요 참모 : 원문은 "謀主". 계책이나 모략을 세우는 주요 인물. 당시 賈寧은 蘇峻의 參軍이 되었음.
⑥ 義軍 : 溫嶠와 陶侃 등이 武昌에서 기의하여 蘇峻을 토벌한 군대를 말함.

何次道嘗送東人, 瞻望見賈寧在後輪中, 曰; "此人不死, 終爲諸侯上客!"①

①。『晉陽秋』曰; 寧, 字建寧, 長樂人, 賈氏孼子也. 初, 自結於王應・諸葛瑤, 應敗, 浮遊吳會, 吳人咸侮辱之. 聞京師亂, 馳出投蘇峻, 峻甚暱之, 以爲謀主. 及峻聞義軍起, 自姑孰屯于石頭, 是寧之計. 峻敗, 先降. 仕至新安太守.

• 8 : 068 [0489]

두홍치杜弘治[杜乂]는 조상의 묘가 무너졌는데도 슬픈 얼굴이 그다지 드러나지 않았다. 유공庾公[庾亮]이 여러 빈객들을 돌아보며 말했다.
"두홍치는 너무 허약하기 때문에 과도하게 슬퍼해서는 안된다."①
또 말했다.
"두홍치는 곡할 때 과도하게 슬퍼해서는 안된다."

① 。『진양추晉陽秋』: 두예杜乂는 자가 홍치①며 경조京兆사람이다. 조부 두예杜預와 부친 두석杜錫은 전대에 명성이 있었다. 두예는 젊어서부터 훌륭한 명성이 있었으며 단양승丹陽丞을 지냈는데 일찍 죽었다. 성제成帝[司馬衍]가 두예의 딸②을 황후로 맞아들였다.

[역주]
① 弘治:『晉書』권93「杜乂傳」에는 '弘理'라 되어 있음.
② 두예의 딸: 諱는 杜陵陽이며,『晉書』권32「后妃傳下」에 傳에 있음.

杜弘治墓崩, 哀容不稱. 庾公顧謂諸客曰; "弘治至羸, 不可以致哀."① 又曰; "弘治哭不可哀."

① 。『晉陽秋』曰; 杜乂, 字弘治, 京兆人. 祖預, 父錫, 有譽前朝. 乂少有令名, 仕丹陽丞, 早卒. 成帝納乂女爲后.

• 8 : 069 [0490]

세간에서 칭찬했다.
"유문강庾文康[庾亮]은 '풍년의 옥'①이고 그의 동생 유치공庾稚恭[庾翼]은 '흉년의 곡식'②이다."
『유가론庾家論』③에서는 이렇게 말했다.
"유문강이 칭찬하길, 동생 치공은 '흉년의 곡식'이고 조카 유장인庾長仁[庾統]은 '풍년의 옥'이라고 했다."①

① 。유량庾亮은 치세治世에 국정을 맡을 기량을 지녔고 유익庾翼은 난세亂世에

세상을 구제할 재능④을 지녔으므로 각자 쓰임이 있다는 것을 말한 것이다.

[역주]……………………
① 풍년의 옥 : 풍년이 들었을 때의 옥. 태평성대를 더욱 빛내준다는 뜻을 내포하고 있음.
② 흉년의 곡식 : 흉년이 들었을 때 기근을 구제해주는 곡식. 난세의 위급함을 구해준다는 뜻을 내포하고 있음.
③ 『庾家論』 : 書名으로 추정함. 서명이 아니라면 "유씨 집안 사람들이 논하길"로 번역할 수 있음.
④ 세상을 구제할 재능 : 원문은 "臣世之才". 宋本에는 "匡世之才"라 되어 있는데, 문맥상 타당하다고 여겨 이것에 따라 번역함.

[참고] 『藝文類聚』 22.

世稱; "庾文康爲'豊年玉', 稱恭爲'荒年穀'." 『庾家論』云; "是文康稱恭爲'荒年穀', 庾長仁爲'豊年玉'." ①
① ▫ 謂亮有廊廟之器, 翼有臣世之才, 各有用也.

―――――――― • 8 : 070 [0491]

세간에서 품평했다.
"두홍치杜弘治[杜乂]는 고아하고 청신하며, 저계야褚季野[褚裒]는 온화하고 과묵하다." ①
① ▫ 『강좌명사전江左名士傳』 : 두예杜乂는 청신하고 고아하여 수려하게 출중했다.

世目; "杜弘治標鮮, 季野穆少." ①
① ▫ 『江左名士傳』曰; 乂清標令上也.

―――――――― • 8 : 071 [0492]

어떤 사람이 두홍치杜弘治[杜乂]를 품평했다.
"고아하고 청신하며 청아하고 수려하니, 그 융성한 덕의 기풍은

즐거이 노래할 만하다."☐
☐ ▫『어림語林』: 어떤 사람이 두홍치를 품평했다.
"고아하고 청신하며 청아하고 수려하다. 본디 진실로 밝고 온화하며 자태에 운치가 없지 않으니,① 그 융성한 덕의 기풍은 즐거이 노래할 만하다."

[역주]……………………
① 자태에 운치가 없지 않으니: 원문은 "容無韻"인데 원문대로라면 문맥이 통하지 않음. 宋本에는 "容無韻非"라 되어 있는데 이 역시 의미가 분명치 않음. 따라서 편의상 이 구절을 "容非無韻"으로 고쳐서 번역함. 아마도 이 구절의 앞뒤 또는 중간에 誤脫字가 있는 듯함.

有人目杜弘治; "標鮮淸令, 盛德之風, 可樂詠也."☐
☐ ▫『語林』曰; 有人目杜弘治; "標鮮甚淸令, 初若熙怡, 容無韻, 盛德之風, 可樂詠也.

──────── • 8 : 072 [0493]

유공庾公[庾亮]이 말했다.
"왕일소王逸少[王羲之]는 국가적인 인재로 등용된 인물①이다."
그래서 유예庾倪[庾倩]가 왕일소의 비문에 이렇게 썼다.
"여러 사람 중에서 발탁되어 국가적인 인재로 등용되었다."☐
☐ ▫유예는 유천庾倩의 어릴 적 자다.
▫서광徐廣의 『진기晉紀』: 유천은 자가 소언少彦이며, 사공司空 유빙庾冰의 아들이자 황후②의 오라비다. 재능을 갖추고 있었으며 벼슬은 태재太宰[武陵王 司馬晞]의 장사長史에 이르렀다. 환온桓溫은 그가 외척 가운데 강력한 인물이라고 여겨, 하비왕下邳王 사마황司馬晃③으로 하여금 그가 모반에 참여했다고 무고하게 하여 그를 주살했다.

[역주]……………………
① 국가적인 인재로 등용된 인물: 원문은 "國擧". 이보다 낮은 단계의 명예를 지닌 인물은 '鄕擧'・'郡擧'라고 불렀음.
② 황후: 東晉 廢帝 海西公 司馬奕의 庾皇后를 말함.

③ 下邳王 司馬晃 : 「黜免」7 劉注에 인용된 『司馬晞傳』, 『晉書』 권34 「武陵威王晞傳」, 顔之推의 『還冤志』 등에는 모두 "新蔡王晃"이라 되어 있는 것으로 보아 "下邳王"은 "新蔡王"의 착오로 보임. 簡文帝 咸安 원년(371)에 桓溫은 新蔡王 司馬晃에게 武陵王 司馬晞 부자와 그의 長史 庾倩 등이 역모를 꾀했다고 무고하도록 강요하여, 사마희 부자를 新安으로 유배 보내고 유천 등을 살해했음. 또한 정작 『晉書』 권37에 傳이 있는 下邳獻王 司馬晃은 惠帝 元康 6년(296)에 죽어서 유천이 살해당한 때와는 75년의 차이가 나므로 착오가 분명함.

庾公云; "逸少國擧." 故庾倪爲碑文云; "拔萃國擧."①
①。倪, 庾倩小字也.
。徐廣『晉紀』曰; 倩, 字少彦, 司空冰子, 皇后兄也. 有才具, 仕至太宰長史. 桓溫以其宗彊, 使下邳王晃誣與謀反, 而誅之.

• 8 : 073 [0494]

유치공庾穉恭[庾翼]이 환온桓溫에게 서찰을 보내 말했다.

"유도생劉道生[劉惔]은 주야로 직무에 힘쓰면서 대소사를 명쾌하게 처리하고 있습니다. 도의道義를 마음에 품은 채 사리에 통달하고 낙관적인 것만으로도 이미 훌륭하여 또한 벗으로 삼기에 충분하니, 정작 진실로 뛰어난 인물입니다. 그래서 당신과 함께 환난①을 구제할 인물로 이 사람을 추천합니다."①

①。송宋 명제明帝의 『문장지文章志』: 유회劉恢는 자가 도생이며 패국沛國사람이다. 식견이 명철하고 문무의 재능을 갖추었다. 왕몽王濛이 매번 칭찬했다.

"그 사려함이 널리 통하여 국가를 수호할② 최고의 적임자로다!"

거기장군車騎將軍의 사마司馬가 되었다. 36세에 죽었으며 전장군前將軍에 추증되었다.

[역주]
① 환난 : 원문은 "艱不". 艱難과 不運. '不'는 '否(비)'와 통함. '否'는 惡・不運・不幸・不吉의 뜻. 한편 楊勇의 『世說新語校箋』에서는 '不'을 뜻이 없는 글자라고 함.
② 국가를 수호할 : 원문은 "蕃屛". '蕃'은 울타리・변방을 뜻하고, '屛'은 막다・지키다는 뜻. 즉 변방을 지키면서 조정을 수호하는 諸侯를 말함.

庾稺恭與桓溫書, 稱; "劉道生日夕在事, 大小殊快. 義懷通樂旣佳, 且足作友, 正實良器. 推此與君同濟艱不者也."①

①。宋明帝『文章志』曰; 劉恢, 字道生, 沛國人. 識局明濟, 有文武才. 王濛每稱; "其思理淹通, 蕃屛之高選." 爲車騎司馬. 年三十六卒, 贈前將軍.

• 8 : 074 [0495]

왕람전王藍田[王述]이 양주揚州자사에 임명되었을 때, 주부主簿가 왕람전의 조부와 부친의 휘諱를 묻자① 가르쳐주며 말했다.

"돌아가신 조부님과 부친②께서는 함자가 천하에 널리 알려져 있어 원근의 사람들이 모두 잘 알고 있으며, 부인③의 휘는 밖을 나가지 않는 법이오.④① 그 나머지는 꺼릴 것이 없소."

①。『예기禮記』⑤ : 부인의 휘는 대문을 나가지 않는다.

[역주]
① 諱를 묻자 : 원문은 "請諱". '諱'는 생전의 본명을 사후에 일컫는 것. 일반적으로 남의 본명은 피하여 부르지 않고 대신 字로 부르는 것이 예의임. 육조시대에는 家諱를 특히 중시했는데, 상대방 尊屬의 휘를 언급하는 것을 특히 금기시했음. 또한 上官이 부임하게 되면 속관은 반드시 먼저 '請諱'하여 무의식중에 그것을 범하는 것을 방비했음.
② 돌아가신 조부님과 부친 : 王述의 조부 王湛은 자가 處沖이며 晉나라 汝南內史를 지냈으며, 부친 王承은 자가 安期며 車騎將軍과 東海太守를 지냈는데, 모두 당시에 명성이 높았음.
③ 부인 : 여기서는 王述의 돌아가신 조모와 모친을 말함.
④ 부인의 휘는 밖을 나가지 않는 법이오 : 부인의 이름은 집안에서만 피휘하고 집밖에서는 피휘하지 않아도 된다는 뜻.
⑤ 『禮記』 : 「曲禮上」에 보임.

王藍田拜揚州, 主簿請諱, 敎云; "亡祖先君, 名播海內, 遠近所知, 內諱不出於外.① 餘無所諱."

①。『禮記』曰; 婦人之諱不出門.

• 8 : 075 [0496]

소중랑蕭中郞[蕭輪]은 손승공孫丞公[孫統]①의 장인이었다. 유윤劉尹[劉惔]은 무군장군撫軍將軍[簡文帝 司馬昱]②이 마련한 모임에 있었는데, 당시 소중랑은 태상太常③으로 내정되어 있었다. 유윤이 말했다.

"소조주蕭祖周[蕭輪]가 삼공三公이 될 수 있는지의 여부는 모르겠습니다만, 그 이하의 직위는 감당하지 못할 것이 없다고 생각합니다."①

① □『진백관명晉百官名』: 소륜蕭輪은 자가 조주며 낙안樂安사람이다.
  □ 유겸지劉謙之의『진기晉紀』: 소륜은 재능과 학식이 있었으며 삼례三禮④에 정통했다. 상시常侍와 국자박사國子博士를 역임했다.

[역주]
① 孫丞公 :『晉書』권56「孫統傳」에는 孫統의 자가 "承公"이라 되어 있음.
② 撫軍將軍 : 당시 簡文帝 司馬昱은 撫軍大將軍으로 있었음.
③ 太常 : 三公 아래에 있는 九卿 가운데 으뜸으로 宗廟의 儀禮를 주관함. 나중에는 太常卿이라 불림.
④ 三禮 : 중국 고대의 儀禮와 制度 등을 기록해 놓은 책으로『儀禮』·『周禮』·『禮記』를 말함.

[참고]『晉書』56.

蕭中郞, 孫丞公婦父. 劉尹在撫軍坐, 時擬爲太常. 劉尹云; "蕭祖周不知便可作三公不, 自此以還, 無所不堪."①
① □『晉百官名』曰; 蕭輪, 字祖周, 樂安人.
  □ 劉謙之『晉紀』曰; 輪有才學, 善三禮. 歷常侍·國子博士.

• 8 : 076 [0497]

사태부謝太傅[謝安]가 20세가 채 안되었을 때, 처음 서쪽[建康]으로 나와① 왕장사王長史[王濛]를 방문하여 오랫동안 청담을 나누었다. 사태부가 떠난 뒤 왕장사의 아들 왕구자王苟子[王脩]가 여쭈었다.①

"방금 전의 손님은 아버님과 비교하여 어떻습니까?"

왕장사가 말했다.

"방금 전의 손님은 열심히 노력하니② 장차 나를 바짝 따라오게 될 것이다."

①。왕몽王濛과 아들 왕수王脩는 모두 이미 나왔다.③

[역주]……………………
① 서쪽[建康]으로 나와 : 당시 謝安이 동쪽에 있는 會稽의 東山에 있다가 서쪽에 있는 도성 建康으로 나온 것을 말함.
② 열심히 노력하니 : 원문은 "亹亹(미)". 근면하여 지칠 줄 모르는 모양.『詩經』「大雅·文王」에 "亹亹文王"이라는 구절이 있음.
③ 이미 나왔다 : 王濛은「言語」66 劉注①에, 王脩는「文學」38 劉注①에 각각 이미 나왔음.

[참고]『晉書』79.

謝太傅未冠, 始出西, 詣王長史, 淸言良久. 去後, 苟子問曰;① "向客何如尊?" 長史曰; "向客亹亹, 爲來逼人."
①。王濛·子脩, 並已見.

• 8 : 077 [0498]

왕우군王右軍[王羲之]이 유윤劉尹[劉惔]에게 말했다.

"진실로 마땅히 함께 사안석謝安石[謝安]을 추존해야 합니다."

그러자 유윤이 말했다.

"만약 사안석이 동산東山에 은거할 뜻이 섰다면, 마땅히 천하 사람들과 함께 그를 추존해야지요."①

①。『속진양추續晉陽秋』: 처음 사안謝安은 회계군會稽郡 상우현上虞縣에 살면서 산림에서 유유자적했으며, 6~7년 동안 여러 번 벼슬에 초징되었으나 나아가지 않았다. 비록 그를 탄핵하는 상주문이 이어지고 게다가 금고형禁錮刑①까지 받았지만, 사안은 태연히 신경 쓰지 않았다.

[역주]……………………
① 禁錮刑 : 관리가 될 수 있는 자격을 박탈하는 형. 謝安은 약 354~360년 사이에 尙書郞·琅邪王友·吏部郞 등에 초징되었으나 번번이 거절하여 결국 종신토록

금고형을 당함.

王右軍語劉尹; "故當共推安石." 劉尹曰; "若安石東山志立, 當與天下共推之."[1]
[1]。『續晉陽秋』曰; 初, 安家於會稽上虞縣, 優遊山林, 六七年間, 徵召不至. 雖彈奏相屬, 繼以禁錮, 而晏然不屑也.

• 8:078 [0499]

사공謝公[謝安]이 왕람전王藍田[王述]을 칭찬했다.
"살갗을 걷어내면 그 속은 모두 진眞[1]하다."[1]
[1]。서광徐廣의 『진기晉紀』: 왕술王述은 성품이 곧고 사리에 밝았지만, 마음 속의 진의는 드러내지 않았다.

[역주]
① 眞: 하늘로부터 부여받은 자연 그대로의 변하지 않은 성품을 말함. 『莊子』「漁父」에서 "眞者, 所以受於天也, 自然不可易也."라고 함.

謝公稱藍田; "掇皮皆眞."[1]
[1]。徐廣『晉紀』曰; 述貞審, 眞意不顯.

• 8:079 [0500]

환온桓溫이 길을 가다가 왕돈王敦의 묘 옆을 지나가면서 바라보며 말했다.
"괜찮은 사람이야[1]! 괜찮은 사람이야!"[1]
[1]。손작孫綽의 「유량에게 보내는 서찰與庾亮牋」: 왕돈은 수십 년 동안 괜찮은 사람이라고 품평 받았다.

[역주]
① 괜찮은 사람이야: 원문은 "可兒". '可兒'와 '可人'은 육조시대에 흔히 통용되었음.
[참고] 『晉書』98.

桓溫行經王敦墓邊過, 望之云; "可兒! 可兒!"[1]

① · 孫綽「與庾亮牋」曰; 王敦可人之目, 數十年間也.

---------- • 8 : 080 [0501]

은중군殷中軍[殷浩]이 왕우군王右軍[王羲之]을 평했다.

"왕일소王逸少[王羲之]는 청아하고 존귀한 인물이다. 나는 그를 매우 친애하고① 있는데, 이 점에 있어서는 당대에 그 누구에게도 뒤지지 않는다."①

① · 『문장지文章志』: 왕희지王羲之는 고상하고 기품이 있어서 보통 무리와는 다르다.

[역주]·······················
① 친애하고 : 원문은 "於". 『呂氏春秋』「不侵篇」의 "豫讓國士也, 而猶以人之於己也爲念."이라는 구절에 대한 高誘의 注에서 "於, 猶厚也."라고 함. 여기에서 引申되어 '親愛'의 뜻으로 쓰임.

殷中軍道王右軍云; "逸少淸貴人. 吾於之甚至, 一時無所後."①
① · 『文章志』曰; 羲之高爽有風氣, 不類常流也.

---------- • 8 : 081 [0502]

왕중조王仲祖[王濛]가 은연원殷淵源[殷浩]을 칭찬했다.

"자신의 장점을 가지고 남을 능가할 뿐만 아니라, 그 장점을 살리는 것 역시 남보다 뛰어나다."①

① · 『진양추晉陽秋』: 은호殷浩는 대범함과 온화함으로 상대방을 접했다.

王仲祖稱殷淵源; "非以長勝人, 處長亦勝人."①
① · 『晉陽秋』曰; 浩善以通和接物也.

---------- • 8 : 082 [0503]

왕사주王司州[王胡之]가 은중군殷中軍[殷浩]과 함께 담론을 하고 나서

탄식했다.

"나는 마음속 깊은 생각[1]까지 일찍 이미 쏟아 부어 보여주었지만, 은중군의 형세는 광대한[浩] 강물[2]과 같아서 그 여러 연원[源][2]을 헤아릴 수가 없다!"[1]

[1]。서광徐廣의 『진기晉紀』: 은호殷浩의 청담은 현묘한 이치를 오묘하게 논하여 당시 명사들이 모두 그것을 칭송했다.

[역주]..........................
① 마음속 깊은 생각 : 원문은 "府奧". 마음속 깊이 감춰둔 생각. '府'는 '腑'와 같음.
② 광대한[浩] 강물, 여러 연원[源] : 원문은 "浩汗"과 "衆源". '浩汗'은 '浩瀚'과 같은 뜻으로, 물이 넓고 크게 흐르는 모양을 말함. '浩'와 '源'은 殷中軍의 이름[浩]과 字[淵源]를 염두에 둔 것임.

王司州與殷中軍語, 歎云; "己之府奧, 蚤已傾寫而見, 殷陳勢浩汗, 衆源未可得測!"[1]

[1]。徐廣『晉紀』曰; 浩淸言, 妙辯玄致, 當時名流, 皆爲其美譽.

• 8 : 083 [0504]

왕장사王長史[王濛]가 임공林公[支遁]에게 말했다.

"유진장劉眞長[劉惔]의 청담은 가히 '금과 옥이 당에 가득하다'[1]고 이를 만합니다."

임공이 말했다.

"'금과 옥이 당에 가득하다'면 다시 무엇 하러 담론할 때 말을 선택합니까?"

그러자 왕장사가 말했다.

"선택하는 것이 아니라 다만 말을 해야 할 곳이 저절로 적어지는 것일 뿐이지요."[1]

[1]。훌륭한 사람은 과묵한 것이지[2] 말을 선택하여 한다는 것이 아님을 말한다.

[역주]··························
① 금과 옥이 당에 가득하다 : 원문은 "金玉滿堂". 학식과 언변이 매우 뛰어난 것을 비유함.『老子』장에 "金玉滿堂, 莫之能守."라는 구절이 있음.
② 훌륭한 사람은 과묵한 것이지 : 원문은 "吉人之辭寡".『周易』「繫辭傳下」에 "吉人之辭寡, 躁人之辭多."라는 구절이 있음.

王長史謂林公; "眞長可謂'金玉滿堂'." 林公曰; "'金玉滿堂', 復何爲簡選?" 王曰; "非爲簡選, 直致言處自寡耳." ①
①。謂吉人之辭寡, 非擇言而出也.

——————— • 8 : 084 [0505]

왕장사王長史[王濛]가 강도군江道羣[江灌]을 평했다.

"남이 당연히 가지고 있는 것[장점]은 그렇다고 해서 반드시 가지고 있는 것은 아니지만, 남이 당연히 가지고 있지 않는 것[결점]은 그도 반드시 가지고 있지 않다."①①

①。『중흥서中興書』: 강관江灌②은 자가 도군이며 진류陳留사람으로, 복야僕射 강반江彪의 사촌동생이다. 재능과 기량이 뛰어났으며 사촌형 강도江道③의 명성에 버금갔다. 상서尙書와 중호군中護軍을 지냈다.

[역주]··························
① 남이 당연히 가지고 있는 것은~그도 반드시 가지고 있지 않다 : 원문은 "人可應有, 乃不必有, 人可應無, 己必無."「賞譽」65와 [역주]참조
② 江灌 : 宋本에는 "江權"이라 되어 있음.
③ 江道 : 宋本에는 "江逈(형)"이라 되어 있음. 그러나 袁褧本,『晉書』권82「江逌傳」, 권83「江灌傳」, 汪藻의『世說敍錄』「人名譜・江氏譜」에는 모두 "江逌(유)"라 되어 있는 것으로 보아, '道'와 '逈'은 모두 '逌'의 誤記로 보임.

王長史道江道羣; "人可應有, 乃不必有, 人可應無, 己必無." ①
①。『中興書』曰; 江灌, 字道羣, 陳留人, 僕射彪從弟也. 有才器, 與從兄道名相亞. 仕尙書・中護軍.

• 8 : 085 [0506]

　　회계會稽의 공침孔沈・위의魏顗・우구虞球・우존虞存・사봉謝奉은 모두 이 네 일족의 준재로서 당시의 영걸英傑들이었다.① 손흥공孫興公[孫綽]이 그들을 품평했다.
　　"공침은 공씨 가문의 금이고, 위의는 위씨 가문의 옥이며, 우씨 집안은 도장道長[虞存]과 화림和琳[虞球]을 존중하고, 사씨 집안은 홍도弘道[謝奉]에게 탄복한다."②

　①。 공침・우존・위의・사봉은 모두 따로 나온다.①
　　。『우씨보虞氏譜』: 우구는 자가 화림이며 회계 여요餘姚사람이다. 조부 우수虞授는 오吳나라의 광주廣州자사였고, 부친 우기虞基는 우군사마右軍司馬였다. 우구는 벼슬이 황문시랑黃門侍郞에 이르렀다.
　②。 도장과 화림은 바로 우존과 우구의 자다. 홍도는 사봉의 자다. 이 구절은 우씨 집안은 도장과 화림의 재능을 존중하고 사씨 집안은 홍도의 훌륭함에 탄복한다는 것을 말한다.

　[역주]……………………
　　① 따로 나온다: 孔沈은「言語」44 劉注①, 虞存은「政事」17 劉注②, 魏顗는「排調」48 劉注①, 謝奉은「雅量」33 劉注①에 각각 나옴.
　[참고]『晉書』78.

會稽孔沈・魏顗・虞球・虞存・謝奉, 並是四族之儁, 于時之桀.① 孫興公目之曰; "沈爲孔家金, 顗爲魏家玉, 虞爲長・琳宗, 謝爲弘道伏."②

　①。沈・存・顗・奉, 並別見.
　　。虞氏譜曰; 球, 字和琳, 會稽餘姚人. 祖授, 吳廣州刺史. 父基, 右軍司馬. 球仕至黃門侍郞.
　②。長・琳, 卽存及球字也. 弘道, 謝奉字也. 言虞氏宗長・琳之才, 謝氏伏弘道之美也.

• 8 : 086 [0507]

　　왕중조王仲祖[王濛]와 유진장劉眞長[劉惔]이 은중군殷中軍[殷浩]을 찾아가 담론했는데, 담론이 끝난 뒤 왕중조와 유진장이 함께 수레를 타고 떠났다. 유진장이 왕중조에게 말했다.

"은연원殷淵源[殷浩]은 정말 훌륭합니다!"

왕중조가 말했다.

"그대는 완전히 그의 운무 속에 빠져버렸군."[1]

[1]・『중흥서中興書』: 은호는 이치를 논하는 데 뛰어나고 담론이 치밀했으며 『노자老子』와 『역경易經』에 정통했기 때문에 명사들이 모두 그를 존경했다.

王仲祖・劉眞長造殷中軍談, 談竟, 俱載去. 劉謂王曰; "淵源眞可!" 王曰; "卿故墮其雲霧中."[1]

[1]・『中興書』曰; 浩能言理, 談論精微, 長於『老』・『易』, 故風流者皆宗歸之.

• 8 : 087 [0508]

유윤劉尹[劉惔]이 매번 왕장사王長史[王濛]를 칭찬했다.

"성품이 매우 활달하지만 자연스러운 가운데 절도가 있다!"[1]

[1]・『왕몽별전王濛別傳』: 왕몽은 사람들과 교제할 때 자신을 비우고 남의 훌륭함을 받아들였으며, 남의 입장을 헤아린 뒤에 행동하여 기쁘고 화난 기색을 드러내는 경우가 드물었다. 무릇 그와 한 번 만나기만 하면 그를 경애하지 않는 사람이 없었다. 젊어서 부친을 여의었지만 부친의 첩들까지① 매우 공손하게 모셨다. 도의에 힘쓰면서 친족과 화목하게 지내고② 사소한 예절③ 에는 신경 쓰지 않았으며, 청빈함으로 칭송받았다.

[역주]..........
① 부친의 첩들까지 : 원문은 "諸母". 親母를 포함하여 부친의 첩들을 말함.
② 친족과 화목하게 지내고 : 원문은 "穆族". 宋本에는 "穆親"이라 되어 있음.
③ 사소한 예절 : 원문은 "小潔". '小潔'은 '小節'과 같은 뜻. 凌濛初 刻本에는 "小節" 이라 되어 있음.

[참고] 『晉書』93.

劉尹每稱王長史云; "性至通, 而自然有節!"[1]

①・『濛別傳』曰; 濛之交物, 虛己納善, 怨而後行, 希見其喜慍之色. 凡與一面, 莫不敬而愛之. 然少孤, 事諸母甚謹. 篤義穆族, 不修小潔, 以淸貧見稱.

• 8 : 088 [0509]

왕우군王右軍[王羲之]이 사만석謝萬石[謝萬]을 평했다.

"산림과 소택沼澤에 있어서 저절로 굳세고 고매하다."

임공林公[支遁]에 대하여 찬탄했다.

"기량이 고명하고 정신이 준일俊逸하다!"①

조사소祖士少[祖約]를 평했다.

"털끝부터 뼛속까지 풍모가 빼어나니,① 아마도 평생토록 이러한 사람을 다시는 보지 못할 것이다."

유진장劉眞長[劉惔]을 평했다.

"구름 위로 높이 솟구친 나무줄기②이지만 그 가지는 번잡하지 않다.③"②

①・『지둔별전支遁別傳』: 지둔은 마음 닿는 대로 홀로 행동했으며 풍격이 고명했다.

②・『유윤별전劉尹別傳』: 유담劉惔은 훌륭한 명망이 있는데다가 황실과 인척 관계에 있었기④ 때문에 고관을 여러 번 지냈다. 그러나 성품이 속세에 어울리지 않아서 영리榮利에는 마음이 담담했다. 비록 몸은 현관顯官의 반열에 올랐지만, 매번 겸양하면서 한적하고 고요하게 자신의 분수를 지킬 따름이었다.

[역주]··························
① 풍모가 빼어나니 : 원문은 "風領". 정확한 의미는 알 수 없으나, '風貌'·'風範'·'風標' 등의 뜻으로 추정함.
② 구름 위로 높이 솟구친 나무줄기 : 원문은 "標雲柯". 여기서는 劉惔이 明帝의 사위로서 높은 지위에 오른 것을 비유함.
③ 번잡하지 않다 : 원문은 "不扶疎". '扶疎'는 나뭇가지가 어지럽게 퍼져 있는 모양. 여기서는 劉惔이 높은 지위에 있으면서도 조정에 위세를 펼치려 하지 않

는 것을 비유함.
④ 황실과 인척관계에 있었기 : 劉惔은 明帝 司馬紹의 딸 盧陵公主의 남편이었음.

王右軍道謝萬石; "在林澤中, 爲自遒上." 歎林公; "器朗神儁!"① 道祖士少;
"風領毛骨, 恐沒世不復見如此人." 道劉眞長; "標雲柯而不扶疎."②
①。『支遁別傳』曰; 遁任心獨往, 風期高亮.
②。『劉尹別傳』曰; 惔旣令望, 姻婭帝室, 故屢居達官. 然性不偶俗, 心淡榮利. 雖身登顯列,
而每抱降, 閑靜自守而已.

―――――――― • 8 : 089 [0510]

간문제簡文帝[司馬昱]가 유적옥庾赤玉[庾統]을 평했다.
"간약簡約하고 진솔하며, 수신을 잘하여 허물을 제거한다."
사인조謝仁祖[謝尙]가 말했다.
"유적옥의 가슴 속에는 응어리진 것①이 없다."①
①。적옥은 유통庾統의 어릴 적 자다.
 。『중흥서中興書』: 유통은 자가 장인長仁이며 영천潁川사람으로, 위장군衛
將軍 유택庾擇②의 아들이다. 젊어서부터 훌륭한 명성이 있었으며, 벼슬은 심
양尋陽태수에 이르렀다.
[역주]..........................
① 응어리진 것 : 원문은 "宿物". 본래는 하룻밤이 지난 것이라는 뜻이나, 여기서
는 불만이나 응어리진 마음을 비유함.
② 庾擇 : 宋本과 袁褧本에도 "庾擇"이라 되어 있으나, 『晉書』 권73 「庾懌傳」과
汪藻의 『世說敍錄』 「人名譜・庾氏譜」에는 "庾懌"이라 되어 있음.

簡文目庾赤玉; "省率治除." 謝仁祖云; "庾赤玉胸中無宿物."①
①。赤玉, 庾統小字.
 。『中興書』曰; 統, 字長仁, 潁川人, 衛將軍擇子也. 少有令名, 仕至尋陽太守.

―――――――― • 8 : 090 [0511]

은중군殷中軍[殷浩]이 한태상韓太常[韓伯]을 평했다.

"한강백韓康伯[韓伯]은 젊어서부터 스스로 고상한 품격을 표방하여[1] 확연히 출중한 인재가 되었으며, 그의 발언과 담론에는 종종 정취가 담겨 있다."[1]

[1]。『속진양추續晉陽秋』: 한강백은 성품이 청아하고 온화하며 논리적인 사고를 지니고 있어서, 어려서부터 외삼촌 은호殷浩[2]에게 칭찬받았다.

[역주]
① 고상한 품격을 표방하여 : 원문은 "標置". 고상한 품격을 표방하여 스스로 지위를 높인다는 뜻.
② 외삼촌 殷浩 : 殷浩는 韓伯의 모친의 오라비임.

殷中軍道韓太常曰; "康伯少自標置, 居然是出群器, 及其發言遣辭, 往往有情致."[1]
[1]。『續晉陽秋』曰; 康伯淸和有思理, 幼爲舅殷浩所稱.

• 8 : 091 [0512]

간문제簡文帝[司馬昱]가 왕회조王懷祖[王述]를 평했다.

"재능이 뛰어나지 못한데다가 영리榮利에도 담담하지 못하지만, 다만 약간의[1] 진솔함만으로도 다른 사람들의 여러 가지[1] 장점에 필적하기에 충분하다."[1]

[1]。『진양추晉陽秋』: 왕술王述은 젊었을 때 빈곤하여 한 대그릇의 밥과 한 표주박의 물로 누추한 마을에 살았지만,[2] 명예나 영달을 구하지 않았다. 이 때문에 식자들로부터 존중을 받았다.

[역주]
① 약간의, 여러 가지 : 원문은 "少許"와 "多多許". '許'는 뜻이 없는 어조사로 쓰임.
② 한 대그릇의 밥과 한 표주박의 물로 누추한 마을에 살았지만 : 원문은 "簞瓢陋巷". 청빈한 생활을 편안한 마음으로 영위하는 것, 즉 安貧樂道하는 생활을 말함. 『論語』 「雍也」에 "賢哉回也! 一簞食, 一瓢飮, 在陋巷, 人不堪其憂, 回不改其樂, 賢哉回也!"라는 구절이 있음.

簡文道王懷祖; "才旣不長, 於榮利又不淡, 直以眞率少許, 便足對人多多許."[1]

① 。『晉陽秋』曰; 述少貧約, 簞瓢陋巷, 不求聞達. 由是爲有識所重.

———— • 8 : 092 [0513]

임공林公[支遁]이 왕우군王右軍[王羲之]에게 말했다.

"왕장사王長史[王濛]는 수백 언을 말해도 덕음德音^①이 아닌 것이 없으나, 상대방을 몰아붙이지 못하는 것이 흠인 듯합니다."①

그러자 왕우군이 말했다.

"왕장사는 애당초 상대방을 몰아붙이려고 하지 않습니다."

① 。'몰아붙이다[苦]'는 말로 남을 곤궁에 빠지게 하는 것을 말한다.

[역주]……………………

① 德音 : 有德者의 훌륭한 말씀. 善言.

林公謂王右軍云; "長史作數百語, 無非德音, 如恨不苦."① 王曰; "長史自不欲苦物."

① 。苦, 謂窮人以辭.

———— • 8 : 093 [0514]

은중군殷中軍[殷浩]이 어떤 사람에게 서찰을 보내 사만謝萬을 평했다.

"문장과 논리가 점점 강건剛健해지고 있는데, 이렇게 되는 것은 결코 쉽지 않은 일이오."①

① 。『중흥서中興書』 : 사만은 재능과 기량이 빼어나고 자신을 과시하는 것^①을 잘했기 때문에 당시의 명성을 얻었다. 아울러 문장을 잘 짓고 담론에 능하여 당시 사람들이 그를 칭찬했다.

[역주]……………………

① 과시하는 것 : 원문은 "衒曜". 재능이나 학식 등을 자랑하고 뽐내는 것을 말함.

殷中軍與人書, 道謝萬; "文理轉遒, 成殊不易."①

① 。『中興書』曰; 萬才器儁秀, 善自衒曜, 故致有時譽. 兼善屬文, 能談論, 時人稱之.

• 8 : 094 [0515]

왕장사王長史[王濛]가 말했다.

"강사전江思悛[江惇]의 사고가 통하는 바는 유학의 영역뿐만이 아니다."[1]

[1] ▫ 서광徐廣의 『진기晉紀』: 강돈江惇은 자가 사전이며 진류陳留사람으로, 복야僕射 강반江彪의 동생이다. 성품이 학문에 독실하여 손에서 책을 놓지 않았으며, 고서古書①를 널리 읽고 유학과 노장학에 아울러 정통했다. 벼슬에 초징되었으나 나아가지 않았으며, 49세로 죽었다.

[역주] ························

① 古書: 원문은 "賁典". 三賁五典을 말함. 三皇五帝가 지었다고 전해지는 고대의 책. 「賞譽」19 [역주]⑧ 참조.

王長史云; "江思悛思懷所通, 不翅儒域."[1]

[1] ▫ 徐廣『晉紀』曰; 江惇, 字思悛, 陳留人, 僕射彪弟也. 性篤學, 手不釋書, 博覽賁典, 儒道兼綜. 徵聘無所就, 年四十九而卒.

• 8 : 095 [0516]

허현도許玄度[許詢]가 모친을 전송하면서 처음 도성으로 나왔을 때, 어떤 사람이 유윤劉尹[劉惔]에게 물었다.

"허현도는 정작 들리는 평판에 부합합니까?"

유윤이 말했다.

"그의 재지才智는 들리는 평판보다 뛰어나지요."[1]

[1] ▫ 『허씨보許氏譜』: 허현도의 모친은 화일華軼의 딸이다.

▫ 생각건대: 『허순집許詢集』에는 "허순이 누이를 영접하러 도성으로 나왔다가 길에서 시를 지었다"고 되어 있으며, 『속진양추續晉陽秋』에도 그렇게 되어 있다.① 그런데 여기에서는 "모친을 전송하면서 도성으로 나왔다"고 했으니 아마도 잘못된 것 같다.

[역주]……………………
① 『續晉陽秋』에도 그렇게 되어 있다 : 「賞譽」144 劉注①에 인용되어 있음.

許玄度送母始出都, 人問劉尹; "玄度定稱所聞不?" 劉曰; "才情過於所聞."①
① ◦『許氏譜』曰; 玄度母, 華軼女也.
  ◦按;『詢集』"詢出都迎姊, 於路賦詩", 『續晉陽秋』亦然. 而此言送母, 疑繆矣.

———————— • 8 : 096 [0517]

완광록阮光祿[阮裕]이 말했다.

"왕씨王氏 집안에 세 젊은이가 있는데, 우군右軍[王義之]·안기安期[王應]①·장예長豫[王悅]다."①

① ◦ 완유阮裕·왕열王悅, 안기 왕응王應은 모두 이미 나왔다.②

[역주]……………………
① 安期[王應] : 『晉書』 권80 「王義之傳」에서는 "[阮]裕亦目義之與王承·王悅, 爲王氏三少."라고 하여 '安期'가 王承으로 되어 있으며, 王先謙의 「世說校勘小識補」에서도 劉注의 "安期王應"을 安期[王承]와 王應 두 사람이라고 함. 王承과 王應은 모두 자가 安期이긴 하지만, 王承은 太原晉陽 왕씨로서 琅邪臨沂 왕씨인 王義之·王應·王悅과는 씨족이 다르고 또한 王坦之의 부친으로서 王義之 등보다 연배가 높기 때문에 '젊은이'라고 부르는 것이 어색함. 따라서 여기서는 王應을 지칭하는 것이 옳다고 생각함.
② 이미 나왔다 : 완유는 「德行」32 劉注①, 왕열은 「德行」29 劉注①, 왕응은 「識鑒」15 劉注①에 나왔음.
[참고] 『晉書』80.

阮光祿云; "王家有三年少, 右軍·安期·長豫."①
① ◦ 阮裕·王悅·安期王應, 並已見.

———————— • 8 : 097 [0518]

사공謝公[謝安]이 백부 사예장謝豫章[謝鯤]을 평했다.

"만약 죽림칠현竹林七賢을 만났다면 틀림없이 스스로 팔을 잡고 죽림으로 들어갔을 것이다."[1]

[1] ▫『강좌명사전江左名士傳』: 사곤謝鯤은 활달·대범하고 식견이 있었으며 위의威儀를 차리지 않았다. 행적은 분방함을 좋아했으나 마음은 올발랐고,[①] 모습은 지저분했으나 언담은 청아했으며, 처신하는 것은 불결한 듯했으나 행동은 고상함에 누가 되지 않았다. 한번은 이웃집에 살고 있던 여인을 찾아가 유혹했는데, 한참 베를 짜고 있던 여인이 베틀의 북을 던져 그의 치아 두 개를 부러뜨렸다. 그러나 사곤은 돌아온 뒤에 도도하게 길게 읊조리면서 말했다.

"그래도 나의 노래를 망치지는 않았어!"

그가 겉모습에 신경 쓰지 않는 것이 이와 같았다.

[역주]
① 행적은 분방함을 좋아했으나 마음은 올발랐고 : 원문은 "好迹逸而心整". 이대로는 문맥이 순조롭지 못함. 한편 『晉書』 권49 「謝鯤傳」에는 "好『老』·『易』, 迹逸而心整."이라 되어 있는 것으로 보아, 아마도 "好"자 다음에 "老易" 두 자가 빠진 듯함.

謝公道豫章; "若遇七賢, 必自把臂入林."[1]

[1] ▫『江左名士傳』曰: 鯤通簡有識, 不修威儀. 好迹逸而心整, 形濁而言淸, 居身若穢, 動不累高. 隣家有女, 嘗往挑之, 女方織, 以梭投折其兩齒. 旣歸, 傲然長嘯曰; "猶不廢我嘯歌!" 其不事形骸如此.

• 8 : 098 [0519]

왕장사王長史[王濛]가 임공林公[支遁]에 대해 찬탄했다.

"정묘한 이치를 궁구해낸 공은 왕보사王輔嗣[王弼][①]에 뒤지지 않는다!"[1]

[1] ▫『지둔별전支遁別傳』: 지둔은 정신과 마음이 명민하고 총명했으며, 청아한 식견이 현묘하고 심오했다. 일찍이 도성에 이르렀을 때, 왕중조王仲祖[王濛]가 칭송했다.

"정묘한 이치에 도달한 공은 왕필王弼과 다름없다!"

[역주]
① 王輔嗣[王弼] : 王弼은 正始연간(240~248)에 何晏과 함께 淸談의 대가로 손꼽히며, 老莊學에 정통하여 『易經』과 『老子』에 주를 닮.

[참고] 『高僧傳』4.

王長史歎林公; "尋微之功, 不滅輔嗣!"①

①. 『支遁別傳』曰; 遁神心警悟, 淸識玄遠. 嘗至京師, 王仲祖稱; "其造微之功, 不異王弼!"

• 8 : 099 [0520]

은연원殷淵源[殷浩]은 모친의 묘소에 거의 10년 동안 머물러 있었는데,① 당시 조야에서는 그를 관중管仲②이나 제갈량諸葛亮③에 견주었으며, 그가 출사하느냐 출사하지 않느냐를 가지고 강좌江左[東晉]의 흥망을 점쳤다.⑦

⑦. 『속진양추續晉陽秋』: 당시에는 목제穆帝[司馬聃]가 어렸기④ 때문에 황태후皇太后[褚氏]가 섭정했다. 간문제簡文帝[司馬昱]는 현자를 친히 여기고 사람들의 신망을 받아 재상의 지위에 올랐다. 환온桓溫은 촉蜀과 낙양洛陽을 평정한 공훈이 있어서⑤ 서섬西陝⑥지역에서 막강한 위세를 휘둘렀다. 목제는 스스로 문약文弱하다고 생각하여 환온에게 대항하지 못했다. 진군陳郡의 은호殷浩는 평소에 높은 명성이 있어서 당시 논자들이 그를 관중이나 제갈량에 견주곤 했기 때문에, 조정에서 은호를 초청하여 양주揚州자사로 삼았다. 환온은 그 의도가 자신에게 대항하려는 것에 있음을 알고는 몹시 분노했다.⑦

[역주]
① 묘소에 거의 10년 동안 머물러 있었는데 : 이 일에 관해서는 「識鑒」18의 본문과 [역주]참조.
② 管仲 : 춘추시대 齊나라의 재상. 젊었을 때 鮑叔과 친교를 맺어 그의 추천으로 桓公을 섬기면서 두터운 신임을 얻었으며, 환공이 천하를 평정하고 覇者가 될 수 있도록 함.
③ 諸葛亮 : 삼국시대 蜀나라의 승상. 劉備의 三顧草廬를 받고 벼슬에 나아가 赤壁에서 曹操의 군대를 격파함으로써 촉이 魏・吳와 정립할 수 있게 함.

④ 穆帝[司馬聃]가 어렸기 : 목제는 建元 2년(344)에 康帝 司馬岳이 죽은 뒤 겨우 2살의 나이로 즉위함.
⑤ 桓溫은 蜀과 洛陽을 평정한 공훈이 있어서 : 환온은 穆帝 永和 3년(347)에 氐族의 成漢을 토벌하여 蜀 땅을 東晉의 영토로 만들었으며, 또한 殷浩의 北征이 실패로 돌아간 뒤 永和 10년(354)에 關中으로 들어가서 2년 뒤에 洛陽을 탈환함.
⑥ 西陝 : 陝西의 뜻. 지금의 湖北省과 湖南省 지역을 말함.
⑦ 분노했다 : 결국 桓溫은 殷浩가 北征에 실패한 것을 가지고 탄핵하여 그를 실각시켰음.
[참고] 『晉書』77.

殷淵源在墓所幾十年, 于時朝野以擬管·葛, 起不起, 以卜江左興亡.①
①。『續晉陽秋』曰; 時穆帝幼沖, 母后臨朝. 簡文親賢民望, 任登宰輔. 桓溫有平蜀·洛之勳, 擅彊西陝. 帝自料文弱, 無以抗之. 陳郡殷浩, 素有盛名, 時論比之管·葛, 故徵浩爲揚州. 溫知意在抗己, 甚忿焉.

• 8 : 100 [0521]

은중군殷中軍[殷浩]이 왕우군王右軍[王羲之]을 평했다.
"고명한 식견을 지닌 존귀한 인물이다."①
①。『진안제기晉安帝紀』: 왕희지王羲之는 풍격이 청아하고 고상했다.

殷中軍道右軍; "淸鑒貴要."①
①。『晉安帝紀』曰; 羲之風骨淸擧也.

• 8 : 101 [0522]

사태부謝太傅[謝安]가 환공桓公[桓溫]의 사마司馬로 있을 때① 환공이 사태부를 찾아갔는데, 사태부는 머리를 빗고 있다가 급히 의관을 착용하려 했다. 이것을 보고 환공이 말했다.
"어찌 이렇게 번거롭게 하시는가?"
그러면서 그대로 앉아 날이 저물 때까지 함께 담론했다. 환공이 돌아가서 좌우사람들에게 말했다.

"일찍이 이러한 사람을 본 적이 있는가?"

1 • 『속진양추續晉陽秋』: 처음 사안謝安은 산천에서 유유자적하면서 문장을 짓고 철리를 분석하는 것을 스스로 즐겼다. 환온桓溫은 서쪽 변방①에 있을 때, 그의 훌륭한 명성을 흠모했기 때문에 조정에 상신하여 사안을 자신의 사마로 임명해달라고 청했다. 사안은 세상이 아직 태평하지 못하다고 생각하여 천하를 바로잡고 구제하는 데 뜻을 두고서 나이 40에 처음으로 관직에 나아가 직무에 응했다.

[역주]..........................

① 서쪽 변방 : 원문은 "西蕃". 荊州를 말함. '蕃'은 '藩'과 같음. 荊州는 도성 建康의 서쪽에 있었기 때문에 '西藩'이라 불림. 桓溫은 당시 征西大將軍으로서 荊州刺史를 맡고 있었음.

[참고] 『晉書』79.

謝太傅爲桓公司馬, 1 桓詣謝, 値謝梳頭, 遽取衣幘. 桓公云; "何煩此?" 因下共語至暝. 旣去, 謂左右曰; "頗曾見如此人不?"

1 • 『續晉陽秋』曰; 初, 安優游山水, 以敷文析理自娛. 桓溫在西蕃, 欽其盛名, 諷朝廷請爲司馬. 以世道未夷, 志存匡濟, 年四十, 起家應務也.

• 8 : 102 [0523]

사공謝公[謝安]이 환선무桓宣武[桓溫]의 사마司馬로 있을 때, 문하생 수십 명을 전조중랑田曹中郞① 조열자趙悅子[趙悅]에게 인사를 청탁했다.1 조열자가 그 일을 환선무에게 알렸더니 환선무가 말했다.

"당분간은 절반만 채용하시오."

얼마 뒤 조열자는 그들을 모두 채용하고 나서 말했다.

"지난날 사안석謝安石[謝安]이 동산東山에 은거하고 있을 때, 조정의 관원②들은 그에게 출사出仕하라고 한사코 권유하면서 그가 세상일에 관여하지 않을까봐 걱정했었습니다. 그런데 지금 그가 스스로 향선

鄉選[3]하겠다고 나선 마당에 도리어 그 청탁을 어겨서야 되겠습니까?"
  [1]。복도伏滔의 『대사마료속명大司馬寮屬名』: 조열趙悦은 자가 열자며 하비下
  邳사람이다. 대사마[桓溫]의 참군參軍과 좌위장군左衛將軍을 역임했다.

  [역주].........................
  ① 田曹中郎: 田曹從事中郎을 말함. 農政을 관장하는 관리.
  ② 조정의 관원: 원문은 "縉紳". '縉'은 笏을 大帶에 끼우는 것이고, '紳'은 大帶를
     가리킴. 즉 조정의 고관을 의미함.
  ③ 鄉選: 鄉黨의 인물을 선발하여 추천하는 것.

謝公作宣武司馬, 屬門生數十人於田曹中郎趙悦子.[1] 悦子以告宣武, 宣武云;
"且爲用半." 趙俄而悉用之, 曰; "昔安石在東山, 縉紳敦逼, 恐不豫人事. 況今
自鄉選, 反違之邪?"
  [1]。伏滔『大司馬寮屬名』曰; 悅, 字悅子, 下邳人. 歷大司馬參軍·左衛將軍.

--------- • 8 : 103 [0524]

환선무桓宣武[桓溫]가 표문表文에서 말했다.
"사상謝尙은 정신력이 뛰어나고 마음이 진솔하여 젊어서부터 인
망人望을 얻었습니다."[1]
  [1]。『환온집桓溫集』에 실려 있는 「평락표平洛表」: 지금은 중원中原이 이미 평
  정되었으니, 마땅히 천하를 안정시켜야 할 때가 되었습니다. 진서장군鎭西將
  軍 겸 예주豫州자사로 있는 사상은 정신력이 뛰어나고 마음이 진솔하여 젊
  어서부터 인망을 얻었기에, 조정에 들어와서는 제반 국정을 논하고① 조정
  을 나가서는 목민관②으로서 나라를 수호하고 있습니다. 그러니 마땅히 그
  를 승진시켜 낙양洛陽을 지키면서 뭇 백성을 안무安撫하도록 해야 합니다.
  신은 도독사주제군사都督司州諸軍事③를 그의 본직本職으로 하는 것이 좋을 것
  이라고 생각합니다.

  [역주].........................
  ① 제반국정을 논하고: 원문은 "論百揆". '揆'는 謀策·政策의 뜻. '百揆'는 각종
     政務를 말함. 袁褧本에는 '論'이 '贊'으로 되어 있음.

② 목민관 : 원문은 "方司". 牧民官, 즉 지방장관을 말함.
③ 都督司州諸軍事 : '司州'는 낙양을 중심으로 한 지역을 말함.

桓宣武表云; "謝尙神懷挺率, 少致民譽."①
①。『溫集』載其「平洛表」曰; 今中州旣平, 宜時綏定. 鎭西將軍豫州刺史尙, 神懷挺率, 少致人譽, 是以入論百揆, 出蕃方司. 宜進據洛陽, 撫寧黎庶. 謂可本官都督司州諸軍事.

• 8 : 104 [0525]

세간에서는 사상謝尙을 품평하여 "인품이 뛰어나고 방달放達①하다"고 했다. 완요집阮遙集[阮孚]은 이렇게 말했다.
"사상은 청아하고 시원시원하여 방달한 듯하다."
또 어떤 사람은 이렇게 말했다.
"사상은 본디 출중하게 뛰어나다."①
①。『진양추晉陽秋』: 사상은 솔직하고 대범하여 방달했으며, 매우 총명하여② 출중하게 뛰어났다.

[역주]
① 放達 : 원문은 "達". 通達 또는 放達의 뜻. 魏晉의 名士들은 술을 좋아하고 放誕적으로 행동하면서 예법에 구속받지 않는 것을 '達'이라고 했음.
② 매우 총명하여 : 원문은 "超悟". 宋本에는 "昭悟"라 되어 있음.

世目謝尙爲"令達". 阮遙集云; "淸暢似達." 或云; "尙自然令上."①
①。『晉陽秋』曰; 尙率易挺達, 超悟令上也.

• 8 : 105 [0526]

환대사마桓大司馬[桓溫]가 병이 들었을 때 사공謝公[謝安]이 병문안하러 갔는데 동쪽 문으로 들어갔다.① 환공桓公[桓溫]이 멀리서 바라보며 감탄했다.
"나의 문 안에서 이런 사람을 오랫동안 보지 못했다!"

① ▫ 환온桓溫은 당시 고숙姑孰①에 있었다.

[역주]………………………
① 姑孰 : 지금의 安徽省 當塗縣에 있던 城. 東晉 때 성을 설치한 이후로 군사상 중요한 거점이 됨.

桓大司馬病, 謝公往省病, 從東門入.① 桓公遙望, 歎曰; "吾門中久不見如此人!"
① ▫ 溫時在姑孰.

──────── • 8 : 106 [0527]

간문제簡文帝[司馬昱]가 왕경예王敬豫[王恬]를 품평하여 "식견이 고명하고 성품이 낙천적이다"①고 했다.①

① ▫ 왕념王恬은 이미 나왔다.②
▫ 『문자지文字志』 : 왕념은 철리에 대한 식견이 고명하고 고귀하여 후진後進 가운데 으뜸③이었다.

[역주]………………………
① 식견이 고명하고 성품이 낙천적이다 : 원문은 "朗豫". 王恬의 字가 '敬豫'이기 때문에 '豫'자를 활용하여 '朗豫'라고 품평한 것임.
② 이미 나왔다 : 「德行」29 劉注②에 나왔음.
③ 으뜸 : 원문은 "冠冕". 宋本에는 "冠蓋"라 되어 있음.

簡文目敬豫爲"朗豫."①
① ▫ 王恬, 已見.
▫ 『文字志』曰; 恬識理明貴, 爲後進冠冕也.

──────── • 8 : 107 [0528]

손흥공孫興公[孫綽]이 유공庾公[庾亮]의 참군參軍으로 있을 때 함께 백석산白石山①을 유람했는데, 위군장衛君長[衛永]도 그 자리에 있었다.① 손흥공이 말했다.②

"이 사람[衛永]은 마음과 감정이 도무지 산수에 관심이 없지만 문장은 잘 짓지요."

그러자 유공이 말했다.

"위군장은 풍격과 운치가 그대들에는 미치지 못하지만, 마음을 기울이는 것③은 또한 범속凡俗하지 않소."

손흥공은 마침내 그 말에 감복했다.④

①·『위씨보衛氏譜』: 위승衛承⑤은 자가 군장이며 성양成陽사람이다. 벼슬은 좌군장사左軍長史에 이르렀다.

[역주]
① 白石山 : 지금의 江蘇省 吳縣 서북쪽에 있는 산으로, 옛날에는 白豸山이라 불렀음.
② 손흥공이 말했다 : 원문은 "孫云". 宋本에는 이 2자가 없는데, 있어야 문맥이 분명해짐.
③ 마음을 기울이는 것 : 원문은 "傾倒處". 여기서는 문장 짓는 일을 말함.
④ 감복했다 : 원문은 "沐浴". 信服·心服·感服의 의미. 진심으로 믿고 따른다는 뜻.
⑤ 衛承 : 다른 諸本과 汪藻의 『世說敍錄』「人名譜·衛氏譜」 등에는 모두 "衛永"이라 되어 있는 것으로 보아, '承'은 '永'의 誤記임이 분명함.

孫興公爲庾公參軍, 共遊白石山, 衛君長在坐.① 孫曰; "此子神情都不關山水, 而能作文." 庾公曰; "衛風韻雖不及卿諸人, 傾倒處亦不近." 孫遂沐浴此言.
①·『衛氏譜』曰; 承, 字君長, 成陽人. 位至左軍長史.

----------- • 8 : 108 [0529]

왕우군王右軍[王羲之]이 진현백陳玄伯[陳泰]을 품평했다.

"가슴에는 응어리가 쌓여 있지만① 기골은 올곧다."①

①·진태陳泰는 이미 나왔다.②

[역주]
① 응어리가 쌓여 있지만 : 원문은 "壘塊". 마음속에 맺힌 응어리가 풀리지 않는 모양.
② 이미 나왔다 : 「方正」8 劉注②에 나왔음.

[참고] 『太平御覽』375.

王右軍目陳玄伯; "壘塊有正骨."[1]
[1]▫陳泰, 已見.

― • 8 : 109 [0530]

왕장사王長史[王濛]가 말했다.

"유윤劉尹[劉惔]이 나를 아는 것은 내가 내 자신을 아는 것보다 낫다."[1]

[1]▫『왕몽별전王濛別傳』: 왕몽은 패국沛國의 유담劉惔과 명성을 나란히 했는데, 당시 사람들은 왕몽을 원요경袁曜卿[袁渙][1]에 견주고 유담을 순봉천荀奉倩[荀粲][2]에 견주었다. 두 사람은 교분이 두터웠으며 서로를 깊이 인정해주었다.

[역주]
① 袁曜卿[袁渙]:『三國志』권11「袁渙傳」에 "渙, 字曜卿, 陳郡扶樂人. 父滂, 爲漢司徒. 渙淸靜, 擧動必以禮. 起郡功曹, 至魏御史大夫."라는 기록이 보임.
② 荀奉倩[荀粲]: 荀粲에 대해서는 「文學」9 劉注[2]・[3]에 인용된 『荀粲別傳』참조.

[참고]『晉書』93.

王長史云; "劉尹知我, 勝我自知."[1]
[1]▫『濛別傳』曰; 濛與沛國劉惔齊名, 時人以濛比袁曜卿, 惔比荀奉倩. 而共交友, 甚相知賞也.

― • 8 : 110 [0531]

왕몽王濛과 유담劉惔이 임공林公[支遁]의 강론을 듣고 나서 왕몽이 유담에게 말했다.

"저 높은 자리에 앉아 있는 사람[1]은 정말로 심술 사나운 자로군!"

그러나 강론을 계속 듣고 나서[2] 왕몽이 다시 말했다.

"진실로 사문沙門 가운데 왕필王弼・하안何晏과 같은 사람이로군[3]!"[1]

[1]▫『고일사문전高逸沙門傳』: 왕몽은 늘 지둔支遁을 찾아가곤 했는데, 마침 지둔이 지원사祇洹寺[4]에서 강론하면서 높은 자리 위에 앉아 있었다. 지둔은

주미塵尾를 들 때마다 항상 수백 언을 사용했는데, 정情과 이리理가 모두 잘 전달되었다. 그 자리에 참석했던 백여 명은 모두 입을 다문 채 귀를 기울이고 있었다. 왕몽이 강론을 듣고 있던 여러 승려들에게 말했다.

"저 높은 자리에 앉아 있는 사람은 사문 가운데 왕필·하안과 같은 사람이로다!"

[역주]··························

① 저 높은 자리에 앉아 있는 사람 : 원문은 "向高坐者". 여기서 '向'은 '在'·'於'와 같은 뜻으로 사용됨.
② 계속 듣고 나서 : 원문은 "復東聽". 宋本에는 "復更聽"이라 되어 있는데, 문맥상 타당하다고 여겨 이것에 따라 번역함.
③ 沙門 가운데 王弼·何晏과 같은 사람이로군 : 원문은 "鉢釪後王·何人也". '鉢釪'는 승려들의 식기를 말하는데, 여기서는 '沙門'·'佛門'의 뜻으로 사용됨. '後'는 의미 파악이 어려움. 아마도 衍字이거나 다른 글자의 誤記로 보임. '王·何'는 王弼과 何晏을 가리킴. 둘 다 正始연간(240~248) 清談論辯의 대가로서 六朝時代 내내 그 명성이 높았는데, 東晉에서는 재능과 논변이 뛰어난 인물을 흔히 '王·何'라고 불렀음. 한편 『高僧傳』 권4 「支遁傳」에는 "緇鉢之王·何也"라고 하여, '後'가 '之'로 되어 있고 '人'이 빠져 있음. '緇鉢'은 '衣鉢'과 같은 뜻임.
④ 祇洹寺 : 도성 建康에 있던 절.

[참고] 『高僧傳』4.

王·劉聽林公講, 工語劉口, "向高坐者, 故是凶物!" 復東聽, 士又曰; "目是鉢釪後王·何人也!"①

①·『高逸沙門傳』曰; 王濛恒尋遁, 遇祇洹寺中講, 正在高坐上. 每舉塵尾, 常領數百言, 而情理俱暢. 預坐百餘人, 皆結舌注耳. 濛云聽講衆僧; "向高坐者, 是鉢釪後王·何人也!"

———— • 8 : 111 [0532]

허현도許玄度[許詢]가 말했다.

"「금부琴賦」①에서 이른 '가장 정통한 자가 아니면 그와 함께 이치를 분석할 수 없다'는 유윤劉尹[劉惔] 그 사람이며, '심원하고 고요한 자가 아니면 그와 함께 한거閑居할 수 없다'는 간문제簡文帝[司馬昱] 그 사람이다."[1]

> [1]▫ 혜숙야嵇叔夜[嵇康][2]의 「금부」다. 유담劉惔은 자가 진장眞長이며 단양윤丹陽尹을 지냈다.
>
> [역주]·······················
> ① 「琴賦」: 『文選』 권18에 수록되어 있음.
> ② 嵇叔夜: 원문은 "稽叔夜"라 되어 있으나, 다른 諸本에는 모두 "嵇叔夜"라 되어 있음. '叔夜'는 嵇康의 자이므로 '稽'는 '嵇'의 誤記가 분명함.

許玄度言; "「琴賦」所謂'非至精者, 不能與之析理', 劉尹其人. '非淵靜者, 不能與之閑止', 簡文其人."[1]

> [1]▫ 嵇叔夜「琴賦」也. 劉惔眞長, 丹陽尹.

──────── • 8 : 112 [0533]

위은魏隱 형제는 어려서부터 학문과 위의威儀[1]가 있었는데,[1] 소년 시절에 사봉謝奉을 방문했다. 사봉이 그들과 얘기를 나누고 나서 크게 기뻐하며 말했다.

"대가문이 비록 쇠락했지만 위씨 집안에 이미 또한 이런 사람이 있다니!"

> [1]▫ 『위씨보魏氏譜』: 위은은 자가 안시安時며 회계會稽 상우上虞사람이다. 의흥義興태수와 어사중승御史中丞을 지냈다. 동생 위적魏邎은 황문랑黃門郞을 지냈다.
>
> [역주]·······················
> ① 학문과 威儀: 원문은 "學義". '義'는 '儀'와 통함. 『周禮』 「春官·肆師」의 "治其威儀, 以佐宗伯."이란 구절에 대한 孫詒讓의 「正義」에서 "古凡威儀字正作義"라고 함.

魏隱兄弟, 少有學義.[1] 總角詣謝奉. 奉與語, 大說之, 曰; "大宗雖衰, 魏氏已復有人!"

> [1]▫ 『魏氏譜』曰; 隱, 字安時, 會稽上虞人. 歷義興太守·御史中丞. 弟邎, 黃門郞.

• 8 : 113 [0534]

간문제簡文帝[司馬昱]가 말했다.

"은연원殷淵源[殷浩]의 언담은 심오한 경지에 나아가거나 핵심에 이르지는 않지만, 주도면밀하게 계획하고 사색하는 점에서는 진실로 진법陳法의 형국^①이 있다."

[역주]……………………………
① 陳法의 형국 : 원문은 "局陳". '陳'은 '陣'과 통함. 兵陣의 形局, 또는 바둑에서의 布陣을 말함.

簡文云; "淵源語不超詣簡至, 然經綸思尋處, 故有局陳."

• 8 : 114 [0535]

처음 축법태竺法汰가 북쪽에서 왔을 때는 아직 이름이 알려지지 않았는데,① 왕령군王領軍[王洽]이 그에게 의식衣食을 대주었다.② 왕령군은 그와 늘 친밀하게 교제했으며, 명사^①들의 댁을 방문할 때마다 항상 농행했다. 축법태가 사정이 생겨서 갈 수 없게 되면, 왕령군도 수레를 멈추고 가지 않았다. 이로 인하여 축법태는 명성이 마침내 높아졌다.③

①。차빈車頻의 『진서秦書』: 석도안釋道安이 모용진慕容晉^②에게 위협을 받아 양양襄陽으로 피하려 했는데, 도중에 신야新野에 이르러 무리를 모아놓고 의논했다.

"금년은 흉년이 들었기 때문에 군주에게 의존하지 않는다면 불사佛事를 일으키기 어려울 것이다."

그러고는 스님의 무리를 나누어 축법태에게 양주揚州로 가게 하면서 말했다.

"그 곳은 군자가 많으니 일류명사^③에게 몸을 맡기면 될 것이네."

그리하여 축법태는 마침내 장강을 건너 양주에 이르렀다.④

②▫『중흥서中興書』: 왕흡王洽은 자가 경화敬和며 승상丞相 왕도王導의 셋째아들이다. 오군내사吳郡內史에까지 올랐으며, 선비와 백성들⑤로부터 존경을 받았다. 중령군中領軍으로 초징되어 임명되었으며 얼마 뒤 중서령中書令 벼슬이 내려졌지만 나아가지 않았다. 26세에 죽었다.⑥

③▫『명덕사문제목明德沙門題目』: 축법태는 인품이 고명하고 활달했다.

▫손작孫綽의「축법태찬竺法汰贊」: 쌀쌀한 바람은 숲을 스치고, 맑은 샘은⑦ 계곡에 비친다네. 탁월하고 영명한⑧ 법태는, 덕을 견주어도⑨ 부끄러움 없다네. 바깥일에는 대범하고, 내면의 정신은 매우 너그럽다네. 실천은 먼저 행하고, 명성은 뒤따라 높아졌다네.

▫『태원기거주泰元起居注』⑩: 축법태가 태원 12년에 죽자,⑪ 열종烈宗[孝武帝 司馬曜]이 조서를 내려 말했다.

"법태선사가 서거하여 애통함으로 마음이 아프니 10만 전을 보내노라."

[역주]··························
① 명사 : 원문은 "名勝". 명망이 있는 인사, 즉 名士를 말함. 佳勝・名輩・名流・勝流・時賢 등과 같은 의미. 『通鑒』권112「晉紀」43의 胡三省 注에서 "江東人士, 其名位通顯於時者, 率謂之佳勝・名勝."이라 함.
② 慕容晉 : 宋本을 비롯하여 『雅量』32 劉注①에 인용된 「道安和上傳」, 『高僧傳』 권5「釋道安傳」, 『晉書』권110「慕容儁載記」에는 모두 "慕容儁"이라 되어 있는 것으로 보아, '晉'은 '儁'의 오기로 보임. 慕容儁은 前燕의 景昭帝로 자는 宣英이고 廟號는 烈祖며 349~360년 동안 재위함. 모용준은 352년에 薊[지금의 北京]에서 大燕皇帝에 올라 前燕을 세우고 河南에서 山東까지 세력을 확장했으며, 357년에는 도읍을 鄴으로 옮기고 화북지역의 동부를 점령한 뒤 山西로 진격함.
③ 일류명사 : 원문은 "土勝". 상류의 명사를 말함.
④ 축법태는 마침내 장강을 건너 양주에 이르렀다 : 『高僧傳』권5「釋道安傳」에 따르면, 당시 竺法汰는 제자 慧遠 등 400여 명과 함께 장강을 건너 양주로 갔다고 함.
⑤ 선비와 백성들 : 원문은 "土民". 宋本에는 "士民"이라 되어 있음.
⑥ 26세에 죽었다 : 『晉書』권65「王洽傳」에는 "升平二年, 卒於官, 年三十六."이라 되어 있으며, 『北堂書鈔』권57「設官部・中書令」에 인용된 檀道鸞의『晉陽秋』에는 "王洽除中書令, 時年二十九, 將辭之, 從兄朗之又遺之書云."이라 되어 있는 것으로 보아, 아마도 36세에 죽은 것이 옳은 것 같음.
⑦ 맑은 샘은 : 원문은 "明泉". 『高僧傳』권5「竺法汰傳」에는 "鳴絃"이라 되어 있음.

⑧ 탁월하고 영명한 : 원문은 "爽爽". 재능이나 인품 등이 卓越하고 英明한 모양.
⑨ 덕을 견주어도 : 원문은 "校德". '校'는 견주다·비교하다·計較하다의 뜻.
⑩ 『태원기거주泰元起居注』 : '泰元'은 孝武帝 司馬曜의 연호인 太元(376~396)을 말하고, '起居注'는 천자의 언행을 기록한 것을 말함.
⑪ 12년에 죽자 : 원문은 "以十二卒". 『高僧傳』 권6 「竺法汰傳」에 "以晉太元十二年卒, 春秋六十有八."이라 되어 있는 것에 근거하여, 원문은 "以太元十二年卒"로 고치는 것이 문맥상 타당하다고 생각함. 한편 宋本에는 "以十五年卒"이라 되어 있음.

初, 法汰北來未知名,① 王領軍供養之.② 每與周旋, 行來往名勝許, 輒與俱. 不得汰, 便停車不行. 因此名遂重.③
①。車頻『秦書』曰: 釋道安爲慕容晉所掠, 欲投襄陽, 行至新野, 集衆議曰: "今遭凶年, 不依國主, 則法事難擧." 乃分僧衆, 使竺法汰詣揚州, 曰: "彼多君子, 上勝可投." 法汰遂渡江, 至揚土焉.
②。『中興書』曰; 王洽, 字敬和, 丞相導第三子. 累遷吳郡內史, 爲士民所懷. 徵拜中領軍, 尋加中書令, 不拜. 年二十六而卒.
③。『明德沙門題目』曰: 法汰高亮開達.
  。孫綽爲汰贊曰; 淒風拂林, 明泉映壑. 爽爽法汰, 校德無怍. 事外蕭灑, 神內恢廓. 實從前起, 名隨後躍.
  。『泰元起居注』曰; 法汰以十二卒, 烈宗詔曰; "法汰師喪逝, 哀痛傷懷, 可贈錢十萬."

──────── • 8 : 115 [0536]

왕장사王長史[王濛]가 대사마大司馬[桓溫]에게 서찰을 보내 은연원殷淵源[殷浩]을 평했다.
"훌륭한 식견과 마음을 편하게 하는 처세태도는 충분히 세평世評에 부합됩니다."

王長史與大司馬書, 道淵源; "識致安處, 足副時談."

──────── • 8 : 116 [0537]

사공謝公[謝安]이 말했다.

"유윤劉尹[劉惔]의 언담은 치밀하고 상세하다."[1]

[1]◦ 손작孫綽의 「유담간서劉惔諫敍」[1] : 정신은 명경지수明鏡止水와 같고 언담은 꼭 주옥과 같다.

[역주]⋯⋯⋯⋯⋯⋯⋯⋯⋯⋯
① 「劉惔諫敍」: 宋本에는 '諫'이 '誄'라 되어 있는데 타당함. 인용된 孫綽의 誄文은 逸文이며, 『晉書』권75 「劉惔傳」에는 "居官無官官之事, 處事無事事之心."이라는 구절이 보임. 한편 『全晉文』권62에는 「劉眞長誄」라는 제목으로 수록되어 있음.

謝公云; "劉尹語審細."[1]

[1]◦ 孫綽爲「惔諫敍」曰; 神猶淵鏡, 言必珠玉.

• 8 : 117 [0538]

환공桓公[桓溫]이 치가빈郗嘉賓[郗超]에게 말했다.

"아원阿源[殷浩]은 훌륭한 덕행도 있고 언변도 있으니,[1] 지난날 그를 상서령尙書令이나 상서복야尙書僕射[2]로 삼았더라면 충분히 백관의 모범[3]이 되었을 것인데, 조정에서 그의 재능을 잘못 썼을 따름이오.[4]"[1]

[1]◦ 가빈은 치초郗超의 어릴 적 자고, 아원은 은호殷浩다.

[역주]⋯⋯⋯⋯⋯⋯⋯⋯⋯⋯
① 덕행도 있고 언변도 있으니 : 원문은 "有德有言". 『論語』「憲問」에 "有德者必有言, 有言者不必有德."이라는 구절이 있음.
② 尙書令이나 尙書僕射 : 원문은 "令僕". 상서성의 장관인 상서령과 그 차관인 상서복야를 말함.
③ 백관의 모범 : 원문은 "儀刑百揆". '儀刑'은 模範・典範의 뜻. 『詩經』「大雅・文王」에 "儀刑文王, 萬邦作孚."라는 구절이 있음. '百揆'는 모든 관리를 말함.
④ 그의 재능을 잘못 썼을 따름이오 : 殷浩에게 북벌의 중임을 맡겼다가 실패로 돌아간 일을 말함. 결국 이 일로 인해 은호는 桓溫에게 탄핵당해 실각함.

桓公語嘉賓; "阿源有德有言, 向使作令僕, 足以儀刑百揆, 朝廷用違其才耳."[1]

[1]◦ 嘉賓, 郗超小字也. 阿源, 殷浩也.

• 8 : 118 [0539]

간문제簡文帝[司馬昱]가 치가빈郗嘉賓[郗超]에게 말했다.

"유윤劉尹[劉惔]의 담론은 나중에 가면 약간 어긋나긴 하지만, 그의 말을 반복해서 음미해보면 또한 잘못된 점이 없소."

簡文語嘉賓; "劉尹語末後亦小異, 回復其言, 亦乃無過."

• 8 : 119 [0540]

손흥공孫興公[孫綽]과 허현도許玄度[許詢]가 함께 백루정白樓亭①에서 과거의 명사들을 논평했는데,① 임공林公[支遁]은 그 논평에 전혀 관여하지 않고 있다가 끝까지 듣고 나서 말했다.

"두 현사賢士는 진실로 본디 뛰어난 재능을 지녔소이다."

①·『회계기會稽記』: 백루정은 산음현山陰縣에 있는데, 냇물에 인접해 있어서 그 그림자가 계곡에 비친다.

[역주]········

① 논평했는데 : 원문은 "商略". 토론하고 품평하는 것을 말함.

孫興公·許玄度共在白樓亭,① 共商略先往名達, 林公旣非所關, 聽訖云; "二賢故自有才情."

①·『會稽記』曰; 亭在山陰, 臨流映壑也.

• 8 : 120 [0541]

왕우군王右軍[王羲之]이 조카 왕동양王東陽[王臨之]을 평했다.

"우리 집안의 아림阿林[王臨之]은 명철하고 청아함①이 너무 출중하다."①

①·'아림阿林'은 당연히 '아림阿臨'이라 해야 한다.

○『왕씨보王氏譜』: 왕림지王臨之는 자가 중산仲産이며 낭야琅邪사람으로, 복야僕射 왕표지王彪之의 아들이다. 벼슬은 동양태수에 이르렀다.

[역주]
① 명철하고 청아함: 원문은 "章淸". '章'은 '彰'과 통하며 明澈의 뜻. '淸'은 고상하여 속되지 않음을 뜻함.

王右軍道東陽; "我家阿林, 章淸太出." ①

① ○ '林', 應爲'臨'.
○『王氏譜』曰; 臨之, 字仲産, 琅邪人, 僕射彪之子. 仕至東陽太守.

• 8 : 121 [0542]

왕장사王長史[王濛]가 유윤劉尹[劉惔]에게 서찰을 보내 은연원殷淵源[殷浩]을 평했다.

"어떠한 일에 대해서든 『역易』의 이치를 잘 펼칩니다."①

[역주]
① 어떠한 일에 대해서든 『易』의 이치를 잘 펼칩니다: 원문은 "觸事長易". 어떠한 상황에 처하든지 『易經』의 이치를 잘 적용한다는 뜻. 『周易』 「繫辭上」에 "觸類而長之, 天下之能事畢矣."라는 구절이 있음. 殷浩는 淸談에 뛰어났으며, 『老子』와 『易經』에 정통함. 「賞譽」86 劉注①에 인용된 『中興書』 참조.

王長史與劉尹書, 道淵源; "觸事長『易』."

• 8 : 122 [0543]

사중랑謝中郞[謝萬]이 말했다.

"왕수재王修載[王耆之]의 자유분방한① 성품은 가문의 기풍에서 나온 것이다."①

① ○『왕씨보王氏譜』: 왕기지王耆之는 자가 수재며 낭야琅邪사람으로, 형주荊州자사 왕이王廙의 셋째아들이다. 중서랑中書郞・파양鄱陽태수・급사중給事中

을 역임했다.
[역주]……………………
① 자유분방한 : 원문은 "樂託". '落拓'·'落托'과 통하며, '落魄'·'落穆'·'落度'라고도 함. 성격이나 행동이 자유분방하여 사소한 예절에 구속받지 않는 것을 말함.

謝中郎云; "王修載樂託之性, 出自門風."①
①。『王氏譜』曰; 耆之, 字修載, 琅邪人, 荊州刺史廙第三子. 歷中書郎·鄱陽太守·給事中.

・ 8:123 [0544]

임공林公[支遁]이 말했다.
"왕경인王敬仁[王脩]은 탁월하게 총명한 사람이다."①
①。『문자지文字志』: 왕수지王脩之①는 젊었을 때 뛰어난 수재라는 칭찬을 받았다.
[역주]……………………
① 王脩之 :「文學」38 劉注②에 인용된『文字志』와『晉書』권93「王脩傳」에는 모두 "王脩"라고만 되어 있고 '之'자가 없음.

林公云; "王敬仁是超悟人."①
①。『文字志』曰; 脩之少有秀令之稱.

・ 8:124 [0545]

유윤劉尹[劉惔]은 이전에 사진서謝鎭西[謝尙]를 존중했으며, 사진서도 나중에① 평소 유윤을 중시하여 말했다.
"예전에 그에게 경배한② 적이 있다."①
①。생각건대 : 사상謝尙은 나이가 유담劉惔보다 많았으며 영준英俊함이 일찍 드러났는데, 그러한 그가 유담에게 경배했다고 한 것은 믿을 만하지 못하다.
[역주]……………………
① 나중에 : 원문은 "後". 宋本에는 이 字가 없음.

② 경배한 : 원문은 "北面". 원래는 南面하고 있는 君主에 대하여 신하로서 섬기는 것을 말하는데, 여기서는 두 사람이 군신의 관계가 아니므로 상대방에게 매우 敬拜한다는 뜻으로 쓰임.

劉尹先推謝鎭西, 謝後雅重劉曰; "昔嘗北面."[1]
[1]。按; 謝尙年長於倓, 神穎夙彰, 而曰北面於劉, 非可信.

--------- • 8 : 125 [0546]

사태부謝太傅[謝安]가 왕수령王修齡[王胡之]을 칭송했다.
"왕사주王司州[王胡之]①는 성품이 청아하여 함께 산수에서 노닐 만하다."[1]
[1]。『왕호지별전王胡之別傳』: 왕호지는 늘 세속의 잡무 따위는 잊어버린 채 고상함에 마음을 두었으며, 사안謝安과 서로 사이가 좋았다.

[역주]··························
① 王司州[王胡之] : 王胡之가 일찍이 司州刺史를 지낸 적이 있기 때문에 그렇게 부른 것임. 「言語」81 劉注[1]에 인용된 『王胡之別傳』 참조.

謝太傅稱王修齡曰; "司州可與林澤遊."[1]
[1]。『王胡之別傳』曰; 胡之常遺世務, 以高尙爲情, 與謝安相善也.

--------- • 8 : 126 [0547]

세간에 이런 말이 있다.
"양주揚州의 독보적인 존재 왕문도王文度[王坦之], 후진 가운데 출중한 인물 치가빈郗嘉賓[郗超]①."[1]
[1]。『속진양추續晉陽秋』: 치초郗超는 젊어서부터 재기가 넘쳤으며 세속을 초탈하여 일상적인 규범을 따르지 않았다. 당시 사람들이 그를 당대의 뛰어난 명성을 지닌 자라고 여겨 말했다.
"대재大才가 웅대한② 사안謝安, 강동江東의 독보적인 존재 왕문도, 성덕

盛德이 날로 새로워지는 치가빈."
▫ 그 말이 본문과 약간 다르기 때문에 여기에 상세히 기록한다.

[역주]⋯⋯⋯⋯⋯⋯⋯⋯⋯⋯
① 郗嘉賓[郗超] : 원문은 "郄嘉賓"이라 되어 있으나, 다른 諸本과 『晉書』 권67 本傳에는 모두 "郗嘉賓"이라 되어 있으므로, 이것에 근거하여 고침. 劉注에서도 마찬가지임.
② 웅대한 : 원문은 "槃槃". 커다란 모양, 또는 '班班'과 같은 뜻으로 선명하고 뚜렷한 모양이라고도 함.

諺曰; "楊州獨步王文度, 後來出人郄嘉賓."[1]
[1]▫『續晉陽秋』曰; 超少有才氣, 越世負俗, 不循常檢. 時人爲一代盛譽者, 語曰; "大才槃槃謝家安, 江東獨步王文度, 盛德日新郄嘉賓."
▫ 其語小異, 故詳錄焉.

──────── • 8 : 127 [0548]

어떤 사람이 왕장사王長史[王濛]에게 강반江彪[1] 형제와 여러 종형제從兄弟에 대해 묻자 왕장사가 대답했다.
"강씨江氏 일족은 모두 스스로의 삶을 살아가기에 충분합니다."[1]
[1]▫ 강반과 동생 강순江淳,[2] 종제從弟 상반江灌[3]은 모두 훌륭한 덕행이 있어서 세상에 이름이 알려졌다.

[역주]⋯⋯⋯⋯⋯⋯⋯⋯⋯⋯
① 江彪 : 원문은 "江虨". 宋本에는 "江霦(빈)"이라 되어 있음. 그러나 袁褧本, 「方正」42 劉注[1]에 인용된 徐廣의 『晉紀』, 『晉書』 권56 本傳에는 모두 "江彪"이라 되어 있으므로, 그것에 근거하여 고침. 劉注에서도 마찬가지임.
② 江淳 : 「賞譽」94 劉注[1]에 인용된 徐廣의 『晉紀』와 『晉書』 권56 本傳에는 모두 "江惇"이라 되어 있음.
③ 종제 江灌 : 江彪과 江惇은 江統의 아들이고, 江灌은 江曹의 아들인데, 이들은 증조부가 같은 종형제 사이임.

人問王長史江虨兄弟輩從, 王答曰; "諸江皆復足自生活."[1]
[1]▫ 虨及弟淳, 從灌, 並有德行, 知名於世.

• 8 : 128 [0549]

사태부謝太傅[謝安]가 왕안북王安北[王坦之]①을 평했다.

"그를 만나면 남으로 하여금 싫증나지 않게 하지만, 그가 문밖으로 나가기만 하면 더 이상 남으로 하여금 그를 생각하지 않게 한다."🗌

🗌 ▫ 왕안북은 왕탄지王坦之다.

▫ 『속진양추續晉陽秋』: 사안謝安은 처음에 어린이②와 동호인들을 거느리고 해변에서 뜻을 길렀다. 가슴속에 품은 생각이 매우 시원스러웠으며 특히 음악을 좋아했다. 그러나 예禮로 잘 절제하여 상을 당했을 때는 능히 예를 다했다. 동생 사만謝萬의 상을 당했을 때는 거의 10년 동안 관현管絃의 소리를 듣지 않았다. 그러나 정사를 보좌하게 되었을 때③는 훌륭한 저택과 정원을 짓고 수레와 의복을 화려하게 차렸으며, 비록 1년 이내의 상④을 치르는 기간일지라도 기악妓樂 즐기는 것을 그만두지 않았다. 그래서 왕탄지가 한사코 말렸던 것이다.⑤

▫ 생각건대: 사공謝公[謝安]은 아마도 왕탄지가 직언을 좋아하기 때문에 남들이 그를 생각하려 하지 않았다고 여긴 것 같다.

[역주]··························

① 王安北[王坦之]: 王坦之는 죽은 뒤 安北將軍에 추증되었음.
② 어린이: 원문은 "幼釋". 다른 諸本에는 모두 "幼稺"라 되어 있는 것으로 보아, '釋'은 '稺'의 誤記로 보임.
③ 정사를 보좌하게 되었을 때: 謝安은 太保가 되어 孝武帝 司馬曜를 보좌했음.
④ 1년 이내의 상: 원문은 "朞功之慘". '朞'는 一周期, 즉 1년의 喪을 말함. '功'은 大功喪과 小功喪으로 나뉘는데, 대공상의 기간은 9개월이고 소공상은 5개월임.
⑤ 왕탄지가 한사코 말렸던 것이다: 王坦之가 謝安에게 서찰을 보내 그를 말렸던 일은 『晉書』권75「王坦之傳」에 보임.

謝太傅道安北; "見之乃不使人厭, 然出戶去, 不復使人思."🗌

🗌 ▫ 安北, 王坦之也.

▫ 『續晉陽秋』曰: 謝安初攜幼釋同好, 養志海濱. 襟情超暢, 尤好聲律. 然抑之以禮, 在哀能至. 弟萬之喪, 不聽絲竹者將十年. 及輔政, 而修室第園館, 麗車服, 雖朞功之慘, 不廢妓樂. 王坦之因苦諫焉.

▫按; 謝公蓋以王坦之好直言, 故不思爾.

──────────── • 8 : 129 [0550]

사공謝公[謝安]이 말했다.

"왕사주王司州[王胡之]는 담론이 뛰어난 경지에 이르렀고 전반적으로 결단성이 있다."[1]

[1] ▫송宋 명제明帝의 『문장지文章志』: 왕호지王胡之는 성품이 대범했으며, 현묘한 담론에 정통했다.

謝公云; "司州造勝遍决."[1]
[1] ▫宋明帝『文章志』曰; 胡之性簡, 好達玄言也.

──────────── • 8 : 130 [0551]

유윤劉尹[劉惔]이 말했다.

"하차도何次道[何充]가 술 마시는 것을 보면, 집에서 담근 술을 다 내주고 싶어 하게 만든다."[1]

[1] ▫하충何充은 술을 마시더라도 능히 온화하게 절도를 지켰다.①

[역주]‥‥‥‥‥‥‥‥‥‥‥‥‥

① 술을 마시더라도 능히 온화하게 절도를 지켰다: 원문은 "飮酒能溫克". 『詩經』「小雅·小宛」에 "人之齊聖, 飮酒溫克."이라는 구절이 있고, 그것에 대한 鄭玄의 箋에서 "中正通知之人, 飮酒雖醉, 猶能溫藉自持以勝."이라 함.

[참고] 『晉書』77, 『事類賦』17.

劉尹云; "見何次道飮酒, 使人欲傾家釀."[1]
[1] ▫充飮酒能溫克.

──────────── • 8 : 131 [0552]

사태부謝太傅[謝安]가 유진장劉眞長[劉惔]에게 말했다.

"아령阿齡[王胡之]은 이 일①에 대해서 진실로 너무 엄격하고자 합니다."①

유진장이 말했다.②

"역시 명사 중에서 고상한 절조를 지닌 자이지요."②

①• 수령修齡은 왕호지王胡之의 어릴 적 자다.
②•『왕호지별전王胡之別傳』: 왕호지는 청렴하게 수신修身하여 고상한 절조로써 처신했다.

[역주]┄┄┄┄┄┄┄┄┄┄┄┄
① 이 일 : 구체적으로 무슨 일을 가리키는지는 분명하지 않지만, 劉注②에 따른다면 '청렴하게 수신하는 일'을 가리키는 것이라 생각됨.
② 유진장이 말하길 : 원문은 "劉曰". 宋本에는 "謝曰"이라 되어 있는데, 문맥상 타당하지 않음.

謝太傅語眞長; "阿齡於此事, 故欲太厲."① 劉曰; "亦名士之高操者."②
①• 修齡, 王胡之小字也.
②•『胡之別傳』曰; 胡之治身淸約, 以風操自居.

━━━━━━━━ • 8 : 132 [0553]

왕자유王子猷[王徽之]가 말했다.

"세간에서는 조사소祖士少[祖約]를 고명한 인물이라고 평하는데, 나①역시 그를 명철한 인물②이라고 생각한다."①

①•『진제공찬晉諸公贊』: 조약祖約은 젊어서부터 빼어난 인물이라는 평판을 받았다.

[역주]┄┄┄┄┄┄┄┄┄┄┄┄
① 나 : 원문은 "我家". 육조시대에는 일반적으로 '我家'・'汝家'에서처럼 '家'자가 인칭대명사와 결합되어 있을 때는 뜻이 없으며, '此家'에서처럼 '家'자가 지시대명사와 결합되어 있을 때는 '人'의 뜻으로 사용됨.
② 명철한 인물 : 원문은 "徹朗". 宋本에는 "傲朗"이라 되어 있음.

王子猷說; "世目士少爲朗, 我家亦以爲徹朗."①

①◦『晉諸公贊』曰; 祖約少有淸稱.

━━━━━ • 8：133 [0554]

사공謝公[謝安]이 말했다.

"왕장사王長史[王濛]는 말은 그다지 많이 하지 않지만, 훌륭한 소리가 담겨 있다고 이를 만하다."①

①◦『왕몽별전王濛別傳』: 왕몽王濛은 성품이 온화하고 청담에 능했다. 도道를 논할 때는 이치에 들어맞는 것을 귀히 여겼으며, 말은 간결했으나 핵심을 관통했다. 옛 성현들의 출처진퇴出處進退①를 평론할 때는 언사와 논지가 매우 훌륭하여 종종 고상한 운치가 있었다.

[역주]⋯⋯⋯⋯⋯⋯⋯⋯⋯
① 出處進退 : 원문은 "顯默". 출사하여 이상을 펼치는 것과, 은퇴하여 수신하는 것을 말함.

[참고]『晉書』93.

謝公云; "長史語甚不多, 可謂有令音."①

①◦『王濛別傳』曰; 濛性和暢, 能淸言. 談道貴理中, 簡而有會. 商略古賢顯默之際, 辭旨劭令, 往往有高致.

━━━━━ • 8：134 [0555]

사진서謝鎭西[謝尙]가 왕경인王敬仁[王脩]을 평했다.

"문장과 학술이 탁월하여① 참신하지 않은 것이 없다."①

①◦『어림語林』: 왕경인은 특별한 재능을 지니고 있어서 당시 현자들이 모두 그를 존중했다. 왕우군王右軍[王羲之]이 회계군會稽郡에 있을 때, 왕경인을 초청하면 그의 동생 왕숙인王叔仁[王蘊]②이 번번이 수레에 동승하는 바람에 왕경인이 더디 오는 것을 늘 못마땅해 했다. 그래서 나중에는 말을 보내 왕경인을 초청했는데, 비록 바람이 불고 비가 온다 하더라도 수레는 보내지 않았다.

[역주]··························
① 탁월하여 : 원문은 "鏃鏃". 출중하고 탁월하게 빼어난 모양.
② 王叔仁[王蘊] : 王蘊은 王脩의 동생으로 太原晉陽 王氏임. 한편 王羲之는 琅邪臨沂 王氏로서 왕수 형제와는 別族임.

謝鎭西道敬仁; "文學鏃鏃, 無能不新."[1]

[1] ▫『語林』曰; 敬仁有異才, 時賢皆重之. 王右軍在郡迎敬仁, 叔仁輒同車, 常惡其遲. 後以馬迎敬仁, 雖復風雨, 亦不以車也.

8 : 135 [0556]

유윤劉尹[劉惔]이 강도군江道羣[江灌]을 평했다.

"말을 잘하지는 못하지만, 말을 하지 않는 것은 잘한다."① [1]

[1] ▫ 강관江灌은 이미 나왔다.②

[역주]··························
① 말을~잘한다 : 達辯이나 能辯의 재주는 없지만 침묵해야 할 때 침묵할 수 있는 능력을 지녔다는 뜻.
② 이미 나왔다 : 「賞譽」84 劉注[1]에 나왔음.

劉尹道江道羣; "不能言而能不言."[1]

[1] ▫ 江灌, 已見.

8 : 136 [0557]

임공林公[支遁]이 말했다.

"왕사주王司州[王胡之]를 만나면 담론할 때 예리함과 총명함이 번갈아 나타나 사람에게 잠시도 마음을 놓을 수 없게 하지만, 또한 종일토록 함께 담론해도 피곤함을 잊게 한다."[1]

[1] ▫『왕호지별전王胡之別傳』: 왕호지는 젊어서부터 고상한 풍격이 있었으며, 재주와 기량器量이 출중하여 빼어나게 총명하다는 칭송을 받았다.

林公云; "見司州, 警悟交至, 使人不得住, 亦終日忘疲."①
① 『王胡之別傳』曰; 胡之少有風尙, 才器率擧, 有秀悟之稱.

• 8 : 137 [0558]

세간에서 칭찬했다.

"왕구자王苟子[王脩]는 빼어나게 출중하며, 그의 동생 아흥阿興[王蘊]은 청정하고 온화하다."①

① ▫ 왕구자는 이미 나왔다.① 아흥은 왕온王蘊의 어릴 적 자다.

[역주]
① 이미 나왔다 : 「文學」38 劉注①에 나왔음.

世稱; "苟子秀出, 阿興淸和."①
① ▫ 苟子, 已見. 阿興, 王蘊小字.

• 8 : 138 [0559]

간문제簡文帝[司馬昱]가 말했다.

"유윤劉尹[劉惔]은 차나무 가시茗柯①저럼 작지만 속에는 꽉 찬 결이 있다."①

① ▫ 명가茗柯의 '가柯'는 '정打'②이라 되어 있기도 하고, 또는 '정仃'이라 되어 있기도 하며, 또는 '타打'라 되어 있기도 하다.

[역주]
① 차나무 가지[茗柯] : "茗柯"에 대해서는 종래로 해석이 분분함. 宋 劉應登은 "有如茗之柯小實, 非外博而中虛也."라고 하여 원문에 따라 뜻을 유추하여 해석함. 여기에서도 일단은 원문에 따라 번역을 했지만, 다소 어색한 감이 있음. 또한 明 王世懋는 "'茗柯'不可解"라고 함. 한편 淸 黃生의 『義府』卷下에서는 "予謂此種語言, 當卽襄陽人歌山簡之茗芋. 茗芋卽酩酊, 後轉聲爲懵懂, 皆一義. 此云茗芋有實理, 言當其醉中亦無妄語, 恨傳寫訛誤, 其義遂晦."라고 하여 '茗柯'를 '茗芋'의 오기로 보았는데, 비교적 설득력이 있음. '酩酊'은 술에 취한 모양을 말하며, '懵

憒은 흐리멍덩한 모양을 말함. 이 설에 따르면 본문은 "유윤은 술에 취하여 정신이 흐리멍덩한 것 같지만 그 내면에는 참된 이치가 담겨 있다"로 해석됨. 이 구절에 대하여 宋 劉辰翁이 "大道之極, 昏昏默默."이라고 批注한 것도 같은 맥락에서 이해됨.
② 打 : 원문은 "打"이지만 뒤 구절의 '打'와 중복되므로 어느 한 곳의 '打'는 오기가 분명함. 여기서는 宋本에 따라 '扣'으로 고침.

簡文云; "劉尹茗柯有實理."[1]
[1]。'柯', 一作打, 又作㧖, 又作打.

———— • 8 : 139 [0560]

사호아謝胡兒[謝朗]가 저작랑著作郎①이 되어 「왕감전王堪傳」을 짓게 되었는데,[1] 왕감이 어떠한 사람인지 잘 알지 못하여 사공謝公[謝安]에게 물어보았더니 사공이 대답했다.

"왕세주王世冑[王堪] 역시 세상에서 널리 인정을 받은 인물이네. 왕감은② 왕렬王烈의 아들로서,[2] 완천리阮千里[阮瞻]와는 동서간이고③ 반안인潘安仁[潘岳]과는 고종 형제간이네.④ 그래서 반안인의 시에서 '그대의 모친은 나의 고모, 나의 부친은 그대의 외숙이시라네'라고 한 것이네. 또한 그는 허윤許允의 사위이네."[3]

[1]。『진제공찬晉諸公贊』: 왕감은 자가 세주며 동평東平 수장壽張사람이다. 젊어서부터 고명하고 정의롭다고 칭송받았으며, 상서좌승尚書左丞이 되어서는 엄정한 절조를 지녔다. 석륵石勒에게 살해당했으며, 죽은 뒤 태위太尉에 추증되었다.

[2]。『진제공찬』: 왕렬은 자가 양수陽秀다. 일찍부터 이름이 알려졌으며, 위魏나라 조정에서 치서어사治書御史를 지냈다.

[3]。『반악집潘岳集』: 왕감이 성도왕成都王[司馬潁]의 군사마軍司馬가 되었을 때, 내가 북망北邙⑤까지 가서 그를 송별하며 시를 지어 말했다.⑥

"유려한⑦ 머리카락과 피부, 부모님께 받은 것이라네.
높고 높은⑧ 왕후王侯, 내외종 형제의 조상이라네.

그대의 모친은 나의 고모, 나의 부친은 그대의 외숙이시라네."

[역주]
① 著作郎 : 著作郎으로 처음 부임하면 名臣 1명의 傳을 撰하는 것이 관례임.『晉書』권24「職官志」에서 "著作郎一人, 謂之大著作郎, 專掌史任. 又置佐著作郎八人. 著作郎始到職, 必撰名臣傳一人."이라 함.
② 왕감은 : 宋本과 袁褧本은 여기서부터 다른 條로 분리되어 있으나 이는 착오임.
③ 阮千里[阮瞻]와는 동서간이고 : 원문은 "阮千里姨兄弟". '姨'는 妻의 姉妹를 말함. 王堪의 처와 阮瞻의 처는 자매로서 모두 許允의 딸임.
④ 潘安仁[潘岳]과는 고종 형제간이네 : 원문은 "潘安仁中外". '中外'는 아버지 자매의 아들을 말함. 潘岳은 王湛의 고모 아들임.
⑤ 北邙 : 洛陽의 북쪽에 있는 산. 예로부터 많은 王侯貴族의 묘지가 있음.
⑥ 시를 지어 말했다 :『全晉詩』권4에는『文館詞林』권152에서 인용한 潘岳의「贈王冑一首」의 全文이 수록되어 있음. 전체 시는 모두 5장으로 되어 있는데, 劉注에 인용된 구절은 그 첫 장의 일부며 "昆同瓜瓞, 志齊執友"의 두 구절이 빠져 있음. 한편『藝文類聚』권29에는「北芒送別王世冑」라는 제목으로 8구가 인용되어 있는데, 이것은 전체 시의 마지막 장임.
⑦ 유려한 : 원문은 "微微". 그윽하고 고요한 모양. 여기서는 훌륭한 자태를 말함.
⑧ 높고 높은 : 원문은 "峨峨". 산이 높고 험준한 모양. 여기서는 신분이 고귀함을 말함.

謝胡兒作著作郎, 嘗作「王堪傳」.① 不諳堪是何似人, 咨謝公, 謝公曰; "世冑亦被遇. 堪, 烈之子,② 阮千里姨兄弟, 潘安仁中外. 安仁詩所謂'子親伊姑, 我父唯舅'. 是許允壻."③

① 『晉諸公贊』曰; 堪, 字世冑, 東平壽張人. 少以高亮義正稱, 爲尙書左丞, 有準繩操. 爲石勒所害, 贈太尉.
② 『晉諸公贊』曰; 烈, 字陽秀. 蚤知名, 魏朝爲治書御史.
③ 『岳集』曰; 堪爲成都王軍司馬, 岳送至北邙別, 作詩曰; "微微髮膚, 受之父母. 峨峨王侯, 中外之首. 子親伊姑, 我父唯舅."

───── • 8 : 140 [0561]

사태부謝太傅[謝安]가 등복야鄧僕射[鄧攸]를 존중하여 늘 말했다.
"천지도 무심하시지. 등백도鄧伯道[鄧攸]에게 자식이 없게 하시다니!"[1]

[1]・『진양추晉陽秋』: 등유鄧攸는 아들을 버린① 뒤로 끝내 더 이상 후사가 없었는데, 식자들은 그것을 마음아파하며 안타깝게 생각했다.

[역주]……………………

① 鄧攸는 아들을 버린 : 鄧攸가 永嘉의 亂을 피하여 강남으로 건너올 때, 도중에 자신의 아들은 버려두고 동생의 아들만 데리고 간 일을 말함. 「德行」28의 본문과 劉注에 인용된 『晉書』・『中興書』에 자세히 나옴.

[참고] 『晉書』90.

謝太傅重鄧僕射, 常言; "天地無知. 使伯道無兒!"[1]

[1]・『晉陽秋』曰; 鄧攸旣棄子, 遂無復繼嗣, 爲有識傷惜.

——————— • 8 : 141 [0562]

사공謝公[謝安]이 왕우군王右軍[王羲之]에게 서찰을 보내 말했다.

"왕경화王敬和[王洽]는 몸을 깃들이고 뜻을 기탁하는 것이 훌륭합니다."[1]

[1]・『중흥서中興書』: 왕흡王洽은 왕공王公[王導]의 아들① 중에서 가장 이름이 알려졌으며, 영천潁川의 순선荀羨과 함께 모두 훌륭한 평판을 받았다.

[역주]……………………

① 王公[王導]의 아들 : 원문은 "公子". 『晉書』 권65 「王導傳」에서 "洽, 字敬和, 導諸子中最知名, 與荀羨俱有美稱."이라 한 것으로 보아 '公'은 王導를 가리킴. 또한 王羲之와 王洽은 사촌형제 사이임.

謝公與王右軍書曰; "敬和棲託好佳."[1]

[1]・『中興書』曰; 洽於公子中最知名, 與潁川荀羨俱有美稱.

——————— • 8 : 142 [0563]

오吳의 4대 씨족에 대하여 예로부터 품평했다.

"장씨張氏는 문文에 뛰어나고, 주씨朱氏는 무武에 뛰어나며, 육씨陸氏

는 충의롭고, 고씨顧氏는 돈후하다."①⃞1

⃞1 ▫『오록사림吳錄士林』② : 오군吳郡에서는 고씨・육씨・주씨・장씨를 4대성姓이라 했는데, 삼국시대에 이 4대성이 홍성했었다.

[역주] ·······················
① 張氏는~돈후하다 : 張氏 가문에서는 張昭와 같은 文臣이 나왔고, 朱氏 가문에서는 朱然・朱桓과 같은 武將이 나왔으며, 陸氏 가문에서는 陸遜과 같은 忠良이 나왔고, 顧氏 가문에서는 顧雍과 같은 賢者가 나온 것을 말함.
② 『吳錄士林』 : 書名으로 추정되지만, 『隋書』「經籍志」에는 著錄되어 있지 않음. '吳錄'이 人名인지, 또는 '士林'이 『吳錄』이라는 책의 篇名인지 알 수 없음.

吳四姓舊目云; "張文, 朱武, 陸忠, 顧厚."⃞1
⃞1 ▫『吳錄士林』曰; 吳郡有顧・陸・朱・張爲四姓, 三國之間, 四姓盛焉.

─────── • 8 : 143 [0564]

사공謝公[謝安]이 왕효백王孝伯[王恭]에게 말했다.

"당신 집안의 왕람전王藍田[王述]은 모든 행동거지가 보통사람의 것과는 다르오."⃞1

⃞1 ▫ 생각건대 : 왕술王述은 비록 대범하기는 하였지만 성격이 너그럽거나 여유롭지 못하였는데,① 불에 뛰어든 주자邾子②니 파리에게 성을 낸 왕사王思③도 그에 비하면 심한 편이 아니었다. 만약에 사태부謝太傅[謝安]가 헛되이 그를 치켜세운 것이 아니라면, 『세설世說』에서 이 말을 잘못 실은 것이다.

[역주] ·······················
① 王述은~여유롭지 못했는데 : 王述의 성격이 몹시 급한 것은 「忿狷」2에 잘 나와 있음.
② 불에 뛰어든 邾子 : 원문은 "投火". '怒蠅'과 함께 성격이 몹시 급하여 쉽게 화를 내는 것을 비유함. 『左傳』「定公3年」에 "주자는 조정에 오줌을 눈 이야고에게 화가 나서 그를 체포하려 했으나 잡지 못하자, 격노하다가 침상에서 떨어져 화로 숯에 빠지는 바람에 화상을 입어 결국 죽었다[邾子怒夷射姑旋于廷, 執之弗得, 滋怒, 自投于牀, 廢于爐炭, 爛, 遂卒.]."는 고사가 있음.
③ 파리에게 성을 낸 王思 : 원문은 "怒蠅". 『三國志』 권15 「梁習傳」의 裴松之 注에

인용된 『魏略』에 "왕사가 글씨를 쓰고 있을 때 파리가 붓끝에 모였는데, 쫓아버렸으나 다시 오곤 하자, 왕사는 화가 나서 직접 일어나 파리를 쫓다가 나중에는 붓을 집어던지고 그것을 밟아 뭉개버렸다[王思作書, 蠅集筆端, 驅去復來, 思怒, 自起逐蠅, 遂擲筆, 蹋壞之.]"는 고사가 있음.

謝公語王孝伯; "君家藍田, 舉體無常人事." [1]
[1]。按; 述雖簡, 而性不寬裕, 投火怒蠅, 方之未甚. 若非太傅虛相襃飾, 則『世說』謬設斯語也.

• 8 : 144 [0565]

  허연許掾[許詢]이 한번은 간문제簡文帝[司馬昱]를 배알했는데, 그날 밤은 바람이 고요하고 달이 밝았던 까닭에 이내 함께 밀실① 안에서 담론을 나누었다. 가슴속의 정회情懷를 시로 읊어내는 것은 특히 허연이 잘하는 바였는데, 이날은 시에 실은 언어가 청려淸麗하여 평소보다 뛰어났다. 간문제는 비록 평소에 그와 가까이 지냈지만, 이번의 만남에서는 더욱 감탄하여 자기도 모르게 무릎을 가까이 한 채로 함께 손을 맞잡고 담론을 하면서 새벽 무렵까지 이르렀다.
  나중에 간문제가 말했다.
  "허현도許玄度[許詢]의 재능과 감성은 진실로 쉽사리 많이 얻을 수 있는 것이 아니다②!" [1]
  [1]。『속진양추續晉陽秋』: 허순許詢은 철리를 논하는 데 능했다. 일찍이 누이를 맞이하러 도성으로 나갔는데,③ 간문제와 유진장劉眞長[劉惔]은 허순이 읊은 시의 정감과 뜻을 말하다가 가슴속의 정회를 읊은 대목에 이르러서는 매번 무릎을 가까이 하고 찬탄하면서 밤을 지나 낮에까지 하곤 했다.

[역주]
① 밀실 : 원문은 "曲室". 깊숙한 방, 즉 密室·內室을 말함.
② 쉽사리 많이 얻을 수 있는 것이 아니다 : 원문은 "未易多有許". '許'는 어조사로 뜻이 없음.
③ 누이를 맞이하러 도성으로 나갔는데 : 이 일은 「賞譽」95 劉注[1]에도 보임.

許掾嘗詣簡文, 爾夜風恬月朗, 乃共作曲室中語. 襟情之詠, 偏是許之所長, 辭寄清婉, 有逾平日. 簡文雖契素, 此遇尤相咨嗟, 不覺造膝, 共叉手語, 達于將旦. 旣而曰; "玄度才情, 故未易多有許!"[1]

[1] 『續晉陽秋』曰; 詢能言理. 曾出都迎姊, 簡文皇帝・劉眞長說其情旨, 及襟懷之詠, 每造膝賞對, 夜以繫日.

---------- • 8 : 145 [0566]

은윤殷允이 서쪽[荊州]으로 떠날 때[1] 치초郗超가 원호袁虎[袁宏]에게 서찰을 보내 말했다.

"은자사殷子思[殷允]가 좋은 벗을 찾으면서 그대와 우의友誼를 맺고자 하는데, 그대는 상대방의 훌륭함을 계발啓發시키겠다는 태도[2]로 그를 접하지는 말아주시게."[1]

세간에서 원호를 '훌륭함을 계발시키는 자'라고 품평했기 때문에 왕자경王子敬[王獻之]의 시에서도 말했다.

"원생袁生[袁宏]은 훌륭함을 계발시키는 기량을 지녔네."

[1] 『중흥서中興書』: 은윤은 자가 자사며 진군陳郡사람으로, 태상太常 은강殷康의 여섯째아들이다. 공손히고 겸양히여 유학자의 기풍이 있었다. 이부상서吏部尙書를 역임했다.

[역주]⋯⋯⋯⋯⋯⋯⋯⋯⋯⋯
① 殷允이 서쪽[荊州]으로 떠날 때 : 348년경에 殷允이 桓溫의 참모로 부임하기 위하여 荊州로 떠난 것을 말함. 당시 袁宏은 桓溫의 記室로서 荊州에 부임해 있었음.
② 훌륭함을 啓發시키겠다는 태도 : 원문은 "開美". 상대방의 장점을 잘 파악하여 그것을 啓發시키는 것을 말함. 劉注의 기록대로 殷允은 평소에 겸손한 성품을 지니고 있었기 때문에 郗超가 袁宏에게 이렇게 당부한 것으로 보임. 한편 '開美'를 생각이 활달하고 뜻이 고상하다는 의미로 풀기도 함.

殷允出西, 郗超與袁虎書云; "子思求良朋, 託好足下, 勿以開美求之."[1] 世目袁爲'開美', 故子敬詩曰; "袁生開美度."

① 。『中興書』曰: 允, 字子思, 陳郡人, 太常康第六子. 恭素謙退, 有儒者之風. 歷史部尚書.

• 8 : 146 [0567]

사거기謝車騎[謝玄]가 숙부 사공謝公[謝安]에게 물었다.

"유진장劉眞長[劉惔]은 성품이 지극히 준엄한데도 어찌하여 그렇게 존중받습니까?"

사공이 대답했다.

"그것은 네가 그를 만나보지 못해서① 그렇다. 너②는 왕자경王子敬[王獻之]을 만나고서도 오히려 탄복해마지않던걸."

① 。『어림語林』: 양린羊騃이 술에 취한 김에 사좌군謝左軍[謝玄]을 토닥거리면서 사태부謝太傅[謝安]에게 말했다.

"이 사람③이 어찌 또한 백부 사진서謝鎭西[謝尙]에게 뒤지겠소이까?"

그러자 사태부가 말했다.

"너④[謝玄]는 왕자경을 만나고서도 곧장 탄복하여 선배로 여기던걸."

。이 말의 뜻을 유추해보면, 사안謝安은 사현謝玄이 유진장을 만나보지 못했기 때문에 그를 존중하지 않는다고 생각한 것이다. 왕자경을 만나보고서도 오히려 그를 존중했는데 하물며 왕자경보다 훨씬 뛰어난 유진장임에랴!

[역주]························

① 만나보지 못해서 : 劉惔이 죽었을 때인 347년경에 謝玄은 겨우 6~7세에 불과했기 때문에 만나지 못한 것임.

② 너 : 원문은 "阿". 상대방을 친근하게 부를 때 사용하는 인칭대명사. 그러나 이름이나 字와 함께 쓰이는 것이 통례며 단독으로 쓰이는 경우는 거의 없으므로 의문의 여지가 있음. 여기서는 일단 문맥에 따라 謝玄을 가리키는 2인칭대명사로 해석함. 한편 劉盼遂는『三國志』「辰韓傳」의 "東方人名我爲阿"라는 구절을 근거로 謝安 자신을 가리키는 1인칭대명사로 보았음.『世說新語校箋』

③ 이 사람 : 원문은 "此家". 六朝時代에는 일반적으로 '此家'・'是家'에서처럼 '家'자가 지시대명사와 결합되어 있을 때는 '人'의 뜻으로 사용됨.「賞譽」132 [역주]① 참조.

④ 너 : 원문은 "汝阿". '阿'가 인칭대명사와 사용될 경우에는 앞에 오는 것이 통례인데 여기에서는 이례적으로 뒤에 붙어 있어서 의문의 여지가 있음. 한편 楊勇은

'阿'를 1인칭대명사로 본 劉盼遂의 설을 지지하면서 '汝'가 衍字일 것이라고 주장했으며[『世說新語校牋』], 周楞伽는 '阿'를 '如果[만약]'의 뜻으로 풀이하고 晉代의 속어라고 주장함.[輯注『裴啓語林』]

謝車騎問謝公; "眞長性至峭, 何足乃重?" 答曰; "是不見耳. 阿見子敬, 尙使人不能已."①

① ◦『語林』曰; 羊騶因酒醉, 撫謝左軍謂太傅曰; "此家詎復後鎭西?" 太傅曰; "汝阿見子敬, 便沐浴爲論兄輩."

◦ 推此言意, 則安以玄不見眞長, 故不重耳. 見子敬尙重之, 況眞長乎!

• 8 : 147 [0568]

사공謝公[謝安]이 중서감中書監①으로 있을 때, 왕동정王東亭[王珣]은 사공과 함께 관청에 가야만 할 일이 있었다. 왕동정이 늦게 도착해서 보니 먼저 온 사람들이 들어차서 자리가 비좁았다. 왕씨 집안과 사씨 집안은 비록 절교하고 있었지만, 사태부謝太傅[謝安]는 그래도 무릎을 끌어당겨 그를 앉게 해주었다.① 왕동정은 기색이 태연자약했으며, 사공은 그를 눈여겨보았다. 사공은 집으로 돌아가서 유부인劉夫人②에게 말했다.

"아까 아과阿瓜[王珣]③를 만났는데, 진실로 쉽게 얻을 수 있는 인물은 아니었소.② 비록 두 집안이 이젠 서로 관계가 없지만, 진정 사람을 감탄해마지 않게 했소."

① ◦ 왕씨 집안과 사씨 집안이 절교한 일은 따로 나온다.④
② ◦ 왕순王珣⑤은 어릴 적 자가 법호法護인데 여기서는 아과라고 말한 것은 이해가 되지 않는다. 아마도 아명兒名이 두 개 있었던 것 같다.

[역주]························
① 中書監 : 中書令과 함께 중서성의 장관으로서 기밀을 관장함. 남북조시대에는 사실상 재상에 해당함.
② 劉夫人 : 謝安의 처로, 劉耽의 딸.「德行」36 劉注①에 보임.
③ 阿瓜 : 宋本에는 "阿爪(조)", 汪藻의『世說敍錄』「人名譜·琅邪臨沂王氏譜」에는

"阿苽(고)"라 되어 있음.
④ 따로 나온다: 「傷逝」15 劉注1에 인용된『中興書』에 나옴. 왕순 형제는 사씨와 결혼했고 사안 형제도 왕씨와 결혼했으나 모두 이혼했기 때문에, 결국 두 집안의 사이가 나빠지게 되었음.
⑤ 王詢:『晉書』권65 本傳과 汪藻의『世說敍錄』「人名譜・琅邪臨沂王氏譜」에 모두 "王珣"이라 되어 있는 것으로 보아, '詢'은 '珣'의 誤記가 분명함.

謝公領中書監, 王東亭有事應同上省. 王後至, 坐促. 王・謝雖不通, 太傅猶斂膝容之.①王神意閒暢, 謝公傾目. 還, 謂劉夫人曰; "向見阿瓜, 故自未易有.②雖不相關, 正是使人不能已已."
①・王・謝不通事, 別見.
②・按; 王詢小字法護, 而此言阿瓜, 未爲可解. 儻小名有兩耳.

• 8 : 148 [0569]

왕자경王子敬[王獻之]이 사공謝公[謝安]에게 말했다.
"공은 진실로 시원시원 하십니다."①
그러자 사공이 말했다.
"나는 시원시원하지는 않지만, 당신이 나를 가장 적절하게 평가했다면 나는 정말 기분이 좋소."①
①・『속진양추續晉陽秋』: 사안謝安은 아량이 넓고 기품이 있었으며, 풍격이 조화로웠다.

[역주]....................
① 시원시원 하십니다 : 원문은 "蕭灑". '瀟灑'라고도 씀. 시원스럽고 대범한 모양.

王子敬語謝公; "公故蕭灑." 謝曰; "身不蕭灑, 君道身最得, 身正自調暢."①
①・『續晉陽秋』曰; 安弘雅有氣, 風神調暢也.

• 8 : 149 [0570]

사거기謝車騎[謝玄]가 처음 왕문도王文度[王坦之]를 만나보고 말했다.

"왕문도를 만나보니, 비록 별 기대 없이 담담하게 서로 만났지만 저녁 내내 즐거움①이 계속되었다."

[역주]
① 즐거움 : 원문은 "愔愔". 온화하고 즐거운 모양.

謝車騎初見王文度, 曰; "見文度, 雖蕭灑相遇, 其復愔愔竟夕."

• 8 : 150 [0571]

범예장范豫章[范甯]이 왕형주王荊州[王忱]에게 말했다.①
"그대는 풍류와 명망이 뛰어나 진정 후배 가운데 수재다."
그러자 왕형주가 말했다.
"이런 외숙이 계시지 않았다면 어찌 이런 외조카가 있겠습니까?"
①。범녕范甯과 왕침王忱은 모두 이미 나왔다.①

[역주]
① 이미 나왔다 : 范甯은 「言語」97 劉注①에, 王忱은 「德行」44 劉注②에 나왔음. 왕침은 범녕의 누이동생의 아들임.
[참고] 『晉書』75.

范豫章謂王荊州;① "卿風流儁望, 眞後來之秀." 王曰; "不有此舅, 焉有此甥?"
①。范甯・王忱, 並已見.

• 8 : 151 [0572]

왕자경王子敬[王獻之]이 왕자유王子猷[王徽之]에게 서찰을 보내 평했다.
"맏형님①은 성품이 고고하여② 흥興을 내는 경우가 드물지만,③ 술을 만나기만 하면 통쾌하게 마시고 돌아올 줄도 잊으시니, 진정 귀하게 여길 만합니다."④

[역주]
① 맏형님 : 원문은 "兄伯". '兄長'과 같은 뜻. 汪藻의 『世說敍錄』「人名譜・琅邪臨

『琅玡王氏譜』에 따르면, 王羲之에게는 玄之·凝之·渙之·肅之·徽之·操之·獻之
라는 7명의 아들이 있었는데, 玄之는 일찍 죽었으므로 여기서는 아마도 둘째형
凝之를 가리키는 것으로 여겨짐.
② 고고하여 : 원문은 "蕭索". 寂寞한 모양. 성품이 번잡함을 싫어하여 고고하게
혼자 지내길 좋아하는 것을 말함.
③ 興을 내는 경우가 드물지만 : 원문은 "宴會". '會'는 '興會'의 의미. 어떤 일에
흥취를 느끼는 것을 말함. 또는 '會'를 '다른 사람들과의 교제'로 해석하기도 함.
④ 귀하게 여길 만합니다 : 원문은 "可矜". '可貴'의 뜻.

子敬與子獻書, 道; "兄伯蕭索宴會, 遇酒則酣暢忘反, 乃自可矜."

• 8 : 152 [0573]

장천석張天錫은 대대로 양주涼州에서 웅거했으나 나중에 세력이 약해져서 도성[建康]으로 귀순했는데,① 비록 먼 지역의 이민족이었으나 역시 변경의 인물 가운데 호걸이었다.[1] 그는 도성에 인재가 많다는 소문을 듣고 흠모하는 마음이 지극했다. 아직 거처를 정하지 못하여 배에 탄 채로 강가에서 머무르고 있을 때, 사마씨司馬氏라고 하는 저작랑著作郎이 그를 찾아왔는데,[2] 말씨와 용모가 비루하여 보고 들을 만한 게 없었다. 장천석은 마음속으로 도성에 온 것을 몹시 후회하면서, 변경에 있었더라도 자신을 고수할 수 있었을 것이라고 생각했다.

왕미王彌[王珉]는 뛰어난 재능과 훌륭한 명성을 지니고 있었는데, 그때 장천석이 도성에 왔다는 소문을 듣고 그를 찾아갔다.[3] 왕미가 이미 도착하자 장천석이 만나보았는데, 왕미는 풍격이 청아하고 말솜씨가 유창했으며 고금의 일을 진술함에 속속들이 꿰뚫지 못하는 것이 없는데다가 인물이나 씨족의 유래②에 대해 훤히 알아 모두 근거가 있었다. 그래서 장천석은 놀라면서 탄복했다.

[1]。장천석은 이미 나왔다.③

② • 사마씨는 미상이다.
③ • 왕민王珉은 풍격이 수려하고 문재文才가 풍부했다.

[역주]
① 세력이 약해져서 도성[建康]으로 귀순했는데 : 張天錫은 涼州에서 발호한 5호 16국 가운데 하나인 前涼의 대군주. 그는 苻[符]堅이 전량을 멸하였을 때 부건에게 귀순하였으나, 나중에 부건이 淝水의 전쟁에서 패하자 다시 東晉으로 귀순함.
② 유래 : 원문은 "中來". '中'은 '由'의 오기로 보임. 한편 楊勇의 『世說新語校箋』에서는 '中'을 '得'의 뜻으로 보았고, 余嘉錫의 『世說新語箋疏』에서는 '中來'를 '中表'의 오기라고 주장한 李慈銘의 설에 동조하여 '인척관계'의 뜻으로 봄.
③ 이미 나왔다 : 「言語」, 94 劉注① 에 나왔음.

張天錫世雄涼州, 以力弱詣京師, 雖遠方殊類, 亦邊人之桀也.① 聞皇京多才, 欽羨彌至. 猶在渚住, 司馬著作往詣之,② 言容鄙陋, 無可觀聽. 天錫心甚悔來, 以遐外可以自固. 王彌有儁才美譽, 當時聞而造焉.③ 既至, 天錫見其風神清令, 言話如流, 陳說古今, 無不貫悉, 又諳人物氏族中來, 皆有證據. 天錫訝服.
① • 天錫, 已見.
② • 未詳.
③ • 『續晉陽秋』曰; 珉風情秀發, 才辭富贍.

• 8 : 153 [0574]

왕공王恭은 처음 왕건무王建武[王忱]와 사이가 매우 좋았으나, 나중에는 원열袁悅의 이간질을 받아 마침내 의심하고 사이가 벌어지게 되었다.① 그러나 왕공은 매번 감흥이 일어날 때마다 왕건무를 떠올리곤 했다. 한번은 왕공이 행산行散①을 하다가 경구京口의 사당射堂②에 이른 적이 있었는데, 때마침 맑은 이슬이 새벽에 떨어지고 새 오동잎이 갓 돋아나 있었다.

왕공은 그것을 보고 말했다.

"왕대王大[王忱]는 정말 산뜻하고 말쑥해③!"

①▫『진안제기晉安帝紀』: 처음에 왕침王忱은 친족④ 왕공과 젊어서부터 사이가 좋았으며, 비슷한 명성으로 칭송받았다. 함께 조정에 오르게 되었을 때 둘 다 천자와 재상으로부터 우대받았으나,⑤ 조정 안팎에서 천자와 재상의 사이가 좋지 않다는 풍문⑥이 일어나기 시작했다. 왕공은 그것을 깊이 걱정하여 왕침에게 고했다.

"세간에 떠도는 풍문⑦에 자못 이러쿵저러쿵 하는데, 그것은 틀림없이 표기장군驃騎將軍[司馬道子]이 조정에서 천자를 알현할 때 무례하기 때문일 것입니다. 그것을 조용히 절실하게 간언하는 것이 좋지 않겠습니까? 만약 천자와 재상께서 화목하신다면, 우리들은 이 성명聖明한 시대를 위해 진력할 수 있을 것이니, 더 이상 무엇을 걱정하겠습니까?"

왕침은 왕공의 말이 옳다고 생각했으나, 자신의 간언이 받아들여지지 않을까 우려하여⑧ 원열袁悅에게 갖추어 진언하도록 했다. 원열은 늘 왕공을 이간질하려고 했기 때문에 회계왕會稽王[司馬道子]이 있는 자리에서 왕공을 질책했다.

"그대는 어찌하여 망령되이 풍문을 만들어 조야朝野에 의심과 오해를 불러일으키는가?"

그 말이 날카롭고 매서웠다. 왕공은 한탄하고 원망하면서 왕침이 자신을 모함한 것이라고 생각했다. 왕침은 왕공을 배반할 마음이 전혀 없었지만 자신을 해명할 길이 없었다. 그래서 두 사람 사이의 우정이 크게 벌어져 원망의 골이 생겼다.

[역주]······

① 行散: '五石散'이라 하는 일종의 마약을 먹고 그 약기운을 발산하기 위하여 산보하는 일로 '行藥'이라고도 함. 이러한 풍습이 위진시대에 널리 유행함. 「德行」41 [역주]② 참조

② 射堂: 공경대부들이 활쏘기 연습과 시합을 하던 장소 東晉 때는 京口에 있었으며, '東堂'이라고도 함.

③ 산뜻하고 말쑥해: 원문은 "濯濯". 밝게 빛나는 모양. 또는 곱고 맑은 모양. 『詩經』「大雅·靈臺」의 "麀鹿濯濯"이란 구절에 대한 毛傳에서 "濯濯, 光明也."라고 함. 한편 『晉書』 권84 「王恭傳」에는 "恭美姿儀, 人多愛悅. 或目之云; '濯濯如春月柳.'"라 되어 있음.

④ 친족: 왕침과 왕공은 모두 太原晉陽 王氏로서, 왕침이 왕공의 從叔이 됨.

⑤ 둘 다 천자와 재상으로부터 우대받았으나: 원문은 "俱爲主相所待". '主'는 天子,

즉 孝武帝 司馬曜를 말하고, '相'은 宰相, 즉 太傅 司馬道子를 말함. 王恭은 孝武帝에게 우대받았고, 왕침은 司馬道子에게 우대받았음.
⑥ 사이가 좋지 않다는 풍문 : 원문은 "不咸之論". '咸'은 '和' 또는 '同'의 뜻.
⑦ 세간에 떠도는 풍문 : 원문은 "悠悠之論". 근거 없이 사람들 사이에 떠도는 풍문을 말함.
⑧ 받아들여지지 않을까 우려하여 : 원문은 "慮弗見令"이라 되어 있지만 의미가 명확하지 않기 때문에 "慮弗見用"이라 되어 있는 宋本에 따라 번역함.

王恭始與王建武甚有情, 後遇袁悅之閒, 遂致疑隙.① 然每至興會, 故有相思. 時恭嘗行散至京口射堂, 于時淸露晨流, 新桐初引. 恭目之曰; "王大故自濯濯!"
①。『晉安帝紀』曰; 初, 忱與族子恭少相善, 齊聲見稱. 及並登朝, 俱爲主相所待, 內外始有不咸之論. 恭獨深憂之, 乃告忱曰; "悠悠之論, 頗有異同, 當由驃騎簡於朝覲故也. 將無從容切言之邪? 若主相諧睦, 吾徒得力明時, 復何憂哉?" 忱以爲然, 而慮弗見令, 乃令袁悅具言之. 悅有欲閒恭, 乃於王坐責讓恭曰; "卿何妄生同異, 疑誤朝野?" 其言切厲. 恭雖悵悵, 謂忱爲搆己也. 忱雖心不負恭, 而無以自亮. 於是情好大離, 而怨隙成矣.

• 8 : 154 [0575]

사마태부司馬太傅[司馬道子]가 이왕二王[王恭·王忱]을 평했다.
"왕효백王孝伯[王恭]은 꼿꼿하게① 위로 뻗어 있으며, 아대阿大[王忱]는 느슨하지만② 청초하고 시원하다."①

①。왕공王恭은 강직하고 격렬했으며,③ 왕침王忱은 활달하고 호방했다.

[역주]
① 꼿꼿하게 : 원문은 "亭亭". 꼿꼿하게 솟아 있는 모양. 강직함을 뜻함.
② 느슨하지만 : 원문은 "羅羅". '落落'과 통함. 일상적인 규범에 구애받지 않고 행동하는 모양. 자유분방함을 뜻함.
③ 강직하고 격렬했으며 : 원문은 "正亮沈烈". 宋本에는 "正直亢烈"이라 되어 있음.

司馬太傅爲二王目曰; "孝伯亭亭直上, 阿大羅羅淸疎."①
①。恭, 正亮沈烈. 忱, 通朗誕放.

• 8 : 155 [0576]

왕공王恭은 언사가 청아하고 논지가 간명하여 담론에 능했지만, 독서량이 적어서 담론할 때 중복되는 경우가 자못 있었다.① 하지만 어떤 사람이 말했다.

"왕효백王孝伯[王恭]은 늘 새로운 뜻을 지니고 있어서 중복의 번잡함을 느끼지 않는다."

① • 『중흥서中興書』: 왕공은 재능이 많지는 않았지만 유창한 논변이 남보다 뛰어났다.

王恭有淸辭簡旨, 能敍說, 而讀書少, 頗有重出.① 有人道; "孝伯常有新意, 不覺爲煩."

① • 『中興書』曰; 恭雖才不多, 而淸辯過人.

• 8 : 156 [0577]

은중감殷仲堪이 죽은 뒤에① 환현桓玄이 은중문殷仲文에게 물었다.

"그대 집안의 중감은 정작 어떠한 인물인가?"

그러자 은중문이 말했다.

"비록 한 시대를 훌륭하게 빛낼 수는 없었지만 구천을 밝게 비추기에는 충분합니다."②

① • 『속진양추續晉陽秋』: 은중감은 은중문의 사촌형으로, 젊어서부터 훌륭한 명성이 있었다.

[역주]······
① 殷仲堪이 죽은 뒤에 : 『晉書』 권84 「殷仲堪傳」에 따르면, 은중감은 桓玄의 공격을 받고 자살을 강요당한 끝에 隆安 3년(399)에 죽었음.
② 비록 한 시대를~충분합니다 : 이 구절에는 은근한 풍자가 들어 있음. 즉 은중감이 이 세상에서는 환현에게 당했지만 훗날 역사의 심판이 내려지면 저 세상에서는 환현을 눌러 이길 것이라는 뜻을 담고 있음.

殷仲堪喪後, 桓玄問仲文; "卿家仲堪, 定是何似人?" 仲文曰; "雖不能休明一世, 足以映徹九泉."[1]

[1]。『續晉陽秋』曰; 仲堪, 仲文之從兄也. 少有美譽.

제9편

품 조
品 藻
Classification According to Excellence

본편은 『세상의 참신한 이야기, 세설신어』의 9번째 편으로 총 88조가 실려 있다.

'품조'는 품류品流를 감별한다는 뜻이다. 본편에 실려 있는 고사는 부자·형제·동료·친구처럼 서로 관련이 있는 인물이나 기질이 서로 비슷한 사람들을 비교하고 품평하여 그 우열과 고하를 구별하는 것이 대부분이다.

이러한 평감評鑒 중에는 평감하는 당사자까지 포함되고 자신을 최고로 치는 경우도 있어서 특이한 면을 보인다. 예를 들어 왕돈王敦이 자기의 친구 4명을 비교한 끝에 가장 뛰어난 사람은 역시 본인이라고 생각한 경우나, 서법으로 명성을 날린 왕희지王羲之·왕헌지王獻之 부자이지만 왕헌지가 자기의 부친보다 한 수 위라고 스스로 생각한 경우 등이 그러하다. 이러한 경우는 전통적인 관념에서 볼 때 겸손하지 못한 것으로 여겨실 수도 있겠지만, 오히려 위신시내 시식인들의 개성이 사유롭게 표출되었음을 드러내는 반증이기도 하다. 위진시대에 이르러 유학의 통치지위가 점차 미약해짐에 따라, 오랜 기간 동안 유가사상의 속박을 받아오던 지식인들이 비로소 강한 자신감과 자존심을 내세울 수 있게 되었던 것이다.

본편을 통하여 인물품평에 대한 당시 지식인들의 다양한 인식과 그 사회적 분위기를 엿볼 수 있다.

• 9:01 [0578]

여남汝南의 진중거陳仲擧[陳蕃]와 영천潁川의 이원례李元禮[李膺] 두 사람에 대하여 사람들이 그들의 공적과 덕행을 논했지만 선후를 결정할 수 없었는데, 채백개蔡伯喈[蔡邕]①가 그들을 논평했다.

"진중거는 윗사람에게 직언하는 데 강직하고 이원례는 아랫사람을 통솔하는 데 준엄하니, 윗사람에게 직언하기는 어렵지만 아랫사람을 통솔하기는 쉽다."②

그래서 마침내 진중거는 '삼군三君'의 마지막에 놓이게 되었고,③ 이원례는 '팔준八俊'의 처음에 놓이게 되었다.④

①『속한서續漢書』: 채백개는 진류陳留 어鄻사람이다. 사리에 통달하고 뛰어난 재능을 지니고서 박학하고 문장을 잘 지었으며, 기예와 술수①까지 정통하지 못한 것이 없었다. 벼슬은 좌중랑장左中郞將에 이르렀다. 왕윤王允에게 주살당했다.

②장번張璠의『한기漢紀』: 당시 사람들이 그들에 대하여 말했다.
"강권强權을 두려워하지 않는② 진중거, 천하의 모범이 되는 이원례."

③사심謝沈의『한서漢書』③: '삼군'은 한 시대에 존귀하게 여겨지는 인물이다. 두무竇武·유숙劉淑·진번陳蕃은 젊어서부터 높은 지조를 지니고 있어서 천하 사람들이 그들을 존경하고 칭송했기 때문에 그러한 품평을 얻을 수 있었다.

④설영薛瑩의『한서』: 이응李膺·왕창王暢·순곤荀緄·주우朱寓·위랑魏朗·유우劉佑·두해杜楷·조전趙典을 '팔준'이라 한다.④

▫『영웅기英雄記』: 이에 앞서 장검張儉 등이 서로 함께 규탄할 관리⑤들의 명단을 작성했는데, 규탄당한 사람들이 서로 농담하며 말했다.

"규탄당한 우리들 중에는 진실로 '팔준'과 '팔예八乂'⑥가 있는데, 이것은 옛날의 '팔원八元'과 '팔개八凱'와 같다."

▫사심의『한서』: '준俊'은 탁월하게 뛰어난 인물을 말한다.

▫요신姚信의『사위士緯』: 진중거는 뛰어난 기개가 고결하고 강직하여 제

왕의 신하가 될 수 있는 절개를 지녔으며, 이원례는 충정하고 정직하여 사직을 보위할 수 있는 재능을 지녔다. 천하 사람들이 그들의 우열을 논했으나 결정하지 못했는데, 채백개가 한 마디 말로 그것을 판가름하여 분분하던 논의가 비로소 결정되었다.

[역주]························
① 기예와 술수 : 神仙術·醫術·卜筮 등을 말함.
② 強權을 두려워하지 않는 : 원문은 "不畏彊禦". 『詩經』「大雅·烝民」의 한 구절. '彊禦'는 彊暴한 사람을 말함. 이 구절에 대한 注疏에서 "不畏懼於彊梁禦善之人"이라고 함.
③ 謝沈의 『漢書』: 『晉書』 권82 「謝沈傳」에는 그가 『後漢書』 100권을 지었다는 기록이 있으며, 『隋書』「經籍志」에도 그의 저작으로 『後漢書』만 著錄되어 있는 것으로 보아 "漢書"는 '後漢書'의 오기로 여겨짐.
④ 李膺~'팔준'이라 한다 : 『後漢書』 권67 「黨錮傳」에는 "荀緄"이 "荀昱"으로, "朱㝢"가 "朱寓"로[宋本도 같음], "劉佑"가 "劉祐"로, "杜楷"가 "杜密"로 되어 있으며 그 순서도 일치하지 않음. 참고로 『후한서』의 관련기록은 다음과 같음. "時海內希風之流, 遂共相標榜, 指天下名士, 爲之稱號. 上曰三君, 次曰八俊, 次曰八顧, 次曰八及, 次曰八廚, 猶古之八元·八凱也. 竇武·劉淑·陳蕃爲三君, 君者, 言一世之所宗也. 李膺·荀昱·杜密·王暢·劉祐·魏朗·趙典·朱寓爲八俊, 俊者, 言人之英也. 郭林宗·宗慈·巴肅·夏馥·范滂·尹勳·蔡衍·羊陟爲八顧, 顧者, 言能以德引人者也. 張儉·岑晊·劉表·陳翔·孔昱·苑康·檀敷·翟超爲八及, 及者, 言其能導人追宗者也. 度尙·張邈·王考·劉儒·胡母班·秦周·蕃嚮·王章爲八廚, 廚者, 言能以財救人者也."
⑤ 규탄할 관리 : 원문은 "衣冠紀彈". 宋本에는 "衣冠"이 "冠衣"라 되어 있음. '衣冠'은 의관을 정제한 사람, 즉 관리를 말함. '紀彈'은 잘못된 언행을 조사하여 해당 인물을 엄하게 품평하는 것을 말함.
⑥ 八乂 : 『後漢書』 권67 「黨錮傳」에서 열거한 名士의 품목에는 들어 있지 않음. 아마도 '八及'이 아닐까 생각함. 위의 [역주]④ 참조.

[참고] 『太平廣記』169.

汝南陳仲擧, 潁川李元禮二人, 共論其功德, 不能定先後, 蔡伯喈①評之曰; "陳仲擧彊於犯上, 李元禮嚴於攝下, 犯上難, 攝下易."② 仲擧遂在'三君'之下,③ 元禮居'八俊'之上.④

①·『續漢書』曰; 蔡伯喈, 陳留圉人. 通達有儁才, 博學善屬文, 伎藝術數, 無不精綜. 仕至左

中郎將. 爲王允所誅.
2。張璠『漢紀』曰; 時人爲之語曰; "不畏彊禦陳仲擧, 天下模楷李元禮."
3。謝沈『漢書』曰; 三君者, 一時之所貴也. 竇武・劉淑・陳蕃, 少有高操, 海內尊而稱之, 故得因以爲目.
4。薛瑩『漢書』曰; 李膺・王暢・荀緄・朱寓・魏朗・劉祐・杜楷・趙典爲八俊.
  。『英雄記』曰; 先是, 張儉等相與作衣冠紀彈, 彈中人相調, 言; "我彈中誠有八俊・八乂, 猶古之八元・八凱也."
  。謝沈書曰; 俊者, 卓出之名也.
  。姚信『士緯』曰; 陳仲擧體氣高烈, 有王臣之節. 李元禮忠壯正直, 有社稷之能. 海內論之未決, 蔡伯喈抑一言以變之, 疑論乃定也.

• 9 : 02 [0579]

방사원龐士元[龐統]이 오吳나라에 이르자, 오나라 사람들이 모두 그와 친교를 맺었다.1 방사원이 육적陸績2・고소顧劭・전종全琮3을 만나보고 나서 그들을 평했다.

"육자陸子[陸績]는 말하자면 둔한 말이지만 빨리 달릴 수 있는 쓰임이 있고, 고자顧子[顧劭]는 말하자면 둔한 소이지만 무거운 짐을 싣고 멀리 갈 수 있다."

어떤 사람이 물었다.

"당신이 평한 바에 따르면 육적이 고소보다 낫다는 말입니까?"

방사원이 말했다.

"둔한 말은 비록 꽤 빠르지만 한 사람만 태울 수 있을 뿐이오. 그러나 둔한 소는 하루에 백 리를 가지만 싣는 것이 어찌 한 사람뿐이겠소?"

오나라 사람들은 이 말에 누구도 반론을 제기하지 않았다. 방사원이 또 평했다.

"전자全子[全琮]가 명성을 좋아하는 것은 여남汝南의 번자소樊子昭와 비슷하다."4

① □『촉지蜀志』① : 주유周瑜가 남군南郡태수로 있을 때, 방사원은 남군의 공조 功曹였다. 주유가 죽자 방사원이 그의 유해를 호송하여 오나라에 이르렀는 데, 오나라 사람들은 대부분 그의 명성을 익히 들었기 때문에 방사원이 유 해 호송을 마치고 서쪽[남군]으로 돌아갈 때 모두 창문閶門②에 모여 방사원 과 얘기를 나누었다.

② □『문사전文士傳』: 육적은 자가 공기公紀다. 어려서부터 준일하여 재예才藝 와 술수術數에 뛰어났으며 박학다식했다. 방사원은 육적보다 나이가 많았지 만 함께 친구로 사귀었다. 벼슬은 울림鬱林태수에 이르렀다. 죽는 날을 스스 로 알았으며, 32세에 죽었다.

③ □ 환제環濟의 『오기吳紀』: 전종은 자가 자황子黃③이며 오군吳郡 전당錢塘사 람이다. 덕행과 의기義氣가 있었으며 대사마大司馬가 되었다.

④ □ 장제蔣濟의 「만기론萬機論」: 허자장許子將[許劭]은 인물에 대한 품평이 불 공평하여 번자소를 발탁하고 허문휴許文休[許靖]를 물리쳤다. 유엽劉曄이 허 자장의 품평이 불공평하다는 의견에 반론을 제기하며 말했다.

"번자소는 상인에서 발탁되었는데 나이 70이 되자 물러나서는 고요함 을 지킬 수 있었고 나아가더라도 구차하게 다투지 않았소."

그래서 내가 대답했다.

"번자소는 진실로 어려서부터 노년에 이르기까지 용모가 매우 고결했 지만, 담론할 때 그의 치아가 삐져나오고 뺨과 턱이 솟고 입술이 튀어나 오는 것을 보니, 진정 허문휴의 적수는 아니오."

[역주]························
① 『蜀志』: 『三國志』권37 「蜀書·龐統傳」과 권54 「吳書·周瑜傳」에 보임.
② 閶門 : 『三國志』권37 「龐統傳」에는 "昌門"이라 되어 있음. 지금의 江蘇省 吳縣 金閶門.
③ 子黃 : 『三國志』권60 「吳書·全琮傳」에는 "子璜"이라 되어 있음.

[참고] 『三國志』37, 『太平廣記』169.

龐士元至吳, 吳人並友之.① 見陸績②·顧劭·全琮③而爲之目曰; "陸子所謂駑 馬有逸足之用, 顧子所謂駑牛可以負重致遠." 或問; "如所目, 陸爲勝邪?" 曰; "駑馬雖精速, 能致一人耳, 駑牛一日行百里, 所致豈一人哉?" 吳人無以難. "全子好聲名, 似汝南樊子昭."④

①▫『蜀志』曰; 周瑜領南郡, 士元爲功曹. 瑜卒, 士元送喪至吳, 吳人多聞其名, 及當還西, 並會昌門與士元言.

②▫『文士傳』曰; 績, 字公紀. 幼有儁朗才數, 博學多通. 龐士元年長於績, 共爲交友. 仕至鬱林太守. 自知亡日, 年三十二而卒.

③▫環濟『吳紀』曰; 琮, 字子璜, 吳郡錢塘人. 有德行義槪, 爲大司馬.

④▫蔣濟「萬機論」曰; 許子將褒貶不平, 以拔樊子昭, 而抑許文休. 劉曄難曰; "子昭拔自賈堅, 年至七十, 退能守靜, 進不苟競." 濟答曰; "子昭誠自幼至長, 容貌完潔, 然觀其挿齒牙, 樹頰頬, 吐脣吻, 自非文休之敵."

--------• 9:03 [0580]

 고소顧劭가 일찍이 방사원龐士元[龐統]과 함께 밤을 새워 담론한 적이 있었는데, 그때 고소가 물었다.
 "듣자 하니 그대는 인물을 보는 안목으로 이름이 나 있다는데, 나와 그대 중에 누가 더 낫소?"
 방사원이 말했다.
 "세속을 교화하고 시대와 더불어 부침하는 것은 내가 그대만 못하지만,① 왕자王者와 패자覇者의 유책遺策을 논하고 화와 복이 생겨나는 관건을 살피는 것①은 내가 약간 나은 것 같소."
 고소도 그 말에 만족해했다.②

①▫『오지吳志』②: 고소는 인물을 품평하길 좋아하여 그 대상이 주군州郡의 인재③로부터 천하의 인사人士에까지 미쳤다. 길을 오가다가 사람을 만나면, 어떤 사람은 평의評議하고 떠나기도 하고 어떤 사람은 친교를 맺고 헤어지기도 했다. 품평에 대한 명성이 널리 알려져서 원근의 사람들이 그를 칭송했다.

②▫『오록吳錄』: 고소는 그 말에 만족하여 그와 더욱 친하게 되었다.

[역주]························
① 王者와~살피는 것: 원문은 "論王霸之餘策, 覽倚仗之要害". "倚仗"은 "倚伏"의 오기로 보임. 宋本과 『太平廣記』 권169 「知人·顧邵」에 인용된 『世說』에는 "倚伏"이라 되어 있음. 『老子』 제58장에 "禍兮福所倚, 福兮禍所伏."이라는 구절이 있는데,

禍와 福이 서로 相因하여 생겨나는 것을 말함. 한편 『三國志』 권37 「蜀書·龐統傳」注에 인용된 『誤錄』에는 "論帝王之餘策, 攬倚伏之要最."라 되어 있음.
② 『吳志』: 『三國志』 권52 「吳書·顧劭傳」에 보이는데, '劭'가 '邵'로 되어 있음.
③ 인재 : 원문은 "庶幾". 魏晉人들이 즐겨 쓰던 말로 학문을 좋아하고 덕행을 실천하여 장래가 촉망되는 사람을 말함. 『周易』 「繫辭傳下」에 "顔氏之子, 其殆庶幾乎! 有不善未嘗不知, 知之未嘗復行也."라는 구절이 있음.

[참고] 『三國志』37, 『太平廣記』169.

顧劭嘗與龐士元宿語, 問曰; "聞子名知人, 吾與足下孰愈?" 曰; "陶冶世俗, 與時浮沈, 吾不如子.① 論王霸之餘策, 覽倚伏之要害, 吾似有一日之長." 劭亦安其言.②

① ▫『吳志』曰; 劭好樂人倫, 自州郡庶幾及四方人事. 往來相見, 或諷議而去, 或結交而別. 風聲流聞, 遠近稱之.
② ▫『吳錄』曰; 劭安其言, 更親之.

─────────── • 9 : 04 [0581]

제갈근諸葛瑾과 동생 제갈량諸葛亮 및 사촌동생 제갈탄諸葛誕은① 모두 훌륭한 명성이 있었는데, 각자 다른 나라에서 벼슬하고 있었다. 당시 사람들은 그들을 놓고 '촉蜀나라는 용을 얻었고 오吳나라는 범을 얻었으며 위魏나라는 개①를 얻었다'고 생각했다. 제갈탄은 위나라에 있었는데 하후현夏侯玄과 명성을 나란히 했으며, 제갈근은 오나라에 있었는데 오나라의 조정에서 그의 큰 기량에 탄복했다.②

① ▫『오서吳書』: 제갈근은 자가 자유子瑜다. 그의 선조는 갈씨葛氏로 낭야琅邪 제현諸縣사람이었다. 나중에 양도陽都로 이주했는데, 양도에 이전부터 갈씨 성을 가진 자가 있어서 당시 사람들이 구별하기 위하여 그를 '제갈'이라 불렀다. 그래서 제갈을 성으로 삼았다. 제갈근은 젊어서부터 지극한 효성으로 칭송받았다. 여러 벼슬을 거쳐 예주목豫州牧에 기용되었으며 68세에 죽었다.
▫『위지魏志』② : 제갈탄은 자가 공휴公休다. 이부랑吏部郞으로 있을 때, 사람들이 인사를 청탁하면 곧장 그 추천의 말을 공개하고 바로 임용했다. 나

중에 그 추천의 말이 타당한지의 여부③가 제기되면, 그 득실을 공개적으로 논의하여 포폄을 결정했다. 이때부터 모든 관료들은 추천하는 일을 신중하게 하지 않을 수 없었다. 여러 벼슬을 거쳐 양주楊州자사·진동장군鎭東將軍·사공司空④에 기용되었다. 역모를 꾀했다가 주살당했다.
②·『오서』: 제갈근이 난을 피하여 강남으로 건너오자, 대황제大皇帝[孫權]⑤가 그를 장사長史로 삼아 촉나라에 사신으로 파견했는데, 그는 동생 제갈량과 공식석상에서만 서로 만났을 뿐 숙소로 돌아가서는⑥ 개인적으로 만나지 않았다. 또한 준수한 용모와 깊은 사고력을 지니고 있어서 당시 사람들은 그의 큰 기량에 탄복했다.

[역주]··························
① 개 : 원문은 "狗". 일설에는 '동물의 새끼'라고도 함. 실제로 諸葛誕은 세 사람 중에서 가장 나이가 어렸음.
② 『魏志』: 『三國志』 권28 「魏書·諸葛誕傳」에 보임.
③ 타당한지의 여부 : 원문은 "當不". 宋本에는 "得失當不"라 되어 있는데, 문맥상 '得失'이 빠져야 보다 순조로움.
④ 司空 : 宋本에는 이 2자가 없음.
⑤ 大皇帝[孫權] : 孫權의 諡號.
⑥ 돌아가서는 : 원문은 "反". 宋本에는 "退"라 되어 있음.
[참고] 『藝文類聚』22, 『北堂書鈔』115, 『白氏六帖』12, 『太平御覽』446·516, 『太平廣記』 169.

諸葛瑾·弟亮及從弟誕,① 並有盛名, 各在一國. 于時以爲'蜀得其龍, 吳得其虎, 魏得其狗.' 誕在魏, 與夏侯玄齊名. 瑾在吳, 吳朝服其弘量.②
①·『吳書』曰; 瑾, 字子瑜. 其先葛氏, 琅邪諸縣人. 後徙陽都, 陽都先有姓葛者, 時人謂諸葛, 因爲氏. 瑾少以至孝稱. 累遷豫州牧, 六十八卒.
·『魏志』曰; 誕, 字公休. 爲吏部郞, 人有所屬託, 輒顯其言而亟用之. 後有當不, 則公議其得失, 以爲襃貶. 自是羣寮莫不愼其所擧. 累遷楊州刺史·鎭東將軍·司空. 謀逆, 伏誅.
②·『吳書』曰; 瑾避亂渡江, 大皇帝取爲長史, 遣使蜀, 但與弟亮公會相見, 反無私面. 而又有容貌思度, 時人服其弘量.

──────── • 9 : 05 [0582]

사마문왕司馬文王[司馬昭]이 무해武陔에게 물었다.

"진현백陳玄伯陳泰은 그의 부친인 진사공陳司空陳羣과 비교하면 어떻소?"

무해가 말했다.

"아정한 인품과 널리 통달된 학문으로 천하의 교화를 자기의 임무로 삼을 수 있는 것은 그의 부친만 못하지만, 명철하고 노련한 재능과 지극히 간명한 방법으로 공을 세우고 일을 처리하는 것은 그의 부친보다 낫습니다."[1]

[1]。『위지魏志』[1] : 무해는 진태陳泰와 친밀한 사이였기 때문에 사마문왕이 그에게 물어본 것이다.

[역주]⋯⋯⋯⋯⋯⋯⋯⋯⋯⋯⋯⋯
①『魏志』:『三國志』 권22 「魏書・陳泰傳」에 보임.

[참고]『三國志』22,『太平廣記』169.

司馬文王問武陔; "陳玄伯何如其父司空?" 陔曰; "通雅博暢, 能以天下聲教爲己任者, 不如也. 明練簡至, 立功立事, 過之."[1]

[1]。『魏志』曰; 陔與泰善, 故文王問之.

• 9 : 06 [0583]

정시正始연간에 인사들이 인물을 비교 논평하여 '오순五荀'[1]을 '오진五陳'[2]에 견주었는데, 순숙荀淑을 진식陳寔에, 순정荀靖을 진심陳諶에,[1] 순상荀爽을 진기陳紀에, 순욱荀彧을 진군陳羣에,[2] 순의荀顗를 진태陳泰에 각각 견주었다.[3] 또한 '팔배八裵'[3]를 '팔왕八王'[4]에 견주었는데, 배휘裵徽를 왕상王祥에, 배해裵楷를 왕이보王夷甫[王衍]에, 배강裵康를 왕수王綏에,[4] 배작裵綽을 왕징王澄에,[5] 배찬裵瓚을 왕돈王敦에,[6] 배하裵遐를 왕도王導에, 배위裵頠를 왕융王戎에, 배막裵邈을 왕현王玄에 각각 견주었다.

[1]。『일사전逸士傳』: 순정은 자가 숙자叔慈며 영천穎川사람이다. 뛰어난 재능이 있었으며 효성으로 이름이 알려졌다. 형제 8명은 '팔룡八龍'이라 불렸다.

은거하면서 학문을 연마했으며 행동거지가 예법에 합당했다. 동생 순상 역시 재능과 학문이 뛰어나 당시에 이름을 드러냈다. 어떤 사람이 여남汝南의 허장許章⑤에게 물었다.

"순상과 순정 중에 누가 더 훌륭합니까?"

허장이 말했다.

"두 사람 모두 귀한 옥이오. 자명慈明[荀爽]은 고명함을 밖으로 내보이고, 숙자叔慈[荀靖]는 온윤溫潤함을 안으로 지니고 있소."

순정은 태위太尉로 초징되었으나 나아가지 않았다. 50세에 죽자, 당시 사람들이 애석해했으며 현행선생玄行先生이라 불렀다.

② □『전략典略』: 순욱은 자가 문약文若이며 영천사람이다. 한漢나라의 시중侍中・수상서령守尙書令⑥을 지냈다. 순욱은 사람됨이 영준英俊하였고 자신을 낮추어 겸손하게 인사를 대우했으며 자리에 앉을 때는 방석을 포개 놓지 않았다. 대각臺閣[朝廷]에 있을 때에도 사욕으로 뜻을 어지럽히지 않았다. 50세에 죽자 시호를 경후敬侯라 했으며, 덕망이 높아서 태위에 추증되었다.

③ □『진제공찬晉諸公贊』: 순의는 자가 경천景倩이며 순욱의 아들이다. 예법에 따라 덕행을 실천하고 사고가 온아했으며, 게다가 국가의 근간을 깊이 알고 있었다. 여러 벼슬을 거쳐 광록대부光祿大夫에 임용되었다. 진晉나라가 위魏나라로부터 제위를 선양받고 나서 임회공臨淮公에 봉해졌다. 조정의 의례를 관장하고 국가의 법식法式을 정비하여 진나라 일대의 제도를 제정했다. 태위로 전임되었다가 재상⑦이 되었는데, 덕망이 대단히 뛰어났으며 예교禮敎를 바로잡는 데에 마음을 두었다. 죽자 시호를 강공康公⑧이라 했다.

④ □『진백관명晉百官名』: 배강은 자가 중예仲豫며 배휘의 아들이다.

□『진제공찬』: 배강은 큰 기량을 지니고 있었으며, 태자좌솔太子左率⑨을 역임했다.

⑤ □『왕조목록王朝目錄』: 배작은 자가 중서仲舒⑩며 배해의 동생이다. 명성은 배해에 버금갔으며, 중서시랑中書侍郞・황문시랑黃門侍郞을 역임했다.

⑥ □『진제공찬』: 배찬은 자가 국보國寶며 배해의 아들이다. 재기가 출중했으며, 중서랑으로 생을 마쳤다.

[역주]........................
① 五荀: 荀氏 5인의 친족관계에 대해서는 [부록]으로 실려 있는 汪藻의 『世說敍錄』 「人名譜・潁川潁陰荀氏譜」의 系譜圖 참조
② 五陳: 역시 汪藻의 『世說敍錄』 「人名譜・潁川許昌陳氏譜」의 系譜圖 참조
③ 八裵: 역시 汪藻의 『世說敍錄』 「人名譜・河東聞喜裵氏譜」의 系譜圖 참조
④ 八王: 역시 汪藻의 『世說敍錄』 「人名譜・琅邪臨沂王氏譜」의 系譜圖 참조
⑤ 許章: 『三國志』 권10 「魏書・荀彧傳」 注에 인용된 『逸士傳』에는 "許子將", 즉 許劭라 되어 있음.
⑥ 守尙書令: 임시로 상서령에 임명된 것을 말함.
⑦ 재상: 원문은 "台輔". '宰輔'라고도 함. 일반적으로 재상을 말함.
⑧ 康公: 『晉書』 권39 「荀顗傳」과 『世說敍錄』 「人名譜・潁川潁陰荀氏譜」에는 모두 '公'자가 없음.
⑨ 太子左率: 太子左衛率의 약칭. 태자가 행차할 때 그 輿車를 경호하는 관리.
⑩ 仲舒: 『三國志』 권23 「魏書・裵潛傳」 注와 『世說敍錄』 「人名譜・河東聞喜裵氏譜」에는 모두 "季舒"라 되어 있음. 裵徽의 네 아들[裵黎伯宗・裵康仲豫・裵楷叔則・裵綽] 가운데 배작은 막내였으므로 "季舒"가 타당함.

正始中, 人士比論, 以'五荀'方'五陳', 荀淑方陳寔, 荀靖方陳諶,① 荀爽方陳紀, 荀彧方陳羣,② 荀顗方陳泰.③ 又以'八裵'方'八王', 裵徽方王祥, 裵楷方王夷甫, 裵康方王綏,④ 裵綽方王澄,⑤ 裵瓚方王敦,⑥ 裵遐方王導, 裵頠方王戎, 裵邈方王玄.

①ㅇ『逸士傳』曰; 靖, 字叔慈, 潁川人. 有儁才, 以孝著名. 兄弟八人, 號八龍. 隱身修學, 動止合禮. 弟爽, 亦有才學, 顯名當世. 或問汝南許章; "爽與靖孰賢?" 章曰: "二人皆玉也. 慈明外朗, 叔慈內潤." 太尉辟, 不就. 年五十終, 時人惜之, 號玄行先生.

②ㅇ『典略』曰; 彧, 字文若, 潁川人. 爲漢侍中・守尙書令. 彧爲人英偉, 折節待士, 坐不累席. 其在臺閣閒, 不以私欲撓意. 年五十薨, 諡曰敬侯, 以其德高, 追贈太尉.

③ㅇ『晉諸公贊』曰; 顗, 字景倩, 彧之子. 踐禮立德, 思義溫雅, 加深識國體. 累遷光祿大夫. 晉受禪, 封臨淮公. 典朝儀, 刊正國式, 爲一代之制. 轉太尉, 爲台輔, 德望淸重, 留心禮敎. 卒, 諡康公.

④ㅇ『晉百官名』曰; 康, 字仲豫, 徽之子.
ㅇ『晉諸公贊』曰; 康有弘量, 歷太子左率.

⑤ㅇ『王朝目錄』曰; 綽, 字仲舒, 楷弟也. 名亞於楷. 歷中書・黃門侍郎.

⑥ㅇ『晉諸公贊』曰; 瓚, 字國寶, 楷之子. 才氣爽儁, 終中書郎.

• 9:07 [0584]

    기주冀州자사 양회楊淮^①의 두 아들 양교楊喬와 양모楊髦는 모두 소년 시절부터 성숙한 인물이었다. 양회는 배위裵頠·악광樂廣과 친밀한 사이였기 때문에 두 아들을 보내 그들을 만나보게 했다. 배위는 성품이 대범하고 활달했기^② 때문에 양교의 고매한 풍격을 좋아하여 양회에게 말했다.

    "교는 당연히 그대에게 미칠 만하지만, 모는 약간 손색이 있네."

    악광은 성품이 청아하고 순박했기 때문에 양모의 고결한 절조節操를 좋아하여 양회에게 말했다.

    "교는 물론 그대에게 미칠 만하지만, 모는 특히 걸출하네."

    두 사람의 말을 듣고 양회가 웃으며 말했다.

    "내 두 아들의 우열이 바로 배위와 악광의 우열이지!"

    논자들이 이를 평하여 '양교는 비록 풍격은 고매하지만 절조가 완전하지 못하니^③ 악광의 말이 타당하다. 그러나 양교와 양모 모두 후진 가운데 준재다'라고 생각했다.⓵

    ⓵ ▫ 순작荀綽의 『기주기冀州記』: 양교는 자가 국언國彦이다. 호쾌하고 활달하여 고원한 뜻을 지니고 있었다. 양모는 자가 사언士彦이다. 청아하고 화평하여 고귀한 식견을 지니고 있었다. 두 사람은 모두 후진 가운데 준재로서, 배위와 악광에게 중시 받았다.

    ▫ 『진제공찬晉諸公贊』: 양교는 양회와 비슷하여 거침이 없었다. 양교와 양모는 모두 2천 석의 봉록을 받는 신분^④이었다. 양모는 석륵石勒에게 살해당했다.

[역주]·······

① 楊淮:『三國志』권19「魏書·陳思王傳」注에 인용된『世語』와『晉書』권43「樂廣傳」등에는 모두 "楊準"이라 되어 있음. 「識鑒」13, 「賞譽」58·63의 [역주]참조 아래의 문장과 劉注에서도 마찬가지임.

② 대범하고 활달했기 : 원문은 "弘方". '方'은 '放'의 뜻.

③ 절조가 완전하지 못하니 : 원문은 "檢不匝". 『三國志』권19 「魏書·陳思王傳」 注에 인용된 『冀州記』에는 "神檢不逮", 『晉書』권43 「樂廣傳」에는 "神檢不足", 『太平廣記』권169 「知人·裴頠」에 인용된 『世說』에는 "無檢局"이라 되어 있음. '神檢'은 節操·志操·節槪, 또는 청렴결백한 자질이나 품행을 말함.
④ 2천 석의 봉록을 받는 신분 : 원문은 "二千石". 2천 석의 봉록을 받는 관리로서, 일반적으로 郎將이나 郡守를 말함.「品藻」8 [역주]⑥ 참조

[**참고**] 『晉書』43, 『太平廣記』169.

冀州刺史楊淮二子喬與髦, 俱總角爲成器. 淮與裴頠·樂廣友善, 遣見之. 頠性弘方, 愛喬之有高韻, 謂淮曰; "喬當及卿, 髦小減也." 廣性淸淳, 愛髦之有神檢, 謂淮曰; "喬自及卿, 然髦尤精出." 淮笑曰; "我二兒之優劣, 乃裴·樂之優劣!" 論者評之, 以爲'喬雖高韻, 而檢不匝, 樂言爲得. 然並爲後出之儁.'①
① ○ 荀綽『冀州記』曰; 喬, 字國彦. 爽朗有遠意. 髦, 字士彦. 清平有貴識. 並爲後出之儁, 爲裴頠·樂廣所重.
○ 『晉諸公贊』曰; 喬似淮而疎, 皆爲二千石. 髦爲石勒所害.

• 9 : 08 [0585]

유령언劉令言[劉納]이 처음 낙양洛陽에 들어왔을 때,① 여러 명사들을 만나보고 감탄했다.

"왕이보王夷甫[王衍]는 너무 명철하고,① 악언보樂彦輔[樂廣]는 내가 존경하는 인물이고, 장무선張茂先[張華]은 내가 이해할 수 없는 인물이고, 주홍무周弘武[周恢]는 단점을 활용하는 데 능숙하고,② 두방숙杜方叔[杜育]은 장점을 활용하는 데 서툴다"②③

① ○『유씨보劉氏譜』: 유납劉納③은 자가 영언이며 팽성彭城 총정叢亭사람이다. 조부 유근劉瑾은 낙안장樂安長④이었고, 부친 유감劉𩜾은 위魏나라의 낙양령洛陽令④이었다. 유납은 사례교위司隸校尉를 역임했다.
② ○ 왕은王隱의 『진서晉書』: 주회周恢는 자가 홍무며 여남汝南사람이다. 조부 주비周斐는 영녕궁永寧宮의 소부少府⑤였고, 부친 주륭周隆은 주州의 종사從事였다. 주회는 벼슬이 진상秦相에 이르렀으며 봉록은 중이천석中二千石⑥이었다.

③ㆍ『진제공찬晉諸公贊』: 두육杜育은 자가 방숙이며 양성襄城 등릉鄧陵[7]사람으로 두습杜襲의 손자다. 두육은 어려서부터 뛰어나게 총명하여[8] '신동'이라 불렸으며, 장성해서는 풍모가 훌륭하고 문재가 있어서 당시 사람들이 '두성杜聖'이라 불렀다. 여러 벼슬을 거쳐 국자좨주國子祭酒[9]에 기용되었다. 낙양이 함락되려 할 때[10] 호적胡賊에게 살해당했다.

[역주]

① 명철하고 : 원문은 "解明". 그러나 宋本과 『晉書』 권69 「劉隗傳」에는 "鮮明"이라 되어 있음. 『晉書』 권43 「王衍傳」에서 王衍을 "有盛才美貌, 明悟若神."이라 하고, 「賞譽」27에서 王澄이 왕연을 평하여 "阿兄形似道, 而神鋒太儁"이라고 한 것 등을 보면, 모두 왕연의 才智와 風貌가 뛰어남을 일컫는 것이므로 '解明'보다는 '鮮明'이 타당할 것 같음.

② 周弘武[周恢]는~서툴다 : 원문은 "周弘武巧於用短, 杜方叔拙於用長". 『晉書』 권43 「王戎傳」에는 "裴頠拙於用長, 荀勖工於用短."이라 하여, 王戎이 裴頠와 許詢을 각각 평한 것으로 되어 있음.

③ 劉納 : 「言語」53 劉注③에 인용된 『文字志』와 『晉書』 권69 「劉隗傳」에는 모두 "劉訥"이라 되어 있음.

④ 樂安長, 洛陽令 : 일반적으로 1만 호를 기준으로 하여 그 이상이 되는 현의 장관은 '令'이라 하고 그 이하가 되는 현의 장관은 '長'이라 함.

⑤ 永寧宮의 少府 : '永寧'은 삼국시대 위나라에 있던 太后의 宮名. 漢代 이후로 태후의 궁실에도 황제의 궁실에서처럼 衛尉ㆍ少府ㆍ太僕의 太后三卿을 설치하여 궁실의 업무를 관장케 했음.

⑥ 中二千石 : 『後漢書』「百官志」에 기록된 百官受奉例에 따르면, "中二千石奉, 月百八十斛. 二千石奉, 月百二十斛. 比二千石奉, 月百斛."이라 하여, 二千石의 관직에도 3등급이 있었음. 이 중 '二千石'은 '眞二千石'이라고도 함.

⑦ 鄧陵 : 『三國志』 권23 「魏書ㆍ杜襲傳」에는 '定陵'이라 되어 있음.

⑧ 뛰어나게 총명하여 : 원문은 "岐嶷". 어려서부터 총명하여 才智가 出衆한 것을 말함. 『詩經』「大雅ㆍ生民」에 "克岐克嶷"이라는 구절이 있음.

⑨ 國子祭酒 : 國子學의 長官으로, 지금의 국립대학교 총장에 상당함.

⑩ 낙양이 함락되려 할 때 : 永嘉의 亂 때 흉노족 劉聰이 낙양을 함락할 당시를 말함.

[참고] 『事文類聚』別19.

劉令言始入洛,① 見諸名士而歎曰; "王夷甫太解明, 樂彥輔我所敬, 張茂先我所不解, 周弘武巧於用短,② 杜方叔拙於用長."③

①▫『劉氏譜』曰: 納, 字令言, 彭城叢亭人. 祖瑾, 樂安長. 父魁, 魏洛陽令. 納歷司隸校尉.
②▫王隱『晉書』曰; 周恢, 字弘武, 汝南人. 祖斐, 永寧少府. 父隆, 州從事. 恢仕至秦相, 秩中二千石.
③▫『晉諸公贊』曰; 杜育, 字方叔, 襄城鄧陵人, 杜襲孫也. 育幼便岐嶷, 號'神童'. 及長, 美風姿, 有才藻, 時人號曰'杜聖'. 累遷國子祭酒. 洛陽將沒, 爲賊所殺.

—————————— • 9 : 09 [0586]

왕이보王夷甫[王衍]가 말했다.

"여구충閭丘沖은① 만분萬奮·학륭郝隆①보다 우수하다.② 이 세 사람은 모두 뛰어난 인재인데 그 중에서 여구충이 가장 먼저 현달顯達한 인물②이다."③

①▫순작荀綽의『연주기兗州記』: 여구충은 자가 빈경賓卿이며 고평高平사람으로, 집안대대로 이천석二千石③의 봉록을 받는 신분이었다. 여구충은 청아하고 공평한 인품에 인물을 알아보는 감식안을 지녔으며, 해박한 학문에 문장의 의리가 있었다. 여러 벼슬을 거쳐 태부太傅[司馬越]④의 장사長史에 기용되었다. 비록 공을 세워 세상을 덮을 수는 없었지만 도의를 좇아 미혹되지 않았다. 세상에 처하여 일을 처리할 때는 공정함에 힘썼으며, 문안을 작성할 때는 반드시 경전을 인용하고 문사文辭로 수식했는데 한 번도 막힌 적이 없었다. 성품이 매우 대범하고 활달하여 자만하지 않고 위세를 부리지도 않았다. 음악을 좋아하여 시녀들을 곁에 두고 악기를 손에서 놓지 않았다. 출입할 때는 사망거四望車⑤를 타고 매우 유쾌하게 앉아 있었는데, 그러한 행실이 그의 공손한 품행을 손상시킬 수 없었으며, 담담하게 자신의 마음과 뜻 닿는 대로 행동했다. 논자들도 그의 행실을 사치스럽다고 여기지 않았으며 분수에 넘친다고도 여기지 않았다. 노년에 이르렀어도 훌륭한 명망이 처음과 다르지 않았다. 광록훈光祿勳이 되어 도읍이 아직 함락되지 않았을 때⑥ 수레를 타고 출타하다가 호적胡賊에게 살해당했다. 당시 사람들이 모두 그의 죽음을 애통해했다.

②▫『진제공찬晉諸公贊』: 학륭은 자가 홍시弘始며 고평사람이다. 사람됨이 명랑하고 식견이 탁월했다. 이부랑吏部郎과 양주楊州자사를 지냈다. 제왕齊王

사마경司馬囧이 의병을 일으켰을 때, 학륭은 격문에 응할 것인지를 망설이다가 참군參軍 왕수王邃에게 살해당했다.⑦

③ □『연주기』: 당시 고평의 인사들이 바야흐로 흥성했는데, 만분과 학륭이 여구충보다 먼저 현달하여 명성과 지위가 이미 높아 있었다. 그러나 유보劉寶와 왕이보는 오히려 여구충이 허정虛靜하고 기품이 있기⑧ 때문에 두 사람을 앞서기에 충분하다고 여겼다.

[역주]························

① 郝隆 : 劉注②에 인용된 『晉諸公贊』의 기록에 따르면 郗鑒의 숙부인 郗隆으로 여겨짐. 또한 郗隆은 자가 弘始이지만 郝隆은 자가 佐治임. 『晉書』 권67 「郗隆傳」과 권59 「齊王囧傳」 참조. 劉注에서도 마찬가지임.
② 먼저 顯達한 인물 : 원문은 "先達". 관직이나 학문 등을 남보다 앞서 성취한 자를 말함. 또는 그 방면의 선배를 뜻하기도 함.
③ 二千石 : 「品藻」7 [역주]④와 「品藻」8 [역주]⑥ 참조.
④ 太傅[司馬越?] : 확실하지는 않지만 東海王 司馬越로 추정함.
⑤ 四望車 : 晉代에 고관귀족들이 타던 수레. 『晉書』 「輿服志」에 따르면, 三公의 지위에 오른 자가 탈 수 있으며 사방에 창문이 설치되어 있어서 밖을 내다볼 수 있는 수레임.
⑥ 도읍이 아직 함락되지 않았을 때 : 永嘉의 亂 때 흉노족 劉聰이 낙양을 함락할 당시를 말함.
⑦ 학륭은~ 살해당했다 : 『晉書』 권67 「郗隆傳」에 이 사건에 대한 기록이 있음. "齊王囧檄至, 中州人在軍者皆欲赴義, 隆以兄子鑒爲趙王掾, 諸子悉在京洛, 故猶豫未決. … 而停檄六日. 時寧遠將軍陳留王邃領東海都尉, 鎭石頭, 隆軍人西赴邃甚衆. 隆遣從事於牛渚禁之, 不得止. 將士憤怒, 夜扶邃爲主而攻之, 隆父子皆死…"
⑧ 虛靜하고 기품이 있기 : 원문은 "虛貴". 분명한 의미는 알 수 없음. '허정함을 귀하게 여기기' 또는 '귀한 관직을 마음에 두지 않기' 등으로 해석할 수도 있음.

王夷甫云; "閭丘沖,① 優於滿奮·郝隆.② 此三人並是高才, 沖最先達."③

① 荀綽『兗州記』曰; 沖, 字賓卿, 高平人, 家世二千石. 沖淸平有鑒識, 博學有文義. 果遷太傅長史. 雖不能立功蓋世, 然聞義不惑. 當世范事, 務於平允, 操持文案, 必引經誥, 飾以文采, 未嘗有滯. 性尤通達, 不矜不假. 好音樂, 侍婢在側, 不釋弦管. 出入乘四望車, 居之甚夷, 不能虧損恭素之行, 淡然肆其心志. 論者不以爲侈, 不以爲僭. 至於白首, 而淸名令望, 不渝於始. 爲光祿勳, 京邑未潰, 乘車出, 爲賊所害, 時人皆痛惜之.
② 『晉諸公贊』曰; 隆, 字弘始, 高平人. 爲人通亮淸識. 爲吏部郞·楊州刺史. 齊王囧起義, 隆應檄稽留, 爲參軍王邃所殺.

③ㆍ『兗州記』曰; 于時高平人士偶盛, 萬奮ㆍ郝隆達在沖前, 名位已顯. 而劉寶ㆍ王夷甫猶 以沖之虛貴, 足先二人.

• 9 : 10 [0587]

왕이보王夷甫[王衍]가 왕동해王東海[王承]를 악령樂令[樂廣]에게 견주었기① 때문에 왕동해의 손자 왕중랑王中郞[王坦之]이 왕동해의 비문을 지어 말했다.
"당시 사람들이 품평하여① 악광樂廣의 짝이라 했네."

①ㆍ『강좌명사전江左名士傳』: 왕승王承은 이치를 논하고 사물을 분석할 때 그 요지만 밝힐 뿐 쓸데없는 말은 하지 않아, 식자들은 그의 담론이 간결하면서도 사리에 잘 통하는 것에 탄복했다. 태위太尉 왕이보는 일대의 명망을 한 몸에 지닌 인물②이었는데, 그를 만나보고 매우 존중하여 남양南陽의 악광에게 견주었다.

[역주]
① 품평하여 : 원문은 "標榜". 여기서는 品評ㆍ評價의 뜻으로 쓰임.
② 명망을 한 몸에 지닌 인물 : 원문은 "龍門". 매우 높은 명망을 지닌 인물, 또는 그러한 인물이 있는 곳을 말함.

[참고] 『晉書』75.

王夷甫以王東海比樂令,① 故王中郞作碑云; "當時標榜, 爲樂廣之儷."
①ㆍ『江左名士傳』曰; 承言理辯物, 但明其旨要, 不爲辭費, 有識伏其約而能通. 太尉王夷甫 一世龍門, 見而雅重之, 以比南陽樂廣.

• 9 : 11 [0588]

유중랑庾中郞[庾敳]은 왕평자王平子[王澄]와 기러기처럼 날았다.①①

①ㆍ『진양추晉陽秋』: 처음에 왕징王澄은 활달하고 명철함으로 칭찬받았으나 경박하여 품행을 닦지 않았다. 형 왕이보王夷甫[王衍]는 훌륭한 명성을 지니고 있어서 당시 사람들이 그의 인물에 대한 감식력을 인정했는데, 왕이보가 늘 천하의 인사를 평했다.

"아평阿平[王澄]이 첫째고 유자숭庾子嵩[庾敳]이 둘째며 왕처중王處仲[王敦]이 셋째다."

유애庾敳는 왕징과 왕돈王敦이 자기만 못하다고 생각했지만, 왕징이 죽고 왕돈이 모반에 실패한 때②에도 유애에 대한 세간의 평판은 예전과 같았다.

[역주]……………………
① 기러기처럼 날았다 : 원문은 "鴈行". 기러기 떼가 날아가는 것처럼 약간 뒤쳐져 함께 나아간다는 뜻.『禮記』「王制」에서 "父之齒隨行, 兄之齒鴈行, 朋友不相踰."라고 함.
② 왕징이 죽고 왕돈이 모반에 실패한 때 : 322년에 王敦이 모반하여 323년에 王澄을 죽이고 324년에 모반에 실패하여 죽은 것을 말함.「方正」31 참조.

庾中郞與王平子鴈行.①

①.『晉陽秋』曰; 初, 王澄有通朗稱, 而輕薄無行. 兄夷甫有盛名, 時人許以人倫鑒識, 常爲天下士曰; "阿平第一, 子嵩第二, 處仲第三." 敳以澄・敦莫己若也. 及澄喪, 敦敗, 敳世譽如初.

--------- • 9 : 12 [0589]

왕대장군王大將軍[王敦]은 서진西晉 조정①에 있을 때 주후周侯[周顗]를 만나기만 하면 계속해서 부채로 얼굴을 가리고 있었으나,②① 나중에 강남으로 건너와서는 더 이상 그렇게 하지 않았다. 왕대장군이 탄식했다.

"내가 진보한 것인지 주백인周伯仁[周顗]이 퇴보한 것인지 모르겠군!"②

①. 왕돈王敦은 젊어서부터 장성해서까지 성격이 난폭하여, 석계륜石季倫[石崇]이 기녀를 목 벨 때에도 전혀 안색이 변하지 않았다.③ 이처럼 오만하고 잔인했다면 어찌 주의周顗를 꺼려했겠는가? 이 말은 타당하지 않았다.
②. 심약沈約의『진서晉書』: 왕돈은 평소에 주의를 꺼려했는데, 그를 만나기만 하면 얼굴이 달아올라 이미 12월이 되었는데도 쉬지 않고 얼굴에 부채질을 했다.④ 그가 주의를 꺼려함이 이와 같았다.

[역주]……………………
① 西晉 조정 : 원문은 "西朝". 晉이 南遷하기 이전의 조정을 말하는 것으로 '中朝'와 같은 뜻. 서진의 도성 洛陽은 東晉의 도성 建康에서 보면 서쪽에 있었기 때문에 그렇게 부른 것임.
② 부채로 얼굴을 가리고 있었으나 : 원문은 "扇障面". '扇'은 麈尾扇을 말함. 한편『世說敍錄』「考異」에 실려 있는 고사에는 '障'자가 없음. 본문의 문맥과 劉注②의 기록을 고려하면, 그냥 "扇面"이라고 하는 것이 더 어울림.
③ 石季倫[石崇]이~않았다 : 이 일은 「汰侈」1에 나옴.
④ 12월이~부채질을 했다 : 賀昌群은 『世說札記』에서 "凡淸談之人, 幾無不服散, 而服散又當冷將息, 故冬月亦持扇."이라 하여 이와는 다른 견해를 제시함. '散'은 일종의 마약인 五石散을 말함.

[참고]『事類賦』14,『太平御覽』702.

王大將軍在西朝時, 見周侯, 輒扇障面不得住.① 後度江左, 不能復爾. 王歎曰; "不知我進, 伯仁退!"②
①。敦性彊梁, 自少及長, 季倫斬妓, 會無異色. 若斯傲狠, 豈憚於周顗乎? 其言不然也.
②。沈約『晉書』曰; 周顗, 王敦素憚之, 見輒面熱, 雖復臘月, 亦扇面不休. 其憚如此.

━━━━━━━━━ • 9 : 13 [0590]

회계會稽의 우비虞騑는 원황제元皇帝[司馬睿] 때 환선무桓宣武[桓溫]와 동료였는데,① 그는 재기才氣와 철리哲理가 뛰어나고 훌륭한 명망을 지니고 있었다.① 왕승상王丞相[王導]이 일찍이 우비에게 말했다.
"공유孔愉는 삼공三公의 재능은 있지만 삼공의 명망이 없고, 정담丁潭은 삼공의 명망은 있지만 삼공의 재능이 없는데,② 이를 겸비한 사람은 바로 그대로다!"
그러나 우비는 벼슬이 삼공에 이르기 전에 죽고 말았다.③
①。『우광록전虞光祿傳』: 우비는 자가 사행思行이며 회계 여요餘姚사람으로, 우번虞翻의 증손자이자 우광록右光祿 우담虞潭의 형의 아들이다. 비록 기민한 재간은 우담에게 미치지 못했으나 지극한 품행은 그보다 나았다. 이부랑吏部郎과 오흥吳興태수를 역임했으며, 금자광록대부金紫光祿大夫로 초징되었다

가 죽었다.

2 ▫ 공유는 이미 나왔다.②

　▫『회계후현기會稽後賢記』: 정담은 자가 세강世康이며 산음山陰사람으로, 오吳나라의 사도司徒 정고丁固의 증손자③다. 침착하고 유순하여 훌륭한 명망을 지녔으며, 젊어서부터 공유와 명성을 나란히 했다. 벼슬은 광록대부에 이르렀다.

　▫『진양추晉陽秋』: 공경강孔敬康[孔愉]·정세강·장위강張偉康[張茂]은 모두 명성을 드러냈는데, 당시에 '회계의 삼강三康'이라 불렸다. 장위강은 이름이 장무張茂다. 일찍이 코끼리를 잡는 꿈을 꾸었는데, 그 해몽을 만아萬雅④에게 물었더니 만아가 대답했다.

　"당신은 틀림없이 큰 군의 태수가 될 것이지만 좋지는 않소. 코끼리는 큰 '짐승[獸]'인데 그 발음이 '수狩'와 같으므로 큰 군의 '태수守'가 될 수 있는 것이오.⑤ 하지만 코끼리는 상아 때문에 몸을 잃게 되지요."

나중에 오군吳郡의 태수가 되었지만 과연 심충沈充에게 살해당했다.

3 ▫『우광록전』: 우비는 태정台鼎⑥에 오르지 못했기 때문에 당시 논자들이 그를 불우한 사람이라고 했다.

[역주] ·························

① 桓宣武[桓溫]와 동료였는데 : 원문은 "桓宣武同僚". 『晉書』 권76 「虞騤傳」에는 "與譙國桓彝俱爲吏部郞, 情好甚篤."이라 되어 있는 것으로 보아, "桓宣武"는 "桓宣城" 즉 桓彝의 오기로 추정함 또는 "桓宣武" 다음에 '父'자가 빠졌을 가능성도 있음. 사실상 桓溫은 懷帝 永嘉 6년(312)에 태어났으므로 元帝 말년(324)이라도 겨우 12살 정도에 불과했으므로 虞騤와 함께 조정에서 벼슬했을 가능성이 없음. 또한 "同僚"은 『世說敍錄』 「考異」의 해당고사에는 "同使"라 되어 있는데, '同使' 는 '同僚'의 뜻임.

② 이미 나왔다 : 「方正」38 劉注 1 에 나왔음.

③ 吳나라의 司徒 丁固의 증손자 : 『晉書』 권78 「丁潭傳」에는 "祖固, 吳司徒."라고 하여 '손자'라 되어 있음.

④ 萬雅 : 『晉書』 권78 「張茂傳」에는 "萬推"라 되어 있음.

⑤ 코끼리는~것이오 : 원문은 "象, 大獸也. 取其音狩, 故爲大郡". '獸'·'狩'·'守'는 서로 音이 통하기 때문에 이렇게 꿈을 해몽한 것임. 『晉書』 권78 「張茂傳」에는 "象者大獸, 獸者守也, 故知當得大郡."이라 되어 있음.

⑥ 台鼎 : 三公을 말함.

[참고] 『晉書』76·78.

會稽虞騑, 元皇時與桓宣武同俠, 其人有才理勝望.[1] 王丞相嘗謂騑曰; "孔愉有公才而無公望, 丁潭有公望而無公才,[2] 兼之者其在卿乎!" 騑未達而喪.[3]

[1]。『虞光祿傳』曰; 騑, 字思行, 會稽餘姚人, 虞翻曾孫, 右光祿潭兄子也. 雖機榦不及潭, 而至行過之. 歷史部郎·吳興守, 徵爲金紫光祿大夫, 卒.
[2]。愉, 已見.
。『會稽後賢記』曰; 潭, 字世康, 山陰人, 吳司徒固曾孫也. 沈婉有雅望, 少與孔愉齊名. 仕至光祿大夫.
。『晉陽秋』曰; 孔敬康·丁世康·張偉康俱著名, 時謂會稽三康. 偉康名茂. 嘗夢得大象, 以問萬雅, 雅曰; "君當爲大郡, 而不善也. 象, 大獸也. 取其音狩, 故爲大郡. 然象以齒喪身." 後爲吳郡, 果爲沈充所殺.
[3]。『虞光祿傳』曰; 騑未登台鼎, 時論稱屈.

• 9 : 14 [0591]

명제明帝[司馬紹]가 주백인周伯仁[周顗]에게 물었다.

"그대는 스스로 치감郗鑒과 비교하여 어떻다고 생각하오?"

주백인이 말했다.

"치감은 신과 비교하면 조예가 있는 듯합니다."

명제가 같은 질문을 다시 치감에게 물었더니 치감이 말했다.

"주의는 신과 비교하면 국사國士[1]로서의 가풍이 있습니다."[1]

[1]。등찬鄧粲의 『진기晉紀』: 주백인은 청렴정직하고 엄준하여[2] 덕망을 지닌 인물로 칭송받았다.

[역주]
① 國士 : 나라 안에서 才德과 명망이 높은 인사.
② 엄준하여 : 원문은 "嶷然". 산이 높이 솟아 있는 모양.

明帝問周伯仁; "卿自謂何如郗鑒?" 周曰; "鑒方臣, 如有功夫." 復問郗, 郗曰; "周顗比臣, 有國士門風."[1]

[1]。鄧粲『晉紀』曰; 伯仁清正嶷然, 以德望稱之.

• 9 : 15 [0592]

왕대장군王大將軍[王敦]이 [도성을 공략해 들어가려고 장강을 따라] 내려왔을 때,① 유공庾公[庾亮]이 물었다.

"그대에게는 네 명의 벗이 있다는데② 그들이 누구요?"

왕대장군이 대답했다.

"당신 집안의 중랑中郞[庾敳]③, 우리 집안의 태위太尉[王衍]와 아평阿平[王澄]④, 그리고 호무언국胡毋彦國[胡毋輔之]인데,① 아평이 당연히 가장 뒤집니다."

유공이 말했다.

"아평은 자신이 뒤진다는 것을 인정하려 들지 않는 것 같소."

그러면서 다시 물었다.

"누가 가장 뛰어나오?"

왕대장군이 말했다.

"당연히 그런 사람이 있지요."

유공이 다시 물었다.

"그 사람이 누구요?"

왕대장군이 말했다.

"아! 거기에는 당연히 공인된 논평이 있지요."

좌우사람들이 눈치를 주느라고 유공을 발로 밟자 유공은 더 이상 질문하는 것을 그만두었다.②

① ▫『팔왕고사八王故事』: 호무보지胡毋輔之는 젊어서부터 인물의 아속雅俗을 알아보는 식견을 지니고 있었으며, 왕징王澄·유애庾敳·왕돈王敦·왕이보王夷甫[王衍]를 네 명의 벗으로 삼았다.

▫ 그래서 지금 그렇게 대답한 것이다.

② ▫ 왕돈은 가장 뛰어난 사람이 바로 자기라고 스스로 생각한 것이다.

[역주]··························
① 왕대장군[王敦]이 내려왔을 때 : 322년에 왕돈이 장강을 내려와 도성 建康을 공략했을 때 庾亮은 中書令으로 있었으며, 조정의 실권이 王導를 중심으로 한 왕씨 일족으로부터 明帝의 외척인 庾亮에게 넘어간 상태였음.
② 그대에게는 네 명의 벗이 있다는데 : 원문은 "卿有四友". 宋本과 袁褧本에는 앞에 "聞"자가 들어 있음.
③ 당신 집안의 中郞[庾敳] : 庾敳는 庾亮의 숙부며 穎川 鄢陵庾氏임. [부록]으로 실려 있는 『世說敍錄』「人名譜·穎川鄢陵庾氏譜」의 系譜圖 참조.
④ 우리 집안의 太尉[王衍]와 阿平[王澄] : 王衍은 王澄의 형이며, 王敦과 함께 모두 琅邪臨沂 王氏이지만, 왕돈은 이들과 가계가 다름. [부록]으로 실려 있는 『世說敍錄』「人名譜·琅邪臨沂王氏譜」의 系譜圖 참조.
[참고] 『太平廣記』235.

王大將軍下, 庾公問; "卿有四友, 何者是?" 答曰; "君家中郞, 我家太尉·阿平, 胡母彥國.① 阿平故當最劣." 庾曰; "似未肯劣." 庾又問; "何者居其右?" 王曰; "自有人." 又問; "何者是?" 王曰; "噫! 其自有公論." 左右躅公, 公乃止.②
①·『八王故事』曰; 胡母輔之少有雅俗鑒識, 與王澄·庾敳·王敦·王夷甫爲四友.
  ·今故答也.
②·敦自謂右者在己也.

• 9 : 16 [0593]

어떤 사람이 왕승상王丞相[王導]에게 물었다.

"주후周侯[周顗]는 화교和嶠와 비교하면 어떻습니까?"

왕승상이 대답했다.

"화장여和長輿[和嶠]는 우뚝 솟아 있지요."①

①·우예虞預의 『진서晉書』 : 화교는 도탑게 스스로 수양하여② 탁월하게③ 무리에서 뛰어났다.

[역주]··························
① 우뚝 솟아 있지요 : 원문은 "嵯糵(얼)". '糵'은 '䕃(얼)'의 오기로 추정함. '嵯峨'와 같은 뜻으로 산이 높이 솟아 있는 모양. 이것은 和嶠의 이름인 '嶠'자에서 유추한 것임.

② 스스로 수양하여 : 원문은 "封植". 흙을 돋아 두둑을 만들고 나무를 심는다는 뜻. 여기서는 修身積德하는 것을 말함.
③ 탁월하게 : 원문은 "嶷(억)然". 산이 높은 모양. 여기서는 탁월하게 뛰어난 것을 말함.

人問丞相; "周侯何如和嶠?" 答曰; "長輿嵯櫱." ①
① ◦ 虞預『晉書』曰; 嶠厚自封植, 嶷然不羣.

———— • 9 : 17 [0594]

명제明帝[司馬紹]가 사곤謝鯤에게 물었다.
"당신은 스스로 유량庾亮과 비교하여 어떻다고 생각하오?"
사곤이 대답했다.
"조정에서 단정하게 예복을 입고① 백관에게 모범으로 삼도록 하는 것은 신이 유량만 못하지만, 한 언덕에서 은거하고 한 골짜기에서 낚시하는 것②은 그보다 낫다고 스스로 생각합니다."①

① ◦『진양추晉陽秋』: 사곤은 왕돈王敦을 따라 장강을 내려온 뒤 조정에 들어가 동궁에서 태자太子[司馬紹]를 뵙고 저녁까지 얘기를 나누었다. 태자가 조용히 사곤에게 물었다.
"논자들은 당신을 유량에 비교하는데 누가 더 낫다고 스스로 생각하시오?"
그러자 사곤이 대답했다.
"종묘의 훌륭함과 백관의 풍부함③은 신이 유량만 못하지만, 언덕과 골짜기에서 마음대로 노니는 것은 그보다 낫다고 스스로 생각합니다."
◦ 등찬鄧粲의『진기晉紀』: 사곤은 왕징王澄의 무리들과 함께 죽림竹林의 여러 명사들을 흠모하여, 관을 쓰지 않고 머리카락을 풀어헤친 채 어깨를 드러내놓고 다리를 뻗고 앉곤 했는데,④ 사람들이 그들을 '팔달八達'⑤이라 했다. 그래서 이웃집 여자가 그의 치아 두 개를 부러뜨렸기⑥ 때문에 세간에서 노래를 지어 "제멋대로 분방하게 행동하다가 유여幼輿[謝鯤]는 치아 부러졌다네"라고 했다. 사곤은 산수를 즐기는 마음과 고원한 기개를 지녔고 조정

의 명망을 얻고 있었기 때문에 당시에 유량을 그와 비교했다.

[역주]........................
① 단정하게 예복을 입고 : 원문은 "端委". 조정에서 입는 禮服을 말하는데, 여기서는 동사로 쓰였음. 『左傳』「昭公元年」의 "吾與子弁冕端委, 以治民臨諸侯."라는 구절에 대한 杜預의 注에서 "端委, 禮衣也."라 하고, 孔穎達의 疏에 인용된 服虔의 설에서 "禮衣端正無殺, 故曰端. 文德之衣尙褒長, 故曰委."라고 함.
② 한 언덕에서 은거하고 한 골짜기에서 낚시하는 것 : 원문은 "一丘一壑". 세속을 벗어나 산수자연 속에서 은거하는 즐거움을 말함. 『漢書』 권100 「敍傳上」에서 班嗣가 莊周를 논한 글에 "漁釣于一壑, 則萬物不干其志. 栖遲于一邱, 則天下不易其樂."이라는 구절이 있음.
③ 종묘의 훌륭함과 백관의 풍부함 : 원문은 "宗廟之美, 百官之富". 『論語』「子張」에 나오는 구절.
④ 어깨를 드러내놓고 다리를 뻗고 앉곤 했는데 : 원문은 "裸袒箕踞". '裸袒'은 옷을 벗어 어깨를 드러내놓는 것을 말하고, '箕踞'는 두 다리를 쭉 뻗고 키[箕] 모양으로 앉는 것을 말하는데, 모두 예의에 크게 벗어나는 행동임.
⑤ 八達 : 晉代에 放達함으로 이름난 8명의 인물. 胡母輔之・謝鯤・阮放・畢卓・羊曼・桓彝・阮孚・光逸이라는 설(『晉書』 권49 「光逸傳」)과 董昶・王澄・阮瞻・庾敳・謝鯤・胡母輔之・于法龍・光逸이라는 설(『集聖賢群輔錄』 下)이 있음
⑥ 이웃집 여자가 그의 치아 두 개를 부러뜨렸다 : 이 고사는 「賞譽」97 劉注①에 인용된 『江左名士傳』에 보다 자세히 실려 있으며, 『晉書』 권49 「謝鯤傳」에도 실려 있음.

[참고] 『晉書』49, 『太平廣記』169.

明帝問謝鯤; "君自謂何如庾亮?" 答曰; "端委廟堂, 使百僚準則, 臣不如亮, 一丘一壑, 自謂過之."①

①・『晉陽秋』曰; 鯤隨王敦下, 入朝, 見太子於東宮, 語及夕. 太子從容問鯤曰; "論者以君方庾亮, 自謂孰愈?" 對曰; "宗廟之美, 百官之富, 臣不如亮, 縱意丘壑, 自謂過之."
・鄧粲『晉紀』曰; 鯤與王澄之徒, 慕竹林諸人, 散首披髮, 裸袒箕踞, 謂之八達. 故隣家之女, 折其兩齒. 世爲謠曰; "任達不已, 幼輿折齒." 鯤有勝情遠槪, 爲朝廷之望, 故時以庾亮方焉.

• 9 : 18 [0595]

왕승상王丞相[王導]의 두 동생이 강남으로 넘어오지 못했는데, 이름

은 왕영王穎[1]과 왕창王敞이라 한다. 당시 논자들은 왕영을 등백도鄧伯道
[鄧攸]에 견주고 왕창을 온충무溫忠武[溫嶠]에 견주었다.[2] 왕영은 의랑議郞
이었고 왕창은 좨주祭酒였다.[1]

[1] ▫ 『왕씨보王氏譜』: 왕영은 자가 무영武英이다. 벼슬은 의랑에 이르렀으며
20세에 죽었다. 왕창은 자가 무평武平이다. 왕승상의 좨주로 초징되었으나
나아가지 않았다. 당읍공堂邑公의 작위를 습봉했으며 22세에 죽었다.

[역주] ∙∙∙∙∙∙∙∙∙∙∙∙∙∙∙∙∙∙∙∙∙∙∙∙∙∙∙∙∙

① 王穎 : 『晉書』 권65 「王導傳」에는 "王穎"이라 되어 있음.
② 당시~견주었다 : 원문은 "時論以穎比鄧伯道, 敞比溫忠武". 宋本에는 "溫忠武"
가 "溫仲武"라 되어 있음. '忠武'는 溫嶠의 시호. 한편 『晉書』 권65 「王導傳」에는
"時人以穎方溫太眞, 以敞比鄧伯道"라 되어 있음. '太眞'은 溫嶠의 자.

[참고] 『晉書』65.

王丞相二弟不過江, 曰穎, 曰敞. 時論以穎比鄧伯道, 敞比溫忠武. 議郞·祭酒
者也.[1]

[1] ▫ 『王氏譜』曰; 穎, 字茂英. 位至議郞, 年二十卒. 敞, 字武平. 丞相祭酒, 不就. 襲爵堂邑
公, 年二十有二而卒.

──────── • 9 · 19 [0596]

명제明帝[司馬紹]가 주후周侯[周顗]에게 물었다.
"논자들이 그대를 치감郗鑒과 비교하는 데 어떻게 생각하오?"
주후가 말했다.
"폐하께서는 굳이 저를 끌어다 다른 사람과 비교하실 필요가 없
습니다."[1]

[1] ▫ 생각건대 : 주의周顗가 죽고 나서 해를 넘긴 뒤에 명제가 비로소 즉위했
으므로[1] 『세설』의 이 말은 터무니없다.

[역주] ∙∙∙∙∙∙∙∙∙∙∙∙∙∙∙∙∙∙∙∙∙∙∙∙∙∙∙∙∙

① 周顗가~즉위했으므로 : 사실상 주의는 元帝 永昌 원년(322) 3월에 王敦에게
살해당했으며 명제는 그 이듬해에 즉위했으므로, 주의가 명제를 '陛下'라고 부

르는 것은 불가능함.

明帝問周侯; "論者以卿比郗鑒, 云何?" 周曰; "陛下不須牽頭比."[1]
[1]。按; 頭死彌年, 明帝乃卽位, 『世說』此言妄矣.

• 9 : 20 [0597]

왕승상王丞相[王導]이 말했다.

"근자에 세간의 논평에서[1] 나를 왕안기王安期[王承]와 완천리阮千里[阮瞻]에 견주고 있는데, 나 또한 이 두 사람을 존중한다.[2] 그러나 사람들이 오로지 모두 왕태위王太尉[王衍]를 존중하는 것은 이 사람이 특별히 빼어나기 때문이다."[1]

[1]。『진제공찬』: 왕이보王夷甫[王衍]는 성품이 자긍심이 높았으며, 젊어서부터 동료들에게 존중받았다.

[역주]••••••••••••••••••••••••
① 근자에 세간의 논평에서 : 원문은 "頃下論". 『太平御覽』 권447 「人事部・品藻」에 인용된 『郭子』에는 "雒下論"이라 되어 있음. '雒下'는 洛陽을 말함.
② 나 역시 이 두 사람을 존중한다 : 원문은 "亦推此二人". 『太平御覽』 권447 「人事部・品藻」에 인용된 『郭子』에는 "我亦不推此二人"이라 되어 있음.

王丞相云; "頃下論以我比安期・千里, 亦推此二人. 唯共推太尉, 此君特秀."[1]
[1]。『晉諸公贊』曰; 夷甫性矜峻, 少爲同志所推.

• 9 : 21 [0598]

송위宋禕는 일찍이 왕대장군王大將軍[王敦]의 첩이었으나 나중에는 사진서謝鎭西[謝尙]에게 속하게 되었다. 사진서가 송위에게 물었다.

"나는 왕돈王敦과 비교하여 어떤가?"

송위가 대답했다.

"왕돈을 나리①와 비교하면 시골뜨기와 귀인일 따름이지요!"
이것은 사진서가 미끈하게 잘 생겼기 때문이었다.⊡

⊡。송위는 미상이다.②

[역주]┈┈┈┈┈┈┈┈┈┈
① 나리 : 원문은 "使君". 刺史에 대한 존칭. 謝尙이 豫州刺史・江州刺史 등을 역임했기 때문에 이렇게 부른 것임. 참고로 太守에 대한 존칭은 '府君'임.
② 송위는 미상이다 : 『藝文類聚』 권44 「樂部・笛」에 인용된 『俗說』에 "宋褘是石崇妓綠珠弟子, 有國色, 善吹笛. 後在晉明帝宮, 帝疾患危篤, 羣臣進諫, 請出宋褘. 時朝賢悉見, 帝曰; '卿諸人誰欲得者?' 衆人無言. 阮遙集時爲吏部尙書, 對曰; '願以賜臣.' 卽與之."라는 기록이 있는데, '宋褘(의)'가 '宋褘'와 같은 인물인지는 확실하지 않음. 그밖에 『初學記』 권16 「樂部・笛」,『太平御覽』 권381 「人事部・美婦人」에 인용된 『俗說』, 宋 吳淑의 「笛賦」 注에 인용된 『世說』[아마도 '世說注'의 잘못인 듯함], 陸龜蒙의 『小名錄』 卷下 등에도 기록이 보임.

宋褘曾爲王大將軍妾, 後屬謝鎭西. 鎭西問褘; "我何如王?" 答曰; "王比使君, 田舍・貴人耳!" 鎭西妖冶故也.⊡

⊡。未詳宋褘.

┈┈┈┈┈┈┈┈┈┈ • 9 : 22 [0599]

명제明帝[司馬紹]가 주백인周伯仁[周顗]에게 물었다.
"그대는 스스로 유원규庾元規[庾亮]와 비교하여 어떻다고 생각하오?"
주백인이 대답했다.
"속세 밖에서 한적하게 노니는 것①은 유량庾亮이 신만 못하지만, 조정에서 유유하게 일을 처리하는 것은 신이 유량만 못합니다."⊡

⊡。생각건대 : 여러 책에서는 모두 사곤謝鯤을 유량과 비교했는데,② 주의周顗와 비교한 것은 들어보지 못했다.

[역주]┈┈┈┈┈┈┈┈┈┈
① 한적하게 노니는 것 : 원문은 "蕭條". 한적하고 고요하게 지내는 것을 말함.
② 謝鯤을 유량과 비교했는데 : 「品藻」17 참조.

明帝問周伯仁; "卿自謂何如庾元規?" 對曰; "蕭條方外, 亮不如臣, 從容廊廟, 臣不如亮."①

①▫按; 諸書皆以謝鯤比亮, 不聞周顗.

---------- • 9 : 23 [0600]

왕승상王丞相[王導]이 왕람전王藍田[王述]을 초징하여 속관으로 삼았더니, 유공庾公[庾亮]이 왕승상에게 물었다.

"왕람전은 어떻소이까①?"

왕승상이 말했다.

"진솔하고 특출하며 간약簡約하고 고귀한 것은 부친[王承]이나 조부[王湛]에 뒤지지 않지만, 마음이 활달하고 명리에 담담한 점은② 진실로 그만 못하지요."①

①▫ 왕술王述은 성격이 꼿꼿하고 편협했기 때문이다.

[역주]……………………
 ① 왕람전은 어떻소이까 : 王述의 성품에 대해서는 「方正」58, 「賞譽」62 劉注①에 인용된 『晉陽秋』, 「忿狷」2 등을 참조하기 바람.
 ② 마음이 활달하고 명리에 담담한 점은 : 원문은 "然曠澹處". 宋本에는 "曠然澹處"라 되어 있음.

[참고] 『晉書』75.

王丞相辟王藍田爲掾, 庾公問丞相; "藍田何似?" 王曰; "眞獨簡貴, 不減父祖, 然曠澹處, 故當不如爾."①

①▫ 王述狷隘故也.

---------- • 9 : 24 [0601]

변망지卞望之[卞壼]가 말했다.

"치공郗公[郗愔]①은 자체에 세 가지 모순이 있는데, 윗사람을 섬기는 데는 방정하면서도 아랫사람이 자기에게 아첨해 주기를 좋아하는 것이 첫째 모순이고, 청렴하고 바르게 몸을 다스리면서도 일마다 너무 계산적이고 따지는 것이 둘째 모순이며, 자신은 독서를 좋아하면서도 남이 학문하는 것을 싫어하는 것이 셋째 모순이다."[1]

> [1]ᆞ생각건대 : 태위太尉 유식劉寔[2]이 왕숙王肅[3]을 논평하여 "윗사람을 섬기는 데는 방정하면서도 아랫사람이 자기에게 아첨해주기를 좋아하고, 성격은 영달함을 좋아하면서도 구차하게 영합하는 것을 추구하지 않으며, 오점이 없도록 몸을 다스리면서도 재물을 너무 아까워한다"라고 했는데, 그렇다면 왕숙과 치음郗愔의 지향志向과 성품이 어쩌면 또한 같은 것일까?

[역주]
① 郗公[郗愔] : 郗愔에 대해서는 「品藻」29 劉注[1]에 나옴.
② 劉寔 : 東晉 平原 高唐사람으로, 司空·太保·太傅를 역임했으며, 『春秋條例』 20권을 지음. 『晉書』 권41에 그의 傳이 있음. 劉寔이 王肅을 논평한 문장은 『三國志』 권13 「魏書·王肅傳」의 裴松之 注에 보임. 한편 宋本에는 "劉寶"라 되어 있는데, 그에 대해서는 「德行」22의 劉注에 나옴.
③ 王肅 : 자는 子雍이고 魏나라 司空 王朗의 아들로서, 中領軍·散騎常侍를 역임했으며, 『孔子家語』의 僞作者라고도 함. 『三國志』 권13 「魏書」에 그의 傳이 있음.

[참고] 『太平御覽』446.

卞望之云; "郗公體中有三反. 方於事上, 好下佞己, 一反. 治身淸貞, 大修計校, 二反. 自好讀書, 憎人學問, 三反."[1]

> [1]ᆞ按; 太尉劉寔論王肅; "方於事上, 好下佞己, 性嗜榮貴, 不求苟合, 治身不穢, 尤惜財物." 王·郗志性, 儻亦同乎?

• 9 : 25 [0602]

세간에서 온태진溫太眞[溫嶠]을 논평하여 동진東晉에서 제2류의 명사 가운데 최고라고 했다. 당시 명사들이 함께 인물을 품평할 때, 제1류의 명사에 대한 열거가 거의 끝나갈 즈음이면 온태진은 늘 안색이 변하곤 했다.[1]

> [1]ᆞ『온씨보溫氏譜』「서序」: 춘추시대 진晉나라 대부 각지郤至[1]가 온溫 땅에

봉해졌기 때문에 자손들이 그 지명을 성으로 삼았으며,② 태원太原의 기현祁縣에 거주하면서 태원군의 명족名族이 되었다.

[역주]
① 郤至 : 宋本에는 "郗至"라 되어 있음.
② 晉나라 대부 郤至가~성으로 삼았으며 : 『通志』 권27 「氏族略」에 따르면, 온씨는 본래 성이 姬氏로서 唐叔虞의 후손이었는데, 晉나라의 郤至가 溫 땅의 대부가 되어 '溫季'라고 불렸기 때문에 그것으로 성을 삼았다고 함.

世論溫太眞, 是過江第二流之高者. 時名輩共說人物, 第一將盡之閒, 溫常失色.①
①。『溫氏譜』「序」曰; 晉大夫郤至封於溫, 子孫因氏, 居太原祁縣, 爲郡著姓.

• 9 : 26 [0603]

왕승상王丞相[王導]이 말했다.

"사인조謝仁祖[謝尙]를 만날 때면 그는 항상 사람을 향상 진보케 하지만, 하차도何次道[何充]와 담론할 때면 그는 다만 손을 들어 땅을 가리키며 '정작 진실로 이와 같다!'①고만 한다."①

①。전편②과 여러 책에는 모두 왕공王公[王導]이 하충何充을 중시하여 틀림없이 자기를 대신하여 재상이 될 것이라 생각했다고 기록되어 있는데, 이 문장에서 손가락으로 땅을 가리켰다고 한 것은 마치 경멸하려는 의도가 있는 듯하다.③ 어쩌면 청담의 논리분석에서 하충이 사상謝尙에 미치지 못했기 때문일까?

[역주]
① 이와 같다 : 원문은 "爾馨". '如此'와 같음. '馨'은 육조시대에 사용된 語助辭로 '~과 같다'의 뜻. 「文學」22·33, 「忿狷」3 등에도 그러한 용례가 보임.
② 전편 : 「賞譽」59·60을 가리킴.
③ 비난하려는 의도가 있는 듯하다 : 徐震堮은 '땅을 가리킨 것'은 '그의 識解가 凡下한 것'을 비유한 것이라고 하여 劉孝標의 견해를 따랐으나, 余嘉錫은 王導가 何充과 담론할 때 하충이 "정작 진실로 이와 같다"고만 한 것은 두 사람의 의견이 서로 일치하여 더 이상 의문이 없음을 보여주는 것이므로 경멸하려는 의도는 없는 것 같다고 하여 유효표와 다른 주장을 함.

王丞相云; "見謝仁祖, 恒令人得上, 與何次道語, 唯舉手指地, 曰; '正自爾馨!'"①
①。前篇及諸書皆云, 王公重何充, 謂必代己相, 而此章以手指地, 意如輕詆. 或清言析理, 何不逮謝故邪?

• 9:27 [0604]

하차도何次道[何充]가 재상으로 있을 때,① 그가 신임해서 등용한 인물은 그 지위에 적합한 사람을 얻은 것이 아니라고 비난하는 자가 있었다.① 이러한 비난을 듣고 완사광阮思曠[阮裕]이 개탄했다.

"하차도는 당연히 그러한 지경에까지 이르지는 않았다. 다만 평민에서 파격적으로 발탁되어 재상의 지위에 있게 된 것만이 유감스럽다! 오직 이 한 가지일 뿐이다."②

①。『진양추晉陽秋』: 하충何充은 용렬한 무리를 가까이하여 이 때문에 그의 명성이 깎였다.

②。『어림語林』: 완광록阮光祿[阮裕]은 하차도가 재상이 되었다는 소식을 듣고 탄식했다.

"나는 이제 어디에서 살아가야 한단 말인가!"

。이것은 바로 완유阮裕가 하충을 재상이 될 만한 인물로 인정하지 않은 것이니, 두 고사②가 서로 부합된다.

[역주]……………………
① 재상으로 있을 때 : 아마도 尙書令으로 있을 때를 말하는 듯함. 『晉書』 권77 「何充傳」에 따르면, 何充은 王導·庾亮 등의 천거로 吏部尙書가 되었으며 王導가 죽은 뒤 尙書事에서 尙書令으로 승진했음.
② 두 고사 : 본문의 고사와 인용된 『語林』의 고사를 말함.

何次道爲宰相, 人有譏其信任不得其人.① 阮思曠慨然曰; "次道自不至此. 但布衣超居宰相之位, 可恨! 唯此一條而已."②
①。『晉陽秋』曰; 充所暱庸雜, 以此損名.
②。『語林』曰; 阮光祿聞何次道爲宰相, 歎曰; "我當何處生活!"
。此則阮未許何爲鼎輔, 二說便相符也.

・9 : 28 [0605]

왕우군王右軍[王羲之]이 젊었을 때 왕승상王丞相[王導]이 말했다.

"왕일소王逸少[王羲之]가 어찌하여 또한 유만안劉萬安[劉綏]에게 뒤지겠는가?"1

1ㆍ유수劉綏는 이미 나왔다.①

[역주]
① 이미 나왔다:「賞譽」64 劉注2에 나왔음.

王右軍少時, 丞相云; "逸少何緣復減萬安邪?"1
1ㆍ劉綏, 已見.

・9 : 29 [0606]

치사공郗司空[郗愔]의 집에 북방출신 하인①이 있었는데, 문장을 이해할 수 있었으며 일마다 자신의 의견을 갖고 있었다. 왕우군王右軍[王羲之]이 유윤劉尹[劉惔]에게 그를 칭찬하자 유윤이 물었다.

"치방회郗方回[郗愔]와 비교하여 어떻소이까?"1

왕우군이 말했다.

"그는 정작 의견을 갖고 있는 천한 소인일 뿐이니, 어찌 곧바로 치방회에 견줄 수 있겠소이까?"

그러자 유윤이 말했다.

"만약 치방회만 못하다면 진실로 보통 하인일 뿐이오!"

1ㆍ『치음별전郗愔別傳』: 치음은 자가 방회며 고평高平 금향金鄕사람으로, 태재太宰② 치감郗鑒의 장자다. 침착하고③ 순박하여 고집이나 다툼이 없었으며, 개인적인 친분관계를 줄여 남과 교제하는 일이 드물었다.④ 회계내사會稽內史ㆍ시중侍中ㆍ사도司徒⑤를 역임했다.

[역주]
① 북방출신의 하인 : 원문은 "傖奴". '傖'은 '촌놈'이란 뜻으로 주로 남방인들이

북방인을 멸시하여 부르던 말. 『一切經音義』에 인용된 『晉陽秋』에서 "吳人謂中州人爲傖人"이라 함. 「雅量」18 劉注④에 인용된 『晉陽秋』와 [역주]④ 참조.
② 太宰 : 원래는 '太師'라고 했는데 晉 景帝 司馬師의 諱를 피하기 위하여 太宰라고 한 것임. 위진남북조 시대에 천자를 보좌하는 신하 가운데 최고위직으로, 직위는 三公[太尉·司徒·司空]보다 위에 있었지만 실제권력은 없었음. 「雅量」25 [역주]① 참조.
③ 침착하고 : 원문은 "淵靖". '靖'은 '靜'과 통함. 宋本에는 "淵端"이라 되어 있음.
④ 개인적인~드물었다 : 원문은 "簡私暱, 罕交遊". 宋本에는 "簡暱交遊"라 되어 있음. '暱(닐)'은 개인적으로 특별히 친하게 지내는 것을 말함.
⑤ 司徒 : 『晉書』 권67 「郗愔傳」과 『世說敍錄』 「人名譜·高平金鄕郗氏譜」에는 모두 "司空"이라 되어 있음. 본문에서도 "郗司空"이라 한 것으로 보아 "司空"이 옳은 듯함. 한편 郗愔의 부친 郗鑒도 司空을 지냈으므로 본문의 "郗司空"이 치감을 지칭하는 것일 수도 있음.

[참고] 『晉書』75.

郗司空家有傖奴, 知及文章, 事事有意. 王右軍向劉尹稱之, 劉問: "何如方回?"① 王曰; "此正小人有意向耳, 何得便比方回?" 劉曰; "若不如方回, 故是常奴耳!"

①·『郗愔別傳』曰; 愔, 字方回, 高平金鄕人, 太宰鑒長子也. 淵靖純素, 無執無競, 簡私暱, 罕交遊. 歷會稽內史·侍中·司徒.

• 9 : 30 [0607]

당시 사람들이 완사광阮思曠[阮裕]을 평했다.
"기골은 왕우군王右軍[王羲之]에 못 미치고, 간결하게 빼어남은 유진장劉眞長[劉惔]만 못하며, 돋보이게 온아함은 왕중조王仲祖[王濛]만 못하고, 사고의 치밀함은 은연원殷淵源[殷浩]만 못하지만, 이 여러 사람의 훌륭함을 아울러 갖추고 있다."①

①·『중흥서中興書』 : 완유阮裕는 사람은 널리 배울 필요가 없고 정작 마땅히 예의와 겸양을 우선으로 삼아야 한다고 생각했다. 그래서 종일토록 나자빠져 있으면서① 몸을 다스리는 바가 없었지만 사람들은 여전히 그를 존경했다.

[역주]······················
① 나자빠져 있으면서 : 원문은 "頹然". 술에 취하여 쓰러져 있는 모양. 『晉書』 권49 「阮裕傳」에는 "靜默"이라 되어 있으며, 또한 "終日酬醻, 以酒廢職."이라는 기록도 보임.
[참고] 『晉書』49

時人道阮思曠; "骨氣不及右軍, 簡秀不如眞長, 韶潤不如仲祖, 思致不如淵源, 而兼有諸人之美." ①
①。『中興書』曰; 裕以人不須廣學, 正應以禮讓爲先, 故終日頹然, 無所修綜, 而物自宗之.

———— • 9 : 31 [0608]

간문제簡文帝[司馬昱]가 말했다.
"하평숙何平叔[何晏]의 교묘함은 이치에 누가 되고, 혜숙야嵇叔夜[嵇康]①의 특출함은 그 도道를 해친다." ①
①。이치는 본래 진솔하기 때문에 교묘하면 그 본질에 어긋나며, 도는 오직 허정虛靜하기 때문에 특출하면 그 근본에 위배된다. 그래서 두 사람은 죽음을 면치 못했다.②
[역주]······················
① 嵇叔夜[嵇康] : 원문은 "稽叔夜"라 되어 있지만, 오기가 분명하므로 바꿈.
② 두 사람은 죽음을 면치 못했다 : 何晏은 曹爽의 당파로 지목되어 司馬懿에게 살해당했고, 嵇康은 친구 呂安의 불효죄에 연루되어 司馬昭에게 살해당했음. 자세한 내용은 『三國志』 권9 「魏書·何晏傳」과 권21 「魏書·嵇康傳」 참조.

簡文云; "何平叔巧累於理, 嵇叔夜儁傷其道." ①
①。理本眞率, 巧則乖其致, 道唯虛澹, 儁則違其宗. 所以二子不免也.

———— • 9 : 32 [0609]

당시 사람들이 진晉 무제武帝[司馬炎]가 제왕齊王[司馬攸]을 봉국封國으로 내보는 것과 혜제惠帝[司馬衷]를 태자로 책봉하는 것 중에서 그 실책이 어느 쪽이 더 큰지를 함께 논했다.⊡ 대부분의 사람들은 혜제를 책봉하는 것이 중대한 실책이라고 했지만 환온桓溫은 말했다.

"그렇지 않소! 자식에게 부친의 위업을 잇게 하고 동생에게 집안의 제사를 받들게 하는 것①이 안될 게 무어란 말이오?"②

⊡▫『진양추晉陽秋』: 제왕 사마유司馬攸는 자가 대유大猷며 문제文帝[司馬昭]의 둘째아들이다.② 효경·충정스럽고 청아·공평했으며, 현자에게 친히 대하고 선비에게 겸손했으며, 어질고 은혜로워 남에게 베풀기를 좋아했다. 문장을 잘 지었으며 서간문에 뛰어났다. 처음에 순욱荀勖과 풍담馮紞이 무제의 총애를 받는데, 사마유는 순욱의 아첨질을 싫어했다. 순욱은 사마유가 혹시라도 제위를 잇게 되면 반드시 자신을 주살할 것이라고 두려워했으며, 게다가 사마유는 사람들의 마음을 깊이 얻었고 조정의 현자들도 그를 추종했다. 때마침 무제가 병이 들어 사마유와 황태자司馬衷가 입조하여 위문을 드렸는데, 조정의 인사들은 모두 사마유를 주목했으며 태자는 안중에 두지 않았다. 이렇게 되자 순욱이 조용히 말했다.

"폐하께서 만세를 다스리신 뒤③에라도 태자는 즉위할 수 없을 것이옵니다."

무제가 말했다.

"무슨 까닭이오?"

순욱이 말했다.

"내외의 백관들이 모두 제왕에게 마음을 돌렸으니 태자가 어떻게 즉위할 수 있겠사옵니까? 폐하께서 시험 삼아 제왕에게 봉국으로 돌아가라고 조서를 내리시면 반드시 온 조정이 그것은 불가하다고 할 것이옵니다. 만약 그러하다면 신의 말이 증명될 것이옵니다."

시중侍中 풍담이 또 말했다.

"폐하께서 반드시 제후들을 5등급으로 나누어 책봉하고자④ 하신다면, 마땅히 친족부터 시작하셔야 하온데 가까운 친족으로는 제왕만한 이가 없사옵니다."

그러자 무제가 그의 주청을 따랐다. 그래서 조서를 내려 사마유를 봉국으로 돌아가게 했다. 사마유는 순욱과 풍담이 자신을 이간시켰다는 소문을 듣고 근심하고 분노했으나 행할 바를 알지 못했다. 사마유는 입조하여 작별을 고하고 나온 뒤 피를 토하고 죽었다. 무제가 통곡했더니 풍담이 측근에서 모시고 있다가 말했다.

"제왕은 명성이 그 실상보다 지나쳐서 천하 사람들이 그에게 돌아갔던 것이옵니다. 지금 스스로 죽었사온데 폐하께서는 어찌하여 심히 애통해하시옵니까?"

그러자 무제가 이내 통곡을 멈추었다. 유의劉毅⑤는 그 일을 듣고 일부러 종신토록 병을 핑계로 벼슬하지 않았다.

②。무제가 화란禍亂을 야기하여 중원을 망하게 한 것은 그 원인이 바로 여기에 있을 따름이었다. 비천한 자⑥도 오히려 그와 같은 실정을 알고 있었는데, 하물며 환선무桓宣武[桓溫]처럼 뛰어난 준재임에랴! 이 이야기는 잘못된 것이다.

[역주]·······················

① 자식에게~하는 것 : '자식'은 武帝의 아들인 太子 司馬衷을 말하고, '동생'은 무제의 친동생인 齊王 司馬攸를 말함.
② 제왕~아들이다 : 원문은 "齊王攸, 字大猷, 文帝第二子."『太平御覽』권412「人事部·孝上」에 인용된 臧榮緒의『晉書』에는 "晉齊獻王攸, 字文猷, 晉文少子."라 되어 있음.
③ 만세를 다스리신 뒤 : '崩御하신 뒤'라는 뜻.
④ 제후들을 5등급으로 나누어 책봉하고자 : '5등급'은 公·侯·伯·子·男의 작위를 말함. 西晉 때에는 책봉 받은 제후들의 任地와 封國이 일치하지 않았는데, 이를 시정하기 위하여 咸寧 3년(277)에 봉국의 크기에 따라 5등급으로 나누는 分封制가 시행됨에 따라 제후들은 차례로 봉국으로 돌아갔으며, 해당지역을 수비하는 장군직까지 겸임했음. 그 결과 제후들은 봉국에서 군사력을 장악하게 되어 이른바 '八王의 亂'이 일어난 원인이 됨. 齊王 司馬攸의 귀국을 둘러싸고 발생한 문제에도 이러한 사실이 배경으로 깔려 있었음.
⑤ 劉毅 : 강직한 성품으로 西晉 때 尙書左僕射를 지냈으며, 九品官人法의 폐단을 역설한 인물.
⑥ 비천한 자 : 원문은 "輿隷". 신분이 천한 사람을 말함.

時人共論晉武帝出齊王之與立惠帝, 其失孰多?① 多謂立惠帝爲重, 桓溫曰; "不然! 使子繼父業, 弟承家祀, 有何不可?"②

①。『晉陽秋』曰; 齊王攸, 字大猷, 文帝第二子. 孝敬忠肅, 淸和平允, 親賢下士, 仁惠好施. 能屬文, 善尺牘. 初, 荀勗·馮紞爲武帝親幸, 攸惡勗之佞. 勗懼攸或嗣立, 必誅己, 且攸甚

得衆心, 朝賢景附. 會帝有疾, 攸及皇太子入問訊, 朝士皆屬目於攸, 而不在太子. 至是勖從容曰; "陛下萬年後, 太子不得立也." 帝曰; "何故?" 勖曰; "百寮內外, 皆歸心於齊王, 太子安得立乎? 陛下試詔齊王歸國, 必擧朝謂之不可. 若然, 則臣言徵矣." 侍中馮紞又曰; "陛下必欲建諸侯, 成五等, 宜從親始, 親莫若齊王." 帝從之. 於是下詔, 使攸之國. 攸聞勖・紞閒已, 憂忿不知所爲. 入辭, 出, 歐血薨. 帝哭之慟, 馮紞侍曰; "齊王名過其實, 而天下歸之. 今自薨殞, 陛下何哀之甚?" 帝乃止. 劉毅聞之, 故終身稱疾焉.
②。武帝兆禍亂, 覆神州, 在斯而已. 興隸且知其若此, 況宣武之弘儁乎! 此言非也.

----- • 9 : 33 [0610]

어떤 사람이 은연원殷淵源[殷浩]에게 물었다.

"당대의 왕공王公①들이 당신을 배숙도裴叔道[裴遐]에 견주는데 어떻게 생각하시오?"

은연원이 말했다.

"당연히 우리 두 사람의 식견이 심오한 경지에 통했기 때문이겠지요."①

①。배하裴遐와 은호殷浩는 모두 청담에 능했다.

  [역주]……………………
  ① 王公 : 諸王과 公卿. 즉 지위나 신분이 높은 사람을 말함.

人問殷淵源; "當世王公以卿比裴叔道, 云何?" 殷曰; "故當以識通暗處."①
①。遐與浩並能淸言.

----- • 9 : 34 [0611]

무군장군撫軍將軍[司馬昱]①이 은호殷浩에게 물었다.

"그대는 정작 배일민裴逸民[裴頠]과 비교하여 어떻다고 생각하오?"

한참 있다가 은호가 대답했다.

"당연히 그보다 뛰어납니다."

[역주]
① 撫軍將軍[司馬昱] : 簡文帝 司馬昱은 穆帝 때 撫軍大將軍을 지냈음.

撫軍問殷浩; "卿定何如裴逸民?" 良久答曰; "故當勝耳."

• 9 : 35 [0612]

환공桓公[桓溫]은 젊어서부터 은후殷侯[殷浩]와 명성을 나란히 했는데 서로 간에 항상 경쟁심이 있었다. 환공이 은후에게 물었다.

"그대는 나와 비교하여 어떻다고 생각하오?"

은후가 말했다.

"나는 나와[1] 오랫동안 지내왔으므로 차라리 계속 내가 되겠소."

[역주]
① 나는 나와 : 원문은 "我與我". 『晉書』 권77 「殷浩傳」에는 "我與君"이라 되어 있는데, 문맥상 보다 어울린다고 여겨짐.

[참고] 『晉書』77.

桓公少與殷侯齊名, 常有競心. 桓問殷; "卿何如我?" 殷云; "我與我周旋久, 寧作我."

• 9 : 36 [0613]

무군장군撫軍將軍[司馬昱]이 손홍공孫興公[孫綽]에게 물었다.

"유진장劉眞長[劉惔]은 어떠하오?"

손홍공이 말했다.

"청아하고 재기가 풍성하며 간결하고 훌륭합니다."

"왕중조王仲祖[王濛]는 어떠하오?"

"온아하고 유순하며 차분하고 온화합니다."[1]

"환온桓溫은 어떠하오?"

"고명하고 호방하며 고매하고 출중합니다."

"사인조謝仁祖[謝尙]는 어떠하오?"

"청아하고 간이하며 훌륭하고 활달합니다."

"완사광阮思曠[阮裕]은 어떠하오?"

"도량이 넓고 유순하며 사리에 통달하고 뛰어납니다."

"원양袁羊[袁喬]은 어떠하오?"

"물이 흐르듯이① 청아하고 신속합니다."

"은홍원殷洪遠[殷融]은 어떠하오?"

"멀리 세속을 초탈한 정취와 마음을 지니고 있습니다."

"그대는 스스로 어떠하다고 생각하오?"

"하관下官의 재능으로 할 수 있는 바는 모두 위에서 언급한 여러 명현들만 못하며, 시대에 합당한 일을 헤아리고 당대를 통찰하여 파악하는 것 또한 대부분 그들에 미치지 못합니다. 하지만 부족한 재능으로 때때로 현원玄遠한 경지②에 마음을 의탁하고 『노자』와 『장자』를 고원하게 읊으면서 한적한 심사③를 고고하게 실은 채 세상일에 마음 쓰지 않으니, 이러한 마음만큼은 양보할 수 없다고 스스로 생각합니다."

1 ▫ 서광徐廣의 『진기晉紀』: 무릇 풍류를 말하는 자들은 모두 왕몽王濛과 유담劉惔을 들어 으뜸으로 삼았다.

[역주] ··························

① 물이 흐르듯이 : 원문은 "洸洸". 滔滔와 같음. 담론이 거침없이 계속되는 모양.
② 玄遠한 경지 : 원문은 "玄勝". 玄學·玄理와 같은 형이상학적인 哲理를 말함.
③ 한적한 심사 : 원문은 "蕭條". 한가롭고 탈속적인 마음을 말함.

[참고] 『晉書』93.

撫軍問孫興公; "劉眞長何如?" 曰; "淸蔚簡令." "王仲祖何如?" 曰; "溫潤恬和." 1 "桓溫何如?" 曰; "高爽邁出." "謝仁祖何如?" 曰; "淸易令達." "阮思曠何如?" 曰; "弘潤通長." "袁羊何如?" 曰; "洸洸淸便." "殷洪遠何如?" 曰; "遠有致思." "卿自謂何如?" 曰; "下官才能所經, 悉不如諸賢, 至於斟酌時宜, 籠

罩當世, 亦多所不及. 然以不才, 時復託懷玄勝, 遠詠 『老』・『莊』, 蕭條高寄, 不
與時務經懷, 自謂此心無所與讓也."
① ▫ 徐廣 『晉紀』曰; 凡稱風流者, 皆擧王・劉爲宗焉.

• 9 : 37 [0614]

환대사마桓大司馬[桓溫]가 도성[建康]으로 공략해 들어간① 뒤에 유진장劉眞長[劉惔]에게 물었다.

"듣자하니 회계왕會稽王[司馬昱]의 담론이 뛰어나게 진보했다는데 그렇소?"①

유진장이 말했다.

"대단히 진보했습니다만 결국 제2류에 속하는 인물이지요!"

이어서 환대사마가 말했다.

"그럼 제1류는 누구요?"

그러자 유진장이 말했다.

"바로 우리들이지요!"

① ▫ 『환온별전桓溫別傳』: 흥녕興寧 9년②에 환온桓溫이 옛 도읍[洛陽]을 수복하고 중원을 평정하자, 조정에서는 그를 도독중외제군사都督中外諸軍事・시중侍中・대사마로 승진시키고 황금도끼③를 수여했으며 입조하여 조정의 정사에 참여케 했다.

[역주]·······················
① 桓大司馬[桓溫]가 도성[建康]으로 공략해 들어간 : 咸安 원년(371)에 桓溫은 建康으로 들어가 廢帝 司馬奕을 海西公으로 폐위시켜 강제로 양위케 한 뒤에 會稽王 司馬昱을 옹립함.
② 興寧 9년 : 『晉書』 권8 「哀帝紀」에는 興寧 원년(363)의 일로 기록되어 있음. 또한 사실상 興寧이란 연호는 3년밖에 사용하지 않았음. 따라서 '九'는 '元'의 오기가 분명함.
③ 황금도끼 : 원문은 "黃鉞". 天子가 정벌에 나설 때 사용하는 의장용 도구. 여기서는 천자를 대신하여 桓溫에게 정벌의 임무를 맡겼다는 의미임.

[참고] 『晉書』75.

桓大司馬下都, 問眞長曰; "聞會稽王語奇進, 爾邪?"① 劉曰; "極進, 然故是第二流中人耳!" 桓曰; "第一流復是誰?" 劉曰; "正是我輩耳!"

① 『桓溫別傳』曰; 興寧九年, 以溫克復舊京, 肅靜華夏, 進都督中外諸軍事·侍中·大司馬, 加黃鉞, 使入參朝政.

———————— • 9 : 38 [0615]

은후殷侯[殷浩]가 이미 파직당한 뒤에① 환공桓公[桓溫]이 사람들에게 말했다.

"어렸을 때 은연원殷淵源[殷浩]과 함께 죽마를 타고 놀았는데, 내가 죽마를 버리면 은연원이 바로 그것을 주워서 타곤 했으니, 내 밑에 있는 것이 진실로 당연하다."①

① 『속진양추續晉陽秋』: 간문제簡文帝[司馬昱]가 정사를 보좌하고 있을 때 은호殷浩를 양주揚州자사로 발탁하여 환온에 대항하고자 했는데, 환온은 평소에 은호를 깔보았기 때문에 그를 꺼리지 않았다.

[역주]························
① 殷侯[殷浩]가 이미 파직당한 뒤에 : 『晉書』 권77 「殷浩傳」에 따르면, 殷浩는 永和 9년(353)에 中軍將軍·假節·都督揚余徐兗靑五州軍事의 직위로 北征했다가 실패했는데, 평소 사이가 좋지 않았던 환온의 상소로 문책을 받아 파직당하여 평민이 됨.

[참고] 『晉書』77, 『太平廣記』169, 『事文類聚』29.

殷侯旣廢, 桓公語諸人曰; "少時與淵源共騎竹馬, 我棄去, 已輒取之, 故當出我下."①

① 『續晉陽秋』曰; 簡文輔政, 引殷浩爲揚州, 欲以抗桓, 桓素輕浩, 未之憚也.

———————— • 9 : 39 [0616]

어떤 사람이 무군장군撫軍將軍[司馬昱]에게 물었다.

"은호殷浩의 청담은 어느 수준입니까?"

무군장군이 대답했다.

"남을 제압할 수는 없지만 거의 사람들의 의견에 응수할 정도는 되오."

人問撫軍; "殷浩談竟何如?" 答曰; "不能勝人, 差可獻酬羣心."

─────── • 9 : 40 [0617]

간문제簡文帝[司馬昱]가 말했다.

"사안남謝安南[謝奉]은 청아하고 훌륭한 성품은 그의 동생[謝聘]만 못하고① 학문은 공암孔巖①에 미치지 못하지만,② 자연스레 저절로 뛰어나다."③

① ▫ 사안남은 사봉謝奉이다. 이미 나왔다.②

▫ 『사씨보謝氏譜』: 사봉의 동생 사빙謝聘은 자가 홍원弘遠이다. 시중侍中과 정위경廷尉卿을 역임했다.

② ▫ 『중흥서中興書』: 공암은 자가 팽조彭祖며 회계會稽 산음山陰 사람이다. 부친 공검孔儉③은 황문시랑黃門侍郎이었다. 공암은 재능과 학식을 지녔으며, 단양윤丹陽尹·상서尚書·서양후西陽侯를 역임했다. 조정에 있을 때는 잘못된 정치를 바로잡은 바가 많았으며, 오흥吳興태수가 되어서는 민심을 크게 얻었다. 나중에 관직에서 물러나 집에서 죽었다.

③ ▫ 사봉이 자연의 참된 이치에 따랐음을 말한다.

[역주]••••••••••••••••••••••

① 孔巖: 『晉書』권78 本傳, 『太平御覽』권627에 인용된 『中興書』, 『世說敍錄』「人名譜·孔氏譜」 등에는 모두 "孔嚴"이라 되어 있는 것으로 보아, '孔巖'의 오기로 보임. 劉注에서도 마찬가지임.

② 이미 나왔다 : 「雅量」33 劉注①에 나왔음.

③ 孔儉: 宋本과 『晉書』권78 「孔嚴傳」에는 "孔倫"이라 되어 있음.

簡文云; "謝安南淸令不如其弟,① 學義不及孔巖,② 居然自勝."③

① ▫ 安南, 謝奉也. 已見.
  ▫ 『謝氏譜』曰; 奉弟聘, 字弘遠. 歷侍中·廷尉卿.
② ▫ 『中興書』曰; 巖, 字彭祖, 會稽山陰人. 父儉, 黃門侍郎. 巖有才學, 歷丹陽尹·尚書·西陽侯. 在朝多所匡正, 爲吳興太守, 大得民和. 後卒於家.
③ ▫ 言奉任天眞也.

• 9 : 41 [0618]

환온桓溫이 아직 해서공海西公을 폐위시키지 않았을 때,① 왕원림王元琳[王珣]이 환원자桓元子[桓溫]에 물었다.

"기자箕子②와 비간比干③은 행적은 다르지만 마음은 같았는데, 명공明公께서는 누가 옳고 누가 그르다고 생각하시는지 모르겠습니다."

환원자가 말했다.

"[두 사람 모두 공자로부터] 인자仁者라고 칭송받은 것은 다르지 않지만 나는 차라리 관중管仲④이 되겠소."①

① ▫ 『논어論語』⑤ : 미자微子⑥는 은殷나라를 떠났고, 기자는 주왕紂王의 노예가 되었으며, 비간은 주왕에게 간언하다가 죽임을 당했다. 공자께서 말씀하셨다.
  "은나라에는 세 명의 인자가 있었다."
  ▫ 『논어』⑦ : 자로子路가 말했다.
  "환공桓公이 동생인 공자 규糾를 살해했을 때, 사부였던 소홀召忽은 자신의 주군을 위해 죽었으나 관중은 죽지 않았으니, 관중은 인자가 아닙니까?"
  공자께서 말씀하셨다.
  "환공이 제후들을 규합하여⑧ 천하를 하나로 평정할 때 무력을 쓰지 않은 것은 관중의 힘이었으니, 그와 같은 어짊이여! 그와 같은 어짊이여!"

[역주]..................
① 아직 海西公을 폐위시키지 않았을 때 : 太和 6년(371) 11월에 桓溫은 東晉의 제7대 황제인 廢帝 海西公 司馬奕을 폐위시켜 東海王으로 강등시키고 대신 會稽王 司馬昱을 황제로 옹립했으며, 같은 해 12월[또는 이듬해 정월]에 司馬奕은 海西

縣公에 봉해졌음. 「言語」59와 劉注 참조.
② 箕子 : 이름은 胥余며 '箕'는 封國名. 기자는 紂王의 백부로서, 주왕의 무도함을 보고 간언하다가 하옥당하여 미친 척하고 노예가 되었다고 함.
③ 比干 : 紂王의 숙부로서, 주왕의 포악함을 보고 간언하다가 가슴이 찢기어 살해당했다고 함.
④ 管仲 : 춘추시대 齊나라의 재상으로 이름은 夷吾, 자는 仲. 처음에는 公子 糾를 섬기다가 나중에는 친구 鮑叔의 추천으로 桓公을 섬김. 환공은 그를 매우 신임하여 仲父라고 불렸으며 그의 도움으로 霸王의 위업을 달성함.
⑤ 『論語』: 「微子」편에 보임.
⑥ 微子 : 이름은 啓. 紂王의 庶兄으로서, 주왕의 무도함과 비간이 살해당한 것을 보고 나라를 떠나 殷나라의 제사를 전승하게 했다고 함.
⑦ 『논어』: 「憲問」편에 보임. 그러나 通行本에는 "천하를 하나로 평정할 때[一匡天下]"의 구절이 없음.
⑧ 규합하여 : 원문은 "九合". '九'는 古字에서 '糾'와 통용됨.

未廢海西公時, 王元琳問桓元子; "箕子·比干, 迹異心同, 不審明公孰是孰非?" 曰; "仁稱不異, 寧爲管仲." ①
① ◦『論語』曰; 微子去之, 箕子爲之奴, 比干諫而死. 子曰; "殷有三仁焉."
◦『論語』曰; 子路曰; "桓公殺公子糾, 召忽死之, 管仲不死, 曰未仁乎?" 子曰; "桓公九合諸侯, 一匡天下, 不以兵車, 管仲之力, 如其仁! 如其仁!"

─── • 9 : 42 [0619]

유단양劉丹陽[劉惔]과 왕장사王長史[王濛]가 와관사瓦官寺①에서 모였는데, 환호군桓護軍[桓伊]도 그 자리에 있다가① 함께 서진과 동진의 인물을 품평했다. 어떤 사람이 물었다.
"두홍치杜弘治[杜乂]는 위호衛虎[衛玠]와 비교하여 어떻습니까?"
환호군이 대답했다.
"두홍치는 외모가 청아하고 위호는 찬란하게 정신이 뛰어나지요."②
왕장사와 유단양은 그 말을 훌륭하다고 생각했다.②
① ◦ 환이桓伊는 이미 나왔다.③

②ㆍ호虎는 위개衛玠의 어릴 적 자다.
  ㆍ『위개별전衛玠別傳』: 영화永和연간(345~356)에 유진장劉眞長[劉惔]과 사인조謝仁祖[謝尙]가 함께 서진의 인물의 품평했는데, 어떤 사람이 물었다.
  "두홍치는 위세마衛洗馬[衛玠]에 견줄 수 있겠습니까?"
  사인조가 말했다.
  "어떻게 비교할 수 있겠소? 그 사이④에 몇 사람이나 들어갈 수 있는데."
  ㆍ『강좌명사전江左名士傳』: 유진장이 말했다.
  "내가 논평해 본다면 두홍치는 외모가 청아하고 위숙보衛叔寶[衛玠]는 정신이 청아하지요."⑤
  논자들은 핵심을 잘 파악한 말이라고 생각했다.

[역주]……………………
① 瓦官寺: 東晉의 유명한 불교사원. 哀帝 興寧 2년(364)에 釋慧力이 지었으며, 도성 建康[지금의 江蘇省 南京市]의 서남쪽에 위치함. 사원 안에 戴安道가 안치한 불상 5尊과 顧愷之가 그린 維摩圖와 安帝 때 師子國에서 바친 玉像이 있는데, 당시 사람들은 이것을 '三絶'이라 불렀음.
② 두홍치는~ 뛰어나지요: 원문은 "弘治膚淸, 衛虎弈弈神令". '弈弈'은 '奕奕'과 통하며 밝게 빛나는 모양을 뜻함. 『晉書』권93 「杜乂傳」에는 "桓彝亦曰; '衛玠神淸, 杜乂形淸.'"이라 되어 있음.
③ 이미 나왔다: 「方正」55 劉注①에 나왔음.
④ 그 사이: 衛玠와 杜乂의 品第 차이를 말함. 즉 이 구절은 두 사람이 차이가 크다는 뜻임.
⑤ 두홍치는~ 청아하지요: 원문은 "弘治膚淸, 叔寶神淸". 『晉書』권36「衛玠傳」에는 "[劉]惔又云; '杜乂膚淸, 叔寶神淸.'"이라 되어 있음.

[참고] 『晉書』36·93

劉丹楊·王長史在瓦官寺集, 桓護軍亦在坐,① 共商略西朝及江左人物. 或問; "杜弘治何如衛虎?" 桓答曰; "弘治膚淸, 衛虎奕奕神令." 王·劉善其言.②
①ㆍ桓伊, 已見.
②ㆍ虎, 衛玠小字.
  ㆍ『玠別傳』曰; 永和中, 劉眞長·謝仁祖共商略中朝人. 或問; "杜弘治可方衛洗馬不?" 謝曰; "安得比? 其閒可容數人."
  ㆍ『江左名士傳』曰; 劉眞長曰; "吾請評之, 弘治膚淸, 叔寶神淸." 論者謂爲知言.

• 9 : 43 [0620]

유윤劉尹[劉惔]이 왕장사王長史[王濛]의 등을 토닥거리면서 말했다.

"아노阿奴[王濛]는 왕승상王丞相[王導]에 비하여 특히 외모가 훌륭하고都 성품이 뛰어나네."①1

1 。아노는 왕몽王濛의 어릴 적 자다.② '도都'는 '미美'의 뜻이다. 「사마상여 전司馬相如傳」에서 "고상하고 우아하여 매우 훌륭하다[都]"③라고 했다.

。『어림語林』: 유진장劉眞長[劉惔]은 왕승상과 뜻이 맞지 않아 늘 말했다. "아노는 왕승상에 비하여 차분하고 활달하며 청아하고 뛰어나다."

[역주]

① 외모가 훌륭하고 성품이 뛰어나다 : 원문은 "都長". 『文選』 권47 袁宏의 「三國名臣序贊」의 "子瑜都長"이라는 구절에 대한 李善 注에서 "都長, 謂體貌都閑而雅性長厚也."라고 했으며, 呂延濟 注에서는 "都, 美也. 長, 善也."라고 함.
② 아노는 王濛의 어릴 적 자다 : '阿奴'는 동생을 친근하게 부르는 호칭으로 육조시대에 널리 사용되었으므로, 왕몽의 어릴 적 자로 한정하는 것은 타당치 않다고 생각함. 「方正」26 [역주]⑤와 「德行」33 [역주]① 참조.
③ 고상하고 우아하여 매우 훌륭하다 : 원문은 "閑雅甚都". 『史記』 권117과 『漢書』 권57의 「司馬相如傳」에 "雍容閑雅甚都"라는 구절이 있음.

劉尹撫王長史背曰; "阿奴比丞相, 但有都長."1
1 。阿奴, 濛小字也. 都, 美也. 「司馬相如傳」曰; "閑雅甚都."
。『語林』曰; 劉眞長與丞相不相得, 每曰; "阿奴比丞相, 條達清長."

• 9 : 44 [0621]

유윤劉尹[劉惔]과 왕장사王長史[王濛]가 모임에 함께 있었는데, 왕장사가 술기운이 오르자 일어나 춤을 추었더니 유윤이 말했다.

"아노阿奴[王濛]! 오늘은 상자기向子期[向秀]에게 조금도 손색이 없네."1

1 。상수向秀의 분방하고 솔직함과 비슷하다는 말이다.

劉尹·王長史同坐, 長史酒酣起舞, 劉尹曰; "阿奴! 今日不復減向子期."1

①▫ 類秀之任率也.

• 9 : 45 [0622]

환공桓公[桓溫]이 공서양孔西陽[孔巖]에게 물었다.

"사안석謝安石[謝安]은 은중문殷仲文과 비교하여 어떻소?"①

공서양이 생각하면서 대답하지 못하다가 오히려 환공에게 반문했다.

"어떻습니까?"

그러자 환공이 대답했다.

"사안석은 확고부동하여 업신여길 수 없으니, 그의 처지가 저절로 은중문보다 뛰어난 것이오."

①▫ 공서양은 바로 공암孔巖①이다.

[역주]
① 孔巖 : '孔嚴'의 誤記로 보임.「品藻」40 [역주]① 참조.

桓公問孔西陽; "安石何如仲文?"① 孔思未對, 反問公曰; "何如?" 答曰; "安石居然不可陵踐, 其處故乃勝也."

①▫ 西陽, 卽孔巖也.

• 9 : 46 [0623]

사공謝公[謝安]이 당시 명현들과 함께 인물에 대하여 논평하고 있었는데, 사알謝遏[謝玄]과 사호아謝胡兒[謝朗]도 그 자리에 있었다. 사공이 이홍도李弘度[李充]에게 물었다.

"그대 집안의 이평양李平陽[李重]은 악령樂令[樂廣]과 비교하여 어떻소?"①

그랬더니 이홍도가 주르륵 눈물을 흘리며 말했다.

"조왕趙王[司馬倫]이 역모하여 제위를 찬탈했을 때 악령은 옥새를 조왕에게 직접 건네주었으나,② 돌아가신 백부님[李重]은 성품이 아정하여 어지러운 조정에 처하는 것을 부끄럽게 여겨 마침내 독약을 먹고 자살했으니, 아무래도 서로 비교하기는 어려울 것 같습니다. 이것은 사실에서 저절로 드러난 것이며 사사로이 친족으로서 드리는 말씀이 아닙니다."③

사공이 사호아에게 말했다.

"식견을 지닌 자라서 과연 나의 의견과 다르지 않구먼!"

① 『진제공찬晉諸公贊』: 이중李重은 자가 무증茂曾①이며 강하江夏 종무鍾武 사람이다. 어려서부터 청렴하고 고상함으로 칭찬받았다. 이부랑吏部郎과 평양平陽태수를 역임했다.

② 『진양추晉陽秋』: 조왕 사마륜司馬倫이 제위를 찬탈하자, 악광樂廣이 만분滿奮・최수崔隨와 함께 옥새를 조왕에게 바쳤다.

③ 『진제공찬』: 조왕이 상국相國이 되어 이중을 좌사마左司馬로 발탁했는데, 이중은 사마륜이 장차 제위를 찬탈할 것이라고 생각하여 병을 핑계대고 나아가지 않았다. 사마륜이 돈독하게 그를 설득했으나 이중은 더 이상 스스로 병을 치료하지 않고 있다가 위독한 지경에 이르렀다. 결국 부축을 받고 병든 몸을 끌고 가서 관직을 제수 받았으나 며칠 뒤에 죽고 말았다. 당시 사람들이 애석해했다. 산기상시散騎常侍에 추증되었다.

[역주]
① 茂曾: 袁褧本에는 "茂重"이라 되어 있는데 오기로 보임. 『晉書』 권46 本傳과 「棲逸」4에도 "茂曾"이라 되어 있음.

謝公與時賢共賞說, 遏・胡兒並在坐. 公問李弘度曰; "卿家平陽, 何如樂令?"① 於是李潸然流涕曰; "趙王篡逆, 樂令親授璽綬,② 亡伯雅正, 恥處亂朝, 遂至仰藥, 恐難以相比. 此自顯於事實, 非私親之言."③ 謝公語胡兒曰; "有識者果不異人意!"

① 『晉諸公贊』曰; 李重, 字茂曾, 江夏鍾武人. 少以淸尙見稱. 歷吏部郎・平陽太守.

② 『晉陽秋』曰; 趙王倫篡位, 樂廣與滿奮・崔隨進璽綬.

③ 『晉諸公贊』曰; 趙王爲相國, 取重爲左司馬, 重以倫將篡, 辭疾不就. 敦喩之, 重不復自治, 至於篤甚. 扶曳受拜, 數日卒. 時人惜之. 贈散騎常侍.

● 9 : 47 [0624]

왕수령王脩齡[王胡之]이 왕장사王長史[王濛]에게 물었다.

"우리 집안①의 임천臨川[王羲之]은 그대 집안②의 완릉宛陵[王述]과 비교하여 어떻소?"

왕장사가 미처 대답하지 못하자 왕수령이 말했다.

"임천은 명성이 높고 고귀하오."

그랬더니 왕장사가 말했다.

"완릉도 고귀하지 않은 것은 아니오."①

① 『중흥서中興書』: 왕희지王羲之는 회계왕會稽王[司馬昱]의 우友③로 있다가 임천태수로 전임되었고, 왕술王述은 표기장군驃騎將軍의 공조功曹로 있다가 완릉령으로 전출되었다. 왕술은 완릉령으로 있을 때 가구들을 많이 만들었기④ 때문에 처음에는 백성들 사이에 고생시킨다는 원성이 있었다. 승상 왕도王導가 사람을 시켜 그에게 말했다.

"고명하신 부친[王承]의 자제가 억울하게 작은 현을 맡게 된 것은 몹시 부당한 일이오."⑤

그러자 왕술이 대답했다.

"만족하면 저절로 당연히 그칠 것입니다."

당시 사람들은 그 말의 뜻을 이해하지 못했다. 왕술은 나중에 여러 차례 주군州郡을 맡게 되었지만 더 이상 가구를 만드는 일은 없었다. 세간에서는 비로소 그의 언행에 탄복했다.

[역주]
① 우리 집안 : 王胡之와 王羲之는 琅邪臨沂 王氏임.
② 그대 집안 : 王濛과 王述은 太原晉陽 王氏임.
③ 會稽王[司馬昱]의 友 : 원문은 "會稽王友". '友'는 諸王의 보좌관 가운데 하나. 「政事」21 [역주]⑤ 참조. 한편 『晉書』 권80 「王羲之傳」에는 '會稽內史'를 지냈다고 되어 있음.
④ 가구들을 많이 만들었기 : 원문은 "多修爲家之具". 『晉書』 권75 「王述傳」에서 "初, 述家貧, 求試宛陵令, 頗受贈遺, 而修家具, 爲州司所檢, 有一千三百條."라 함. 여기서 말하는 '家具'는 전원이나 저택 등을 포괄한 의미로 쓰임.

⑤ 고명하신~일이오 : 이 구절의 속뜻은 현령으로서 불미스런 일을 한 王述을 王導가 은근히 꼬집은 것임.

王脩齡問王長史; "我家臨川, 何如卿家宛陵?" 長史未答, 脩齡曰; "臨川譽貴." 長史曰; "宛陵未爲不貴."[1]

[1] ◦『中興書』曰: 羲之自會稽王友, 改授臨川太守. 王述從驃騎功曹, 出爲宛陵令. 述之爲宛陵, 多脩爲家之具, 初有勞苦之聲. 丞相王導使人謂之曰; "名父之子, 屈臨小縣, 甚不宜爾." 述答曰; "足自當止." 時人未之達也. 後屢臨州郡, 無所造作. 世始歎服之.

• 9 : 48 [0625]

유윤劉尹[劉惔]이 왕장사王長史[王濛]의 집에 가서 청담을 나누었는데, 당시 13살이던 왕구자王苟子[王脩]가 평상 가에 기대어 듣고 있었다. 유윤이 떠난 뒤에 왕구자가 부친에게 물었다.

"유윤의 언담은 아버님과 비교하여 어떻습니까?"

왕장사가 말했다.

"아름다운 음성과 훌륭한 언사는 나만 못하지만, 종종 곧바로 핵심을 찌르는 것은 나보다 낫다."[1]

[1] ◦『유담별전劉惔別傳』: 유담은 뛰어난 재능의 소유자로서 현허玄虛한 경지를 담론하여, 이해가 미치는 바는 왕몽王濛과 대략 같았지만 이치를 서술함이 그보다 뛰어났으며 그 말이 타당했다.

劉尹至王長史許淸言, 時苟子年十三, 倚牀邊聽. 旣去, 問父曰; "劉尹語何如尊?" 長史曰; "韶音令辭, 不如我, 往輒破的, 勝我."[1]

[1] ◦『劉惔別傳』曰; 惔有儁才, 其談詠虛勝, 理會所歸, 王濛略同, 而敍致過之, 其詞當也.

• 9 : 49 [0626]

사만謝萬이 수춘壽春에서 패전한 뒤에① 간문제簡文帝[司馬昱]가 치초郗超에게 물었다.

"사만은 당연히 패할 만했지만 어떻게 그처럼 병사들의 신뢰를 잃을 수 있단 말이오?"

치초가 말했다.

"그는 경솔한 성격으로 지혜와 용기를 구별하려 하였기 때문입니다."[1]

[1] ▫『중흥서中興書』: 사만이 예주豫州자사로 있을 때, 저족氐族과 강족羌族은 사주司州와 예주를 공략하고 선비족鮮卑族은 병주幷州와 기주冀州에 집결했다. 사만은 이미 변방수호의 임무를 받았기 때문에 스스로 군대를 이끌고 영수潁水 지역으로 들어가서 낙양洛陽을 지원하려 했다. 사만은 교만하여 남을 깔보았기 때문에 병사들의 마음②을 잃었다. 북중랑장北中郞將 치담郗曇이 질병 때문에 팽성彭城으로 귀환한 것을 사만은 적이 강성하여 퇴각한 것으로 생각하여 곧장 남쪽을 향하여 돌아갔다.③ 마침내 사만의 군대는 자연히 궤멸되었고 사만은 허둥지둥 단신으로 귀환했다. 태종太宗[簡文帝]이 그를 문책하여 서인庶人으로 강등시켜버렸다.

[역주]
① 謝萬이 壽春에서 패전한 뒤에 :『晉書』권8「孝宗穆帝紀」에 따르면, 穆帝 升平 3년(359)에 謝萬은 조서를 받고 燕의 慕容儁과 수춘에서 싸웠으나 패함.
② 병사들의 마음 : 원문은 "士衆之心". 宋本에는 "士衆之和"라 되어 있음.
③ 남쪽을 향하여 돌아갔다 : 원문은 "向還南". 宋本에는 "回還南"이라 되어 있는데, 문맥상 보다 타당하다고 생각함.

謝萬壽春敗後, 簡文問郗超; "萬自可敗, 那得乃爾失士卒情?" 超曰; "伊以率任之性, 欲區別智勇."[1]

[1] ▫『中興書』曰; 萬之爲豫州, 氐·羌暴掠司·豫, 鮮卑屯結幷·冀. 萬旣受方任, 自率衆入潁, 以援洛陽. 萬矜豪傲物, 失士衆之心. 北中郞郗曇以疾還彭城, 萬以爲賊盛致退, 便向還南. 遂自潰亂, 狼狽單歸. 太宗責之, 廢爲庶人.

유윤劉尹[劉惔]이 사인조謝仁祖[謝尙]에게 말했다.

"그대가 있는 것은 '나에게 네 명의 벗이 있기에[1] 제자들이 친근함을 더한다'는 격이오."

또한 허현도許玄度[許詢]에게 말했다.

"그대가 있는 것은 '나에게 유由[子路]가 있기에 나쁜 말이 귀에 미치지 않는다'는 격이오."

두 사람은 모두 유윤의 말을 받아들이고 불만을 품지 않았다.①

①ㆍ『상서대전尙書大傳』: 공자孔子께서 말씀하셨다.

"문왕文王에게 네 명의 벗이 있었다.[2] 내가 회回[顔回]를 얻었기에 제자들이 친근함을 더했으니, 이것이 회가 따라붙게 만든 것이 아니겠는가? 내가 사賜[子貢]를 얻었기에 먼 지방의 선비들이 이르렀으니, 이것은 사賜가 달려오게 만든 것이 아니겠는가? 내가 사師[子張]를 얻었기에 앞에는 광휘가 있고 뒤에는 광채가 있으니, 이것은 사師가 앞뒤에서 이끌어 준 것이 아니겠는가? 내가 유由[子路]를 얻었기에 나쁜 말이 귀에 들어오지 않으니, 이것은 유가 모욕을 막아준 것이 아니겠는가?"

[역주]······················

① 나에게 네 명의 벗이 있기에: 원문은 "自吾有四友". 문맥상으로 보아 이 구절은 "自吾有回"로 바꾸는 것이 타당함. 아마도 劉注의 "王王有四友" 구절과 서로 혼동한 것으로 보임. 또한 謝尙은 어려서부터 총명하여 顔回가 환생한 것이라고 칭송받은 바 있음. 「言語」46에 보임.

② 文王에게 네 명의 벗이 있었다: '네 명의 벗'은 閎夭・太公望・南宮适・散宜生을 말함.『詩經』「大雅・緜」의 "虞芮質厥成, 文王蹶厥生. 予曰有疏附, 予曰有先後, 予曰有奔奏, 予曰有禦侮." 구절에 대한 毛傳에서 "率下親上曰疏附, 相道先後曰先後, 喩德宣譽曰奔奏, 武臣折衝曰禦侮."라고 함. 孔子는『詩』에 근거하여 제자들을 평했으며, 劉惔은 또한 공자의 말에 근거하여 謝尙을 顔回에 견주고 許詢을 子路에 견주어 평한 것임.

劉尹謂謝仁祖曰; "自吾有四友, 門人加親." 謂許玄度曰; "自吾有由, 惡言不及於耳." 二人皆受而不恨.①

①ㆍ『尙書大傳』曰; 孔子曰; "文王有四友. 自吾得回也, 門人加親, 是非得附邪? 自吾得賜也, 遠方之士至, 是非得奔走邪? 自吾得師也, 前有輝, 後有光, 是非先後邪? 自吾得由也, 惡言不入於耳, 是非禦侮邪?"

• 9:51 [0628]

세간에서 은중군殷中軍[殷浩]을 평했다.

"사고의 맥락이 두루 통하여 양숙자羊叔子[羊祜]에 견줄 만하다."[1]

[1]。양호羊祜는 덕망이 일세에 드높았으며 치란治亂[1]을 경략할 재능을 지녔으니, 은연원殷淵源[殷浩]의 횃불과 같은 빛남[2]을 어찌 양호의 일월과 같은 밝음에 비유할 수 있겠는가?

[역주]
① 治亂 : 원문은 "夷險". '夷'는 평탄하다는 뜻으로 治世를 의미하고, '險'은 험악하다는 뜻으로 亂世를 의미함.
② 횃불과 같은 빛남 : 원문은 "蒸燭之曜". 『儀禮』「旣夕禮」注에서 "燭用蒸"이라 하고 疏에서 "大曰薪, 小曰蒸."이라 함. '蒸燭'은 빛이 미약한 것을 비유함.

世目殷中軍; "思緯淹通, 比羊叔子."[1]

[1]。羊祜德高一世, 才經夷險, 淵源蒸燭之曜, 豈喩日月之明也?

• 9:52 [0629]

어떤 사람이 환공桓公[桓溫]에게 사안석謝安石[謝安]과 왕탄지王坦之의 우열에 대하여 물었더니, 환공은 정작[1] 말을 하려다가 도중에 후회하며 말했다.

"그대는 남의 말을 전하길 좋아하니 더 이상 그대에게 말할 수 없소."

[역주]
① 정작 : 원문은 "停". '正'과 통함. 한편 徐震堮은 '沈吟'의 뜻으로 풀이함.

有人問謝安石·王坦之優劣於桓公, 桓公停欲言, 中悔曰; "卿喜傳人語, 不能復語卿."

• 9 : 53 [0630]

왕중랑王中郞[王坦之]이 일찍이 유장사劉長沙[劉奭]에게 물었다.
"나는 왕구자王苟子[王脩]와 비교하여 어떤가?"①
유장사가 대답했다.
"그대의 재능은 당연히 왕구자보다 못하지만 명성을 얻는 경우는 그보다 많지."
그러자 왕중랑이 웃으며 말했다.
"어리석긴!"

① ○『대사마관속명大司馬官屬名』: 유석劉奭은 자가 문시文時며 팽성彭城사람이다.
　○『유씨보劉氏譜』: 유석의 조부 유창劉昶은 팽성내사彭城內史였고, 부친 유제劉濟는 임해령臨海令이었다. 유석은 거기자의車騎咨議·장사상長沙相·산기상시散騎常侍를 역임했다.

王中郞嘗問劉長沙曰; "我何如苟子?"① 劉答曰; "卿才乃當不勝苟子, 然會名處多." 王笑曰; "癡!"
① ○『大司馬官屬名』曰; 奭, 字文時, 彭城人.
　○『劉氏譜』曰; 奭祖昶, 彭城內史. 父濟, 臨海令. 奭歷車騎咨議·長沙相·散騎常侍.

• 9 : 54 [0631]

지도림支道林[支遁]이 손흥공孫興公[孫綽]에게 물었다.
"당신은 허연許掾[許詢]과 비교하여 어떻다고 생각하시오?"
손흥공이 말했다.
"고상한 정취와 심원한 운치는 제가 일찍 이미 그에게 경복敬服했지만, 한 수 읊조리고 한 문장 읊는 것은 허연이 장차 나에게 머리를 숙일 것입니다."①

[역주]
① 머리를 숙일 것입니다 : 원문은 "北面". 신하가 북쪽을 향하여 임금에게 예를

올리듯이 자신에게 敬服할 것이라는 뜻.
[참고] 『晉書』56

支道林問孫興公; "君何如許掾?" 孫曰; "高情遠致, 弟子早已服膺, 一吟一詠, 許將北面."

―――― • 9 : 55 [0632]

왕우군王右軍[王義之]이 허현도許玄度[許詢]에게 물었다.
"그대는 스스로 사안석謝安石[謝安]과 비교하여 어떻다① 생각하는가?"
허현도가 미처 대답하지 못하자 왕우군이 말했다.
"사안석은 당연히 그대보다 뛰어나지만,② 아만阿萬[謝萬]은 틀림없이 눈을 부라리고 그대에게 덤벼들려 할 걸!"[1]

[1] ◦『중흥서中興書』: 사만謝萬은 기량이 사안석에 미치지 못했다. 비록 사만은 변방수호의 임무를 맡고 있었고 사안謝安은 사저에 있었을 때에도 사안의 명성이 사만보다 높았다.

[역주]……………………
① 謝安石[謝安]과 비교하여 어떻다 : 원문은 "何如安石". 문맥상으로 보아 "何如 安·萬" 또는 "何如安石·萬石"으로 고치는 것이 보다 타당할 것 같음.
② 당연히 그대보다 뛰어나지만 : 원문은 "故相爲雄". 宋本에는 "故相與雄"이라 되어 있는데, 이 경우는 "당연히 그대와 함께 뛰어나지만"으로 해석됨.

王右軍問許玄度; "卿自言何如安石?" 許未答, 王因曰; "安石故相爲雄, 阿萬當裂眼爭邪!"[1]

[1] ◦『中興書』曰; 萬器量不及安石. 雖居藩任, 安在私門之時, 名稱居萬上也.

―――― • 9 : 56 [0633]

유윤劉尹[劉惔]이 말했다.
"사람들이 강반江彪을 시골뜨기①라고 말하는데, 강반은 본래 장원의 주인①이다."[1]

[1]▫ 많은 소출을 낼 수 있음을 말한다.②

[역주]
① 시골뜨기, 장원의 주인 : 원문은 "田舍"와 "田宅屯". '田舍'는 전답 사이에 있는 작은 농가를 뜻하고, '田宅'은 규모가 큰 莊園을 뜻함.
② 많은 소출을 낼 수 있음을 말한다 : 경제적인 측면을 포함하여 江彪의 재능이 풍부함을 뜻함.

劉尹云; "人言江彪田舍, 江乃自田宅屯."[1]

[1]▫ 謂能多出有也.

• 9 : 57 [0634]

사공謝公[謝安]이 말했다.

"금곡金谷① 모임에 참석한 사람 중에서 소소蘇紹가 가장 뛰어나다." 소소는 석숭石崇의 자형으로② 소칙蘇則의 손자며 소유蘇愉의 아들이다.[1]

[1]▫ 석숭의 「금곡시서金谷詩敍」: 나는 원강元康 6년(296)에 태복경太僕卿으로 있다가 사지절使持節③·감청서제군사監靑徐諸軍事·정로장군征虜將軍으로 전출되었다. 하남현河南縣의 경계에 있는 금곡간金谷澗에 별장을 지었는데, 그곳 지형은 높기도 하고 낮기도 했으며, 맑은 샘, 울창한 숲, 많은 과일, 대나무와 측백나무, 약초 등등 갖추고 있지 않은 것이 없었다. 또한 물방아·양어장·토굴 등 눈을 즐겁게 하고 마음을 기쁘게 하는 물건이 갖추어져 있었다. 당시 정서대장군征西大將軍이자 좨주祭酒인 왕후王詡④가 장안長安으로 돌아가게 되자, 나는 여러 명현들과 함께 금곡간에서 송별하면서 주야로 연회를 열어 장소를 자주 옮겼는데, 높은 곳에 올라 아래를 굽어보기도 하고 물가에 차례대로 앉기도 했다. 당시 금琴·슬瑟·생笙·축筑을 모두 수레에 싣고 왔는데, 길에서는 한꺼번에 연주했으며 도착해서는 반주악기와 함께 번갈아 연주하도록 했다. 마침내 각자 시를 지어 가슴속의 정회를 펴냈는데, 시를 못 짓는 자는 벌주 3말을 마셨다. 생명이 영원하지 못함을 느끼고 조락

이 기약 없음을 두려워했다. 그래서 당시 참석했던 사람들의 관명·성명·연령을 갖추어 나열하고 또한 그들이 지은 시를 써서 성명 뒤에 기록했으니, 후세의 호사자는 이를 볼진저! 모두 30명인데 그 중에서 오왕사吳王師·의랑議郎·관중후關中侯·시평무공始平武功으로 자가 세사世嗣고 50세 된 소소가 첫 번째다.

- 『위서魏書』: 소칙은 자가 문사文師며 부풍扶風 무공武功사람이다. 강직하여 악을 싫어했으며, 늘 급암汲黯⑤의 사람됨을 흠모했다. 벼슬은 시중侍中·하동상河東相에 이르렀다.

- 『진백관명晉百官名』: 소유는 자가 휴예休豫며 소칙의 차남이다.

- 『산도계사山濤啓事』: 소유는 충의롭고 지혜로웠으며, 벼슬은 광록대부光祿大夫에 이르렀다.

[역주]
① 金谷: 지금의 河南省 洛陽縣 서북쪽에 있는 梓澤. 계곡 안에 물이 흐르기 때문에 '金谷澗'이라고도 함. 당시 금곡의 모임에 참석한 사람 가운데 하나인 潘岳의 「金谷詩」와 그 서문이 『文選』 권20에 수록되어 있음.
② 소소는 石崇의 자형으로: 원문은 "紹是石崇姉夫". 『三國志』 권16 「魏書·蘇則傳」 注에는 "石崇妻, 紹之兄女也."라 되어 있음.
③ 使持節: 지방에 파견된 감독관으로서 使持節·持節·假節의 등급이 있음.
④ 王詡: 자는 季胤이며 琅邪사람. 「容止」15 劉注①에 인용된 石崇의 「金谷詩敍」에 보임.
⑤ 汲黯: 前漢人으로 자는 長孺. 武帝 때 主爵都尉가 되어 九卿의 반열에 올랐으며, 간언을 잘하여 무제로부터 '社稷之臣'이라고 불릴 만큼 중시 받음. 『史記』 권120과 『漢書』 권50에 그의 傳이 있음.

謝公云; "金谷中, 蘇紹最勝." 紹是石崇姉夫, 蘇則孫, 愉子也."①

①。石崇「金谷詩敍」曰; 余以元康六年, 從太僕卿出爲使持節·監青徐諸軍事·征虜將軍. 有別廬在河南縣界金谷澗中, 或高或下, 有淸泉·茂林·果果·竹柏·藥草之屬, 莫不畢備. 又有水碓·魚池·土窟, 其爲娛目歡心之物備矣. 時征西大將軍·祭酒王詡當還長安, 余與衆賢共送往澗中, 晝夜遊宴, 屢遷其坐, 或登高臨下, 或列坐水濱. 時琴瑟笙筑, 合載車中, 道路並作, 及住, 令與鼓吹遞奏. 遂各賦詩, 以敍中懷, 或不能者, 罰酒三斗. 感性命之不永, 懼凋落之無期. 故具列時人官號·姓名·年紀, 又寫詩箸後, 後之好事者, 其覽之哉! 凡三十人, 吳王師·議郎·關中侯·始平武功蘇紹, 字世嗣, 年五十, 爲首.

- 『魏書』曰; 蘇則, 字文師, 扶風武功人. 剛直疾惡, 常慕汲黯之爲人. 仕至侍中·河東相.

- 『晉百官名』曰; 愉, 字休豫, 則次子.
- 『山濤啓事』曰; 愉忠義有智意, 位至光祿大夫.

———————— • 9 : 58 [0635]

유윤劉尹[劉惔]이 유중랑庾中郎[庾敳]을 평했다.

"비록 말은 도에 비슷할 정도로 심오하지는① 않지만, 특출한 자태②는 거의 도에 가깝다."①

①•『명사전名士傳』③ : 유애庾敳는 예법을 팽개치고 분방하게 행동하여 그 누구의 말에도 귀를 기울이는 법이 없었다.

[역주]··························
① 심오하지는 : 원문은 "愔愔". 심원하고 고요한 모양.
② 특출한 자태 : 원문은 "突兀". 우뚝 높이 솟은 모양.
③ 『名士傳』: 인용문은 「賞譽」42 劉注에 인용된 『晉陽秋』의 기록과 동일함.

劉尹目庾中郎; "雖言不愔愔似道, 突兀差可以擬道."①
①•『名士傳』曰; 敳頹然淵放, 莫有動其聽者.

———————— • 9 : 59 [0636]

손승공孫承公[孫統]이 말했다.

"사공謝公[謝安]은 형 사무혁謝無奕[謝奕]①보다 청아하고,① 진림도陳林道[陳逵]보다 온윤溫潤하다."②

①•『중흥서中興書』: 손통孫統은 자가 승공이며 태원太原사람이다. 문장을 잘 지었으며, 당시 사람들은 그에게 조부 손초孫楚의 기풍이 있다고들 했다. 벼슬은 여요령餘姚令에 이르렀다.
②•『진규별전陳逵別傳』: 진규는 자가 임도며 영천潁川 허창許昌사람이다. 조부 진회陳淮②는 태위太尉였으며, 부친 진진陳畛은 광록대부光祿大夫였다. 진규는 젊어서부터 재간이 있었으며 명민함으로 이름을 세웠다. 광릉공廣陵公에

습봉되었고, 황문랑黃門郞과 서중랑장西中郞將을 지냈으며, 양梁과 회남淮南 두 군郡의 태수를 맡았다.

[역주]
① 謝無弈[謝奕] : '弈'은 '奕'의 誤記.
② 陳淮 : 『三國志』 권22 「魏書·陳羣傳」 注에는 "陳準"이라 되어 있음.

孫承公云; "謝公淸於無弈,① 潤於林道."②
①。『中興書』曰; 孫統, 字承公, 太原人. 善屬文, 時人謂其有祖楚風. 仕至餘姚令.
②。『陳逵別傳』曰; 逵, 字林道, 潁川許昌人. 祖淮, 太尉. 父畛, 光祿大夫. 逵少有軏, 以淸敏立名. 襲封廣陵公, 黃門郞·西中郞將, 領梁·淮南二郡太守.

• 9 : 60 [0637]

어떤 사람이 임공林公[支遁]에게 물었다.

"왕사주王司州[王胡之]는 이사二謝[謝安·謝萬]와 비교하여 어떻습니까?"

임공이 말했다.

"당연히 사안謝安에 대해서는 붙잡고 올라가려 하고, 사만謝萬에 대해서는 이끌어 올려주려 하지요."①①
①。『왕호지별전王胡之別傳』; 왕호지는 담론②을 좋아하고 문장을 잘 지어 당시에 존중받았다.

[역주]
① 謝安에~하지요 : 王胡之가 謝安보다는 못하고 謝萬보다는 낫다는 뜻.
② 담론 : 원문은 "談諧". 宋本에는 "談講"이라 되어 있는데, 보다 타당하다고 여겨 이것에 따라 번역함.

或問林公; "司州何如二謝?" 林公曰; "故當攀安提萬."①
①。『王胡之別傳』曰; 胡之好談諧, 善屬文辭, 爲當世所重.

• 9 : 61 [0638]

손흥공孫興公[孫綽]과 허현도許玄度[許詢]는 모두 당시의 명사였다. 어떤 사람은 허현도의 고상한 성정性情을 중시하고 손흥공의 지저분한 품행을 멸시했으나, 어떤 사람은 손흥공의 문재와 문채를 애호하고 허현도에게서는 취할 게 없다고 했다.②

1 ◦ 송宋 명제明帝의 『문장지文章志』: 손작孫綽은 경사經史를 두루 섭렵하고 문장을 짓는 데 뛰어났으며, 허순許詢과 함께 세속에서 벗어난 담론을 했다.① 허순은 끝까지 뜻을 굽히지 않았지만 손작은 세속의 일에 말려들었다.②

2 ◦ 『속진양추續晉陽秋』: 손작은 비록 문재가 있었지만 방종하여 지저분한 품행이 많았으므로 당시 사람들이 그를 멸시했다.

[역주]

① 許詢과 함께 세속에서 벗어난 담론을 했다: 원문은 "與許詢俱與負俗之談". 宋本에는 "與許詢俱有負俗之談"이라 되어 있는데 문맥상 보다 타당함.

② 말려들었다: 원문은 "嬰綸". 어떤 일에 깊이 관여하거나 연루되는 것을 말함.

[참고] 『晉書』56.

孫興公·許玄度皆一時名流. 或重許高情, 則鄙孫穢行, 或愛孫才藻, 而無取於許.①

① 宋明帝『文章志』曰; 綽博涉經史, 長於屬文, 與許詢俱負俗之談. 詢卒不降志, 而綽嬰綸世務焉.

◦ 『續晉陽秋』曰; 綽雖有文才, 而誕縱多穢行, 時人鄙之.

• 9:62 [0639]

치가빈郗嘉賓[郗超]이 사공謝公[謝安]을 평했다.

"무릎을 맞대고 담론해 보니 비록 철리를 깊이 '통찰한[徹]' 것은 아니지만 논리가 면밀하고 매우 조리 있다."

어떤 사람이 말했다.

"왕우군王右軍[王羲之]은 '경지에 이르렀다[詣]'."①

치가빈이 그것을 듣고 말했다.

"왕우군은 '경지에 이르렀다'고는 할 수 없고, 정작② 사공과 같은 무리라고 할 수 있을 뿐이다."

사공은 치가빈의 말을 타당하다고 생각했다.①

①。무릇 '통찰함(徹)'과 '경지에 이름(詣)'이란 대개 깊이 핵실覈實하는 것을 말한다. 사안謝安은 '통찰하지' 못했고 왕희지王羲之 역시 '경지에 이르지' 못했다. 사안과 왕희지는 철리에 대해서 서로 같은 무리다.

[역주]..........
① 어떤 사람이~ 경지에 이르렀다 : 원문은 "又曰; '右軍詣嘉賓.'" 일반적인 문장구조상으로는 郗嘉賓이 한 말로 볼 수 있지만, 전체 문장의 내용상 또 다른 어떤 사람이 한 말로 보는 것이 타당함. 또한 문맥상 "嘉賓" 2자는 衍文일 가능성이 높아 일단 빼놓고 해석함. 아마도 바로 뒤 구절에 나오는 "嘉賓"으로 인해 잘못 중첩된 것으로 추정함.
② 정작 : 원문은 "政". '正'과 통함. 부사로 쓰였음.

郗嘉賓道謝公; "造膝雖不深徹, 而纏綿綸至." 又曰; "右軍詣嘉賓." 嘉賓聞之云; "不得稱詣, 政得謂之朋耳." 謝公以嘉賓言爲得.①
①。凡'徹'詣者, 蓋深覈之名也. 謝不徹, 王亦不詣. 謝·王於理, 相與爲朋儕也.

──────── • 9 : 63 [0640]

유도계庾道季[庾龢]가 말했다.

"사고의 논리가 조리 있고 조화로운 점은 내가 한강백韓康伯[韓伯]에게 부끄럽고, 의지력이 강직한 점은 내가 왕문도王文度[王坦之]에게 부끄럽지만, 이 두 사람 이하로는 내가 백 배 낫다."①

①。유화庾龢는 이미 나왔다.①

[역주]..........
① 이미 나왔다 :「言語」79 劉注①에 나왔음.
[참고] 『晉書』75.

庾道季云; "思理倫和, 吾愧康伯. 志力彊正, 吾愧文度. 自此以還, 吾皆百之."①
①。庾龢, 已見

• 9 : 64 [0641]

　왕승은王僧恩[王禕之]이 임공林公[支遁]을 경시하자, 부친 왕람전王藍田[王述]이 말했다.
　"네 형[王坦之]을 따라 하지 마라^①! 네 형은 본래 그만 못하느니라."①
　　①。승은은 왕의지王禕之의 어릴 적 자다.
　　　。『왕씨세가王氏世家』: 왕의지는 자가 문소文劭며 왕술王述의 차남이다.^② 젊어서부터 이름이 알려졌으며 심양공주尋陽公主에게 장가들었다.^③ 벼슬은 중서랑中書郞에 이르렀으며 30세가 못되어 죽고 말았다. 왕탄지王坦之가 애도하면서 환온桓溫과 함께 그를 칭송했다. 산기상시散騎常侍에 추증되었다.
　[역주]
　① 네 형[王坦之]을 따라 하지 마라 : 王坦之와 支遁의 반목에 관한 고사가 「輕詆」 21에 보임.
　② 王述의 차남이다 : 王述에게는 차례대로 坦之・處之・禕之의 세 아들이 있었으므로, 사실상 禕之는 왕술의 막내아들임. 『世說敘錄』「人名譜・太原晉陽王氏譜」 참조
　③ 장가들었다 : 원문은 "尙". 천자의 딸을 부인으로 맞이하는 것을 말함.

　王僧恩輕林公, 藍田曰; "勿學汝兄! 汝兄自不如伊."①
　　①。僧恩, 王禕之小字也.
　　　。『王氏世家』曰; 禕之, 字文劭, 述次子. 少知名, 尙尋陽公主. 仕至中書郞, 未三十而卒. 坦之悼念, 與桓溫稱之. 贈散騎常侍.

• 9 : 65 [0642]

　간문제簡文帝[司馬昱]가 손흥공孫興公[孫綽]에게 물었다.
　"원양袁羊[袁喬]은 어떠하오?"
　손흥공이 대답했다.
　"그를 모르는 사람은 그의 재능을 인정하지만,^① 그를 아는 사람은 그의 인품에서 취할 게 없다고 합니다."①

①。그[袁喬]에게 재능은 있으나 품덕이 없음을 말한다.

[역주]······
① 인정하지만 : 원문은 "不負". '負'는 인정하지 않는다, 평가하지 않는다는 뜻.

簡文問孫興公; "袁羊何似?" 答曰; "不知者不負其才, 知之者無取其體."①
①。言其有才而無德也.

━━━━━ • 9 : 66 [0643]

채숙자蔡叔子[蔡系]①가 말했다.

"한강백韓康伯[韓伯]은 비록 골간은 없지만 또한 피부로 설 수 있다."②

[역주]······
① 蔡叔子[蔡系] : 「雅量」31과 해당 劉注에 인용된 『中興書』에는 "蔡子叔"이라 되어 있음. 아마도 "子叔"을 잘못 쓴 것으로 보임.
② 韓康伯[韓伯]은~ 있다 : 韓伯의 몸집이 비대한 것을 두고 한 말임. 당시 사람들이 뚱뚱한 韓伯을 '肉鴨'이라 불렀음. 「輕詆」28 劉注에 인용된 『說林』 참조.

蔡叔子云; "韓康伯雖無骨骹, 然亦膚立."

━━━━━ • 9 : 67 [0644]

치가빈郗嘉賓[郗超]이 사태부謝太傅[謝安]에게 물었다.

"임공林公[支遁]의 담론은 혜공嵇公[嵇康]과 비교하여 어떻습니까?"

사태부가 말했다.

"혜공은 발걸음을 부지런히 해야 겨우 임공을 따라갈 수 있을 뿐이오."①

치가빈이 다시 물었다.

"은호殷浩는 지둔支遁과 비교하여 어떻습니까?"

사태부가 말했다.

"진정 빼어나게 뛰어난 것은 지둔이 은호보다 낫지만, 열심히②

논변하는 것은 아마도 은호의 구변이 지둔을 제압할 것 같소."③

1・『지둔전支遁傳』: 지둔은 총명하고 기민하여 도달한 바의 풍취가 저절로 초탈하고 고매했다.

[역주]······················

① 혜공은~뿐이오 : 원문은 "嵇公勤箸脚, 裁可得去耳." 『高僧傳』 권4 「支遁傳」에는 "嵇努力, 裁得去耳."라고 되어 있음.

② 열심히 : 원문은 "亹亹(미)". 열심히 노력하는 모양. 『詩經』 「大雅·文王」에 "亹亹文王"이라는 구절이 있고, 이것에 대한 毛傳에서 "亹亹, 勉也."라 함.

③ 아마도~같소 : 원문은 "恐口欲制支". 『高僧傳』 권4 「支遁傳」에는 "恐殷制支"라고 하여 문맥상 보다 정확하게 기술되어 있음.

[참고] 『高僧傳』4.

郗嘉賓問謝太傅曰; "林公談何如嵇公?" 謝云; "嵇公勤箸脚, 裁可得去耳."1 又問; "殷何如支?" 謝曰; "正爾有超拔, 支乃過殷, 然亹亹論辯, 恐口欲制支."

1・『支遁傳』曰; 遁神悟機發, 風期所得, 自然超邁也.

———— • 9 : 68 [0645]

유도계庾道季[庾龢]가 말했다.

"염파廉頗와 인상여藺相如는 비록 천 년 전에 죽은 사람이지만, 지금도 늠름하게① 항상 생기가 있다.1 조여曹蜍[曹茂之]2와 이지李志3는 비록 현재에 살아 있지만, 미미하여② 구천九泉 아래에 있는 사람 같다. 사람들이 모두 이와 같다면, 바로 새끼를 매듭지어서라도 다스릴 수 있겠지만,③ 여우·이리·오소리·담비에게 다 잡아먹힐까봐 걱정이다."4

1・『사기史記』④ : 염파는 조趙나라의 명장으로, 용기가 뛰어나 제후들에게 이름이 알려졌다. 인상여는 조나라 사람이다. 조나라 혜문왕惠文王[趙何] 때 초楚나라의 화씨和氏 구슬을 얻었는데, 진秦나라 소왕昭王이 15개의 성과 바꾸자고 했다. 조나라는 인상여를 파견하여 구슬을 보냈는데, 진나라는 그것을 받기만 하고 성을 주려는 뜻이 없었다. 인상여는 구슬의 흠집을 보여주

겠다고 구슬을 청한 뒤, 구슬을 들고 기둥에 기대어 선 채 성난 머리카락이 솟구쳐 관을 찌르면서 말했다.
"왕께서 신을 다그치신다면 신의 머리는 지금 구슬과 함께 박살날 것입니다!"
그러자 진왕이 사과했다. 나중에 진왕이 조왕에게 슬瑟을 타라고 하자, 인상여는 진왕에게도 축筑⑤을 치라고 청했다. 조나라는 인상여의 공이 크다고 인정하여 그를 상경上卿에 임명했는데, 그 지위가 염파보다 높았다.

②。조여는 조무지曹茂之의 어릴 적 자다.
　。『조씨보曹氏譜』: 조무지는 자가 영세永世며 팽성彭城 사람이다. 조부 조소曹韶는 진동장군鎭東將軍의 사마司馬였고, 부친 조만曹曼은 소부경少府卿이었다. 조무지는 벼슬이 상서랑尙書郎에 이르렀다.

③『진백관명晉百官名』: 이지는 자가 온조溫祖며 강하江夏 종무鍾武 사람이다.
　。『이씨보李氏譜』: 이지의 조부 이중李重은 산기상시散騎常侍였고, 부친 이모李慕는 순양령純陽令⑥이었다. 이지는 벼슬이 원외상시員外常侍·남강상南康相에 이르렀다.

④。사람들이 모두 조여와 이지처럼 질박하고 순진하면 천하에 간교한 백성이 없게 되어 새끼를 매듭지어서라도 다스릴 수 있겠지만, 재지才智가 알려지지 않으면 공적까지 사라지므로 몸은 여우나 이리에게 잡아먹히고 세상에 명성을 드날릴 수 없게 된다는 말이다.

[역주]··········

① 늠름하게 : 원문은 "懍懍". 경외하게 만드는 모양.
② 미미하여 : 원문은 "厭厭". 기백이 부족하여 생기가 없는 모양.
③ 새끼를 매듭지어서라도 다스릴 수 있겠지만 : 원문은 "結繩而治". 『周易』「繫辭傳下」에 나오는 구절. 사람들이 소박하고 온순하여 다스리기 쉽다는 뜻.
④ 『史記』: 권81 「廉頗·藺相如傳」에 나옴.
⑤ 筑 : 『史記』에는 瓿(부)라 되어 있음. '筑'은 琴과 비슷한 현악기의 일종이며, '瓿'는 항아리처럼 생긴 타악기의 일종.
⑥ 純陽令 : 晉代에는 純陽縣이 없었으므로 아마도 '綏陽令'의 오기가 아닐까 추정함. 綏陽縣은 荊州 新城郡에 속함.

庾道季云; "廉頗·藺相如雖千載上死人, 懍懍恒有生氣.① 曹蜍②·李志③雖見在, 厭厭如九泉下人. 人皆如此, 便可結繩而治, 但恐狐狸猯狢噉盡."④

① ▫『史記』曰; 廉頗者, 趙良將也. 以勇氣聞諸侯. 藺相如者, 趙人也. 趙惠文王時, 得楚和氏璧, 秦昭王請以十五城易之. 趙遣相如送璧, 秦受之, 無還城意. 相如請璧示其瑕, 因持璧卻立倚柱, 怒髮上衝冠曰; "王欲急臣, 臣頭今與璧俱碎!" 秦王謝之. 後秦王使趙王鼓瑟, 相如請秦王擊筑. 趙以相如功大, 拜上卿, 位在廉頗上.

② ▫蜍, 曹茂之小字也.
▫『曹氏譜』曰; 茂之, 字永世, 彭城人也. 祖韶, 鎭東將軍司馬. 父曼, 少府卿. 茂之仕至尙書郎.

③ ▫『晉百官名』曰; 志, 字溫祖, 江夏鍾武人.
▫『李氏譜』曰; 志祖重, 散騎常侍. 父慕, 純陽令. 志仕至員外常侍·南康相.

④ ▫言人皆如曹·李質魯淳愨, 則天下無姦民, 可結繩致治. 然才智無聞, 功迹俱滅, 身盡於狐狸, 無擅世之名也.

———————— • 9 : 69 [0646]

위군장衛君長[衛永]은 소조주蕭祖周[蕭輪] 부인의 오라비였다. 사공謝公[謝安]이 손승노孫僧奴[孫騰]①에게 물었다.①

"당신 집안에서는 위군장을 어떻게 평가하시오?"

손승노가 말했다.

"세상에 공업功業을 세운 인물②이라고 말합니다."

그랬더니 사공이 말했다.

"결코 그렇지 않소. 위군장은 본래 명리名理에 뛰어난 인물③이오."

그래서 당시에 위군장을 은홍원殷洪遠[殷浩]④에 견주었다.

① ▫승노는 손등孫騰의 어릴 적 자다.
▫『진백관명晉百官名』: 손등은 자가 백해伯海며 태원太原사람이다.
▫『중흥서中興書』: 손등은 손담孫紞⑤의 아들이다. 박학했으며 중서자中庶子와 정위廷尉를 역임했다.

[역주]⋯⋯⋯⋯⋯⋯⋯⋯⋯⋯

① 孫僧奴[孫騰] : 孫騰은 蕭輪의 외손자임. 따라서 衛永은 孫騰의 외조모 오라비임.
② 세상에 공업을 세운 인물 : 원문은 "世業人". 또는 대대로 가업을 계승한 인물이라는 뜻으로 풀기도 함.
③ 名理에 뛰어난 인물 : 원문은 "義理人". '義理'는 經義와 名理를 가리킴. 魏晉代

에는 일반적으로 玄學이나 玄理의 뜻으로 쓰임.
④ 殷洪遠[殷浩] : 殷浩는 孫綽에 의해 "遠有致思"라고 평가받은 바 있음. 「品藻」36 참조
⑤ 孫統: "孫統"의 오기로 보임. 『晉書』권56 「孫統傳」에서 "子騰嗣, 以博學著稱, 位至廷尉."라고 함. 「賞譽」75 참조

衛君長是蕭祖周婦兄. 謝公問孫僧奴;① "君家道衛君長云何?" 孫曰; "云是世業人." 謝曰; "殊不爾. 衛自是理義人." 于時以比殷洪遠.
① ○ 僧奴, 孫騰小字也.
   ○『晉百官名』曰; 騰, 字伯海, 太原人.
   ○『中興書』曰; 騰, 統子也. 博學, 歷中庶子・廷尉.

──────── • 9 : 70 [0647]

왕자경王子敬[王獻之]이 사공謝公[謝安]에게 물었다.
"임공林公[支遁]은 유공庾公[庾亮]과 비교하여 어떻습니까?"
사공은 두 사람을 비교하는 것 자체를 결코 받아들이지 않으면서 대답했다.
"신인先人들은 애당초 그러한 문제는 논하지 않았지만, 유공은 본래 임공을 제압하기에 충분하오."①
① ○『은선언행殷羨言行』: 당시에 어떤 사람이 유태위庾太尉[庾亮]의 명리名理를 칭송하자 은선이 말했다.
   "이 사람은 남을 천거하길 좋아하지만, 근본에 입각하여① 남을 엄하게 대한다."
   [역주]························
   ① 근본에 입각하여 : 원문은 "宗本". 宋本에는 "素本"이라 되어 있음.

王子敬問謝公; "林公何如庾公?" 謝殊不受, 答曰; "先輩初無論, 庾公自足沒林公."①
① ○『殷羨言行』曰; 時有人稱庾太尉理者, 羨曰; "此公好舉, 宗本槌人."

• 9 : 71 [0648]

사알謝遏[謝玄] 등 여러 사람들이 함께 죽림칠현竹林七賢의 우열을 품평하자 사공謝公[謝安]이 말했다.

"선인들은 애당초 죽림칠현에 대하여 포폄하지[1] 않았다."⃞1

⃞1 ◦『위씨춘추魏氏春秋』: 산도山濤는 대범하고 덕성이 있었으며, 상수向秀·완함阮咸·왕융王戎·유령劉伶은 활달하고 뛰어난 재능이 있었다. 당시의 담론에서는 완함을 첫째로 치고 왕융을 그 다음으로 쳤으며, 산도·상수 등은 모두 같은 무리였다.

◦ 만약 손성孫盛의 말[2]대로라면 죽림칠현에 대하여 포폄하지 않은 것이 아니므로 사공의 말은 잘못되었다.

[역주]······················
① 褒貶하지 : 원문은 "臧貶". '臧否'와 같은 의미로, 인물의 우열과 득실을 논하는 것을 말함.
② 孫盛의 말 : 앞에 인용된 『魏氏春秋』의 내용을 말함. 『魏氏春秋』는 孫盛이 지음.

謝遏諸人共道竹林優劣, 謝公云; "先輩初不臧貶七賢."⃞1
⃞1 ◦『魏氏春秋』曰; 山濤通簡有德, 秀·咸·戎·伶朗達有儁才. 於時之談, 以阮爲首, 王戎次之, 山·向之徒, 皆其倫也.
◦ 若如盛言, 則非無臧貶, 此言謬也.

• 9 : 72 [0649]

어떤 사람이 왕중랑王中郞[王坦之]을 사거기謝車騎[謝玄]와 비교했는데, 사거기가 그것을 듣고 말했다.

"그는 탁월한[1] 성취가 있소이다."⃞1

⃞1 ◦『속진양추續晉陽秋』: 왕탄지王坦之는 고귀하고 식견이 있었으며 풍격이 엄정했다.

[역주]······················
① 탁월한 : 원문은 "窟窟". 매우 뛰어난 모양. 또는 애써 노력하는 모양이라고도 함.

有人以王中郎比車騎, 車騎聞之曰; "伊窟窟成就."①
① ⋅『續晉陽秋』曰; 坦之雅貴有識量, 風格峻整.

• 9 : 73 [0650]

사태부謝太傅[謝安]가 왕효백王孝伯[王恭]에게 말했다.

"유윤劉尹[劉惔] 역시 훌륭하게 자신을 알고 있지만, 자신을 알고 있다는 점에서는 왕장사王長史[王濛]보다 낫다고 할 수는 없소."

[역주]⋯⋯⋯⋯⋯⋯⋯⋯⋯⋯⋯⋯⋯
* 劉惔과 王濛이 상대방을 이해한 고사는「賞譽」109에 보임.

謝太傅謂王孝伯; "劉尹亦奇自知, 然不言勝長史."

• 9 : 74 [0651]

왕황문王黃門[王徽之] 형제 세 명①이 함께 사공謝公[謝安]을 방문했는데, 왕자유王子猷[王徽之]와 왕자중王子重[王操之]은 세속의 일을 많이 말했으나,① 왕자경王子敬[王獻之]은 문안인사만 힐 뿐이었다. 그들이 떠난 뒤에 그 자리에 있던 빈객이 사공에게 물었다.

"방금 전의 세 현자 중에서 누가 뛰어납니까?"

사공이 말했다.

"막내가 가장 뛰어나지요."

빈객이 말했다.

"어떻게 그것을 알 수 있습니까?"

사공이 말했다.

"'훌륭한 사람은 말이 적고 경솔한 사람은 말이 많다'②고 했으니, 이것으로 미루어 알 수 있지요."

1 • 『왕씨보王氏譜』: 왕조지王操之는 자가 자중이며 왕희지王羲之의 여섯째아들이다. 비서감秘書監·시중侍中·상서尙書·예장豫章태수를 역임했다.

[역주]
① 王黃門[王徽之] 형제 세 명: 王徽之는 일찍이 黃門侍郎을 지낸 적이 있음. 참고로 王羲之는 玄之·凝之·渙之·肅之·徽之·操之·獻之의 7아들을 두었음.
② 훌륭한~많다: 원문은 "吉人之辭寡, 躁人之辭多."『周易』「繫辭傳下」에 나오는 구절.

[참고] 『晉書』80.

王黃門兄弟三人俱詣謝公, 子猷·子重多說俗事,1 子敬寒溫而已. 旣出, 坐客問謝公; "向三賢孰愈?" 謝公曰; "小者最勝." 客曰; "何以知之?" 謝公曰; "'吉人之辭寡, 躁人之辭多', 推此知之."
1 • 『王氏譜』曰; 操之, 字子重, 羲之第六子. 歷秘書監·侍中·尙書·豫章太守.

• 9 : 75 [0652]

사공謝公[謝安]이 왕자경王子敬[王獻之]에게 물었다.
"당신의 글씨는 당신의 존부尊父[王羲之]와 비교하여 어떠하오?"
왕자경이 대답했다.
"진실로 당연히 같지 않습니다."
사공이 다시 말했다.
"다른 사람들의 평가는 전혀 그렇지 않던데."
그러자 왕자경이 말했다.
"다른 사람들이 어떻게 알 수 있겠습니까?"1

1 • 송宋 명제明帝의 『문장지文章志』: 왕헌지王獻之는 예서隸書에 뛰어났으며, 부친 왕우군王右軍[王羲之]의 서법을 변형시켜 금체今體를 만들었다. 서체가 수려하여 당시 무리 중에서 탁월하게 뛰어나 부친과 함께 명성을 얻었다. 그의 장초章草①는 필력이 미약하여 결코 부친에 미치지 못했다. 어떤 사람이 왕헌지에게 물었다.
"부친의 글씨는 그대보다 뛰어나오?"

왕헌지가 말했다.

"판가름할 수 없소."

또 어떤 사람이 왕희지王羲之에게 물었다.

"세간에서는 그대의 글씨가 헌지에 미치지 못한다고 논평하던데."

왕희지가 대답했다.

"전혀 그렇지 않소."

다른 날 왕헌지를 만나 물었다.

"존부의 글씨는 어떠하오?"

왕헌지는 대답하지 않았다. 다시 물었다.

"논자들은 당신이 진실로 당연히 존부만 못하다고 하던데."

그러자 왕헌지가 웃으면서 대답했다.

"남들이 어떻게 알 수 있겠소?"

[역주]‥‥‥‥‥‥‥‥‥‥‥‥

① 章草 : 草書의 古體. 그 명칭의 유래에 대해서는 前漢의 史游가 『急就章』을 쓸 때 이 서체를 사용했기 때문이라는 설, 後漢의 章帝가 처음 사용했기 때문이라는 설, 章帝가 이 서체에 능한 杜伯度에게 章奏文을 쓸 때 사용하게 했기 때문이라는 설 등이 있음.

謝公問王子敬; "君書何如君家尊?" 答曰: "固當不同." 公曰; "外人論殊不爾." 王曰; "外人那得知?"①

①。宋明帝『文章志』曰; 獻之善隸書, 變右軍法爲今體. 字畫秀媚, 妙絶時倫, 與父俱得名. 其章草疎弱, 殊不及父. 或訊獻之云; "羲之書勝不?" "莫能判." 有問羲之云; "世論卿書不逮獻之." 答曰; "殊不爾也." 它日見獻之, 問; "尊君書何如?" 獻之不答. 又問; "論者云, 君固當不如." 獻之笑而答曰; "人那得知之也?"

──────── • 9 : 76 [0653]

왕효백王孝伯[王恭]이 사태부謝太傅[謝安]에게 물었다.

"임공林公[支遁]은 왕장사王長史[王濛]와 비교하여 어떻습니까?"

사태부가 말했다.

"왕장사가 훌륭하오."①

왕효백이 다시 물었다.

"유윤劉尹[劉惔]과 비교해서는 어떻습니까?"

사태부가 말했다.

"아! 유윤이 우수하오."

왕효백이 말했다.

"만약 공公[謝安]의 말씀대로라면 임공은 결코 이 두 사람만 못하다는 것입니까?"

그러자 사태부가 말했다.

"내 생각이 바로 그렇소."

[역주]‥‥‥‥‥‥‥‥‥‥‥
① 훌륭하오 : 원문은 "韶興". 談論이 훌륭하여 빼어난 興趣를 지니고 있다는 뜻.

王孝伯問謝太傅; "林公何如長史?" 太傅曰; "長史韶興." 問; "何如劉尹?" 謝曰; "噫! 劉尹秀." 王曰; "若如公言, 並不如此二人邪?" 謝云; "身意正爾也."

• 9 : 77 [0654]

어떤 사람이 사태부謝太傅[謝安]에게 물었다.

"왕자경王子敬[王獻之]은 선배 중에서 누구에 견줄 수 있습니까?"

사태부가 말했다.

"아경阿敬[王獻之]은 왕王[王濛]과 유劉[劉惔]의 풍격을 비슷하게 체득하고 있소."①

①『속진양추續晉陽秋』: 왕헌지王獻之는 문장과 담론에 모두 뛰어난 것은 아니었지만 그 훌륭한 경지를 체득할 수 있었다. 그래서 당시에 명성을 날려 풍류의 으뜸이 되었다.

人有問太傅; "子敬可是先輩誰比?" 謝曰; "阿敬近撮王·劉之標."①
①『續晉陽秋』曰; 獻之文義, 並非所長, 而能撮其勝會. 故擅名一時, 爲風流之冠也.

• 9 : 78 [0655]

사공謝公[謝安]이 왕효백王孝伯[王恭]에게 말했다.

"당신의 조부王濛는 유윤劉尹[劉惔]과 비교하여 진실로 따라갈 수 있겠소?"

그러자 왕효백이 말했다.

"유윤은 조부님을 따라갈 수 없는 것이 아니라 다만 따라가지 않는 것입니다."①

①。왕몽王濛은 질박하고 유담劉惔은 화려하다는 말이다.

謝公語孝伯; "君祖比劉尹, 故爲得逮?" 孝伯云; "劉尹非不能逮, 直不逮."①
①。言濛質, 而惔文也.

• 9 : 79 [0656]

원언백袁彥伯[袁宏]이 이부랑吏部郞이 되자, 왕자경王子敬[王獻之]이 치가빈郗嘉賓[郗超]에게 서찰을 보내 말했다.

"원언백이 이미 조정으로 들어갔으니 왕성한 의기가 많이 꺾였을 것이오. 진실로 곤장을 맞고서는① 사람 되기가 정말 어렵다는 것을 알았을 터이니, 잠시 후엔② 당연히 조금 나아지기를 바랄 뿐이오!"

[역주]··············

① 곤장을 맞고서는 : 漢代부터 郞官은 과실을 저지르면 곤장을 맞았으므로 사람들은 이런 관직을 맡는 것을 원치 않았음. 『晉書』 권93 「王濛傳」에서 "爲司徒左西屬, 濛以此職有譴則應受杖, 固辭. 詔爲停罰, 猶不就."라고 한 것을 보면, 晉代에도 여전히 기피의 대상이었음을 알 수 있음.
② 잠시 후엔 : 원문은 "小郤". '郤'은 시간의 경과를 뜻함. 晉代에는 '過後'를 흔히 '郤後'라고 했음.

袁彥伯爲吏部郞, 子敬與郗嘉賓書曰; "彥伯已入, 殊足頓興往之氣. 故知捶撻自難爲人, 冀小卻當復差耳!"

• 9 : 80 [0657]

왕자유王子猷[王徽之]와 왕자경王子敬[王獻之] 형제가 함께 『고사전高士傳』의 인물과 그 「찬贊」을 감상했는데, 왕자경이 정단井丹의 고결함을 칭송하자 왕자유가 말했다.

"장경長卿[司馬相如]이 세상에 도도한 것만 못하지."[1]

[1]ㆍ혜강嵇康의 『고사전』: 정단은 자가 대춘大春이며 부풍扶風 미郿사람이다. 박학하고 담론에 뛰어나 도성에서 그를 두고 말했다.

"오경에 해박한[1] 정대춘, 어느 누구에게도 명함 내밀고 만난 적이 없다네."

북궁北宮의 다섯 왕[2]이 거듭 초청했으나 그를 오게 할 수 없었다. 신양후新陽侯 음취陰就[3]가 사람을 보내 그를 맞이하자 마지못해 갔다. 신양후가 보리밥과 푸성귀 반찬을 차려놓고 그의 의중을 관찰했더니, 정단이 그 음식을 물리치면서 말했다.

"군후君侯께서 훌륭한 음식을 대접해줄 것이라고 생각했기에 일부러 온 것인데 이렇게 하는 것은 무슨 뜻이오?"

그러자 곧장 성찬을 차려 내왔다. 신양후가 일어나자 좌우에서 손수레를 대령했더니, 정단이 웃으면서 말했다.

"걸桀과 주紂가 사람수레를 탔다고 들었는데 이것이 이른바 사람수레라는 것이오?"

신양후는 즉시 손수레를 치우게 했다. 월기越騎[4] 양송梁松[5]은 부귀함이 조정을 뒤흔들 정도였는데 정단과 교제하기를 청했으나 정단은 만나주려 하지 않았다. 나중에 정단이 전염병에 걸렸을 때, 양송이 직접 의원을 데리고 와서 그를 위문했다. 정단의 병이 나은지 한참 뒤에 양송이 장남 양뢰梁磊를 잃었기에 정단은 그를 조문하러 한 번 찾아갔다. 당시 빈객이 저택에 가득했는데, 정단이 갖옷과 갈포옷조차도 제대로 갖춰 입지 못한 채 문을 들어섰으나, 좌중의 사람들은 모두 경외심으로 그의 안색을 바라보았다. 정단은 사방을 향하여 길게 읍揖하고 나서 앞으로 나아가 양송과 얘기했는데, 손님과 주인의 예를 마친 뒤 길게 읍하고 곧장 자리에 앉아 누구와도 말을 하지 않았다. 관리가 되려 하지 않았고 곧장 도성을 나와 나중에 마침내 은둔해 버렸다. 그「찬」에 말했다.

"정단은 고결하여, 영화와 부귀를 부러워하지 않았네. 다섯 왕에게 절조 굽히지 않고, 같은 무리 아니면 교제하지 않았네. 드러내놓고 손수레를 비난하니, 좌우사람들 실색했네. 갈포옷 걸친 채 길게 읍하니, 그 절의節義 뭇 인사 압도했네."

◦ 혜강의『고사전』: 사마상여司馬相如는 촉군蜀郡 성도成都사람이며, 자는 장경이다. 처음에는 낭郎이 되어 경제景帝를 섬겼다. 양효왕梁孝王[劉武]이 내조來朝하면서 유세가 추양鄒陽 등을 데리고 왔는데, 사마상여는 그들을 좋아하여 병을 이유로 관직을 그만두고 그들을 따라가 양梁 지방을 유람했다. 나중에 임공臨邛을 지나게 되었는데, 그곳의 부호 탁왕손卓王孫의 딸로서 금방 과부가 된 탁문군卓文君이 음악을 좋아하자, 사마상여는 금琴으로 그녀를 유혹했다. 탁문군이 그에게 도망쳐오자 함께 성도로 돌아갔다. 나중에 가난하게 되자 임공으로 가서 술집을 샀는데, 탁문군은 술청을 지키고 사마상여는 덧바지를 입고 시장에서 그릇을 닦았다. 사람됨이 말을 더듬었으나 문장을 짓는 데 뛰어났다. 벼슬살이를 하면서도 고관을 부러워하지 않았으며, 항상 병을 핑계대고 공경의 내사大事에는 참여하지 않았다. 관직을 그만두고 집에서 죽었다. 그「찬」에 말했다.

"장경은 세상에 도도하여, 예법을 무시하고 자유분방했네. 덧바지 입고 시장에 살았지만, 그 모습 부끄러워하지 않았네. 병을 핑계로 관직을 피한 채, 공경대신을 멸시했네. 이내「대인부大人賦」[6]를 지으니, 탁월하여 더할 게 없었네."

[역주]······························
① 해박한 : 원문은 "紛綸". 깊이 이해하고 두루 통달함.
② 北宮의 다섯 왕 : 『後漢書』권113「井丹傳」에 따르면, 건무연간(25~55) 말에 沛王 劉輔 등 5王이 北宮에 거하면서 많은 빈객들을 초치했다고 함.
③ 陰就 : 後漢 光武帝의 妃인 光烈陰氏의 동생.
④ 越騎 : 漢代 八校尉 가운데 하나인 越騎校尉를 말함. 武帝 때 설치되었으며 騎兵을 관장함.

⑤ 梁松 : 後漢 초의 名臣인 梁統의 아들. 光武帝의 딸을 아내로 맞이함. 『後漢書』 권64에 그의 傳이 있음.
⑥ 「大人賦」: 『史記』 권117과 『漢書』 권57의 「司馬相如傳」에 그 全文이 실려 있음.
[참고] 『晉書』80.

王子猷·子敬兄弟共賞『高士傳』人及「贊」, 子敬賞井丹高潔, 子猷云; "未若長卿慢世." ①

①. 嵇康『高士傳』曰 : 丹, 字大春, 扶風鄙人. 博學高論, 京師爲之語曰; "五經紛綸井大春, 未嘗書刺謁一人." 北宮五王更請, 莫能致. 新陽侯陰就使人要之, 不得已而行. 侯設麥飯·葱菜, 以觀其意, 丹推卻曰; "以君侯能供美膳, 故來相過, 何謂如此?" 乃出盛饌. 侯起, 左右進輦, 丹笑曰; "聞桀·紂駕人車, 此所謂人車者邪?" 侯卽去輦. 越騎梁松, 貴震朝廷, 請交丹, 丹不肯見. 後丹得時疾, 松自將醫視之. 病愈久之, 松失大男磊, 丹一往弔之. 時賓客滿廷, 丹裘褐不完, 入門, 坐者皆悚望其顔色. 丹四向長揖, 前與松語, 客主禮畢後, 長揖徑坐, 莫得與語. 不肯爲吏, 徑出, 後遂隱遁. 其贊曰; "井丹高潔, 不慕榮貴. 抗節五王, 不交非類. 顯譏輦車, 左右失氣. 披褐長揖, 義陵羣萃."

。嵇康『高士傳』曰 : 司馬相如者, 蜀郡成都人, 字長卿. 初爲郞, 事景帝. 梁孝王來朝, 從遊說士鄒陽等, 相如說之, 因病免遊梁. 後過臨邛, 富人卓王孫女文君新寡, 好音, 相如以琴心挑之, 文君奔之, 俱歸成都. 後居貧, 至臨邛買酒舍, 文君當壚, 相如著犢鼻褌, 滌器市中. 爲人口吃, 善屬文. 仕宦不慕高爵, 常託疾不與公卿大事. 終於家. 其贊曰; "長卿慢世, 越禮自放. 犢鼻居市, 不恥其狀. 託疾避官, 蔑此卿相. 乃賦「大人」, 超然莫尙."

• 9 : 81 [0658]

어떤 사람이 원시중袁侍中[袁悋之]①에게 물었다.
"은중감殷仲堪은 한강백韓康伯[韓伯]과 비교하여 어떻습니까?"
원시중이 대답했다.
"명리名理를 체득하고 있는 바의 우열은 판가름할 수 없지만, 집안이 고요하여 차분하게 명사의 풍류를 지니고 있는 것은 은중감이 한강백에 미치지 못하지요."
그래서 은중감이 한강백의 뇌문誄文을 지어 말했다.
"가시나무 사립문①이 낮에도 닫혀 있으니, 한적한 뜰이 평온하다."

①▫『원씨보袁氏譜』: 원각지袁恪之는 자가 원조元祖며 진군陳郡 양하陽夏사람이다. 조부 원왕손袁王孫은 사도종사중랑司徒從事中郞이었고, 부친 원륜袁綸은 임여령臨汝令이었다. 원각지는 황문시랑黃門侍郞을 지냈으며, 의희義熙연간 (405~418) 초에 시중이 되었다.

[역주]……………

① 가시나무 사립문: 원문은 "荊門". '柴門'과 같은 뜻. 가시나무로 엮어 만든 초라한 문.

有人問袁侍中①曰; "殷仲堪何如韓康伯?" 答曰: "義理所得優劣, 乃復未辨, 然門庭蕭寂, 居然有名士風流, 殷不及韓." 故殷作誄云; "荊門晝掩, 閑庭晏然."
①▫『袁氏譜』曰; 恪之, 字元祖, 陳郡陽夏人. 祖王孫, 司徒從事中郞. 父綸, 臨汝令. 恪之仕黃門侍郞, 義熙初爲侍中.

──────── • 9 : 82 [0659]

왕자경王子敬[王獻之]이 사공謝公[謝安]에게 물었다.

"치가빈郗嘉賓[郗超]은 유도계庾道季[庾龢]와 비교하여 어떻습니까?"

사공이 대답했다.

"유도계는 진실로 뛰어난 깨달음의 경지를 체득하고 있지만, 치가빈은 본래 유도계보다 훌륭하오."①①

①▫ 치초郗超가 탁월하게 뛰어나다는 말이다.

[역주]……………

① 본래 유도계보다 훌륭하오: 원문은 "故自上". 『太平御覽』 권447 「人事部·品藻」에 인용된 『郭子』에는 "故自勝"이라 되어 있으며, 바로 그 다음에 "桓公稱云; '鏘鏘有文武.'"라는 구절이 더 있음.

王子敬問謝公; "嘉賓何如道季?" 答曰; "道季誠復鈔撮淸悟, 嘉賓故自上."①
①▫ 謂超拔也.

──────── • 9 : 83 [0660]

왕순王珣이 병들어 위중했을 때 왕무강王武岡[王謐]에게 물었다.①

"세간의 논평에서는 우리 집안의 영군領軍[王洽]①을 누구에 견주고 있소?"

왕무강이 말했다.

"세간에서는 왕북중랑王北中郞[王坦之]에 견주고 있소."

그러자 왕동정王東亭[王珣]이 돌아누워 벽을 향한 채 탄식했다.

"사람은 진실로 오래 살 수 없단 말인가!"②

①・『중흥서中興書』: 왕밀王謐은 자가 아원雅遠②이며, 승상丞相 왕도王導의 손자이자 거기장군車騎將軍 왕소王劭의 아들이다. 재능과 기량을 지녔고 무강후武岡侯 작위를 습봉했으며,③ 벼슬은 사도司徒에 이르렀다.

②・영군 왕흡王洽은 왕순王珣의 부친인데 26세에 죽었다.④ 왕순은 자기 부친의 덕망이 왕탄지王坦之보다 뛰어나지만 장수하지 못했기 때문에 이러한 논평을 받게 되었다고 생각한 것이다.

[역주]………………

① 우리 집안의 領軍[王洽] : 王洽・王珣・王謐은 모두 琅邪臨沂 王氏임. 한편 王坦之는 太原晉陽 王氏임.

② 雅遠 : 『晉書』 권65 「王謐傳」과 『世說敍錄』 「人名譜・琅邪臨沂王氏譜」에는 모두 "稚遠"이라 되어 있음.

③ 武岡侯 작위를 습봉했으며 : 王導는 華軼을 토벌한 공으로 武岡侯에 봉해졌는데, 아들 王悅이 그 작위를 습봉했지만 요절하여 아들이 없었기 때문에 동생 王劭의 아들 王謐을 후사로 정하여 작위를 습봉케 함.

④ 26세에 죽었다 : 『晉書』 권65 「王洽傳」에서는 升平 2년(358)에 36세로 죽었다고 함.

王珣疾, 臨困, 問王武岡曰;① "世論以我家領軍比誰?" 武岡曰; "世以比王北中郞." 東亭轉臥向壁, 歎曰; "人固不可以無年!"②

①・『中興書』曰; 謐, 字雅遠, 丞相導孫, 車騎劭子. 有才器, 襲爵武岡侯, 位至司徒.

②・領軍王洽, 珣之父也, 年二十六卒. 珣意以其父名德過坦之, 而無年, 故致此論.

9 : 84 [0661]

왕효백王孝伯[王恭]이 평했다.

"사공謝公[謝安]은 정이 매우 깊다."
또 말했다.
"왕장사王長史[王濛]는 청허淸虛하고, 유윤劉尹[劉惔]은 준수하며, 사공은 화락和樂하다."①

①・'화락하다[融]'는 성품이 탁 트이고 즐겁다는 말이다.

王孝伯道; "謝公濃至." 又曰; "長史虛, 劉尹秀, 謝公融."①
①・謂條暢也.

----------- • 9 : 85 [0662]

왕효백王孝伯[王恭]이 사공謝公[謝安]에게 물었다.
"임공林公[支遁]은 왕우군王右軍[王羲之]과 비교하여 어떻습니까?"
사공이 말했다.
"왕우군이 임공보다 훌륭하오. 그렇지만 임공은 왕사주王司州[王胡之]보다 앞에 있으니, 역시 존귀하고 통찰력이 있소."①

①・임공이 왕희지王羲之만 못함을 말하는 것이 아니라 왕호지王胡之보다 나음을 말하는 것이다.

王孝伯問謝公; "林公何如右軍?" 謝曰; "右軍勝林公. 林公在司州前, 亦貴徹."①
①・不言若義之, 而言勝胡之.

----------- • 9 : 86 [0663]

환현桓玄이 태부太傅로 있을 때,① 성대한 모임을 열어 조정의 신하들이 모두 모였다. 막 좌정하고 났더니 환현이 왕정지王楨之에게 물었다.
"나는 그대의 일곱째 숙부王獻之와 비교하여 어떻소?"①
당시 빈객들은 그 질문을 듣고 숨을 죽였다. 왕정지가 천천히 대답했다.

"돌아가신 숙부님은 한 시대의 표상이지만 공은 천 년의 영걸입니다."

그러자 온 좌중이 기뻐했다.

1 ▫『왕씨보王氏譜』: 왕정지는 자가 공간公幹이며 낭야琅邪사람으로, 왕휘지王徽之의 아들이다. 시중侍中과 대사마大司馬의 장사長史를 역임했다.
　▫일곱째 숙부는 왕헌지王獻之다.

[역주]⋯⋯⋯⋯⋯⋯⋯⋯⋯⋯
① 太傅로 있을 때 : 『晉書』 권80「王楨之傳」에는 桓玄이 元興 원년(402)에 太尉로 있을 때 일어난 고사로 기록되어 있음. 사실상 桓玄은 太傅를 지낸 적이 없으므로 '太傅'는 '太尉'의 誤記로 추정함.

[참고] 『晉書』 80.

桓玄爲太傅, 大會, 朝臣畢集. 坐裁竟, 問王楨之曰; "我何如卿第七叔?"1 于時賓客爲之咽氣. 王徐徐答曰; "亡叔是一時之標, 公是千載之英." 一坐懽然.
1 ▫『王氏譜』曰; 楨之, 字公幹, 琅邪人, 徽之子. 歷侍中・大司馬長史.
　▫第七叔, 獻之也.

──────── • 9 : 87 [0664]

환현桓玄이 유태상劉太常[劉瑾]에게 물었다.

"나는 사태부謝太傅[謝安]와 비교하여 어떻소?"1

유태상이 대답했다.

"공은 높고 사태부는 깊습니다."

환현이 또 말했다.

"당신의 외숙인 왕자경王子敬[王獻之]과 비교해서는 어떻소?"

유태상이 대답했다.

"풀명자①・배・귤・유자는 제각기 그 맛이 있습니다."2

1 ▫「유근집서劉瑾集敍」: 유근은 자가 중장仲璋이며 남양南陽사람이다. 조부

는 유하劉遐고 부친은 유창劉暢이다. 유창은 왕희지王羲之의 딸을 아내로 맞아 유근을 낳았다. 유근은 재능과 역량이 있었으며, 상서尙書와 태상경太常卿을 역임했다.

②ㅇ『장자莊子』② : 풀명자·배·귤·유자는 그 맛이 상반되지만 모두 입에 맞는다.

[역주]..........................
① 풀명자 : 원문은 "樝(사)". 산이나 들에 자생하는 果樹로, 그 열매는 배처럼 생겼으나 그보다 작으며 새콤하고 단맛이 남.
② 『莊子』: 「天運」편에 보임.

桓玄問劉太常曰; "我何如謝太傅?"① 劉答曰; "公高, 太傅深." 又曰; "何如賢舅子敬?" 答曰; "樝·梨·橘·柚, 各有其美."②

①ㅇ「劉瑾集敍」曰; 瑾, 字仲璋, 南陽人. 祖遐, 父暢. 暢娶王羲之女, 生瑾. 瑾有才力, 歷尙書·太常卿.

②ㅇ『莊子』曰; 樝·梨·橘·柚, 其味相反, 皆可於口也.

• 9 : 88 [0665]

이전에 사람들이 환겸桓謙을 은중문殷仲文에 견주었다.① 환현桓玄 당시에 은중문이 환현의 집으로 들어오자, 환현이 정원에서 그를 바라보며 동석한 사람들에게 말했다.

"우리 집안의 중군中軍[桓謙]이 어떻게 이 사람에게 미칠 수 있겠는가!"

①ㅇ『중흥서中興書』: 환겸은 자가 경조敬祖며 환충桓沖의 셋째아들①이다. 상서복야尙書僕射와 중군장군中軍將軍을 지냈다.

ㅇ『진안제기晉安帝紀』: 은중문은 기량·용모·재능·사고가 뛰어났다.

[역주]..........................
① 셋째아들 : 『晉書』 권74 「桓沖傳」에 따르면, 桓沖에게는 차례대로 嗣·謙·脩·崇·弘·羨·怡의 7아들이 있었으므로 桓謙은 사실상 둘째아들이 됨. 『世說敍錄』「人名譜·譙國龍亢桓氏譜」에서도 마찬가지임.

舊以桓謙比殷仲文.① 桓玄時, 仲文入, 桓於庭中望見之, 謂同坐曰; "我家中軍, 那得及此也!"

① ▫『中興書』曰; 謙, 字敬祖, 沖第三子. 尙書僕射・中軍將軍.
　▫『晉安帝紀』曰; 仲文有器貌才思.

제10편

규 잠
規 箴
Admonitions and Warnings

본편은 『세상의 참신한 이야기, 세설신어』의 10번째 편으로 총 27조가 실려 있다.

'규잠'은 바른 말로 권계勸戒한다는 뜻이다. 작자가 「규잠」편을 설정한 본래 의도는 대개 권계자의 용기와 재지才智을 선양하기 위한 것이지만, 그 실제적인 효용은 통치자들의 부도덕함과 어리석음을 드러내는 것도 포함하고 있다. 위진시대는 역사상 두드러진 난세亂世 가운데 하나이기 때문에 통치자들의 이러한 비행을 암암리에 지적해낸 고사는 충분히 시대적인 의의를 지니고 있다고 할 수 있다.

그밖에 본편에는 후세까지 귀감으로 여겨지는 명구들이 실려 있는데, 예를 들어 혜원慧遠이 스님들을 면려勉勵케 하면서 "아침 햇살처럼 시간의 흐름과 더불어 밝게 빛나길 바랄 뿐이다[但願朝陽之輝, 與時並明耳]"라고 한 말은 지금까지 널리 애송되는 명구로, 사람들을 학문에 매진하도록 격려하는 경우에 즐겨 쓰인다.

------- • 10 : 01 [0666]

　한漢 무제武帝[劉徹]의 유모가 궁정 밖에서 죄를 범하자, 무제는 법에 따라 처벌하려 했다. 유모가 동방삭東方朔에게 구원을 청했더니① 동방삭이 말했다.
　"이 일은 말로 다툴 바가 아니오. 당신은 이 일이 반드시 성사되기를 바란다면, 장차 황제를 떠나려 할 때 다만 황제를 자주 뒤돌아보기만 하고 절대로 말을 해서는 안되오. 이렇게 하면 혹시 만에 하나 기대할 수도 있소."
　유모는 도착하고 나서 동방삭이 시킨 대로 했다. 동방삭 역시 무제를 측근에서 모시고 있다가 유모에게 말했다.
　"너는 어리석기 짝이 없구나! 폐하께서 어찌 네가 젖을 먹여주던 때의 은혜를 더 이상 기억하시겠느냐?"
　무제는 비록 재기가 매섭고 마음이 모질었지만 또한 유모에게 깊은 정이 들었기 때문에, 이내 처량한 마음으로 그녀를 불쌍히 여겨 즉시 조서를 내려 죄를 사하여 주었다.②

① ▫『한서漢書』①. 동방삭은 자가 만천曼倩이며 평원平原 염차厭次사람이다.
　▫『동방삭별전』: 동방삭은 남양南陽 보광리步廣里사람이다.
　▫『열선전列仙傳』: 동방삭은 초楚 땅 사람이다. 무제 때 상주하여 적절한 정책②을 논함으로써 낭중郎中에 임명되었다. 선제宣帝[劉詢] 초년에 관직을 버리고 사라졌는데, 사람들은 모두 그를 세성歲星③의 정령이라 생각했다.
② ▫『사기史記』「골계열전滑稽列傳」: 한 무제가 어렸을 때 동무후東武侯[郭他]의 모친이 일찍이 무제를 양육한 적이 있었으므로 나중에 대유모大乳母라 불렸다. 그 위세를 업고 그 자손과 종복까지도 장안長安에서 횡포를 부리면서 길을 막고 남의 의복을 빼앗곤 했다. 관리가 유모를 변방으로 추방시켜야 한다고 주청했는데, 무제가 주청을 윤허하자 유모는 입조하여 작별을 고하게 되었다. 무제가 총애하던 배우 곽사인郭舍人은 발언과 진술이 비록 대도大道에 부합되지는 않았지만 군주를 기쁘게 할 수는 있었다. 그래서 유모

는 먼저 곽사인을 만나 눈물로 호소했다. 곽사인이 말했다.

"즉시 입조하여 작별을 고하되 곧바로 떠나지는 말고 자주 뒤돌아보시오."④

유모가 그의 말대로 했더니, 곽사인이 매서운 말로 그녀를 꾸짖었다.
"이런! 늙은 망구 같으니! 어찌하여 빨리 떠나지 못하는고? 폐하께서 이미 장성하셨는데 어찌 아직도 유모에 의지하여 살아가시겠느냐? 그래도 어찌하여 뒤돌아보는고?"

이에 천자는 그녀를 가엽게 여겨 조서를 내려 추방을 그만두게 했으며, 유모의 추방을 주청한 사람을 벌주었다.

[역주]························
① 『漢書』: 권65 「東方朔傳」에 보임.
② 적절한 정책 : 원문은 "便宜". 조정과 백성들에게 모두 편리하고 마땅하다는 뜻으로 정책적인 의견을 말함.
③ 歲星 : 木星을 말함. 『太平廣記』 권6 「神仙‧東方朔」에 인용된 『東方朔別傳』에 따르면, 그가 죽은 뒤 武帝가 점성술사로부터 18년 동안 목성이 보이지 않았다는 말을 들었는데, 그가 무제 밑에서 벼슬한 기간도 18년이었으므로 그가 목성의 정령임을 알게 되었다고 함.
④ 즉시~뒤돌아보시오 : 원문은 "卽入辭, 勿去, 數還顧." 『史記』 권126 「滑稽列傳‧東方朔傳」에는 "卽入見, 辭去, 疾步, 數還顧."라 되어 있음.

[참고] 『史記』126

漢武帝乳母嘗於外犯事, 帝欲申憲. 乳母求救東方朔, ① 朔曰; "此非脣舌所爭. 爾必望濟者, 將去時, 但當屢顧帝, 愼勿言. 此或可萬一冀耳." 乳母旣至, 朔亦侍側, 因謂曰; "汝癡耳! 帝豈復憶汝乳哺時恩邪?" 帝雖才雄心忍, 亦深有情戀, 乃悽然愍之, 卽勅免罪. ②

① ‧ 『漢書』曰; 朔, 字曼倩, 平原厭次人.
  ‧ 『朔別傳』曰; 朔, 南陽步廣里人.
  ‧ 『列仙傳』曰; 朔是楚人. 武帝時上書說便宜, 拜郞中. 宣帝初, 棄官而去, 共謂歲星也.
② ‧ 『史記』「滑稽傳」曰; 漢武帝少時, 東武侯母嘗養帝, 後號大乳母. 其子孫從奴, 橫暴長安中, 當道奪人衣物. 有司請徙乳母於邊, 奏可, 乳母入辭. 帝所幸倡郭舍人發言陳辭, 雖不合大道, 然令人主和說. 乳母乃先見, 爲下泣. 舍人曰; "卽入辭, 勿去, 數還顧." 乳母如其言, 舍人疾言罵之曰; "咄! 老女子! 何不疾行? 陛下已壯矣, 寧尙須乳母活邪? 尙何還顧邪?" 於是人主憐之, 詔止毋徙, 罰請者.

• 10 : 02 [0667]

경방京房①이 한漢 원제元帝[劉奭]와 함께 담론하다가 원제에게 물었다.
"주周나라 유왕幽王②과 여왕厲王③은 어찌하여 망했습니까? 어떤 사람을 등용했습니까?"
원제가 대답했다.
"불충한 사람을 임용했소."
경방이 말했다.
"불충한 줄을 알면서도 임용한 것은 어째서입니까?"
원제가 말했다.
"망국의 군주는 각각 자신의 신하를 현명하다고 여기기 마련이니, 어찌 불충한 줄을 알면서 임용했겠소?"
그러자 경방이 머리를 조아리며 말했다.
"지금에 옛날을 보는 것이 또한 훗날에 지금을 보는 것과 같을까 걱정입니다." ①

① 『한서漢書』④ : 경방은 자가 군명君明이며 동군東郡 돈구頓丘 사람이다. 특히 음률을 좋아하여 음악에 밝았으며 효렴孝廉으로 낭관郎官이 되었다. 당시에는 중서령中書令 석현石顯이 권력을 전횡하고 그의 친구인 오록五鹿의 충종充宗이 상서령尚書令이 되었는데, 충종은 경방과 함께 『역경易經』을 연구하면서 서로 시비를 논쟁했으며, 이 두 사람[석현 · 충종]이 국사를 마음대로 했다. 경방이 일찍이 원제가 한가로이 쉬고 있을 때 원제를 알현하고 물었다.
"유왕과 여왕은 어찌하여 망했습니까? 어떤 사람을 임용했습니까?"
황상이 말했다.
"군주 역시 현명하지 못했고 신하도 교묘한 아첨배였소."
"교묘한 아첨배인 줄을 알면서도 임용한 것입니까? 아니면 그들이 현명하다고 여긴 것입니까?"
"현명하다고 여긴 것이었소."

"그렇다면 지금은 그들이 현명하지 못했다는 것을 어떻게 알 수 있습니까?"

"그 시대가 어지러웠고 군주가 위험에 빠진 것으로 알 수 있소."

"현자를 임용하면 잘 다스려지고 불초한 자를 임용하면 어지러워지는 것은 자연의 이치입니다. 유왕과 여왕은 어찌하여 그러한 이치를 깨닫고서 일찍 현자를 받아들이지 못한 것입니까? 어찌하여 결국 불초한 자를 임용하여 망국에 이른 것입니까?"

"나라를 어지럽히고 망하게 한 군주는 각각 자신의 신하를 현명하다고 여기기 마련이니, 만약 모두 그러한 사실을 깨달았다면 어찌 나라를 어지럽히고 망하게 한 군주가 되었겠소?"

"제齊나라 환공桓公⑤과 진秦나라 이세황제二世皇帝⑥는 어찌하여 유왕과 여왕을 거울삼지 않고 수조豎刁와 조고趙高를 임용하여 정치가 날로 어지러워졌던 것입니까?"

"오직 도를 체득한 자만이 과거를 가지고 미래를 알 수 있을 뿐이오."

경방이 "폐하께서 즉위하신 이후로 도적이 끊이지 않고 죄인이 시중에 가득합니다"라고 운운하면서 황상에게 물었다.

"지금은 치세治世입니까? 난세입니까?"

황상이 말했다.

"그래도 그때보다는 낫소."

"이전의 두 군주도 모두 그렇게 생각했습니다. 신은 훗날에 지금을 보는 것이 지금에 옛날을 보는 것과 같을까 걱정입니다."

"지금 나라를 어지럽히는 자가 누구란 말이오?"

"황상께서 휘장 안에서 친히 함께 국사를 도모하는 자들입니다."

경방은 석현과 충종을 지목하여 말한 것이었다. 그래서 석현 등은 경방을 군수郡守로 임용하는 것이 마땅하다고 건의하여 마침내 경방을 동군태수⑦로 삼았다. 그 뒤 석현은 경방의 사적인 일을 파헤쳐 그 일에 연루시켜 경방을 기시형棄市刑에 처해 버렸다.⑧

[역주]······················
① 京房 : 前漢시대 易學의 대가. 前漢 今文易學인 京氏易學의 창시자로, 『京氏易傳』 3권을 지음.
② 幽王 : 周나라 제12대 천자. 正妃 申氏와 태자 宜臼를 물리치고 褒姒를 총애하여

포사 소생의 伯服을 태자로 삼으려 하자, 외척 申侯가 犬戎의 힘을 빌려 幽王을 驪山에서 살해함.
③ 厲王 : 주나라 제10대 천자. 부고한 사람을 살육하고 포악무도하여 백성들에 의해 추방당함.
④ 『漢書』: 권75 「京房傳」에 보임.
⑤ 齊나라 桓公 : 춘추시대 齊나라 군주. 처음에는 管仲을 재상으로 삼아 천하의 패권을 차지했지만, 만년에는 寺人 豎刁를 신임했다가 나라가 어지러워졌으며 그가 죽은 뒤에도 내란으로 인해 2달 동안 장례를 치르지 못함.
⑥ 秦나라 二世皇帝 : 秦나라 제2대 황제 胡亥. 부친 始皇帝가 죽은 뒤 환관 趙高에 의해 옹립되어 황제가 되었지만, 조고의 전횡으로 나라가 어지러워졌으며 결국 조고에게 자살을 강요받음.
⑦ 동군태수 : 원문은 "東郡". 『漢書』 권75 「京房傳」에는 "魏郡"이라 되어 있음.
⑧ 棄市刑에 처해 버렸다 : '棄市刑'은 죄인을 저자거리에서 처형하여 그 시체를 버려두어 사람들에게 경계로 삼게 하는 형벌. 京房은 張博을 통하여 장인인 淮陽 憲王[元帝의 동생]에게 원제 측근의 간신을 제거하라는 상서를 올리게 했다가 그 일이 石顯 등에게 알려지는 바람에 張博과 함께 정치를 비난했다는 이유로 처형 당함.

[참고] 『漢書』75.

京房與漢元帝共論, 因問帝: "幽·厲之君何以亡? 所任何人?" 答曰; "其任人不忠." 房曰; "知不忠而任之, 何邪?" 曰; "亡國之君, 各賢其臣, 豈知不忠而任之?" 房稽首曰; "將恐今之視古, 亦猶後之視今也."①

①·『漢書』曰; 京房, 字君明, 東郡頓丘人. 尤好鍾律, 知音聲, 以孝廉爲郎. 是時, 中書令石顯專權, 及友人五鹿充宗爲尙書令, 與房同經, 論議相是非, 而此二人用事. 房嘗宴見, 問上曰; "幽·厲之君何以亡? 所任何人?" 上曰; "君亦不明, 而臣下佞." 房曰; "知其巧佞而任之邪? 將以爲賢邪?" 上曰; "賢之." 房曰; "然則今何以知其不賢?" 上曰; "以其時亂而君危知之." 房曰; "是任賢而理, 任不肖而亂, 自然之道也. 幽·厲何不覺悟而蚤納賢? 何爲卒任不肖以至亡?" 於是上曰; "亂亡之君, 各賢其臣, 令皆覺悟, 安得亂亡之君?" 房曰; "齊桓·二世何不以幽·厲疑之, 而任豎刁·趙高, 政治日亂邪?" 上曰; "唯有道者能以往知來耳." 房曰; "自陛下卽位, 盜賊不禁, 刑人滿市." 云云, 問上曰; "今治也? 亂也?" 上曰; "然愈於彼." 房曰; "前二君皆然. 臣恐後之視今, 猶今之視前也." 上曰; "今爲亂者誰?" 房曰; "上所親與圖事帷幄中者." 房指謂石顯及充宗. 顯等乃建言, 宜試房以郡守, 遂以房爲東郡. 顯發其私事, 坐棄市.

• 10 : 03 [0668]

　　진원방陳元方[陳紀]이 부친상을 당하여 애통하게 곡을 하느라 수척해져서 몸에 뼈가 드러날 정도였는데, 그의 모친이 딱하게 여겨 몰래 비단이불을 덮어주었다. 곽림종郭林宗[郭泰]이 조문하러 왔다가 그 모습을 보고 말했다.
　　"그대는 천하의 준재로서 세상 사람들이 그대를 모범으로 삼고 있는데, 어찌하여 친상을 당하여 비단이불을 덮고 있는가? 공자가 '비단옷을 입고 쌀밥을 먹는 것이 너에게 편하더냐?'라고 말했는데,①
나는 그렇게 하는 것을 인정하지 않는다!"
　　그러고는 옷을 털며 가버렸다. 그 후로 백여 일 동안① 빈객이 끊어졌다.②

①ㆍ『논어論語』② : 재아宰我가 물었다.
　　"삼년상은 일주년이라도 너무 오랜 것 같습니다."
　　선생님께서 말씀하셨다.
　　"쌀밥을 먹고 비단옷을 입는 것이 너에게 편안하더냐? 대저 군자는 상을 당해서는 맛난 것을 먹어도 달지 않고 음악을 들어도 기쁘지 않으며 집에 거해도 편안하지 않기 때문에 그렇게 하지 않는데, 지금 네가 편안하다면 그렇게 하여라."

②ㆍ"백여 일 동안[百所日]"의 "소所"는 "허許"라 되어 있기도 한다.②

[역주]
① 백여 일 동안 : 원문은 "百所日". 『太平御覽』 권561·815·707에 인용된 『語林』의 고사에는 "百許日"이라 되어 있음. '所'와 '許'는 같은 뜻으로 '쯤ㆍ정도ㆍ가량'의 의미.

② 『論語』 : 「陽貨」篇에서 節錄한 것임.

[참고] 『太平御覽』511.

陳元方遭父喪, 哭泣哀慟, 軀體骨立, 其母愍之, 竊以錦被蒙上. 郭林宗弔而見之, 謂曰; "卿海內之儁才, 四方是則, 如何當喪, 錦被蒙上? 孔子曰; '衣夫錦

也, 食夫稻也, 於汝安乎?'① 吾不取也!" 奮衣而去. 自後賓客絶百所日.②

① ▫ 『論語』曰; 宰我問; "三年之喪, 朞已久矣." 子曰; "食夫稻, 衣夫錦, 於汝安乎? 夫君子居喪, 食旨不甘, 聞樂不樂, 居處不安, 故不爲也. 今汝安, 則爲之."

② ▫ "所"一作"許".

━━━━━━━━ • 10:04 [0669]

손휴孫休^①는 꿩 사냥을 좋아했는데, 그 계절이 되면 새벽에 나갔다가 저녁에야 돌아오고는 했다. 신하들이 모두 이를 말리면서 간언하였다.②

"이것[꿩]은 하찮은 짐승으로 어찌 심히 탐닉할 가치가 있겠습니까?"

그러자 손휴가 말했다.

"비록 하찮은 짐승이긴 하지만 굳은 절조^③가 사람보다 낫기 때문에 짐은 그것을 좋아하는 것이오."①

① ▫ 환제環濟의 『오기吳紀』: 손휴는 자가 자열子烈이며 오吳나라 대제大帝[孫權]의 여섯째 아들이다. 처음에는 낭야왕琅邪王에 봉해졌다. 어느 날 용을 타고 승천하는 꿈을 꾸었는데 돌아보니 용의 꼬리가 보이지 않는 것이었다. 그 후 손림孫琳^④이 소주少主[孫亮]를 폐위시키고 손휴를 맞이하여 옹립했다. 손휴는 전적에 깊은 뜻을 두어 백가의 책을 모두 독파하려 했다. 꿩 사냥을 꽤 좋아하여 봄이 되면 새벽에 나갔다가 저녁에야 돌아오곤^⑤ 했는데, 오직 이 때에만 손에서 책을 놓았다. 붕어하자 시호를 경황제景皇帝라 했다.

▫ 『조례오사條例吳事』: 손휴는 재위하는 동안 성실하고 세심하여 허술하게 처리한 일이 없었으나 오직 꿩 사냥만은 비판받을 만했다.^⑥

[역주]······················

① 孫休: 唐寫本에는 "孫烋"라 되어 있음.

② 모두 이를 말리면서 간언하길: 원문은 "莫不止諫". 唐寫本에는 "莫不上諫曰"이라 되어 있음.

③ 굳은 절조: 원문은 "耿介". 절조를 굳건히 지키는 것을 말함. 『儀禮』「士相見禮」의 "贄冬用雉" 구절의 注에서 "士贄用雉者, 取其耿介, 交有時, 別有倫也. 雉必用死者, 爲其不可生服也."라고 함. 그래서 '雉'를 '耿介禽'이라고도 부름.

④ 孫琳 : 唐寫本과 『三國志』 권48 「吳書・孫休傳」에는 모두 "孫綝(침)"이라 되어 있음.
⑤ 저녁에야 돌아오곤 : 원문은 "莫反". '莫'는 '暮'와 통함.
⑥ 손휴는~만했다 : 원문은 "休在位烝烝, 無有遺事, 唯射雉可譏." 唐寫本에는 "休在政烝烝, 少有違事, 頗以射雉爲譏云爾."라 되어 있음. '烝烝'은 성실하고 치밀하여 익숙한 모양.

[참고] 『三國志』 48.

孫休好射雉, 至其時, 則晨去夕反. 羣臣莫不止諫; "此爲小物, 何足甚耽?" 休曰; "雖爲小物, 耿介過人, 朕所以好之." ①
① ◦ 環濟『吳紀』曰: 休, 字子烈, 吳大帝第六子. 初封琅邪王. 夢乘龍上天, 顧不見尾. 孫琳廢少主, 迎休立之. 銳意典籍, 欲畢覽百家之事. 頗好射雉, 至春, 晨出莫反, 唯此時舍書. 崩, 諡景皇帝.
　◦『條列吳事』曰; 休在位烝烝, 無有遺事, 唯射雉可譏.

―――― • 10 : 05 [0670]

손호孫皓①가 승상丞相 육개陸凱에게 물었다.
"그대의 일족은 조정에 몇 명이나 있소?"
육개가 말했다.
"재상이 2명, 후작侯爵이 5명, 장군이 10여 명 있습니다."
손호가 말했다.
"흥성하도다!"
그러자 육개가 말했다.
"군주가 현명하고 신하가 충성스러운 것은 국가의 흥성이며, 아비가 자애롭고 자식이 효성스러운 것은 집안의 흥성입니다. 지금 정치가 황폐하고 백성이 피폐하여 나라가 전복되는 것을 걱정하고 있는 판인데, 신이 어찌 감히 흥성하다고 말할 수 있겠습니까?" ①

① ◦『오록吳錄』: 육개는 자가 경풍敬風이며 오吳사람②으로, 승상 육손陸遜의 족자族子③다. 충직하고 큰 지조를 지녔으며, 뜻을 돈독히 하고 학문을 좋아

했다. 처음 건충교위建忠校尉④로 있을 때 군무軍務가 있을지라도 손에서 책을 놓지 않았다. 여러 벼슬을 거쳐 좌승상左丞相에 기용되었다. 당시 후주後主[孫皓]가 포학을 부리자 육개가 강직하게 직간했지만, 그의 종족이 강성했기 때문에 손호는 육개에게 감히 주벌誅罰을 가하지 못했다.

[역주]······················
① 孫皓 : 唐寫本과 『三國志』 권48 「吳書」 本傳에는 "孫晧"라 되어 있음.
② 吳사람 : 원문은 "吳人". 唐寫本에는 "吳郡吳人"이라 되어 있음.
③ 族子 : 族兄弟의 아들. 집안의 손윗사람은 '族兄'이라 하고, 손아랫사람은 '族弟'라고 함.
④ 建忠校尉 : 『三國志』 권61 「吳書·陸凱傳」에는 '建武都尉'에 임명되었다가 나중에 朱崖를 토벌한 공으로 '建武校尉'로 전임되었다는 기록은 있지만, '建忠校尉'에 대한 언급은 없음.

[참고] 『太平御覽』470.

孫皓問丞相陸凱曰; "卿一宗在朝有幾人?" 陸曰; "二相·五侯·將軍十餘人." 皓曰; "盛哉!" 陸曰; "君賢臣忠, 國之盛也, 父慈子孝, 家之盛也. 今政荒民弊, 覆亡是懼, 臣何敢言盛?"①

①. 『吳錄』曰; 凱, 字敬風, 吳人, 丞相遜族子. 忠鯁有大節, 篤志好學. 初爲建忠校尉, 雖有軍事, 手不釋卷. 累遷左丞相. 時後主暴虐, 凱正直彊諫, 以其宗族彊盛, 不敢加誅也.

• 10 : 06 [0671]

하안何晏과 등양鄧颺이 관로管輅에게 괘를 짚어보라 하면서 말했다.
"삼공三公의 지위에 오를 수 있을지 모르겠군요?"
점괘가 나오자 관로가 고래의 해석을 인용하여 그들을 깊이 경계시켰다. 그러자 등양이 말했다.
"이것은 늙은 서생의 평범한 말일 뿐이오."①
하안은 이렇게 말했다.
"'기미幾微를 아는 것은 신묘하도다①!'라고 한 것을 옛 사람들은 어려운 일이라 생각했으며, 교분이 깊지도 않은데 진실을 토로하는 것을 지금 사람들은 어려운 일이라 생각하지요. 그런데도 지금 당신은 한번 만난 자리에서 두 가지 어려운 일을 다 말씀해주시니, 가히 '밝은 덕이 오로지 향기롭다②'고 할 만하오.『시경詩經』에서도 이르지 않았소이까? '마음속 깊이 새겨 어느 날인들 잊으랴③'! 하고 말이오."②

① 『관로별전』: 관로는 자가 공명公明이며 평원平原사람이다.『주역周易』에 밝아 그 명성이 서주徐州에 퍼졌다. 기주冀州자사 배휘裵徽가 그를 수재秀才로 천거하면서 말했다.④

"하안과 등양 두 상서尚書⑤는 나라를 다스릴 재략을 지녔으며 사물의 이치에 정통하지 않음이 없소이다.⑥ 특히 하상서何尚書[何晏]는 정신이 명철하여 미세한 것까지 거의 간파해내니 당신은 마땅히 신중해야 할 것이오. 그는 스스로 『역경』 가운데 '아홉 가지 일'을 이해하지 못한다고 말했으니 틀림없이 당신에게 질문할 것이오. 그러니 당신은 낙양洛陽에 이르게 되면 마땅히 그 이치를 잘 알고 있어야 할 것이오."

관로가 말했다.

"'아홉 가지 일'이란 모두 지극한 뜻이지만,⑦ 애써 생각하기에는 부족합니다. 음양에 대한 것이라면 정통한지가 오래 되었습니다."

관로가 낙양에 이르자 과연 하상서가 '아홉 가지 일'에 대하여 질문했는데, 관로가 모두 설명했더니⑧ 하상서가 말했다.

"당신이 음양에 대하여 논한 것은 이 세상에 비할 자가 없소!"

당시 등상서鄧尚書[鄧颺]가 그 자리에 있다가 말했다.

"이 사람은 『역경』에 뛰어나기는 하지만 『역경』 중의 사의辭意에 대해서는 애당초 논급하지 않으니 무슨 이유이오?"

관로가 대답했다.

"대저 『역경』에 뛰어난 자는 『역경』을 논하지 않습니다."

이 말을 들은 하상서가 웃음을 머금고서 그를 칭찬했다.

"가히 요체를 체득한 말은 번잡하지 않다고 할 만하오!"

그러고는 이어서 관로에게 말했다.

"듣자 하니 당신은 『역경』을 논하는 데 뛰어날 뿐만 아니라 시초蓍草를 나누어 효爻를 고찰하는 것도 신묘하다고 하니, 시험 삼아 괘를 하나 짚어보아 내가 삼공의 지위에 오를 수 있을지 알 수 있겠소? 또한 근자에 금파리 수십 마리가 코끝에 날아와 쫓아도 도망가지 않는 꿈을 꾸었는데[9] 무슨 뜻이 있는 것이오?"

관로가 말했다.

"올빼미와 부엉이는 천하의 천한 새이지만, 숲에 살면서 오디를 먹으면 고운 소리로 나를 달래준다고 합니다.[10] 하물며 저의 마음은 초목보다 나으며 해를 향하는 해바라기나 콩잎처럼 마음을 쏟고 있으니, 감히 진실을 다하지 않을 수 있겠습니까? 오직 이 점을 양찰해주십시오. 옛날 팔원八元[11]과 팔개八凱[12]가 중화重華[舜]를 보좌할 때 자애로움을 펼쳐 그 은혜로 백성들이 화평한 것은 인의仁義의 지극함이며, 주공周公이 성왕成王을 보필할 때 앉아서 날이 새기를 기다린 것[13]은 신중의 지극함입니다. 그러므로 온 세상[14]에 은덕을 펼쳐 만국이 모두 안녕할 수 있게 된[15] 연후에, 신하로서 삼공의 지위에 올라[16] 음양을 조화시켜 만민을 구제해야 합니다. 이것은 도를 실천한 것에 대한 훌륭한 보응이지 점괘로 아는 것은 아닙니다. 지금 군후君侯[何晏]께서는 지위는 산악[17]보다 무겁고 위세는 천둥·번개와 같아서, 사람들은 비를 기다릴 때 구름을 바라듯이 당신의 그림자로 몰려들고 당신이 만 리에 바람을 몰고 다니지만, 은덕을 흠모하는 자는 드물고 위세를 두려워하는 자는 많으니, 아마도 공경하고 근신하여 많은 복을 불러들이는 사람[18]이 아닌 듯합니다. 또한 코라는 것은 괘로 따지면 간괘艮卦[19]에 해당합니다. 이것은 얼굴 한 가운데[20]의 산으로 높지만 위험하지 않은 것은 길이 고귀함을 지킬 수 있기 때문입니다.[21] 그런데 지금 냄새나고 더러운 곤충인 금파리가 그곳에 모인 것입니다. 지위 높은 자가 넘어지고 호사 부리는 자가 망하는 것은 필연적인 이치입니다. 대저 변화는 서로 맞물려 생겨나지만 극단에 이르면 해가 되며, 비고 차는 것은 서로 번갈아 일어나지만 넘치면 고갈됩니다. 성인은 음양의 본성을 살펴 존망의 이치를 밝히며, 많은 것을 덜어서 그 세력을 약화시키기도 하고 급진적인 것을 억눌러 물러나게 하기도 합니다. 그렇기 때문에 산이 땅속에 있는 것을 '겸謙'이라 하고,[22] 번개가 천상에 있는 것을 '대장大壯'이라 하니,[23] '겸'은 많은 것을 덜어서 적은 것에 보태준다[24]는 뜻이고, '대장'은 예가 아닌 것은 행하지 않는다[25]는 뜻입니다. 삼가 바라건대 군후께서 위로는 문왕文王이 만든 육효六爻의 주지를 고찰하시고 아래로는 공자가 지은 단전象傳과 상전象傳의 의의를 생각하신다면, 삼공의 문제는 해결할 수 있으며 금파리도 쫓아낼 수 있을 것입니다."

등상서가 말했다.

"이것은 늙은 서생[老生]의 평범한 말[常談]일 뿐이오."

그러자 관로가 말했다.

"대저 '늙은 서생'이란 누군가가 살아남지 못하리란 것을 알아낼 수 있으며,[26] '평범한 말'이란 아무도 말하려 하지 않는 것을 알아낼 수 있지요."

2 ▫ 『명사전名士傳』: 당시 조상曹爽이 정사를 보좌했을 때 식자들은 위기가 발생할까봐 염려했다. 하안은 높은 명망을 지니고 있었고 위魏나라 조정과 인척관계[27]에 있었기 때문에 마음속으로는 근심을 품고 있었지만 물러날 수 있는 처지가 아니었다. 그래서 오언시[28]를 지어 자신의 뜻을 술회했다.

"큰 기러기 날개 나란히 노닐고, 떼 지어 날며 창공에서 유희하네. 큰 그물의 근심과 화가 하루아침에 한꺼번에 들이닥칠까 늘 두렵다네. 어찌 오호五湖에 모여 물결 따라 부평초 쪼아 먹는 것만 같으랴? 언제나 편안하게[29] 속마음 밝힌다면, 어찌하여 두려움 때문에 놀라랴?"

대개 관로의 말로 인해 걱정한 나머지 시를 지은 것이었다.

[역주]……………………

① 幾微를 아는 것은 신묘하도다 : 원문은 "知幾其神乎". 『周易』 「繫辭傳下」에 나오는 구절.

② 밝은 덕이 오로지 향기롭다 : 원문은 "明德惟馨". 『書經』 「君陳」에 나오는 구절.

③ 마음속 깊이 새겨 어느 날인들 잊으랴 : 원문은 "中心藏之, 何日忘之". 『詩經』 「小雅·濕桑」에 나오는 구절.

④ 『周易』에~이르길 : 원문은 "明『周易』, 聲發徐州. 冀州刺史裴徽擧秀才, 謂曰." 唐寫本에는 이 구절이 "八歲, 便好仰觀星辰, 得人輒問. 及成人, 果明『周易』, 仰觀風角占相之道, 聲發徐州, 號曰神童. 冀州刺史裴徽召補文學, 一見淸論終日, 再見轉爲部鉅鹿從事, 三見轉爲治中, 四見轉爲別駕, 至十月, 擧爲秀才. 臨辭, 徽謂曰."이라 되어 있음.

⑤ 하안과 등양 두 尙書 : 원문은 "何·鄧二尙書". 『三國志』 권29 「魏書·管輅傳」 注에 인용된 『管輅別傳』에는 "丁·鄧二尙書"라 되어 있는데, '丁'은 丁謐을 말함.

⑥ 사물의~없소이다 : 원문은 "於物理無不精也". 唐寫本과 『三國志』 권29 「管輅傳」 注에 인용된 『管輅別傳』에는 "無"자가 없음.

⑦ '아홉 가지 일'이란 모두 지극한 뜻이지만 : 원문은 "若九事皆至義". 唐寫本에는

"若九事皆王義", 宋本에는 "若九事比王義"라 되어 있는데, '王'은 王弼을 말함.
⑧ 과연~설명했더니 : 원문은 "果爲何尙書問九事, 皆明." 唐寫本과 『三國志』 권29 「管輅傳」 注에 인용된 『管輅別傳』에는 "果爲何尙書所請, 共論『易』九事, 九事皆明."이라 되어 있음.
⑨ 또한~꾸었는데 : 원문은 "又頃夢靑蠅數十來鼻頭上". 唐寫本에는 "又頃連靑蠅數十頭來鼻上", 宋本에는 "又夢靑蠅數十來鼻頭上", 『三國志』 권29 「管輅傳」 注에 인용된 『管輅別傳』에는 "連夢見靑蠅數十頭來鼻上"이라 되어 있음.
⑩ 올빼미와~합니다 : 원문은 "鴟鴞, 天下賤鳥也. 及其在林食桑椹, 則懷我好音." 『詩經』 「魯頌・泮水」의 "翩彼飛鴞, 集于泮林. 食我桑椹, 懷我好音." 구절에 근거함.
⑪ 八元 : 『左傳』 「文公18年」에서 "高辛氏有才子八人, 伯奮・仲堪・叔獻・季仲・伯虎・仲熊・叔豹・季貍, 忠肅共懿, 宣慈惠和, 天下之民, 謂之八元."이라고 함.
⑫ 八凱 : '八愷'라고도 함. 『左傳』 「文公18年」에서 "昔高陽氏有才子八人, 蒼舒・隤敳・檮戭・大臨・尨降・庭堅・仲容・叔達, 齊聖廣淵, 明允篤誠, 天下之民, 謂之八愷."라고 함.
⑬ 앉아서 날이 새기를 기다린 것 : 원문은 "坐以待旦". 『孟子』 「離婁章句下」에 나오는 구절.
⑭ 온 세상 : 원문은 "六合". 天地와 東西南北. 즉 온 세상을 말함.
⑮ 만국이 모두 안녕할 수 있게 된 : 원문은 "萬國咸寧". 『周易』 「乾卦」에 나오는 구절.
⑯ 신하로서 삼공의 지위에 올라 : 원문은 "據鼎足而登金鉉". '鼎'은 발이 셋 달리고 귀가 둘 달린 솥으로 帝位를 상징하고, '金鉉'은 鼎의 황금귀[손잡이]를 말함. 鼎의 발과 귀는 帝位를 지탱하는 三公의 지위를 뜻함. '金鉉'은 '三鉉'이라고도 함. 『周易』 「鼎卦」에서 "六五: 鼎黃耳, 金鉉, 貞利."라고 함.
⑰ 산악 : 宋本에는 "東岳"이라 되어 있음. '東岳'은 泰山을 말함.
⑱ 공경하고 근신하여 많은 복을 불러들이는 사람 : 원문은 "小心翼翼, 多福之士." 『詩經』 「大雅・大明」의 "維此文王, 小心翼翼. 昭事上帝, 聿懷多福. 厥德不回, 以受方國." 구절에 근거함.
⑲ 艮卦 : 8卦 가운데 하나로 山을 상징함.
⑳ 얼굴 한 가운데 : 원문은 "天中". 骨相學에서 코 있는 곳을 말함.
㉑ 높지만~때문입니다 : 원문은 "高而不危, 所以長守貴也." 『孝經』 「諸侯章」에 나오는 구절.
㉒ 산이 땅속에 있는 것을 '謙'이라 하고 : 원문은 "山在地中曰謙". 『周易』 「謙卦」에 나오는 구절. '謙'은 64卦 가운데 하나로 謙遜의 德을 상징함.
㉓ 번개가 천상에 있는 것을 '大壯'이라 하니 : 원문은 "雷在天上曰'大壯'". 『周易』

「大壯卦」에 나오는 구절. '大壯'은 64卦 가운데 하나로 隆盛한 모양을 뜻함.
㉔ 많은 것을 덜어서 적은 것에 보태준다 : 원문은 "裒多益寡". 『周易』「謙卦」에 나오는 구절.
㉕ 예가 아닌 것은 행하지 않는다 : 원문은 "非禮不履". 『周易』「大壯卦」에 나오는 구절.
㉖ 살아남지 못하리란 것을 알아낼 수 있으며 : 원문은 "見不生". 管輅의 예측대로 나중에 何晏과 鄧颺은 주살당함.
㉗ 인척관계 : 何晏은 魏 武帝 曹操의 딸 金鄕公主와 결혼했음.
㉘ 오언시 : 『全三國詩』권3에는 詩題가「擬古」라 되어 있음. 『藝文類聚』권90「鳥部・玄鵠」과 『初學記』권30「鳥部・鶴」에도 이 시가 인용되어 있는데 자구상 약간의 차이가 있음.
㉙ 언제나 편안하게 : 원문은 "承寧". 各本에는 모두 "永寧"이라 되어 있는데, 의미상 보다 타당하다고 여겨 번역도 이것에 따름.

[참고] 『三國志』29.

何晏・鄧颺令管輅作卦, 云; "不知位至三公不?" 卦成, 輅稱引古義, 深以誡之. 颺曰; "此老生之常談." ① 晏曰; "'知幾其神乎!' 古人以爲難. 交疎吐誠, 今人以爲難. 今君一面盡二難之道, 可謂'明德惟馨'. 『詩』不云乎? '中心藏之, 何日忘之!'" ②

① 。『輅別傳』曰; 輅, 字公明, 平原人也. 明『周易』, 聲發徐州. 冀州刺史裴徽擧秀才, 謂曰; "何・鄧二尙書有經國之略, 於物理無不精也. 何尙書神明淸徹, 殆破秋毫, 君當愼之. 自言不解『易』中九事, 必當相問. 比至洛, 宜善精其理." 輅曰; "若九事皆至義, 不足勞思. 若陰陽者, 精之久矣." 輅至洛陽, 果爲何尙書問九事, 皆明, 何曰; "君論陰陽, 此世無雙也!" 時鄧尙書在曰; "此君善『易』, 而語初不論『易』中辭義, 何邪?" 輅答曰; "夫善『易』者, 不論『易』也." 何尙書含笑贊之曰; "可謂要言不煩也!" 因謂輅曰; "聞君非徒善論『易』, 至於分蓍思爻, 亦爲神妙. 試爲作一卦, 知位當至三公不? 又頃夢靑蠅數十來鼻頭上, 驅之不去, 有何意故?" 輅答曰; "鴟鴞, 天下賤鳥也. 及其在林食桑棋, 則懷我好音. 況輅心過草木, 注情葵藿, 敢不盡忠! 唯察之爾. 昔elementary・凱之相重華, 宣慈惠和, 仁義之至也. 周公之翼成王, 坐以待旦, 敬愼之至也. 故能流光六合, 萬國咸寧, 然後據鼎足而登金鉉, 調陰陽而濟兆民. 此履道之休應, 非卜筮之所明也. 今君侯位重山岳, 勢若雷霆, 望雲赴景, 萬里馳風, 而懷德者少, 畏威者衆, 殆非小心翼翼, 多福之士. 又鼻者, 艮也. 此天中之山, 高而不危, 所以長守貴也. 今靑蠅臭惡之物, 而集之焉. 位峻者顚, 輕豪者亡, 必至之分也. 夫變化雖相生, 極則有害, 虛滿雖相受, 溢則有渴. 聖人見陰陽之性, 明存亡之理, 損益以爲衰, 抑進以爲退. 是故山在地中曰'謙', 雷在天上曰'大壯'. '謙'則裒多益寡, '大壯'則非禮不履. 伏願君侯上尋文王六爻之旨, 下思尼父象・象之義, 則三公可決, 靑蠅可驅." 鄧曰; "此老生之常談." 輅

曰; "夫老生者, 見不生, 常談者, 見不談也."
2・『名士傳』曰; 是時曹爽輔政, 識者慮有危機. 晏有重名, 與魏姻戚, 內雖懷憂, 而無復退也. 著五言詩以言志曰; "鴻鵠比翼遊, 羣飛戲太淸. 常畏大網羅, 憂禍一旦幷. 豈若集五湖, 從流唼浮萍. 承寧曠中懷, 何爲怵惕驚." 蓋因輅言, 懼而賦詩.

• 10 : 07 [0672]

진晉 무제武帝[司馬炎]는 태자太子[司馬衷]가 우둔하다는 것을 전혀 깨닫지 못하고 반드시 제위를 잇게 할 생각을 갖고 있었는데, 여러 명신들도 대부분 직언을 올렸다. 무제가 일찍이 능운대陵雲臺에 앉아 있을 때, 위관衛瓘①이 옆에 있다가 속마음을 아뢰고자 취한 척하고 무제 앞에 꿇어앉아 손으로 어좌御座를 어루만지면서 말했다.
"이 자리가 아깝구나!"
무제는 그 말의 뜻을 알아차렸지만 웃으면서 말했다.
"공은 취했소?"①

①・『진양추晉陽秋』: 처음 혜제惠帝[司馬衷]가 태자로 있을 때, 조정의 백관들은 모두 태자가 정사를 직접 맡을 수 없을 것이라고 생각했다.② 위관은 매번 태자를 폐위시킬 것을 아뢰려고 했으나 감히 할 수가 없었다. 나중에 연회석상에서 취한 김에 마침내 어좌③ 앞에 꿇어앉아 말했다.
"신이 아뢰고자 하는 것이 있습니다."
무제가 말했다.
"공이 하고 싶은 말이 무엇이오?"
위관은 세 번이나 말하려다 그만두곤 하다가 손으로 어좌를 어루만지면서 말했다.
"이 자리가 아깝구나!"
무제는 속으로 그 말의 뜻을 알아차렸으나 시치미를 떼며 말했다.
"공은 정말 크게 취했소."
무제는 나중에 동궁의 관속들을 모두 소집하여 성대한 연회를 열고, 좌우에 명하여 상서성尙書省에서 처리할 사안을 가져오게 한 뒤 태자에게 보여주고 처리하게 했는데, 태자는 대답할 바를 알지 못했다. 가비賈妃④가 외부사람에게 물어보고 나서 태자를 대신하여 대답했는데, 고전의 문구를 많이 인용했다. 급사給使 장홍張弘⑤이 말했다.

"태자가 배우지 못한 것은 폐하께서도 아시는 바이오니, 사실을 보고 판단하는 것은 마땅하지만 고서를 인용하는 것은 마땅치 않습니다."

가비도 그것을 인정했다. 장홍이 상주문을 기초하여 태자에게 써서 무제에게 바치게 했더니, 무제가 읽어보고 크게 기뻐하며 위관에게 보여주었다. 그래서 가충賈充이 가비에게 말했다.

"위관 늙은이가 거의 너의 집안을 망칠 뻔했다."

가비는 이 때문에 위관을 원망하여 나중에 결국 그를 주살하고 말았다.

[역주]······················

① 衛瓘 : 위관은 당시 太子少傅로 있었음.
② 모두~생각했다 : 원문은 "咸謂不能親政事". 唐寫本에는 "朝廷百僚咸謂太子不能親政事"라 되어 있음.
③ 어좌 : 원문은 "牀". 唐寫本에는 "世祖牀"이라 되어 있음.
④ 賈妃 : 賈充의 딸로 이름은 南風. 惠帝가 태자로 있었던 泰始 8년(272)에 그의 妃가 되었으며 혜제 즉위 뒤 황후가 됨. 혜제가 우둔했기 때문에 賈后는 정치의 실권을 쥐고 조정대신들을 마음대로 주살했으나, 나중에 趙王 司馬倫에 의해 폐위당하여 살해됨. 이 시기의 부패한 정치는 西晉 왕조의 몰락을 예고한 '八王의 亂'의 遠因 가운데 하나로 지적됨.
⑤ 張弘 : 唐寫本과 『晉書』 권31 「惠賈皇后傳」에는 "張泓"이라 되어 있음. 아래도 마찬가지임.

[참고] 『晉書』36.

晉武帝既不悟太子之愚, 必有傳後意, 諸名臣亦多獻直言. 帝嘗在陵雲臺上坐, 衛瓘在側, 欲申其懷, 因如醉跪帝前, 以手撫牀曰; "此坐可惜!" 帝雖悟, 因笑曰; "公醉邪?"①

①. 『晉陽秋』曰: 初, 惠帝之爲太子, 咸謂不能親政事. 衛瓘每欲陳啓廢之, 而未敢也. 後因會醉, 遂跪牀前曰; "臣欲有所啓." 帝曰; "公所欲言者何邪?" 瓘欲言而復止者三, 因以手撫牀曰; "此坐可惜!" 帝意乃悟, 因謬曰; "公眞大醉也." 帝後悉召東宮官屬大會, 令左右齎尚書處事以示太子, 令處決, 太子不知所對. 賈妃以問外人, 代太子對, 多引古詞義. 給使張弘曰; "太子不學, 陛下所知, 宜以見事斷, 不宜引書也." 妃從之. 弘具草奏, 令太子書呈, 帝大說, 以示瓘. 於是賈充語妃曰; "衛瓘老奴, 幾敗汝家." 妃由是怨瓘, 後遂誅之.

• 10:08 [0673]

　왕이보王夷甫[王衍]의 부인은 곽태녕郭泰寧[郭豫]의 딸인데,① 재주도 못났고 성질도 괴팍한데다 만족할 줄 모르고 재물을 긁어모았으며 남의 일에 간섭하곤 했다. 왕이보는 그것을 근심했지만 막을 수가 없었다. 당시 왕이보의 동향同鄕사람인 유주幽州자사 이양李陽은 도성의 이름난 협사俠士로서② 한漢나라의 누호樓護와 같았는데,③ 곽씨가 그를 무서워했다. 그래서 왕이보가 자주 부인을 말리면서 말했다.

　"나만 당신이 옳지 않다고 말하는 것이 아니라 이양도 당신이 옳지 않다고 말합디다."

　그러면 곽씨는 그 말 때문에 약간 주춤하곤 했다.

①『진제공찬晉諸公贊』: 곽예郭豫는 자가 태녕太寧②이며 태원太原사람이다. 벼슬은 상국참군相國參軍에 이르렀으며 명성이 알려졌다. 일찍 죽었다.

②『진백관명晉百官名』: 이양은 자가 경조景祖③며 고상高尙④사람이다. 무제武帝[司馬炎] 때 유주자사를 지냈다.

　▫『어림語林』: 이양은 협사의 기질이 있었는데, 유주자사로 부임하게 되었을 때 가장 더운 날이었는데도⑤ 하루 동안 수백 집을 방문하면서 작별인사를 했다. 그에게 작별인사를 하려는 빈객들도 늘 문에 가득했다. 마침내 이양은 너무 피곤한 나머지 안석 아래에서 죽고 말았다.

　▫그래서 곽씨가 그를 두려워한 것이다.⑥

③『한서漢書』「유협전遊俠傳」: 누호는 자가 군경君卿이며 제齊땅 사람이다. 경학을 배워⑦ 대단한 명성을 얻었다. 모친이 죽었을 때 호상護喪수레가 3천 대나 되었다.⑧ 벼슬은 천수天水태수에 이르렀다.

[역주]

① 王夷甫[王衍]의 부인은 郭泰寧[郭豫]의 딸인데 :『晉書』권43「王衍傳」에서 "衍妻郭氏, 賈后之親, 藉中宮之勢, 剛愎貪戾."라 함. 賈后의 부친 賈充은 郭氏의 고모부이므로 郭氏와 賈后는 사촌자매 사이임.

② 太寧 : 唐寫本에는 "泰寧"이라 되어 있음.

③ 景祖 : 宋本에는 "景相"이라 되어 있음.

④ 高尙 : 唐寫本과 宋本에는 "高平"이라 되어 있음.
⑤ 유주자사로 부임하게 되었을 때 가장 더운 날이었는데도 : 원문은 "盛暑". 唐寫本에는 이 구절 앞에 "爲幽州" 3자가 있으며, 『太平御覽』 권473 「人事部·遊俠」에 인용된 『語林』에는 "爲幽州刺史, 當之職."이란 구절이 있음. 문맥상으로도 이 구절이 첨가되면 의미가 보다 명확해짐.
⑥ 그래서 곽씨가 그를 두려워한 것이다 : 원문은 "故懼之". 唐寫本에는 이 구절이 빠져 있음.
⑦ 경학을 배워 : 원문은 "學經傳". 唐寫本과 『漢書』 권92 「樓護傳」에는 모두 "學淵博"이라 되어 있음.
⑧ 호상수레가 3천 대나 되었다 : 원문은 "送葬車三千兩". 唐寫本에는 "送葬者二三千兩"이라 되어 있고, 『漢書』 권92 「樓護傳」에는 "送葬者致車二三千兩"이라 되어 있음.
[참고] 『晉書』43.

王夷甫婦, 郭泰寧女, ① 才拙而性剛, 聚斂無厭, 干豫人事. 夷甫患之, 而不能禁. 時其鄕人幽州刺史李陽, 京都大俠, ② 猶漢之樓護, ③ 郭氏憚之. 夷甫驟諫之, 乃曰; "非但我言卿不可, 李陽亦謂卿不可." 郭氏爲之小損.
① ▪『晉諸公贊』曰; 郭豫, 字太寧, 太原人. 仕至相國參軍, 知名. 早卒.
② ▪『晉百官名』曰; 陽, 字景祖, 高尙人. 武帝時爲幽州刺史.
  ▪『語林』曰; 陽性遊俠, 盛暑, 一日詣數百家別. 賓客與別, 常塡門. 遂死於几下.
  ▪ 故懼之.
③ ▪『漢書』「遊俠傳」曰; 護, 字君卿, 齊人. 學經傳, 甚得名譽. 母死, 送葬車三千兩. 仕至天水太守.

• 10 : 09 [0674]

왕이보王夷甫[王衍]는 평소에 현묘하고 심원한 이치를 숭상했는데, 항상 부인의 탐욕스러움을 미워하여 일찍이 '돈 전錢'자를 입에 담은 적이 없었다.① 부인이 그를 시험해보려고 하녀에게 명하여 돈으로 침상을 에워싸서① 걸어갈 수 없게 만들어 놓았다. 왕이보는 아침에 일어나 깔려 있는 돈 때문에 발 디딜 틈이 없는 것②을 보고 하녀를 불러 말했다.

"이 물건③ 좀 치우도록 하라!"

① ◦『진양추晉陽秋』: 왕이보는 베풀기를 좋아했는데, 부친이 때때로 돈을 빌려주는 경우가 있으면 그 증서를 모두 태워버렸으며,④ 일찍이 이자로 돈 벌 생각일랑 하지 않았다.

◦ 왕은王隱의『진서晉書』: 왕이보는 부귀를 구하여 부귀를 얻었고 재산이 산처럼 쌓였기 때문에 아무리 많이 써도 다 쓸 수가 없었으니, 어찌 돈에 대해 물을 필요가 있었겠는가? 그런데도 세간에서는 돈에 대해 묻지 않은 것을 고상하다고 여겼으니, 또한 착각이 아니겠는가?

[역주]··························
① 침상을 에워싸서 : 원문은 "遶牀". 唐寫本과『晉書』권43「王衍傳」에는 "繞牀"이라 되어 있는데 의미는 비슷함.
② 발 디딜 틈이 없는 것 : 원문은 "閡行". '閡(애)'는 가로막다·방해하다의 뜻으로 '礙'와 같음.
③ 이 물건 : 원문은 "阿堵物". 육조시대의 속어로 '阿'는 발어사이고 '堵'는 '이것[此]'의 뜻.「文學」23 [역주]① 참조
④ 그 증서를 모두 태워버렸으며 : 원문은 "皆與焚券". 唐寫本에는 "皆與之"라 되어 있음.
[참고]『晉書』43.

王夷甫雅尙玄遠, 常嫉其婦貪濁, 口未嘗言'錢'字.① 婦欲試之, 令婢以錢遶牀, 不得行. 夷甫晨起, 見錢閡行, 呼婢曰; "擧卻阿堵物!"

① ◦『晉陽秋』曰; 夷甫善施舍, 父時有假貸者, 皆與焚券, 未嘗謀貨利之事.

◦ 王隱『晉書』曰; 夷甫求富貴得富貴, 資財山積, 用不能消, 安須問錢乎? 而世以不問爲高, 不亦惑乎?

──────── • 10 : 10 [0675]

왕평자王平子[王澄]가 열네댓 살 되었을 때, 형 왕이보王夷甫[王衍]의 부인 곽씨郭氏가 탐욕스러워 하녀로 하여금 노상에서 분뇨를 메고 가게 하는 것을 보았다. 왕평자가 이를 말리면서 아울러 그렇게 해서는 안된다고 말했더니, 곽씨가 크게 화내면서 왕평자에게 말했다.

"옛날 어머님께서 임종하실 때, 작은 서방님을 저에게 부탁하셨지① 저를 작은 서방님께 부탁하신 것은 아니었소!"[1]

그러면서 갑자기 왕평자의 옷깃을 붙잡고 막대기로 때리려 했다. 왕평자는 있는 힘을 다해 겨우 벗어나 창문을 넘어 도망갔다.

[1] ▫ 『영가류인명永嘉流人名』: 왕징王澄의 부친 왕예王乂는 낙안樂安 임씨任氏의 딸을 셋째부인으로 맞이하여 왕징을 낳았다.

[역주]
① 작은 서방님을 저에게 부탁하셨지 : 원문은 "以小郞囑新婦". '小郞'은 부인이 남편의 동생을 부르는 칭호이고, '新婦'는 부인의 自稱임.

[참고] 『晉書』43.

王平子年十四五, 見王夷甫妻郭氏貪欲, 令婢路上儋糞. 平子諫之, 並言不可, 郭大怒, 謂平子曰; "昔夫人臨終, 以小郞囑新婦, 不以新婦囑小郞!"[1] 急捉衣裾, 將與杖. 平子饒力, 爭得脫, 踰窗而走.

[1] ▫ 『永嘉流人名』曰; 澄父乂, 第三娶樂安任氏女, 生澄.

---------- • 10 : 11 [0676]

원제元帝[司馬睿]는 강남으로 건너온 뒤에도 여전히 술을 좋아했는데, 왕무홍王茂弘[王導]은 원제와 오랜 친분이 있었기에 항상 눈물을 흘리면서 간했다. 원제가 이를 허락하고 술을 따르게 하여 한번 실컷 취한 다음① 그때부터 마침내 술을 끊었다.[1]

[1] ▫ 등찬鄧粲의 『진기晉紀』: 원제는 몸소 검약함을 실천했으며 당시의 정무를 우선으로 여겼다. 성품이 평소 술을 좋아했기 때문에 강남으로 건너가려 할 때 왕도王導가 강하게 간언했다. 원제는 이에 좌우에 술잔을 올리라 명하여 마신 뒤에 술잔을 엎었는데, 그때부터 마침내 다시는 술을 마시지 않았다. 원제가 자신을 극복하여 예법을 회복하자② 관리들도 그 직분에 충실하여 국가 중흥의 대업이 융성해졌다.

[역주]
① 한번 실컷 취한 다음 : 원문은 "一酣". 唐寫本에는 "一啐"라 되어 있음. 『世說敍

錄』『考異』의 敬胤 注에는 "舊云酌酒一嚈, 因覆栝寫地, 遂斷也."라 되어 있는데, "一嚈"은 '한 모금 머금다'의 뜻으로 문맥상 보다 타당하다고 생각함. 唐寫本의 "一唾"는 아마도 "一嚈"의 오기로 추정함.
② 자신을 극복하여 예법을 회복하자 : 원문은 "克己復禮". 『論語』「顔淵」에 나오는 구절.

[참고] 『晉書』6, 『太平御覽』387.

元帝過江猶好酒, 王茂弘與帝有舊, 常流涕諫. 帝許之, 命酌酒, 一酣, 從是遂斷.①
①・鄧粲『晉紀』曰; 上身服儉約, 以先時務. 性素好酒, 將渡江, 王導深以諫. 帝乃令左右進觴, 飲而覆之, 自是遂不復飲. 克己復禮, 官修其方, 而中興之業隆焉.

• 10 : 12 [0677]

사곤謝鯤이 예장豫章태수로 있을 때, 대장군大將軍[王敦]을 따라 공격해 내려가 석두石頭에 이르렀다. 왕돈王敦이 사곤에게 말했다.

"나는 더 이상 덕을 홍성케 하는 일①은 할 수 없을 것 같소."

그러자 사곤이 말했다.

"어찌하여 그러십니까? 다만 지금 이후로 하루하루 지나다 보면 과거의 일은 잊힐 것입니다.②①

왕돈이 또한 병을 핑계로 조정에 참례하지 않자, 사곤이 왕돈에게 권유했다.

"근자에 명공明公[王敦]의 거동은 비록 사직을 크게 보존하려고 하지만, 세상에서는③ 명공의 진정한 본심을 아직 이해하지 못하고 있습니다. 만약 천자를 배알하여 군신群臣들의 의혹을 풀어준다면 만민의 마음이 이에 복종할 것이니, 만민의 신망에 부응하여 대중의 마음을 따르고 마음을 비운 채 겸손하게④ 주상을 받드십시오. 이렇게 하면 그 공훈은 옛날 관중管仲이 천하를 하나로 바로잡은 것과 같아서⑤ 명성이 천년토록 전해질 것입니다."

당시 사람들은 이 말을 명언이라 여겼다.②

① · 『사곤별전謝鯤別傳』: 사곤의 절실한 풍간과 아정함은 모두 이와 같았다.
② · 『진양추晉陽秋』: 사곤이 예장태수로 있을 때 왕돈이 역모를 기도했는데, 사곤이 당시의 신망을 얻고 있었기 때문에 왕돈이 사곤에게 강요하여 함께 행동하도록 했다. 이미 도성을 공략하고 나서 무창武昌으로 개선하려 할 때, 사곤이 말했다.

"조정에 나아가 천자를 배알하지 않으시면, 세상 사람들이 이러쿵저러쿵 사사로운 논의를 벌일까봐 저는 걱정입니다."

왕돈이 말했다.

"당신은 변고가 없을 것이라고 보장할 수 있소?"

사곤이 대답했다.

"제가 근자에 입조하여 천자를 배알했는데, 주상[元帝]께서는 자리를 비워둔 채로⑥ 늦게나마 공을 만나길 기다리고 계셨으며 궁중은 평온했으니, 틀림없이 예기치 못한 염려는 없을 것입니다. 공께서 만약 입조하신다면 제가 모시고 따라가도록 하겠습니다."

왕돈이 말했다.

"정작 당신 같은 사람 수백 명을 더 죽인다 한들 세상에 무슨 손실이 있겠소?"

그러고는 결국 조정에 참례하지 않고 떠나버렸다.

[역주]······················
① 덕을 흥성케 하는 일: 원문은 "盛德之事". 천자를 잘 보필하여 공훈을 세우는 일을 말함.
② 하루하루~것입니다: 원문은 "日亡日去耳". 『晉書』권49 「謝鯤傳」에는 "亡"이 "忘"으로 되어 있으며, 『通鑑』권92 「晉紀」의 胡三省 注에서는 이 구절을 "言一復一日, 浸忘前事, 則君臣猜嫌之迹亦日去耳."라고 풀이함.
③ 세상에서는: 원문은 "四海之內". 唐寫本에는 "四海之心"이라 되어 있음.
④ 마음을 비운 채 겸손하게: 원문은 "沖退". '沖讓'과 같은 말로 私心을 버리고 겸손하게 행동하는 것을 말함.
⑤ 그 공훈은~같아서: 원문은 "勳牟一匡". 『論語』「憲問」의 "管仲相桓公, 霸諸侯, 一匡天下."란 구절에 근거함.
⑥ 자리를 비워 둔 채로: 원문은 "側席". 자신의 자리를 비워서 賢者를 대우한다는 뜻.

[참고] 『晉書』49.

謝鯤爲豫章太守, 從大將軍下至石頭. 敦謂鯤曰; "余不得復爲盛德之事矣." 鯤曰; "何爲其然? 但使自今以後, 日亡日去耳."① 敦又稱疾不朝, 鯤諭敦曰; "近者, 明公之擧, 雖欲大存社稷, 然四海之內, 實懷未達. 若能朝天子, 使羣臣釋然, 萬物之心, 於是乃服, 仗民望以從衆懷, 盡沖退以奉主上. 如斯, 則勳侔一匡, 名垂千載." 時人以爲名言.②

① •『鯤別傳』曰; 鯤之諷切雅正, 皆此類也.
② •『晉陽秋』曰; 鯤爲豫章太守, 王敦將肆逆, 以鯤有時望, 逼與俱行. 旣克京邑, 將旋武昌, 鯤曰; "不就朝覲, 鯤懼天下私議也." 敦曰; "君能保無變乎?" 對曰; "鯤近日入觀, 主上側席, 遲得見公, 宮省穆然, 必無不虞之慮. 公若入朝, 鯤請侍從." 敦曰; "正復殺君等數百, 何損於時?" 遂不朝而去.

• 10:13 [0678]

원황제元皇帝[司馬睿] 때 정위廷尉 장개張闓①가 작은 마을에 살면서 사사로이 마을 문을 만들어① 일찍 닫고 늦게 열곤 했다. 주민들이 이를 근심하여 주부州府에 나아가 호소했지만 처리할 수 없었다. 결국 등문고登聞鼓②까지 쳤으나 여전히 판결되지 않았다. 그래서 주민들은 하사공賀司空[賀循]이 임지를 떠나 파강破岡③에 도착했다는 소식을 듣고 연명하여 하사공을 찾아가 호소했더니,② 하사공이 말했다.

"나는 예관禮官④으로 초징되었기 때문에 이 일과는 관계가 없소."

주민들이 머리를 조아리며 말했다.

"만약 부군府君[賀循]께서도 처리해주지 않으시면 호소할 곳이 없습니다!"

그러자 하사공은 직접적인 대답은 하지 않고 주민들에게 잠시 돌아가 있으라고 하면서 장정위를 만나면 반드시 그 일을 얘기해보겠다고 했다. 장개는 그 소문을 듣고 즉시 마을 문을 부숴버렸으며, 직접 방산方山⑤으로 가서 하사공을 영접했다. 하사공이 나와 접견하면서 그에게 말했다.

"그 일은 반드시 나와 관계있는 것은 아니지만, 당신 가문과의 친분 때문에 애석해했소이다."

장개가 부끄러워하면서 사과했다.

"제가 그런 일을 한 것은 처음에는 주민들에게 그러한 불편이 있는 줄을 알지 못했기 때문이니, 알았다면 벌써 부숴버렸을 것입니다."

1 ▫ 갈홍葛洪의 「부민당송富民塘頌」⑥ : 장개는 자가 경서敬緒며 단양丹陽사람으로, 장소張昭의 손자⑦다.

▫ 『중흥서中興書』 : 장개는 진릉내사晉陵內史로 있을 때 대단한 위엄과 덕망이 있었으며, 전임되어 정위경廷尉卿에 이르렀다.⑧

2 ▫ 『하순별전賀循別傳』 : 하순은 자가 언선彦先이며 회계會稽 산음山陰사람이다. 본래 성은 경씨慶氏였는데, 고조부 하순賀純이 한漢나라 황제의 휘를 피하여⑨ 하씨賀氏로 바꾸었다. 부친 하소賀劭는 오吳나라의 중서령을 지냈는데, 충직하여 살해당했다.⑩ 하순은 젊어서 집안의 불행을 만나 먼 지방으로 유배당했다가 오나라가 평정된 뒤에 비로소 돌아왔다. 절조를 지키면서 고상하게 처신했으며, 원제가 안동왕安東王⑪으로 있을 때 하순은 오국내사吳國內史가 되었다.⑫

[역주]
① 작은 마을에 살면서 사사로이 마을 문을 만들어 : 『晉書』 권68 「賀循傳」에 "廷尉張闓住在小市, 將奪左右近宅以廣其居, 乃私作都門."이라 기록되어 있음. '都門'은 도성 안의 마을 문이라는 뜻.
② 登聞鼓 : 백성들이 억울함을 호소하거나 위정자에게 간언할 때 사용하도록 궁문 옆에 설치한 북. 『通鑑』 권82 「晉紀」의 胡三省 注에서 "古者, 設諫鼓, 立謗木, 所以通下情也."라고 함.
③ 破岡 : 도성 建康의 동남쪽에 있던 지명으로 지금의 江蘇省 句容縣에 있음. 「雅量」33에도 나옴.
④ 禮官 : 『晉書』 권68 「賀循傳」에 따르면, 당시 賀循은 元帝의 초징으로 軍諮祭酒가 된 적이 있는데, 아마 이것을 말하는 것으로 보임.
⑤ 方山 : 도성 建康의 동남쪽에 있던 지명으로 지금의 江蘇省 江寧縣에 있음. 破岡 부근에 있으며 교통의 요충지임.
⑥ 「富民塘頌」 : 唐寫本에는 "富民塘頌敍闓"라 되어 있는데, '闓'는 衍字로 잘못 들어간 것으로 여겨짐.

⑦ 張昭의 손자 : 『晉書』권76「張闓傳」에는 "吳輔吳將軍昭之曾孫也"라 되어 있음.
⑧ 전임되어 廷尉卿에 이르렀다 : 원문은 "轉至廷尉卿". 唐寫本에는 "轉廷尉・光祿大夫, 卒也."라 되어 있음.
⑨ 漢나라 황제의 諱를 피하여 : 원문은 "避漢帝諱". 唐寫本에는 "避漢安帝諱"라 되어 있고, 『晉書』권68「賀循傳」에는 "族高祖純, …漢安帝時爲侍中, 避安帝父諱, 改爲賀氏."라 되어 있음. 漢 安帝의 성명은 劉祜고 그 부친인 淸河孝王의 성명은 劉慶이므로 『晉書』의 기록이 타당함.
⑩ 충직하여 살해당했다 : 『三國志』권65「吳書・賀邵傳」과 『晉書』권68「賀循傳」의 기록에 따르면, 賀邵는 吳나라의 후주 孫晧의 포악무도함을 강력하게 직간하다가 그의 미움을 받아 채찍을 맞고 49세로 죽었다고 함.
⑪ 安東王 : 唐寫本에는 "安東上"이라 되어 있는데, 이 경우 '上'은 뒤 구절로 連讀해야 함. 『晉書』권6「元帝紀」에 따르면, 元帝는 安東將軍都督揚州諸軍事를 지낸 적이 있으므로, "安東王"은 "安東將軍"의 오기로 추정함.
⑫ 하순은 吳國內史가 되었다 : 唐寫本에는 이 구절 다음에 "遷太常・太傅. 薨, 贈司空也."란 구절이 더 있음.

[참고] 『晉書』68.

元皇帝時, 廷尉張闓①在小市居, 私作都門, 早閉晚開. 羣小患之, 詣州府訴, 不得理. 遂至檛登聞鼓, 猶不被判. 聞賀司空出, 至破岡, 連名詣賀訴,② 賀曰; "身被徵作禮官, 不關此事." 羣小叩頭曰; "若府君復不見治, 便無所訴!" 賀未語, 令且去, 見張廷尉當爲及之. 張聞, 卽毁門, 自至方山迎賀 賀出見, 辭之曰; "此不必見關, 但與君門情, 相爲惜之." 張愧謝曰; "小人有如此, 始不卽知, 早已毁壞."

① ○ 葛洪『富民塘頌』曰; 闓, 字敬緖, 丹陽人, 張昭孫也.
　○『中興書』曰; 闓, 晉陵內史, 甚有威德, 轉至廷尉卿.
② ○『賀循別傳』曰; 循, 字彥先, 會稽山陰人. 本姓慶, 高祖純, 避漢帝諱, 改爲賀氏. 父劭, 吳中書令, 以忠正見害. 循少嬰家禍, 流放荒裔, 吳平乃還. 秉節高擧, 元帝爲安東王, 循爲吳國內史.

• 10 : 14 [0679]

치태위郗太尉[郗鑒]는 만년에 담론을 좋아했는데, 평소에 경험을 쌓지는 않았지만 매우 자부하고 있었다.① 나중에 입조하여 천자를 배알하게 되었을 때, 왕승상王丞相[王導]이 말년에 정무를 처리하면서 유감스런 일이 많았기 때문에, 왕승상을 만날 때마다 반드시 심하게 충고하려고 작정했다. 왕공王公[王導]은 그의 의중을 알고 있었으므로 매번 화제를 돌려서 다른 말을 하곤 했다. 치태위는 [도성을 떠나 경구京口의] 진鎭으로 돌아갈 때가 되자, 일부러 거마를 채비하게 하여 왕승상을 찾아갔는데, 왕승상은 수염을 뻣뻣이 세우고 엄한 얼굴을 하고 있었다.① 치태위는 자리에 앉자마자 곧장 말했다.

"이제 떠나게 되었으니② 반드시 소견을 말해야겠습니다."

하지만 생각은 가득 했으나 입을 떼기가 무거워서 말이 유창하지 못했다. 왕공이 치태위의 말끝을 받아서 말했다.

"나중에 다시 만날 기약이 없으니 또한 속마음을 털어놓으려 합니다. 원컨대 공은 더 이상 담론일랑 하지 마시오."

치태위는 마침내 크게 성을 내고 썰렁해진 마음으로③ 나가면서 한 마디도 할 수 없었다.

[1] ▫『중흥서中興書』: 치감郗鑒은 젊어서부터 학문을 좋아하여 여러 책을 널리 보았는데, 비록 문구에까지 주의하지는 않았지만④ 종합적으로 통달한 바가 많았다.

[역주]······················
① 왕승상은~있었다 : 원문은 "丞相翹須厲色". 唐寫本에는 "丞相" 2자가 없는데, 이 경우는 郗太尉가 주어가 됨. 문맥상으로도 보다 타당하다고 생각함.
② 이제 떠나게 되었으니 : 원문은 "方當乖別". 唐寫本에는 "方當永別"이라 되어 있음.
③ 썰렁해진 마음으로 : 원문은 "冰衿". 실망・낙담한 모양. 唐寫本에는 "冰矜"이라 되어 있는데 '몹시 자존심이 상하다'의 뜻임.
④ 널리~않았지만 : 원문은 "博覽, 雖不及章句." 唐寫本에는 "博覽羣書, 學雖不章句."라 되어 있음.

郗太尉晚節好談, 旣雅非所經, 而甚矜之.[1] 後朝覲, 以王丞相末年多可恨, 每見, 必欲苦相規誡. 王公知其意, 每引作它言. 臨還鎭, 故命駕詣丞相, 丞相翹須厲色. 上坐便言; "方當乖別, 必欲言其所見." 意滿口重, 辭殊不流. 王公攝其次曰; "後面未期, 亦欲盡所懷. 願公勿復談." 郗遂大瞋, 冰衿而出, 不得一言. □.『中興書』曰; 鑒少好學, 博覽, 雖不及章句, 而多所通綜.

• 10 : 15 [0680]

왕승상王丞相[王導]이 양주揚州자사로 있을 때, 8명의 부종사部從事①를 파견하여 직분을 맡겼는데, 고화顧和는 당시 하급 사자使者로 있다가 돌아와 부종사들과 함께 동시에 왕승상을 배알했다. 여러 종사들은 각자 해당지역 군수②의 공과功過를 보고했지만, 차례가 되었는데도 고화 혼자만 말이 없었다. 왕승상이 고화에게 물었다.

"그대는 무엇을 들었는가?"

고화가 대답했다.

"명공께서는 천자를 보좌하면서 배를 삼킬 만한 큰 물고기까지도 그물에서 빠져나가게 하시는데,③ 어찌하여 풍문을 채집하여 듣고서 엄하게 감찰하는 정치④를 하려 하십니까?"

왕승상은 감탄하며 훌륭하다고 칭찬했으며, 여러 종사들은 스스로 부족함을 느꼈다.⑤

[역주]..........................
① 8명의 部從事 : '部從事'는 部郡國從事를 말하며, 州刺史의 속관으로 一郡의 행정을 감찰함.『通典』권32「職官」14에서 "部郡國從事史, 每郡國各一人, 漢制也. 主督促文書, 擧非法."이라 함. 또한『通鑑』권92『晉紀』의 胡三省 注에서 "揚州時統丹陽・會稽・吳・吳興・宣城・東陽・臨海・新安八郡, 故分遣部從事人."이라 함.
② 군수 : 원문은 "二千石官長". '二千石'은 郡守나 諸侯의 相이 받는 봉록.「品藻」7 [역주]④,「品藻」8 [역주]⑥ 참조.
③ 배를~하시는데 : 원문은 "寧使網漏吞舟". 法網을 허술하게 한다는 뜻. 당시 王導가 '無爲而治'를 숭상했기 때문에 이런 말을 한 것임.『史記』권122「酷吏列傳序」의 "網漏於吞舟之魚, 而吏治烝烝, 不至於姦, 黎民艾安."이란 구절에 근거함.
④ 엄하게 감찰하는 정치 : 원문은 "察察之政". 형벌제도를 분명하게 하여 엄하게

다스리는 정치를 말함. 『老子』 제58장의 "其政察察, 其民缺缺." 구절에 대한 王弼의 注에서 "立刑名, 明賞罰, 以檢姦僞, 故曰察察也."라고 함.
⑤ 스스로 부족함을 느꼈다 : 원문은 "自視缺然". 『莊子』 「逍遙遊」에 나오는 구절.
[참고] 『晉書』83.

王丞相爲揚州, 遣八部從事之職, 顧和時爲下傳, 還, 同時俱見. 諸從事各奏二千石官長得失, 至和獨無言. 王問顧曰; "卿何所聞?" 答曰; "明公作輔, 寧使網漏吞舟, 何緣采聽風聞, 以爲察察之政?" 丞相咨嗟稱佳, 諸從事自視缺然也.

• 10 : 16 [0681]

소준蘇峻이 동쪽으로 심충沈充을 정벌하고 나서① 이부랑吏部郎 육매陸邁에게 함께 하자고 청했다.② 오군吳郡[蘇州]에 도착할 즈음에 소준은 은밀히 좌우에 명하여 창문閶門①으로 들어가 불을 질러 위세를 과시하도록 했다. 육매가 그 의도를 알아차리고 소준에게 말했다.

"오군은 평정된지 오래되지 않았으니② 반드시 장차 소란이 생길 것입니다. 만약 소란의 실마리를 만드시려면 우리 집부터 시작하십시오."

그러자 소준은 마침내 그만두었다.

① ◦ 『진양추晉陽秋』: 심충은 자가 사거士居며 오흥吳興사람이다. 젊어서부터 병법을 좋아했으며, 왕돈王敦에게 아첨하며 그를 섬겼다. 왕돈은 도성[建康]을 침탈하고 나서 심충을 거기장군車騎將軍으로 삼아 오국내사吳國內史를 맡게 했다. 명제明帝[司馬紹]가 왕돈을 토벌하자, 심충은 무리를 이끌고 왕함王含③에게 투신하면서 자신의 부인에게 말했다.

"남자로서 표범의 꼬리④를 세우지 못하면 다시는 돌아오지 않겠소!"
왕돈이 죽자 심충의 부하 장군 오유吳儒가 도성에서 심충을 참수했다.⑤

② ◦ 육매의 비문碑文 : 육매는 자가 공고功高⑥며 오군사람이다. 기량과 식견이 매우 뛰어났으며 풍격이 맑고 준엄했다. 여러 벼슬을 거쳐 진위장군振威將軍·태수⑦·상서이부랑尙書吏部郎에 기용되었다.

[역주]……………………
① 閶門 : 唐寫本에는 "昌門"이라 되어 있음. 「品藻」2 [역주]② 참조
② 오래되지 않았으니 : 원문은 "未久". 唐寫本에는 "來久"라 되어 있는데, 이것은 '이미 오래되었다'는 뜻.
③ 王含 : 東晉의 徐州刺史로 322년에 동생 王敦과 함께 반란을 일으켰다가 실패하여 주살당함. 「言語」37 참조
④ 표범의 꼬리 : 원문은 "豹尾". 본래는 천자의 수레에 장식하는 물건이었으나 나중에는 대신들도 사용함. 여기서는 고관대작을 비유함.
⑤ 심충의~참수했다 : 원문은 "充將吳儒斬首於京都". 唐寫本에는 "使蘇峻討充, 充將吳儒斬送充首."라 되어 있음. 『晉書』 권98 「沈充傳」의 "充敗, 歸吳興, 亡失道, 誤入其故將吳儒家, 儒遂殺之."라는 기록과 같은 책 권98 「王敦傳」의 "吳儒斬沈充, 並傳首京師."라는 기록에 의거하면, 唐寫本의 문장이 타당함.
⑥ 功高 : 唐寫本에는 "公高"라 되어 있음.
⑦ 太守 : 唐寫本에는 "內史"라 되어 있음.

蘇峻東征沈充,① 請吏部郞陸邁與俱.② 將至吳, 密勑左右, 令入閶門放火以示威. 陸知其意, 謂峻曰; "吳治平未久, 必將有亂. 若爲亂階, 請從我家始." 峻遂止.
①◦『晉陽秋』曰; 充, 字士居, 吳興人. 少好兵, 諂事王敦. 敦克京邑, 以充爲車騎將軍, 領吳國內史. 明帝伐王敦, 充率衆就王含, 謂其妻曰; "男兒不建豹尾, 不復歸矣!" 敦死, 充將吳儒斬首於京都.
②◦陸碑曰; 邁, 字功高, 吳郡人. 器識淸敏, 風檢澄峻. 累遷振威・太守・尙書吏部郞.

———— • 10 : 17 [0682]

육완陸玩이 사공司空에 임명되었을 때① 어떤 사람이 그를 찾아와 좋은 술을 구하기에 주었더니, 그 사람이 곧장 일어나 대들보와 기둥 사이에 술을 부으면서 축도했다.

"지금 인재가 부족하여 너를 주춧돌의 쓰임①으로 삼았으니, 남의 동량棟梁②을 기울게 하지 말지어다!"

그러자 육완이 웃으며 말했다.

"그대의 훌륭한 충고를 가슴에 새기리다!"③

① ▫『육완별전』: 당시에 왕도王導·치감郗鑒·유량庾亮이 차례로 세상을 떠나자, 조야朝野에서는 근심하고 걱정하다가 육완에게 덕망이 있다고 하여 그를 사공에 임명했다. 육완은 사양했으나 그럴 수 없자,④ 이내 탄식하면서 친구들⑤에게 말했다.

"나를 삼공三公으로 삼은 것을 보니 천하에 사람이 없는 모양이오!"
당시 사람들은 이를 지자知者의 말이라 여겼다.

[역주]⋯⋯⋯⋯⋯⋯⋯⋯⋯⋯⋯⋯
① 주춧돌의 쓰임 : 원문은 "柱石之用". 唐寫本에는 "柱石之臣"이라 되어 있음. 국가의 중임을 맡은 인물을 비유함.
② 棟梁 : 여기서는 東晉 조정을 비유함.
③ 가슴에 새기다 : 원문은 "戢". 여기서는 '藏'의 뜻으로 쓰임. 즉 가슴속에 깊이 새긴다는 뜻. 『太平御覽』 권187 「居處部·柱」에 인용된 『世說』에는 "感"이라 되어 있음.
④ 사양했으나 그럴 수 없자 : 원문은 "辭讓不獲". 唐寫本에는 "辭讓不獲免既拜"라 되어 있음.
⑤ 친구들 : 원문은 "朋友". 唐寫本과 『晉書』 권77 「陸玩傳」에는 "賓客"이라 되어 있음.

[참고] 『晉書』77, 『太平御覽』187.

陸玩拜司空,① 有人詣之, 索美酒, 得, 便自起, 瀉箸梁柱間地, 祝曰; "當今乏才, 以爾爲柱石之用, 莫傾人棟梁!" 玩笑曰; "戢卿良箴!"
①▫『玩別傳』曰; 是時王導·郗鑒·庾亮相繼薨殂, 朝野憂懼, 以玩德望, 乃拜司空. 玩辭讓不獲, 乃歎息謂朋友曰; "以我爲三公, 是天下無人矣!" 時人以爲知言.

━━━━━━━━━ • 10 : 18 [0683]

소유小庾[庾翼]가 형주荊州자사로 있을 때, 관청의 대회의석상에서 막료들에게 물었다.

"나는 한漢 고조高祖[劉邦]나 위魏 무제武帝[曹操]가 되려 하는데 어떻게들 생각하시오?"①

온 좌중에서 대답하는 사람이 없었는데 장사長史 강반江彪이 말했다.

"명공께서 제齊 환공桓公이나 진晉 문공文公의 사업을 하시는 건 바라지만, 한 고조나 위 무제가 되시는 건 바라지 않습니다."①

1 ▫ 유익庾翼은 따로 나온다.②

▫ 송宋 명제明帝의 『문장지文章志』: 유익과 같은 명사가 어찌 이처럼 분별없는 말을 했겠는가? 당시에 만약 이러한 말이 있었다면③ 역시④ 전해들은 자의 잘못일 것이다.

[역주]..........................

① 명공께서~않습니다 : 원문은 "願明公爲桓・文之事, 不願作漢高・魏武也." 齊 桓公이나 晉 文公은 춘추시대 五霸 가운데 하나로서 어디까지나 周나라 황실을 받들면서 천하의 패권을 차지했지만, 漢 高祖나 魏 武帝는 易姓革命을 통하여 새로운 왕조를 세웠음. 여기서는 江彪이 제위찬탈을 꾀하려는 庾翼에게 천자를 보필하면서 공업을 세우라고 은근히 간언한 것임.

② 따로 나온다 : 원문은 "別見". 「言語」53 劉注1에 나왔음. 劉注의 통례상 이미 나온 경우는 '已見', 뒤에 나오는 경우는 '別見'이라 하므로, 여기서는 "已見"이라 하는 것이 타당함.

③ 당시에 만약 이러한 말이 있었다면 : 원문은 "時若有斯言". 唐寫本에는 "諸有若此之言"이라 되어 있고, 宋本에는 "時"자가 없음.

④ 역시 : 원문은 "亦". 唐寫本에는 "斯"라 되어 있음.

小庾在荊州, 公朝大會, 問諸僚佐曰; "我欲爲漢高・魏武, 何如?"1 一坐莫答, 長史江彪曰; "願明公爲桓・文之事, 不願作漢高・魏武也."

1 ▫ 翼, 別見.

▫ 宋明帝『文章志』曰; 庾翼名輩, 豈應狂狷如此哉? 時若有斯言, 亦傳聞者之謬矣.

• 10 : 19 [0684]

나군장羅君章[羅含]이 환선무桓宣武[桓溫]의 종사從事로 있을 때1 사진서謝鎭西[謝尙]는 강하江夏의 상相으로 있었는데, 나군장이 그곳을 감찰하러 갔다.2 나군장은 도착하고 나서 애당초 군정郡政에 대해서는 묻지도 않고 곧장 사진서를 찾아가 며칠 동안 술만 마시고 돌아왔다. 환공桓公[桓溫]이 물었다.

"무슨 일이 있던가?"

나군장이 말했다.

"공께서는 사상謝尙을 어떤 사람이라고 생각하시는지 모르겠군요?"

환공이 말했다.

"사인조謝仁祖[謝尙]는 우리들보다 뛰어난 인물이지."

그러자 나군장이 말했다.

"어찌 공보다 뛰어난 인물이 잘못을 저지를 리가 있겠습니까? 그래서 아무것도 묻지 않았습니다."

환공은 그의 의견을 훌륭하다고 여겨 질책하지 않았다.

① ·『나함별전羅含別傳』: 자사刺史 유량庾亮이 처음 나함을 부종사部從事[1]로 임명했는데, 환온桓溫이 자사로 부임하여 그를 참군參軍[2]으로 전임시켰다.

② ·『중흥서中興書』: 사상은 건무장군建武將軍과 강하의 상을 지냈다.

[역주]……………………

① 部從事: '部從事'에 대해서는 「規箴」15 [역주]① 참조.『晉書』권92 「羅含傳」에는 "部江夏從事"라 되어 있음.

② 參軍: 『晉書』권92 「羅含傳」에는 "征西參軍"이라 되어 있음.

[참고] 『晉書』92, 『太平御覽』265.

羅君章爲桓宣武從事,① 謝鎭西作江夏, 往檢校之.② 羅旣至, 初不問郡事, 徑就謝數日飮酒而還. 桓公問: "有何事?" 君章云; "不審公謂謝尙何似人?" 桓公曰; "仁祖是勝我許人." 君章云; "豈有勝公人而行非者? 故一無所問." 桓公奇其意, 而不責也.

① · 『含別傳』曰; 刺史庾亮初命含爲部從事, 桓溫臨州, 轉參軍也.

② · 『中興書』曰; 尙爲建武將軍·江夏相.

• 10 : 20 [0685]

왕우군王右軍[王羲之]은 왕경인王敬仁[王脩]·허현도許玄度[許詢]와 함께 사이가 좋았는데, 두 사람이 죽은 뒤에 왕우군은 그들에 대한 비평을 더욱 심하게 했다.① 공암孔巖②이 그에게 경계하며 말했다.

"명부明府[王羲之]③께서는 지난날 왕경인·허현도와 함께 우의를 나누셨는데, 그들이 세상을 떠난 뒤에는 고인을 애도하는 정의情誼④가 없으니 저③는 받아들이지 못하겠습니다."

왕우군은 몹시 부끄러워했다.

[역주]··························

① 심하게 했다 : 원문은 "克". 宋本에는 "剋"이라 되어 있음. '克'과 '剋'은 서로 통하며, '刻[가혹하다·심하다·엄하다]'의 뜻.
② 孔巖 : 唐寫本에는 "孔嚴"이라 되어 있음. 「品藻」40 [역주]① 참조.
③ 明府[王羲之], 저 : '明府'는 군수나 태수의 존칭. 孔巖은 會稽 山陰사람인데 王羲之가 일찍이 會稽內史를 지낸 적이 있기 때문에 자신을 그의 部民이라고 여겨 스스로를 '저[民]'라 하고 王羲之를 '明府'라 한 것임.
④ 고인을 애도하는 情誼 : 원문은 "愼終之好". '신종'은 모든 일의 끝을 신중히 한다는 뜻으로, 여기서는 망자에 대한 애도를 의미함. 『論語』「學而」에 "愼終追遠, 民德歸厚矣."라는 구절이 있음.

王右軍與王敬仁·許玄度並善, 二人亡後, 右軍爲論議更克. 孔巖誡之曰; "明府昔與王·許周旋有情, 及逝沒之後, 無愼終之好, 民所不取!" 右軍甚愧.

———————— • 10 : 21 [0686]

사중랑謝中郞[謝萬]은 수춘壽春에서 패했을 때① 패주하는 와중에서도 옥으로 장식한 등자鐙子를 찾았다. 사태부謝太傅[謝安]는 군대에 있으면서 시종 포폄의 말을 전혀 하지 않았는데, 그날에야 비로소 말하였다.

"지금과 같은 상황에서 이처럼 번거롭게 할 필요가 있겠는가?"①

① • 생각건대 : 사만謝萬이 죽기 전에 사안謝安은 아직 벼슬하지 않고 동산東山에서 고고하게 은거하고 있었는데, 또한 어찌하여 경솔하게 북정하는 군대에 참가했겠는가?② 『세설』의 이 말은 잘못됨이 너무 심하다.

[역주]..........................
① 壽春에서 패했을 때 : 東晉 穆帝 升平 3년(359)에 慕容儁과 싸워 패한 것을 말함. 「品藻」49 본문과 劉注 및 [역주]① 참조.
② 謝萬이~참가했겠는가 : 『晉書』 권79 「謝安傳」의 "及萬黜廢, 安始有仕進志, 時年已四十餘矣."라는 기록에 의거하면, 謝安은 太元 10년(385)에 66세로 죽었으므로 謝安의 出仕는 360년 이후가 됨. 따라서 謝萬이 北征하여 慕容儁과 壽春에서 싸운 것은 升平 3년(359)이므로 그때는 사안이 아직 출사하기 전임. 그러나 「簡傲」14의 "謝萬北征, 常以嘯詠自高, 未嘗撫慰衆士, 謝公甚器愛萬, 而審其必敗, 乃俱行."이라는 기록과 『太平御覽』 권701 「服用部·屛風」에 인용된 『俗說』의 "謝萬作吳興郡, 其兄安時隨至郡中."이라는 기록 등에 의하면, 謝萬의 北征에 謝安이 동행한 것으로 보임. 아마도 謝安은 벼슬 없이 개인적으로 참가한 것이 아닌가 함.
[참고] 『太平御覽』764.

謝中郞在壽春敗, 臨奔走, 猶求玉帖鐙. 太傅在軍, 前後初無損益之言, 爾日猶云; "當今豈須煩此?"①
①。按; 萬未死之前, 安猶未仕, 高臥東山, 又何肯輕入軍旅邪?『世說』此言, 迂謬已甚.

———————— • 10 : 22 [0687]

왕대王大[王忱]가 왕동정王東亭[王珣]에게 말했다.
"그대 또한 담론의 성취①가 나쁘지는 않지만 어떻게 승미僧彌[王珉]와 겨룰 수 있겠소?"①

①。『속진양추續晉陽秋』: 왕민王珉은 뛰어난 재능을 지녔으며 형 왕순王珣과 함께 유명했지만 명성은 왕순을 뛰어넘었다. 그래서 당시 사람들이 그들을 두고 말했다.
"법호法護[王珣]가 훌륭하지 않은 것은 아니지만 승미②의 형 되기는 어렵다."

[역주]..........................
① 담론의 성취 : 원문은 "論成". 또는 '이미 형성된 世論', 즉 '세간의 평판'이란 뜻으로 풀기도 함. 한편 唐寫本에는 "倫伍"라 되어 있는데, 楊勇은 이것이 타당하다고 하면서 그 뜻을 '인물의 우열을 品論하는 것'이라고 함.

② 僧彌: 唐寫本에는 "阿彌"라 되어 있는데, 둘 다 王珉의 어릴 적 자임.

王大語東亭; "卿乃復論成不惡, 那得與僧彌戲?"①

①。『續晉陽秋』曰; 珉有儁才, 與兄珣並有名, 聲出珣右. 故時人爲之語曰; "法護非不佳, 僧彌難爲兄."

• 10 : 23 [0688]

은기殷顗^①는 병이 위독하여 사람을 볼 때 얼굴 반쪽만 볼 수 있을 정도였다.^② 은형주殷荊州[殷仲堪]가 진양晉陽의 군대를 일으켰을 때,^③① 은기에게 작별하러 찾아가서 눈물을 흘리며 병환을 잘 치료하라고^④ 당부했더니 은기가 대답했다.

"내 병은 당연히 저절로 나을 것이지만, 정작 네 병이 걱정될 뿐이다^⑤!"②

①。『춘추공양전春秋公羊傳』^⑥: 진晉나라의 조앙趙鞅이 진양의 군대를 일으켜 순인荀寅과 사길석士吉射을 축출했다. 순인과 사길석은 군주 측근의 악인이다.

②。『진안제기晉安帝紀』: 은중감殷仲堪이 거병했을 때, 은기는 동참하지 않았다. 또한 자신이 소임小任을 맡고 있어서 오직 마땅히 직분을 지킬 뿐이며 진양의 일은 관여할 바가 아니라고 생각했다. 은중감이 그를 초청할 때마다 은기는 번번이 말했다.

"나는 나아간다 하더라도 감히 동참할 수 없고, 물러난다 하더라도 감히 반대할 수 없다."

결국 근심하다가 죽고 말았다.

[역주]
① 殷顗: 『晉書』 권83 本傳에는 "殷顗"라 되어 있음. 아래도 마찬가지임. 殷顗는 殷仲堪의 從兄임.
② 얼굴 반쪽만 볼 수 있을 정도였다: 余嘉錫의 「寒食散考」에 따르면, 五石散을 과도하게 복용하면 그 부작용으로 눈이 침침해진다고 함. 殷顗가 五石散을 복용한 것에 대해서는 「德行」41에도 나옴.
③ 晉陽의 군대를 일으켰을 때: 원문은 "興晉陽之甲". 본래는 춘추시대 晉나라의

趙鞅이 군주 측근의 姦臣들을 축출한다는 명목으로 晉陽[지금의 山西省 太原]에서 거병한 것을 말하지만, 나중에는 지방 세력이 중앙 조정에 불만을 품고 거병하는 것도 '興晉陽之甲'이라 함. 殷仲堪은 당시 王恭·楊佺期·桓玄 등과 모의하여, 孝武帝 사후에 조정의 실권을 장악한 會稽王 司馬道子를 축출하기 위하여 군대를 일으킴.
④ 병환을 잘 치료하라고 : 원문은 "消息". 여기서는 병을 치료하여 몸을 보양하다는 뜻으로 쓰임.
⑤ 내 병은~걱정될 뿐이다 : 『晉書』 권83 「殷覬傳」에는 殷覬가 殷仲堪에게 "我病不過身死, 但汝病在滅門. 幸熟爲慮, 勿以我爲念也."라 했다고 되어 있는데, 의미가 보다 구체적이고 분명함.
⑥ 『春秋公羊傳』: 「定公13年」條에 나옴.

[참고] 『晉書』83.

殷覬病困, 看人政見半面. 殷荊州興晉陽之甲,① 往與覬別, 涕零, 屬以消息所患, 覬答曰; "我病自當差, 正憂汝患耳!"②
①·『春秋公羊傳』曰; 晉趙鞅取晉陽之甲, 以逐荀寅·士吉射. 寅·吉射者, 君側之惡人.
②·『晉安帝紀』曰; 殷仲堪擧兵, 覬弗與同. 且以己居小任, 唯當守局而已, 晉陽之事, 非所宜豫也. 仲堪每邀之, 覬輒曰; "吾進不敢同, 退不敢異." 遂以憂卒.

• 10 : 24 [0689]

원공遠公[慧遠]은 여산廬山에 있을 때,① 노령이었지만 불경 강론을 멈추지 않았다. 제자 중에 혹 나태한 자①가 있으면 원공은 말했다.
"석양의 빛②은 멀리 비출 수 없는 법이니, 제군들은 아침 햇살처럼 시간의 흐름과 더불어 밝게 빛나길 바랄 뿐이다."
불경을 들고 고좌高座에 올라 낭랑하고 유창하게③ 낭송했는데, 그 말과 안색이 매우 절실했다. 배움이 높은 제자들은 모두 숙연하게 그에 대한 존경심을 더했다.

①·『예장구지豫章舊志』: 여속廬俗은 자가 군효君孝고 본성이 광씨匡氏며, 하夏나라 우왕禹王의 후예로서 동야왕東野王의 아들이다. 진秦나라 말년에 백월百越④의 우두머리들이 오예吳芮⑤와 함께 한漢나라가 천하를 평정하는 것을

도왔는데, 동야왕은 그 군중軍中에서 전사했다. 한나라 8년(199 BC)에 여속을 언양鄡陽의 남작男爵에 봉하고 자부茲部⁽⁶⁾를 식읍으로 하사했으며 '여군廬君'이라는 인장을 주었다.⁽⁷⁾ 여속의 형제 7명이 모두 도술을 좋아하여 마침내 동정산洞庭山에 우거했기⁽⁸⁾ 때문에 세상에서 그 산을 '여산'이라 불렀다. 효무제孝武帝 원봉元封 5년(106)에 천자가 남방을 순수巡狩하면서 장강을 떠가다가 신령을 직접 목격하여, 이내 여속을 대명공大明公⁽⁹⁾에 봉하고 사계절마다 제사를 지냈다.

▫ 혜원법사慧遠法師의 『여산기廬山記』: 이 산은 강주江州의 심양군尋陽郡에 있는데, 왼쪽으로는 팽택彭澤을 끼고 있고 오른쪽으로는 통천通川을 옆에 두고 있다. 광속선생匡俗先生⁽¹⁰⁾이 있는데, 은殷나라와 주周나라 사이에 태어나 세상을 등지고 시대를 피하여 그 기슭에 은거하고 있다. 어떤 사람이 이르길, 광속은 선인仙人에게서 도를 전수받아 그 산마루에서 함께 노닐다가 마침내 벼랑 굴을 방으로 삼고 암혈巖穴을 집으로 삼았기 때문에 당시 사람들이 그 집을 '신선 오두막'이라 부르고 그 산을 '여산'이라 이름 붙였다고 한다.

▫ 『법사유산기法師遊山記』: 이 산에 몸을 기탁한 지 23년 만에 다시 석문石門을 밟고 사방으로⁽¹¹⁾ 남령南嶺을 유람했다. 이 산은 동쪽으로는 향로봉香鑪峯을 바라보고 북쪽으로는 구강九江을 조망한다. 전해 듣기로는, 석정방호石井方湖 속에 붉은 물고기가 뛰노는데 시골사람들두 그 물고기를 무어라 형용할 수 없으며 다만 그 기이함에 감탄할 뿐이라고 한다.

[역주]··························
① 나태한 자 : 원문은 "墮者". 唐寫本에는 "惰者"라 되어 있는데, '墮'는 '惰'의 通聲假借字임.
② 석양의 빛 : 원문은 "桑楡之光". '桑楡'는 전설상에 서방의 해지는 곳. 여기서는 인생의 노년을 비유함.
③ 낭랑하고 유창하게 : 원문은 "朗暢". 唐寫本에는 이 2字가 없음.
④ 百越 : 지금의 浙江省 남부에서 福建·廣東·廣西 등지에 있던 고대 여러 이민족들의 통칭.
⑤ 吳芮 : 秦나라 番陽人으로 시호는 文王. 처음에는 番陽令이 되어 '番君'이라 불리다가, 나중에는 거병하여 漢나라를 도운 공으로 長沙王에 봉해짐.
⑥ 茲部 : 唐寫本에는 "滋部"라 되어 있음.
⑦ '廬君'이라는 인장을 주었다 : 원문은 "印曰廬君". 唐寫本에는 "號曰越廬君"이라

되어 있음.
⑧ 우거했기 : 원문은 "寓". 唐寫本에는 "寓爽"이라 되어 있고,『太平御覽』권41
「地部・廬山」에 인용된『廬山記』에는 "寓精爽"이라 되어 있음.
⑨ 大明公 :『太平御覽』권41에 인용된『廬山記』에는 "文明公"이라 되어 있음.
⑩ 匡俗先生 :『太平御覽』권41에 인용된『廬山記』에 따르면, 匡俗先生은 周나라 武王 때 사람으로 조정의 초빙을 피하여 그 산에 오두막[廬]을 짓고 살다가 나중에 신선이 되어 승천했는데 제자들이 그 산을 '廬山' 또는 '匡山'이라 불렀다고 함.
⑪ 사방으로 : 원문은 "四". 唐寫本에는 "西"라 되어 있음.

遠公在廬山中, ① 雖老, 講論不輟. 弟子中或有墮者, 遠公曰; "桑楡之光, 理無遠照, 但願朝陽之暉, 與時並明耳." 執經登坐, 諷誦朗暢, 詞色甚苦. 高足之徒, 皆肅然增敬.

①◦『豫章舊志』曰; 廬俗, 字君孝, 本姓匡, 夏禹苗裔, 東野王之子. 秦末, 百越君長與吳芮助漢定天下, 野王亡軍中. 漢八年, 封俗鄡陽男, 食邑玆部, 印曰廬君. 俗兄弟七人, 皆好道術, 遂寓于洞庭之山, 故世謂廬山. 孝武元封五年, 南巡狩, 浮江, 親覩神靈, 乃封俗爲大明公, 四時秩祭焉.

◦遠法師『廬山記』曰; 山在江州尋陽郡, 左挾彭澤, 右傍通川. 有匡俗先生, 出自殷・周之際, 遁世隱時, 潛居其下. 或云, 匡俗受道於仙人, 而共遊其嶺, 遂託室崖岫, 卽巖成館, 故時人謂爲神仙之廬而命焉.

◦『法師遊山記』曰; 自託此山二十三載, 再踐石門, 四遊南嶺. 東望香鑪峯, 北眺九江. 傳聞有石井方湖, 中有赤鱗踊出, 野人不能敍, 直歎其奇而已矣.

• 10 : 25 [0690]

환남군桓南君[桓玄]은 사냥을 좋아했는데, 사냥을 할 때마다 수행하는 거마車馬가 매우 성대하여, 오륙십 리에 걸쳐 깃발들이 소택沼澤을 덮고 준마를 치달려 추격하는 것이 나는 듯했으며 좌우 양익兩翼[1]이 향하는 곳은 언덕이나 골짜기도 피하지 않았다. 혹 행렬의 대오가 가지런하지 않거나 노루나 토끼가 튀어 도망가기라도 하면, 누구를 막론하고 막료 가운데 결박당하지 않는 자가 없었다. 환도공桓道恭은 환현桓玄의 친족으로서,[1] 당시 적조참군賊曹參軍[2]이었는데 자못 직언을 과감하게 했다. 환도공이 항상 붉은 무명 밧줄을 허리춤에 차고 있기에 환현이 물었다.

"이것은 어디에 쓰는 것인가?"

"공께서 사냥하실 때면 사람을 결박하길 좋아하시므로 저도 결박당할 것이 뻔한데,③ 그럴 경우 제 손이 거친 밧줄④을 견뎌낼 수 없기 때문입니다."

환현은 이때부터 다소 나아졌다.

①・『환씨보桓氏譜』: 환도공은 자가 조유祖猷며 환이桓彝의 집안 동생이다. 부친 환적지桓赤之는 태학박사太學博士였다. 환도공은 회남淮南태수와 위초僞楚⑤의 강하상江夏相을 역임했다. 의희義熙연간(405~418) 초에 주살당했다.

[역주]……………………

① 좌우 兩翼: 원문은 "雙甄". 兩翼의 陣形을 말함. '甄'은 戰陣의 명칭. 새가 날개를 펼치고 날아가는 모습을 '甄甄'이라 하는 데서 비롯된 말이라고 함. 『左傳』「文公10年」의 杜預 注에서 "將獵張兩甄, 置左右司馬."라고 했으며, 『資治通鑑』권90 「晉紀」12의 胡三省 注에서 楊正衡의 말을 인용하여 "戰陣有左甄右甄. 甄, 左右翼也. …蓋晉人以左右翼爲左右甄."이라 함.
② 賊曹參軍: 都督府의 正參軍 가운데 하나로 刑獄을 주관하는 관리.
③ 결박당할 것이 뻔한데: 원문은 "會當被縛". 唐寫本에는 "會當縛", 『藝文類聚』권24 「人部・諷」에 인용된 『世說』에는 "會被縛"이라 되어 있음.
④ 거친 밧줄: 원문은 "芒". '芒索', 즉 거칠고 투박한 밧줄을 말함.
⑤ 僞楚: 東晉 元興 2년(403) 9월에 桓玄은 楚王이 되어 九錫을 부여받았으며, 그해 12월에 마침내 安帝[司馬德宗]를 폐위시켜 尋陽으로 옮기고 스스로 제위에 올라 국호를 '楚'라 함. '僞'는 정통성이 없다는 뜻에서 붙인 말임.

[참고] 『藝文類聚』24, 『太平御覽』832.

桓南郡好獵, 每田狩, 車騎甚盛, 五六十里中, 旌旗蔽隰, 騁良馬, 馳擊若飛, 雙甄所指, 不避陵壑. 或行陳不整, 麞免騰逸, 參佐無不被繫束. 桓道恭, 玄之族也, ① 時爲賊曹參軍, 頗敢直言. 常自帶絳綿繩箸腰中, 玄問; "此何爲?" 答曰; "公獵, 好縛人士, 會當被縛, 手不能堪芒也." 玄自此小差.

① 『桓氏譜』曰; 道恭, 字祖猷, 彝同堂弟也. 父赤之, 太學博士. 道恭歷淮南太守・僞楚江夏相. 義熙初, 伏誅.

• 10 : 26 [0691]

왕서王緖와 왕국보王國寶는 서로 입술과 치아처럼[1] 관계가 밀접했으며 함께 권력의 핵심을 마음대로 주물렀다.[2]① 왕국보의 동생인 왕대王大[王忱]가 이 같은 상황을 못마땅하게 여겨 종제從弟인 왕서에게 말했다.

"너는 이처럼 경솔하게 행동하고 있는데,[3] 옥리獄吏가 존귀하다고 생각해본 적이 없단 말이더냐?"[2]

[1] ㅇ『왕씨보王氏譜』: 왕서는 자가 중업仲業이며 태원太原사람이다. 조부는 왕연王延이며,[4] 부친 왕예王乂는 무군장군撫軍將軍이었다.

ㅇ『진안제기晉安帝紀』: 왕서는 회계왕會稽王[司馬道子]의 종사중랑從事中郎이 되어 아첨과 간사함으로 총애를 받았다. 왕순王珣[5]과 왕공王恭은 왕국보가 왕서와 함께 정치를 어지럽히는 것을 미워하여, 은중감殷仲堪과 함께 동시에 거사하기로 기약하여 안으로 조정을 바로잡고자 했다. 왕공의 표문表文이 이를 즈음에 회계왕은 왕서를 저자거리에서 참수하여[6] 제후들을 달랬다.

ㅇ[『왕국보별전』][7] 왕국보는 평북장군平北將軍 왕탄지王坦之의 셋째아들이다. 태부太傅 사안謝安은 왕국보의 장인이었지만 그를 미워하여 멀리하고 기용하지 않았다. 사안이 죽고 상왕相王[司馬道子]이 정치를 보좌하게 되었을 때, 왕국보는 중서령中書令으로 전임되었으며 수백 명의 첩이 있었다. 종제 왕서는 상왕에게 총애를 받고 있었기에 왕국보를 위해 상왕에게 잘 말해줌으로써 왕국보의 권세는 조정의 안팎을 진동시킬 정도였다. 왕순·왕공·은중감은 효무제孝武帝[司馬曜]에게 대우받았지만 상왕과는 친한 사이가 아니었다. 왕공은 항표문抗表文[8]을 올려 그를 토벌하려 했으며, 차윤車胤도 왕국보와 대립하고 있었다. 회계왕은 더 이상 제후들의 군대를 물리칠 수 없게 되자, 마침내 왕국보에게 죄를 내리고 정위廷尉에게 회부하여 사형시키라 했다.

[2] ㅇ『사기史記』[9]: 한나라漢 승상丞相[周勃]이 모반하려 한다는 상서문이 올라오자, 문제文帝[劉恒]는 그를 정위에게 회부했다.[10] 주발周勃은 출옥하고 나서 탄식했다.

"나는 일찍이 백만의 군대를 거느린 적이 있지만, 일개 옥리가 이처럼 존귀한 줄을 어찌 알았으랴!"

[역주]··················
① 입술과 치아처럼 : 원문은 "脣齒". 『左傳』 「僖公5年」·「哀公8年」과 『墨子』 「非攻中」 등에 "脣亡齒寒"이라는 구절이 있음. 이해관계가 서로 밀접한 것을 비유함.
② 마음대로 주물렀다 : 원문은 "上下". 唐寫本에는 "弄"이라 되어 있는데, 문맥상 타당하다고 여겨 이것에 따라 번역함. 육조시대의 碑刻文에서는 종종 '弄'을 '卡'이라 쓰기도 했는데[周一朗의 『世說新語札記』에 보임], 후대에 이것을 '上下' 두 자로 잘못 떼어놓은 것으로 추정함.
③ 경솔하게 행동하고 있는데 : 원문은 "欻欻". '欻'은 '忽'과 통함. 경거망동하는 모양을 뜻함.
④ 조부는 王延이며 : 원문은 "祖延". 唐寫本에는 "祖延早終"이라 되어 있음.
⑤ 王珣 : 唐寫本에는 "間王珣·王恭於王"이라 되어 있음.
⑥ 왕서를 저자거리에서 참수하여 : 원문은 "斬緒". 唐寫本에는 "斬緒於市"라 되어 있음.
⑦ 『왕국보별전』 : 원문에는 없지만 唐寫本에는 이 부분에 "國寶別傳曰" 5자가 있어서 보충함. 또한 그 이후의 기록도 唐寫本에는 "國寶字國寶, 平北將軍坦之第三子也. 少不脩士業, 進趣當世. 太傅謝安, 國寶婦父也, 其惡爲人, 每抑而不用. 會稽王妃, 國寶從妹也, 由是得與王早遊, 間安於王. 安薨, 相王輔政, 超遷侍中·中書令. 而貪恣聲色, 妓妾以百數, 坐事免官. 國寶雖爲相王所重, 旣未爲孝武所親, 及上覽萬機, 乃自進於上, 上甚愛之. 俄而上崩, 政由宰輔. 國寶從弟緒有寵於王, 深爲其說, 王念其去就, 未之納也. 緒說漸行, 遷在僕射, 領吏部·丹楊尹, 以東宮兵配之. 國寶旣得志, 權震外內. 王珣·恭·殷仲堪並爲孝武所待, 不爲相王所昵, 國寶深憚疾之. 仲堪·王恭疾其亂政, 抗表討之. 國寶懼, 不知所爲, 乃求計於王珣. 珣曰; '殷·王與卿素無深讎, 所競不過勢利之間耳. 若放兵權, 必無大禍.' 國寶曰; '將不爲曹爽乎?' 珣曰; '是何言與! 卿寧有曹爽之罪, 殷·王, 宣王之疇耶?' 車胤又勸之, 國寶尤懼, 遂解職. 會稽王旣不能距諸侯之兵, 遂委罪國寶, 收付廷尉, 賜死也."라 되어 있어서 훨씬 상세함.
⑧ 抗表文 : '抗表'는 천자에게 자신의 견해를 강력하게 주장하여 직언하는 것을 말함.
⑨ 『史記』 : 권57 「絳侯周勃世家」에 나옴. 周勃은 漢 高祖와 동향인 沛사람으로, 고조를 따라 秦軍을 토벌하여 한나라가 건국된 뒤 太尉·相國 등을 역임했으며, 고조가 죽은 뒤에 권력을 장악한 呂后 일족을 토벌하고 文帝를 옹립하여 승상이 된 인물.

⑩ 漢나라~ 회부했다 : 원문은 "有上書告漢丞相欲反, 文帝下之廷尉." 唐寫本에는 "漢丞相周勃就國, 有上書告勃反, 文帝下之廷尉. 吏稍侵辱, 勃以千金予獄吏, 史教勃以其子婦公主爲證. 帝於是赦勃, 復爵邑."이라 되어 있음. 公主는 周勃의 양자 周勝之의 부인으로 文帝의 딸임.

王緖・王國寶相爲脣齒, 並上下權要.① 王大不平其如此, 乃謂緖曰; "汝爲此欻欻, 曾不慮獄史之爲貴乎?"②

① ◦『王氏譜』曰; 緖, 字仲業, 太原人. 祖延. 父乂, 撫軍.
◦『晉安帝紀』曰; 緖爲會稽王從事中郎, 以佞邪親幸. 王珣・王恭惡國寶與緖亂政, 與殷仲堪克期同擧, 內匡朝廷. 及恭表至, 乃斬緖以說諸侯.
◦ 國寶, 平北將軍坦之第三子. 太傅謝安, 國寶婦父也, 惡而抑之不用. 安薨, 相王輔政, 遷中書令, 有妄數百. 從弟緖有寵於王, 深爲其說, 國寶權動內外. 王珣・王恭・殷仲堪爲孝武所待, 不爲相王所眄. 恭抗表討之, 車胤又爭之. 會稽王旣不能拒諸侯兵, 遂委罪國寶, 付廷尉, 賜死.
② ◦『史記』曰; 有上書告漢丞相欲反, 文帝下之廷尉. 勃旣出, 歎曰; "吾嘗將百萬之軍, 安知獄史之爲貴也!"

----------------- • 10 : 27 [0692]

환현桓玄이 사태부謝太傅[謝安]의 택지를 병영으로 만들려 했는데, 사태부의 손자인 사혼謝混이 말했다.

"소백召伯①의 인덕은 그 은택이 팥배나무에까지 미쳤는데,① 사문정謝文靖[謝安]의 인덕은 다섯 무畝②의 택지도 보유할 수 없단 말인가!"

그러자 환현은 부끄러워하며 그 일을 그만두었다.

① ◦『한시외전韓詩外傳』: 옛날 주周나라의 정치가 융성했을 때, 소백이 조정에 있었는데 관리가 송사가 있는 백성을 소환할 것을 청했더니, 소백이 말했다.

"내 한 몸 편하자고 백성을 수고롭게 하는 것은 나의 선군先君이신 문왕文王의 뜻이 아니다."

그러고는 곧장 팥배나무 아래에서 야영하면서③ 송사를 처리했다. 시인詩人이 소백이 휴식하던 팥배나무를 보고 찬미하여 노래 불렀다.

"무성한 팥배나무, 자르지 말고 베지 말라. 소백께서 쉬시던 곳이라네."④

[역주]
① 召伯 : 周 文王의 庶子로 이름은 奭. 召 땅을 봉토로 받았기 때문에 '召伯' 또는 '召公'이라 함.
② 畝 : 토지의 면적 단위로, 사방 6尺을 1步라 하고 100보를 1畝라 함.
③ 팥배나무 아래에서 야영하면서 : 원문은 "暴處於棠下". 唐寫本에는 "曝處於棠樹之下"라 되어 있음. '暴處'는 야외에서 거처하는 것을 말함.
④ 무성한~곳이라네 : 원문은 "蔽芾甘棠, 勿翦勿伐, 召伯所茇." 『詩經』「召南·甘棠」의 구절. '蔽芾'은 朱注에서 "盛貌"라고 함. '茇'은 鄭箋에서 "草舍也"라고 함.

[참고] 『晉書』79.

桓玄欲以謝太傅宅爲營, 謝混曰; "召伯之仁, 猶惠及甘棠,① 文靖之德, 更不保五畝之宅!" 玄慙而止.

① 『韓詩外傳』曰; 昔周道之隆, 召伯在朝, 有司請召民, 召伯曰; "以一身勞百姓, 非吾先君文王之志也." 乃暴處於棠下, 而聽訟焉. 詩人見召伯休息之棠, 美而歌之曰; "蔽芾甘棠, 勿翦勿伐, 召伯所茇."

제11편

첩 오
捷 悟
Quick Perception

본편은 『세상의 참신한 이야기, 세설신어』의 11번째 편으로 총 7조가 실려 있다.

'첩오'는 생각이 민첩하고 깨달음이 신속하다는 뜻이다. 위진시대에는 인간의 총명한 재지才智를 매우 중시했는데, 본편은 바로 그러한 시대적 특징을 잘 보여주고 있다. 총 7조 가운데 양수楊脩의 고사가 4조를 차지하고 있는데, 양수는 한말漢末 건안建安연간 때 사람으로 조조曹操의 아들 조식曹植과 친한 사이였다. 그의 총명한 재지에 관한 일화는 너무나도 유명하여 지금까지 인구에 회자되고 있다. 그러나 격렬한 권력투쟁이 벌어졌던 위진시대에 양수는 자신의 재지를 숨김없이 드러냄으로써, 조조는 조비曹丕를 태자로 확정한 뒤에 양수가 조식을 위한 계책을 세워 분란을 조성할까봐 두려워 결국 그를 살해했다. 이와는 반대로 치초郗超는 어수룩하게 보임으로써 권신 환온桓溫의 의심을 피하여 결국 화를 면할 수 있었다.

본편에서 작자는 양수의 불행한 결말에 대하여 직접적인 언급은 하지 않았지만, 그와 대조되는 치초의 고사를 뒤에 안배함으로써, 자신이 의도하는 바를 암암리에 드러내고 있다.

• 11 : 1 [0693]

양덕조楊德祖[楊脩]가 위魏 무제武帝[曹操]의 주부主簿로 있었는데, 당시 상국부相國府^①의 대문을 만들어 막 서까래를 올렸을 때, 위 무제가 직접 나와서 보고는 사람을 시켜 대문에 '활活'자를 쓰게 한 뒤 곧장 떠났다. 양덕조는 그것을 보고 즉시 대문을 허물어버리라고 했다. 대문 허무는 일이 다 끝나자 양덕조가 말했다.

"'문門' 안에 '활活'이 있으면 '활闊'자가 되니, 왕께서는 바로 문이 큰 것을 못마땅하게 여기신 것이다."^②[1]

[1] ▫『문사전文士傳』: 양수楊脩는 자가 덕조며 홍농弘農사람으로, 태위太尉 양표楊彪의 아들이다. 젊어서부터 학문과 재간이 뛰어났다.^③ 위 무제가 승상丞相이 되었을 때 그를 초빙하여 주부로 삼았다. 양수는 정사에 대하여 자신의 의견을 아뢴 적이 있었는데, 반드시 무제로부터 자문을 구하는 명령^④이 오가리란 것을 알았기 때문에, 답변지 몇 장을 미리 작성하여 그것을 순서대로 맞춰가지고 가서 집사에게 명했다.

"지난번에 아뢴 일에 대하여 반드시 명령이 내려져 서로 오갈 것이니, 그렇게 되면 이 순서에 따라 차례차례 대답해주시오."

그런데 바람이 불어 답변지의 순서가 뒤섞이는 바람에 집사가 구별하지 못하여 마침내 착오가 생기고 말았다. 공[曹操]이 노하여 힐문하자 양수는 부끄럽고 두려웠다. 그러나 아뢴 바가 매우 조리 있어서 결국 또한 양수가 옳았다고 판명되었다.^⑤ 나중에 무제에게 주살당했다.^⑥

[역주]·····················
① 相國府 : 원문은 "相國". 丞相을 말함. 曹操는 建安 13년(208)에 後漢의 丞相이 되었음.
② 왕께서는~것이다 : 당시 曹操는 자신에게 漢나라를 찬탈하려는 뜻이 있다는 소문이 떠돌자 그 혐의를 피하기 위하여 대문이 큰 것을 못마땅하게 여긴 것으로 보임. 楊脩는 曹操의 그러한 의중을 일찍 간파한 것임.
③ 젊어서부터 학문과 재간이 뛰어났다 : 원문은 "少有才學思敏". 唐寫本에는 이 구절 다음에 "早知名"이라는 구절이 있음.

④ 명령 : 원문은 "敎". 文體의 일종으로 諸侯의 명령서를 말함. 上官이 下官에게
   내리는 命令·指示·告示 등도 '敎'라고 함.
⑤ 그러나~판명되었다 : 원문은 "然以所白甚有理, 終亦是脩." 唐寫本에는 "以實對,
   然以所白甚有理. 初雖見怪, 事亦終是. 脩之才解皆此類矣."라 되어 있음.
⑥ 무제에게 주살당했다 : 楊脩가 주살당한 표면상의 이유는 정치상의 기밀을
   누설하고 제후들과 불온한 관계를 맺었다는 것이었지만, 실제적인 이유는 태자
   책봉을 둘러싸고 벌어진 政爭에서 楊脩가 曹植을 후원했기 때문임. 이 사건은
   建安 24년(219)에 일어남.

[참고] 『藝文類聚』63, 『太平御覽』183.

楊德祖爲魏武主簿, 時作相國門, 始搆榱桷, 魏武自出看, 使人題門作'活'字,
便去. 楊見, 卽令壞之. 旣竟, 曰; "'門'中'活', '闊'字. 王正嫌門大也."①

① 『文士傳』曰; 楊脩, 字德祖, 弘農人, 太尉彪子. 少有才學思榦. 魏武爲丞相, 辟爲主簿.
脩常白事, 知必有反覆敎, 豫爲答對數紙, 以次牒之而行, 敕守者曰; "向白事, 必敎出相反
覆, 若按此次第連答之." 已而風吹紙次亂, 守者不別, 而遂錯誤. 公怒, 推問, 脩慙懼. 然以
所白甚有理, 終亦是脩. 後爲武帝所誅.

• 11 : 2 [0694]

어떤 사람이 위魏 무제武帝[曹操]에게 유즙① 한 잔을 보내왔는데, 위
무제는 조금 마신 뒤 뚜껑 위에다 '합合'자를 써서 사람들에게 보여
주었으나, 사람들은 그 뜻을 알 수 없었다. 차례가 양수楊脩에게 이르
자 양수는 곧 마시고 말했다.

"공께서 사람들에게 한 모금씩 마시라고 한 것이니,② 더 이상 무
엇을 의심하시오?"

[역주]
① 유즙 : 원문은 "酪". 소나 양의 젖을 발효시켜 만든 음료의 일종.
② 사람들에게 한 모금씩 마시라고 한 것이니 : 원문은 "敎人噉一口也." '合'자는
   人·一·口로 조합된 글자이기 때문에 이렇게 글자 풀이를 한 것임.

[참고] 『初學記』17, 『太平御覽』432·858.

人餉魏武一桮酪, 魏武噉少許, 蓋頭上題'合'字以示衆, 衆莫能解. 次至楊脩,

脩便噉, 曰; "公教人噉一口也, 復何疑?"

• 11 : 3 [0695]

위魏 무제武帝[曹操]가 일찍이 조아曹娥의 비석 아래를 지나간 적이 있었는데 그때 양수楊脩가 수행했다. 비석의 뒷면에 '황견유부외손제구黃絹幼婦外孫虀臼'라 씌어 있는 것을 보고, 위 무제가 양수에게 말했다.

"무슨 뜻인지 해독할 수 있겠는가①?"

양수가 대답했다.

"해독할 수 있습니다."

위 무제가 말했다.

"그대는 아직 말하지 말고 내가 생각해내기를 기다리게."

30리를 간 뒤에 비로소 위 무제가 말했다.

"나도 이미 알아냈다."

그러고는 양수에게 그 해답을 따로 기록해두라고 했다. 양수가 말했다.

"'황견'은 색실이니 글자로는 '절絶'이 되고, '유부'는 젊은 여지이니 글자로는 '묘妙'가 되며, '외손'은 딸의 아들이니 글자로는 '호好'가 되고, '제구'②는 매운 양념을 담으니 글자로는 '사辭'③가 되므로, 이른바 '절묘호사絶妙好辭'라는 뜻입니다."

위 무제도 또한 자신의 해답을 기록해두었는데 양수와 똑같았다. 그래서 감탄했다.

"나의 재지가 그대만 못하니 그 차이가 30리로구먼④!"⃞

⃞ㆍ『회계전록會稽典錄』: 효녀 조아는 상우上虞사람이다. 부친 조우曹盱는 박자에 맞춰 노래를 부르고 춤을 추어 신령을 즐겁게 하는 데 뛰어났다. 한안漢安 2년(143)에 오군신伍君神⑤을 맞이하려고 파도를 거슬러 올라가다가 물에 빠졌는데 그 시체를 찾지 못했다. 그때 조아는 14살이었는데 곡읍哭泣하

며 부친 조우를 사모하다가 오이⑥를 강에 던져 부친의 시체를 찾으면서 말했다.

"부친께서 여기에 계시면 오이가 틀림없이 가라앉을 것이다."

17일이 지나 오이가 뜻밖에 가라앉자, 마침내 스스로 강에 몸을 던져 죽었다. 현령 도상度尚이 그 효성을 가엽게 여겨 그녀를 다시 장사지내주고, 그의 제자 한단자례邯鄲子禮[邯鄲淳]⑦에게 명하여 그녀를 위해 비문을 지으라 했다.

▫ 생각건대 : 조아의 비석은 회계會稽에 있는데, 위 무제와 양수는 일찍이 강남으로 건너간 적이 없다.

▫ 『이원異苑』: 진류陳留의 채옹蔡邕이 피난길에 오吳지방을 지나가다가 비문을 읽어보고는, 시인이 지은 것으로 거짓과 망령됨이 없다고 생각하여 비석 옆면에 여덟 글자를 새겨놓았다. 위 무제가 그것을 보고 해독할 수 없어서 여러 신하들에게 물었으나 해독할 수 있는 사람이 없었다. 어떤 부인이 분저汾渚에서 빨래하고 있다가 말했다.

"네 번째 수레에 타고 있는 사람이 해독할 수 있을 것이오."

그 사람은 다름 아닌 예정평禰正平[禰衡]이었다. 예형禰衡은 즉시 글자들을 분리하고 조합하여 그 뜻을 해독했다. 어떤 사람은 그 부인이 바로 조아의 혼령이었다고 말하기도 한다.

[역주]..........................
① 해독할 수 있겠는가 : 원문은 "解不". 唐寫本에는 "卿解不"라 되어 있음.
② 제구 : '韲'는 마늘·생강·부추 따위의 양념을 넣어 다진 야채나 고기를 말하며, '韲臼'는 그러한 것을 만드는 데 사용하는 절구통을 말함. 그래서 '매운 양념을 담는다고 뜻풀이를 한 것임.
③ 辭 : 唐寫本에는 '䛐'라 되어 있는데, '䛐'는 '辭'의 古字임. 다음에 나오는 "絶妙好辭"의 '辭'자도 마찬가지임.
④ 그 차이가 30리로구먼 : 원문은 "乃覺三十里". '覺'는 '較'의 通聲假借字. '비교하다'·'차이가 나다'의 뜻. 『太平御覽』 권93·432와 『事文類聚』「別集」 권6에 인용된 『世說』에는 정작 '較'라 되어 있음. 한편 唐寫本에는 "三十里覺"라 되어 있음.
⑤ 伍君神 : 伍子胥를 말함. 伍子胥는 춘추시대 楚나라 사람으로 이름은 員. 吳王을 도와 楚나라를 토벌하여 부형의 원수를 갚음. 나중에 吳王 夫差에게 살해되어 강물에 시체가 버려졌으나, 水神이 되어 민간에서 제사를 모시는 신앙의 대상이 됨.
⑥ 오이 : 원문은 "瓜". 唐寫本에는 "衣"라 되어 있으며, 다음에 나오는 문장에서

도 마찬가지임. 『後漢書』권114 「孝女曹娥傳」의 李賢 注에서는 "娥投衣於水, 祝曰; '父屍所在當沈.' 衣字或作瓜, 見項原『列女傳』."이라 함. 瓜·衣·爪는 字形이 서로 비슷하여 착오가 생긴 듯함. 그러나 亡者의 혼령을 불러내는 招魂祭에서 망자가 생전에 입었던 옷을 사용하는 풍습이 있는 것으로 보아, '衣'자가 이치상 보다 타당하다고 생각함.

⑦ 邯鄲子禮[邯鄲淳] : 子禮는 邯鄲淳의 자. 한단순은 삼국시대 魏나라 潁川사람으로, 『蒼頡』·『爾雅』·『說文』·蟲書·篆書 등 文字學에 뛰어남. 일찍이 「投壺賦」를 지어 文帝에게 바쳐 비단 천 필을 하사받았으며, 벼슬은 博士·給事中을 지냄. 한편 『三國志』권21 「魏書·王粲傳」의 裴松之 注에 인용된 『魏略』에서는 邯鄲淳의 자를 '子叔'이라 함.

[참고] 『北堂書鈔』102, 『太平御覽』93·432·589, 『事文類聚』別6.

魏武嘗過曹娥碑下, 楊脩從. 碑背上見題作'黃絹幼婦外孫虀臼'八字, 魏武謂脩曰; "解不?" 答曰; "解." 魏武曰; "卿未可言, 待我思之." 行三十里, 魏武乃曰; "吾已得." 令脩別記所知. 脩曰; "'黃絹', 色絲也, 於字爲'絶'. '幼婦', 少女也, 於字爲'妙'. '外孫', 女子也, 於字爲'好'. '虀臼', 受辛也, 於字爲'辭'. 所謂'絶妙好辭'也." 魏武亦記之, 與脩同. 乃歎曰; "我才不如卿, 乃覺三十里!"①

①·『會稽典錄』曰; 孝女曹娥者, 上虞人. 父盱, 能撫節按歌, 婆娑樂神. 漢安二年, 迎伍君神, 泝濤而上, 爲水所淹, 不得其尸. 娥年十四, 號慕思盱, 乃投瓜于江, 存其父尸曰; "父在此, 瓜當沈." 旬有七日, 瓜偶沈, 遂自投於江而死. 縣長度尙悲憐其義, 爲之改葬, 命其弟子邯鄲子禮爲之作碑.

◦按; 曹娥碑在會稽中, 而魏武·楊脩未嘗過江也.

◦『異苑』曰; 陳留蔡邕避難過吳, 讀碑文, 以爲詩人之作, 無詭妄也, 因刻石旁作八字. 魏武見而不能了, 以問羣寮, 莫有解者. 有婦人浣於汾渚, 曰; "第四車解." 旣而, 禰正平也. 衡卽以離合義解之. 或謂此婦人, 卽娥靈也.

• 11 : 4 [0696]

위魏 무제武帝[曹操]가 원본초袁本初[袁紹]를 정벌하려 했을 때,① 군장軍裝을 정리하고 났더니 대나무 조각 수십 곡解이 남아 있었는데 모두 길이가 몇 촌에 불과했다. 사람들은 모두 쓸데가 없다고 말하면서② 태워 없애게 하려고 했다. 태조太祖[曹操]는 그것을 사용할 방법을 궁리하다가③ 대나무 방패④를 만들면 되겠다고 생각했으나 그 생각을 말로 드러내지는 않았다. 사자使者를 급히 보내 주부主簿 양덕조楊德祖[楊脩]에게 물어보게 했더니, 양덕조는 전갈을 받자마자 대답했는데 무제의 마음과 똑같았다. 사람들은 그의 언변과 총명함⑤에 감복했다.

[역주]
① 魏 武帝[曹操]가 袁本初[袁紹]를 정벌하려 했을 때 : 曹操와 袁紹는 후한 말의 대표적인 군웅으로 서로 경쟁관계에 있었지만, 결국 建安 5년(220)에 일어난 '官渡의 전쟁'에서 조조가 대승함으로써 조조가 북방의 패권을 장악하게 됨.
② 사람들은 모두 쓸데가 없다고 말하면서 : 원문은 "衆云並不堪用". 唐寫本에는 "衆並謂不堪用"이라 되어 있는데, 문맥상 보다 타당하다고 생각함.
③ 太祖[曹操]는 그것을 사용할 방법을 궁리하다가 : 원문은 "太祖思所以用之". 唐寫本에는 "太祖甚悟, 思所以用之."라 되어 있음.
④ 대나무 방패 : 원문은 "竹椑楯". 대나무로 엮어 만든 타원형의 방패. 唐寫本에는 "竹押楯"이라 되어 있음.
⑤ 언변과 총명함 : 원문은 "辯悟". 唐寫本에는 "辨悟"라 되어 있음.

[참고] 『北堂書鈔』121, 『太平御覽』357·962, 『事類賦』24.

魏武征袁本初, 治裝, 餘有數十斛竹片, 咸長數寸. 衆云並不堪用, 正令燒除. 太祖思所以用之, 謂可爲竹椑楯, 而未顯其言. 馳使問主簿楊德祖, 應聲答之, 與帝心同. 衆伏其辯悟.

• 11 : 5 [0697]

왕돈王敦이 군대를 이끌고① 대항大桁②에 들이닥치려 할 때, 명제明帝[司馬紹]가 친히 중당中堂③으로 나왔다. 당시 온교溫嶠는 단양윤丹陽尹으로 있었는데, 명제가 온교에게 대항을 끊어버리라고 명했으나④ 온교가 일부러 끊지 않았기 때문에, 명제가 대노하여 눈을 부릅뜨자 좌우신하들은 모두 두려움에 떨었다.1 제공諸公들을 소집했는데, 온교는 도착해서도 사죄하기는커녕 술과 고기만 찾았다. 왕도王導가 잠시 뒤 도착하여 맨발로 땅에 엎드려 사죄했다.

"하늘의 위엄이 면전에 계신지라[5] 온교로 하여금 사죄할 수 없게 만든 모양이옵니다!"

온교가 그제야 엎드려 사죄했더니 명제도 마음을 풀었다. 제공들은 모두 왕도의 기지와 명언에 감탄했다.

1 ▫ 생각건대:『진양추晉陽秋』와 등찬鄧粲의『진기晉紀』[6]에서는 모두 "왕돈이 들이닥치려 하자 온교가 주작교朱雀橋를 불태워 그 군대를 막았다"[7]고 했는데, 여기서는 "대항을 끊지 않아 무제를 노하게 만들었다"고 했으니, 크게 잘못된 것이다. 어떤 판본에는 "명제가 직접 온교에게 들어오라고 권했다"고 되어 있고, 어떤 판본에는 "먹고 마셔서 명제가 노했다"고 되어 있는데,[8] 이것이 사실에 가깝다.

[역주]..........................
① 王敦이 군대를 이끌고 : 王敦은 太寧 2년(324)에 溫嶠 제거를 기치로 내걸고 반란을 일으킴.
② 大桁 : 옛 浮橋의 명칭. 삼국시대 吳나라에서는 南津橋라고 했으며, 그 위치가 建康 남쪽 朱雀門 밖에 있었기 때문에 晉代에는 朱雀桁 또는 朱雀橋라고 개칭함. 秦淮河를 가로지르는 24개의 부교 가운데 가장 컸기 때문에 大航 또는 大桁이라 불렀으며 南航이라고도 함.
③ 中堂 : 建康 宣陽門 밖에 있던 근위병 주둔지.
④ 溫嶠는~명했으나 : 원문은 "溫嶠爲丹陽尹, 帝令斷大桁." 唐寫本에는 "使丹楊尹 溫嶠斷大桁"이라 되어 있음.
⑤ 하늘의 위엄이 면전에 계신지라 : 원문은 "天威在顔".『左傳』「僖公9年」에 "王使宰孔賜諸侯服, 且無下拜, 諸侯曰; '天威不違顔咫尺.'"이라 함.
⑥ 鄧粲의『晉紀』: 원문은 "鄧粲". 唐寫本에는 "鄧粲晉紀"라 되어 있음.
⑦ 왕돈이~막았다 :『晉書』권67「溫嶠傳」에서도 "嶠燒朱雀橋以挫其鋒, 帝怒之, 嶠曰; '今宿衛寡弱, 徵兵未至, 若賊豕突, 危及社稷, 陛下何惜一橋?'"라고 하여『晉陽秋』·『晉紀』의 기록과 일치함.
⑧ 어떤 판본에는~되어 있는데 : 원문은 "一本云'帝自勸嶠入', 一本作'噉飮帝怒.'" 唐寫本에는 "一本云'帝自勸嶠, 不飮, 帝怒.'"라 되어 있는데, 이것이 문맥상 보다 자연스럽다고 생각함.

王敦引軍垂至大桁, 明帝自出中堂. 溫嶠爲丹陽尹, 帝令斷大桁, 故未斷, 帝大怒, 瞋目, 左右莫不悚懼.1 召諸公來, 嶠至, 不謝, 但求酒炙. 王導須臾至, 徒跪下地, 謝曰; "天威在顔, 遂使溫嶠不容得謝!" 嶠於是下謝, 帝乃釋然. 諸公共歎王機悟名言.
① ◦ 按:『晉陽秋』·鄧紀皆云"敦將至, 嶠燒朱雀橋以阻其兵", 而云"未斷大桁, 致帝怒", 大爲謬謬. 一本云"帝自勸嶠入", 一本作"噉飮帝怒", 此則近也.

• 11:6 [0698]

치사공郗司空[郗愔]이 북부北府[1]에 있을 때, 환선무桓宣武[桓溫]는 그가 병권을 장악하고 있는 것을 못마땅해 했다.① 치사공은 일의 기미에 대해 평소 어두웠기에 환선무에게 이런 내용의 서찰을 보냈다.

"바야흐로 함께 왕실을 도와 능침陵寢을 수복하고 싶습니다."[2]

치사공의 장남 치가빈郗嘉賓[郗超][3]이 외출했다가 길에서 부친이 환선무에게 보내는 사자가 도착했다는 소식을 듣고 급히 서찰을 꺼내다 읽고 나서 갈기갈기 찢어버린 뒤 곧장 집으로 돌아가 서찰을 다시 써서 스스로 진술했다.

"늙고 병들어 세상일을 감당할 수 없으니 한직閑職이나 맡으면서 스스로 보양하기를 청하고 싶습니다."

환선무는 그 서찰을 받고 크게 기뻐했으며, 천자는 즉시 조서를 내려 치사공을 독오군督五郡[4]과 회계會稽태수로 전임시켰다.②

① ◦『남서주기南徐州記』: 서주사람들은 대부분 힘이 세고 용맹스러워서 '정병精兵'이라 불렸기 때문에 환온桓溫이 늘 말했다.

"경구京口의 술은 마실 만하고 키[箕]는 쓸 만하며 병사는 부릴 만하다."

② ◦『진양추晉陽秋』: 대사마大司馬[桓溫]가 장차 모용위慕容暐[5]를 토벌하려 할 때, 표문을 올려 평북장군平北將軍 치음郗愔과 원진袁眞 등에게 행장을 단단히 준비하도록 권해달라고[6] 요청했다. 치음이 병약함을 이유로 사퇴할 것을 청하자,[7] 천자는 대사마에게 조서를 내려 치음의 임무를 맡게 했다.[8]

◦ 생각건대 :『중흥서中興書』에서는 "치음이 이 원정에서 사퇴하자 환온은 그가 명령에 따르지 않는다고 질책하고[9] 회계태수로 전임시켰다"라고 했으

니, 『세설』의 기록은 잘못된 것이다.

[역주].........................
① 北府 : 京口[지금의 江蘇省 丹徒縣]의 軍府를 말함. 京口가 도성 建康의 북쪽에 있었기 때문에 '北府'라고 함. 『資治通鑑』 권102 「晉紀」24의 胡三省 注에서 "晉都建康, 以京口爲北府, 歷陽爲西府, 姑孰爲南州."라고 함.
② 陵寢을 수복하고 싶습니다 : 본래 晉나라의 도읍은 洛陽이었지만 匈奴族 劉淵·劉聰 등에 의해 점령당한 이후 中原은 이민족이 통치하게 되었는데, 元帝 司馬睿가 建康에서 즉위하여 東晉이 건립되면서 先代의 陵廟가 있는 낙양을 수복하자는 운동이 일어남.
③ 郗嘉賓[郗超] : 郗超는 당시 桓溫의 參軍으로 있었음.
④ 督五郡 : 都督浙江東五郡事를 말함.
⑤ 慕容暐 : 前燕의 幽帝로 景昭帝 慕容儁의 셋째아들.
⑥ 권해달라고 : 원문은 "勸". 唐寫本에는 "勒"이라 되어 있는데, 아마도 '勑'의 오기인 것 같음.
⑦ 치음이 병약함을 이유로 사퇴할 것을 청하자 : 원문은 "愔以羸疾求退". 唐寫本에는 "愔以素羸疾, 不堪戎行, 自表求退, 聽之."라 되어 있음.
⑧ 대사마에게 조서를 내려 치음의 임무를 맡게 했다 : 원문은 "詔大司馬領愔所任". 唐寫本에는 이 구절 다음에 "授愔冠軍將軍·會稽內史" 구절이 더 있음.
⑨ 환온은 그가 명령에 따르지 않는다고 질책하고 : 원문은 "溫責其不從". 唐寫本에는 이 구절 다음에 "處分" 2자가 더 있음.

[참고] 『晉書』67, 『太平御覽』595.

郗司空在北府, 桓宣武惡其居兵權.① 郗於事機素暗, 遣牋詣桓; "方欲共獎王室, 脩復園陵." 世子嘉賓出行, 於道上聞信至, 急取牋, 視竟, 寸寸毁裂, 便回還更作牋, 自陳; "老病, 不堪人閒, 欲乞閒地自養." 宣武得牋大喜, 卽詔轉公督五郡·會稽太守.②

①. 『南徐州記』曰; 徐州人多勁悍, 號精兵, 故桓溫常曰; "京口酒可飮, 箕可用, 兵可使."
②. 『晉陽秋』曰; 大司馬將討慕容暐, 表求申勸平北愔及袁眞等嚴辦. 愔以羸疾求退, 詔大司馬領愔所任.
  ◦ 按; 『中興書』"愔辭此行, 溫責其不從, 轉授會稽", 『世說』爲謬.

———————— • 11 : 7 [0699]

왕동정王東亭[王珣]이 환선무桓宣武[桓溫]의 주부主簿로 있을 때, 한번은 봄날에 환석두桓石頭[桓遐]형제와 함께 말을 타고 교외로 나간 적이 있었다. 함께 유람에 나섰던 당시의 명사①들은 말 재갈을 나란히 하고 함께 나아갔지만,① 왕동정 혼자만은 항상 앞장서서 수십 보의 차이가 났는데,② 사람들은 그 이유를 알지 못했다. 환석두 등이 피곤해지자 잠시 뒤 수레를 타고 돌아가게 되었는데,③ 다른 사람들은 모두 수레 뒤를 따라갔기 때문에 시종관侍從官처럼 보였지만 왕동정만은 당당하게④ 수레 앞에 있었다. 그 민첩한 재지가 이와 같았다.

① · 석두는 환하桓遐⑤의 어릴 적 자다.
· 『중흥서中興書』: 환하는 자가 백도伯道며 환온桓溫의 장자다. 벼슬은 예주豫州자사에 이르렀다.

[역주]……………………
① 당시의 명사 : 원문은 "時彦". 당시의 걸출한 명사.
② 차이가 났는데 : 원문은 "覺". 「捷悟」3 [역주]④ 참조.
③ 돌아가게 되었는데 : 원문은 "回". 唐寫本과 宋本에는 "向"이라 되어 있음.
④ 당당하게 : 원문은 "弈弈". '奕奕'과 통함. 위풍이 당당하고 기백이 넘치는 모양.
⑤ 桓遐 : 唐寫本, 『晉書』 권98 「桓溫傳」, 『世說敍錄』 「人名譜·譙國龍亢桓氏譜」 등에는 모두 "桓熙"라 되어 있음. 『中興書』의 기록에서도 마찬가지임.

王東亭作宣武主簿, 嘗春月與石頭兄弟乘馬出郊. 時彦同遊者, 連鑣俱進,① 唯東亭一人常在前, 覺數十步, 諸人莫之解. 石頭等旣疲倦, 俄而乘輿回, 諸人皆似從官, 唯東亭弈弈在前. 其悟捷如此.
① · 石頭, 桓遐小字.
· 『中興書』曰; 遐, 字伯道, 溫長子也. 仕至豫州刺史也.

제12편

숙 혜
夙 惠
Precocious Intelligence

　본편은 『세상의 참신한 이야기, 세설신어』의 12번째 편으로 총 7조가 실려 있다.
　'숙夙'은 '이르다[早]'는 뜻이고 '혜惠'는 '혜慧'와 통하며 '총명하다'는 뜻이므로, '숙혜'는 어릴 때부터 총명하다는 뜻이다. 본편은 한말漢末 위진魏晉 시기의 이른바 신동神童이라고 불리는 총명한 어린이들에 관한 고사를 전문적으로 기록해 놓은 것이다. 이러한 류의 고사는 본편 외에도 「덕행德行」・「언어言語」 등 여러 편에 적잖이 실려 있는데, 이것 역시 『세설신어』의 중요한 특징 가운데 하나로서 인물의 총명한 재지才智를 중시하던 당시의 기풍과 관련이 있다.
　일반적으로 총명한 어린이에 관한 고사는 사람들의 입에 자주 오르내리고 친근감을 주는 것이 대부분이다. 그러나 본편의 고사 가운데 일부분은 당시의 복잡한 사회적・역사적 배경에서 나온 것으로 의미심장한 뜻을 담고 있는 경우도 있다. 또한 『세설신어』의 두드러진 언어 특징으로 지적되는 것은 간결하고 준일한 언어로 심각하고 풍부한 함의를 표현하는 것인데, 본편은 바로 그러한 특징을 잘 보여주고 있다.

• 12 : 1 [0700]

어떤 손님이 진태구陳太丘[陳寔]를 방문하여 하룻밤을 묵게 되었는데, 진태구가 아들 진원방陳元方[陳紀]과 진계방陳季方[陳諶]에게 밥을 지으라고 했다. 손님이 진태구와 담론을 펼치자, 두 사람은 불을 때다가 함께 하던 일을 내버려두고 담론을 엿듣느라고 밥할 때 솥에 대나무 발① 까는 것을 잊어버리는 바람에 쌀이 솥 안으로 떨어지고 말았다. 진태구가 물었다.

"밥을 하면서 어찌하여 찌지 않았느냐②?"

진원방과 진계방이 단정히 무릎을 꿇고③ 말했다.

"아버님께서 손님과 말씀 나누시는 것을 함께 엿듣다가 밥할 때 대나무 발 까는 것을 잊어버리는 바람에 밥이 지금 죽이 되고 말았습니다."④

진태구가 말했다.

"너희들이 아는 바가 자못 있더냐?"

두 아들이 대답했다.

"어렴풋이나마 기억하고 있습니다."

두 아들은 함께 진술하면서 서로 번갈아 고쳐주고 보충하여 말에 빠트린 것이 없었다. 진태구가 말했다.

"이와 같다면 죽이라도 괜찮으니 어찌 반드시 밥이라야만 되겠는가!"

[역주]
① 대나무 발 : 원문은 "箄". 아마도 "箅"의 오기인 듯함. '箅'는 솥이나 시루 밑에 까는 대나무 발을 말함. 『說文解字』「竹部」에서 "箅, 蔽也, 所以蔽甑底."라고 함.
② 밥을 하면서 어찌하여 찌지 않았느냐 : 원문은 "炊何不餾". '餾'는 쌀을 찌는 것을 말함. 당시에는 쌀을 쪄서 만든 밥을 '飯'이라 했음.
③ 단정히 무릎을 꿇고 : 원문은 "長跪". 上體를 곧게 세우고 무릎을 꿇어 恭敬을

④ 밥이 지금 죽이 되고 말았습니다 : 원문은 "飯今成糜". 唐寫本에는 "今皆成糜", 宋本에는 "飯皆成糜"라 되어 있음. '糜'는 쌀을 물과 함께 끓여서 만든 된 죽을 말함.

[참고] 『北堂書鈔』144, 『太平御覽』859, 『事文類聚』續16.

賓客詣陳太丘宿, 太丘使元方·季方炊. 客與太丘論議, 二人進火, 俱委而竊聽, 炊忘箸箄, 飯落釜中. 太丘問; "炊何不餾?" 元方·季方長跪曰; "大人與客語, 乃俱竊聽, 炊忘箸箄, 飯今成糜." 太丘曰; "爾頗有所識不?" 對曰; "仿佛志之." 二子俱說, 更相易奪, 言無遺失. 太丘曰; "如此, 但糜自可, 何必飯也!"

• 12 : 2 [0701]

하안何晏은 7살 때 총명하고 지혜롭기가 신神과 같았는데, 위魏 무제武帝[曹操]가 그를 특별히 사랑하여 하안이 모친을 따라 궁중에 있었으므로 자신의 양자로 삼으려 했다. 하안은 그래서 땅에 사각형을 그어놓고 스스로 그 안에 들어가 있었다. 사람들이 그 이유를 물었더니 하안이 대답했다.

"이 곳은 하씨의 거처입니다."

위 무제는 그 사실을 알고 즉시 그를 집으로 돌려보내주었다.①

① 『위략魏略』: 하안의 부친은 일찍 죽었다. 태조太祖[曹操]가 사공司空으로 있을 때 하안의 모친을 첩으로 받아들였다. 그때 진의록秦宜祿의 아들 아표阿鱅[秦朗]도 모친을 따라 궁중에 있었는데, 함께 친자식처럼 총애 받았다. 문제文帝[曹丕]는 항상 하안을 '가짜 아들[假子]'이라 불렀다.①

[역주]……………………
① 그때~불렀다 : 원문은 "其時秦宜祿阿鱅亦隨母在宮, 並寵如子. 常謂晏爲假子也." 唐寫本에는 이 구절이 "幷收養. 其時秦宜祿阿魚參亦隨母在公家, 並見如寵公子. 魚參性謹愼, 而晏無所顧, 服食芳擬太子, 故太子特憎之, 每不號其姓字, 常謂之假子."라 되어 있으며, 그 뒤에 "『魏氏春秋』曰; 晏母尹爲武王夫人, 故晏長於王宮也."란 구절이 더 있음. 한편 『三國志』권9 「魏書·何晏傳」의 裴松之 注에 인용된 『魏略』

에는 "秦宜祿阿鰾"가 "秦宜祿兒阿蘇"라 되어 있는데, 문맥상 타당하다고 여겨
이것에 따라 보충하여 번역함. 阿蘇는 秦朗의 어릴 적 자임.

[참고] 『太平御覽』385.

何晏七歲, 明惠若神, 魏武奇愛之, 因晏在宮內, 欲以爲子. 晏乃畫地令方, 自
處其中. 人問其故, 答曰; "何氏之廬也." 魏武知之, 卽遣還.Ⅰ
Ⅰ.『魏略』曰; 晏父蚤亡. 太祖爲司空時, 納晏母. 其時秦宜祿阿鰾亦隨母在宮, 並寵如子.
常謂晏爲假子也.

• 12 : 3 [0702]

진晉 명제明帝[司馬紹]가 몇 살 안되었을 때 부친 원제元帝[司馬睿]의 무
릎에 앉아 있었는데, 장안長安에서 온 사람이 있기에 원제가 낙양洛陽
의 소식을 물어보고는 주르륵 눈물을 흘렸다. 명제가 물었다.
"어찌하여 우십니까?"
원제가 강남으로 건너오게 된 뜻①을 그에게 자세히 일러주었다.
이어서 명제에게 물었다.
"너는 장안과 태양 중에서 어느 쪽이 멀다고 생각하느냐?"
명제가 대답했다.
"태양이 멉니다. 태양에서 온 사람이 있다는 소문은 듣지 못했
으니② 분명히 알 수 있습니다."
원제는 기특하다고 생각했다. 다음날 신하들을 소집하여 연회를
베풀면서 그 이야기를 해주며 다시 물었더니, 명제가 대답했다.
"태양이 가깝습니다."
원제가 실색하며 말했다.
"너는 어찌하여 어제 한 말을 바꾸느냐?"
명제가 대답했다.
"눈을 들면 태양은 보이지만 장안은 보이지 않기 때문입니다."③

[역주]……………………
① 강남으로 건너오게 된 뜻 : 西晉의 도성인 洛陽은 惠帝 때 이른바 '八王의 亂'을 겪은 뒤 황폐해졌고 그 후 懷帝 永嘉 5년(311)에는 成漢의 劉聰이 파견한 劉曜·王彌의 군대에 함락되었는데, 당시 成漢軍은 궁전을 불태우고 약탈을 자행하여 王公·百官·士民 3만여 명을 살해함. 또한 낙양이 함락되었다는 소식을 듣고 愍帝가 長安에서 즉위했지만 곧바로 劉曜의 군대에게 長安이 함락 당했으며(316), 懷帝와 愍帝는 劉聰에게 살해당함. 그 후 長江을 건너와 大興 원년(318)에 建康에서 즉위하여 東晉 시대를 연 황제가 元帝임. 원제는 바로 그러한 과정을 아들 明帝에게 일러준 것임.
② 태양에서 온 사람이 있다는 소문은 듣지 못했으니 : 원문은 "不聞人從日邊來". 『初學記』 권1과 『事類賦』 권1 등에 인용된 劉昭의 『幼童傳』에는 이 구절 다음에 "只聞人從長安來"라는 구절이 있는데, 이 구절이 있으면 文意가 보다 분명해짐.
③ 唐寫本에는 본문의 끝에 "案; 桓譚『新論』; '孔子東遊, 見兩小兒辯, 問其遠近, 日中時遠, 一兒以日初出遠, 日中近者, 日初出, 大如車蓋, 日中栽如槃, 蓋此遠小而近大也. 言遠者, 日月初出愴愴涼涼, 及中如探湯, 此逝熱遠愴乎?' 明帝此對, 爾二兒之辨耶也."라는 注가 실려 있는데, 誤脫字가 많아 文意가 잘 통하지 않음. 인용된 고사는 『列子』「湯問」에도 나옴.

[참고] 『晉書』6, 『藝文類聚』16.

晉明帝數歲, 坐元帝膝上, 有人從長安來, 元帝問洛下消息, 潸然流涕. 明帝問; "何以致泣?" 具以東渡意告之. 因問明帝; "汝意謂長安何如日遠?" 答曰; "日遠. 不聞人從日邊來, 居然可知." 元帝異之. 明日集羣臣宴會, 告以此意, 更重問之, 乃答曰; "日近." 元帝失色, 曰; "爾何故異昨日之言邪?" 答曰; "舉目見日, 不見長安."

• 12 : 4 [0703]

사공司空 고화顧和가 당시 명사들과 함께 청담을 나누고 있을 때, 장현지張玄之와 고부顧敷는 각각 고화의 외손자와 친손자로서 모두 7살이었는데[1] 평상 옆에서 놀고 있었다. 그때 할아버지와 손님들이 나누는 청담을 들었지만 서로 관심이 없는 듯한 표정이었다. 그러나 밤에 등불 아래에서 두 아이가 함께 손님과 주인의 청담을 흉내 내며 서술했는데, 전혀 빠트린 바가 없었다. 고공顧公[顧和]이 자리를 넘어가 그들의 귀를 잡아당기며 말했다.

"쇠락한 가문에서 다시 이런 보배가 생겨날 줄은 생각지도 못했도다!"

① · 『고개지가전顧愷之家傳』: 고부는 자가 조근祖根이며 오군吳郡 오吳사람이다. 대성할 기량을 넘치게 지니고 있었다. 벼슬은 저작랑著作郎에 이르렀으며 23세에 죽었다.②

[역주]....................

① 張玄之와 顧敷는 각각 고화의 외손자와 친손자로서 모두 7살이었는데: 張玄之는 顧和의 딸이 張彭祖에게 시집가서 낳은 아들이며, 顧敷는 顧和의 아들인 顧履之의 아들임. 한편 顧和와 두 손자의 고사는 「言語」51에도 나오는데, 거기에는 張玄之가 顧敷보다 2살 많다고 되어 있음.

② 벼슬은 著作郎에 이르렀으며 23세에 죽었다: 원문은 "仕至著作郎, 二十三卒." 唐寫本에는 "仕至著作左, 苗而不秀, 年廿三卒."이라 되어 있음.

司空顧和與時賢共淸言, 張玄之·顧敷是中外孫, 年並七歲,① 在牀邊戲. 于時聞語, 神情如不相屬. 瞑於燈下, 二兒共敍客主之言, 都無遺失. 顧公越席而提其耳曰; "不意衰宗復生此寶!"

① · 『顧愷之家傳』曰; 敷, 字祖根, 吳郡吳人. 洽然有大成之量. 仕至著作郎, 二十三卒.

• 12 : 5 [0704]

한강백韓康伯[韓伯]이 몇 살 안되었을 때, 집이 너무나 가난하여 대한大寒에 이르렀는데도 저고리①만 입고 있었다. 모친 은부인殷婦人이 직접 그것을 만들어 한강백에게 다리미②를 들고 있으라 하면서 한강백에게 말했다.

"잠시 저고리를 입고 있으면 나중에 겹바지를 만들어 주마."

그러자 아이가 말했다.

"이거면 충분하니 겹바지는 필요 없습니다."

모친이 그 이유를 물으니 아이가 대답했다.

"불이 다리미 속에 있어서 자루까지 뜨겁습니다. 지금 이미 저고리를 입고 있으니 아랫도리도 당연히 따뜻해질 것입니다. 그래서 필요 없다는 것입니다."

모친은 그를 매우 기특하게 여기며 나라의 중요한 인물이 될 것임을 알았다.

[역주]
① 저고리 : 원문은 "襦". 허리까지 오는, 안을 댄 짧은 윗도리.
② 다리미 : 원문은 "熨斗". 금속용기에 숯불을 넣어 그 열로 옷 따위를 다리는 도구로, 손잡이가 달려 있음.

[참고] 『晉書』75.

韓康伯數歲, 家酷貧, 至大寒, 止得襦. 母殷夫人自成之, 令康伯捉熨斗, 謂康伯曰; "且箸襦, 尋作複褌." 兒云; "已足, 不須複褌也." 母問其故, 答曰; "火在熨斗中而柄熱, 今旣箸襦, 下亦當煖, 故不須耳." 母甚異之, 知爲國器.

------ • 12 : 6 [0705]

진晉 효무제孝武帝[司馬曜]가 12살① 때, 겨울인데도 낮에는 겹옷②을 입지 않고 명주 홑적삼만 대여섯 겹으로 입었으며 밤에는 요를 포개서 깔았다. 사공謝公[謝安]이 간언했다.

"성체聖體는 마땅히 일정한 체온을 유지하도록 해야 하는데, 폐하께서는 낮에는 너무 차게 하시고 밤에는 너무 덥게 하시니, 아마도 옥체를 보양하는 방법이 아닌 듯합니다."

그러자 효무제가 말했다.

"낮에는 활동하고 밤에는 가만히 있기 때문이오."③1

사공이 물러 나와 감탄했다.

"황상皇上의 논리는 선제先帝[簡文帝]에 못지않도다!"2

1. 『노자老子』④ : 움직이면 추위를 이기고 가만히 있으면 더위를 이긴다.
   ◦ 이 말은 밤에 가만히 있으면 추위지므로 마땅히 요를 포개서 깔아야 한다는 것이다.⑤
2. ◦ 간문제簡文帝는 이치를 논하는 데 뛰어났다.

[역주]
① 12살 : 원문은 "年十二". 唐寫本에는 "年十三四"라 되어 있음.
② 겹옷 : 원문은 "複衣". 솜을 안에 댄 두툼한 옷.
③ 낮에는~때문이오 : 원문은 "晝動夜靜". 唐寫本에는 "夜靜"이라고만 되어 있음.
④ 『老子』: 제45장에 나오는 구절.
⑤ 밤에~것이다 : 원문은 "夜靜寒, 宜重肅也."라 되어 있지만 의미가 통하지 않기 때문에, 唐寫本에 "夜靜則寒, 宜重茵."이라 되어 있는 것에 따라 번역함. 아마도 '肅'은 '茵'의 오기인 듯함.

[참고] 『藝文類聚』70, 『白氏六帖』4, 『事類賦』5, 『太平御覽』708, 『續談助』4.

晉孝武年十二, 時冬天, 晝日不箸複衣, 但箸單練衫五六重, 夜則累茵褥. 謝公諫曰; "聖體宜令有常, 陛下晝過冷, 夜過熱, 恐非攝養之術." 帝曰; "晝動夜靜."1 謝公出, 歎曰; "上理不減先帝!"2
1. ◦ 『老子』曰; 躁勝寒, 靜勝熱.
   ◦ 此言夜靜寒, 宜重肅也.
2. ◦ 簡文帝善言理也.

• 12 : 7 [0706]

환선무桓宣武[桓溫]가 죽었을 때① 환남군桓南郡[桓玄]은 5살이었다. 상복을 막 벗었을 때 환거기桓車騎[桓沖]가 환남군과 함께 환선무 밑에서 일했던 옛 문무 관리들과 이별하면서,1 그들을 가리키며 환남군에게 말했다.②

"이들은 모두 네 집안의 옛 관리들이니라."

환현桓玄은 그 말을 듣자마자 통곡하여 옆에 있는 사람들을 마음 아프게 했다. 환거기는 항상 자신의 자리를 볼 때마다 말했다.

"영보靈寶[桓玄]가 어른이 되면 당연히 이 자리를 돌려주어야지."[2] 환거기는 환남군을 아끼고 사랑함이 친자식[3]보다 더했다.

[1] ▫ 『환충별전桓沖別傳』: 환충은 자가 현숙玄叔[4]이며 환온桓溫의 동생이다. 여러 벼슬을 거쳐 거기장군과 도독칠주제군사都督七州諸軍事에 기용되었다.[5]

[2] ▫ 영보는 환현의 어릴 적 자다.

[역주]······················
① 桓宣武[桓溫]가 죽었을 때: 373년에 桓溫이 죽은 뒤 동생 桓沖이 그의 직무를 계승했으며, 아들 桓玄은 7살의 나이로 南郡公에 襲封되었음.
② 그들을 가리키며 환남군에게 말했다: 원문은 "因指與南郡". 唐寫本과 宋本을 비롯한 諸本에는 "與"가 "語"로 되어 있는데 문맥상 타당하여 이것에 따름.
③ 친자식: 원문은 "所生". 자신이 낳은 자식. 『晉書』 권74 「桓沖傳」에 따르면, 桓沖에게는 嗣·謙·修·崇·弘·羨·怡의 7아들이 있었음.
④ 玄叔: 唐寫本에는 "玄子"라 되어 있으며, 『晉書』 권74 本傳과 『世說敍錄』「人名譜·譙國龍亢桓氏譜」에는 "幼子"라 되어 있는데, 桓沖 형제들의 字가 모두 '子'자 돌림인 것으로 보아 "玄叔"은 잘못된 것으로 보임.
⑤ 都督七州諸軍事에 기용되었다: 唐寫本에는 이 다음에 "荊州刺史, 薨, 贈太尉." 구절이 더 있음. '七州'는 江·荊·梁·益·寧·交·廣의 7州를 말함.

[참고] 『晉書』99.

桓宣武薨, 桓南郡年五歲. 服始除, 桓車騎與送故文武別,[1] 因指與南郡; "此皆汝家故吏佐." 玄應聲慟哭, 酸感傍人. 車騎每目已坐曰; "靈寶成人, 當以此坐還之."[2] 鞠愛過於所生.

[1] ▫ 『桓沖別傳』曰; 沖, 字玄叔, 溫弟也. 累遷車騎將軍·都督七州諸軍事.
[2] ▫ 靈寶, 玄小字也.

제13편

호 상
豪 爽
Virile Vigor

본편은 『세상의 참신한 이야기, 세설신어』의 13번째 편으로 총 13조가 실려 있다.

'호상'은 호방하고 활달하다는 뜻이다. 이것 역시 위진시대에 상당히 중시했던 인물의 개성 가운데 하나다. 본편은 동진東晉 초기의 권신權臣 왕돈王敦과 동진 중기의 권신 환온桓溫에 관한 고사가 중심을 이루고 있는데, 이 두 사람은 모두 대단한 야심가였다. 왕돈은 조조曹操의 인물됨을 흠모하면서 진晉 왕조를 찬탈할 생각을 품고 있었으며, 환온 역시 왕돈을 본받을 만한 인물로 여기면서 역모의 흑심을 늘 지니고 있었다. 얼른 납득이 가지 않는 점은 이러한 대표적인 반신叛臣이 왜 당시인들과 『세설신어』의 작자에 의해 긍정적으로 받아들여졌는가 하는 것이다.

그 이유는 두 가지 측면에서 설명될 수 있겠다. 첫째는 위진시대의 특수한 기풍을 들 수 있다. 전통적인 유가의 도덕 표준이 당시의 어지러운 시대상황에서 권위를 잃어버렸기 때문에 위진인들은 충신의사忠臣義士보다는 간웅을 포함한 영웅호걸을 더욱 중시했던 것이다. 둘째는 창작과정에서 드러난 작자의 유형화類型化 경향을 들 수 있다. 『세설신어』는 편목을 나누어 인물을 묘사하면서 각 편목마다 위진인들의 전반적인 성격특징을 표현했는데, 작자는 하나의 편목에서 특정한 인물을 묘사・평가할 때 다른 편목의 내용성에 거의 영향을 받지 않았던 것이다. 이러한 측면은 『세설신어』의 인물묘사와 인물평가가 복잡성을 띠는 주요요인 가운데 하나로 지적된다.

• 13 : 01 [0707]

　왕대장군王大將軍[王敦]은 젊었을 때 이전부터 '시골뜨기'①란 별명이 있었으며 말씨도 촌스러웠다.② 무제武帝[司馬炎]가 당시의 명사들을 초청하여 함께 기예技藝에 관한 일을 이야기했는데, 사람들은 모두 알고 있는 바가 많았지만 왕대장군만은 전혀 관심을 보이지 않고 있다가 못내 떨떠름한 표정으로 북을 칠 줄 안다고 스스로 말했다. 무제가 북을 가져오게 하여 그에게 주었더니, 왕대장군은 자리에서 소매를 떨치고 일어나 북채를 들고 격정적으로 쳤는데, 음절이 조화롭고 경쾌했으며 기상이 호쾌하고 고매하여 방약무인傍若無人의 지경이었다. 온 좌중이 그의 웅혼함과 호방함에 감탄했다.①

　①▫ 어떤 사람이 말했다.③

　　"왕돈王敦이 한번은 무창武昌의 조대釣臺④에 앉아 있다가 지나가는 배에서 북 치는 소리를 듣고 그 훌륭함을 찬탄했다. 잠시 뒤 한 박자가 약간 다르자 왕돈이 부채 자루로 안석을 치며 말했다. '안타깝구나!' 그러자 옆에서 모시고 있던 왕응王應이 말했다. '그렇지 않습니다. 그것은 돛을 돌릴 때 난 소리입니다.'⑤ 사람을 보내 살펴보게 했더니 보고했다. '뱃사람이 강어귀에 들어오고 있습니다.' 왕응은 북에 대한 조예가 왕돈보다 뛰어났다."

[역주]························
① 시골뜨기 : 원문은 "田舍". '田舍兒'와 같은 뜻으로 육조시대의 속어. 「品藻」21에도 王敦을 '田舍'라고 조롱한 고사가 실려 있음.
② 촌스러웠다 : 원문은 "楚". '傖楚의 뜻으로 말씨나 행동 따위가 卑俗하다는 말.
③ 어떤 사람이 말했다 : 이하의 注는 唐寫本과 宋本에는 없으며, 袁褧本과 思賢講舍本 등에는 실려 있음. 汪藻의 『世說敍錄』「考異」에도 실려 있는데, 이것은 劉孝標의 注가 아니라 敬胤의 注임. 따라서 이 부분은 宋代 이후에 竄入된 것으로 보임.
④ 釣臺 : 낚시를 하기 위하여 높고 평평하게 만들어 놓은 장소
⑤ 돛을 돌릴 때 난 소리입니다 : 원문은 "回颿槌". '颿(범)'은 '帆'과 같음. 袁褧本에

는 "回颷槌"라 되어 있음.
[참고] 『晉書』98, 『北堂書鈔』130, 『事類賦』11.

王大將軍年少時, 舊有田舍名, 語音亦楚. 武帝喚時賢共言伎藝事, 人皆多有所知, 唯王都無所關, 意色殊惡, 自言知打鼓吹. 帝令取鼓與之, 於坐振袖而起, 揚槌奮擊, 音節諧捷, 神氣豪上, 傍若無人. 擧坐歎其雄爽.①

①。或曰: "敦嘗坐武昌釣臺, 聞行船打鼓, 嗟稱其能. 俄而一槌小異, 敦以扇柄撞几曰: '可恨!' 應侍側曰: '不然. 此是回颷槌.' 使視之, 云: '船人入夾口.' 應知鼓又善於敦也."

• 13:02 [0708]

왕처중王處仲王敦은 세간에서 '고상高尙'하다는 평가를 받았는데, 일찍이 여색에 푹 빠져 몸이 그것 때문에 허약해졌다. 좌우사람들이 간언하자 왕처중이 말했다.

"나는 그런 줄 느끼지 못했는데, 그와 같은 것이라면 매우 간단하지."

그러고는 곧장 후방後房①을 열어 하녀와 첩 수십 명을 내쫓아 길거리로 보내며 가고 싶은 대로 가게 했다. 당시 사람들은 그것을 보고 감탄했다.①

①。등찬鄧粲의 『진기晉紀』: 왕돈王敦은 성품이 대범하고 소탈했으며 재물일랑 입에 담지 않았으니,② 그 고상함을 간직함이 이와 같았다.

[역주]
① 後房: 원문은 "後閤". '閤'은 부인의 침실을 말함. 唐寫本에는 "內後閤"이라 되어 있음.
② 재물일랑 입에 담지 않았으니: 원문은 "口不言財". 唐寫本에는 "口不言財位"라 되어 있음.

[참고] 『晉書』98.

王處仲世許高尙之目, 嘗荒恣於色, 體爲之弊. 左右諫之, 處仲曰; "吾乃不覺爾, 如此者, 甚易耳." 乃開後閤, 驅諸婢妾數十人出路, 任其所之. 時人歎焉.①

①▫鄧粲『晉紀』曰; 敦性簡脫, 口不言財, 其存尚如此.

• 13:03 [0709]

왕대장군王大將軍[王敦]이 자신을 평했다.

"고명하고 진솔하며 학문은 『춘추좌씨전春秋左氏傳』에 밝다."①

①▫『진양추晉陽秋』: 왕돈王敦은 젊어서부터 고명하고 진솔하며 사리에 통달하여 인물감식의 재능을 지녔다고 일컬어졌다.

王大將軍自目; "高朗踈率, 學通『左氏』."①
①▫『晉陽秋』曰; 敦少稱高率通朗, 有鑒裁.

• 13:04 [0710]

왕처중王處仲[王敦]은 매번 술을 마신 뒤에 읊조렸다.

"늙은 준마는 말구유에 엎드려 있지만 그 뜻은 천리에 있고, 열사는 노년이지만 장한 마음은 끊임없네."

그러면서 여의如意①로 타구唾具②를 두들겨 타구주둥이③가 모두 이지러졌다.①

①▫위魏 무제武帝[曹操]의 악부시樂府詩④다.

[역주]·······················
① 如意 : 주로 스님이나 淸談家들이 곁에 두고서 여러 용도로 사용하던 작은 막대기. 「雅量」41[역주]① 참조.
② 唾具 : 원문은 "唾壺". 침이나 가래를 받아내는 작은 단지 모양의 그릇.
③ 타구주둥이 : 원문은 "壺口". 唐寫本에는 "壺邊"이라 되어 있음.
④ 樂府詩 : 「步出夏門行」을 말함. 『宋書』권21 「樂志」3에 실려 있음.
[참고] 『晉書』98, 『北堂書鈔』135.

王處仲每酒後, 輒詠; "老驥伏櫪, 志在千里. 烈士暮年, 壯心不已."① 以如意打唾壺, 壺口盡缺.

1 · 魏武帝樂府詩.

---- • 13 : 05 [0711]

진晉 명제明帝[司馬紹]가 지대池臺①를 세우고자 했으나 원제元帝[司馬睿]가 허락하지 않았다. 명제는 당시 태자로 있었는데 무사를 양성하길 좋아하여② 어느 날 저녁에 연못을 파서 새벽 즈음에 곧 완성했다. 지금의 태자서지太子西池가 이것이다.1

1 · 『단양기丹陽記』: 서지西池는 손등孫登③이 만든 것으로, 『오사吳史』에서는 서원西苑이라 불렸는데, 명제가 그것을 중수重修했다.④

[역주] ·························
① 池臺: 연못을 파서 그 흙으로 연못 주변의 땅을 돋우어 만든 관망대.
② 무사를 양성하길 좋아하여: 원문은 "好養武士". 唐寫本과 宋本에는 "好武養士." 라 되어 있음.
③ 孫登: 삼국시대 吳나라 孫權의 태자.
④ 『吳史』에서는~중수했다: 원문은 "『吳史』所稱西苑也, 明帝修復之耳." 唐寫本에는 "『吳史』所稱西苑宜是也. 中時堙廢, 晉帝在東, 更脩復之, 故俗太子西池也."라 되어 있음.

[참고] 『太平御覽』67·98

晉明帝欲起池臺, 元帝不許. 帝時爲太子, 好養武士, 一夕中作池, 比曉便成. 今太子西池是也.1

1 · 『丹陽記』曰; 西池, 孫登所創, 『吳史』所稱西苑也, 明帝修復之耳.

---- • 13 : 06 [0712]

왕대장군王大將軍[王敦]이 처음 도성으로 장강을 따라 공격해 내려가 정사를 처결하고 관리를 배치할① 생각이 있어서, 먼저 참군參軍을 보내 조정에 고하고 당시 명사들에게 그 뜻을 퍼뜨렸다. 조거기祖車騎[祖逖]는 아직 수춘壽春을 다스리기 전이었는데,② 눈을 부릅뜨고 성난 목소리로 사자에게 말했다.

"그대는 아흑阿黑[王敦]에게 이렇게 전하라.① 어디서 감히 불손한 짓을! 군대를 서둘러 수습하여 당장에 돌아가라!③ 곧 그렇게 하지 않으면 내가 3천 병사를 이끌고 가서 장창長槍 자루를 휘둘러 장강 상류로 올라가게 만들 테다!"④

왕대장군은 그 말을 듣고 계획했던 일을 그만두었다.

[1]◦아흑은 왕돈王敦의 어릴 적 자다.

[역주]······························
① 정사를 처결하고 관리를 배치할 : 원문은 "處分樹置". 唐寫本에는 "更處分樹置", 宋本에는 "更分樹置"라 되어 있음.
② 壽春을 다스리기 전이었는데 : 壽春은 豫州[지금의 河南省]에 있었으며, 나중에 祖逖은 豫州刺史가 되었음. 즉 이 구절은 豫州刺史가 되기 전이라는 뜻.
③ 당장에 돌아가라 : 원문은 "面去". 『世說敍錄』 「考異」에는 "回去"라 되어 있는데, '面'과 '回'는 같은 뜻으로 쓰임. 한편 唐寫本에는 "向去"라 되어 있음.
④ 長槍 자루를~만들 테다 : 원문은 "槊脚令上". '槊'은 자루가 1丈 8尺이나 되는 긴 창으로 주로 말 위에서 사용함. '令上'은 도성 建康으로부터 장강 상류지역으로 내쫓아버린다는 뜻.

王大將軍始欲下都, 處分樹置, 先遣參軍告朝廷, 諷旨時賢. 祖車騎尙未鎭壽春, 瞋目厲聲, 語使人曰; "卿語阿黑.① 何敢不遜! 催攝面去! 須臾不爾, 我將三千兵, 槊脚令上!" 王聞之而止.

[1]◦敦小字也.

• 13 : 07 [0713]

유치공庾稚公[庾翼]은 이전부터 늘 중원을 수복할 뜻을 지니고 있었지만, 큰형 유문강庾文康[庾亮]이 생존해 있을 때에는 유문강의 권력이 막중하여 아직 실권이 유치공 자신에게 있지 않았다. 둘째형 유계견庾季堅[庾冰]이 재상이 되었을 때에는 유계견이 전화戰禍를 꺼려하고 두려워하여 유치공과 오랫동안 의견이 달랐으나 결국 북벌을 감행하기로 했다. 형荊·한漢 지방의 병력을 총투입하고 군선軍船과 병거를 총동원하여 군대를 양양襄陽에 주둔시켰다.① 유치공은 막료들을 전원 소집하고 그 군기軍旗와 무기를 진열한 뒤 직접 활과 화살을 주며 말했다.

"나의 출병은 이 활쏘기와 같다!"

마침내 세 번 쏘아 세 번 다 명중시키자,① 장병들은 이것을 보고 용기가 10배나 배가되었다.

① ▫『한진춘추漢晉春秋』: 유익庾翼은 풍모가 수려하고 재능이 풍부했으며, 젊어서부터 세상을 경륜할 큰 지략을 지니고 있었다. 형 유량庾亮을 이어 자사刺史의 임무를 맡았을 때에는 안팎을 바로잡아 유지하고 여러 흉적凶賊을 소탕할 뜻을 가졌다. 이 때 두예杜乂와 은호殷浩 등 여러 인물은 훌륭한 명성이 세상의 으뜸이었지만, 유익은 그들을 존귀하게 여기지 않으면서 늘 이렇게 말했다.

"이 무리들을 고각高閣에 묶어두었다가 천하가 평정되기를 기다린 연후에 그들의 소임을 의논하는 것이 마땅하다."

그 의기가 이와 같았다. 오직 환온桓溫과 사이가 좋아 천하를 평안하게 구할 것을 서로 기약했다. 처음 유익이 부하 병사와 거마 수만을 출동시켜 대군을 이끌고 면하沔河로 들어가 장차 이적夷狄을 토벌하고자 양양에 주둔했다.

▫『유익별전庾翼別傳』: 유익은 형주荊州자사로 있을 때 평소 바른 뜻②을 지니고 있었다. 매번 '가문의 위세가 대단하고 형제가 은총을 받았는데도 힘을 펼쳐 충성을 다하지 않으면 무엇으로 나라에 보답할 것인가? 비록 촉蜀[成漢]③이 험준한 요새로 막혀 있고 호胡[後趙]④가 흉포한 힘을 가지고 있지만 모두 무도하고 잔혹하니, 이것을 이용하여 쉽게 멸망시킬 수 있다. 이때가 되었는데도 촉과 호 두 적을 소탕하여 왕업王業을 회복할 수 없다면 장부가 아니다'라고 생각했다. 그래서 3주州에서 병력을 징발하고 그 재물을 모두 공출하여 총 5만의 군대를 편성했다. 아울러 유민과 노예⑤를 통솔하고 군비를 잘 준비하여 대대적으로 거병擧兵하여 곧장 위魏[北魏]와 조趙[後趙]를 겨냥했다. 군대는 양양에 주둔했으며 그 위세가 한북漢北 지역에 빛났다.

[역주]..........................
① 세 번 쏘아 세 번 다 명중시키자 : 원문은 "三起三躍". "三發三中"과 같은 뜻. '起'는 활을 쏜다는 뜻이고, '躍'은 북을 친다는 뜻으로 활을 쏘아 명중했을 때 북을 쳐서 신호하는 것을 말함.
② 바른 뜻 : 원문은 "正志". 宋本에는 "大志", 袁褧本에는 "三志"라 되어 있으며, 唐寫本에는 "志"라고만 되어 있음.
③ 蜀[成漢] : 四川省 成都에서 李特이 세운 成漢(302~347)을 말함. 後蜀이라고도 함.
④ 胡[後趙] : 石勒이 세운 後趙(319~351)를 말함.
⑤ 유민과 노예 : 원문은 "荒附". 荒民과 附隷, 즉 유랑민과 노예를 말함.
[참고] 『晉書』73.

庾穉恭旣常有中原之志, 文康時權重, 未在己. 及季堅作相, 忌兵畏禍, 與穉恭歷同異者久之, 乃果行. 傾荊·漢之力, 窮舟車之勢, 師次于襄陽.① 大會參佐, 陳其旌甲, 親授弧矢曰; "我之行, 若此射矣!" 遂三起三疊, 徒衆屬目, 其氣十倍.
① 『漢晉春秋』曰; 翼風儀美劭, 才能豐贍, 少有經緯大略. 及繼兄亮居方州之任, 有匡維內外, 掃蕩羣凶之志. 是時, 杜乂·殷浩諸人, 盛名冠世, 翼末之貴也, 常曰; "此輩宜束之高閣, 俟天下淸定, 然後議其所任耳." 其意氣如此. 唯與桓溫友善, 相期以寧濟宇宙之事. 初, 翼輒發所部奴及車馬萬數, 率大軍入沔, 將謀伐狄, 遂次于襄陽.
· 『翼別傳』曰; 翼爲荊州, 雅有正志. 每以門地威重, 兄弟寵授, 不陳力竭誠, 何以報國? 雖蜀阻險塞, 胡負力, 然皆無道酷虐, 易可乘滅. 當此時, 不能掃除二寇, 以復王業, 非丈夫也. 於是徵役三州, 悉其帑實, 成衆五萬. 兼率荒附, 治戎大擧, 直指魏·趙. 軍次襄陽, 耀威漢北.

• 13 : 08 [0714]

환선무桓宣武[桓溫]가 촉蜀을 평정하고① 나서 막료들을 소집하여 이세李勢의 궁전에서 주연을 베풀었는데, 파巴와 촉②의 벼슬아치 가운데 모이지 않은 사람이 없었다.③ 환선무는 평소에 장쾌한 마음과 호방한 기상을 지니고 있었으며 게다가 이 날은 목소리가 특히 낭랑했다. 고금의 일의 성패는 인물로 말미암고 국가의 존망은 인재에 달렸다는 것을 서술했는데, 그 기백이 넘치는 모습에 온 좌중이 찬탄했다.④

주연이 이미 끝난 뒤에도 사람들은 환선무가 남긴 말을 되새겨 음미하고 있었는데, 그때 심양尋陽의 주복周馥이 말했다.

"그대들이 왕대장군王大將軍[王敦]을 보지 못한 것이 안타깝소!"[5] 1

1 『중흥서中興書』: 주복은 주무周撫의 손자며 자는 담은湛隱이다. 장수의 지략을 지녔으며 일찍이 왕돈王敦의 속관이 되었다.[6]

[역주]...........................

① 桓宣武[桓溫]가 蜀을 평정하고 : 桓溫은 穆帝 永和 2년(346)에 益州刺史 周撫와 南郡太守 譙王 司馬無忌를 끌어들여 成漢[後蜀]의 토벌에 나섰으며, 이듬해(347) 參軍 孫盛과 周楚[周撫의 아들]를 남겨 군수품을 지키게 하고 자신은 成都로 진격하여 成漢王 李勢의 군대를 대파함. 「識鑒」20 劉注①에 인용된 『華陽國志』 참조.

② 巴와 蜀 : 四川省 지역을 말함. 巴는 重慶 일대를 말하고, 蜀은 成都 일대를 말함.

③ 모이지 않은 사람이 없었다 : 원문은 "莫不來萃". 唐寫本에는 "莫不悉萃"라 되어 있음.

④ 그 기백이 넘치는 모습에 온 좌중이 찬탄했다 : 원문은 "其狀磊落, 一坐歎賞." 唐寫本에는 "奇拔磊落, 一坐讚賞不暇."라 되어 있음.

⑤ 唐寫本에는 이 다음에 "馥曾作敦掾" 구절이 더 있는데, 아마도 劉注에 인용된 『中興書』의 "曾作敦掾" 구절이 본문으로 잘못 들어간 것으로 추정함.

⑥ 자는~되었다 : 원문은 "字湛隱. 有將略, 曾作敦掾." 唐寫本에는 "湛隱有將略, 仕至晉壽太守."라 되어 있음.

桓宣武平蜀, 集參僚置酒於李勢殿, 巴·蜀縉紳, 莫不來萃. 桓旣素有雄情爽氣, 加爾日音調英發. 敍古今成敗由人, 存亡繫才, 其狀磊落, 一坐歎賞. 旣散, 諸人追味餘言, 于時尋陽周馥曰; "恨卿輩不見王大將軍!" 1

1 『中興書』曰; 馥, 周撫孫也, 字湛隱. 有將略, 曾作敦掾.

• 13 : 09 [0715]

환공桓公[桓溫]이 『고사전高士傳』을 읽다가 오릉중자於陵仲子[陳仲子][1] 대목에 이르러 곧장 책을 집어던지며 말했다.

"누가 이처럼 각박하게② 스스로 살아갈 수 있단 말인가!"①

①· 황보밀皇甫謐의 『고사전高士傳』: 진중자陳仲子는 자가 자종子終이며 제齊나라 사람이다. 형 진대陳戴③는 제나라의 재상으로 봉록이 만 종鍾④이었다. 중자는 형의 봉록을 의롭지 못하다고 생각하여 곧 초楚나라로 가서 오릉에서 살았다.⑤ 일찍이 3일 동안 식량이 떨어진 적이 있어서 기어가서 우물가의 오얏나무 열매를 먹었는데 세 번 삼키고 나서야 앞을 볼 수 있었다. 자신이 직접 신발을 짜고 아내에게는 삼실을 잣게 하여⑥ 그것으로 입을 것, 먹을 것과 바꾸었다. 한번은 고향으로 돌아가 모친을 뵈었는데, 그 형에게 산 거위를 보내준 사람이 있었다. 중자는 눈살을 찌푸리며 말했다.

"어떻게 이런 꽥꽥이⑦를 먹는단 말인가?"

나중에 모친이 거위를 잡았는데, 중자는 모르고 그것을 먹었다.⑧ 형이 밖에서 들어와 말했다.

"꽥꽥이 고기잖아?"

그러자 중자는 문을 나가 왝! 하고 토해버렸다. 초왕이 그의 명성을 듣고 초빙하여 재상으로 삼으려 하자, 부부는 곧장 도망가 남을 위해 밭에 물 대주는 일을 했다.⑨

[역주]······················

① 於陵仲子[陳仲子] : 於陵의 陳仲子에 관한 고사는 『高士傳』 외에 『孟子』 「滕文公下」, 『列女傳』, 『蒙求』 등에도 보임.

② 각박하게 : 원문은 "谿刻". 마음 씀이 편협하고 일 처리가 각박하여 情理에 맞지 않는 것을 말함.

③ 陳戴 : 唐寫本과 宋本에는 "陳載"라 되어 있음.

④ 만 鍾 : 많은 봉록을 말함. '鍾'은 용량의 단위로 1鍾은 6斛 4斗, 또는 10斛이라고 함.

⑤ 오릉에서 살았다 : 원문은 "居於陵". 唐寫本에는 이 다음에 "自謂於陵仲子, 窮不求不義之食."이란 구절이 있음.

⑥ 아내에게는 삼실을 잣게 하여 : 원문은 "令妻辟纑". 『孟子』 「滕文公下」에는 "辟纑"가 "辟纑"라 되어 있으며, 이것에 대한 趙注에서 "緝績其麻曰辟, 練其麻曰纑"라 함. 즉 삼실을 뽑는 것을 '辟'이라 하고, 삼실을 누이는 것을 '纑'라 함.

⑦ 꽥꽥이 : 원문은 "鶂鶂(역)". 거위가 우는 소리.

⑧ 중자는 모르고 그것을 먹었다 : 원문은 "仲子不知而食之". 唐寫本에는 "仲子不知, 與母食之."라 되어 있음.
⑨ 남을 위해 밭에 물 대주는 일을 했다 : 원문은 "爲人灌園". 唐寫本에는 이 다음에 "終身不屈其節"이란 구절이 더 있음.

桓公讀『高士傳』, 至於陵仲子, 便擲去, 曰; "誰能作此溪刻自處!"①

①。皇甫謐『高士傳』曰; 陳仲子, 字子終, 齊人. 兄戴, 相齊, 食祿萬鍾. 仲子以兄祿爲不義, 乃適楚, 居於陵. 曾乏糧三日, 匍匐而食井李之實, 三咽而後能視. 身自織屨, 令妻擗纑, 以易衣食. 嘗歸省母, 有饋其兄生鵝者. 仲子嚬顣曰; "惡用此鶃鶃爲哉?" 後母殺鵝, 仲子不知而食之. 兄自外入曰; "鶃鶃肉邪?" 仲子出門, 哇而吐之. 楚王聞其名, 聘以爲相, 乃夫婦逃去, 爲人灌園.

• 13 : 10 [0716]

환석건桓石虔은 사공司空 환활桓豁의 서자 가운데 장남으로,① 어릴 적 자는 진악鎭惡이었다. 17~18살 때① 아직 관리로 천거받지 못했지만 하인들은 이미 그를 진악랑鎭惡郎②이라 불렀다. 일찍이 환선무桓宣武[桓溫]의 서재에 머무르고 있다가 방두枋頭 정벌③에 따라나선 적이 있었는데, 거기장군車騎將軍 환충桓沖④이 적진에 빠졌으나 나서서 구할 수 있는 사람이 좌우에 없었다. 환선무가 환석건에게 말했다.

"네 숙부가 적진에 떨어졌는데 너는 알고 있느냐?"

석건은 그 말을 듣고 몹시 분격하여 주벽朱䏿을 보좌관에 명하고 수만의 적병 속에서 말을 채찍질하며 돌진했는데 대항하는 자가 없었다. 이렇게 하여 곧장 환충을 귀환시키자 전군全軍이 탄복했다. 하북河北에서는 나중에 그의 이름을 가지고 학질瘧疾을 낫게 했다.⑤②

①。『환활별전桓豁別傳』: 환활은 자가 낭자朗子며 환온桓溫의 동생이다.⑥ 여러 벼슬을 거쳐 형주荊州자사에 기용되었으며, 사공에 추증되었다.⑦

②。『중흥서中興書』: 환석건은 재간이 있고 사학史學에 조예가 있었으며, 여

러 차례 전공을 세웠다. 벼슬은 예주豫州자사에 이르렀으며,⑧ 후군장군後軍將軍에 추증되었다.⑨

[역주]
① 17~18살 때 : 원문은 "年十七八". 唐寫本에는 "年十八九"라 되어 있음.
② 鎭惡郞 : '郞'은 집안의 하인들이 주인을 부르는 칭호
③ 枋頭 정벌 : 枋頭는 지금의 河南省 濬縣 서남쪽에 있는 淇門渡. 太和 4년(369)에 桓溫은 북벌에 나서 林渚에서 後燕의 慕容暐·慕容垂·傅末波 등을 격파한 뒤 枋頭까지 진격했지만 군량미가 떨어져 퇴각했는데, 도중에 慕容垂의 추격을 받아 병사 3만을 잃고 대패함.
④ 桓沖 : 桓沖은 桓溫·桓豁의 동생이며, 桓石虔의 숙부임.
⑤ 그의 이름을 가지고 瘧疾을 낫게 했다 : 『晉書』 권74 「桓石虔傳」에서 "時有患瘧疾者, 謂曰; '桓石虔來!' 以怖之, 病者多愈. 其見畏如此."라고 함.
⑥ 桓溫의 동생이다 : 唐寫本에는 이 다음에 "少有美譽也"라는 구절이 있음.
⑦ 사공에 추증되었다 : 원문은 "贈司空". 唐寫本에는 "薨, 贈司空, 諡敬也."라 되어 있음.
⑧ 豫州자사에 이르렀으며 : 唐寫本에는 이 다음에 "封作唐縣"이란 구절이 있음.
⑨ 後軍將軍에 추증되었다 : 『晉書』 권74 「桓石虔傳」에서는 '右將軍'에 추증되었다고 함.

[참고] 『晉書』74, 『太平御覽』279.

桓石虔, 司空豁之長庶也,① 小字鎭惡. 年十七八, 未被擧, 而童隷已呼爲鎭惡郞. 嘗住宣武齋頭, 從征枋頭, 車騎沖沒陳, 左右莫能先救. 宣武謂曰; "汝叔落賊, 汝知不?" 石虔聞之, 氣甚奮, 命朱辟爲副, 策馬於數萬衆中, 莫有抗者, 徑致沖還, 三軍歎服. 河朔後以其名斷瘧.②
①・『豁別傳』曰; 豁, 字朗子, 溫之弟. 累遷荊州刺史, 贈司空.
②・『中興書』曰; 石虔有才榦, 有史學, 累有戰功. 仕至豫州刺史, 贈後軍將軍.

• 13 : 11 [0717]

진림도陳林道[陳逵]가 장강의 서안西岸①에 있을 때,① 도성 사람들이 함께 그를 영접하여 우저牛渚②로 나가 모임을 가졌다. 진림도의 현리玄理는 이미 뛰어났기 때문에 사람들은 함께 담론하여 그를 꺾어보고

싶었다.③ 그러나 진림도가 여의如意④로 뺨을 괸 채 계롱산雞籠山⑤을 바라보며 탄식했다.

"손백부孫伯符[孫策]의 뜻과 공업功業이 실현되지 못했구나!"②

결국 사람들은 모임이 끝나도록 그와 담론할 수 없었다.

① ▫『진양추晉陽秋』: 진규陳逵는 서중랑장西中郎將이 되어 회남淮南태수를 맡았으며 역양歷陽을 수비했다.

② ▫『오록吳錄』: 장사환왕長沙桓王은 휘가 책策이고 자가 백부며 오군吳郡 부춘富春사람이다. 젊어서부터 장쾌한 풍모와 기백을 지녔으며, 19세에 부친의 공업을 이어받았으므로 사람들이 손랑孫郎이라 불렀다. 강동을 평정하고 나서 허공許貢⑥의 식객에게 화살을 맞아 얼굴을 다쳤는데, 거울을 가져다 자신을 비춰보며 좌우에게 말했다.

"얼굴이 이와 같으니 어찌 다시 공업을 세울 수 있겠는가?"

이윽고 장소張昭⑦에게 말했다.

"중원이 바야흐로 어지러워지고 있으니, 대저 오吳와 월越의 병력과 삼강三江의 견고함⑧이면 성패를 살피기에 충분할 것이오. 공들은 내 아우를 잘 도와주시오."

그러고는 대황제大皇帝[孫權]를 불러 인장과 인끈을 주며 말했다.

"강동의 병력을 일으켜 두 적진 사이에서 기선을 제압하는 것은 그대가 나만 못하고, 현자를 임용하고 능력 있는 자를 부려 각각 그들의 마음을 다하게 하는 것은⑨ 내가 그대만 못하니, 삼가 장강 북쪽으로 건너가지 말게나."

말을 마치고 운명했으니 26세였다.

[역주]······················
① 西岸 : 長江 북쪽의 歷陽[지금의 安徽省 和縣]을 말함.
② 牛渚 : 일명 牛渚山. 지금의 安徽省 當塗縣 서북쪽으로 장강에 접해 있는 곳.
③ 사람들은 함께 담론하여 그를 꺾어보고 싶었다 : 원문은 "人欲共言折". 唐寫本에는 "人欲共言析"이라 되어 있음.
④ 如意 : 「豪爽」4 [역주]①, 「雅量」41 [역주]① 참조.
⑤ 雞籠山 : 일명 雞鳴山·欽天山. 孫策의 옛 전쟁터. 지금의 安徽省 和縣 서북쪽에 있는 산으로, 그 모양이 닭장 같아서 그렇게 부름.

⑥ 許貢 : 後漢 말에 吳郡太守를 지냈으며, 獻帝에게 孫策을 지방관으로 두면 위험하다고 참소했다가 손책에게 絞殺당했는데, 나중에 손책은 許貢의 식객에게 화살을 맞아 죽음에 이름.
⑦ 張昭 : 唐寫本에는 "張照"라 되어 있음.
⑧ 三江의 견고함 : 원문은 "三江之固". '三江'은 吳松江·錢塘江·浦陽江을 말함. 한편 唐寫本에는 이 구절이 없고, 宋本에는 "二江之固"라 되어 있음.
⑨ 각각 그들의 마음을 다하게 하는 것은 : 唐寫本에는 이 다음에 "以保江東"이란 구절이 있음.

陳林道在西岸,① 都下諸人共要至牛渚會. 陳理旣佳, 人欲共言折. 陳以如意挂頰, 望雞籠山, 歎曰; "孫伯符志業不遂!"② 於是竟坐不得談.
①·『晉陽秋』曰; 逵爲西中郞將, 領淮南太守, 戍歷陽.
②·『吳錄』曰; 長沙桓王諱策, 字伯符, 吳郡富春人. 少有雄姿風氣, 年十九而襲業, 衆號孫郞. 平定江東, 爲許貢客射破其面, 引鏡自照, 謂左右曰; "面如此, 豈可復立功乎?" 乃謂張昭曰; "中國方亂, 夫以吳·越之衆, 三江之固, 足以觀成敗. 公等善相吾弟." 呼大皇帝, 授以印綬, 曰; "擧江東之衆, 決機於兩陳之間, 卿不如我. 任賢使能, 各盡其心, 我不如卿. 愼勿北渡." 語畢而薨, 年二十有六.

• 13 : 12 [0718]

왕사주王司州[王胡之]가 사공謝公[謝安]의 연회에 참석하여 읊조렸다.

"드실 적에도 말없이, 나실 적에도 인사 없이. 돌개바람 타고, 구름 깃발 날리시네."①①

그러고는 사람들에게 말했다.

"이 때가 되면 온 좌중에 사람이 없는 것처럼 느껴집니다."
①·『이소離騷』②「구가九歌·소사명少司命」의 구절이다.

[역주]··························
① 드실~날리시네 : 이 구절은 司命神이 下界로 내려올 때나 天界로 올라갈 때나 아무런 말도 하지 않은 채 표연히 하늘을 소요하는 것을 묘사함.
② 『離騷』: 『楚辭』라고 해야 타당함. 「離騷」는 본래 屈原이 지은 것으로 『楚辭』의 작품명임. 여기서는 「離騷」를 『楚辭』의 代稱으로 사용한 것으로 보임.

王司州在謝公坐, 詠; "入不言兮出不辭, 乘回風兮載雲旗."① 語人云; "當爾時, 覺一坐無人."
① · 『離騷』「九歌・少司命」之辭.

━━━━━━━━━━━━ • 13:13 [0719]

환현桓玄이 서쪽으로 장강을 따라 내려가 석두石頭로 들어갔을 때, 외부에서 아뢰었다.

"사마양왕司馬梁王[司馬珍之]이 배반하고 도망쳤습니다."①

환현은 당시 제위 찬탈을 위한 일의 형세가 이미 완비되었다고 판단하고, 대선大船① 위에서 피리와 북을 함께 연주하게 하면서 곧장 높은 소리로 읊조렸다.

"퉁소・피리 소리에 여음餘音이 남아 있는데, 양왕梁王은 어디에 있는가?"②②

① · 『속진양추續晉陽秋』: 양왕 사마진지司馬珍之는 자가 경도景度다.
  · 『중흥서中興書』: 처음 환현이 제위를 찬탈했을 때, 공박孔璞③이라는 어떤 백성이 사마진지를 모시고 심양尋陽④으로 도망쳤다가, 의병이 일어난 뒤에⑤ 조정으로 귀환했다. 벼슬은 태상경太常卿에 이르렀으며 죄를 지어 주살당했다.
② · 완적阮籍의 「영회시詠懷詩」다.

[역주]····················
① 大船 : 원문은 "平乘". 일명 平乘樓・平乘舫. 높은 望樓가 있는 大船을 말함. 『資治通鑑』 권100 「晉紀」22의 胡三省 注에서 "平乘樓, 大船之樓也."라고 함.
② 퉁소~있는가 : 원문은 "簫管有遺音, 梁王安在哉." 이 시구는 阮籍의 「詠懷詩」 82수 가운데 제31수의 두 구절임. 여기에서 언급한 梁王은 실제로는 『戰國策』 「魏策」에 나오는 梁王 魏嬰이지만, 桓玄이 梁王 司馬珍之를 그에게 빗댄 것임.
③ 孔璞 : 唐寫本에는 "孔樸"이라 되어 있음.
④ 尋陽 : 唐寫本과 『晉書』 권64 「元四王傳」에는 "壽陽"이라 되어 있음.
⑤ 의병이 일어난 뒤에 : 원문은 "義旗旣興". '義旗'는 正義의 깃발, 즉 正義의 軍隊를 말함. 여기서는 元興 3년(404)에 劉裕가 거병하여 桓玄을 토벌한 것을 말함.

桓玄西下, 入石頭, 外白; "司馬梁王奔叛."① 玄時事形已濟, 在平乘上笳鼓並作, 直高詠云; "簫管有遺音, 梁王安在哉?"②

① ◦『續晉陽秋』曰; 梁王珍之, 字景度.
  ◦『中興書』曰; 初, 桓玄簒位, 國人有孔璞者, 奉珍之奔尋陽, 義旗旣興, 歸朝廷. 仕至太常卿, 以罪誅.

② ◦阮籍「詠懷詩」也.

용 지
容 止
Appearance and Behavior

본편은 『세상의 참신한 이야기, 세설신어』의 14번째 편으로 총 39조가 실려 있다.

'용지'는 용모와 행동거지라는 뜻인데, 여기에는 인물의 내재적인 풍격까지도 포괄되어 있다. 준수한 용모와 멋있는 행동거지는 어떠한 시대와 어떠한 사람을 막론하고 모두 좋아하는 바이지만, 위진인들은 이를 특히 애호하여 '간살위개看殺衛玠'나 '모사반악貌似潘岳'과 같은 성어成語가 지금까지 인구에 회자되고 있다.

위진인들은 고정적인 용모보다는 가변적인 행동거지를 더욱 중시했는데, 이것은 인물의 내심과 객관세계의 교류에 따라 인물의 행동거지가 변화하므로 이를 통하여 인물의 풍채風采를 가장 잘 묘사할 수 있기 때문이다. 또한 적절한 자연물에 빗대어 인물의 풍모와 정신을 표현하는 것도 즐겨 사용된 묘사수법 가운데 하나다. 따라서 본편에는 당시인이 지녔던 심미관審美觀의 일면이 잘 드러나 있다.

• 14 : 01 [0720]

위魏 무제武帝[曹操]가 장차 흉노匈奴의 사신을 접견하려 할 때, 자신의 모습이 볼품없어서 먼 나라에 위엄을 보이기에 부족하다고 스스로 생각하여,① 최계규崔季珪[崔琰]에게 대신 접견하도록 하고 무제 자신은 칼을 들고 어좌御座 앞에 서 있었다. 접견이 다 끝난 뒤에 첩자를 보내 사신에게 물어보았다.

"위왕魏王은 어떠하더이까?"

흉노의 사신이 대답했다.

"위왕의 훌륭하신 의용儀容은 비범하시지만,② 어좌 앞에서 칼을 들고 서 있던 그 사람이 바로 영웅이시더군요."

위 무제는 보고를 듣고 그 사신을 추격하여 살해하게 했다.

① · 『위씨춘추魏氏春秋』: 무왕武王[曹操]은 용모는 왜소했지만 정신은 기백이 넘쳤다.

② · 『위지魏志』①: 최염崔琰은 자가 계규며 청하淸河 동무성東武城 사람이다. 목소리와 용모가 고매하고 눈썹과 눈이 수려했으며 수염의 길이가 4척이나 되어 매우 위엄이 있었다.

[역주]
① 『魏志』: 『三國志』 권12 「魏書 · 崔琰傳」에 나옴.

[참고] 『太平御覽』389.

魏武將見匈奴使, 自以形陋, 不足雄遠國,① 使崔季珪代, 帝自捉刀立牀頭. 旣畢, 令間諜問曰; "魏王何如?" 匈奴使答曰; "魏王雅望非常,② 然牀頭捉刀人, 此乃英雄也." 魏武聞之, 追殺此使.

① · 『魏氏春秋』曰; 武王姿貌短小, 而神明英發.

② · 『魏志』曰; 崔琰, 字季珪, 淸河東武城人. 聲姿高暢, 眉目疏朗, 鬚長四尺, 甚有威重.

• 14 : 02 [0721]

하평숙何平叔[何晏]은 용모가 준수하고 얼굴이 몹시 하얬다. 위魏 명제明帝[曹叡]①는 그가 분을 바른 것이라고 의심하여 한 여름에 그에게 뜨거운 탕면②을 먹게 했다. 하평숙은 먹으면서 땀을 뻘뻘 흘리며 붉은 옷③으로 닦아냈지만 안색은 더욱 희어지기만 했다.①

  ①『위략魏略』: 하안何晏은 성격이 자신의 용모를 좋아하여, 움직일 때나 가만히 있을 때나 흰 분④을 손에서 놓지 않았으며, 걸어 다닐 때에도 자신의 그림자를 돌아볼 정도였다.

  ◦생각건대 : 이 말에 따르면 하안의 미모는 본래 겉 화장에 의한 것이 된다. 또한 하안은 궁중에서 자랐고 황제[文帝 曹丕]와 함께 성장했는데,⑤ 어찌 그의 모습을 의심하여 시험해본 뒤에야 알았겠는가?

[역주]
① 明帝[曹叡] : 『初學記』 권10에 인용된 魚豢의 『魏略』, 『北堂書鈔』 권128·135에 인용된 『語林』, 『太平御覽』 권21·379 등에 인용된 『語林』에는 모두 "文帝"[曹丕]라 되어 있으며, 劉注의 按語를 보더라도 文帝가 분명함. 아마도 傳刻하는 과정에서 잘못된 것으로 보임.
② 탕면 : 원문은 "湯麪". '麪'은 '餠'과 같음. 밀가루를 반죽하여 익혀 먹는 음식으로, 지금의 칼국수나 수제비와 비슷함.
③ 붉은 옷 : 원문은 "朱衣". 여름에 입는 관복.
④ 흰 분 : 원문은 "粉帛". '粉白'과 같음. 『三國志』 권9 「曹爽傳」의 裴松之 注에 인용된 『魏略』과 『資治通鑑』 권75 「魏紀」7에는 "粉白"이라 되어 있음.
⑤ 하안은~성장했는데 : 何晏이 궁중에서 文帝와 함께 성장한 고사는 「夙惠」2에 나옴.

何平叔美姿儀, 面至白. 魏明帝疑其傅粉, 正夏月, 與熱湯麪. 旣噉, 大汗出, 以朱衣自拭, 色轉皎然.①

①『魏略』曰; 晏性自喜, 動靜粉帛不去手, 行步顧影.
  ◦按; 此言, 則晏之妖麗, 本資外飾. 且晏養自宮中, 與帝相長, 豈復疑其形姿, 待驗而明也?

•ㅡㅡㅡㅡ • 14 : 03 [0722]

위魏 명제明帝[曹叡]가 황후①의 동생 모증毛曾을 하후현夏侯玄과 함께 앉게 했더니, 당시 사람들이 말했다.

"갈대가 옥수玉樹에 기대어 있구먼."①

① 『위지魏志』② : 하후현이 황문시랑黃門侍郎으로 있을 때 모증과 함께 앉았는데, 하후현은 그것을 몹시 부끄러워했지만 모증은 얼굴에 기쁜 기색을 띠었다.③ 명제가 그것을 못마땅하게 여겨 하후현을 우림감羽林監으로 좌천시켜버렸다.

[역주]
① 황후 : 明帝 曹叡의 悼毛皇后를 말함. 『三國志』 권5 「魏書」에 그녀의 傳이 있음.
② 『魏志』 : 『三國志』 권9 「魏書·夏侯玄傳」에 나옴.
③ 모증은 얼굴에 기쁜 기색을 띠었다 : 원문은 "曾說形於色". 『三國志』 권9 「魏書·夏侯玄傳」에는 "不悅形之於色"이라 되어 있는데, 이 경우는 하후현에 대한 묘사가 됨.

[참고] 『瑞玉集殘』14, 『藝文類聚』22, 『太平御覽』393.

魏明帝使后弟毛曾與夏侯玄共坐, 時人謂; "蒹葭倚玉樹."①
①. 「魏志」曰; 玄爲黃門侍郎, 與毛曾並坐, 玄甚恥之, 曾說形於色. 明帝恨之, 左遷玄爲羽林監.

•ㅡㅡㅡㅡ • 14 : 04 [0723]

당시 사람들이 평했다.

"하후태초夏侯太初[夏侯玄]는 해와 달이 가슴에 들어 있는 것처럼 환하게 밝고, 이안국李安國[李豐]은 옥산玉山이 장차 무너지려는 것처럼 흔들거린다."①

① 『위략魏略』 : 이풍李豐은 자가 안국이며 위위衛尉 이의李義의 아들이다. 인물을 잘 감식하여 세상 사람들이 주목했다. 명제明帝[曹叡]가 오吳나라의 투항자를 붙잡아 강동에서 중원의 명사로 알려진 사람이 누구인지 물었더니, 이

안국이라고 대답했다. 이때에 이풍은 황문랑黃門郎으로 있었으며 이름을 선宣으로 바꾸었다.② 명제가 이안국의 소재를 물었더니 좌우의 공경公卿들이 즉시 [이선국李宣國이 바로] 이풍이라고 갖추어 대답하자, 명제가 말했다.

"이풍의 이름이 오吳·월越에까지 퍼졌단 말인가?"

벼슬은 중서령中書令에 이르렀으며, 진왕晉王[司馬師]에게 주살당했다.③

[역주]······················

① 흔들거린다 : 원문은 "頹唐". '穨唐'과 같음. 무너져 내리려는 모양.
② 이름을 宣으로 바꾸었다 : 徐震堮은 「文學」5 劉注의 "四本者, 言才性同, 才性異, 才性合, 才性離也. 尚書傅嘏論同, 中書令李豐論異, 侍郎鍾會論合, 屯騎校尉王廣論離."라는 기록과 『南史』「顧歡傳」의 "蘭石[傅嘏]危而密, 宣國[李豐]安而疏, 士季[鍾會]似而非, 公深[王廣]謬而是."라는 기록을 들어, 李豐이 이름을 '李宣'으로 바꾼 것이 아니라 자를 '宣國'으로 바꾸었기 때문에 이풍의 옛 자가 安國임을 몰랐던 명제가 안국의 소재를 물었을 때 좌우 공경들이 宣國이 바로 李豐이라고 대답한 것이라고 주장함. 문맥상으로도 타당하다고 생각함.
③ 晉王[司馬師]에게 주살당했다 : 『三國志』 권9 「魏書·夏侯玄傳」에 따르면, 이풍은 張緝 등과 함께 晉王 司馬師를 살해하여 夏侯玄에게 정치를 맡게 하려다가 실패하여 도리어 사마사에게 주살당함.

[참고] 『藝文類聚』22.

時人目; "夏侯太初朗朗如日月之入懷, 李安國頹唐如玉山之將崩."①

① 『魏略』曰; 李豐, 字安國, 衛尉李義子也. 識別人物, 海內注意. 明帝得吳降人, 問江東聞中國名士為誰, 以安國對之. 是時, 豐為黃門郎, 改名宣. 上問安國所在, 左右公卿即具以豐對. 上曰; "豐名乃被於吳·越邪?" 仕至中書令, 為晉王所誅.

────── • 14 : 05 [0724]

혜강嵇康은 신장이 7척 8촌이었고 풍모가 특히 빼어났다.① 그를 본 사람이 감탄했다.

"깔끔하고 엄숙하며① 상쾌하고 청준淸俊하구나!"

어떤 사람은 말했다.

"쏴아!② 하고 소나무 아래의 바람처럼 높다랗게 천천히 분다."

산공山公[山濤]이 말했다.

"혜숙야嵇叔夜[嵇康]의 사람됨은 외로운 소나무가 홀로 서 있는 것처럼 우뚝하며,③ 그가 취했을 때는 옥산玉山이 장차 무너지려는 것처럼 흔들거린다."④

1 。『혜강별전嵇康別傳』: 혜강은 신장이 7척 8촌이었으며 용모가 훌륭했는데, 육체를 흙이나 나무처럼 여겨 아무런 꾸밈도 하지 않았지만 용 같은 풍채와 봉황 같은 자태는 타고난 바탕 그대로였다. 정작 그가 사람들 속에 있으면 곧바로 비범한 인물임을 저절로 알 수 있었다.

[역주]
① 깔끔하고 엄숙하며 : 원문은 "蕭蕭肅肅". '蕭蕭'는 말쑥하고 멋스런 모양. '肅肅'은 흐트러짐 없이 단정한 모양.
② 쏴아 : 원문은 "肅肅". '颯颯(삽)'과 같음. 바람이 부는 소리.
③ 우뚝하며 : 원문은 "巖巖". 높이 솟아 있는 모양.
④ 흔들거리다 : 원문은 "傀俄". 무너져 내리려는 모양. 또는 '巍峨'와 같은 뜻으로 보아 '산이 높은 모양'으로 풀기도 함.

[참고] 『蒙求原注』上, 『太平御覽』389·497.

嵇康身長七尺八寸, 風姿特秀.1 見者嘆曰; "蕭蕭肅肅, 爽朗淸擧!" 或云; "肅肅如松下風, 高而徐引." 山公曰; "嵇叔夜之爲人也, 巖巖若孤松之獨立, 其醉也, 傀俄若玉山之將崩."

1 。『康別傳』曰; 康長七尺八寸, 偉容色, 土木形骸, 不加飾厲, 而龍章鳳姿, 天質自然. 正爾在羣形之中, 便自知非常之器.

━━━━━━ • 14 : 06 [0725]

배령공裴令公[裴楷]이 품평했다.

"왕안풍王安豐[王戎]의 눈은 바위 아래에서 치는 번개처럼 환하게 번쩍거린다."①1

1 。왕융王戎의 외모는 왜소했지만 눈은 매우 맑고 밝아 해를 보아도 어지럽지 않았다.②

[역주]
① 환하게 번쩍거린다 : 원문은 "爛爛". 밝게 빛나는 모양.
② 눈은~않았다 : 『藝文類聚』 권17에 인용된 『竹林七賢論』에서는 "王戎眸子洞徹, 視日而眼明不眩."라고 함.

裴令公目; "王安豊眼爛爛如巖下電." ①
①。王戎形狀短小, 而目甚清炤, 視日不眩.

• 14 : 07 [0726]

반악潘岳은 용모가 빼어났으며 표정과 태도가 매력적이었다.① 젊었을 때 탄궁彈弓을 옆에 끼고 낙양洛陽 거리로 나가면 그를 만난 여인들이 모두 손을 맞잡고 함께 그를 에워싸곤 했다. 좌태충左太沖[左思]은 너무 못생겼지만② 역시 반악을 흉내 내서 놀러나갔다가 여인①들이 일제히 마구 그에게 침을 뱉는 바람에 기가 죽어② 돌아왔다.③

①。『반악별전潘岳別傳』 : 반악은 용모가 매우 수려했으며 풍채가 단아하고 온화했다.
②。『속문장지續文章志』 : 좌사左思는 용모가 추하고 파리하여 위의威儀를 지니지 못했다.
③。『어림語林』 : 반안인潘安仁[潘岳]은 너무 미남이어서 외출할 때마다 할머니들까지 과일을 그에게 던져③ 수레에 가득 찼다. 장맹양張孟陽[張載]은 너무 추남이어서 외출할 때마다 아이들이 기와조각을 그에게 던져 역시 수레에 가득 찼다.
。본문과 『어림』의 두 고사가 다르다.

[역주]
① 여인 : 원문은 "嫗". 원래는 늙은 여자를 뜻하지만 여기서는 여자를 가리키는 범칭으로 쓰였음.
② 기가 죽어 : 원문은 "委頓". 기가 죽다, 풀이 죽다, 의기소침하다, 피곤하여 지치다는 뜻.
③ 과일을 그에게 던져 : 중국에는 예로부터 여자가 마음에 드는 남자에게 과일을 던지는 풍습이 있었는데, 이 경우도 그러한 풍습과 관련된 것으로 보임.

[참고] 『晉書』55, 『太平御覽』755.

潘岳妙有姿容, 好神情.① 少時, 挾彈出洛陽道, 婦人遇者, 莫不連手共縈之. 左太沖絶醜,② 亦復效岳遊遨, 於是羣嫗齊共亂唾之, 委頓而返.③

①·『岳別傳』曰; 岳姿容甚美, 風儀閑暢.
②·『續文章志』曰; 思貌醜顇, 不持儀飾.
③·『語林』曰; 安仁至美, 每行, 老嫗以果擲之, 滿車. 張孟陽至醜, 每行, 小兒以瓦石投之, 亦滿車.
　　·二說不同.

------------ • 14 : 08 [0727]

왕이보王夷甫[王衍]는 용모가 단정하고 수려했으며 현담玄談에 뛰어났다. 항상 백옥자루가 달린 주미麈尾①를 들고 있었는데, 흰 손과 백옥자루를 전혀 구별할 수 없을 정도였다.

[역주]‥‥‥‥‥‥
① 麈尾 : 육조인들은 淸談을 나눌 때 반드시 麈尾를 사용했는데, 처음에는 玄理를 담론할 때만 사용했으나 나중에는 명사들의 애용품이 되어 담론을 하지 않을 때도 항상 들고 있었음. '麈尾'는 사슴꼬리로 만든 부채모양의 총채.

王夷甫容貌整麗, 妙於談玄, 恒捉白玉柄麈尾, 與手都無分別.

------------ • 14 : 09 [0728]

반안인潘安仁[潘岳]과 하후담夏侯湛은 모두 수려한 용모를 지녔으며 함께 다니기를 좋아했는데, 당시 사람들이 그들을 '딸린 옥連璧'①이라 불렀다.①

①·『팔왕고사八王故事』: 반악潘岳과 하후담은 사이가 매우 좋았기 때문에 함께 나들이하기를 좋아했다.

[역주]‥‥‥‥‥‥
① 딸린 옥[連璧] : 두 개를 함께 꿴 한 쌍의 둥근 옥을 말함.

[참고] 『晉書』55.

潘安仁・夏侯湛竝有美容, 喜同行, 時人謂之'連璧'.①
① ㅇ『八王故事』曰; 岳與湛著契, 故好同遊.

• 14 : 10 [0729]

배령공裴令公[裴楷]은 빼어난 용모를 지니고 있었는데, 어느 날 병이 들어 위독한 지경에 이르자, 혜제惠帝[司馬衷]①가 왕이보王夷甫[王衍]를 보내 위문하게 했다. 배령공은 벽을 향하여 누워 있다가 왕의 사자가 도착했다는 말을 듣고 억지로 눈을 돌려 그를 보았다. 왕이보가 나와서 사람들에게 말했다.

"두 눈이 번쩍이는 게 바위 아래에서 치는 번개 같으니, 정신은 활기차게 움직이지만 몸이 약간 안 좋은 것 같소."①

① ㅇ『명사전名士傳』: 배해裴楷가 병들어 위독했을 때, 황문랑黃門郎 왕이보를 보내 그를 위문하라는 조서가 내려졌다. 배해가 눈동자를 돌려 왕이보를 응시하며 말했다.

"결국 아직까지 서로 면식이 없었군요."

왕이보는 돌아와서 또한 그의 뛰어난 풍격에 감탄했다.

[역주]
① 惠帝[司馬衷] : 『太平御覽』 권366과 『續談助』 권4에 인용된 『世說』에는 "武帝"[司馬炎]라 되어 있음.

[참고] 『太平御覽』366, 『續談助』4.

裴令公有儁容姿, 一旦有疾至困, 惠帝使王夷甫往看. 裴方向壁臥, 聞王使至, 強回視之. 王出, 語人曰; "雙目閃閃, 若巖下電, 精神挺動, 體中故小惡."①

① ㅇ『名士傳』曰; 楷病困, 詔遣黃門郎王夷甫省之. 楷回眸屬夷甫云; "竟未相識." 夷甫還, 亦歎其神儁.

• 14 : 11 [0730]

어떤 사람이 왕융王戎에게 말했다.

"혜연조嵇延祖[嵇紹]는 들 학이 닭 무리에 있는 것처럼 특출합니다."①

그러자 왕융이 대답했다.

"당신은 아직 그의 부친[嵇康]을 못 보신 게로군요."[1]

[1]▫ 혜강嵇康은 앞에서 이미 나왔다.②

[역주]
① 특출하다: 원문은 "卓卓". 『晉書』권89 「嵇紹傳」에는 "昂昂"이라 되어 있음.
② 이미 나왔다: 「德行」16 劉注[1], 「容止」5 본문과 劉注[1]에 나왔음.

有人語王戎曰; "嵇延祖卓卓如野鶴之在雞羣." 答曰; "君未見其父耳."[1]
[1]▫ 康, 已見上.

• 14 : 12 [0731]

배령공裴令公[裴楷]은 뛰어난 용모와 자태를 지니고 있어서, 관모官帽를 벗고 있거나 허름한 옷에 머리를 풀어헤치고 있어도 모두 보기 좋았다. 당시 사람들은 그를 '옥 같은 사람[玉人]'이라 여겼다. 그를 만나본 사람이 말했다.

"배숙칙裴叔則[裴楷]을 보면 마치 옥산玉山 위를 걷고 있는 것처럼 사람을 밝게 비춘다."

[역주]
*『晉書』권35 「裴楷傳」에서는 "楷, 風神高邁, 容儀俊爽, 博涉羣書, 特精理義, 時人謂之玉人. 又稱; '見裴叔則如近玉山, 映照人也.'"라고 함.

[참고]『晉書』35, 『太平御覽』389.

裴令公有儁容儀, 脫冠冕, 麤服亂頭皆好. 時人以爲'玉人'. 見者曰; "見裴叔則, 如玉山上行, 光映照人."

----- • 14 : 13 [0732]

유령劉伶은 신장이 6척이었으며 용모가 매우 추하고 파리했지만, 유유히 만사를 초탈하여① 육체를 흙이나 나무처럼 여겼다.⑴

⑴ · 양조梁祚의 『위국통魏國統』② : 유령은 자가 백륜伯倫이다. 용모가 추하고 비루했으며 신장이 6척이었다. 그러나 마음 닿는 대로 자유분방하고 느긋하게 홀로 기분 내면서 한 시대를 유유자적했으며 항상 우주도 좁다고 생각했다.

[역주]
① 유유히 만사를 초탈하여 : 원문은 "悠悠忽忽". 느긋한 마음으로 세상일을 잊어버리고 초연한 모양을 말함.
② 梁祚의 『魏國統』: 梁祚는 北地 泥陽人으로 陳壽의 『三國志』을 통합하여 『魏國統』을 지음. 『北史』 권81 「儒林傳上」에 그의 傳이 있음. 또한 『隋書』 권33 「經籍志」에 梁祚의 『魏國統』 20권이 著錄되어 있음.

劉伶身長六尺, 貌甚醜顇, 而悠悠忽忽, 土木形骸.⑴
⑴ · 梁祚『魏國統』曰; 劉伶, 字伯倫. 形貌醜陋, 身長六尺. 然肆意放蕩, 悠焉獨暢, 自得一時, 常以宇宙爲狹.

----- • 14 : 14 [0733]

표기장군驃騎將軍 왕무자王武子[王濟]는 위개衛玠의 외숙으로 재기가 뛰어나고 풍모가 훌륭했는데, 위개를 볼 때마다 감탄했다.
"주옥珠玉이 옆에 있으니 나의 모습이 초라함을 느낀다!"⑴

⑴ · 『위개별전衛玠別傳』 : 표기장군 왕제王濟는 위개의 외숙이다. 일찍이 함께 놀러나간 적이 있었는데, 다음날 사람들에게 말했다.
"어제 내가 외조카①와 자리를 함께 했는데, 마치 밝은 구슬이 옆에 있는 것처럼 환하게 사람을 비추더군요."

[역주]
① 외조카 : 원문은 "外生". '外甥'과 같음.

[참고] 『晉書』36.

驃騎王武子, 是衛玠之舅, 儁爽有風姿, 見玠, 輒歎曰; "珠玉在側, 覺我形穢!"①
①。『玠別傳』曰; 驃騎王濟, 玠之舅也. 嘗與同遊, 語人曰; "昨日吾與外生共坐, 若明珠之在側, 朗然來照人."

• 14 : 15 [0734]

어떤 사람이 왕태위王太尉[王衍]를 찾아갔다가 마침 그 자리에 있던 왕안풍王安豊[王戎]·왕대장군王大將軍[王敦]·왕승상王丞相[王導]을 만났으며 별채로 가서 왕계윤王季胤[王詡]·왕평자王平子[王澄]를 보았는데,① 돌아와서 사람들에게 말했다.

"오늘의 방문에서 눈에 보이는 것은 모두 임랑琳琅①의 주옥珠玉이었소."

①。석숭石崇의 「금곡시서金谷詩敘」② : 왕후王詡는 자가 계윤이며 낭야琅邪 사람이다.
  。『왕씨보王氏譜』 : 왕후는 왕이보王夷甫[王衍]의 동생이다. 벼슬은 수무령脩武令③에 이르렀다.

[역주]..........................
① 琳琅 : 美玉의 명칭으로 훌륭한 인물을 비유함. 등장인물이 모두 琅邪臨沂 王氏이기 때문에 '琳琅'을 들어 비유한 것임.
② 石崇의 「金谷詩敘」 : 『文選』 권20 潘安仁 「金谷集作詩」의 李善 注와 본서 「品藻」 57 劉注①에도 「金谷詩敘」의 佚文이 인용되어 있음.
③ 脩武令 : 宋本에는 "脩武縣令"이라 되어 있음.

[참고] 『事文類聚』新3.

有人詣王太尉, 遇安豊·大將軍·丞相在坐, 往別屋見季胤·平子,① 還, 語人曰; "今日之行, 觸目見琳琅珠玉."
①。石崇「金谷詩敘」曰; 王詡, 字季胤, 琅邪人.
  。『王氏譜』曰; 詡, 夷甫弟也. 仕至脩武令.

• 14 : 16 [0735]

왕승상王丞相[王導]이 위세마衛洗馬[衛玠]를 보고 나서 말했다.

"너무나도 몸이 쇠약하여 비록 온종일 몸조리한다① 하더라도 가벼운 비단옷조차 감당하지 못할 것 같다."①

① ㆍ『위개별전衛玠別傳』: 위개는 평소 몸이 병약했다.
  ㆍ「서경부西京賦」② : 처음 천천히 들어오는 무희들의 연약한 몸, 비단옷조차 이겨내지 못할 것 같네.

[역주]
① 몸조리한다 : 원문은 "調暢". 약을 먹고 몸을 보양하는 것을 말함.
② 「西京賦」: 後漢 張衡이 지은 賦로 『文選』 권2에 수록되어 있음.

[참고] 『太平御覽』386.

王丞相見衛洗馬, 曰; "居然有羸形, 雖復終日調暢, 若不堪羅綺."①
① ㆍ『玠別傳』曰: 玠素抱羸疾.
  ㆍ「西京賦」曰: 始徐進而羸形, 似不勝乎羅綺.

• 14 : 17 [0736]

왕대장군王大將軍[王敦]이 왕태위王太尉[王衍]를 칭찬했다.

"사람들 속에 있으면 주옥이 기와조각 사이에 있는 것 같다."

[참고]
『珮玉集殘』14, 『藝文類聚』22.

王大將軍稱太尉; "處衆人之中, 似珠玉在瓦石間."

• 14 : 18 [0737]

유자숭庾子嵩[庾敳]은 신장은 7척에도 못 미쳤으나 허리띠는 10뼘①이나 되었으며, 어떤 것에도 구애받지 않고 제멋대로 행동했다.

[역주]·······················
① 뼘 : 원문은 "圍". 굵기를 재는 단위. 양손의 엄지손가락과 가운뎃손가락을 맞대서 오므린 크기로 약 5寸쯤 됨.
[참고]『晉書』50.

庾子嵩長不滿七尺, 腰帶十圍, 頹然自放.

──────── • 14 : 19 [0738]

위개衛玠가 예장豫章으로부터 하도下都[建鄴]에 이르렀는데,① 사람들은 오랫동안 그의 명성을 들어왔기 때문에 에워싼 구경꾼이 담을 친 것 같았다. 위개는 이전부터 병약했기에 몸이 피로를 견디지 못하여 마침내 병이 들어 죽고 말았다. 그래서 당시 사람들은 '구경 독이 위개를 죽였다看殺衛玠'고 말했다.①

① □ 『위개별전衛玠別傳』: 위개는 사람들 무리 속에서 진실로 남다른 덕망을 지니고 있었다. 어렸을 때② 백양거白羊車③를 타고 낙양洛陽의 시가지를 지나가면, 사람들이 모두들 말했다.
  "뉘 집 벽인璧人[玉童]이지?"
그래서 그 가문과 고을사람들이 그를 '벽인'이라 불렀다.
□ 생각건대 : 『영가류인명永嘉流人名』에서는 "위개는 영가 6년(312) 5월 6일에 예장에 이르렀으며 그 해 6월 20일에 죽었다"고 했으니, 이것에 따른다면 위개가 예장으로 남도南渡한 뒤 45일 동안에 어떻게 하도로 갔다가 죽을 시간이 있었겠는가? 또한 여러 책에서도 모두 위개는 예장에서 죽었다고 했지 하도에서 죽었다고는 하지 않았다.

[역주]·······················
① 豫章으로부터 下都[建鄴]에 이르렀는데 : 원문은 "從豫章至下都". 『太平御覽』 권739·741에 인용된 『世說』에는 "從豫章下都"[예장으로부터 도성으로 내려갔다]라 되어 있음. '下都'는 建鄴[建康]을 말하는데, 晉代의 옛 도읍이 낙양이었기 때문에 建鄴을 下都라 한 것임.
② 어렸을 때 : 원문은 "齠齔(초츤)時". 이를 갈 때, 즉 7~8세 때를 말함.

③ 白羊車 : 흰 양이 끄는 작은 어린이 수레.
[참고] 『晉書』 36, 『太平御覽』 739·741

衛玠從豫章至下都, 人久聞其名, 觀者如堵牆. 玠先有羸疾, 體不堪勞, 遂成病而死. 時人謂'看殺衛玠'.①

① ·『玠別傳』曰; 玠在羣伍之中, 寔有異人之望. 齠齔時, 乘白羊車於洛陽市上, 咸曰; "誰家璧人?" 於是家門州黨號爲璧人.
  ·按; 『永嘉流人名』曰; "玠以永嘉六年五月六日至豫章, 其年六月二十日卒." 此則玠之南度豫章四十五日, 豈暇至下都而亡乎? 且諸書皆云玠亡在豫章, 而不云在下都也.

• 14 : 20 [0739]

주백인周伯仁[周顗]이 환무륜桓茂倫[桓彝]을 평했다.

"고고하고 대범하지만,① [그를 모르는 사람들에게] 비웃음당하는 사람이다."②

어떤 사람은 사유여謝幼輿[謝鯤]가 한 말이라고도 한다.

[역주]
① 고고하고 대범하지만 : 원문은 "嶔崎歷落". '嶔(금)崎'는 산이 높고 험한 모양으로, 인물의 성격이 고고하여 남과 어울리지 않음을 비유함. '歷落'은 '磊落'과 같은 뜻으로, 성품이 瀟灑하고 대범함을 말함.
② 비웃음 당하는 사람이다 : 원문은 "可笑人". 桓彝는 개성이 강하여 남과 잘 어울리지 않았기 때문에 그를 잘 알지 못하는 사람들에게 비웃음을 당했다는 뜻. 또는 즐거운, 즉 낙천적인 사람이라고 풀기도 함.

[참고] 『晉書』 74.

周伯仁道桓茂倫; "嶔崎歷落, 可笑人." 或云謝幼輿言.

• 14 : 21 [0740]

주후周侯[周顗]가 왕장사王長史[王濛]의 부친[王訥]을 평했다.①

"용모가 훌륭한데다 고아한 성품에 기개까지 갖추었으니, 천거하여 그를 임용한다면 여러 가지 일①을 해낼 수 있을 것이다."

① ◦『왕씨보王氏譜』: 왕눌王訥은 자가 문개文開②며 태원太原사람이다. 조부 왕묵王默③은 상서尙書였고 부친 왕호王祜④는 산기상시散騎常侍였다. 왕눌은 처음 강남으로 건너와 벼슬이 신부령新淦令에 이르렀다.

[역주]........................
① 여러 가지 일 : 원문은 "諸許物". '許'는 어조사.
② 文開 : 宋本에는 "文淵"이라 되어 있으나, 『世說敍錄』「人名譜·太原晉陽王氏譜」와 「容止」29 劉注①에 인용된 『語林』 등에는 모두 "文開"라 되어 있음.
③ 王默 : 『晉書』 권93 「王濛傳」에는 "王黯(암)"이라 되어 있음.
④ 王祜 : 宋本에는 "王祜", 「言語」66 劉注①에 인용된 『王長史別傳』에는 "王佐", 『世說敍錄』「人名譜·太原晉陽王氏譜」와 『晉書』 권93 「王濛傳」에는 "王佑"라 되어 있음.

周侯說王長史父;① "形貌旣偉, 雅懷有槩, 保而用之, 可作諸許物也."
① ◦『王氏譜』曰; 訥, 字文開, 太原人. 祖默, 尙書. 父祜, 散騎常侍. 訥始過江, 仕至新淦令.

──────── • 14 : 22 [0741]

조사소祖士少[祖約]가 위군장衛君長[衛永]을 보고 말했다.
"이 사람은 장수將帥의 형상①을 지니고 있다."
[역주]........................
① 將帥의 형상 : 원문은 "旄仗下形". 宋本에는 "旄杖下形"이라 되어 있음. '旄仗'은 쇠꼬리나 새 깃털을 끝에 장식한 깃대로 儀仗이나 閱兵 때 사용함. '旄仗 아래의 형상'이란 바로 모장 아래에 서 있는 위풍당당한 모습, 즉 장수가 될 만한 인물을 말함. 「賞譽」107 劉注①에 인용된 『衛氏譜』에 따르면, 衛永은 나중에 실제로 東晉의 左軍長史가 되었음.

祖士少見衛君長云; "此人有旄仗下形."

──────── • 14 : 23 [0742]

석두石頭의 사건 때문에 조정이 무너질 위기에 처하자,① 온충무溫

忠武[溫嶠]와 유문강庾文康[庾亮]이 도공陶公[陶侃]에게 의탁하여 구원을 요청했더니① 도공이 말했다.

"숙조肅祖[明帝 司馬紹]의 고명顧命에 나는 언급되지 않았고,② 또한 소준蘇峻이 난을 일으킨 것은 그 실마리가 유씨庾氏 일족에게서 비롯된 것이니, 그들 형제를 주살한다 하더라도 천하에 사죄하기에는 부족하오."②

그때 유문강은 온충무의 배 후미에 있다가 그 말을 듣고 걱정되고 두려웠으나 달리 방법이 없었다. 다른 날 온충무가 유문강에게 도공을 만나보라고 권했으나 유문강이 주저하며 가지 못하자, 온충무가 말했다.

"계溪땅의 개③는 내가 잘 알고 있으니, 그대는 그를 만나보기만 하면 되오. 틀림없이 걱정거리는 없을 것이오."

유문강은 풍모가 너무나도 빼어났는데, 도공은 그를 보자마자 곧바로 생각을 바꾸고 온종일 환담하면서 극진히 아끼고 존중하게 되었다.

① ▫『진양추晉陽秋』: 소준은 고숙姑孰으로부터 석두에 도착한 뒤에 천자[成帝]에게 강요하여 석두로 옮겨오도록 했다. 소준은 창고를 궁전으로 만들고 사람들에게 지키도록 했다.

▫『영귀지靈鬼志』「요징謠徵」: 명제明帝[司馬紹] 말년에 "츳츳랏! 말을 산기슭에서 내쫓으니, 큰 말은 죽고 작은 말은 굶주린다네"④라는 떠도는 노래가 있었다. 나중에 소준은 성제成帝[司馬衍]를 석두로 옮기고 어찬御饌도 갖추지 않았다.

② ▫ 서광徐廣의 『진기晉紀』: 숙조는 유량庾亮과 왕도王導에게 어린 주상[成帝 司馬衍]을 보필하라는 유조遺詔를 내리고 대신으로 승진시켰으나, 도간陶侃과 조약祖約은 그 반열에 들어 있지 않았는데, 도간과 조약은 유량이 유조를 중지시킨 것이라고 의심했다.

▫『중흥서中興書』: 처음에 유량은 소준을 조정으로 초징하려 했으나 변호卞壺가 허락하지 않았다. 온교溫嶠와 삼오三吳⑤의 군장들이 병사를 일으켜

황실을 지키려 했으나 유량은 이를 받아들이지 않고 법령을 내려 말했다.
"함부로 병사를 일으킨 자는 주살한다!"
그래서 소준이 도성에서 난을 일으킬 수 있었다.

[역주]
① 陶公[陶侃]에게 의탁하여 구원을 요청했더니 : 원문은 "投陶公求救". 宋本에는 "陶公求救" 4자가 없음. 『晉書』 권66 「陶侃傳」에 따르면, 당시 溫嶠 등이 蘇峻의 난을 다스리기 위하여 荊州刺史로 있던 陶侃에게 토벌군의 맹주가 되어달라고 요청했는데, 도간은 明帝의 遺詔에 자신이 들어 있지 않은 것에 불만을 품고 고사했으나, 결국에는 맹주로 추대되어 石頭에서 소준을 토벌함.
② 肅祖[明帝 司馬紹]의 顧命에 나는 언급되지 않았고 : 원문은 "肅祖顧命不見及". '顧命'은 '遺詔'와 같은 뜻으로, 황제가 임종할 때 명을 내려 대신들에게 국가의 대사를 맡기는 것. 『晉書』 권9 「明帝紀」에 따르면, 肅祖[明帝]가 붕어할 때 태자[成帝]를 보필하라는 유조에 들어 있던 사람은 司徒 王導, 尙書令 卞壼, 車騎將軍 郗鑒, 護軍將軍 庾亮, 領軍將軍 陸曄, 丹陽尹 溫嶠였음.
③ 溪 땅의 개 : 원문은 "溪狗". 溪지역[江西] 출신인 鄱陽사람 陶侃을 경멸하여 부른 말. 余嘉錫은 '傒狗'라고 하는 것이 타당하다고 주장하면서 "南朝士大夫呼江右人爲'傒狗', 猶之呼北人爲'傖父', 皆輕詆之辭. 陶侃本鄱陽人, 家於尋陽, 皆江右地, 故得此稱."이라 함.
④ 츳츳랏~굶주린다네 : 원문은 "側側力, 放馬出山側, 大馬死, 小馬餓." '側側力'은 말을 내몰 때 내는 의성어로 추정함. 『晉書』 권28 「五行志」에는 "側側力力, 放馬山側, 大馬死, 小馬餓, 高山崩, 石自破."라 되어 있으며, 『宋書』 권31 「五行志」에는 "側側力力"이 "側力側力"이라 되어 있음. 『晉書』 권28 「五行志」에서는 이 노래의 뜻에 대하여 "及明帝崩, 成帝幼, 爲蘇峻所逼, 遷於石頭, 御膳不足, 此'大馬死, 小馬餓'也. '高山', 峻也, 又言峻尋死. '石', 峻弟蘇石也. 峻死後, 石據石頭, 尋爲諸公所破, 復是崩山石破之應也."라고 함.
⑤ 三吳 : 吳郡·吳興·義興 지방을 말함.

石頭事故, 朝廷傾覆.① 溫忠武與庾文康投陶公求救, 陶公云; "肅祖顧命不見及, 且蘇峻作亂, 釁由諸庾, 誅其兄弟, 不足以謝天下."② 于時庾在溫船後, 聞之, 憂怖無計. 別日, 溫勸庾見陶, 庾猶豫未能往, 溫曰; "溪狗我所悉, 卿但見之. 必無憂也." 庾風姿神貌, 陶一見便改觀, 談宴竟日, 愛重頓至.
① ○『晉陽秋』曰; 蘇峻自姑孰至于石頭, 逼遷天子. 峻以倉屋爲宮, 使人守衛.
  ○『靈鬼志』「謠徵」曰; 明帝末, 有謠歌; "側側力, 放馬出山側, 大馬死, 小馬餓." 後峻遷

帝於石頭, 御膳不具.

② ◦ 徐廣『晉紀』曰; 肅祖遺詔庾亮·王導輔幼主, 而進大臣官, 陶侃·祖約不在其例, 侃·約疑亮寢遺詔也.

◦『中興書』曰; 初, 庾亮欲徵蘇峻, 卞壺不許. 溫嶠及三吳欲起兵衛帝室, 亮不聽, 下制曰; "妄起兵者誅!" 故峻得作亂京邑也.

• 14 : 24 [0743]

유태위庾太尉[庾亮]가 무창武昌을 다스리고 있을 때, 날씨 좋고 경치 아름다운 가을밤에 막료① 은호殷浩·왕호지王胡之 등이 남루南樓에 올라 시를 읊조렸다.② 음조가 막 높아지려 할 때 계단③에서 나막신 소리가 몹시 크게 들렸는데 틀림없는 유공庾公[庾亮]이었다. 잠시 뒤 유공이 종자從者 10여 명을 이끌고 걸어오자 여러 명사들이 일어나 피하려 했더니,④ 유공이 천천히 말했다.

"여러분! 잠시 머무시게. 이 늙은이도 이 자리에 흥취가 적지 않소이다."

그리고는 곧장 접이의자⑤에 앉아 사람들과 함께 읊조리고 담소하면서 그 자리가 끝날 때까지 마음껏 즐겼다. 나중에 왕일소王逸少[王羲之]가 도성으로 내려와 왕승상王丞相[王導]과 얘기하다가 그 일에 대해서 언급했더니, 왕승상이 말했다.

"유원규庾元規[庾亮]도 그땐 위의威儀가 약간 흐트러지지 않을 수 없었을 걸."

그러자 왕우군王右軍[王羲之]이 말했다.

"그의 마음에는 오직 산수山水⑥만 들어 있지요."①

① ◦ 손작孫綽의 「유량비문庾亮碑文」: 공이 평소 좋아하고 마음을 기탁한 바는 언제나 세속의 밖에 있었다. 비록 유연한 심정으로 세상에 응하면서 그 행적을 감추었지만,⑦ 심중은 담담하여 진실로 현원玄遠한 마음으로 산수를 대했다.

[역주] ······················
① 막료 : 원문은 "使吏". 宋本과 『晉書』 권73 「庾亮傳」에는 "佐史"라 되어 있음.
② 읊조렸다 : 원문은 "理詠". 음률을 가다듬어 詩歌를 吟誦하는 것을 말함.
③ 계단 : 원문은 "函道". 여기서는 누대로 올라가는 계단을 말함.
④ 피하려 했더니 : 庾亮은 평소에 매우 근엄하여 사람들이 쉽게 접근하려 하지 않았음. 「德行」31 劉注①에 인용된 『晉陽秋』에서 유량을 "端拱疑然, 郡人嚴憚之. 覿接之者, 數人而已."라고 묘사한 것을 보면 이를 잘 알 수 있음.
⑤ 접이의자 : 원문은 "胡牀". 옛날 胡지방에서 들어온 일종의 간이용 의자로, 후대의 접이식 의자와 비슷함.
⑥ 山水 : 원문은 "丘壑". 深山幽谷을 좋아하는 고아한 정취를 말함.
⑦ 감추었지만 : 원문은 "蠖屈". '蠖(확)'은 자벌레. 자벌레처럼 몸을 움츠린다는 뜻.
[참고] 『晉書』73, 『藝文類聚』70.

庾太尉在武昌, 秋夜氣佳景淸, 使吏殷浩·王胡之之徒登南樓理詠. 音調始遒, 聞函道中有屐聲甚厲, 定是庾公. 俄而率左右十許人步來, 諸賢欲起避之, 公徐云; "諸君少住. 老子於此處興復不淺." 因便據胡牀, 與諸人詠謔, 竟坐甚得任樂. 後王逸少下, 與丞相言及此事, 丞相曰; "元規爾時風範, 不得不小頹." 右軍答曰; "唯丘壑獨存."①
①·孫綽「庾亮碑文」曰; 公雅好所託, 常在塵垢之外. 雖柔心應世, 蠖屈其迹, 而方寸湛然, 固以玄對山水.

───────────────── • 14 : 25 [0744]

왕경예王敬豫[王恬]는 미려한 용모를 지니고 있었는데, 부친 왕공王公[王導]에게 문안을 드렸을 때 왕공이 그의 어깨를 두드리며 말했다.
"애야, 너의 재능이 용모를 따라가지 못하는 것이 유감이구나!"
또 어떤 사람이 말했다.
"왕경예는 하는 일마다 왕공을 닮았다."①
①·『어림語林』: 사공謝公[謝安]이 말했다.
"어렸을 때 궁정에서 왕승상王丞相[王導]을 만났는데, 곧바로 맑은 바람이 불어와 나를 스치는 기분이 들었다."

王敬豫有美形, 問訊王公, 王公撫其肩曰; "阿奴, 恨才不稱!" 又云; "敬豫事事似王公." ①

① · 『語林』曰; 謝公云; "小時在殿廷, 會見丞相, 便覺淸風來拂人".

• 14 : 26 [0745]

왕우군王右軍[王羲之]이 두홍치杜弘治[杜乂]를 보고 찬탄했다.

"얼굴은 기름이 엉겨 있는 것① 같고 눈은 옻칠을 찍어놓은 것② 같으니, 이는 신선계神仙界의 인물이로다!" ①

당시 사람 가운데 왕장사王長史[王濛]의 용모를 칭찬하는 자들이 있었는데, 채공蔡公[蔡謨]이 말했다.

"여러분이 두홍치를 보지 못한 것이 아쉬울 뿐이오!"

① · 『강좌명사전江左名士傳』: 영화永和연간(345~356)에 유진장劉眞長[劉惔]과 사인조謝仁祖[謝尙]가 함께 서진西晉의 인사를 논평하고 있을 때, 어떤 사람이 말했다.

"두홍치는 청초하고 빼어나 후진後進 가운데 뛰어난 인물인데, 게다가 얼굴은 기름이 엉겨 있는 것 같고 눈은 옻칠을 찍어놓은 것 같으니, 대략 위개衛玠에 견줄 만합니다."

[역주]
① 기름이 엉겨 있는 것 : 원문은 "凝脂". 피부가 하얗고 윤기 흐르는 것을 말함.
② 옻칠을 찍어놓은 것 : 원문은 "點漆". 눈이 새까맣고 또렷한 것을 말함.

[참고] 『晉書』93, 『太平御覽』389.

王右軍見杜弘治, 歎曰; "面如凝脂, 眼如點漆, 此神仙中人!" ① 時人有稱王長史形者, 蔡公曰; "恨諸人不見杜弘治耳!"

① · 『江左名士傳』曰; 永和中, 劉眞長 · 謝仁祖共商略中朝人士, 或曰; "杜弘治淸標令上, 爲後來之美, 又面如凝脂, 眼如點漆, 粗可得方諸衛玠."

• 14 : 27 [0746]

유윤劉尹[劉惔]이 환공桓公[桓溫]을 평했다.

"귀밑털은 거꾸로 선 고슴도치의 뻣뻣한 털 같고 눈썹은 자석영紫石英의 날카로운 모서리 같으니, 진실로 손중모孫仲謀[孫權]·사마선왕司馬宣王[司馬懿]과 같은 부류의 인물이다."[1]

[1] ▫ 송宋 명제明帝의 『문장지文章志』: 환온桓溫은 온교溫嶠에게 인정을 받았기 때문에 이름을 '온'이라 했다.[2]

▫ 『오지吳志』: 손권孫權은 자가 중모며 손책孫策의 동생이다. 한漢나라의 사자 유완劉琬이 사람들에게 말했다.

"내가 손씨 형제를 보았는데, 비록 모두 뛰어난 재능과 명민함을 지니긴 했지만 모두 복록[3]을 온전히 누리지 못할 상이었소. 오직 가운데 동생 손효렴孫孝廉[孫權][4]만 용모가 훤칠하고 골상骨相이 비범하여 군주[5]의 표상을 지니고 있었소."

▫ 『진양추晉陽秋』: 사마선왕은 타고난 자태가 뛰어나고 고매했으며, 영웅의 지략을 갖고 있었다.

[역주]………………………
① 귀밑털은~인물이다 : 원문은 "鬢如反猬皮, 眉如紫石稜, 自是孫仲謀·司馬宣王一流人." '猬'는 '蝟'와 같음. 고슴도치. 『晉書』권98 「桓溫傳」에는 "溫眼如紫石稜, 鬚作蝟毛磔, 孫仲謀·晉宣王之流亞也."라 되어 있음.
② 이름을 '온'이라 했다 : 『晉書』권98 「桓溫傳」에서 "桓溫, 字元子, 宣城太守彝之子也. 生未朞而太原溫嶠見之, 曰; '此兒有奇骨, 可試使啼.' 及聞其聲, 曰; '眞英物也!' 彝以嶠所賞, 故遂名之曰溫."이라 함.
③ 복록 : 원문은 "祿胙". 宋本에는 "祿祚"라 되어 있는데 타당함. 하늘이 내려준 복록을 말함.
④ 孫孝廉孫權 : 孫權은 일찍이 孝廉科에 천거된 적이 있었음. 『三國志』권47 「吳書·吳主傳」에서 "時權年十五, 以爲陽羨長. 郡察孝廉, 州擧茂才, 行奉義校尉."라고 함.
⑤ 군주 : 원문은 "大貴". 군주가 될 만한 존귀함.

[참고] 『晉書』98.

劉尹道桓公; "鬢如反猬皮, 眉如紫石稜, 自是孫仲謀·司馬宣王一流人."[1]
[1] ▫ 宋明帝 『文章志』曰; 溫爲溫嶠所賞, 故名溫.
▫ 『吳志』: 孫權, 字仲謀, 策弟也. 漢使者劉琬語人曰; "吾觀孫氏兄弟, 雖竝有才秀明達, 皆祿胙不終. 唯中弟孝廉, 形貌魁偉, 骨體不恒, 有大貴之表."
▫ 『晉陽秋』曰; 宣王天姿傑邁, 有英雄之略.

• 14 : 28 [0747]

왕경륜王敬倫[王劭]은 풍모가 부친[王導]을 닮았었는데, 시중侍中으로 있을 때 조정에서 환공桓公[桓溫]에게 태위太尉 벼슬을 제수하게 되자, 그 예식에 참석하기 위하여 관복을 입고 대문을 통해 궁전으로 들어갔더니, 환공이 그를 바라보며 말했다.

"대노大奴[王劭]는 진실로 본디 봉황의 깃털[1]을 지니고 있다!"[1]

[1]▫ 대노는 왕소王劭다. 이미 나왔다.[2]
  ▫『중흥서中興書』: 왕소는 용모가 미려했으며 위의威儀[3]를 지니고 있었다.

[역주]
① 봉황의 깃털 : 원문은 "鳳毛".「雅量」26 劉注[1]에 인용된 『劭薈別傳』에서는 "大司馬桓溫稱爲鳳雛"라고 하여 '봉황의 새끼'라 되어 있음.
② 이미 나왔다 : 「雅量」26 劉注[1]에 나왔음.
③ 威儀 : 원문은 "儀操". 宋本에는 "操"자가 없음.

王敬倫風姿似父, 作侍中, 加授桓公, 公服從大門入, 桓公望之, 曰; "大奴固自有鳳毛!"[1]

[1]▫ 大奴, 王劭也. 已見.
  ▫『中興書』曰; 劭美姿容, 持儀操也.

• 14 : 29 [0748]

임공林公[支通]이 왕장사王長史[王濛]를 평했다.

"옷깃을 여미고 오는 모습이 어쩌면 저리도 헌걸차게 빼어날까!"[1]

[1]▫『어림語林』: 왕중조王仲祖[王濛]는 수려한 의용儀容을 지니고 있었는데, 매번 거울을 들고 자신을 비춰볼 때마다 말했다.
  "왕문개王文開[王訥]가 어떻게 이런[2] 아들을 낳았을까!"
  당시 사람들은 그를 '방달放達[3]하다고 생각했다.

[역주]……………………
① 헌걸차게 빼어날까 : 원문은 "軒軒韶擧". '軒軒'은 위의와 자태가 高邁하여 출중한 모양. '韶擧'는 행동거지가 매우 훌륭한 모양.
② 이런 : 원문은 "如馨". 육조시대의 口語로 '如此'와 같은 뜻. '馨'은 어조사.
③ 放達 : 원문은 "達". 세속의 禮法에 구애받지 않고 자유분방한 것을 말함.

林公道王長史; "斂衿作一來, 何其軒軒韶擧!"①
①。『語林』曰; 王仲祖有好儀形, 每覽鏡自照, 曰; "王文開那生如馨兒!" 時人謂之達也.

• 14 : 30 [0749]

당시 사람들이 왕우군王右軍[王羲之]을 품평했다.
"떠다니는 구름처럼 표일飄逸하다가도 놀란 용처럼 솟구친다."

[역주]……………………
* 이 고사는 王羲之의 인품을 평한 것이지만, 『晉書』 권80 「王羲之傳」에서는 "論者稱其筆勢, 以爲飄若浮雲, 矯若驚龍."이라고 하여, 그의 '筆勢'를 평한 것으로 되어 있음.
[참고] 『晉書』80, 『太平御覽』389.

時人目王右軍; "飄若遊雲, 矯若驚龍."

• 14 : 31 [0750]

왕장사王長史[王濛]가 한번은 병이 들어 친소親疏를 막론하고 누구든지 통보하지 말라고 했다. 그런데 임공林公[支遁]이 오자 문지기가 급히 그에게 아뢰었다.
"한 기이한 사람이 문에 있기에 감히 아뢰지 않을 수 없나이다."
왕장사가 웃으며 말했다.
"그는 틀림없이 임공일 게야!"①
①。생각건대 : 『어림語林』에서 "사람들이 한번은 완광록阮光祿[阮裕]에게 함께 임공을 찾아가자고 했더니, 완광록이 말했다. '그의 말은 듣고 싶지만 그

의 얼굴은 보기 싫소.'"라고 했으니, 이것에 따르면 임공의 용모는 매우 못생겼음에 틀림없다.

王長史嘗病, 親疏不通. 林公來, 守門人遽啓之曰; "一異人在門, 不敢不啓." 王笑曰; "此必林公!"①

①▫按,『語林』曰; "諸人嘗要阮光祿共詣林公, 阮曰; '欲聞其言, 惡見其面.'" 此則林公之形, 信當醜異.

━━━━ • 14 : 32 [0751]

사인조謝仁祖[謝尙]에게 비교하는 것을 그다지 명예롭지 못하다고 생각하는 어떤 사람이 있었는데,① 환대사마桓大司馬[桓溫]가 말했다.

"그대들은 함부로 평하지 말게. 사인조가 북쪽 창 아래에서 발돋움하고 비파를 타면, 진실로 천계天界의 선인仙人과 같은 상념에 잠기네."①

① ▫『진양추晉陽秋』: 사상謝尙은 음악에 뛰어났다.②
▫『배자裴子』: 왕승상王丞相[王導]이 일찍이 말했다.
"사견석謝堅石[謝尙]이 침상에 걸터앉아 다리를 내리고③ 무릎 위에 비파를 뉘면 천계의 상념에 잠긴다."
▫견석은 사상의 어릴 적 이름이다.

[역주]┄┄┄┄┄┄┄┄┄┄┄┄

① 謝仁祖[謝尙]에게~있었는데 : 원문은 "或以方謝仁祖不乃重者". 楊勇은 盧文弨의 說을 인용하여 '方'을 '謗'의 뜻으로 보았는데, 이 경우는 "사인조를 폄하하여 그다지 중시하지 않는 어떤 사람이 있었는데"로 해석됨. 한편 徐震堮은 이 구절의 앞뒤에 闕文이 있을 것이라고 추정함.
② 謝尙은 음악에 뛰어났다 : 『藝文類聚』권44에 인용된 『俗說』에서 "謝仁祖爲豫州主簿, 在桓溫閣下. 桓聞其善彈箏, 便呼之. 旣至, 取箏令彈, 謝卽理絃撫箏, 因歌「秋風」, 意氣甚遒. 桓大以此知之."라고 함.
③ 다리를 내리고 : 원문은 "垂脚". 침상 따위에 걸터앉아 다리를 땅에 대고 있는 것을 말함.

[참고]『藝文類聚』44,『北堂書鈔』110,『初學記』16,『白氏六帖』18.

或以方謝仁祖不乃重者, 桓大司馬曰; "諸君莫輕道. 仁祖企脚北窗下彈琵琶, 故自有天際眞人想." ①

① ▫ 『晉陽秋』曰; 尙善音樂.
　▫ 『裴子』云 : 丞相嘗曰; "堅石挈脚枕琵琶, 有天際想."
　▫ 堅石, 尙小名.

──────── • 14 : 33 [0752]

왕장사王長史[王濛]가 중서랑中書郞으로 있을 때 왕경화王敬和[王洽]의 집을 찾아갔다.① 그때 눈이 쌓여 있어서 왕장사는 문밖에서부터 수레에서 내려 상서부尙書府로 걸어 들어갔는데 관복을 입고 있었다.①
왕경화가 멀리서 그를 바라보며 찬탄했다.
　"저 사람은 더 이상 인간세상의 사람이 아닌 것 같구나!"

① ▫ 왕경화는 왕흡王洽이다. 이미 나왔다.②

[역주]························
① 尙書府로~있었다 : 원문은 "步入尙書, 著公服." 宋本에는 "步入尙書省"이라 되어 있음.
② 이미 나왔다 : 「賞譽」114 劉注②에 나왔음.

王長史爲中書郞, 往敬和許.① 爾時積雪, 長史從門外下車, 步入尙書, 著公服. 敬和遙望, 歎曰; "此不復似世中人!"

① ▫ 敬和, 王洽. 已見.

──────── • 14 : 34 [0753]

간문제簡文帝[司馬昱]가 상왕相王①으로 있을 때, 사공謝公[謝安]과 함께 환선무桓宣武[桓溫]를 찾아갔다. 왕순王珣이 먼저 와서 안에 있었는데, 환선무가 왕순에게 말했다.
　"그대는 일찍이 상왕을 보고 싶어 했으니 휘장 안에 들어가 살펴보고 있으면 될 걸세."

두 손님이 돌아간 뒤에 환선무가 왕순에게 말했다.

"정작 어떠하던가?"

왕순이 말했다.

"상왕은 재상으로서 본디 신군神君처럼 청정하고,① 공公[桓溫] 또한 만인의 존망을 받고 있습니다. 그렇지 않다면 사복야謝僕射[謝安]가 어떻게 스스로 공에게 머리를 숙일 수 있겠습니까?"②

① ▫『속진양추續晉陽秋』: 간문제는 풍모가 미려하고 행동거지가 단아했다.③
② ▫ 사복야는 사안謝安이다.

[역주]

① 相王: 왕의 신분으로서 재상을 겸직한 사람. 『晉書』 권9 「簡文帝紀」에 따르면, 簡文帝는 太和 원년(366)에 會稽王의 신분으로 승상이 되었음.
② 스스로 머리를 숙일 수 있겠습니까: 원문은 "自沒". 『晉書』 권79 「謝安傳」에 따르면, 謝安은 여러 번 관직에 招徵되었으나 응하지 않다가 40세가 넘어 동생 謝萬이 관직에서 물러난 이후에 처음으로 벼슬에 뜻을 두어 桓溫의 司馬가 되었음.
③ 단아했다: 원문은 "端詳". 용모나 태도가 단정하고 치밀한 것을 말함. 宋本에는 "安詳"이라 되어 있음.

簡文作相王時, 與謝公共詣桓宣武. 王珣先在內, 桓語王; "卿嘗欲見相王, 可住帳裏." 二客旣去, 桓謂王曰; "定何如?" 王曰; "相王作輔, 自然湛若神君,① 公亦萬夫之望. 不然, 僕射何得自沒?"②

① ▫『續晉陽秋』曰; 帝美風姿, 擧止端詳.
② ▫ 僕射, 謝安.

• 14 : 35 [0754]

해서공海西公[司馬奕]①이 아직 제위에 있을 때, 제공諸公들이 매일 조회에 참석하면 조당朝堂이 여전히 어두웠는데, 오직 회계왕會稽王[司馬昱]이 도착하면 마치 아침노을이 떠오르는 것처럼 환해졌다.②

[역주]

① 海西公[司馬奕]: 太和 6년(371)에 당시 권력을 잡고 있던 桓溫이 司馬奕의 제위

를 폐하여 海西公으로 강등시키고 대신 會稽王[簡文帝 司馬昱]을 옹립했음.
② 환해졌다 : 원문은 "軒軒". 풍모와 기상이 드높아 다른 사람을 압도하는 모양.
[참고] 『蒙求原注』1, 『太平御覽』389.

海西時, 諸公每朝, 朝堂猶暗, 唯會稽王來, 軒軒如朝霞擧.

• 14 : 36 [0755]

사거기謝車騎[謝玄]가 사공謝公[謝安]을 평했다.

"한가하게 노닐 때에는 그다지 큰 소리로 노래하지 않지만, 차분히 앉아 코를 잡고① 노래하며 주위를 둘러보면 곧장 저절로 산수山水에서 기거하는 자태가 생겨난다."

[역주]
① 코를 잡고 : 원문은 "捻鼻". 탁한 鼻音으로 노래하는 '洛生詠', 즉 '洛下書生詠'을 말함. 謝安은 이 창법에 특히 뛰어났다고 함. 「雅量」29 劉注②에 인용된 宋 明帝의 『文章志』와 [역주]① 참조.

謝車騎道謝公; "遊肆復無乃高唱, 但恭坐捻鼻顧睞, 便自有寢處山澤閒儀."

• 14 : 37 [0756]

사공謝公[謝安]이 말했다.

"임공林公[支遁]의 두 눈을 보면 새카만 눈동자 속에서 빛이 난다."
손홍공孫興公[孫綽]이 임공을 보고① 평했다.
"매서움 속에서② 그 기상이 드러난다."

[역주]
① 孫興公[孫綽]이 임공을 보고 : 원문은 "孫興公見林公". 楊勇은 '見'이 '目'[품평하다]과 같은 뜻이라고 했으며, 余嘉錫은 李慈銘의 說을 인용하여 이 구절 다음에 '亦云' 2글자가 빠졌다고 함.
② 매서움 속에서 : 원문은 "稜稜". 근엄하고 위엄 있는 모양.

謝公云; "見林公雙眼, 黯黯明黑." 孫興公見林公; "稜稜露其爽."

• 14 : 38 [0757]

유장인庾長仁[庾統]이 동생들과 함께 오吳지방으로 들어가는 길에 역정驛亭①에서 숙박하려 했다. 동생들이 먼저 가보았더니 상민常民들이 방에 가득 차 있었는데, 도무지 서로 비켜줄 생각이 없었다. 유장인이 말했다.

"내가 한번 가보아야겠다."

그러고는 지팡이를 짚은 채 한 아이를 데리고 문으로 막 들어서자, 투숙객들이 그의 기상과 풍모를 보고 일시에 물러나 숨었다.①
①。유장인은 이미 나왔다.② 일설에는 유량庾亮의 고사라고도 한다.③

[역주]
① 驛亭 : 여행객들을 위하여 일정한 거리의 驛站에 설치한 공공 숙박시설.
② 이미 나왔다 :「賞譽」89 劉注①에 나왔음.
③ 庾亮의 고사라고도 한다 : 사실상 庾統에게는 형이나 동생이 없었지만 그의 백부인 庾亮에게는 懌・冰・條・翼의 동생이 있었으므로, 이 說이 보다 타당하다고 생각함.

庾長仁與諸弟入吳, 欲住亭中宿. 諸弟先上, 見羣小滿屋, 都無相避意. 長仁曰; "我試觀之." 乃策杖將一小兒, 始入門, 諸客望其神姿, 一時退匿.①
①。長仁, 已見. 一說是庾亮.

• 14 : 39 [0758]

왕공王恭의 훌륭한 용모에 감탄한 어떤 사람이 말했다.

"봄날의 버들처럼 맑고 곱다!"①

[역주]
① 맑고 곱다 : 원문은 "濯濯". 깨끗하고 윤기가 돌아서 빛이 나는 모양.
[참고]『藝文類聚』89.

有人歎王恭形茂者, 云; "濯濯如春月柳!"

제15편

자 신
自 新
Self-renewal

본편은 『세상의 참신한 이야기, 세설신어』의 15번째 편으로 총 2조가 실려 있다.

'자신'은 자신의 과오를 스스로 고쳐서 새로워진다는 뜻이다. 지난날의 잘못을 진심으로 반성하고 새롭게 태어나 훌륭한 인물이 된다는 이야기는 예나 지금이나 교훈적인 미담으로 여겨진다.

본편은 단 2조만 실려 있지만 다른 어떤 편의 고사보다도 인구에 널리 회자되고 있다. 특히 주처周處의 고사는 도덕적인 측면에서뿐만 아니라 문학적으로도 고사성이 뛰어나 후대의 여러 희곡작품으로 개편되어 그 영향이 지대하다.

• 15 : 1 [0759]

주처周處는 젊었을 때 성질이 매우 난폭하고 협객의 기질이 있어서 마을사람들의 근심거리가 되었다.① 또한 의흥義興의 강 속에는 교룡蛟龍①이 있었고 산속에는 배회하는[遺跡]② 호랑이②가 있어서 모두 백성들에게 큰 해를 끼쳤다. 의흥 사람들은 이를 '삼횡三橫'③이라 불렀는데 그 중에서 주처가 가장 심했다.

어떤 사람이 주처에게 호랑이를 죽이고 교룡을 목 베어보라고 부추겼는데, 사실은 '삼횡' 중에서 그 하나만 남았으면 하는 바람에서 한 말이었다. 주처는 즉시 호랑이를 찔러죽이고 다시 물로 들어가 교룡과 싸웠다. 교룡이 떴다 가라앉았다 하면서 수십 리를 갔는데 주처도 교룡과 함께 맞붙어 3일 밤낮을 경과했다. 마을에서는 모두들 주처가 이미 죽었다고 생각하여 서로 축하했다.

주처는 마침내 교룡을 죽이고 나와 마을사람들이 서로 축하하는 소리를 듣고 비로소 자기가 사람들의 근심거리였다는 것을 알게 되어 스스로 잘못을 고치려는 뜻을 품었다.③ 그래서 오吳나라로 들어가④ 이륙二陸[陸機·陸雲]을 찾아갔다.⑤ 육평원陸平原[陸機]이 집에 없어서 곧 육청하陸淸河[陸雲]를 만나 사정을 갖추어 고하고 덧붙여 말했다.

"스스로 잘못을 고치려고 하나 나이가 이미 많이 들어서⑥ 결국 이룰 바가 없을 듯합니다."

육청하가 말했다.

"옛 사람은 '아침에 도를 깨달으면 저녁에 죽어도 좋다'⑦는 말을 귀히 여겼소. 하물며 그대는 앞길이 아직도 창창한 사람이오. 또한 사람은 뜻을 세우지 못함을 근심할 뿐이니 어찌 훌륭한 명성을 드날리지 못함을 걱정하리오?"

주처는 마침내 스스로 잘못을 고치고 열심히 노력하여 결국에는

충신효자가 되었다.④

① ▫『주처별전周處別傳』: 주처는 자가 자은子隱이며 오군吳郡⑧ 양선陽羨사람이다. 부친 주방周魴은 오吳나라의 파양태수鄱陽太守였다. 주처는 어려서 부친을 여의었으며, 세세한 예의범절 따위는 지키지 않았다.
　▫『진양추晉陽秋』: 주처는 경거망동하고 품행이 좋지 않아서 주군州郡에서 내놓은 사람이었다.
② ▫ 어떤 판본에는 "흰 이마白額"라 되어 있다.
③ ▫『공씨지괴孔氏志怪』: 의흥에는 발이 갈고리 같은 호랑이⑨가 있었고 계저溪渚의 장교長橋에는 푸른 교룡이 있었는데, 모두 닥치는 대로 사람을 잡아먹었다. 성곽 서쪽에 살고 있던 주씨周氏와 합하여 당시 군郡에서는 이들을 '삼해三害'라고 불렀다.
　▫ 주씨는 바로 주처다.
④ ▫『진양추』: 주처는 진晉나라에서 벼슬하여 어사중승御史中丞이 되었는데 많은 관리들을 탄핵했다. 저족氐族 제만년齊萬年이 반란을 일으키자,⑩ 조정에서는 곧 주처에게 제만년을 막으라고 명했다. 복파장군伏波將軍 손수孫秀가 주처의 모친이 연로하여 주처가 출전하는 것은 불가하다는 표문을 올리려고 했더니 주처가 말했다.
　"충과 효의 도를 어찌 둘 다 온전하게 이룰 수 있겠소?"
　그래서 싸움에 나아가 적의 머리를 만 급級이나 베었으나, 활시위가 끊어지고 화살이 바닥나고 말았다. 좌우에서 퇴각하라고 권했으나 주처는 말했다.
　"오늘은 내가 목숨을 바치는 날이다!"
　그러고는 마침내 싸우다가 죽었다.

[역주]··
① 蛟龍: 용과 비슷하고 뿔이 없으며 홍수를 일으킨다고 하는 전설상의 짐승. 여기서는 악어와 같은 사나운 물고기를 말함.
② 배회하는遭跡 호랑이: '遭'은 '轉'의 뜻. 이리저리 배회하는 호랑이. 즉 종적이 묘연하여 잡기 어려운 호랑이를 말함. 또는 사람의 발자국을 잘 추적하는 호랑이라고도 함.
③ 三橫: '三害'와 같은 뜻으로, 세 가지 해로운 것을 말함.
④ 吳나라로 들어가: 원문은 "自吳". 宋本에는 "入吳"라 되어 있는데, 문맥상 타당

하여 이것에 따라 번역함.
⑤ 二陸(陸機・陸雲)을 찾아갔다 : 周處는 西晉 惠帝 元康 7년(297)에 62세로 죽었으므로 그 출생년은 吳 大帝 赤烏 원년(238)이며, 陸機는 惠帝 太安 2년(303)에 43세로 죽었으므로 그 출생년은 吳 景帝 永安 5년(262)임. 陸雲은 陸機보다 1년 뒤에 태어나 같은 해(303)에 죽었음. 따라서 周處와 陸機 형제의 출생차이는 24~25년이나 되므로, 周處가 20세였을 때 陸機 형제는 아직 태어나지도 않았으며 周處가 40세였을 때라 해도 陸機 형제는 겨우 14~15세에 불과했음. 이러한 연령 차이를 감안해 보면 이 고사는 사실이 아닐 가능성이 높음.『晉』 권58「周處傳」, 같은 책 권54「陸機・陸雲傳」, 勞格의『讀書雜識』「晉書校勘記」등 참조.
⑥ 많이 들어서 : 원문은 "蹉跎". 세월을 헛되이 보내 시기를 놓쳤다는 뜻.
⑦ 아침에~좋다 : 원문은 "朝聞夕死".『論語』「里仁」에 "朝聞道, 夕死可矣."라는 구절이 있음.
⑧ 吳郡 :『晉書』 권58「周處傳」에는 "義興"이라 되어 있음.
⑨ 발이 갈고리 같은 호랑이 : 원문은 "邪足虎". 발이 갈고리처럼 날카로운 호랑이. 한편 楊勇의『世說新語校牋』에서는『志怪』를 인용하여 "邪足虎, 遭行不進貌"라고 함.
⑩ 氐族 齊萬年이 반란을 일으키자 : '氐'는 티베트계의 민족. 惠帝 元康 7년(297)에 齊萬年이 陝西 지방에서 반란을 일으키자, 建威將軍 周處와 振威將軍 盧播가 진압에 나섰는데, 周處가 어사중승으로 있을 때 그에게 탄핵당한 것에 원한을 품고 있던 총사령관 梁王 司馬彤이 周處에게 병사 5천을 이끌고 선봉에 나서게 하여, 결국 周處는 六陌[지금의 陝西省 乾縣]에서 전사함.

[참고]『晉書』58,『藝文類聚』96,『太平御覽』386,『事文類聚』後33.

周處年少時, 兇彊俠氣, 爲鄕里所患.① 又義興水中有蛟, 山中有遭跡②虎, 竝皆暴犯百姓. 義興人謂爲'三橫', 而處尤劇. 或說處殺虎斬蛟, 實冀'三橫'唯餘其一. 處卽刺殺虎, 又入水擊蛟. 蛟或浮或沒, 行數十里, 處與之俱, 經三日三夜. 鄕里皆謂已死, 更相慶. 竟殺蛟而出, 聞里人相慶, 始知爲人情所患, 有自改意.③ 乃自吳尋二陸, 平原不在, 正見淸河, 具以情告, 竝云; "欲自修改, 而年已蹉跎, 終無所成." 淸河曰; "古人貴'朝聞夕死'. 況君前途尙可. 且人患志之不立, 亦何憂令名不彰邪?" 處遂改勵, 終爲忠臣孝子.④
① °『處別傳』曰; 處, 字子隱, 吳郡陽羨人. 父魴, 吳郡陽太守. 處少孤, 不治細行.
  °『晉陽秋』曰; 處輕果薄行, 州郡所棄.
② 一作"白額".
③ °『孔氏志怪』曰; 義興有邪足虎, 溪渚長橋有蒼蛟, 竝大噉人, 郭西周, 時謂郡中三害.

⊡ 周卽處也.
④ 『晉陽秋』曰; 處仕晉, 爲御史中丞, 多所彈糾. 氐人齊萬年反, 乃令處距萬年. 伏波孫秀欲表處母老, 處曰; "忠孝之道, 何當得兩全?" 乃進戰, 斬首萬計, 弦絶矢盡. 左右勸退, 處曰; "此是吾授命之日!" 遂戰而沒.

• 15 : 2 [0760]

대연戴淵은 젊었을 때 협사俠士로 떠돌면서 품행을 단속하지 않았으며, 늘 장강과 회수淮水 사이에서 상인과 여행객들을 습격하여 약탈했다. 육기陸機가 휴가를 마치고 낙양으로 돌아가는 길에 짐①이 매우 많았는데, 대연이 젊은이들을 시켜 약탈하도록 했다. 대연은 강 언덕 위에서 접이의자②에 걸터앉아 좌우사람들을 지휘했는데 그 방법이 모두 적절했다. 대연은 풍채가 예리하게 뛰어나③ 비록 하찮은 일을 처리하면서도 그 기백이 자못 남달랐다. 육기가 배 지붕 위에서 멀리 그에게 말했다.

"그대는 재주가 이와 같은데도 강도짓을 하는가?"

그랬더니 대연이 곧장 눈물을 흘리며 칼을 던지고 육기에게 귀순했는데, 하소연하는 말이 매우 격정적이었다.④ 육기는 더욱 그를 중시하여 교제를 맺은 뒤에 문장을 지어 그를 추천했다.⊡ 대연은 강남으로 건너간 뒤에 벼슬이 정서장군征西將軍에 이르렀다.

⊡ ◦ 우예虞預의 『진서晉書』: 육기가 조왕趙王 사마륜司馬倫에게 대연을 추천하며 말했다.

"대개 듣자오니 번약繁弱의 활도 수레에 오른⑤ 연후에야 높은 성벽의 공⑥이 드러나며, 하나의 대나무도 다른 대나무와 함께 배열된⑦ 연후에야 신을 강림케 하는 곡을 이룰 수 있다 합니다. 삼가 살펴보건대 처사 대연은 지조를 연마하고 품행을 세워 맑은 우물⑧의 깨끗함이 있으며, 빈궁함에 편안하고 지조를 즐겨 속진을 연모함이 없습니다. 진실로 동남지방의 숨겨진 보물이며 조정의 귀한 옥돌입니다.⑨ 만약 사통팔달의 대로⑩에 몸을 기탁한다면 반드시 준마[11]와 함께 길을 갈 수 있을 것이며, 조정에서 본질을 빛낸다면 반드시 보옥[12]과 함께 광채를 드리울 수 있을 것입니다. 대저 메마른 언덕에 사는 사람은 주옥을 옮기는 데 과감하고 윤택한 산에 사는 사람은 보옥을 바치는 데 적극적입니다.[13] 대개 명암이 드러나게 되면 보통 식견을 지닌 사람도 분간할 수 있습니다."

그러자 사마륜이 즉시 대연을 초징했다.

[역주]

① 짐 : 원문은 "輜重". 여행자가 수레에 실어 운반하는 무거운 짐.
② 접이의자 : 원문은 "胡牀". 「容止」24 [역주]⑤ 참조.
③ 예리하게 뛰어나 : 원문은 "峯穎". 『太平御覽』 권409에 인용된 『世說』에는 "鋒穎"이라 되어 있는데 문맥상 보다 타당함.
④ 하소연하는 말이 매우 격정적이었다 : 원문은 "辭厲非常". 『太平御覽』 권409에 인용된 『世說』에는 "辭屬非常"이라 되어 있음.
⑤ 繁弱의 활도 수레에 오른 : 원문은 "繁弱登御". '繁弱'은 '蕃弱'이라고도 하며, 夏后氏가 사용했다고 전해지는 名弓. '御'는 수레. 『荀子』 「性惡」에서 "繁弱鉅黍, 古之良弓也."라 함.
⑥ 높은 성벽의 공 : 원문은 "高墉之功". 『周易』 「解卦」에 "公用以射隼于高墉之上, 獲之, 無不利."라는 구절이 있음.
⑦ 하나의 대나무도 배열된 : 원문은 "孤竹在肆". 『周禮』 「大司樂」의 鄭注에서 "孤竹, 竹特生者."라고 함. '肆'는 '列'의 뜻. 여러 개의 대나무를 배열하여 笙이나 竽 따위의 관악기를 만드는 것을 말함.
⑧ 맑은 우물 : 원문은 "井渫". 우물 밑을 쳐낸다는 뜻으로 청결함을 비유함. 『周易』 「井卦」에 "井渫不食"이란 구절이 있음. '우물을 쳐내도 마시지 못한다'는 말은 청결하게 修身하고 재능이 있어도 세상에 쓰이지 못함을 비유함.
⑨ 조정의 귀한 옥돌입니다 : 원문은 "朝廷之貴璞也". 『晉書』 권69 「戴若思傳」에는 "宰朝之奇璞也"라 되어 있음.
⑩ 사통팔달의 대로 : 원문은 "康衢". '康'은 五方, '衢'는 四方으로 통하는 大路.
⑪ 준마 : 원문은 "驥騄". 모두 명마의 이름. '驥'는 千里馬, '騄'은 '騄駬'로 周 穆王의 八駿馬 가운데 하나.
⑫ 보옥 : 원문은 "瑜璠". 모두 寶玉의 이름. '瑜'는 美玉, '璠'은 璠璵의 美玉.
⑬ 메마른~ 적극적입니다 : 원문은 "枯岸之民, 果於輸珠, 潤山之客, 烈於貢玉." 『大戴禮記』 권8 「勸學篇」의 "玉居山而木能潤, 淵生珠而岸不枯."라는 구절에 근거함. 즉 陸機가 주옥과 같이 훌륭한 戴淵을 자신 있게 추천한다는 뜻.

[참고] 『晉書』69, 『蒙求原注』下, 『太平御覽』409.

戴淵少時, 遊俠不治行檢, 嘗在江·淮間攻掠商旅. 陸機赴假還洛, 輜重甚盛, 淵使少年掠劫. 淵在岸上, 據胡牀, 指麾左右, 皆得其宜. 淵旣神姿峯穎, 雖處鄙事, 神氣猶異. 機於船屋上遙謂之曰; "卿才如此, 亦復作劫邪?" 淵便泣涕, 投劍歸機, 辭厲非常. 機彌重之, 定交, 作箋薦焉.[1] 過江, 仕至征西將軍.

[1]・虞預『晉書』曰; 機薦淵於趙王倫曰; "蓋聞繁弱登御, 然後高埔之功顯, 孤竹在肆, 然後降神之曲成. 伏見處士戴淵, 砥節立行, 有井渫之潔, 安窮樂志, 無風塵之慕. 誠東南之遺寶, 朝廷之貴璞也. 若得寄跡康衢, 必能結軌驥騄, 耀質廊廟, 必能垂光瑜瑤. 夫枯岸之民, 果於輸珠, 潤山之客, 烈於貢玉. 蓋明暗呈形, 則庸識所甄也." 倫卽辟淵.

제16편

기 선
企 羨

Admiration and Emulation

본편은 『세상의 참신한 이야기, 세설신어』의 16번째 편으로 총 6조가 실려 있다.

'기선'은 바라고 부러워하다, 즉 선망羨望하다는 뜻이다. 어떤 인물, 어떤 일을 선망하느냐를 살펴보면 선망자의 이상과 추구를 알 수 있다. 위진魏晉의 인사들이 가장 선망했던 것은 인물의 출중한 재능과 호방하고 활달한 기풍과 준수한 풍모였는데, 본편에 그러한 면면이 잘 묘사되어 있다.

• 16 : 1 [0761]

 왕승상王丞相[王導]이 사공司空에 임명되었을 때, 환정위桓廷尉[桓彝]가 두 갈래로 머리를 묶고① 갈포葛布 하의②에 지팡이를 짚은 채 길 가에서 그를 훔쳐보며 감탄했다.
 "사람들이 아룡阿龍[王導]③을 뛰어나다고 하더니 아룡은 정말 뛰어나구나!"☐
 이렇게 감탄하면서 따라가다가 자기도 모르게 대문臺門④에 이르렀다.

 ☐ ▫ 아룡은 왕승상의 어릴 적 자다.

[역주]……………

① 두 갈래로 머리를 묶고 : 원문은 "作兩髻". '髻'는 머리를 묶어 틀어 올린 것을 말함.
② 葛布 하의 : 원문은 "葛帬". 칡베로 만든 치마와 비슷한 하의. '帬'은 '裙'과 같음. 남의 눈에 띄지 않도록 평민처럼 차려입은 것임.
③ 阿龍[王導] : 『太平御覽』 권394에 인용된 『郭子』 注에는 "導小名赤龍"이라 되어 있음.
④ 臺門 : 御史臺의 문. 司空은 御史臺의 장관임.

王丞相拜司空, 桓廷尉作兩髻, 葛帬策杖, 路邊窺之, 歎曰; "人言阿龍超, 阿龍故自超!"☐ 不覺至臺門.
☐ ▫ 阿龍, 丞相小字.

• 16 : 2 [0762]

 왕승상王丞相[王導]이 강남으로 건너온 뒤에 스스로 말했다.
 "예전에 낙수洛水 가에서 배성공裴成公[裴頠]과 완천리阮千里[阮瞻] 등 여러 명현들과 함께 자주 도를 논했었지."①
 그 말을 듣고 양만羊曼이 말했다.

"사람들이 이전부터 그 일로 그대를 인정하고 있는데 어찌 다시 그것을 언급할 필요가 있겠소?"

왕승상이 말했다.

"물론 나도 그 일을 언급할 필요가 있다고 말하는 것이 아니라 다만 그때처럼 하고 싶어도 그럴 수 없다는 것일 뿐이오!"①

① ▫ "하고 싶어도[欲]"는 어떤 판본에는 "탄식한다[歎]"라 되어 있다.②

[역주]······················

① 도를 논했었지 : 원문은 "談道". 즉 淸談을 말함. 西晉 때 裴頠와 阮瞻은 王衍·王戎·樂廣 등과 함께 談論에 뛰어난 명사들이었음.
② "탄식한다[歎]"라 되어 있다 : 이 설에 따르면, 이 구절은 "다만 다시는 그때로 돌아갈 수 없음을 탄식할 뿐이오."라고 해석됨.

王丞相過江, 自說; "昔在洛水邊, 數與裴成公·阮千里諸賢共談道." 羊曼曰; "人久以此許卿, 何須復爾?" 王曰; "亦不言我須此, 但欲爾時不可得耳!"①

① ▫ "欲"一作"歎".

• 16 : 3 [0763]

왕우군王右軍[王羲之]은 사람들이 자신의 「난정집서蘭亭集序」①를 「금곡시서金谷詩序」②와 비교하고 또한 자신을 석숭石崇에게 견주자 매우 기쁜 기색을 띠었다.①

① ▫ 왕희지王羲之의 「임하서臨河敍」③ : 영화永和 9년(353) 계축癸丑 해④ 늦봄 초⑤에 회계군會稽郡 산음현山陰縣의 난정에서 모여 계제사禊祭事⑥를 행했다. 여러 명현들이 다 이르고 젊은이와 어른들이 함께 모였다. 이곳엔 높은 산과 험준한 고개와 무성한 숲과 긴 대나무가 있고, 또 맑은 냇물과 급한 여울물이 좌우로 감돌며 비쳤다. 그 물을 끌어서 굽이진 물길에 술잔을 띄우고⑦ 차례대로 줄지어 앉았다. 이날은 하늘이 맑고 대기가 쾌청하며 봄바람⑧이 화창하여 눈을 즐겁게 하고 생각을 치달리게 하니 진실로 즐길 만했다. 비록 관현악기의 성대함은 없지만 한 잔 술에 한 수 읊조리니 또한 그윽한 마

음을 활짝 펼치기에 충분했다. 그래서 이 때 모인 사람들을 차례대로 기록하고 그 술회한 바를 기록했다. 우장군사마右將軍司馬인 태원太原의 손승공孫承公[孫統][9] 등 26인은 왼쪽과 같이 시를 지었고, 전 여요령餘姚令인 회계의 사승謝勝 등 15인은 시를 지을 수 없어서 각자 3말씩 벌주를 마셨다.

[역주]··················

① 「蘭亭集序」: 東晉 穆帝 永和 9년(353)에 會稽의 蘭亭에서 曲水宴을 벌이면서 지은 詩集에 王羲之가 쓴 序文.
② 「金谷詩序」: 西晉 때 石崇의 별장인 金谷園에서 잔치를 벌이면서 지은 詩集에 石崇이 쓴 序文. 「品藻」57 劉注① 참조.
③ 「臨河敍」: 「蘭亭集序」의 별칭. 이밖에도 「臨禊序」[晉代], 「臨河序」[梁代], 「蘭亭詩」·「蘭亭記」[唐代], 「修禊序」[歐陽修], 「曲水序」[蔡君謨], 「蘭亭文」[蘇軾], 「禊飮序」[黃庭堅] 등 시대마다 별칭이 많음. 인용된 「臨河序」는 節錄한 것임.
④ 癸丑 해 : 원문은 "歲在癸丑". 歲星이 癸丑의 방향에 있는 것을 말함. 太歲, 즉 그 해의 干支로 보면 계축의 해라는 뜻.
⑤ 늦봄 초 : 원문은 "暮春之初". 음력 3월 초사흘. 즉 삼월 삼짇날을 말함.
⑥ 禊祭事 : 삼월 삼짇날 흐르는 냇물에서 몸을 깨끗이 씻고 천지신명에게 빌어 재앙을 없애고 복을 구하는 행사.
⑦ 굽이진 물길에 술잔을 띄우고 : 원문은 "流觴曲水". '曲水'는 이리저리 꺾이고 구부러진 시냇물. 음력 삼월 삼짇날 曲水에 술잔을 띄우고서 그 술잔이 자기 앞에 되돌아오는 동안에 시를 짓고 술을 마시는데, 시를 짓지 못할 경우에는 罰酒를 마셔야 함.
⑧ 봄바람 : 원문은 "惠風". 춘풍을 말함. 봄바람은 만물을 길러주는 은혜로운 바람이라 하여 그렇게 부름.
⑨ 孫丞公[孫統] : 宋本에는 "孫公"이라 되어 있으며, 『晉書』 권56 「孫統傳」에는 "統字承公"이라 되어 있음.

[참고] 『晉書』80.

王右軍得人以「蘭亭集序」方「金谷詩序」, 又以己敵石崇, 甚有欣色.①

①。王羲之「臨河敍」曰: 永和九年, 歲在癸丑, 暮春之初, 會于會稽山陰之蘭亭, 修禊事也. 羣賢畢至, 少長咸集. 此地有崇山峻嶺, 茂林修竹, 又有清流激湍, 映帶左右. 引以爲流觴曲水, 列坐其次. 是日也, 天朗氣淸, 惠風和暢, 娛目騁懷, 信可樂也. 雖無絲竹管絃之盛, 一觴一詠, 亦足以暢敍幽情矣. 故列序時人, 錄其所述. 右將軍司馬太原孫丞公等二十六人, 賦詩如左, 前餘姚令會稽謝勝等十五人, 不能賦詩, 罰酒各三斗.

• 16 : 4 [0764]

왕사주王司州[王胡之]가 먼저 유공庾公[庾亮]의 기실참군記室參軍이 되었는데, 나중에 유공은 또 은호殷浩를 장사長史로 삼았다. 은호가 막 도착했을 때, 유공이 왕사주를 사자로 파견하여 도성[健康]으로 내려가게 하려 했더니, 왕사주가 머물기를 청하면서 스스로 아뢰었다.

"하관은 성덕盛德을 지닌 인물을 만나본 적이 드문데, 은연원殷淵源[殷浩]이 막 도착했으니 그와 함께 며칠만이라도 가까이 지냈으면① 하는 마음이 간절합니다."

[역주]
① 가까이 지냈으면 : 원문은 "周旋". 친밀하게 교제하는 것을 말함.

王司州先爲庾公記室參軍, 後取殷浩爲長史. 始到, 庾公欲遣王使下都, 王自啓求住曰; "下官希見盛德, 淵源始至, 猶貪與少日周旋."

• 16 : 5 [0765]

치가빈郗嘉賓[郗超]은 사람들이 자기를 부견符堅①과 비교하자 크게 기뻐했다.

[역주]
① 符堅 : '苻堅'이라고도 씀. 5胡16國 가운데 하나인 前秦의 宣陽帝. 晉나라의 입장에서 보면 적국의 왕이지만, 5胡의 諸國에서는 유교를 받들어 德治政治를 펼친 명군으로 널리 알려져 있음. 본문에서는 郗超가 苻堅의 어떤 점을 훌륭하게 생각했는지가 분명하지 않지만, 『晉書』 권113 「苻堅載記」의 "性至孝, 博學多才藝, 有經濟大志, 要結英豪, 以圖緯世之宜."와 "自永嘉之亂, 庠序無聞. 及堅之僭, 頗留心儒學, 王猛整齊風俗, 政理稱擧, 學校漸興. 關隴淸晏, 百姓豐樂." 등의 기록을 보면, 그 대강을 짐작할 수 있음.

郗嘉賓得人以己比符堅, 大喜.

• 16 : 6 [0766]

맹창孟昶은 아직 현달하지 못했을 때 집이 경구京口에 있었는데,① 한번은 왕공王恭이 높다란 수레를 타고 학창구鶴氅裘①를 입고 있는 것을 보았다. 그때는 눈이 약간 내렸는데 맹창이 울타리 틈으로 그를 엿보며 감탄했다.

"이 사람은 진정 신선세계의 사람이야!"

① 『진안제기晉安帝紀』: 맹창은 자가 언달彦達②이며 평창平昌사람이다. 부친 맹복孟馥은 중호군中護軍이었다. 맹창은 긍지가 대단하고 의기意氣와 기량이 있어서, 젊었을 때 왕공王恭의 인정을 받았다. 의군義軍에 참여한 공훈③으로 단양윤丹陽尹이 되었다. 노순盧循이 도성으로 공략해 내려온 뒤에④ 맹창은 사건이 해결되지 못할 것을 걱정하여 독약을 마시고 죽었다.

[역주]⋯⋯⋯⋯⋯⋯⋯⋯⋯⋯

① 鶴氅裘: 학의 날개 깃털로 만든 겉옷.
② 彦達: 『全晉文』 권141에는 "彦遠"이라 되어 있음.
③ 義軍에 참여한 공훈: 원문은 "豫義旗之勳". '義旗'는 義軍의 뜻. 『全晉文』 권141의 기록에 따르면, 安帝 元興 3년(404)에 桓玄이 제위를 찬탈하자 劉裕가 義軍을 일으켜 토벌했는데, 당시 孟昶은 劉裕의 長史로 桓玄 討伐에 참가하여 공훈을 세워 丹陽尹이 되었음.
④ 盧循이 도성으로 공략해 내려온 뒤에: 盧循은 東晉 말에 종교집단을 이끌고 반란을 일으킨 孫恩의 매부로서, 손은이 죽은 뒤 교단을 통솔하여 東晉에 대항하면서 도성 建康을 두 차례 공략함. 『晉書』 권10 「安帝紀」에 따르면, 義熙 6년(410)에 노순이 도성을 공략하여 劉毅가 이끌던 관군을 격파하자, 당시 尙書左僕射로 있던 孟昶은 불안에 떨다가 음독자살함. 노순의 반란은 나중에 劉裕에 의해 진압됨.

[참고] 『北堂書鈔』129·140·152, 『白氏六帖』4, 『太平御覽』774.

孟昶未達時, 家在京口,① 嘗見王恭乘高輿, 被鶴氅裘. 于時微雪, 昶於籬閒窺之, 歎曰; "此眞神仙中人!"

① 『晉安帝紀』曰; 昶, 字彦達, 平昌人. 父馥, 中護軍. 昶矜嚴有志局, 少爲王恭所知. 豫義旗之勳, 遷丹陽尹. 盧循旣下, 昶慮事不濟, 仰藥而死.

제17편

상 서
傷 逝

Grieving for the Departed

본편은 『세상의 참신한 이야기, 세설신어』의 17번째 편으로 총 19조가 실려 있다.

'상서'는 죽은 자를 위해서 슬퍼한다는 뜻이다. 위진시대는 인간의 독특한 가치를 중시하기 시작한 시대인 반면에, 빈번한 외족의 침입과 격렬한 왕권쟁탈로 인한 전란戰亂이 일어나고 그에 따른 재난과 역병 疫病이 심했으며 또한 유례없이 인재가 수난 당하던 시대였다. 『진서晉 書』「완적전阮籍傳」의 "위진시기에는 천하에 변고가 많아 명사 가운데 온전히 살아남은 자가 드물었다[魏晉之際, 天下多故, 名士少有全者]"는 기록을 보면, 당시의 상황을 충분히 짐작할 수 있다.

위진의 일부 인사들은 세속적이고 가식적인 장례의식을 과감히 탈피하여 독특한 애도방식을 취했는데, 영전靈前에서 금琴을 타거나 나귀 울음소리를 흉내 내는 등등이 그러한 예다. 이러한 방식은 보통사람이 볼 때는 예의에 어긋나는 괴상한 행동이지만, 예의의 굴레를 벗어나 진실한 애도의 감정을 표현하는 데에는 보다 감동적일 수 있다.

본편에는 당시 인사들의 일탈적逸脫的인 행위에 담긴 진솔한 감정표현이 잘 묘사되어 있다.

• 17 : 01 [0767]

  왕중선王仲宣[王粲]은 나귀 울음소리를 좋아했는데,① 죽어서 장례를 치를 때 문제文帝[曹丕]가 그의 장례식에 참석하여 생전에 그와 함께 교유했던 벗들①을 돌아보며 말했다.
  "왕중선은 나귀 울음소리를 좋아했으니, 각자 한 번씩 그 소리를 내서 그에게 들려주도록 합시다."
  그러자 조문객들이 모두 한 번씩 나귀 울음소리를 냈다.②

  ① · 『위지魏志』: 왕찬王粲은 자가 중선이며 산양山陽 고평高平사람이다. 증조부 왕공王龔과 부친 왕창王暢②은 모두 한漢나라의 삼공三公③이었다. 왕찬이 장안長安으로 가서 채옹蔡邕을 만났는데, 채옹이 그를 뛰어난 인물이라고 생각하여 신발을 거꾸로 신고 나가 그를 맞이하면서④ 말했다.
  "이 왕공王公의 손자는 특별한 재능을 지니고 있는데 나도 미치지 못하니, 내 집에 있는 서적을 전부 그에게 주는 것이 마땅하다."
  왕찬이 형주荊州로 피난 가서 유표劉表에게 의탁했는데, 유표는 왕찬의 풍모가 변변찮고 방달放達하다고 생각하여 그를 그다지 중시하지 않았다. 태조太祖[曹操]가 그에게 오吳나라를 정벌하는 데에 종군하도록 했는데 도중에 죽었다.⑤
  ② · 생각건대 : 대숙란戴叔鸞[戴良]⑥의 모친이 나귀 울음소리를 좋아하자, 대숙란이 매번 나귀 울음소리를 내서 모친을 기쁘게 해드렸다고 한다. 사람들이 좋아하는 바는 어쩌면 또한 같은 것인가 보다.

[역주]........................
① 함께 교유했던 벗들 : 원문은 "同遊". 王粲은 생전에 孔融·徐幹·陳琳·阮瑀·應瑒·劉楨 등과 친하게 교유했는데, 이들을 '建安七子'라고 부름.
② 부친 王暢 : 『三國志』 권21 「魏書·王粲傳」에서는 "曾祖父龔, 祖父暢, 皆漢三公. 父謙, 爲大將軍何進長史."라고 하여 王暢이 王粲의 조부라 되어 있음.
③ 漢나라의 三公 : 『三國志』 권21 「王粲傳」 注에 인용된 張璠의 『漢紀』에 따르면, 王粲의 증조부 王龔은 順帝 때 太尉를 지냈고, 조부 王暢은 靈帝 때 司空을 지냈음.
④ 신발을~맞이하면서 : 원문은 "倒屣迎之". '屣(사)'는 짚신. 너무 반가워서 신발

을 거꾸로 신을 정도로 급히 나가 맞이하는 것을 말함.
⑤ 吳나라를~죽였다 : 建安 21년(216)에 曹操가 吳나라를 정벌했는데, 다음해 봄 王粲은 도중에 병이 들어 41세로 죽었음.
⑥ 戴叔鸞[戴良] : 『後漢書』 권113 「逸民傳」에 그의 傳이 있음.

[**참고**] 『藝文類聚』95, 『白氏六帖』29, 『太平御覽』389·901.

王仲宣好驢鳴,① 旣葬, 文帝臨其喪, 顧語同遊曰; "王好驢鳴, 可各作一聲以送之." 赴客皆一作驢鳴.②

①·『魏志』曰; 王粲, 字仲宣, 山陽高平人. 曾祖龔, 父暢, 皆爲漢三公. 粲至長安見蔡邕, 邕奇, 倒屣迎之, 曰; "此王公孫, 有異才, 吾不及也, 吾家書籍, 盡當與之." 避亂荊州, 依劉表, 以粲貌寢通脫, 不甚重之. 太祖以從征吳, 道中卒.
②·按; 戴叔鸞母好驢鳴, 叔鸞每爲驢鳴以說其母. 人之所好, 儻亦同之.

------ • 17:02 [0768]

왕준충王濬冲[王戎]이 상서령尙書令으로 있을 때, 관복을 입고 초거軺車①를 타고 황공黃公의 주막酒壚② 아래를 지나가다가① 뒤 수레에 탄 사람들을 돌아보며 말했다.

"나는 지난 날 혜숙야嵇叔夜[嵇康]·완사종阮嗣宗[阮籍]과 함께 이 주막에서 즐거이 마셨으며 죽림竹林의 놀이에도 그 말석에 참여했었는데, 혜생嵇生이 요절하고 완공阮公이 죽고 난 이후엔 곧장 시무時務에 구속되었소. 오늘 이것을 보니 비록 지척에 있지만 마치 산하처럼 아득하게 느껴지는구려!"②

①·위소韋昭의 『한서漢書』 주注③ : '노로壚'는 주막이다. 흙으로 둔덕④을 만들어 사방이 높은 것이 화로처럼 생겼다.
②·『죽림칠현론竹林七賢論』 : 세간에 전하는 것은 이와 같다. 그러나 영천潁川의 유원지庾爰之가 일찍이 그의 백부 유문강庾文康[庾亮]에게 물으니 유문강이 말했다.

"서진西晉에서는 들어보지 못했는데 동진東晉에서 난데없이 이런 이야기가 있으니, 모두 호사자들이 만들어낸 것이다."

[역주]...................
① 軺車 : 말 한 필이 끄는 간편한 수레로 사방을 조망할 수 있음. 위진시대에 품계가 비교적 높은 관리가 타던 公車의 일종.
② 黃公의 주막[酒壚] : 「文學」90의 고사에는 "黃公"이 "王公"이라 되어 있음. '酒壚'는 흙을 쌓아 臺를 만들고 그 위에 술항아리를 놓아두는 곳으로 보통 '주막'이란 뜻으로 사용됨. 「文學」90 [역주]② 참조
③ 韋昭의『漢書』注 : 韋昭의 이 注는 사실상『史記』권117「司馬相如傳」의 "而令文君當鑪" 구절에 대한 集解에 인용되어 있으며,『漢書』注에는 인용되어 있지 않음. "壚"는『史記』에는 "鑪",『漢書』에는 "盧"라 되어 있음.『後漢書』권70「孔融傳」注에서는 "累土爲之, 以居酒瓮, 四邊隆起, 一面高如鍜鑪, 故名鑪, 字或作壚." 라고 함.
④ 둔덕 : 원문은 "墱". '埮(타)'의 假借字로 쌓아놓은 흙더미를 말함.
[참고]『晉書』43,『太平御覽』828,『事文類聚』續14.

王濬沖爲尙書令, 著公服, 乘軺車, 經黃公酒壚下過,① 顧謂後車客; "吾昔與嵇叔夜·阮嗣宗共酣飲於此壚, 竹林之遊, 亦預其末. 自嵇生夭, 阮公亡以來, 便爲時所羈紲. 今日視此雖近, 邈若山河!"②
①。韋昭『漢書』注曰; 壚, 酒肆也. 以土爲墱, 四邊高似壚也.
②。『竹林七賢論』曰; 俗傳若此. 潁川庚爰之嘗以問其伯文康, 文康云; "中朝所不聞, 江左忽有此論, 皆好事者爲之也."

• 17 : 03 [0769]

손자형孫子荊[孫楚]은 뛰어난 재능을 지니고 있어서 경복敬服하는 사람이 드물었지만, 오직 왕무자王武子[王濟]만은 평소에 존경했다. 왕무자가 죽었을 때 명사 가운데 조문하러 오지 않은 사람이 없었다. 손자형이 나중에 도착하여 시신 앞으로 다가가 통곡하자, 빈객 중에 눈물을 흘리지 않은 자가 없었다. 손자형은 곡을 끝내고 영구대靈柩臺를 향하여 말했다.

"그대는 늘 내가 나귀 울음소리 흉내 내는 것을 좋아했으니, 지금 내가 그대를 위해 그 소리를 흉내내어 보겠소."

그 모습이 진짜 나귀소리와 흡사하여[1] 빈객들이 모두 웃었더니, 손자형이 머리를 들고 말했다.

"당신들을 살아남게 하고 이 사람을 죽게 하다니!"[1]

[1]▫『어림語林』: 왕무자의 장례를 치를 때 손자형이 몹시 비통하게 곡을 하여 빈객 중에 눈물을 흘리지 않은 자가 없었다. 손자형이 나귀 울음소리를 흉내 냈을 때 빈객들이 모두 웃었더니, 손자형이 말했다.

"당신들은 죽지 않고 왕무자를 죽게 하다니!"

그러자 빈객들이 모두 화를 냈다.

[역주]·······················

① 그 모습이 진짜 나귀소리와 흡사하여 : 원문은 "體似眞聲". 『晉書』 권42「王濟傳」에는 "體似聲眞[모습이 흡사하고 소리가 진짜 같았다]"이라 되어 있는데, 문맥상 보다 타당하다고 여겨짐.

孫子荊以有才, 少所推服, 唯雅敬王武子. 武子喪時, 名士無不至者. 子荊後來, 臨屍慟哭, 賓客莫不垂涕. 哭畢, 向靈牀曰; "卿常好我作驢鳴, 今我爲卿作." 體似眞聲, 賓客皆笑, 孫擧頭曰; "使君輩存, 令此人死!"[1]

[1]▫『語林』曰; 王武子葬, 孫子荊哭之甚悲, 賓客莫不垂涕. 旣作驢鳴, 賓客皆笑, 孫曰; "諸君不死, 而令武子死乎!" 賓客皆怒.

———— • 17 : 04 [0770]

왕융王戎이 아들 왕만자王萬子[王綏]를 잃었을 때, 산간山簡이 그를 조문하러 갔다. 왕융이 슬픔을 이기지 못하자 산간이 말했다.

"품속의 갓난아이[1]인데 어찌하여 이렇게까지 슬퍼하시오?"

왕융이 말했다.

"성인은 정을 잊고 가장 하류의 인간은 정을 고려하지 않지만, 정이 모여 있는 곳은 바로 우리들이지요!"[1]

산간은 그 말에 감복하여 더욱 그를 위해 통곡했다.[2]

[1]▫왕은王隱의 『진서晉書』: 왕융의 아들 왕수王綏가 배둔裴遁[2]의 딸을 아내

로 맞이하려 했는데, 왕수가 일찍 죽자 왕융은 너무 애통하여 다른 사람이 그녀를 얻는 것을 허락하지 않았다. 마침내 늙도록 감히 그녀를 아내로 맞이하려는 자가 없었다.
②・일설③에는 왕이보王夷甫[王衍]가 아들을 잃었을 때 산간이 조문했다고 한다.

[역주]······················
① 품속의 갓난아이 : 원문은 "孩抱中物". 웃을 줄은 알지만 아직 품에 안고 있어야 할 정도의 어린아이를 말함. 한편 『賞譽』29 劉注⑥에 인용된 『晉諸公贊』에서는 "王綏, 字萬子, 辟太尉掾, 不就. 年十九卒."이라 하여 王綏가 19살에 죽었다고 했는데, 이것에 따르면 "孩抱中物"이란 표현은 타당하지 않음.
② 裴遁 : 『晉書』권35 「裴憲傳」과 『世說敍錄』 「人名譜・河東聞喜裴氏譜」에는 "裴盾"이라 되어 있음.
③ 일설 : 『晉書』권43 「王衍傳」에 보임.

[참고] 『晉書』43.

王戎喪兒萬子, 山簡往省之. 王悲不自勝, 簡曰; "孩抱中物, 何至於此?" 王曰; "聖人忘情, 最下不及情, 情之所鍾, 正在我輩!"① 簡服其言, 更爲之慟.②
① 王隱『晉書』曰; 戎子綏, 欲取裴遁女, 綏旣蚤亡, 戎過傷痛, 不許人求之, 遂至老無敢取者.
② 一說是王夷甫喪子, 山簡弔之.

------------------ • 17 : 05 [0771]

어떤 사람이 화장여和長輿[和嶠]를 위해 곡하며 말했다.
"천 장丈이나 높이 치솟은① 소나무가 쓰러진 것 같구나!"
[역주]······················
① 높이 치솟은 : 원문은 "峨峨". 산이 높고 험한 모양.

有人哭和長輿曰; "峨峨若千丈松崩!"

------------------ • 17 : 06 [0772]

위세마衛洗馬[衛玠]가 영가永嘉 6년(312)에 죽었는데, 사곤謝鯤이 그를 위해 곡을 하여 길가는 사람까지 감동시켰다.① 함화咸和 연간(326~334)

에 승상 왕공王公[王導]이 명을 내렸다.①

"위세마는 마땅히 이장移葬해야 한다. 이 분은 고아한 명사로서 천하 사람들이 추앙하는 바이니, 소박한 제물이나마 차려서 옛 정의情誼를 돈독히 하는 것이 옳다."②

1 『영가류인명永嘉流人名』: 위개衛玠는 영가 6년 6월 20일에 죽었으며, 남창성南昌城의 허징許徵② 묘 동쪽에 매장했다. 위개가 세상을 뜨자 사유여謝幼興[謝鯤]가 무창武昌에서 애도하며 애통함을 가누지 못했다. 어떤 사람이 물었다.

"그대는 무엇이 마음아파 이토록 슬퍼하는 것이오?"

사유여가 대답했다.

"동량棟梁③이 부러졌는데 어떻게 슬퍼하지 않을 수 있겠소?"

2 『위개별전衛玠別傳』: 위개는 함화연간에 강녕江寧으로 이장되었다. 승상 왕공이 명을 내렸다.

"위세마는 당연히 이장해야 한다. 이 분은 고아한 명사로서 천하의 인망人望을 얻었으니, 삼생三牲④의 제물을 차려 옛 정의를 돈독히 하는 것이 옳다."

[역주]

① 명을 내렸다 : 원문은 "敎". 원래는 諸侯가 내리는 命令書를 뜻했으나, 나중에는 人臣이 내리는 명령서도 '敎'라고 했음.
② 許徵 : '許徵君'의 오기로 보임. 許徵君은 後漢의 許劭를 말하는데 자는 子將이며 인물품평에 뛰어나 이름이 알려짐. 「賞譽」3 劉注 1 에 인용된 『海內先賢傳』 참조.
③ 棟梁 : 국가의 중요한 인물임을 비유함.
④ 三牲 : 牛·羊·豕 3종의 祭物.

衛洗馬以永嘉六年喪, 謝鯤哭之, 感動路人. 1 咸和中, 丞相王公敎曰; "衛洗馬當改葬. 此君風流名士, 海內所瞻, 可備薄祭, 以敦舊好."2

1 『永嘉流人名』曰: 玠以六年六月二十日亡, 葬南昌城許徵墓東. 玠之亮, 謝幼興發哀於武昌, 感慟不自勝. 人問; "子何卹而致哀如是?" 答曰; "棟梁折矣, 何得不哀?"

2 『玠別傳』曰: 玠咸和中改遷於江寧. 丞相王公敎曰; "洗馬明當改葬. 此君風流名士, 海內民望, 可備三牲之祭, 以敦舊好."

• 17 : 07 [0773]

고언선顧彦先[顧榮]은 평생 금琴을 좋아했으므로, 그가 죽었을 때 집안사람들이 항상 금을 영구대靈柩臺 위에 놓아두었다. 장계응張季鷹[張翰]이 가서 곡을 하다가 그 애통함을 가누지 못하여 마침내 곧장 영구대로 올라가 금을 탔다. 몇 곡을 끝내고 나서 금을 어루만지며 말했다.

"고언선! 여전히 이것을 감상하시겠는가?"

그러고는 다시 대성통곡했다. 결국에는 상주의 손도 잡아보지 않고 떠나버렸다.①

[역주]
① 상주의 손도 잡아보지 않고 떠나버렸다 : 亡者에게 온전한 애통함을 표하기 위하여 生者에게는 조문하지 않은 것으로 여겨지는데, 이러한 조문의 행태는 常禮는 아니지만 당시 일부 名士界에서 종종 볼 수 있었음.

[참고] 『晉書』68, 『北堂書鈔』85, 『事類賦』11, 『太平御覽』561·577·579.

顧彦先平生好琴, 及喪, 家人常以琴置靈牀上. 張季鷹往哭之, 不勝其慟, 遂徑上牀, 鼓琴. 作數曲竟, 撫琴曰; "顧彦先! 頗復賞此不?" 因又大慟, 遂不執孝子手而出.

• 17 : 08 [0774]

유량庾亮의 아들[庾會]이 소준蘇峻의 난을 만나 살해당했는데,① 제갈도명諸葛道明[諸葛恢]의 딸이 유량 아들의 부인이었다. 그녀가 과부로 있다가 장차 개가하려 할 때②1 제갈도명이 유량에게 서찰을 보내 그 일을 언급했더니, 유량이 회답했다.

"따님이 아직 젊으니 그렇게 하는 것이 마땅합니다만, 죽은 아들을 생각하니 마치 방금 죽은 것 같습니다."

1 유량의 아들 유회庾會와 유회의 부인 제갈부표諸葛父彪③는 모두 앞에서 이

미 나왔다.④

[역주]··························
① 庾亮의~살해당했는데 : 「雅量」17 劉注①에 인용된 『庾氏譜』에 따르면, 庾會는 咸和 6년(331), 19살 때 蘇峻에게 살해당했다고 함.
② 장차 개가하려 할 때 : 「方正」25에는 江彪에게 재가했다고 되어 있음.
③ 諸葛父彪 : 宋本과 袁裵本에도 모두 "父彪"라 되어 있지만, 「方正」25 劉注①에 인용된 『庾氏譜』의 "庾亮子會, 娶恢女, 名文彪"라는 기록에 따르면, '文彪'의 오기로 보임.
④ 이미 나왔다 : 庾會는 「雅量」17 劉注①, 諸葛文彪는 「方正」25 劉注①에 나왔음.

庾亮兒遭蘇峻難遇害, 諸葛道明女爲庾兒婦. 旣寡, 將改適,① 與亮書及之, 亮答曰; "賢女尙少, 故其宜也, 感念亡兒, 若在初沒."
① 亮子會, 會妻父彪, 竝已見上.

• 17 : 09 [0775]

유문강庾文康[庾亮]이 죽었을 때 하양주何揚州[何充]가 장례식에 참석하여 말했다.

"옥수玉樹를 땅속에 묻고 보니 사람의 마음이 어떻게 견딜 수 있겠는가!"①

① 『수신기搜神記』 : 처음 유량庾亮이 병들었을 때, 방사方士 대양戴洋①이 말했다.

"지난날 소준蘇峻의 사건 때 공은 백석사白石祠에서 전승에 대한 보답으로 수레에 매인 소를 제물로 바치기로② 약속하셨는데 지금까지 바치지③ 않았습니다. 이 때문에 사당의 귀신에게 핍박당한④ 것이므로 구제할 수가 없습니다."

이듬해에 유량은 과연 죽었다.

◦『영귀지靈鬼志』「요징謠徵」 : 유문강이 처음 무창武昌을 다스리기 위하여 석두성石頭城을 출발했을 때, 언덕에서 구경하던 백성들이 노래했다.

"유공庾公[庾亮]이 무창으로 올라올 때는 나는 새처럼 펄펄하더니,⑤
유공이 양주⑥로 돌아갈 때는 흰말이 상여수레⑦를 끄네."

또는 말했다.

"유공이 처음 올라올 때는 나는 갈까마귀⑧처럼 펄펄하더니, 유공이 양주로 돌아갈 때는 흰말이 상여수레를 끄네."

그 후 조정에서 그를 연달아 초징했으나 도성으로 들어가지 않다가 이윽고 죽자, 그 시체를 운반하여 도성으로 내려가⑨ 장례를 치렀다.

[역주]··························
① 戴洋 : 晉나라 長城사람으로 자는 國流며, 風角·道術·占候·卜數 등에 뛰어난 인물. 『晉書』권95 「藝術傳」에 그의 傳이 있음.
② 제물로 바치기로 : 원문은 "賽". 신이 베풀어준 은혜에 감사하여 제물을 바치고 제사 드리는 것을 말함.
③ 바치지 : 원문은 "解". 여기서는 앞에 나온 '賽'의 의미로 쓰였음.
④ 핍박당한 : 원문은 "考". '拷'와 통함.
⑤ 펄펄하더니 : 원문은 "翩翩". 동작이 경쾌하고 得意한 모양.
⑥ 양주 : 도성 建康은 당시 揚州 丹陽郡에 속해 있었음.
⑦ 상여수레 : 원문은 "旒旐". '旒(류)'는 깃대에 매지 않는 쪽의 기폭 위에 붙인 긴 오리. '旐(조)'는 거북과 뱀을 그린 폭이 넓은 검은 빛깔의 깃발. 여기서는 상여 앞에서 들고 가는 깃발을 말함.
⑧ 갈까마귀 : 원문은 "鸒". '鴉'와 같음.
⑨ 도성으로 내려가 : 晉代 사람들은 장강 상류에서 도성 建康으로 가는 것을 모두 '내려간다'고 했음.

[참고] 『晉書』73, 『北堂書鈔』92, 『太平御覽』556.

庾文康亡, 何揚州臨葬云; "埋玉樹箸土中, 使人情何能已已!"①
①・『搜神記』曰; 初, 庾亮病, 術士戴洋曰; "昔蘇峻事, 公於白石祠中許賽車下牛, 從來未解. 爲此鬼所考, 不可救也." 明年, 亮果亡.
・『靈鬼志』「謠徵」曰; 文康初鎭武昌, 出石頭, 百姓看者於岸, 歌曰; "庾公上武昌, 翩翩如飛鳥. 庾公還揚州, 白馬牽旒旐." 又曰; "庾公初上時, 翩翩如飛鸒. 庾公還揚州, 白馬牽旐車." 後連徵不入, 尋薨, 下都葬焉.

• 17 : 10 [0776]

왕장사王長史[王濛]가 병들어 위독했을 때 등잔 아래에 누워 주미麈尾①를 돌려가며 보다가 탄식했다.

"이러한 사람이 40살도 살 수 없다니!"

왕장사가 죽었을 때 유윤劉尹[劉惔]이 입관에 참석하여 무소뿔 자루가 달린 주미를 관속에 넣어주고 애통해하다가 기절했다.①

①『왕몽별전王濛別傳』: 왕몽은 영화永和연간(345~356) 초에 죽었는데 39세였다. 패국沛國의 유담劉惔은 왕몽과 매우 친밀했는데, 왕몽이 죽자 유담이 그를 깊이 애도했다. 비록 형제간의 우애②일지라도 이를 뛰어넘지 못할 정도였다.

[역주].........................
① 麈尾 :「言語」52 [역주]② 참조
② 형제간의 우애 : 원문은 "友于之愛".『書經』「君陳」에 "友于兄弟"란 구절이 있음.

王長史病篤, 寢臥鐙下, 轉麈尾視之, 歎曰; "如此人曾不得四十!" 及亡, 劉尹臨殯, 以犀柄麈尾箸柩中, 因慟絶.①

①『濛別傳』曰; 濛以永和初卒, 年三十九. 沛國劉惔與濛至交, 及卒, 惔深悼之. 雖友于之愛, 不能過也.

• 17 : 11 [0777]

지도림支道林[支遁]은 법건法虔을 잃은 뒤 정신이 쇠잔해지고① 풍취風趣도 시들해져서① 늘 사람들에게 말했다.

"옛날에 장석匠石은 영인郢人②이 죽자 도끼질을 그만두었고,② 아생牙生[伯牙]은 종자기鍾子期가 죽자 현絃을 끊어버렸다는데,③ 이제 내 자신을 헤아려 밖으로 남의 처지를 생각해보니③ 진실로 거짓이 아니오! 마음을 같이 한 친구가 이미 세상을 떴으니④ 언담을 한들 알아줄 이 없는지라 마음속이 답답함으로 쌓이고 맺혀 나는 죽을 것만 같소!"

1년 뒤에 지도림은 마침내 죽고 말았다.

①『지둔전支遁傳』: 법건은 지도림의 동학同學이다. 뛰어나게 명철하여 교리敎理에 밝았는데, 지둔이 그를 매우 존중했다.

② 『장자莊子』⑤ : 영인이 백토를 자신의 코끝에 파리 날개처럼 얇게 바르고⑥ 나서 장석에게 도끼를 휘둘러 그것을 깎게 했는데, 백토는 다 떨어졌으나 코는 상하지 않았으며 영인은 선 채로 안색조차 변하지 않았다.

③ 『한시외전韓詩外傳』⑦ : 백아伯牙가 금琴을 연주하면 종자기가 그것을 들었다. 바야흐로 금을 연주하여 그 뜻이 태산太山에 있자 종자기가 말했다.

"훌륭하도다! 금 연주여! 태산처럼 높고 크도다!"

잠시 후에⑧ 그 뜻이 흐르는 물에 있자 종자기가 말했다.

"훌륭하도다! 금 연주여! 흐르는 물처럼 차고 넘치도다!"

종자기가 죽자 백아는 금을 빠개고 현을 끊어버린 후 종신토록 다시는 그것을 연주하지 않았는데, 그렇게 한 것은 이 세상에 살아 있는 사람들 중에는 금을 연주하여 들려줄 만한 자가 없다고 생각했기 때문이다.

[역주]······················
① 쇠잔해지고 : 원문은 "賞喪". '賞(운)'은 '隕'과 같음.
② 郢人 : '郢'은 춘추전국시대 楚나라의 수도.
③ 자신을~생각해보니 : 원문은 "推己外求". 『高僧傳』 권4 「支遁傳」에는 "推己求人"이라 되어 있는데, 의미가 보다 분명함.
④ 마음을~떴으니 : 원문은 "冥契旣逝". '冥契'는 암암리에 서로의 마음을 이해해주는 친구를 말함. 『高僧傳』 권4 「支遁傳」에는 이 구절이 "寶契旣潛"이라 되어 있음.
⑤ 『莊子』 : 「徐無鬼篇」에 나오는 내용.
⑥ 바르고 : 원문은 "漫". '墁(흙손질하다)'의 假借字.
⑦ 『韓詩外傳』 : 권9에 나오는데, 현행본에는 "잠시 후에[莫景之閒]"의 구절이 없으며 나머지 부분도 문자상의 異同이 있음.
⑧ 잠시 후에 : 원문은 "莫景之閒". 잠깐 동안의 시간의 흐름을 뜻함. '저녁 무렵'으로 해석할 수도 있음.

[참고] 『高僧傳』4, 『初學記』18, 『太平御覽』409.

支道林喪法虔之後, 精神賞喪, 風味轉墜,① 常謂人曰; "昔匠石廢斤於郢人,② 牙生輟絃於鍾子,③ 推己外求, 良不虛也! 冥契旣逝, 發言莫賞, 中心蘊結, 余其亡矣!" 卻後一年, 支遂殞.

① 『支遁傳』曰; 法虔, 道林同學也. 儁朗有理義, 遁甚重之.
② 『莊子』曰; 郢人堊漫其鼻端若蠅翼, 使匠石運斤斲之, 堊盡而鼻不傷, 郢人立不失容.
③ 『韓詩外傳』曰; 伯牙鼓琴, 鍾子期聽之. 方鼓琴, 志在太山, 子期曰; "善哉乎鼓琴! 巍巍

乎若太山!" 莫景之間, 志在流水, 子期曰: "善哉乎鼓琴! 洋洋乎若流水!" 鍾子期死, 伯牙擗琴絶絃, 終身不復鼓之, 以爲在者無足爲之鼓琴也.

──────── • 17 : 12 [0778]

치가빈郗嘉賓[郗超]이 죽었을 때 좌우사람들이 치공郗公[郗愔]에게 아뢰었다.

"작은나리①께서 돌아가셨습니다."

치공은 그 말을 듣고서도 슬퍼하지 않은 채 사람들에게 말했다.

"입관入棺할 때 알리도록 하라."

그 때가 되자 치공은 입관에 참석하러 가서 한 번 통곡하고는 거의 기절해버렸다.①

① ◦『중흥서中興書』: 치초郗超는 41세②에 부친 치음郗愔보다 먼저 죽었다. 치초가 교제했던 친우는 모두 당시의 준재들이었는데, 신분의 귀천을 떠나 그를 위해 뇌문誄文을 지은 자가 40여 명이었다.

◦『속진양추續晉陽秋』: 치초의 무리는 환씨桓氏[桓溫]를 추대하여 그의 수석참모가 되었지만, 부친 치음이 왕실에 충성하고 있었기 때문에 그 사실을 알지 못하게 했다. 치초는 장차 죽게 되었을 때, 작은 문서상자 하나를 꺼내 문생門生에게 건네주며 말했다.

"본래 이것을 태워버리려고 했으나 부친③께서 연로하여 틀림없이 상심하고 근심하여 쓰러지실까④ 걱정이니, 내가 죽은 뒤에 만약 부친께서 침식을 크게 폐하시거든 이 상자를 드리도록 하여라."

치음이 나중에 과연 애통해하다가 병이 들자 문생이 치초의 분부대로 했는데, 그것은 바로 환온桓溫과 주고받은 밀서密書들이었다. 치음은 그것을 보고 즉시 대노하여 말했다.

"이 놈은 늦게 죽은 게 한이다!"

그 뒤로 더는 곡을 하지 않았다.

[역주]······················

① 작은 나리 : 원문은 "郎". '郎'은 하인들이 주인을 부르던 호칭인데, 여기서는 '少主'의 뜻으로 쓰임.

② 41세 : 宋本, 袁褧本, 『晉書』 권67 「郗超傳」 등에는 모두 42세에 죽었다고 되어 있음. 『晉書』에는 그의 卒年에 대한 언급이 없지만, 『資治通鑑』 권104 「晉紀」26 에는 太元 2년(377) 12월에 죽었다고 기록되어 있음.
③ 부친 : 원문은 "公". 자식이 부친을 부를 때 쓰던 호칭 가운데 하나. 門生과 屬官이 長官을 부르거나 신분이 비천한 자가 고귀한 자를 부를 때에도 사용했음.
④ 쓰러지실까 : 원문은 "斃". 『晉書』 권67 「郗超傳」에는 "弊"라 되어 있는데, 문맥 상 보다 타당함.

郗嘉賓喪, 左右白郗公; "郎喪." 旣聞, 不悲, 因語左右; "殯時可道." 公往臨 殯, 一慟幾絕.①
①◦『中興書』曰; 超年四十一, 先愔卒. 超所交友, 皆一時俊乂, 及死之日, 貴賤爲誄者四十餘人.
◦『續晉陽秋』曰; 超黨戴桓氏, 爲其謀主, 以父愔忠於王室, 不令知之. 將亡, 出一小書箱付門生, 云; "本欲焚此, 恐官年尊, 必以傷愍爲斃. 我亡後, 若大損眠食, 則呈此箱." 愔後果慟悼成疾, 門生乃如超旨, 則與桓溫往反密計. 愔見, 卽大怒曰; "小子死恨晚!" 後不復哭.

• 17 : 13 [0779]

대공戴公[戴逵]이 임법사林法師[支遁]의 묘를 보고① 말했다.

"훌륭하신 말씀이 아직도 귀에서 멀어지지 않았는데, 무덤가의 아름드리나무①는 이미 무성하구나. 신묘하신 현리玄理가 면면히 이어져 명수命數②와 함께 사라지지 않기를 바랄 뿐이다."②

① ◦『지둔전支遁傳』 : 지둔은 태화太和 원년(361)에 섬현剡縣의 석성산石城山에서 죽었는데 그곳에 장사지냈다.
② ◦ 왕순王珣의 「법사묘하시서法師墓下詩序」 : 나는 영강寧康 2년(374)에 수레를 채비하게 하여 섬현의 석성산으로 갔는데, 바로 임법사의 묘가 있는 곳이다. 높은 봉분은 무성한 초목으로 울창하고 무덤은 숙망宿莽③으로 변했다. 남기신 자취는 아직 사라지지 않았는데 그 분은 이미 멀리 떠나셨다. 지난날을 떠올리니 만지는 것마다 슬픔이 담겨 있다.
◦ 그가 당시 현자들에게 아낌 받음이 이와 같았다.

[역주]························
① 아름드리나무 : 원문은 "拱木". 두 팔을 벌려서 껴안을 정도의 둘레가 되는

큰 나무를 말함. 흔히 무덤가에 심은 나무를 지칭함.
② 命數 : 원문은 "氣運". 運命·命數와 같은 뜻.
③ 宿莽 : 겨울에도 시들어 마르지 않는 香草.
[참고] 『高僧傳』4, 『藝文類聚』40, 『太平御覽』558.

戴公見林法師墓1 曰; "德音未遠, 而拱木已積. 冀神理綿綿, 不與氣運俱盡耳."2
1・『支遁傳』曰; 遁太和元年終于剡之石城山, 因葬焉.
2・王珣「法師墓下詩序」曰; 余以寧康二年, 命駕之剡石城山, 卽法師之丘也. 高墳鬱爲荒楚, 丘隴化爲宿莽. 遺迹未滅, 而其人已遠. 感想平昔, 觸物棲懷.
・其爲時賢所惜如此.

• 17:14 [0780]

왕자경王子敬[王獻之]은 양수羊綏와 사이가 좋았다. 양수는 청순하고 대범·고귀했으며 중서랑中書郎이 되었는데, 젊어서 죽었다.1 왕자경이 깊이 애통해하면서 왕동정王東亭[王珣]에게 말했다.

"그는 나라가 아까워할 만한 인물이오!"

1・양수는 이미 나왔다.①

[역주]
① 이미 나왔다 : 「方正」60 劉注1에 나왔음.

王子敬與羊綏善. 綏淸淳簡貴, 爲中書郞, 少亡.1 王深相痛悼, 語東亭云; "是國家可惜人!"
1・綏, 已見.

• 17:15 [0781]

왕동정王東亭[王珣]①은 사공謝公[謝安]과 사이가 좋지 않았다.1 왕동정은 동쪽[會稽]에 있다가 사공이 죽었다는 말을 듣고 곧장 도성[建康]으로 나와 왕자경王子敬[王獻之]을 찾아가서 말했다.

"사공을 위해 곡례哭禮를 행하려 하네."

왕자경은 막 침상에 누우려다가 그 말을 듣고 곧장 놀라 일어나 말했다.

　"그건 내가 법호法護[王珣]에게서 바라는 바이오!" ②

　왕동정이 곡례를 행하러 갔는데, 사공 휘하의 독수督帥 조약刁約②이 들여보내지 않으면서 말했다.

　"나리③께서는 살아계실 적에 이런 손님은 만나지 않으셨소!"

　왕동정도 그와 더불어 얘기하지 않고 곧장 앞으로 나아가 몹시 애통하게 곡을 하고는 상주 말비末婢[謝琰]의 손도 잡아보지 않고④ 물러갔다. ③

　① 『중흥서中興書』: 왕순王珣 형제는 모두 사씨에게 장가들었는데 질투와 의심 때문에 이혼했다. 사태부謝太傅[謝安]는 왕순과 인척관계를 끊고 또한 왕순의 동생 왕민王珉의 처도 이혼시켜버렸다.⑤ 이 때문에 두 집안은 마침내 원수가 되었다.

　② 법호는 왕순의 어릴 적 자다.

　③ 말비는 사염謝琰의 어릴 적 자다. 사염은 자가 원도瑗度며 사안謝安의 막내아들이다. 활달하고 솔직하며 큰 도량을 지녔지만 손은孫恩에게 살해당했다.⑥ 시중侍中과 사공司空에 추증되었다.

　[역주]·······················

　① 王東亭[王珣]: 王珣과 王獻之는 모두 琅邪臨沂 王氏로서, 王珣은 王獻之의 族兄임.

　② 刁約: 宋本에는 "刀約"이라 되어 있음.

　③ 나리: 원문은 "官". 여기서는 刁約의 장관이었던 謝安을 지칭함. 「傷逝」12 [역주]③ 참조

　④ 손도 잡아보지 않고: 원문은 "不執手". 「傷逝」7 [역주]① 참조

　⑤ 또한~이혼시켜버렸다: 원문은 "又離妻". 『晉書』 권65 「王珣傳」에는 "又離珉妻"라 되어 있는데, 문맥상 타당하여 이것에 따라 보충 번역함.

　⑥ 孫恩에게 살해당했다: 『晉書』 권79 「謝琰傳」의 기록에 따르면, 謝琰은 孫恩의 토벌에 나섰다가 千秋亭에 이르러 패했으며 그의 부하 都督 張猛에게 두 아들과 함께 살해당했음.

王東亭與謝公交惡① 王在東聞謝喪, 便出都詣子敬道; "欲哭謝公." 子敬始臥, 聞其言, 便驚起曰; "所望於法護!"② 王於是往哭, 督帥勺約不聽前, 曰; "官平生在時, 不見此客!" 王亦不與語, 直前哭, 甚慟, 不執末婢手而退.③

① 『中興書』曰; 珣兄弟皆壻謝氏, 以猜嫌離婚. 太傅旣與珣絶婚, 又離妻, 由是二族遂成仇釁.
② 法護, 珣小字.
③ 末婢, 謝琰小字. 琰, 字瑗度, 安次子. 開率有大度, 爲孫恩所害. 贈侍中·司空.

• 17 : 16 [0782]

왕자유王子猷[王徽之]와 왕자경王子敬[王獻之]은 모두 병이 위독했는데 왕자경이 먼저 죽었다.① 왕자유가 좌우사람들에게 물었다.

"어찌하여 자경으로부터 도무지 소식이 없지? 이미 죽었는가 보다."

그러면서도 말을 할 때 전혀 슬퍼하지 않았다. 왕자유는 곧장 수레를 찾아 문상하러 달려갔는데 전혀 곡을 하지 않았다. 왕자경이 평소 금琴을 좋아했기에 왕자유는 곧장 들어가 영구대靈柩臺 위에 앉아 왕자경의 금을 들고 탔는데, 현이 고르지 않자 땅에 내던지며 말했다.

"자경, 자경①! 사람과 금이 모두 죽었구려!"

왕자유는 한참 동안 통곡하다가 기절했으며, 달포 만에 또한 죽고 말았다.②

① • 왕헌지王獻之는 태원秦[太]元 13년(388)에 죽었는데 45세였다.
② • 『유명록幽明錄』: 태원연간(376~396)에 한 법사가 먼 곳에서 왔는데 어디 출신인지는 몰랐다. 그 법사가 말했다.

"사람의 수명이 끝나게 되었을 때 그 죽음을 기꺼이 대신할 산 자가 있으면, 죽을 사람이 살 수 있다. 만약 사람을 강요하여 대신해주기를 구한다면 잠깐 동안의 연장에 지나지 않게 된다."

사람들이 그 말을 듣고 모두 그 허황됨을 괴이하게 생각했다. 왕자유와 왕자경 형제는 특별히 화목했다. 왕자경이 병들어 임종할 때② 왕자유가 그 법사에게 말했다.

"내 재주는 동생만 못하고 지위 역시 순탄하지 못하니,③ 청컨대 나의 남은 수명으로 동생의 수명을 대신하고 싶소."

법사가 말했다.

"대저 산 자가 죽을 자를 대신하는 경우는 자기의 수명이 남아 있어야 죽을 자의 수명을 이어줄 수 있습니다. 그런데 지금 동생분의 수명은 이미 끝나게 되었고 군후君侯의 수명도 다하게 되었으니 어떻게 대신할 수 있겠습니까?"

왕자유는 먼저 등창이 났기 때문에 왕자경의 병이 위중할 때에도 늘 왕래를 못했다. 왕자유는 왕자경이 죽었다는 소식을 듣고 곧장 가슴을 쥐어짜며 비통해하여 외마디 소리조차 전혀 낼 수 없었는데, 등창이 바로 터지고 말았다. 법사의 말을 헤아려 보면 믿을 만하여 진실함이 있다.

[역주]
① 자경! 자경! : 宋本에는 "子敬"이라고만 되어 있음.
② 임종할 때 : 원문은 "屬纊". 임종을 맞이한 사람의 코나 입에 솜을 대어 숨이 붙어 있는지의 여부를 조사하는 것을 말함.
③ 순탄하지 못하니 : 원문은 "通塞". '通'은 '順'의 뜻이고, '塞'은 '逆'의 뜻이지만, 여기서는 '塞'의 뜻으로만 사용됨.

[참고] 『晉書』80, 『太平御覽』577.

王子猷·子敬俱病篤, 而子敬先亡.① 子猷問左右; "何以都不聞消息? 此已喪矣." 語時了不悲. 便索輿來奔喪, 都不哭. 子敬素好琴, 便徑入, 坐靈牀上, 取子敬琴彈, 弦旣不調, 擲地云; "子敬! 子敬! 人琴俱亡!" 因慟絶良久, 月餘亦卒.②
①。獻之以泰元十三年卒, 年四十五.
②.『幽明錄』曰; 泰元中, 有一師從遠來, 莫知所出. 云; "人命應終, 有生樂代者, 則死者可生. 若逼人求代, 亦復不過少時." 人聞此, 咸怪其虛誕. 王子猷·子敬兄弟, 特相和睦. 子敬疾屬纊, 子猷謂之曰; "吾才不如弟, 位亦通塞, 請以餘年代弟." 師曰; "夫生代死者, 以己年限有餘, 得以足亡者耳. 今賢弟命旣應終, 君侯算亦當盡, 復何所代?" 子猷先有背疾, 子敬疾篤, 恒禁來往. 聞亡, 便撫心悲惋, 都不得一聲, 背卽潰裂. 推師之言, 信而有實.

━━━━━━━━━━ • 17 : 17 [0783]

효무제孝武帝[司馬曜]의 장례식① 날 저녁에 왕효백王孝伯[王恭]이 도성으로 들어가② 장례식에 참석하여 그의 동생들에게 말했다.

"비록 서까래는 새롭지만③ 저절로 「서리黍離」의 슬픔④이 있구나!"⒈

⒈ 『중흥서中興書』: 열종烈宗[孝武帝]이 죽자 회계왕會稽王 사마도자司馬道子가 정치를 장악하고 왕국보王國寶를 총애하여 중요한 직무를 맡겼다. 왕공王恭은 도성으로 들어가 천자의 장례식에 참석했기 때문에 이런 탄식을 한 것이다.

[역주]
① 장례식: 원문은 "山陵". 원래는 陵寢·陵墓의 뜻이지만, 여기서는 천자의 장례식을 가리킴. 천자의 묘를 秦나라에서는 '山'이라 부르고 漢나라에서는 '陵'이라 불렀기 때문에 나중에 이를 통칭하여 '山陵'이라 함.
② 王孝伯[王恭]이 도성으로 들어가: 당시 王恭은 都督兗靑冀幽幷徐州晉陵諸軍事·輔國將軍·兗靑二州刺史·假節의 신분으로 京口에 머물러 있었음.
③ 서까래는 새롭지만: 조정에서 새로운 인물이 득세한 것을 비유함.
④ 「黍離」의 슬픔: 망국의 애통함을 말함. 「黍離」는 『詩經』「王風」의 편명. 그 毛序에 따르면, 周나라 大夫가 기장 밭으로 변해버린 옛 종묘와 궁실 터를 지나가다가 망국의 슬픔을 느껴 이 시를 지었다고 함. 여기서는 東晉 왕조가 붕괴의 위험에 처해 있음을 비유함.

孝武山陵夕, 王孝伯入臨, 告其諸弟曰; "雖榱桷惟新, 便自有「黍離」之哀!"⒈
⒈ 『中興書』曰; 烈宗喪, 會稽王道子執政, 寵幸王國寶, 委以機任. 王恭入赴山陵, 故有此歎.

・ 17:18 [0784]

양부羊孚가 31살에 죽자① 환현桓玄이 그의 육촌동생 양흔羊欣에게 서찰을 보내 말했다.

"그대의 어진 육촌형②은 내가 마음으로 믿고 의지하던 사람이었는데 갑자기 병들어 죽고 말았으니,⒈ '하늘이 나를 끊으셨다'는 탄식을 어떻게 말로 할 수 있겠소?"⒉

⒈ 양부는 이미 나왔다.③
『송서宋書』: 양흔은 자가 경원敬元이며 태산太山 남성南城사람이다. 젊어서부터 조용하고 과묵한 성품에 절조를 지키면서 남과 다투지 않았고, 자태와 용모가 훌륭하고 우스갯소리를 잘 했으며 초서와 예서에 뛰어났다.

▫『양씨보羊氏譜』: 양부는 바로 양흔의 육촌형이다.④
②▫『공양전公羊傳』⑤: 안연顔淵이 죽자 공자께서 말씀하셨다.
　"아! 하늘이 나를 버리시는구나!"
　자로子路가 죽자 공자께서 말씀하셨다.
　"아! 하늘이 나를 끊으시는구나[天祝予]!"
▫하휴何休의 주注: '축祝'은 '단斷'의 뜻이다. 하늘이 장차 부자夫子[孔子]를 버리려 한다는 말이다.

[역주]······················
① 31살에 죽자: 「言語」104 劉注①에 인용된『羊氏譜』에는 "孚年四十六卒"이라 되어 있음.
② 어진 육촌형: 원문은 "賢從".『世說敍錄』「人名譜・太山南城羊氏譜」에 따르면, 羊忱은 羊楷와 羊權을 낳았는데, 羊楷는 羊綏를 낳고 羊綏는 羊孚를 낳았으며, 羊權은 羊不疑를 낳고 羊不疑는 羊欣을 낳았으므로, 羊孚와 羊欣은 再從[육촌]형제간임.
③ 이미 나왔다: 「言語」104 劉注①에 나왔음.
④ 육촌형이다: 원문은 "從祖"라고만 되어 있으나, [역주]②에 따르면 뒤에 '兄'자가 빠진 것으로 여겨짐.
⑤『公羊傳』:「哀公14年」條의 기록.

羊孚年三十一卒, 桓玄與羊欣書曰; "賢從情所信寄, 暴疾而殞,① '祝予'之歎, 如何可言?"②
①▫孚, 已見.
▫『宋書』曰; 欣, 字敬元, 太山南城人. 少懷靜默, 秉操無競, 美姿容, 善笑言, 長於草隸.
▫『羊氏譜』曰; 孚卽欣從祖.
②▫『公羊傳』曰; 顔淵死, 子曰; "噫! 天喪予!" 子路亡, 子曰; "噫! 天祝予!"
▫何休曰; 祝者, 斷也. 天將亡夫子耳.

• 17:19 [0785]

환현桓玄이 제위를 찬탈하려 했을 때, 변국卞鞠[卞範之]에게 말했다.①
　"지난날 양자도羊子道[羊孚]가 나의 이런 생각을 늘 말리곤 했는데, 이제 심복 중에서 양부羊孚를 잃고 측근① 중에서 색원素元을 잃었으니,② 무모하게② 이런 당돌한 일③을 함에 어찌 천심天心의 윤허를 받을 수 있겠는가?"

① · 변범卞範은 이미 나왔다.④

② 『색씨보索氏譜』: 색원은 자가 천보天保며 돈황사람이다. 부친 색서索緖는 산기상시散騎常侍였다. 색원은 정로장군征虜將軍과 역양歷陽태수를 역임했다.
· 『유명록幽明錄』: 색원이 역양에 있을 때 병이 위중했는데, 모씨某氏라고 하는 서역西域의 한 젊은 여자가 스스로 말하길, 자신은 천신이 내려보냈으며 색원을 위문하고 치료하도록 허락받았다고 했다. 색원은 성품이 강직했기에 그 여자가 사람을 요망하게 미혹시킨다고 생각하여 붙잡아 옥에 가두고 저자거리에서 그녀를 처형해버렸다. 여자가 죽음에 임하여 말했다.

"17일 뒤에 틀림없이 색원으로 하여금 그 죄를 알게 하겠다!"

그 기일이 되어 색원은 과연 죽었다.

[역주]
① 측근 : 원문은 "爪牙". 자신의 발톱과 어금니 같은 사람. 즉 군주를 측근에서 호위하는 武臣을 말함. 『詩經』「小雅·祈父」에 "祈父, 予王之爪牙."라는 구절이 있음.
② 무모하게 : 원문은 "恩恩". '忽忽'과 같음. 경솔하고 무모하다는 뜻.
③ 당돌한 일 : 원문은 "訑突". '厎突'·'牴突'이라고도 쓰며 '唐突'의 뜻.
④ 이미 나왔다 : 원문은 "已見". 사실상 『寵禮』6 劉注①에 나오므로 劉注의 通例上 "別見"이라 하는 것이 타당함.

桓玄當簒位, 語卞鞠云;① "昔羊子道恒禁吾此意, 今腹心喪羊孚, 爪牙失索元, ② 而恩恩作此訑突, 詎允天心?"

① · 卞範, 已見.

② 『索氏譜』曰; 元, 字天保, 燉煌人. 父緖, 散騎常侍. 元歷征虜將軍·歷陽太守.
· 『幽明錄』曰; 元在歷陽, 疾病, 西界一年少女子, 姓某, 自言爲神所降, 來與元相聞, 許爲治護. 元性剛直, 以爲妖惑, 收以付獄, 戮之於市中. 女臨死曰; "卻後十七日, 當令索元知其罪." 如期, 元果亡.

제18편

서일
棲 逸
Living in Retirement

본편은 『세상의 참신한 이야기, 세설신어』의 18번째 편으로 총 17조가 실려 있다.

'서일'은 산림에 은거하는 것을 말한다. 위진魏晉 교체시기에 위의 조씨曹氏 정권과 진의 사마씨司馬氏 정권 사이의 권력투쟁이 갈수록 격렬해지면서 사마씨 정권에 협조하기를 거부하거나 또는 화를 피하고 몸을 보전하기 위하여 많은 명사들이 산림에 은거했으며, 정치적인 불안한 환경과 함께 노장老莊철학이 유행하게 되었다. 이로 말미암아 은일隱逸의 기풍이 크게 흥성했는데, 손등孫登・혜강嵇康・완적阮籍 등이 그 대표적인 인물이다. 이러한 은자隱者의 무리는 대부분 당시에 높은 명망과 영향력을 지닌 명사들이었는데, 유량庾亮・치초郗超와 같은 권신權臣은 그들의 역량을 끌어들이는 동시에 자신의 명성을 높이기 위하여 의도적으로 그들과 함께 교유하면서 청담을 나누었으며 거금을 들여 그들의 거처를 마련해주기도 했다. 나중에는 '은일'에 대한 통치자의 관심이 갈수록 깊어짐에 따라 '은일'을 빙자하여 자신의 몸값을 높임으로써 높은 관직을 얻으려는 자들까지 생겨났는데, 주소周邵가 그 대표적인 예다.

이렇듯 은일의 기풍은 초기에는 다소 적극적인 측면이 있었으나, 통치자의 관심이 증대되면서 위진 사인士人들의 처세방편 가운데 하나로 변질되기도 했다. 그러나 이러한 은일의 기풍은 사인들로 하여금 자연과 접촉할 폭을 넓혀주고 나아가 진송대晉宋代의 산수문학과 산수회화의 발전을 촉진시킴으로써 긍정적인 작용을 하기도 했다.

• 18 : 01 [0786]

완보병阮步兵[阮籍]이 휘파람을 불면 수백 보까지 들렸다. 소문산蘇門山① 속에 홀연 진인眞人②이 나타났는데, 나무꾼들이 모두 그 이야기를 전했다. 완적阮籍이 찾아가서 보았더니 그 사람이 바위 옆에서 무릎을 끌어안고 있었다. 완적이 산마루에 올라 그에게 다가가 다리를 쭉 뻗고 앉아 마주 대했다. 완적은 고래의 사적을 논하면서 위로는 황제黃帝・신농神農③의 현묘하고 심오한 도를 개진하고, 아래로는 하夏・은殷・주周 삼대의 융성한 덕의 훌륭함을 고찰하여 그에게 물었으나, 그는 머리를 높이 든 채④ 응답이 없었다. 다시 유위有爲의 가르침⑤과 정신을 집중하고 기氣를 운용하는 선술仙術⑥에 대하여 피력하면서 그를 살펴보았으나, 그는 여전히 이전처럼 한 곳만 응시한 채 눈길조차 돌리지 않았다. 그래서 완적이 그를 향해 길게 휘파람을 불었더니, 한참 뒤에야 그가 비로소 웃으며 말했다.

"다시 한번 불어보시오."

완적이 다시 휘파람을 불었다. [완적이 마음껏 휘파람을 불고 나서] 흥이 다하자 물러나와 산의 중간쯤 내려왔을 때 위에서 "휴우⑦!" 하는 소리가 들렸는데, 마치 여러 악기가 합주하는 것처럼 숲과 계곡에 울려 퍼졌다. 돌아보았더니 다름 아닌 방금 전의 그 사람이 부는 것이었다.①

①ㆍ『위씨춘추魏氏春秋』: 완적은 늘 마음 닿는 대로 혼자 수레를 몰았는데 이미 나 있는 길로는 가지 않았으며, 수레자취가 끊어진 곳에서 문득 목 놓아 울고서 돌아오곤 했다. 한번은 소문산에 갔었는데, 그 산에는 성명을 알 수 없는 은자가 있고 대나무 열매 몇 곡斛과 절굿공이와 절구만 있다고 했다. 완적이 그 이야기를 듣고 그를 찾아가서 태고의 무위無爲의 도를 논하고 오제五帝⑧와 삼왕三王⑨의 의義를 논했지만, 소문선생은 초연한 채⑩ 쳐다보지도 않았다. 그래서 완적은 큰 소리로⑪ 길게 휘파람을 불었는데 그 소리가

높고 낭랑하게 울렸다. 소문선생은 그제야 빙그레⑫ 웃었다. 완적이 산을 내려간 뒤에 소문선생이 숨을 몰아⑬ 크게 휘파람을 불었는데 마치 봉황의 울음소리 같았다. 완적은 평소 음악에 조예가 있었으므로 소문선생의 논리를 빌어 자신의 감회를 노래에 실었는데, 그 노래는 이러했다.

"해는 부주산不周山⑭ 서쪽으로 지고, 달은 단연丹淵⑮ 속에서 뜨네. 태양이 어두워져 보이지 않으면, 달이 대신 떠올라 빛나네. 높이 빛남⑯은 잠시 뿐, 어두움⑰이 다시 깊어지네. 부귀란 잠깐 새에 변하는 것, 빈천이라고 어찌 반드시 끝까지 가리오?"⑱

▫『죽림칠현론竹林七賢論』: 완적은 소문산에서 돌아와 마침내『대인선생론大人先生論』을 지었는데, 말한 바는 모두 가슴속의 본뜻으로 그 대의는 대인선생이 자기와 다르지 않음을 말한 것이다. 그가 길게 휘파람을 불어 서로 화답한 것을 보면 또한 '눈으로 보기만 해도 도가 통한다'⑲는 경우에 가깝다.

[역주]······················
① 蘇門山 : 지금의 河南省 輝縣의 서북쪽에 있으며, 일명 蘇嶺 또는 太行山이라고도 함.
② 眞人 : 神人·仙人을 말함.『晉書』권49「阮籍傳」에는 阮籍이 蘇門山에서 孫登을 만났다고 하여 그 구체적인 인명이 기록되어 있음.
③ 黃帝·神農 : 원문은 "黃·農". 黃帝 軒轅氏와 神農氏를 말함. 전설상의 옛 帝王으로 후세에 道家의 시조로 추앙됨.
④ 머리를 높이 든 채 : 원문은 "仡(흘)然". 머리를 치켜든 모양.
⑤ 有爲의 가르침 : 원문은 "有爲之敎". 宋本에는 "有爲之外"라 되어 있음. '有爲'는 인위적인 禮敎를 말하고, '有爲之外'는 '無爲'와 같은 뜻으로 인위적인 예교를 초월한 세계를 말함. 劉注에 인용된『魏氏春秋』에서도 "無爲之道"라고 한 것으로 보아 "有爲之外"라고 하는 것이 문맥상 보다 타당함.
⑥ 정신을 집중하고 氣를 운용하는 仙術 : 원문은 "棲神導氣之術". '棲神'은 마음을 專一하게 하여 정신을 집중하는 것을 말함. '導氣'는 '導引行氣'의 뜻으로 道家 養生法의 일종. '導引'은 육체의 관절을 굽혔다 폈다 하면서 근육과 피의 순환을 순조롭게 하는 체조법 말하고, '行氣'는 체내의 濁氣를 내뱉고 체외의 淸氣를 들이마셔 체내에서 순환시키는 호흡법을 말함.
⑦ 휴우 : 원문은 "嘘然". 정확한 뜻은 알 수 없으나 휘파람 소리를 나타내는 의성어로 추정함. 또는 소리가 悠長한 모양이라고도 함.
⑧ 五帝 : 여러 가지 설이 있으나 일반적으로 黃帝·帝顓頊·帝嚳·帝堯·帝舜을 말함.[『史記』「五帝本紀」]

⑨ 三王 : 宋本에는 "三皇"이라 되어 있음. '三王'은 일반적으로 夏·殷·周 삼대의 聖君인 禹王·湯王·文武王을 말하고, '三皇'은 伏犧·神農·黃帝를 말함. 문맥상 "三王"이라고 하는 것이 타당함.
⑩ 초연한 채 : 원문은 "翛(소)然". 超脫하여 悠然自得한 모양.
⑪ 큰 소리로 : 원문은 "嘐(교)然". 소리가 큰 모양.
⑫ 빙그레 : 원문은 "迪(유)爾". 가볍게 웃는 모양.
⑬ 숨을 몰아 : 원문은 "喟然". 숨을 크게 몰아쉬는 모양.
⑭ 不周山 : 崑崙山의 서북쪽에 있다고 하는 전설상의 산.
⑮ 丹淵 : 阮籍의 「詠懷詩」 제23수에 "沐浴丹淵中, 照曜日月光"이라는 구절이 있음.
⑯ 높이 빛남 : 원문은 "亭亭". 높아 솟아 있는 모양.
⑰ 어두움 : 원문은 "厭厭". 희미하게 어두운 모양.
⑱ 해는~가리오 : 여기에 인용된 노래는 阮籍의 「大人先生傳」에서 節錄한 것임.
⑲ 눈으로 보기만 해도 도가 통한다 : 원문은 "目擊道存". 보기만 해도 도를 체득할 수 있어서 서로 말을 주고받을 필요가 없다는 뜻. 『莊子』「田子方」에서 "仲尼見溫伯雪子而不言, 子路問之, 仲尼曰; '若夫人者, 目擊而道存矣.'"라고 함.

[참고] 『晉書』49.

阮步兵嘯, 聞數百步. 蘇門山中, 忽有眞人, 樵伐者咸共傳說. 阮籍往觀, 見其人擁膝巖側. 籍登嶺就之, 箕踞相對. 籍商略終古, 上陳黃·農玄寂之道, 下考三代盛德之美, 以問之, 仡然不應. 復敍有爲之教, 棲神導氣之術以觀之, 彼猶如前, 凝矚不轉. 籍因對之長嘯, 良久, 乃笑曰; "可更作." 籍復嘯. 意盡, 退, 還半嶺許, 聞上嚁然有聲, 如數部鼓吹, 林谷傳響. 顧看, 迺向人嘯也.①
①·『魏氏春秋』曰; 阮籍常率意獨駕, 不由徑路, 車跡所窮, 輒慟哭而反. 嘗遊蘇門山, 有隱者莫知姓名, 有竹實數斛·杵臼而已. 籍聞而從之, 談太古無爲之道, 論五帝三王之義, 蘇門先生翛然曾不眄之. 籍乃嘐然長嘯, 韻響寥亮. 蘇門先生乃迪爾而笑. 籍既降, 先生喟然高嘯, 有如鳳音. 籍素知音, 乃假蘇門先生之論, 以寄所懷, 其歌曰; "日沒不周西, 月出丹淵中. 陽精晦不見, 陰光代爲雄. 亭亭在須臾, 厭厭將復隆. 富貴俛仰間, 貧賤何必終?"
○『竹林七賢論』曰; 籍歸, 遂著「大人先生論」, 所言皆胸懷間本趣, 大意謂先生與己不異也. 觀其長嘯相和, 亦近乎目擊道存矣.

• 18 : 02 [0787]

혜강嵇康이 급군汲郡의 산속을 유람하다가 도사 손등孫登을 만나 마침내 그와 함께 교유했다. 혜강이 떠나려 할 때 손등이 말했다.

"당신의 재주는 높지만 몸을 보전하는 도는 부족하오."[1]

[1] ◦『혜강집嵆康集』「서序」: 손등은 어느 곳 사람인지 모른다.[1] 집이 없어 급군의 북산 토굴에서 살았다. 여름에는 풀을 엮어 옷을 삼았으며 겨울에는 머리를 풀어헤쳐 몸을 덮었다.『역경易經』읽기를 좋아하고 한 줄짜리 금琴을 탔다. 만나는 사람마다 모두 그를 친근하게 여기고 좋아했다.

◦『위씨춘추魏氏春秋』: 손등은 성품에 희로의 감정이 없었다. 어떤 사람이 그를 물에 빠뜨렸다가 건져내서 살펴보았더니 손등은 크게 웃었다.[2] 때때로 인간세상을 출입했는데, 그가 들렀던 집에서 입을 것과 먹을 것을 차려 주면 조금도 사양하지 않았지만 떠날 때는 모두 내버려두고 갔다.

◦『문사전文士傳』: 가평嘉平연간(249~254)에 급현汲縣사람들이 함께 산속으로 들어갔다가 한 사람을 만났는데, 그가 사는 곳은 백 길이나 되는 절벽이고 빽빽한 숲이 울창했다. 그는 정신력이 매우 예리했으며, 스스로 "성은 손이고 이름은 등이며 자는 공화公和"라고 했다. 혜강이 그 소문을 듣고 3년 동안 그를 좇아 교유했다. 혜강이 그가 생각하는 바를 물었으나 그는 끝내 대답하지 않았다. 그러나 신비한 계책에 담긴 바가 진실로 오묘하여 혜강은 매번 크게 감탄하곤 했다. 혜강이 장차 떠나려 할 때 말했다.

"선생께서는 끝내 말씀을 안 하시렵니까?"

그제야 손등이 말했다.

"그대는 불을 아시오? 불은 타면서 빛을 내는데 그 빛을 쓰지 않으면 그뿐이지만 중요한 것은 빛을 쓰는 데 있으며, 사람은 태어나면서 재주를 부여받는데 그 재주를 쓰지 않으면 그뿐이지만 중요한 것은 재주를 쓰는 데 있소. 그래서 빛을 쓰는 데 땔감을 얻는 것이 중요한 것은 그 빛 남을 보전하기 위함이며, 재주를 쓰는 데 물리物理를 아는 것이 중요한 것은 그 수명을 보전하기 위함이오. 지금 그대는 재주는 많으나 식견이 부족하니 지금의 세상에서 화를 면하기가 어렵소. 그대는 많은 것을 구하지 마시오!"

그러나 혜강은 그 충고를 실행할 수 없었다. 여안呂安의 사건[3]에 걸려들어 감옥에 있으면서 시를 지어 스스로를 질책했다.

"옛날로는 유하혜柳下惠에게 부끄럽고 지금으로는 손등에게 부끄럽도다!"④

▫ 왕은王隱의 『진서晉書』: 손등은 바로 완적阮籍이 만난 사람이다.⑤ 혜강은 제자의 예를 갖추어 그를 스승으로 삼았다. 위진시기에는 거취에 있어서 혐의가 생겨나기 쉬웠고 신분이 귀한 자나 천한 자나 모두 목숨을 잃었기 때문에 손등이 침묵한 것 같다.

[역주]
① 어느 곳 사람인지 모른다: 『晉書』 권94 「隱逸傳·孫登傳」에는 汲郡 共사람이라 되어 있음.
② 손등은~웃었다: 원문은 "登性無喜怒. 或沒諸水, 出而觀之, 登復大笑." 『晉書』 권94 「孫登傳」에는 "[登]性無恚怒, 人或投諸水中, 欲觀其怒, 登旣出, 便大笑."라 되어 있는데 문맥이 보다 분명함.
③ 呂安의 사건: 呂安의 형 呂巽이 여안의 처와 간통한 뒤 도리어 동생이 모친을 때렸다고 무고하여 체포당하게 했는데, 여안이 친구 嵇康에게 자신을 변호해달라고 부탁하여 혜강이 변호에 나섰다가 鍾會의 모략에 걸려 죽은 사건을 말함. 「雅量」2 劉注①에 인용된 『晉陽秋』와 『文士傳』의 기록 참조.
④ 옛날로는~부끄럽도다: 원문은 "昔慚下惠, 今愧孫登." 嵇康의 「幽憤詩」 가운데 두 구절. 「幽憤詩」는 『文選』 권23에 수록되어 있음. '下惠'는 柳下惠를 말함. 柳下惠는 춘추시대 魯나라의 士師인 展獲[자는 子禽]으로, 충직함 때문에 3번이나 관직에서 쫓겨났음에도 불구하고 목숨을 보전함.
⑤ 손등은 바로 阮籍이 만난 사람이다: 『晉書』 권49 「阮籍傳」과 권94 「孫登傳」에 阮籍이 孫登을 만났다는 기록이 있음.

[참고] 『晉書』49·94.

嵇康遊於汲郡山中, 遇道士孫登, 遂與之遊. 康臨去, 登曰; "君才則高矣, 保身之道不足."①

①▫『康集』「序」曰; 孫登者, 不知何許人. 無家, 於汲郡北山土窟住. 夏則編草爲裳, 冬則被髮自覆. 好讀『易』, 鼓一絃琴. 見者皆親樂之.

▫『魏氏春秋』曰; 登性無喜怒. 或沒諸水, 出而觀之, 登復大笑. 時時出入人間, 所經家設衣食者, 一無所辭, 去皆舍去.

▫『文士傳』曰; 嘉平中, 汲縣民共入山中, 見一人, 所居懸巖百仞, 叢林鬱茂. 而神明甚察, 自云; "孫姓登名, 字公和." 康聞, 乃從遊三年. 問其所圖, 終不答. 然神謀所存良妙, 康每薾然歎息. 將別, 謂曰; "先生竟無言乎?" 登乃曰; "子識火乎? 生而有光, 而不用其光, 果然在於用光. 人生有才, 而不用其才, 果然在於用才. 故用光在乎得薪, 所以保其曜, 用才在乎識物, 所以全其年. 今子才多識寡, 難乎免於今之世矣. 子無多求!" 康不能用. 及遭呂安事, 在獄爲詩自責云; "昔慚下惠, 今愧孫登!"
◦ 王隱『晉書』曰; 孫登, 卽阮籍所見者也. 稽康執弟子禮而師焉. 魏晉去就, 易生嫌疑, 貴賤竝沒, 故登或默也.

──────── • 18 : 03 [0788]

산공山公[山濤]이 장차 이부吏部[1]를 떠날 때 혜강嵆康을 추천하려 했는데, 혜강은 그에게 서찰을 보내 절교를 알렸다.①

①◦『혜강별전嵆康別傳』: 산거원山巨源[山濤]이 吏部郎으로 있다가 산기상시散騎常侍로 옮겨가면서 혜강을 추천했는데, 혜강은 그것을 사양하고 아울러 산거원과 절교했다. 어찌 산거원이 일개 관직으로 자기를 대우하지는 않으리란 마음을 알지 못했겠는가? 역시 굽히지 않는 절개를 내세워 추천자의 입을 막고자 했을 따름이었다! 그래서 산도山濤에게 답서를 보내 자신은 "시류時流를 견디지 못하며 탕왕湯王과 무왕武王을 비난하고 경멸한다"[2]고 스스로 말했던 것이다. 대장군大將軍[司馬昭]은 그 말을 듣고 그를 미워했다.[3]

[역주]············
① 吏部 : 원문은 "選曹". 관리를 선발하는 부서, 즉 吏部를 말함.
② 湯王과 武王을 비난하고 경멸한다 : 원문은 "非薄湯武".『文選』권43,『嵆康集』권2,『晉書』권49「嵆康傳」에 수록되어 있는 嵆康의「與山巨源絶交書」에는 "每非湯武而薄周孔"이라 되어 있음.
③ 大將軍[司馬昭]은 그 말을 듣고 그를 미워했다 : 嵆康은 魏 武帝[曹操]의 손자인 穆王 曹林의 딸[長樂亭主]과 결혼했기 때문에 司馬氏의 기피인물이 되기도 했지만, 당시에 혜강은 王肅·皇甫謐 등이 湯王·武王·周公·公子 등의 말을 내세워 사마씨의 제위찬탈을 정당화하려는 것에 반대했기 때문에 더욱 사마씨의 미움을 받았음.

[참고]『晉書』49.

山公將去選曹, 欲擧嵆康, 康與書告絶.①

①◦ 康別傳曰; 山巨源爲吏部郎, 遷散騎常侍, 擧康, 康辭之, 竝與山絶. 豈不識山之不以一官遇己精邪? 亦欲標不屈之節, 以杜擧者之口耳! 乃答濤書, 自說"不堪流俗, 而非薄湯武". 大將軍聞而惡之.

────────── • 18:04 [0789]

　이흠李廞은 이무중李茂曾[李重]의 다섯째아들①로서, 청렴정직하고 고원한 지조를 지니고 있었지만, 어려서부터 병약하여 결혼이나 벼슬을 하려고 하지 않았다. 그는 임해현臨海縣에 살면서 형 시중侍中[李式]의 묘 아래에 머물렀다. 이미 높은 명성을 지니고 있었기에 왕승상王丞相[王導]이 그를 불러 예우해주려고 일부러 승상부의 속관으로 초징했다. 이흠은 임명장을 받아보고 웃으며 말했다.
　"왕무홍王茂弘[王導]은 여전히 또 관직 하나를 남에게 빌려주려 하는구먼!"⑴

　⑴ ▪『문자지文字志』: 이흠은 자가 종자宗子며 강하江夏 종무鍾武사람이다. 조부 이강李康②은 진주秦州자사였고, 부친 이중李重은 평양平陽태수였으며, 집안대대로 명망이 있었다. 이흠은 학문을 좋아하고 초서와 예서에 뛰어났으며, 형 이식李式과 명성을 나란히 했다. 걷지 못하는 병에 걸려 걷거나 앉을 수 없어서 늘 누워 지냈지만, 금琴을 타고 책 읽는 일을 멈추지 않았다. 하간왕河間王[司馬顒]이 그를 태위연太尉掾으로 초징했으나 병 때문에 부임하지 않았다. 나중에 난을 피하여 형을 따라 강남으로 건너왔을 때, 사도司徒 왕도王導가 다시 그를 초징하자 이흠이 말했다.
　"왕무홍은 여전히 또 관직 하나를 남에게 씌우려 하는구먼!"
　영화永和연간(345~356)에 죽었다. 이흠은 일찍이 2부府[太尉府·丞相府]의 초징을 받았기 때문에 이공부李公府라고 불렸다.
　이식李式은 자가 경칙景則이며 이흠의 맏형이다. 사고력이 뛰어나고 학자로서 은둔을 좋아했으며 평담하고 소박하다는 칭송을 받았다. 강남으로 건너온 뒤 여러 벼슬을 거쳐 임해태수와 시중에 기용되었다. 54세에 죽었다.

[역주]··························
① 다섯째아들 :『太平御覽』권386에 인용된『世說』에는 "第六子"라 되어 있음.
② 李康 : '李秉'의 오기로 보임. 「德行」15 [역주]① 참조

[참고]『蒙求原注』1,『太平御覽』386.

李廞是茂曾第五子, 清貞有遠操, 而少羸病, 不肯婚宦. 居在臨海, 住兄侍中墓下. 旣有高名, 王丞相欲招禮之, 故辟爲府掾. 廞得箋命, 笑曰; "茂弘乃復以一爵假人!"[1]

[1] 『文字志』曰; 廞, 字宗子, 江夏鍾武人. 祖康, 秦州刺史. 父重, 平陽太守, 世有名望. 廞好學, 善草隸, 與兄式齊名. 躄疾不能行坐, 常仰臥, 彈琴讀誦不輟. 河間王辟太尉祭, 以疾不赴. 後避難, 隨兄南渡, 司徒王導復辟之, 廞曰; "茂弘乃復以一爵加人!" 永和中卒. 廞嘗爲二府辟, 故號李公府也. 式, 字景則, 廞長兄也. 思理儒隱, 有平素之譽. 渡江, 累遷臨海太守·侍中. 年五十四而卒.

• 18:05 [0790]

하표기何驃騎[何充]의 동생[何准]은 고고한 마음을 지니고 있어서 세상을 피했는데, 하표기가 그에게 벼슬하라고 권하자 대답했다. "다섯째라는 나의 이름이 어찌 반드시 표기만 못하겠습니까?"[1]

[1] 『중흥서中興書』: 하준何准은 자가 유도幼道며 여강廬江 잠灊사람으로, 표기장군 하충何充의 다섯째 동생이다. 평소 고상함을 좋아하여, 초징되었지만 한 번도 나아가지 않았다. 하충은 재상의 지위에 있으면서 권력이 군주를 기울일 정도였지만, 하준은 벼슬하지 않고 누추한 집에 살면서① 세상일에 관여하지 않았다. 당시의 명망과 덕행을 지닌 자들이 모두 그를 칭송했다. 47세에 죽었다. 딸이 있었는데 목제穆帝[司馬聃]의 황후②가 되었다. 광록대부光祿大夫에 추증되었으나 아들 하회何恢③가 사양하고 받지 않았다.

[역주]
① 벼슬하지 않고 누추한 집에 살면서 : 원문은 "散帶衡門". 세상을 피해 은거하면서 벼슬하지 않는 것을 말함. '散帶'는 束帶의 반대말로 官帶를 띠지 않는, 즉 벼슬하지 않는 것을 말하고, '衡門'은 누추한 집으로 보통 은거자의 거처를 말함.
② 穆帝[司馬聃]의 황후 : 穆章何皇后를 말함. 諱는 法倪. 『晉書』 권32에 傳이 있음.
③ 何恢 : 『晉書』 권93 「外戚傳·何準傳」에는 "何惔"이라 되어 있음. 그러나 『世說敍錄』 「人名譜·廬江何氏譜」에는 그대로 "何恢"라 되어 있음.

[참고] 『晉書』93, 『藝文類聚』48, 『太平御覽』238.

何驃騎弟以高情避世, 而驃騎勸之令仕, 答曰; "予第五之名, 何必減驃騎?"[1]

① 『中興書』曰; 何準, 字幼道, 廬江灊人, 驃騎將軍充第五弟也. 雅好高尙, 徵聘一無所就. 充位居宰相, 權傾人主, 而準散帶衡門, 不及世事. 于時名德皆稱之. 年四十七卒. 有女, 爲穆帝皇后. 贈光祿大夫, 子恢讓不受.

• 18:06 [0791]

완광록阮光祿[阮裕]은 동산東山에 살면서 한적하게 일삼는 바가 없었으며, 항상 마음속으로 만족해했다.① 어떤 사람이 왕우군王右軍[王羲之]에게 물었더니 왕우군이 말했다.

"그 분은 '총애와 굴욕을 두려워하지 않는' 경지에 근접했으니,② 비록 옛날에 세상을 피해 은거한 자[沈冥]라고 한들 어찌 이보다 뛰어나겠는가?"③

① 『완유별전阮裕別傳』: 완유는 회계會稽 섬산剡山에 살면서 은둔①에 뜻을 두었다.

② 『노자老子』② : 총애와 굴욕을 두려운 듯이 대하라. [아랫사람으로서 총애를 받게 되면] 그것을 얻어도 두렵고 그것을 잃어도 두렵다.

③ ◦ 『양자楊子』③ : 촉군蜀郡의 장씨莊氏④는 세상을 피해 은거했다[沈冥].

◦ 이궤李軌의 주 : '침명沈冥'은 청정무위淸靜無爲과 같으며, 은거하여 자취를 남기지 않는 모양이다.

[역주]························
① 은둔 : 원문은 "肥遯". 세상을 피해 유유히 은둔하는 것을 말함. '肥'는 여유 있음을 뜻함.『易經』「遯卦」의 上九爻辭에 "肥遯無不利"라는 구절이 있음. '遯'은 '遁'과 통함.
② 『老子』: 인용된 구절은『老子』제13장에서 節錄한 것임. 본래 문장은 "寵辱若驚, 貴大患若身. 何謂寵辱若驚? 寵之爲下也, 得之若驚, 失之若驚. 是謂寵辱若驚."임.
③ 『楊子』: 인용된 구절은 楊[揚]雄의『法言』「問明篇」에 나옴.
④ 蜀郡의 莊氏 : 莊遵을 말함. 漢나라 때 蜀郡사람으로 자는 君平. 明帝[劉莊]의 諱를 피하여 성을 '嚴'으로 바꿈. 成都에서 점치는 일로 먹고 살았는데, 날마다 점을 쳐서 100錢만 벌면 즉시 문을 닫고『老子』를 읽었다고 하며, 나중에 楊雄의 스승이 됨.『漢書』권72에 그의 傳이 있음.

[참고]『晉書』49.

阮光祿在東山, 蕭然無事, 常內足於懷.① 有人以問王右軍, 右軍曰; "此君近不驚寵辱,② 雖古之沈冥, 何以過此?"③

① 『阮裕別傳』曰; 裕居會稽剡山, 志存肥遁.
② 『老子』曰; 寵辱若驚. 得之若驚, 失之若驚.
③ 『楊子』曰; 蜀莊沈冥.
  ◦ 李軌注曰; 沈冥, 猶玄寂, 泯然無迹之貌.

• 18 : 07 [0792]

공거기孔車騎[孔愉]는 젊어서부터 은둔할 뜻①을 지니고 있다가, 40세가 넘어서야 비로소 안동장군安東將軍[元帝 司馬睿]의 명에 응했다. 아직 벼슬을 하지 않았을 때, 항상 혼자 자고 노래를 부르며② 자신을 훈계했으며, 스스로 공랑孔郎이라 부르면서 명산③을 유람했다.① 백성들은 그가 도술을 갖고 있다고 생각하여 생전에 사당을 세웠다. 지금도 공랑묘孔郎廟가 남아 있다.

① 『공유별전孔愉別傳』: 영가永嘉의 대란 때 공유는 임해현臨海縣의 산속으로 들어가 영달을 구하지 않았다. 중종中宗[元帝 司馬睿]이 그를 참군參軍으로 임명했다.

[역주]
① 은둔할 뜻 : 원문은 "嘉遁意". '嘉遁'은 '嘉遯'과 같은 뜻으로, 正道를 지키면서 은둔하는 것을 말함. 『周易』「遯卦」의 九五爻辭에 "嘉遯, 貞吉."이란 구절이 있고, 그 象傳에 "嘉遯, 貞吉以正志也."라는 구절이 있음.
② 노래를 부르며 : 원문은 "歌吹". 宋本에는 "吹"자가 빠져 있음.
③ 명산 : 宋本에는 "山石"이라 되어 있음.

[참고] 『晉書』78.

孔車騎少有嘉遁意, 年四十餘, 始應安東命. 未仕宦時, 常獨寢歌吹自箴誨, 自稱孔郎, 遊散名山.① 百姓謂有道術, 爲生立廟. 今猶有孔郎廟.

① 『孔愉別傳』曰; 永嘉大亂, 愉入臨海山中, 不求聞達. 中宗命爲參軍.

• 18 : 08 [0793]

　남양南陽의 유린지劉驎之는 성품이 고상하고 진솔했으며 사전史傳에 뛰어났는데 양기陽岐①에 은거했다. 당시 부견符堅이 장강까지 들이닥치자,② 형주荊州자사 환충桓沖은 나라에 유익한 대계大計③에 진력하고자 그를 장사長史로 초징했으며, 사람을 보내 배를 타고 가서 그를 영접하도록 하고 매우 후하게 예물을 보냈다. 유린지는 임명 소식을 듣고 곧장 배에 올랐으나, 보내준 예물은 하나도 받지 않고 길을 따라가면서 가난한 사람들에게 주다보니, 상명上明④에 도착할 즈음에 예물이 바닥났다. 유린지는 환충을 만나자마자 자신이 쓸모없다고 진술한 뒤 유유히 돌아갔다.

　유린지는 오랫동안 양기에 머물면서 입을 것과 먹을 것을 있을 때나 없을 때나 항상 마을사람들과 함께 했다. 자신이 궁핍하게 되면 마을사람들이 또한 그렇게 했다.⑤ 매우 후덕하여 향리사람들이 그를 편안하게 여겼다.①

　① · 등찬鄧粲의 『진기晉紀』: 유린지는 자가 자기子驥며 남양南陽 안중安衆사람이다. 젊어서부터 질박함을 숭상했고 겸허하고 욕심이 적었으며, 산수에서 노닐기 좋아하여 은둔에 뜻을 두었다. 환충이 한번은 그의 집에 갔는데, 유린지가 한창 뽕잎을 따고⑥ 있다가 환충에게 말했다.

　　"사군使君[刺史]께서 이미 수고스럽게 왕림하셨으니 마땅히 부친께 먼저 가도록 하시지요."

　환충은 결국 그의 부친에게 갔다. 부친이 유린지를 부르고 나서야 그는 돌아와 허름한 옷을 털고 환충과 얘기를 나누었다. 부친이 유린지에게 직접 탁주와 안주거리⑦를 차려 와서 손님을 대접하라고 하자, 환충이 부하에게 명하여 그를 대신하게 했더니, 부친이 사양하며 말했다.

　　"만약 관리를 부린다면 그건 이 촌사람의 본의가 아닙니다."

　환충은 감개하면서 저녁이 되고 나서야 돌아갔다. 그래서 장사가 되어 달라고 청했으나 유린지는 극구 사양했다.

유린지는 양기에 살았는데 집이 길에서 멀리 떨어져 있지 않아서[8] 왕래하는 사람들이 반드시 그의 집에 들르곤 했다. 유인지는 자신이 직접 그들을 대접했으며 보내준 물건은 받지 않았다. 집에서 백 리 떨어진 곳에 혼자 병들어 있는 할멈이 있었는데, 장차 죽게 되었을 때 사람들에게 말했다.

"오직 유장사劉長史[劉驎之]가 마땅히 나를 묻어줘야 한다!"

유린지는 직접 가서 위문하고 임종을 한 뒤[9] 관을 마련하여 장례를 치러주었다. 그 인애仁愛함이 모두 이와 같았다. 수명대로 살다 죽었다.

[역주]
① 陽岐 : 村名. 「任誕」38 劉注①에서 "村臨江, 去荊州二百里."라고 함.
② 符堅이 장강까지 들이닥치자 : 前秦의 苻[符]堅이 383년에 襄陽을 급습한 것을 말함.
③ 나라에 유익한 大計 : 원문은 "訏謨之益". 크게 도모하여 국가를 돕는 것을 말함. 『詩經』「大雅·抑」의 "訏謨定命" 구절에 대한 毛傳에서 "訏, 大也. 謨, 謀也."라고 함. 「文學」52 劉注②참조.
④ 上明 : 지금의 湖北省 松滋縣 서쪽에 있는 지명. 당시 桓沖은 襄陽에서 퇴각하여 이곳에 주둔하고 있었음.
⑤ 마을사람들이 또한 그렇게 했다 : 원문은 "村人亦如之". 宋本에는 "如之"가 "知之"로 되어 있음. 이 경우는 뒤 구절의 "甚厚"와 연계하여, "마을사람들이 또한 그러한 사정을 알고 매우 후하게 도와주었다"로 해석할 수 있음.
⑥ 뽕잎을 따고 : 원문은 "條桑". 『詩經』「豳風·七月」의 "蠶月條桑" 구절에 대한 鄭箋에서 "條桑, 枝落之采其葉也."라고 함.
⑦ 안주거리 : 원문은 "菹菜". 절임채소. 여기서는 변변찮은 안주를 말함. '菹(저)'는 '菹'와 같음.
⑧ 길에서 멀리 떨어져 있지 않아서 : 원문은 "去道斥近". 이대로는 의미가 잘 통하지 않음. 目加田誠의 일역본에서는 『世說箋本』에 "去道在近"이라 되어 있음을 지적했는데, 이렇게 하면 의미가 분명해짐. 『晉書』 권94 「劉驎之傳」에 "在官道之側"이란 구절이 있는 것으로 보아 '斥'이 '在'의 오기일 가능성이 높음.
⑨ 임종을 한 뒤 : 원문은 "疾終". 宋本과 袁褧本 등 諸本에는 모두 "値終"이라 되어 있는데, 문맥상 타당하다고 여겨 이것에 따라 번역함.

[참고] 『北堂書鈔』68.

南陽劉驎之, 高率善史傳, 隱於陽岐. 于時苻堅臨江, 荊州刺史桓沖將盡訏謨

之益, 徵爲長史, 遣人船往迎, 贈貺甚厚. 驎之聞命, 便升舟, 悉不受所餉, 緣
道以乞窮乏, 比至上明亦盡. 一見沖, 因陳無用, 翛然而退. 居陽岐積年, 衣食
有無, 常與村人共. 值己匱乏, 村人亦如之. 甚厚, 爲鄕閭所安.①

① ◦鄧粲『晉紀』曰: 驎之, 字子驥, 南陽安衆人. 少尙質素, 虛退寡欲. 好遊山澤間, 志存遁
   逸. 桓沖嘗至其家, 驎之方條桑, 謂沖: "使君旣枉駕光臨, 宜先詣家君." 沖遂詣其父. 父命
   驎之, 然後乃還, 拂短褐與沖言. 父使驎之自持濁酒菹菜供賓, 沖敕人代之, 父辭曰; "若使
   官人, 則非野人之意也." 沖慨然, 至昏乃退. 因請爲長史, 固辭. 居陽岐, 去道斥近, 人士
   往來, 必投其家. 驎之身自供給, 贈致無所受. 去家百里, 有孤嫗疾, 將死, 謂人曰; "唯有劉
   長史當埋我耳!" 驎之身往候之, 疾終, 爲治棺殯. 其仁愛皆如此. 以壽卒.

• 18 : 09 [0794]

남양南陽의 적도연翟道淵[翟湯]과 여남汝南의 주자남周子南[周邵]은 젊어서부터 친구 사이였는데, 함께 심양尋陽에서 은거했다. 유태위庾太尉[庾亮]가 당대의 시무時務를 가지고 주자남을 설복하여 주자남은 마침내 벼슬을 했지만,① 적도연은 더욱 굳게 뜻을 지켰다. 그 후에 주자남이 적도연을 찾아갔지만 적도연은 그와 말도 하지 않았다.①

① ◦『진양추晉陽秋』: 적탕翟湯은 자가 도연道淵②이며 남양南陽사람으로, 한漢
   나라 적방진翟方進③의 후손이다. 독실하게 행동하고 소박함을 지켰으며, 겸
   양하고 청렴하여 남이 보내준 물건은 하나도 받지 않았다. 난리가 일어나
   도적이 들끓었으나 적탕의 명성과 덕망을 듣고 모두 감히 침범하지 못했다.
   ◦『심양기尋陽記』: 처음에 유량庾亮은 강주江州자사로 부임하여 적탕의 평
   판을 듣고는 관대를 두르고 나막신을 신고서 그를 찾아갔다. 유량이 매우
   공손하게 예를 차리자 적탕이 말했다.
   "사군使君[刺史]께서는 다만 말라버린 나무와 썩은 그루와 같은 나를 공
   경할 뿐입니다."
   유량은 그의 훌륭한 언변을 칭송하고 표문表文을 올려 그를 추천했다.
   적탕은 국자박사國子博士로 초징되었으나 부임하지 않았다. 주부主簿 장현
   張玄이 말했다.
   "이 분은 누워 있는 용이라서 움직일 수가 없습니다."

[적탕은 벼슬하지 않고] 집에서 죽었다.

[역주]·························
① 庾太尉[庾亮]가~ 벼슬을 했지만 : 周邵가 庾亮에게 설득당해 벼슬길에 나섰다가 나중에 후회한 고사가 「尤悔」10에 나옴.
② 道淵 : 『晉書』 권94 「隱逸傳·翟湯傳」에는 "道深"이라 되어 있는데, 이는 唐 高祖 李淵의 諱를 피해 고친 것임.
③ 翟方進 : 前漢 上蔡사람으로 자는 子威. 長安에서 博士로부터 『春秋』를 배웠으며, 成帝 때 丞相이 되고 高陵侯에 봉해짐. 『漢書』 권84에 그의 傳이 있음.

南陽翟道淵與汝南周子南少相友, 共隱於尋陽. 庾太尉說周以當世之務, 周遂仕, 翟秉志彌固. 其後周詣翟, 翟不與語.[1]

[1] ▫『晉陽秋』曰; 翟湯, 字道淵, 南陽人, 漢方進之後也. 篤行任素, 義讓廉潔, 餽贈一無所受. 値亂多寇, 聞湯名德, 皆不敢犯.
▫『尋陽記』曰; 初, 庾亮臨江州, 聞翟湯之風, 束帶躡屐而詣焉. 亮禮甚恭, 湯曰; "使君直敬其枯木朽株耳." 亮稱其能言, 表薦之. 徵國子博士, 不赴. 主簿張玄曰; "此君臥龍, 不可動也." 終於家.

• 18 : 10 [0795]

맹만년孟萬年[孟嘉]과 동생 맹소고孟少孤[孟陋]는 무창武昌 양신현陽新縣에서 살았다. 맹만년은 벼슬길에 올라① 당시에 명성이 높았지만, 맹소고는 한 번도 나간 적이 없었다. 도성의 인사들이 그를 만나보고 싶어서 사절을 보내 맹소고에게 '형의 병이 위독하다'고 알렸더니, 맹소고가 허겁지겁 도성으로 왔다. 당시 그를 만나본 명사들은 감탄해마지않으면서 서로 말했다.

"소고가 이와 같으니 만년은 죽어도 괜찮다."[1]

[1] ▫ 원굉袁宏의 「맹처사명孟處士銘」: 맹처사는 이름이 누陋고 자가 소고며 무창 양신사람②으로, 오吳나라 사공司空 맹종孟宗의 후손③이다. 젊어서부터 예스러움을 희구하고 허름한 옷과 거친 음식으로 초가집에 한거하면서④ 인간 세상의 일⑤을 끊었으며, 친족들은 그의 효성을 흠모했다. 환대장군桓大將軍

[桓溫]이 회계왕會稽王[司馬昱]에게 명하여 그를 초징하게 했으나, 맹루는 병을 핑계 대고 나아가지 않았다. 상왕부相王府[司馬昱]에서는 몇 년 동안 자리를 비워 두었지만, 맹루는 담담하게 걱정하지 않고 끝까지 뜻을 굽히지 않았다. 당시 사람들이 그를 훌륭하게 여겼다.

[역주]······························
① 맹만년은 벼슬길에 올라 : 『晉書』 권94 「隱逸傳・孟陋傳」에 따르면, 당시 孟嘉는 桓溫의 長史로 있었음.
② 武昌 陽新사람 : 『晉書』 권94 「孟陋傳」에는 "武昌人"이라 되어 있지만, 그의 형 「孟嘉傳」[同書 권94]에는 "江夏鄳人"이라 되어 있음.
③ 孟宗의 후손 : 宋本에는 "孟宗"이 "子宗"이라 되어 있는데 오기로 보임. 『晉書』 권94 「孟陋傳」에서는 孟宗의 증손이라 함.
④ 초가집에 한거하면서 : 원문은 "棲遲蓬蓽之下". '棲遲'는 한적하게 휴식하는 것을 말함. 『詩經』 「陳風・衡門」에 "衡門之下, 可以棲遲."라는 구절이 있음. '蓬蓽'은 蓬戶蓽門의 준말로 쑥대 집에 가시나무 사립문, 즉 빈한한 집을 말함.
⑤ 인간세상의 일 : 원문은 "人閒之事". 宋本에는 "人好之事"라 되어 있음.

孟萬年及弟少孤, 居武昌陽新縣. 萬年遊宦, 有盛名當世, 少孤未嘗出. 京邑人士思欲見之, 乃遣信報少孤, 云兄病篤, 狼狽至都. 時賢見之者, 莫不嗟重, 因相謂曰; "少孤如此, 萬年可死."①

① 袁宏「孟處士銘」曰; 處士名陋, 字少孤, 武昌陽新人, 吳司空孟宗後也. 少而希古, 布衣蔬食, 棲遲蓬蓽之下, 絶人閒之事, 親族慕其孝. 大將軍命會稽王辟之, 稱疾不至. 相府歷年虛位, 而澹然無悶, 卒不降志. 時人奇之.

• 18 : 11 [0796]

강승연康僧淵은 예장豫章에 있을 때, 성곽에서 수십 리 떨어진 곳에 정사精舍를 지었는데,① 옆으로 산봉우리가 이어지고 긴 강을 띠고 있었으며, 향기로운 나무가 널찍한 정원에 늘어서고 맑은 냇물이 집을 감돌아 흘렀다. 그곳에서 한적하게 거하며 연구하고 강습하면서 불리삼매佛理三昧를 희구했다.
유공庾公[庾亮] 등 여러 명사들이 그를 만나러 가서 보았더니, 그는 토납술吐納術②을 운용하여 풍모가 더욱 훌륭해졌으며 게다가③ 처경處境이 즐겁고 편안하여 또한 유유자득했다. 그리하여 명성이 높아졌다. 나중에는 [명성으로 인해 생기는 귀찮음을] 견디지 못하여 마침내 그곳에서 나갔다.④1

1 · 강승연은 이미 나왔다.⑤

[역주].........................
① 精舍를 지었는데 : 『高僧傳』 권4 「康僧淵傳」에서는 "後於豫章山立寺"라 함.
② 吐納術 : 폐 속의 濁氣를 입으로 내쉬고 외부의 淸氣를 코로 들이마시는 養生法의 일종.
③ 게다가 : 원문은 "加已". 宋本에는 "加"라고만 되어 있음.
④ 마침내 그곳에서 나갔다 : 원문은 "遂出". 『高僧傳』 권4 「康僧淵傳」에서는 "卒於寺焉"이라 함.
⑤ 이미 나왔다 : 「文學」47 劉注1에 나왔음.

[참고] 『高僧傳』4.

康僧淵在豫章, 去郭數十里, 立精舍. 旁連嶺, 帶長川, 芳林列於軒庭, 淸流激於堂宇. 乃閑居研講, 希心理味. 庾公諸人多往看之, 觀其運用吐納, 風流轉佳, 加已處之怡然, 亦有以自得. 聲名乃興. 後不堪, 遂出.1

1 · 僧淵, 已見.

• 18 : 12 [0797]

대안도戴安道[戴逵]는 이미 동산東山에서 굳게 지조를 지키고 있었지만,1 그의 형[戴逯]은 무공武功①을 세우고자 했다.2 사태부謝太傅[謝安]가 말했다.

"그대 형제의 뜻과 일은 어쩌면 그렇게 너무나 다르오?"

그의 형이 말했다.

"하관은 '그 근심을 견디지 못하고'② 아우는 '그 즐거움을 고치지 않기'② 때문입니다."

1 · 『속진양추續晉陽秋』: 대규戴逵는 시세時世를 달가워하지 않고 금琴과 서

책으로 스스로 즐기면서 회계會稽의 섬산剡山에 은거했다. 국자박사國子博士로 초징되었으나 나아가지 않았다.

②▫『대씨보戴氏譜』: 대록戴逯③은 자가 안구安丘며 초국譙國사람이다. 조부 대석戴碩과 부친 대수戴綏는 명성과 지위가 있었다. 대록은 무용으로 이름이 알려졌고 공을 세워④ 광릉후廣陵侯⑤에 봉해졌으며, 벼슬은 대사농大司農에 이르렀다.

[역주]⋯⋯⋯⋯⋯⋯⋯⋯⋯

① 武功: 원문은 "式遏之功". 외적의 침입을 막아 나라를 편안케 하는 공. 『詩經』 「大雅・民勞」에 "式遏寇虐, 憯不畏明."이란 구절이 있고, 이것에 대한 鄭箋에서 "式, 用也. 遏, 止也."라고 함.

② 그 근심을 견디지 못하고, 그 즐거움을 고치지 않기: 원문은 "不堪其憂"와 "不改其樂". 『論語』「雍也」에 "賢哉回也! 一簞食, 一瓢飮, 在陋巷, 人不堪其憂, 回也不改其樂."이란 구절이 있음.

③ 戴逯: 『晉書』권79 「謝玄傳」에 본문의 고사가 실려 있는데, 거기에는 "逯, 處士逵之弟也."라고 하여 '逯'이 '逵'라 되어 있고, 또한 戴逵의 동생이라 되어 있음.

④ 공을 세워: 『晉書』권79 「謝玄傳」과 『資治通鑑』권104 「晉紀」26의 기록에 따르면, 戴逯은 383년 肥水의 전쟁 때 謝玄을 따라가 前秦의 苻堅을 격파하는 데 공을 세웠음.

⑤ 廣陵侯: 『晉書』권79 「謝玄傳」에는 "廣信侯"라 되어 있음.

[참고] 『晉書』79.

戴安道旣厲操東山,① 而其兄欲建式遏之功.② 謝太傅曰; "卿兄弟志業, 何其太殊?" 戴曰; "下官'不堪其憂', 家弟'不改其樂'."

①『續晉陽秋』曰; 逵不樂當世, 以琴書自娛, 隱會稽剡山. 國子博士徵, 不就.

②『戴氏譜』曰; 逯, 字安丘, 譙國人. 祖碩, 父綏, 有名位. 逯以武勇顯, 有功, 封廣陵侯, 仕至大司農.

──────── • 18:13 [0798]

허현도許玄度[許詢]는 영흥永興① 남쪽의 깊숙한 동굴 속에서 은거했지만, 매번 사방의 고관高官②들이 물건을 보내오곤 했다. 어떤 사람이 허현도에게 말했다.

"기산箕山 사람③은 아마도 이러하지 않았을 것이라고 일찍이 들었습니다."

허현도가 말했다.

"대광주리에 담고[筐篚]④ 풀잎에 싸서[苞苴] 보내준 물건은 당연히 천하라는 보배⑤보다 하찮지요."[1]

[1] ◦ 정현鄭玄의 『예기禮記』 주⑥ : 포저苞苴는 고기를 싸는 것인데, 갈대로 싸기도 하고 띠로 싸기도 한다.

◦ 이것은 허유許由가 오히려 요임금의 양위 제의까지 받았으니 대광주리의 물건정도야 어찌 하찮지 않겠느냐는 말이다.

[역주]························

① 永興 : 晉代에는 會稽郡에 속했으며, 그 故城이 지금의 浙江省 蕭山縣 서쪽에 있음.
② 高官 : 원문은 "諸侯". 여기서는 각지 州縣의 지방고관을 말함.
③ 箕山 사람 : 許由를 말함. 요임금이 허유에게 천하를 양보했지만 허유는 사양하고 箕山[지금의 河南省 登封縣 동남쪽]에서 은거함. 『莊子』「逍遙遊篇」·「讓王篇」과 『史記』「伯夷列傳」등에 그에 관한 전설이 보임. 여기서는 許由가 許詢과 同姓이기 때문에 그를 들어 허순을 꼬집은 것임.
④ 대광주리에 담고[筐篚] : 둘 다 대나무로 만든 광주리인데 '筐'은 사각형이고 '篚'는 원형임.
⑤ 천하라는 보배 : 원문은 "天下之寶". 『周易』「繫辭傳下」에 "天地之大德曰生, 聖人之大寶曰位."라는 구절이 있음.
⑥ 鄭玄의 『禮記』 주 : 『禮記』「曲禮上」의 注에 나옴.

[참고] 『蒙求原注』中.

許玄度隱在永興南幽穴中, 每致四方諸侯之遺. 或謂許曰; "嘗聞箕山人似不爾耳." 許曰; "筐篚苞苴, 故當輕於天下之寶耳."[1]

[1] ◦ 鄭玄『禮記』注云; 苞苴, 裹肉也. 或以葦, 或以茅.

◦ 此言許由尙致堯帝之讓, 筐篚之遺, 豈非輕邪?

• 18 : 14 [0799]

범선范宣은 한 번도 관아에 들어간 적이 없었는데, 한강백韓康伯[韓

伯이 그와 함께 수레를 타고 가다가 마침내 유인하여 같이 군의 관아로 들어갔더니, 범선은 곧바로 수레 뒤쪽으로 급히 내려가 버렸다.①⬜

⬜ㆍ『속진양추續晉陽秋』: 범선은 젊었을 때 은둔을 숭상하여 예장豫章에 살면서 청결함으로 자신의 명성을 세웠다.

[역주]··············

① 수레 뒤쪽으로 급히 내려가 버렸다 : 『考工記』에 따르면 周代의 車制는 모두 수레 뒤쪽을 통해 오르고 내렸다고 한 것으로 보아, 晉代의 車制도 이와 비슷했던 것으로 보임. 한편 日加田誠의 日譯本에서는 수레는 뒤로 타고 앞으로 내리는 것이 통상적인데 여기서는 그 반대로 뒤쪽으로 내린 것이라고 함.

范宣未嘗入公門, 韓康伯與同載, 遂誘俱入郡, 范便於車後趣下.⬜

⬜ㆍ『續晉陽秋』曰; 宣少尚隱遁, 家于豫章, 以清潔自立.

─────── • 18 : 15 [0800]

치초郗超는 매번 고상한 뜻을 지니고 은거하려는 자가 있다는 소식을 들으면, 곧 백만의 자금을 마련해주고 그를 위해 거처까지 지어주었다. 섬현剡縣에서 대공戴公[戴逵]을 위해 집을 지어주었는데 매우 정교하고 깔끔했다. 대공은 처음 그 집으로 갔을 때① 친구에게 편지를 보내 말했다.

"근자에 섬현의 집에 왔는데 마치 관사에 들어간 것 같네."②

치초는 부약傅約을 위해서도 백만의 자금을 마련했지만, 부약의 은거하려는 일에 차질이 생기는③ 바람에 그에게 주지 못하고 말았다.⬜

⬜ㆍ부약은 부경傅瑗④의 어릴 적 자다.

[역주]··············

① 처음 그 집으로 갔을 때 : 원문은 "始往舊居". 『藝文類聚』권36과 『太平御覽』 권510에 인용된 『世說』에는 "始往居"라 되어 있는데, 문맥상 타당하다고 여겨 이것에 따라 번역함. 원문은 "舊"자는 衍文으로 보임.

② 마치 관사에 들어간 것 같네 : 원문은 "如官舍". 『藝文類聚』권36과 『太平御覽』 권510에 인용된 『世說』에는 "如入官舍"라 되어 있음.

③ 차질이 생기는 : 원문은 "差互". 일이 어긋나거나 실현되지 못한 것을 말함.
④ 傅瑗 : 『宋書』 권43 「傅亮傳」에서는 "父瑗, 以學業知名, 位至安成太守. 瑗與郗超善, 超嘗造瑗, 見其二子廸及亮."이라고 하여 "傅瑗"이라 되어 있으며, 『世說敍錄』 「人名譜·北地傅氏譜」에도 "傅瑗"이라 되어 있음.

[참고] 『晉書』67, 『藝文類聚』36, 『太平御覽』510.

郗超每聞欲高尙隱退者, 輒爲辦百萬資, 幷爲造立居宇. 在剡爲戴公起宅, 甚精整. 戴始往舊居, 與所親書曰; "近至剡, 如官舍." 郗爲傅約亦辦百萬資, 傅隱事差互, 故不果遣.①

①。約, 瑗小字.

------ • 18 : 16 [0801]

허연許掾[許詢]은 산수를 유람하기 좋아했는데, 몸이 민첩하여 산을 오르는 데 수월했다. 당시 사람들이 말했다.

"허연은 명승지를 좋아하는 마음이 있을 뿐만 아니라 실제로 명승지를 잘 다닐 수 있는 체구를 갖고 있다."

[참고]························
『蒙求原注』中, 『事文類聚』前14.

許掾好遊山水, 而體便登陟. 時人云; "許非徒有勝情, 實有濟勝之具."

------ • 18 : 17 [0802]

치상서郗尙書[郗恢]는 사거사謝居士[謝敷]와 사이가 좋았는데, 늘 그를 칭찬했다.

"사경서謝慶緖[謝敷]는 식견이 비록 남보다 뛰어나지는 않지만, 마음을 번거롭게 하는 것을 모두 없앨 수는 있다."①

①。치상서는 치회郗恢다. 따로 나온다.①
 。단도란檀道鸞의 『속진양추續晉陽秋』: 사부謝敷는 자가 경서며 회계會稽사

람이다. 불교를 신봉했다. 처음 태평산太平山②에 들어가 10여 년 동안 정진 수도하면서③ 동료들을 인도하여 교화시키는 데 게으르지 않았다. 모친이 연로한 탓에 남산南山④의 약야若邪로 돌아갔다. 내사內史 치음郗愔이 그를 추천하는 표문을 올려 박사博士로 초빙되었지만 나아가지 않았다.

당초 달이 일명 처사성處士星이라고도 하는 소미성少微星⑤을 침범했을 때, 점괘에서 말했다.

"처사가 액운을 당한다."

당시 대규戴逵는 섬현剡縣에 있었는데, 이미 재예才藝가 훌륭하고 귀족 권세가들과 교유하여 사부보다 먼저 이름을 드러냈으므로, 당시 사람들은 혹시 그가 액운을 당하지는 않을까 하여 그를 걱정했다. 그런데 얼마 뒤 사부가 죽자, 회계의 인사들이 오吳 땅 사람을 조롱하여 말했다.

"오땅의 고사高士⑥는 설령 죽고자 해도 죽을 수 없나봐!"

[역주] ·······················

① 따로 나온다 : 「任誕」39 劉注①에 나옴.
② 太平山 : 지금의 浙江省 紹興縣 동남쪽 70리에 있음.
③ 정진 수도하면서 : 원문은 "長齋供養". 장기간 素食하면서 精進 修道하는 것을 말함.
④ 南山 : 지금의 浙江省 金華縣 동남쪽 35리에 있으며, 현에서 100리쯤 떨어진 곳에 若邪가 있음.
⑤ 少微星 : 太微星의 서쪽에 있는 네 별로 處士를 상징함.
⑥ 오 땅의 高士 : 戴逵를 말함. 『晉書』 권94 「戴逵傳」에 따르면, 戴逵는 譙國[吳]사람인데 나중에 會稽郡 剡縣으로 이주했음.

郗尚書與謝居士善, 常稱; "謝慶緒識見雖不絶人, 可以累心處都盡."①
①。尚書, 郗愔也. 別見.
　。檀道鸞『續晉陽秋』曰; 謝敷, 字慶緒, 會稽人. 崇信釋氏. 初入太平山中十餘年, 以長齋供養爲業, 招引同事, 化納不倦. 以母老, 還南山若邪中. 內史郗愔表薦之, 徵博士, 不就. 初, 月犯少微星, 一名處士星, 占云; "以處士當之." 時戴逵居剡, 旣美才藝, 而交遊貴盛, 先敷著名, 時人憂之. 俄而敷死, 會稽人士以嘲吳人云; "吳中高士, 便是求死不得!"

제19편

현 원
賢 媛
Worthy Beauties

본편은 『세상의 참신한 이야기, 세설신어』의 19번째 편으로 총 32조가 실려 있다.

'현원'은 현숙賢淑한 여자를 뜻한다. 본편은 덕행과 재지를 겸비한 부녀자들의 형상을 묘사하고 있는데, 여성에 대한 이러한 관심과 칭송은 『세설신어』의 또 다른 특색 가운데 하나다.

여성에 대한 일반적인 찬미와는 달리 본편에서는 여성 용모의 미추美醜에 중점을 두지 않고 여성의 덕행·재능·식견·풍모 등에 초점을 두고 있는데, 이러한 관점은 매우 타당하고 긍정적이라 할 수 있다. 본편은 바로 이른바 명사의 표준에 의거하여 주로 위진시대 여성들의 행적을 수집·기술한 것이다. 여기에 묘사된 여성들은 전통적인 삼종사덕三從四德을 지닌 여성의 형상과는 사뭇 달라, 남성들과 거의 평등한 지위에 서 있다. 이러한 기풍이 조성될 수 있었던 주요한 원인 가운데 하나는 한말漢末 이래로 나타난 사족士族계층 지식인의 사상해방을 들 수 있다.

━━━━━━━━━ • 19 : 01 [0803]

　　진영陳嬰은 동양東陽사람이다. 젊어서부터 덕행을 닦아 향리에서 명성이 높았다. 진秦나라 말년에 세상이 크게 어지러워지자 동양사람들이 진영을 맹주盟主로 받들고자 했는데, 진영의 모친이 말했다.
　　"안된다! 내가 너의 집안에 시집온 이래로 젊어서부터 줄곧 빈천하게 지냈는데, 하루아침에 부귀해지는 것은 상서롭지 못하다. 차라리 병사를 이끌고 남의 부하로 들어가느니만 못하니, 일이 성공되면 다소나마 그 이득을 받을 수 있겠지만 실패하면 그 화가 돌아올 게 뻔하다." ①

　　①『사기史記』① : 진영은 본래 동양현의 영사令史②였는데, 현에 살면서 평소 신망을 얻어 존귀한 자가 되었다.③ 동양사람들이 그를 우두머리로 세우고자 하여 진영에게 청했는데 진영의 모친이 그것을 말렸다.④ 그래서 진영이 병사를 이끌고 항량項梁의 부하로 들어가자, 항량이 진영을 상주국上柱國⑤으로 삼았다.

[역주]……………………
① 『史記』: 권7「項羽本紀」에 나옴.
② 令史 : 중앙 또는 지방 州郡의 하급관리로 문서 등을 관리함.
③ 평소 신망을 얻어 존귀한 자가 되었다 : 원문은 "素信, 爲長者."『史記』권7「項羽本紀」에는 "素信謹, 稱爲長者."라 되어 있음.
④ 그것을 말렸다 : 원문은 "見之". 宋本에는 "諫之"라 되어 있는데, 문맥상 타당하므로 이것에 따라 번역함.
⑤ 上柱國 : 전국시대 楚國의 官名으로, 적군을 격파하거나 적장을 죽인 공을 세운 자에게 수여되었는데, 唐宋代까지도 그 관명이 남아 있었음.

[참고]『史記』7,『列女傳』8.

陳嬰者, 東陽人. 少脩德行, 箸稱鄕黨. 秦末大亂, 東陽人欲奉嬰爲主, 母曰; "不可! 自我爲汝家婦, 少見貧賤, 一旦富貴, 不祥. 不如以兵屬人, 事成少受其利, 不成禍有所歸." ①

① 『史記』曰; 嬰故東陽令史, 居縣, 素信, 爲長者. 東陽人欲立長, 乃請嬰, 嬰母見之. 乃以

兵屬項梁, 梁以嬰爲上柱國.

---------- • 19 : 02 [0804]

한漢나라 원제元帝[劉奭]는 궁녀가 너무 많아서 화공畫工에게 그들의 초상을 그리게 하여, 부르고 싶은 궁녀가 있으면 곧 그 초상화를 펼쳐보고 불러들이곤 했다. 궁녀 중에서 용모가 보통인 자들은 모두 화공에게 뇌물을 썼지만, 왕명군王明君은 자태와 용모가 매우 아름다운데다가 구차하게 화공에게 뇌물을 주고 잘 그려달라고 부탁할 생각도 없어서, 결국 화공이 그의 모습을 못나게 그렸다.

나중에 흉노匈奴가 화친을 맺고자 내조하여 한나라 천자에게 미녀를 구하자, 원제는 왕명군을 보내기로 했다. 원제는 왕명군을 불러 접견하고 나서 아까워했지만 명단을 이미 넘겼으므로 도중에 바꾸고 싶지 않았다. 그래서 결국 왕명군이 가게 되었다.①

① □『한서漢書』「흉노전匈奴傳」: 경녕竟寧 원년(33 BC)에 호한야선우呼韓邪單于가 내조하여① 한나라 황실의 사위가 되어 화친을 맺고 싶다고 스스로 진언하자, 원제가 후궁 중에서 양가良家의 딸인 왕장王嬙②[자는 明君]을 그에게 하사했다. 선우는 기뻐하며 변경을 지키겠다는 상서문을 올렸다.
  □ 문영文穎의 주注③ : 왕소군王昭君은 본래 촉군蜀郡 자귀秭歸사람이다.
  □『금조琴操』: 왕소군은 제국齊國 왕양王穰의 딸이다. 나이 열일곱에 자태와 용모가 뛰어나게 아름다웠으며 절조節操로 나라 안에 이름이 알려졌다. 부귀한 집에서 그녀에게 청혼했지만 왕양은 모두 허락하지 않고, 결국 한 원제에게 바쳤다. 그러나 원제가 세심하지 못하여 다른 후궁들④과 구별할 줄 모르자, 왕소군은 원망하고 화가 났다.⑤
선우가 사자를 보냈을 때 원제가 궁녀들에게 성장盛裝하고 나오게 했는데, 사자가 궁녀 한 명을 하사해 달라고 청했다. 그래서 원제가 궁녀들에게 말했다.
"선우에게 가고자 하는 자는 일어나도록 하라."

그랬더니 왕소군이 탄식하면서 자리를 넘어 나와 섰다. 원제는 그녀를 보고 크게 놀라며 후회했다. 그러나 그때 사자가 함께 보고 있던 터라 저지할 수 없어서 결국 왕소군을 선우에게 하사하고 말았다. 선우는 크게 기뻐하여 여러 진귀한 물건을 헌상했다. 왕소군은 세위世違라고 하는 아들을 낳았는데, 선우가 죽자 세위가 뒤를 이어 왕위에 올랐다. 일반적으로 호족胡族들은 부친이 죽으면 모친을 처로 삼았다. 왕소군이 세위에게 물었다.

"너는 한족이 되려느냐? 호족이 되려느냐?"

세위가 말했다.

"호족이 되고자 합니다."

그러자 소군은 마침내 독약을 먹고 자살했다.⑥

▫ 석계륜石季倫[石崇] : 왕소군의 '소昭'자가 문제文帝[司馬昭]의 휘諱에 저촉되기 때문에 '명明'으로 고쳤다.⑦

[역주]······················
① 내조하여 : 원문은 "求朝". "來朝"의 오기로 보임. 宋本에는 "來朝"라 되어 있음.
② 王嬙 : 『漢書』 권9 「元帝紀」에는 "王檣", 『漢書』 권94 「匈奴傳」에는 "王牆"이라 되어 있음.
③ 文穎의 注 : 『漢書』 通行本에는 이 注가 「元帝紀」에 들어 있음.
④ 다른 후궁들 : 원문은 "房帷". 여기서는 후궁들의 거처를 말함.
⑤ 원망하고 화가 났다 : 원문은 "恚怒之". 宋本에는 "恚怒久"라 되어 있음.
⑥ 소군은 世違라고~독약을 먹고 자살했다 : 『漢書』 권94 「匈奴傳下」에 따르면, 王昭君이 呼韓邪單于에게 시집가서 낳은 아들 伊屠智牙師는 右日逐王이 되었으며, 呼韓邪의 본래 正妻가 낳은 장남 雕陶莫皐가 呼韓邪의 사후에 復株絫若鞮單于에 올라 다시 왕소군을 처로 삼아 두 딸을 낳았다고 하여, 『琴操』의 내용과 완전히 다름. 한편 지금의 내몽고 呼和浩特 남쪽에 王昭君의 묘가 있는데 세칭 '靑冢'이라 함.
⑦ '昭'자가~'明'으로 고쳤다 : 이 구절은 石季倫[石崇]의 「王明君詞」의 序에 보임. 『文選』 권27에 수록되어 있음.

[참고] 『漢書』9·94, 『後漢書』89, 『西京雜記』2, 『太平御覽』381.

漢元帝宮人旣多, 乃令畫工圖之, 欲有呼者, 輒披圖召之. 其中常者, 皆行貨賂, 王明君姿容甚麗, 志不苟求, 工遂毁爲其狀. 後匈奴來和, 求美女於漢帝,

帝以明君充行. 既召見而惜之, 但名字已去, 不欲中改, 於是遂行.①

① 『漢書』「匈奴傳」曰; 竟寧元年, 呼韓邪單于求朝, 自言願壻漢氏以自親, 元帝以後宮良家子王嬙字明君賜之. 單于懽喜, 上書願保塞.

◦ 文穎曰; 昭君本蜀郡秭歸人也.

◦ 『琴操』曰; 王昭君者, 齊國王穰女也. 年十七, 儀形絶麗, 以節聞國中. 長者求之者, 王皆不許, 乃獻漢元帝. 帝造次不能別房帷, 昭君恚怒之. 會單于遣使, 帝令宮人裝出, 使者請一女. 帝乃謂宮中曰; "欲至單于者起." 昭君喟然越席而起. 帝視之, 大驚悔. 是時, 使者在見, 不得止, 乃賜單于. 單于大說, 獻諸珍物. 昭君有子曰世違, 單于死, 世違繼立. 凡爲胡者, 父死妻母. 昭君問世違曰; "汝爲漢也? 爲胡也?" 世違; "欲爲胡耳." 昭君乃吞藥自殺.

◦ 石季倫曰; 昭以觸文帝諱, 故改爲明.

• 19：03 [0805]

한漢나라 성제成帝[劉鶩]가 조비연趙飛燕을 총애했는데, 조비연은 반첩여班婕妤①가 천자를 저주했다고 참소하여 반첩여를 심문하게 되었다. 반첩여가 진술했다.

"첩이 듣자오니 '생사는 천명이요, 부귀는 하늘에 있다②'고 합니다. 선행을 닦아도 복을 받지 못하는데 무엇을 바라고자 사악한 짓을 하겠습니까? 만약 귀신이 알고 있다면 간사하고 입에 발린 호소는 받아주지 않을 것이며, 만약 귀신이 모르고 있다면 호소한들 무슨 이득이 있겠습니까? 따라서 첩은 그러한 일을 하지 않았습니다."①

① 『한서漢書』「외척전外戚傳」: 성제의 조황후趙皇后[趙飛燕]는 본래 장안궁長安宮의 궁녀였다. 처음 태어났을 때 부모가 거두지 않았으나 3일 동안 죽지 않기에 거두어 길렀다. 장성해서는 하양공주河陽公主[成帝의 누나]③의 집에서 일하며 노래와 춤을 배웠으며 비연이라 불렸다. 성제가 미행하여 하양공주의 집에 들렀다가 조비연을 보고 마음에 들어 궁으로 불러들였으며 크게 총애하여 황후로 책봉했다.

반첩여는 안문雁門사람이다. 성제 초년에 후궁으로 선발되어 입궁했으며 크게 총애를 받아 첩여의 지위에 올랐다. 성제가 후원에서 노닐 때 그녀와 함께 어연御輦을 타고자 했으나 반첩여가 사양했다. 조비연이 허황후許皇后와 반첩여를 참소했을 때, 반첩여가 이치에 맞는 말로 대답하자 성제가 그녀를 어여삐 여겨 황금 백 근을 하사했다. 조비연이 교만하고 투기가 심했으므로 반첩여는 위험한 지경에 빠질까봐 두려워 장신궁長信宮에서 태후太后[元帝의 皇后 王氏]를 봉양하겠다고 자청했다.④ 성제가 붕어했을 때 반첩여는 원릉園陵⑤을 돌보라는 명을 받았다. 죽은 뒤 원릉 안에 묻혔다.

[역주]……………………
① 班婕妤 : '婕妤'는 궁중의 女官名으로 漢 武帝 때 처음으로 설치됨.
② 생사는 천명이요, 부귀는 하늘에 있다 : 원문은 "生死有命, 富貴在天." 『論語』 「顔淵」에 나오는 구절.
③ 河陽公主[成帝의 누나] : 『漢書』 권97 「外戚傳下」에는 "陽阿"라 되어 있고, 이것에 대한 顔師古 注에서 "陽阿, 平原之縣也. 今俗書阿'字作'河', 又或爲'河陽', 皆後人所妄改耳."라고 한 것으로 보아, '河陽'은 '陽阿'의 오기로 보임.
④ 첩여는 위험한 지경에~봉양하겠다고 자청했다 : 원문은 "婕妤恐見危, 中求供養太后於長信宮." 『漢書』 「外戚傳」에는 "中求"의 "中"자가 없는 것으로 보아, 아마도 衍文인 것 같음. 여기서도 "中"자를 빼고 번역함. 한편 徐震堮의 『世說新語校箋』에서는 "中"을 앞 구절과 連讀했는데, 이 경우는 '中傷'의 뜻으로 해석됨. 또한 楊勇의 『世說新語校牋』에서는 "中"을 "申"자로 고치고 뒤 구절과 연독했는데, 이 경우는 '請願'의 뜻으로 해석됨.
⑤ 園陵 : 御陵, 즉 천자의 능침을 말함.

[참고] 『漢書』97, 『太平御覽』144.

漢成帝幸趙飛燕, 飛燕讒班婕妤祝詛, 於是考問. 辭曰; "妾聞'死生有命, 富貴在天'. 脩善尙不蒙福, 爲邪欲以何望? 若鬼神有知, 不受邪佞之訴, 若其無知, 訴之何益? 故不爲也."①

①・『漢書』「外戚傳」曰; 成帝趙皇后, 本長安宮人. 初生, 父母不擧, 三日不死, 乃收養之. 及壯, 屬河陽主家, 學歌舞, 號曰飛燕. 帝微行過主, 見而說之, 召入宮, 大得幸, 立爲后. 班婕妤者, 雁門人. 成帝初, 選入宮, 大得幸, 立爲婕妤. 帝遊後庭, 嘗欲與同輦, 婕妤辭之. 趙飛燕譖許皇后及婕妤, 婕妤對有辭致, 上憐之, 賜黃金百斤. 飛燕嬌妒, 婕妤恐見危, 中求供養太后於長信宮. 帝崩, 婕妤充奉園陵. 薨, 葬園中.

● 19 : 04 [0806]

　　위魏 무제武帝[曹操]가 붕어하자, 아들 문제文帝[曹丕]는 무제의 궁녀를 모두 데려와 자신을 모시게 했다. 문제가 병들어 위중했을 때 모친 변후卞后가 병문안하러 갔는데, 태후太后[卞后]가 문에 들어서서 보았더니 당직하는 시녀가 모두 지난날 선제先帝가 총애하던 여자들이었다. 태후가 시녀에게 물었다.

　　"언제 여기로 왔느냐?"

　　시녀가 대답했다.

　　"바로 선제의 혼백을 부를 때[①] 왔습니다."

　　태후는 더 이상 들어가지 않고 탄식했다.

　　"개나 쥐도 네가 남긴 것은 먹지 않을 것이니,[②] 죽는 것이 당연하다!"

　　태후는 문제의 국상[③]을 치를 때에도 끝내 곡읍哭泣[④]을 하지 않았다.⬚

⬚1 『위서魏書』: 무선변황후武宣卞皇后는 낭야琅邪 개양開陽사람이다. 후한 연희延熹 3년(160)에 제군齊郡 백정白亭에서 태어났는데, 누런 기운이 며칠 동안 집에 가득했다. 부친 경후敬侯 변원卞遠이 그것을 괴이하게 생각하여 점술사 왕월王越[⑤]에게 물어보았더니 왕월이 말했다.

　　"이것은 길상입니다."

　　20살 때 태조太祖[武帝 曹操]가 초譙 땅에서 그녀를 맞아들였다. 변황후는 성품이 검약하여 화려함을 좋아하지 않았으며 어머니로서의 절의節儀와 덕행을 지니고 있었다.

[역주]••••••••••••••••••••
① 혼백을 부를 때 : 원문은 "伏魄時". '伏'은 '復'과 통함. '復魄'은 사람의 숨이 끊어졌을 때 亡者의 옷가지를 들고 지붕 위로 올라가 떠나는 혼을 부르는 '招魂禮'를 말함. 여기서는 무제가 붕어했을 때를 말함.
② 개나 쥐도 네가 남긴 것은 먹지 않을 것이니 : 원문은 "狗鼠不食汝餘". 사람의

도리를 저버린 자가 먹다 남긴 것은 개나 쥐도 먹지 않는다는 뜻으로, 曹丕의 행위가 짐승만도 못하다는 심한 욕임.
③ 국상 : 원문은 "山陵". 천자의 장례를 말함.
④ 哭泣 : 원문은 "臨". 亡者의 棺에 나아가 哭泣하는 禮를 말함.
⑤ 王越 : 『三國志』 권5 「魏書・后妃傳」의 裵松之 注와 『太平御覽』 권138에 인용된 『魏書』에는 "王旦"이라 되어 있음.

魏武帝崩, 文帝悉取武帝宮人自侍. 及帝病困, 卞后出看疾, 太后入戶, 見直侍竝是昔日所愛幸者. 太后問; "何時來邪?" 云; "正伏魄時過." 因不復前而歎曰; "狗鼠不食汝餘, 死故應爾!" 至山陵, 亦竟不臨.[1]

[1] ▫ 『魏書』曰; 武宣卞皇后, 琅邪開陽人. 以漢延熹三年生齊郡白亭, 有黃氣滿室移日. 父敬侯怪之, 以問卜者王越, 越曰; "此吉祥也." 年二十, 太祖納於譙. 性約儉, 不尙華麗, 有母儀德行.

• 19 : 05 [0807]

조모趙母[趙姬]가 딸을 시집보내면서 딸이 떠나갈 때 훈계했다.
"삼가 좋은 일을 하려들지 말아라!"
딸이 말했다.
"좋은 일을 하지 말라시면 나쁜 일은 해도 된다는 말씀입니까?"
조모가 말했다.
"좋은 일도 해서는 안되는데 하물며 나쁜 일임에랴!"[1]

[1] ▫『열녀전列女傳』[1] : 조희趙姬는 동향령桐鄕令인 동군東郡 우위虞韙의 처로 영천潁川 조씨의 딸이다. 명민하고 박학다식했다. 우위가 죽은 뒤에 문황제文皇帝[孫權][2]가 그녀의 문재를 존중하여 조서를 내려 궁성宮省으로 들어오게 했다. 황제가 친히 공손연公孫淵을 정벌하려고 했을 때 조희가 상소하여 이를 간했다. '조모 주'라고 불리는 『열녀전列女傳』의 주해注解를 지었으며, 부賦 수십만 언을 지었다. 적오赤烏[3] 6년(243)에 죽었다.

▫『회남자淮南子』[4] : 어떤 사람이 자기 딸을 시집보내면서 훈계하며 말했다.
"네가 착한 일을 하면 착한 사람들이 미워할 것이니라."

딸이 대꾸했다.

"그렇다면 나쁜 일은 해도 됩니까?"

그 사람이 말했다.

"착한 일도 해서는 안되는데 하물며 나쁜 일임에랴!"

▫ 경헌양황후景獻羊皇后⑤가 말했다.

"이 말은 비록 비속하지만 세상 사람들을 경계시킬 만하다."

[역주]‥‥‥‥‥‥‥‥‥‥‥‥‥

① 『列女傳』: 『隋書』 「經籍志」에는 劉向 撰 『列女傳』 15권, 趙母 注 『列女傳』 7권, 高氏 撰 『列女傳』 8권, 項原 撰 『列女後傳』 10권, 皇甫謐 撰 『列女傳』 6권, 綦母邃 撰 『列女傳』 7권 등이 저록되어 있는데, 유향의 『열녀전』을 제외하고는 모두 망실되었음. 인용된 내용으로 보아 일단 유향과 조모 주의 『열녀전』은 아닌 게 확실하지만, 그밖에 어떤 『열녀전』에 수록되어 있는지는 정확히 알 수 없음.

② 文皇帝[孫權]: 宋本과 袁褧本에는 "文"이 "人"라 되어 있는데 타당하므로 이것에 따름. 人皇帝는 손권의 시호임.

③ 赤烏: 吳나라 孫權의 연호(238~250).

④ 『淮南子』: 인용된 내용은 「說山訓」에 보이는데, 今本 『회남자』와는 문자상의 출입이 다소 있음.

⑤ 景獻羊皇后: 晉 世宗皇帝 司馬師의 后妃로 泰山 南城사람임. 『晉書』 권31에 그 녀의 傳이 있음.

趙母嫁女, 女臨去, 敕之曰; "愼勿爲好!" 女曰; "不爲好, 可爲惡邪?" 母曰; "好尙不可爲, 其況惡乎!"①

① ▫ 『列女傳』曰; 趙姬者, 桐鄕令東郡虞韙妻, 潁川趙氏女也. 才敏多覽. 韙旣沒, 文皇帝敬其文才, 詔入宮省. 上欲自征公孫淵, 姬上疏以諫. 作 『列女傳解』, 號趙母注, 賦數十萬言. 赤烏六年卒.

▫ 『淮南子』曰; 人有嫁其女而敎之者, 曰; "爾爲善, 善人疾之." 對曰; "然則當爲不善乎?" 曰; "善尙不可爲, 而況不善乎!"

▫ 景獻羊皇后曰; "此言雖鄙, 可以命世人."

──── • 19:06 [0808]

허윤許允의 부인은 완위위阮衛尉[阮共]의 딸이자 완덕여阮德如[阮侃]의 여동생인데① 몹시 추했다. 혼례를 끝냈는데도 허윤이 한사코 신방으로 들어가려 하지 않아서 집안사람들이 몹시 걱정했다. 마침 허윤에게 손님이 찾아오자, 부인이 하녀에게 보고 오라 했더니 하녀가 돌아와 대답했다.

"환랑桓郎입니다."

환랑은 환범桓範이다.② 부인이 말했다.

"걱정할 것 없다. 환랑이 틀림없이 들어가라고 권할 것이다."

환범이 과연 허윤에게 말했다.

"완씨 집에서 추녀를 그대에게 시집보낸 것에는 틀림없이 뜻이 있을 것이니 그대는 마땅히 살펴보아야 할 것이네."

허윤은 곧장 돌아서서 내실로 들어갔으나 부인을 보고 나서는 당장에 나오려고 했다. 부인은 그가 이번에 나가면 다시는 들어오지 않을 것이라고 생각하여, 곧바로 그의 옷자락을 붙잡아 멈춰 세웠다. 그러자 허윤이 말했다.

"부인에게는 네 가지 덕이 있다는데① 그대는 그 중에서 몇 가지나 갖추고 있소?"③

부인이 말했다.

"소첩에게 부족한 것이라고는 용모뿐입니다. 그러나 선비에게는 백 가지 품행이 있다는데② 당신은 몇 가지나 갖추고 있습니까?"

허윤이 말했다.

"모두 갖추었소."

그러자 부인이 말했다.

"대저 백 가지 품행은 덕을 첫째로 칩니다. 당신은 색色만 좋아하고 덕은 좋아하지 않는데 어찌하여 모두 갖추었다고 하십니까?"

허윤은 부끄러운 기색을 띠었으며, 마침내 서로 존중하게 되었다.

①『위략魏略』: 허윤은 자가 사종士宗이며 고양高陽사람이다. 젊은 시절에

청하淸河의 최찬崔贊과 함께 기주冀州에서 이름을 날렸다. 벼슬은 영군장군領軍將軍에 이르렀다.

　◦『진류지명陳留志名』: 완공阮共은 자가 백언伯彦이며 위지尉氏사람이다. 청정하게 도를 지키면서 겸양으로 행동했다. 위魏나라에서 벼슬하여 위위경衛尉卿에 이르렀다. 막내아들 완간阮侃은 자가 덕여德如다. 뛰어난 재능을 지녔고 철리에 밝았다. 풍모가 온아하고 고상했으며 혜강嵇康과 친구로 지냈다. 벼슬은 하내河內태수에 이르렀다.

② ◦『위략』: 환범은 자가 윤명允明이며 패군沛郡사람이다. 벼슬은 대사농에 이르렀으며, 선왕宣王[司馬懿]에게 주살당했다.③

③ ◦『주례周禮』④: 구빈九嬪⑤은 부인들이 배워야 할 법도를 관장하며, 구어九御⑤에게 부덕婦德·부언婦言·부용婦容·부공婦功을 가르친다.

　◦정현鄭玄의 주: 부덕은 정순貞順함을 말하고, 부언은 고운 말씨를 말하고, 부용은 어여쁜 용모를 말하고, 부공은 베 짜는 일⑥을 말한다.

[역주]······························
① 부인에게는 네 가지 덕이 있다는데: 원문은 "婦有四德". 班昭의『女誡』에 "女有四行, 婦德·婦言·婦容·婦功."이라는 구절이 있음.
② 선비에게는 백 가지 품행이 있다는데: 원문은 "士有百行".『詩經』「衛風·氓」의 鄭箋에 "士有百行, 可以功過相除."라는 구절이 있음.
③ 宣王[司馬懿]에게 주살당했다: 司馬懿가 249년에 曹爽을 토벌하기 위한 군대를 일으켰을 때, 桓範은 何晏 등과 함께 조상 편에 섰다가 주살당했음.
④『周禮』: 인용된 문장은『周禮』권7「天官·冢宰治官之職」條에 나옴.
⑤ 九嬪, 九御: 천자를 받들어 모시는 女官.
⑥ 베 짜는 일: 원문은 "絲枲(시)". '絲枲'와 같다. 실 잣고 베 짜는 일을 말함.
[참고]『三國志』9.『事文類聚』後12.

許允婦, 是阮衛尉女, 德如妹.① 奇醜. 交禮竟, 允無復入理, 家人深以爲憂. 會允有客至, 婦令婢視之, 還答曰; "是桓郎." 桓郎者, 桓範也.② 婦云; "無憂, 桓必勸入." 桓果語許云; "阮家旣嫁醜女與卿, 故當有意, 卿宜察之." 許便回入內, 旣見婦, 卽欲出. 婦料其此出, 無復入理, 便捉裾停之. 許因謂曰; "婦有四德, 卿有其幾?"③ 婦曰; "新婦所乏唯容爾. 然士有百行, 君有幾?" 許云; "皆備." 婦曰; "夫百行以德爲首, 君好色不好德, 何謂皆備?" 允有慚色, 遂相敬重.
①◦『魏略』曰; 允, 字士宗, 高陽人. 少與淸河崔贊, 俱發名於冀州. 仕至領軍將軍.

- 『陳留志名』曰; 阮共, 字伯彦, 尉氏人. 淸眞守道, 動以禮讓. 仕魏, 至衛尉卿. 少子侃, 字德如. 有俊才, 而飭以名理. 風儀雅潤, 與嵇康爲友. 仕至河內太守.
2 - 『魏略』曰; 範, 字允明, 沛郡人. 仕至大司農, 爲宣王所誅.
3 - 『周禮』曰; 九嬪掌婦學之法, 以敎九御婦德·婦言·婦容·婦功.
- 鄭注: 德謂貞順, 言謂辭令, 容謂婉娩, 功謂絲枲.

• 19 : 07 [0809]

허윤許允이 이부랑吏部郎이 되었을 때 자기 고향사람을 많이 등용하자, 위魏 명제明帝[曹叡]가 호분虎賁[1]을 파견하여 그를 잡아들이게 했다. 그 부인이 나서서 허윤에게 경계하며 말했다.

"현명한 군주는 이치로는 설복시킬 수 있지만 인정으로는 호소하기 어렵습니다."

허윤이 도착하자 명제가 엄하게 문초했더니, 허윤이 대답했다.

"공자님도 '네가 아는 사람을 거용하라'[2]고 했습니다. 신의 고향사람들은 신이 잘 아는 사람입니다. 폐하께서는 신이 임명한 사람이 그 직분에 합당한지의 여부를 조사하셔서, 만약 직분에 합당하지 않다면 신이 그 죄를 받겠습니다."

명제가 조사해보았더니 모두 그 관직에 합당한 인물이었으므로 이내 허윤을 석방했다. 또한 허윤의 의복이 헤지고 떨어졌기에 새 옷을 하사했다. 처음에 허윤이 붙잡혀 갔을 때, 온 집안사람들이 울고불고 했지만 신부 완씨阮氏는 태연자약하며 말했다.

"걱정하지 마라! 곧 돌아오실 것이다."

그러면서 죽을 쑤어놓고 기다렸는데, 얼마 되지 않아 허윤이 도착했다.[1]

[1] - 『위씨춘추魏氏春秋』: 처음에 허윤이 이부랑으로 있을 때 군수를 선발하고 전임시켰는데, 명제는 그가 임용한 사람이 서열에 맞지 않는다고 의심하여 장차 그에게 죄를 물으려 했다. 허윤의 부인 완씨가 맨발로 나와서 말했다.

"현명한 군주는 이치로는 설복시킬 수 있지만 인정으로는 호소하기 어렵습니다."

허윤은 머리를 끄덕이며 조정으로 들어갔다. 명제가 노하여 그를 힐책하자, 허윤이 대답했다.

"모군某郡의 태수는 비록 임기가 다 차지 않았지만[3] 신임 태수의 임명 문서가 먼저 도착했으니, 전임 태수의 임기 연한은 뒤고 신임 태수의 임명 일한日限은 먼저였습니다."

명제는 나아가 그 일을 조사해보고 나서 의심을 풀었다. 명제는 그를 보내주면서 그의 옷이 헤진 것을 바라보며 말했다.

"청렴한 관리로다!"

[역주]
① 虎賁 : 虎賁郎으로 천자가 행차할 때 호위를 맡은 近衛官.
② 네가 아는 사람을 거용하라 : 원문은 "擧爾所知". 『論語』「子路」에 나오는 구절.
③ 임기가 다 차지 않았지만 : 원문은 "限滿". 원문에 따르면 의미가 명확하지 않기 때문에 문맥이 통하도록 "限不滿"의 뜻으로 풀었음. 아마도 誤脫字가 있을 것으로 추정함.

[참고] 『三國志』9, 『事文類聚』續4.

許允爲吏部郞, 多用其鄕里, 魏明帝遣虎賁收之. 其婦出誡允曰; "明主可以理奪, 難以情求." 旣至, 帝覈問之, 允對曰; "'擧爾所知'. 臣之鄕人, 臣所知也. 陛下檢校爲稱職與不, 若不稱職, 臣受其罪." 旣檢校, 皆官得其人, 於是乃釋. 允衣服敗壞, 詔賜新衣. 初, 允被收, 擧家號哭, 阮新婦自若云; "勿憂! 尋還." 作粟粥待, 頃之, 允至.①

①。『魏氏春秋』曰; 初, 允爲吏部, 選遷郡守. 明帝疑其所用非次, 將加其罪. 允妻阮氏跣出, 謂曰; "明主可以理奪, 不可以情求." 允頷之而入. 帝怒詰之, 允對曰; "某郡太守雖限滿, 文書先至, 年限在後, 日限在前." 帝前取事視之, 乃釋然. 遣出, 望其衣敗, 曰; "淸吏也!"

• 19 : 08 [0810]

허윤許允이 진晉 경왕景王[司馬師]에게 주살당하자 문하생들이 달려 들어와 그의 부인에게 알렸는데, 한창 베를 짜고 있던 부인은 얼굴색조차 변하지 않은 채로 말했다.
"이미 알고 있소이다!"1

문하생들이 그의 아들을 숨기려 하자 부인이 말했다.
"아이들의 일에는 관여치 마시오."

부인은 나중에 허윤의 묘소로 옮겨가 살았는데, 경왕이 종회鍾會를 보내 허윤의 아들을 살펴보라 하면서, 만약 재능과 인품이 부친만 하거든 마땅히 잡아들이라고 했다. 아들이 모친에게 물었더니 모친이 말했다.

"너희들이 비록 훌륭하긴 하지만 재능과 기량이 많지는 않으니, 솔직하게 마음을 터놓고 얘기한다면 근심될 게 없을 것이다. 모름지기 너무 슬퍼하지는 말고 종회가 곡례哭禮를 그치면 너희들도 곧 그치도록 하여라. 또한 조정의 일에 대해서 조금① 물어보는 것도 괜찮다."

아들이 그대로 따랐다. 종회가 돌아가 사실대로 보고하여 아이들은 결국 화를 면했다.2

1 □『위지魏志』② : 처음에 영군장군領軍將軍[許允]은 하후현夏侯玄·이풍李豐과 친밀한 사이였다. 어떤 사람이 조칙③을 위조하여 하후현을 대장군으로 삼고 허윤을 태위太尉로 삼아 두 사람이 함께 상서尚書의 직무를 맡는다고 써 놓았다. 얼마 되지 않아서 어떤 사람이 날이 아직 밝지 않았을 때, 말을 타고 와서 조칙을 허윤의 문지기에게 넘겨주면서 "조칙이오!"라고 하고는 곧바로 도망쳤다. 허윤은 그것을 던져 불태워버렸으며 경왕에게 아뢰지④ 않았다.

□『위략魏略』: 다음 해에 이풍이 체포당하자 허윤은 대장군大將軍[景王]을 찾아가 만나려 했다. 허윤은 이미 문을 나섰지만 허둥대며 불안해하다가⑤ 도중에 돌아가 예장용禮裝用 바지를 꺼내왔다. 대장군이 듣고 이상해하면서 말했다.

"내가 이풍을 잡아들이는데 사대부들이 어찌하여 당황해하는가?"

때마침 진북장군鎭北將軍 유정劉靜이 죽자 허윤으로 유정을 대신하게 했다. 대장군이 허윤에게 서찰을 보내 말했다.

"진북장군이 비록 큰 직무는 아니지만 한 지방을 맡아 다스릴 수는 있소. 생각해 보니, 그대가 화고華鼓[6]를 울리고 붉은 깃발[7]을 앞세우고서 고향[8]을 지나간다면, 그것은 이른바 '비단옷을 입고 대낮에 지나가는 것'[9]과 같소."

때마침 어떤 관리가 허윤이 이전에 조정의 주방의 돈과 곡식을 마음대로 꺼내 배우들과 그의 속관들에게 주었다고 상주했다. 이 일로 인해 허윤은 사형은 감형 받았지만 변방으로 유배당했는데, 도중에 죽고 말았다.

○『위씨춘추魏氏春秋』: 허윤이 진북장군이 되어 기뻐하며 그의 부인에게 말했다.

"나는 화를 면하게 될 것이라는 것을 알겠소."

부인이 말했다.

"화가 여기에서 보이는데 어떻게 면할 수 있겠습니까?"

○『진제공찬晉諸公贊』: 허윤은 올곧은 성격[10]을 지니고 있어서 문제文帝[司馬昭]와 사이가 좋지 않았기 때문에 마침내 체포당하여 죽었다.

○『부인집婦人集』[11]에 실려 있는, 완씨阮氏가 허윤에게 보낸 서찰에 허윤이 화를 당하게 된 연유를 진술해 놓았는데 그 말이 심히 비통하다. 문장이 많아 기록하지 않는다.

② ○『세어世語』: 허윤의 두 아들 가운데 허기許奇는 자가 자태子太고 허맹許猛은 자가 자표子豹인데, 모두 정치에 대한 재능이 있었다.

○『진제공찬』: 허기는 태시泰始연간(265~274)에 태상승太常丞이 되었다. 세조世祖[武帝 司馬炎]가 일찍이 묘당에 제사지낼 때 허기가 그 일에 참여하게 되었는데, 조정에서는 허기가 죄를 받은 가문의 출신이라고 해서 접근하지 못하게 했으며 장사長史로 전출시켜버렸다. 세조는 조서를 내려 허윤의 훌륭한 명망을 언급하고 또한 허기의 재능을 칭찬하면서 허기를 상서사부랑尚書祠部郎으로 발탁했다. 허맹은 예학禮學에 뛰어나고 박학했으며 거기다 재능과 식견까지 갖추어 유주幽州자사가 되었다.

[역주]
① 조금: 원문은 "少".『三國志』권9「魏書·夏侯玄傳」에 인용된『魏氏春秋』에는 "多少"라 되어 있음.
②『魏志』:『三國志』권9「魏書·夏侯玄傳」에 보임.
③ 조직: 원문은 "尺一詔書". '尺一'은 조직을 기록하는 板으로 길이가 1尺 1寸임.

④ 아뢰지 : 원문은 "關呈". '關'은 아뢰다는 뜻으로 쓰임.『三國志』권9「夏侯玄傳」에는 "開呈"이라 되어 있음.
⑤ 허둥대며 불안해하다가 : 원문은 "徊遑不定". '徊遑'은 '徘徨'과 같으며 허둥대다, 방황하다, 정처 없이 떠돌다는 뜻. 宋本에는 "不定"이 "不走"라 되어 있음.
⑥ 華鼓 : 의장용 북의 일종. '太鼓'라고도 함.
⑦ 붉은 깃발 : 원문은 "朱節". '節'은 깃발의 일종으로, 君命을 받고 외국에 사신으로 가는 자가 군주로부터 받는 물건.
⑧ 고향 : 원문은 "本州". 許允이 태어난 고향, 즉 高陽을 말함.
⑨ 비단 옷을 입고 대낮에 지나가는 것 : 원문은 "著繡晝行". 錦衣還鄕한다는 뜻. 이 말은『史記』권7「項羽本紀」의 "富貴不歸故鄕, 如衣繡夜行, 誰知之者!"라는 구절을 원용한 것임.
⑩ 올곧은 성격 : 원문은 "正情". 宋本에는 "王情"이라 되어 있음.
⑪『婦人集』:『隋書』「經籍志」에 "『婦人集』二十卷. 梁有『婦人集』三十卷, 殷淳撰. 又有『婦人集』十一卷, 亡."이라고 著錄되어 있음.

許允爲晉景王所誅, 門生走入告其婦, 婦正在機中, 神色不變, 曰; "蚤知爾耳!"① 門人欲藏其兒, 婦曰; "無豫諸兒事." 後徙居墓所, 景王遣鍾會看之, 若才流及父, 當收. 兒以咨母, 母曰; "汝等雖佳, 才具不多, 率胸懷與語, 便無所憂. 不須極哀, 會止便止. 又可少問朝事." 兒從之. 會反, 以狀對, 卒免.②
①◦『魏志』曰; 初, 領軍與夏侯玄·李豐親善. 有詐作尺一詔書, 以玄爲大將軍, 允爲太尉, 共錄尙書事. 無何, 有人天未明, 乘馬以詔版付允門史曰; "有詔!" 因便驅走. 允投書燒之, 不以關呈景王.
　◦『魏略』曰; 明年, 李豐被收, 允欲往見大將軍. 已出門, 允徊遑不定, 中道還取袴. 大將軍聞而怪之曰; "我自收李豐, 士大夫何爲恩恩乎?" 會鎭北將軍劉靜卒, 以允代靜. 大將軍與允書曰; "鎭北雖少事, 而都典一方. 念足下震華鼓, 建朱節, 歷本州, 此所謂著繡晝行也." 會有司奏允前擅以廚錢穀, 乞諸俳及其官屬. 減死徙邊, 道死.
　◦『魏氏春秋』曰; 允之爲鎭北, 喜謂其妻曰; "吾知免矣." 妻曰; "禍見於此, 何免之有?"
　◦『晉諸公贊』曰; 允有正情, 與文帝不平, 遂幽殺之.
　◦『婦人集』載阮氏與允書, 陳允禍患所起, 辭甚酸愴. 文多不錄.
②◦『世語』: 允二子, 奇, 字子太, 猛, 字子豹, 竝有治理.
　◦『晉諸公贊』: 奇, 泰始中爲太常丞. 世祖嘗祠廟, 奇應行事, 朝廷以奇受害之門, 不令接近, 出爲長史. 世祖下詔述允宿望, 又稱奇才, 擢爲尙書祠部郎. 猛禮學儒博, 加有才識, 爲幽州刺史.

• 19 : 09 [0811]

왕공연王公淵[王廣]이 제갈탄諸葛誕의 딸을 부인으로 맞이했는데, 방에 들어가 말을 처음 나눌 때 왕공연이 부인에게 말했다.

"부인은 기품과 얼굴이 비천하여 조금도 공휴公休諸葛誕를 닮지 않았소!"

그랬더니 부인이 말했다.

"대장부는 언운彦雲[王淩]과 비슷할 수 없으나, 영부인은 영웅호걸과 맞먹을 만하지요!"①

① ▫『위씨춘추』: 왕광王廣은 자가 공연이며 왕릉王淩①의 아들이다. 기량과 재지才智가 있었으며 당시에 명성이 높았다. 부하傅嘏 등과 함께 재성才性의 이동異同을 논했는데② 세상에 전해진다.

▫『위지魏志』③: 왕광은 뜻이 높았으며 학문과 덕행이 뛰어났다. 왕릉이 주살당했을 때④ 함께 죽었다.

▫ 신臣이 생각건대⑤ 왕광은 명사인데 어찌 부인의 부친을 가지고 농담을 했겠는가? 이 말은 잘못된 것이다.

[역주] ⋯⋯⋯⋯⋯⋯⋯⋯⋯⋯

① 王淩: 宋本과 袁褧本에는 "王陵"이라 되어 있는데 오기다.『三國志』권28「魏書」本傳에는 "王淩"이라 되어 있다.
② 傅嘏 등과 함께 才性의 異同을 논하여:「文學」5 劉注①에 인용된『魏志』참조
③『魏志』:『三國志』권28「魏書·王淩傳」에 나옴.
④ 왕릉이 주살당했을 때: 왕릉은 令狐愚 등과 함께 齊王 曹芳을 폐하고 楚王 曹彪를 옹립하려 했으나, 嘉平 3년(251)에 司馬懿에게 발각되어 도성으로 호송되던 도중에 약을 먹고 자살함. 그 음모에 연루된 자는 三族이 처형되었다고 함.「方正」4 劉注②에 인용된『魏略』참조.
⑤ 臣이 생각건대: 원문은 "臣謂". 이 부분은 劉孝標 按語의 일반적인 형식과 다른데, 아마도 다른 注釋家의 校注가 竄入된 것으로 보임.

[참고]『初學記』19,『太平御覽』382.

王公淵娶諸葛誕女, 入室, 言語始交, 王謂婦曰; "新婦神色卑下, 殊不似公休!" 婦曰; "大丈夫不能仿佛彦雲, 而令婦人比蹤英傑!"[1]

[1] ▫『魏氏春秋』曰; 王廣, 字公淵, 王淩子也. 有風量才學, 名重當世. 與傅嘏等論才性同異, 行於世.

▫『魏志』曰; 廣有志尙學行. 淩誅, 幷死.

▫臣謂; 王廣名士, 豈以妻父爲戲? 此言非也.

• 19 : 10 [0812]

왕경王經은 어렸을 때 빈궁했지만, 나중에 2천 석의 봉록[1]을 받는 벼슬에 이르렀다. 모친이 그에게 말했다.

"너는 본래 가난한 집안의 자식인데 벼슬이 2천 석의 지위에까지 이르렀으니, 여기에서 그만두는 것이 좋겠다!"

하지만 왕경은 그 말을 따를 수 없었다. 왕경은 상서尙書가 되어 위魏를 도우면서 진晉에 불충하여 체포당하자, 눈물을 흘리면서 모친과 이별하며 말했다.

"어머니의 가르침을 따르지 않다가 오늘과 같은 지경에 이르고 말았습니다!"

모친은 조금도 슬퍼하는 기색없이 그에게 말했다.

"자식은 효도해야 하고 신하는 충성해야 하는데, 너는 효도하고 충성했으니 나를 저버린 것이 무어란 말이냐?"[1]

[1] ▫『세어世語』: 왕경은 자가 언위彦偉[2]며 청하淸河사람이다. 고귀향공高貴鄕公[曹髦]이 군대를 일으켰을 때,[3] 왕침王沈과 왕업王業은 달려가 문왕文王[司馬昭]에게 보고했지만, 왕경은 절의를 지켜 문왕에게 나아가지 않았으며 왕침과 왕업을 통해 문왕에게 자신의 뜻을 전달했다. 나중에 문왕이 왕경과 그의 모친을 주살했다.

▫『진제공찬晉諸公贊』: 왕침과 왕업이 장차 문왕에게 나아가려 할 때 왕경을 불렀으나, 왕경은 따르지 않고 말했다.

"당신들이나 가시오!"

▫『한진춘추漢晉春秋』: 처음에 조모曹髦가 장차 사마소司馬昭를 토벌하려

했을 때, 왕경이 간하며 말했다.

"옛날 노魯 소공昭公은 계손씨季孫氏의 전횡을 참지 못하여④ 토벌에 나섰다가 실패하고 나라를 잃음으로써 세상의 웃음거리가 되었습니다. 지금 권력이 그[사마씨]의 문에 있은 지가 오래 되었으며 조정의 사방에서 모두들 그를 위해 목숨을 바치고자 하니, 순역順逆의 이치⑤를 염두에 두지 않은 것이 어제 오늘의 일이 아닙니다. 또한 숙위宿衛의 군대가 텅 비어 있고 촌철寸鐵의 무기도 없는 상태인데, 폐하께서는 무엇에 의지하시렵니까? 일단 이렇게 하면[즉, 군대를 일으키면] 근심거리를 제거하려다가 상처만 더욱 깊게 하는 것이 아니겠습니까?"

하지만 조모는 듣지 않았다. 나중에 왕경은 그의 모친과 함께 살해당했다. 왕경이 장차 숙게 되었을 때 눈물을 흘리며 모친에게 사죄했으나, 모친은 안색조차 변하지 않은 채 웃으며⑥ 말했다.

"사람 중에 누가 죽지 않겠느냐! 이전에 내가 너를 말렸던 것은 네가 올바른 자리를 찾지 못할까봐 걱정했기 때문이었다. 그러나 이렇게 목숨을 함께하게 되었으니 무슨 한이 있겠느냐?"

◦ 간보干寶의 『진기晉紀』: 왕경은 위조魏朝에 절의를 지켰고 우리 진조晉朝에게 충성하지 않았기 때문에 주살당했다.

◦ 생각건대: 부창傅暢의 『진제공찬』과 간보의 『진기』 기록에서는 왕경이 진실로 위魏에 충성했다고 했지만, 『세어』에서는 그가 절의를 지켰다고 해 놓고는 다시 "왕침과 왕업을 통해 문왕에게 자신의 뜻을 전달했다"고 했으니 어찌하여 상반되는가? 따라서 부창과 간보 두 사람의 말이 매우 타당하다.

[역주]……………………………

① 2천 석의 봉록: 漢代의 九卿郎將과 郡守의 봉록 등급이 2천 석이었는데, 이로 인해 나중에 낭장과 군수를 '二千石'이라 불렀음.

② 彦偉: 錢大昕의 『三國志考異』에서는 「管輅傳」의 注를 인용하여 王經의 자를 "彦緯"라고 함.

③ 高貴鄕公[曹髦]이 군대를 일으켰을 때: 魏나라의 제4대 황제인 廢帝 曹髦는 甘露 5년(260)에 司馬昭가 相公과 晉公이 되어 정권을 전횡하는 것을 저지하기 위하여 군대를 일으켰다가 실패했으며, 中護軍 何充의 부하 成濟에 의해 살해당했음. 「方正」8과 劉注 참조.

④ 魯 昭公은 季孫氏의 전횡을 참지 못하여 : 魯 昭公은 국정을 전횡하던 季孫氏의 토벌에 나섰다가 실패한 뒤, 국외로 망명하여 유랑하다가 죽었음.『左傳』「昭公 25年」條 참조.
⑤ 順逆의 이치 : 원문은 "逆順之理". 天道에 順應하면 살아남고 逆行하면 망한다는 이치.『孟子』「離婁上」에 "天下有道, 小德役大德, 小賢役大賢. 天下無道, 小役大, 弱役強. 斯二者, 天也. 順天者存, 逆天者亡."이라는 구절이 있음.
⑥ 웃으며 : 원문은 "笑". 宋本에는 "哭"이라 되어 있는데, 문맥상 타당하지 않음.
[참고]『三國志』9.

王經少貧苦, 仕至二千石. 母語之曰; "汝本寒家子, 仕至二千石, 此可以止乎!" 經不能用. 爲尙書助魏, 不忠於晉, 被收, 涕泣辭母曰; "不從母敕, 以至今日!" 母都無慼容, 語之曰; "爲子則孝, 爲臣則忠, 有孝有忠, 何負吾邪?"①

① 『世語』曰; 經, 字彦偉, 淸河人. 高貴鄕公之難, 王沈・王業馳告文王, 經以正直不出, 因沈・業申意. 後誅經及其母.

▫『晉諸公贊』曰; 沈・業將出, 呼經, 不從, 曰; "吾子行矣!"

▫『漢晉春秋』曰; 初, 曹髦將自討司馬昭, 經諫曰; "昔魯昭不忍季氏, 敗走失國, 爲天下笑. 今權在其門久矣, 朝廷四方, 皆爲之致死, 不顧逆順之理, 非一日也. 且宿衛空闕, 寸刃無有, 陛下何所資用? 而一旦如此, 無乃欲除疾而更深之邪?" 髦不聽. 後殺經幷及其母. 將死, 垂泣謝母, 母顔色不變, 笑而謂曰; "人誰不死! 往所以止汝者, 恐不得其所也. 以此幷命, 何恨之有?"

▫ 干寶『晉紀』曰; 經正直, 不忠於我, 故誅之.

▫ 按, 傅暢・干寶所記, 則是經實忠貞於魏, 而『世語』旣謂其正直, 復云"因沈・業申意", 何其相反乎? 故二家之言深得之.

• 19 : 11 [0813]

산공山公[山濤]은 혜강嵇康・완적阮籍과 한번 만나고 나서 '금란金蘭과 같은 우정'①을 맺었다. 산공의 부인 한씨韓氏가 산공과 두 사람의 관계가 보통 교제와 다르다는 사실을 알아차리고 산공에게 물었더니 산공이 말했다.

"내가 당세에 벗으로 삼을 만한 사람은 오직 이 두 사람뿐이오!" 부인이 말했다.

"옛날 희부기僖負羈의 처도 호언狐偃과 조최趙衰를 직접 관찰했으니,② 나도 그들을 살펴보고 싶은데 괜찮겠어요?"

다른 날 두 사람이 찾아오자, 부인은 산공에게 권하여 그들을 유숙하게 한 뒤 술과 고기를 차려놓고는, 밤에 벽을 뚫어서 살펴보았는데 아침이 될 때까지 돌아가는 것을 잊어버렸다. 산공이 들어와 말했다.

"두 사람은 어떠하오?"

부인이 말했다.

"당신의 재기才氣③는 아무래도 그들만 못하니 당연히 당신의 식견과 도량 때문에 서로 벗하는 것일 뿐이지요."

산공이 말했다.

"저들도 늘 나의 도량을 훌륭하게 여기고 있소." 1

1 ▫ 『진양추晉陽秋』 : 산도山濤는 아량④이 넓고 도량이 컸으며, 마음은 세속의 밖에 있었지만 시세時世와 더불어 처세했다.⑤ 일찍이 완적·혜강 등의 사람들과 '말이 필요 없는 우정'을 맺었는데, 여러 사람들이 세상에서 괴로움을 당할⑥ 때에도 산도는 홀로 호연한 도량을 지켰다.

▫ 왕은王隱의 『진서晉書』 : 한씨는 재능과 식견을 지니고 있었다. 산도가 아직 벼슬하지 않았을 때 그녀를 놀리며 말했다.

"가난을 참아낸다면⑦ 나는 틀림없이 삼공三公이 될 것인데, 그때까지 당신이 부인노릇을 감당해낼 수 있을지 모르겠소."

[역주]························
① 金蘭과 같은 우정 : 원문은 "契若金蘭". 마음이 일치하여 의기가 투합하는 굳건한 우정을 말함. 『周易』「繫辭傳上」에 "二人心同, 其利斷金. 同心之言, 其臭如蘭."이라는 구절이 있음.
② 僖負羈의 처도 狐偃과 趙衰를 직접 관찰했으니 : 『左傳』「僖公23年」條에 "狐偃·趙衰從晉公子重耳過曹, 僖負羈之妻曰; '吾觀晉公子之從曹, 皆足以相國.'"이라는 기록이 있음.
③ 才氣 : 원문은 "才致". 宋本에는 "致"자가 없음.
④ 아량 : 원문은 "雅素". 宋本에는 "雅量"이라 되어 있음.

⑤ 처세했다 : 원문은 "俛仰". 宋本에는 "俯仰"이라 되어 있는데 뜻은 같음. '進退'·'行止'와 같은 뜻. 세상에 나아가고 물러나는 것을 말함.
⑥ 괴로움을 당할 : 원문은 "屯(준)蹇". 고난과 역경을 뜻함. '屯'과 '蹇'은 모두 『周易』의 卦名임.
⑦ 가난을 참아낸다면 : 원문은 "忍寒". 『晉書』권43 「山濤傳」에는 "忍饑寒"이라 되어 있는데 의미가 보다 명확함.
[참고] 『太平御覽』409, 『太平廣記』235.

山公與嵇·阮一面, 契若金蘭. 山妻韓氏, 覺公與二人異於常交, 問公, 公曰; "我當年可以爲友者, 唯此二生耳!" 妻曰; "負羈之妻, 亦親觀狐·趙. 意欲窺之, 可乎?" 他日, 二人來, 妻勸公止之宿, 具酒肉, 夜穿墉以視之, 達旦忘反. 公入, 曰; "二人何如?" 妻曰; "君才致殊不如, 正當以識度相友耳." 公曰; "伊輩亦常以我度爲勝."[1]

[1]。『晉陽秋』曰; 濤雅素恢達, 度量弘遠, 心存事外, 而與時俛仰. 嘗與阮籍·嵇康諸人箸忘言之契. 至于羣子屯蹇於世, 濤獨保浩然之度.
。王隱『晉書』曰; 韓氏有才識. 濤未仕時, 戲之曰; "忍寒, 我當作三公, 不知卿堪爲夫人不耳."

──────── • 19 : 12 [0814]

왕혼王渾의 부인 종씨鍾氏가 현숙한 딸을 낳았는데,[1] 왕무자王武子[王濟]①가 그 여동생을 위해 훌륭한 상대를 찾았으나 얻지 못했다. 군인의 아들 가운데 뛰어난 재능을 지닌 자가 있었는데, 왕무자가 여동생을 그에게 시집보내고 싶어서 모친에게 아뢰었더니[2] 모친이 말했다.

"진실로 재능이 있는 사람이라면 그 가문②은 무시해도 좋다. 그렇지만 모름지기 내가 보아야겠다."

그래서 왕무자가 군인의 아들을 여러 사람들 사이에 섞여 있게 해놓고 모친으로 하여금 휘장 속에서 그를 관찰하도록 했다. 얼마 뒤에 모친이 왕무자에게 말했다.

"이러한 옷을 입고 이렇게 생긴 사람이 네가 생각하고 있는 자이더냐?"

왕무자가 말했다.

"그렇습니다."

모친이 말했다.

"그 사람의 재능은 충분히 탁월하긴 하지만 가문이 한미하니 오래 살지 못한다면 그의 재능을 펼칠 수 없을 것이다. 그의 모습과 골상骨相을 살펴보니 틀림없이 장수하지 못할 것이니 그와 결혼시켜서는 안된다."

왕무자는 모친의 말을 따랐다. 군인의 아들은 몇 년 뒤에 과연 죽었다.

① ○ 우예虞預의 『진서晉書』: 왕혼은 자가 현충玄沖이며 태원太原 진양晉陽 사람으로, 위魏나라 사도司徒 왕창王昶의 아들이다. 벼슬은 사도에까지 이르렀다.

② ○ 종부인鍾夫人은 이름이 염지琰之며 태부太傅 종요鍾繇의 손녀다.③

[역주]┈┈┈┈┈┈┈┈┈┈
① 王武子[王濟] : 王渾의 아들. 『晉書』 권42에 그의 傳이 있음.
② 가문 : 원문은 '地'. '門地' 또는 '門第', 즉 가문을 뜻함.
③ 손녀다 : 『晉書』 권96 「列女傳・王渾妻鍾氏傳」에서는 "王渾妻鍾氏, 字琰, 潁川人, 魏太傅繇曾孫也. 父徽, 黃門侍郎."이라고 하여, 종씨가 종요의 '증손녀'라고 되어 있음.

[참고] 『晉書』96.

王渾妻鍾氏, 生女令淑.① 武子爲妹求簡美對而未得. 有兵家子, 有儁才, 欲以妹妻之, 乃自母,② 曰; "誠是才者, 其地可遺. 然要令我見." 武子乃令兵兒與群小雜處, 使母帷中察之. 旣而母謂武子曰; "如此衣形者, 是汝所擬者非邪?" 武子曰; "是也." 母曰; "此才足以拔萃, 然地寒, 不有長年, 不得申其才用. 觀其形骨, 必不壽, 不可與婚." 武子從之. 兵兒數年果亡.

① ○ 虞預『晉書』曰; 渾, 字玄沖, 太原晉陽人, 魏司徒昶子. 仕至司徒.
② ○『王氏譜』曰; 鍾夫人名琰之, 太傅繇之孫.

• 19 : 13 [0815]

　　가충賈充의 전부인은 이풍李豐의 딸인데, 이풍이 주살된[1] 뒤 가충에게 이혼당하고 변방으로 옮겨가 살았다. 나중에 사면을 받아 돌아왔는데, 가충은 그 전에 이미 곽배郭配의 딸을 맞이한 상태였으므로,[2] 무제武帝[司馬炎]는 가충에게 좌우부인左右婦人[2]을 두도록 특별히 윤허했다. 그러나 이씨는 따로 밖에 거주하면서 가충의 집으로 돌아가려 하지 않았다.[3] 곽씨가 가충에게 말했다.

　　"이씨를 찾아가 보고자 합니다."

　　가충이 말했다.

　　"그녀는 강직하고[3] 재기才氣까지 갖추고 있으니, 당신이 가는 것은 가지 않는 것만 못할 것이오."[4]

　　이에 곽씨는 위의威儀를 성대하게 차리고 많은 시녀들을 거느리고서 갔다. 이미 도착하여 문으로 들어가자 이씨가 일어나 맞이했는데, 곽씨는 자기도 모르게 다리를 구부리고 꿇어앉아 재배했다. 곽씨가 돌아온 뒤에 가충에게 말했더니 가충이 말했다.

　　"그러기에 내가 당신에게 뭐라[4] 했소?"[5]

[1] 『부인집婦人集』: 가충의 부인 이씨는 이름이 완婉이고[5] 자가 숙문淑文이다. 이풍이 주살된 뒤 낙랑樂浪으로 이주했다.

[2] 『가씨보賈氏譜』: 곽씨는 이름이 옥황玉璜[6]이며, 바로 광선군廣宣君[7]이다.

[3] 『진제공찬晉諸公贊』: 세조世祖[司馬炎]가 즉위했을 때 이씨가 사면을 받아 돌아오자, 제헌왕齊獻王[司馬攸]의 비[8]는 부친 가충에게 곽씨를 내보내고 그녀의 생모인 이씨를 다시 받아들이게 하려고 했다. 그러나 가충은 허락하지 않았으며 이씨를 위해 집을 지어주고는 왕래하지 않았다. 가충의 모친 유씨柳氏가 죽게 되었을 때 가충이 하고 싶은 말이 있는지 물었더니, 유씨가 말했다.

　　"내가 너에게 이부인을 맞아들이라고 했는데도 여전히 하지 않으려

하면서 어찌 다른 일을 묻는 게냐!"

④ ▫ 『가충별전賈充別傳』: 이씨는 현숙한 품성과 뛰어난 재능을 지니고 있었다.

⑤ ▫ 생각건대 : 『진제공찬』에서는 "세조는 이풍이 진晉 황실에 죄를 범했고 또한 곽씨가 태자비의 모친이었기 때문에 이씨를 굳이 이혼시킬 이유가 없었다. 그래서 조칙을 내려 처단하라 하고 이씨와 왕래하지 못하게 했다"라고 했다. 하지만 왕은王隱의 『진서晉書』에서는 또한 "가충은 이미 이씨와 이혼한 뒤에 성양城陽태수 곽배의 딸 곽괴郭槐를 다시 얻었다. 이씨가 금고에서 풀려나자 세조가 조칙을 내려 가충에게 좌우부인을 두도록 했으며, 가충의 모친 유씨도 가충에게 이씨를 맞아들이라고 명했다. 그랬더니 곽괴가 노하여 팔을 걷어붙이고 가충에게 따지며 '당신이 율령을 제정하여⑨ 어명을 보좌한 공을 세운 것에는 나에게도 그 몫이 있습니다. 이씨가 어떻게 나와 동등할 수 있단 말입니까?'라고 말했다. 그래서 가충은 영년리永年里에 집을 지어서 이씨를 안주시켰는데, 곽괴가 늦게 그 사실을 알고는 가충이 외출하면 곧장 사람을 보내 가충을 찾아보도록 했다. 세조가 조칙을 내려 가충에게 좌우부인을 두도록 윤허하자, 가충은 조칙에 답하면서 그러한 성대한 예우는 감당할 수 없다고 겸양했다"라고 했다. 『진제공찬』에서는 이미 "세조가 조칙을 내려 이씨를 돌아오지 못하게 했다"라고 했으나, 왕은의 『진서』와 『가충별전』에서는 모두 "세조가 가충에게 조칙을 내려 좌우부인을 두도록 윤허했으나 가충은 곽씨를 두려워하여 감히 이씨를 맞아들이지 못했다"라고 했다.

이 세 자료의 설이 모두 같지 않으니 어느 것이 옳은지 모르겠다. 그러나 이씨가 돌아가지 않은 것에는 또 다른 이유가 있을 것인데, 『세설』에서 "이씨가 스스로 돌아가려 하지 않았다"라고 한 것은 잘못이다. 또한 곽괴는 억세고 모진 성격인데 어찌 이씨를 찾아가 그녀에게 절을 했겠는가? 모두 거짓이다.

[역주]
① 이풍이 주살된 : 李豐은 夏侯玄·許允 등과 함께 景王 司馬師를 폐하려는 계획을 세웠으나 사전에 일이 발각되어 사마사에게 주살당했음. 「容止」4 劉注①과 『三國志』 권9 「魏書·夏侯玄傳」 참조.
② 左右婦人 : 두 사람 모두 正妻로서 일반적인 妻·妾의 관계와는 다름.
③ 강직하고 : 원문은 "剛介". 성격이 강직하고 의지가 굳센 것을 말함.

④ 뭐라 : 원문은 "何物". 오늘날의 "什么"와 같은 뜻으로, 魏晉代의 口語임.
⑤ 가충의 처 이씨는 이름이 婉이고 : 『隋書』「經籍志」注의 "梁有晉太宰賈充妻『李扶集』一卷"이란 저록에 따르면 이씨의 이름은 "扶"가 되는데, 어느 설이 맞는지 확실한 근거가 없음. 한편 余嘉錫은 "李扶集"을 "李夫人集"의 오기라고 주장함.
⑥ 玉璜 : 宋本에는 "王璜"이라 되어 있음.
⑦ 廣宣君 : 『晉書』 권40 「賈充傳」에는 "充婦, 廣城君郭槐, 性妬忌." "惠帝卽位, 賈后擅權, 加充廟備六佾之樂, 母郭爲宜城君. 及郭氏亡, 謚曰宣."이라는 기록이 있고, 『太平御覽』 권202에 인용된 潘岳의 「宜城宣君誄」에는 "考終定謚, 實曰宣君."이라는 기록이 있음. 이상의 기록에 근거하여 楊勇은 "廣宣君"을 "宜城宣君"이라 해야 한다고 주장했으며, 徐震堮과 日加田誠은 "廣城宣君"에서 '城'자가 탈락된 것이라고 추정함.
⑧ 齊獻王[司馬攸]의 비 : 가충과 이씨 사이에서 태어난 賈褒[일명 荃]를 말함. 그러나 본편 제14조의 劉注에 인용된 『晉諸公贊』에는 '슾'이라 되어 있음.
⑨ 율령을 제정하여 : 西晉 文帝[司馬昭]가 晉王으로 있을 때, 가충에게 명하여 鄭沖・荀顗・荀勖・羊祜 등 14명과 함께 前代의 번잡한 율령을 개정하게 했음. 『晉書』 권30 「刑法志」 참조.

[참고] 『晉書』40.

賈充前婦, 是李豊女, 豊被誅, 離婚徙邊.① 後遇赦得還, 充先已取郭配女,② 武帝特聽置左右夫人. 李氏別住外, 不肯還充舍.③ 郭氏語充; "欲就省李." 充曰; "彼剛介有才氣, 卿往不如不去."④ 郭氏於是盛威儀, 多將侍婢. 旣至, 入戶, 李氏起迎, 郭不覺脚自屈, 因跪再拜. 旣反, 語充, 充曰; "語卿道何物?"⑤
①・『婦人集』曰; 充妻李氏, 名婉, 字淑文. 豊誅, 徙樂浪.
②・『賈氏譜』曰; 郭氏, 名玉璜, 卽廣宣君也.
③・『晉諸公贊』曰; 世祖踐阼, 李氏赦還, 而齊獻王妃, 欲令充遣郭氏, 更納其母. 充不許, 爲李氏築宅, 而不往來. 充母柳氏將亡, 充問所欲言者, 柳曰; "我敎汝迎李新婦, 尙不肯, 安問他事!"
④・『充別傳』曰; 李氏有淑性令才也.
⑤・按; 『晉諸公贊』曰; "世祖以李豊得罪晉室, 又郭氏是太子妃母, 無離絶之理, 乃下詔勅斷, 不得往還." 而王隱『晉書』亦云; "充旣與李絶婚, 更取城陽太守郭女, 名槐. 李禁錮解, 詔充置左右夫人, 充母柳亦勅充迎李. 槐怒, 攘臂責充曰; '刊定律令, 爲佐命之功, 我有其分. 李那得與我並?' 充乃架屋永年里中以安李, 槐晩乃知, 充出, 輒使人尋充. 詔許充置左右夫人, 充答詔, 以謙讓不敢當盛禮." 『晉贊』旣云"世祖下詔不遣李還", 而王隱『晉書』及『充別傳』竝言"詔聽置立左右夫人, 充憚郭氏, 不敢迎李." 三家之說竝不同, 未詳孰是.

然李氏不還, 別有餘故, 而『世說』云"自不肯還", 謬矣. 且郭槐彊狠, 豈能就李而爲之拜乎? 皆爲虛也.

• 19:14 [0816]

가충賈充의 부인 이씨李氏[李婉]가 『여훈女訓』①을 지었는데 세간에서 널리 읽혔다. 이씨의 딸은 제헌왕齊獻王[司馬攸]②의 비가 되었고, 곽씨郭氏[郭槐]의 딸은 혜제惠帝[司馬衷]의 황후가 되었다. 가충이 죽은 뒤에 이씨와 곽씨의 딸이 각각 자기 모친을 가충과 합장하고자 했는데, 해를 넘기도록 결정하지 못했다. 그러다가 가후賈后[곽씨의 딸]가 폐위됨에 따라 이씨가 비로소 합장되어③ 마침내 결정되었다.囗

囗 □『진제공찬晉諸公贊』: 이씨는 재능과 덕행을 지니고 있어서 세간에서 '이부인훈李夫人訓'이라고 칭송받았다. 그녀가 낳은 딸 가합賈合④ 역시 총명했는데, 이 사람이 바로 제헌왕의 비다.

□『부인집婦人集』: 이씨는 유배지 낙랑樂浪에 이르러 두 딸에게 『전식典式』⑤ 8편을 보내주었다.

□ 왕은王隱의 『진서晉書』: 가후는 자가 남풍南風이다. 조왕趙王[司馬倫]에게 주살당했다.⑥

[역주]⋯⋯⋯⋯⋯⋯⋯⋯⋯⋯⋯⋯
① 『女訓』: 書名. 지금은 망실되어 전해지지 않음.
② 齊獻王[司馬攸] : 文帝 司馬昭의 둘째아들. 武帝 司馬炎[文帝의 맏형]의 아들인 惠帝 司馬衷과 제위다툼을 벌임.
③ 합장되어 : 원문은 "祔(부)葬". '合葬'·'合祀'와 같은 뜻.
④ 낳은 딸 賈合 : 『晉書』 권40 「賈充傳」에는 "充前妻李氏淑美有才行, 生二女褎·裕, 褎一名荃, 裕一名濬,⋯ 而荃爲齊王攸妃.⋯"라고 되어 있으며, '合'이라는 이름은 보이지 않음. '合'은 아마도 '荃'의 오기인 것 같음.
⑤ 『典式』: 『初學記』 권4에 인용된 『世說』에는 "賈充李夫人『典戒』"라는 구절이 있고, 『玉燭寶典』 권1에 인용된 『世說』에는 "李夫人『典誡』"라는 구절이 있는 것으로 보아, '式'은 '戒'나 '誡'의 오기로 보임.
⑥ 趙王[司馬倫]에게 주살당했다 : 賈后는 투기가 심하고 사나웠으며 정권을 휘어잡

고 大臣들을 함부로 죽임으로써 司馬氏 종실의 내란인 이른바 '八王의 亂'을 야기했는데, 나중에 惠帝 永康 원년(300)에 폐위되었으며 趙王 司馬倫에게 살해됨.
[참고] 『晉書』40.

賈充妻李氏作『女訓』, 行於世. 李氏女, 齊獻王妃, 郭氏女, 惠帝后. 充卒, 李·郭女各欲令其母合葬, 經年不決. 賈后廢, 李氏乃祔葬, 遂定.①
- ①·『晉諸公贊』曰; 李氏有才德, 世稱李夫人訓者. 生女合, 亦才明, 卽齊王妃.
  ·『婦人集』曰; 李氏至樂浪, 遺二女『典式』八篇.
  ·王隱『晉書』曰; 賈后, 字南風. 爲趙王所誅.

----• 19 : 15 [0817]

왕여남王汝南[王湛]은 젊었을 때 결혼할 상대가 없었는데 스스로 학보郝普의 딸을 구해달라고 했다.① 부친 왕사공王司空[王昶]은 그가 어리석기 때문에 틀림없이 혼처가 없을 것이라고 생각하여 그의 뜻에 따라 곧 허락했다.② 이미 결혼한 뒤에 보았더니 과연 그녀는 훌륭한 자태와 현숙한 품덕을 지니고 있었으며, 왕동해王東海[王承]를 낳아 마침내 왕씨 일족 중에서 어머니의 모범이 되었다. 어떤 사람이 왕여남에게 물었다.

"어떻게 그녀를 알아보았소?"

왕여남이 말했다.

"일찍이 그녀가 우물에서 물 긷는 것을 보았는데, 행동거지가 법도를 잃지 않았고 함부로 두리번거린① 적이 없었기에 이로써 그녀를 알아보았지요."③

①·『학씨보郝氏譜』: 학보는 자가 도광道匡이며 태원太原 양성襄城 사람이다. 벼슬은 낙양洛陽태수에 이르렀다.
②·『위씨지魏氏志』②: 왕창王昶은 자가 문서文舒다. 벼슬은 사공에 이르렀다.
③·『여남별전汝南別傳』: 양성의 학중장郝仲將[郝普]③은 가문이 매우 비천하여 혼인을 맺을 만한 상대가 아니었지만, 왕여남이 일찍이 그녀를 보고 곧

바로 혼인하기를 구했다. 과연 그녀는 명랑하고 고매하여 어머니의 모범으로서 일족 가운데 으뜸이었다. 그의 통찰력 높은 식견과 여유 있는 마음이 모두 이와 같았다.

[역주]
① 함부로 두리번거린 : 원문은 "忙觀". 산만하게 주위를 두리번거리는 것을 말함.
② 「魏氏志」:『魏志』의 오기로 추정됨.『三國志』권27「魏書」에 王昶의 傳이 있음.
③ 郝仲將[郝普] :『太平御覽』권490에 인용된『郭子』의 注에서는 "郝氏, 襄城人. 父匡, 字仲時, 一名普, 洛陽太守."라고 하여, 郝普의 자를 '仲時'라고 함.

[참고]『事文類聚』後14.

王汝南少無婚, 自求郝普女.① 司空以其癡, 會無婚處, 任其意, 便許之.② 旣婚, 果有令姿淑德, 生東海, 遂爲王氏母儀. 或問汝南; "何以知之?" 曰; "嘗見井上取水, 擧動容止不失常, 未嘗忙觀, 以此知之."③

① ○『郝氏譜』曰; 普, 字道匡, 太原襄城人. 仕至洛陽太守.
② ○「魏氏志」曰; 王昶, 字文舒. 仕至司空.
③ ○『汝南別傳』曰; 襄城郝仲將, 門至孤陋, 非其所偶也, 君嘗見其女, 便求聘焉. 果高朗英邁, 母儀冠族. 其通識餘裕皆此類.

• 19 : 16 [0818]

왕사도王司徒[王渾]의 부인은 종씨鍾氏[鍾徽]의 딸이자 태부太傅[鍾繇]의 증손녀인데,① 역시 뛰어난 재능과 부덕婦德을 지니고 있었다.② 종부인과 학부인郝夫人은 동서지간①으로 평소에 서로 친하고 존경했다. 종부인은 가문이 귀하다고 해서 학부인을 깔보지 않았으며, 학부인도 가문이 비천하다고 해서 종부인에게 굽히지 않았다. 왕동해王東海[王湛의 아들 王承]의 집에서는 학부인의 법도를 본받았으며, 왕경릉王京陵[王渾]②의 집에서는 종부인의 예법을 모범으로 삼았다.

① ○『왕씨보王氏譜』: 종부인은 황문시랑黃門侍郎 종염鍾琰③의 딸이다.
② ○『부인집婦人集』: 종부인은 문재文才가 있었으며, 그녀의 시詩·부賦·송頌·뇌誄가 세간에서 읽혀졌다.④

[역주]
① 동서지간 : 원문은 "娣姒". '娣'는 손아랫동서를 말하고, '姒'는 손윗동서를 말함. 학부인은 王渾의 동생인 王湛의 부인임.
② 王京陵[王渾] : 王渾은 부친 王昶의 京陵侯 작위를 이어 받았으며, 그의 아들 王濟가 왕혼보다 먼저 죽었으므로 손자 王卓이 경릉후 작위를 이어 받음. 『世說敍錄』「人名譜·太原王氏譜」에 "昶四子, 渾·深·淪·湛. 渾襲父爵京陵侯, 生尙·濟·澄·汶. 湛, 晉汝南内史, 生承, 東海太守."라는 기록이 있음.
③ 鍾琰 : '鍾徽'의 誤記로 보임. 『晉書』권96 「列女傳·王渾妻鍾氏傳」에 "王渾妻鍾氏, 字琰, 穎川人, 魏太傅繇曾孫也. 父徽, 黃門侍郎."이라는 기록이 있음.
④ 그녀의 詩·賦·頌·誄가 세간에서 읽혀졌다 : 『隋書』「經籍志」의 注에 "梁有婦人晉司徒王渾妻『鍾夫人集』五卷"이라는 저록이 있으며, 『初學記』·『藝文類聚』 등의 類書에 그녀의 「遐思賦」·「鶯賦」와 詩의 佚文이 부분적으로 남아 있음.

[참고] 『晉書』96.

王司徒婦, 鍾氏女, 太傅曾孫,① 亦有俊才女德.② 鍾·郝爲娣姒, 雅相親重. 鍾不以貴陵郝, 郝亦不以賤下鍾. 東海家內, 則郝夫人之法, 京陵家內, 範鍾夫人之禮.

① 『王氏譜』曰; 夫人, 黃門侍郎鍾琰女.
② 『婦人集』曰; 夫人有文才, 其詩賦頌誄行於世.

• 19 : 17 [0819]

이평양李平陽[李重]①은 진주秦州자사[李毅]의 아들이다.① 중원의 명사로서 당시 왕이보王夷甫[王衍]에게 비견되었다. 손수孫秀가 처음 권위를 세우려 할 때 사람들이 모두 말했다.

"악령樂令[樂廣]은 인망人望②이 두터우므로 죽여서는 안되며, 이중보다 못한 자는 또한 죽일 필요가 없습니다."②

마침내 이중에게 협박하여 자살하게 만들었다. 처음에 이중이 집에 있을 때, 어떤 사람이 문으로 달려 들어와 상투 속에서 서찰을 꺼내 이중에게 보여주었는데, 이중은 그것을 보고 안색이 달라졌다. 이중이 안으로 들어가 딸에게 보여주었더니, 딸은 단지 "끝장났어요!"라고만 소리쳤다. 이중은 그 뜻을 이해하고 나와서 자살했다.③ 그 딸은 매우 총명하여 이중이 매번 그녀에게 자문諮問하곤 했다.

① ▫ 이중은 이미 나왔다.③

▫『영가류인명永嘉流人名』: 이강李康④은 자가 현주玄冑며 강하江夏사람이다. 위魏나라의 진주자사를 지냈다.

② ▫『진제공찬晉諸公贊』: 손수는 자가 준충俊忠이며 낭야琅邪사람이다. 처음 조왕趙王 사마륜司馬倫이 낭야왕에 봉해졌을 때, 손수는 그를 가까이서 모시는 작은 관리였다. 사마륜은 자주 손수에게 문서를 짓게 했는데, 그의 문재가 사마륜의 마음에 들었다. 사마륜이 조왕에 봉해지자 손수는 호적을 옮겨 조趙사람이 되었다. 사마륜은 그를 시랑侍郎으로 등용하여 신임했다.

▫『진양추晉陽秋』: 사마륜이 제위를 찬탈한 뒤 손수는 중서령中書令이 되었는데, 일이 모두 손수에게서 결정되었다. 제왕齊王[司馬冏]에게 주살당했다.⑤

③ ▫ 생각건대: 여러 서적에서는 모두 "이중은 조왕 사마륜이 난을 일으키란 것을 알고 고칠 수 없는 병에 걸려⑥ 마침내 죽음에 이르렀다"라고 했는데, 이 책에서 자살했다고 한 것은 큰 오류다. 또한 사마륜과 손수는 포학하여 걸핏하면 사람들을 죽여서 권위를 세우고자 했으니 드러내놓고 죽인 것이 자명한 일일 터인데, 어찌 협박하여 자살하게 했겠는가?

[역주]••••••••••••••••••••••
① 李平陽[李重]: 李重이 平陽太守를 지냈기 때문에 그렇게 부른 것임.
② 人望: 원문은 "民望". 宋本에는 "氏望"이라 되어 있는데, 문맥상 "民望"이 보다 타당함.
③ 이미 나왔다: 「品藻」46 劉注①에 나왔음.
④ 李康: '李秉'의 오기로 보임.『三國志』권18「魏書・李通傳」注에 인용된 王隱의『晉書』에는 "李秉"이라 되어 있음.「德行」15 [역주]① 참조.
⑤ 齊王[司馬冏]에게 주살당했다: 晉 惠帝 永寧 원년(301) 1월에 司馬倫이 제위를 찬탈하고 孫秀를 중서령에 임명하여 조정을 장악했으나, 같은 해 4월에 齊王 司馬冏, 成都王 司馬穎, 河間王 司馬顒에게 주살당함.
⑥ 고칠 수 없는 병에 걸려:『晉書』권46「李重傳」과「品藻」46 劉注③에 인용된『晉諸公贊』에서도 李重이 병들어 죽었다고 함.

李平陽, 秦州子.① 中夏名士, 于時以比王夷甫. 孫秀初欲立威權, 咸云; "樂令民望, 不可殺, 減李重者, 又不足殺."② 遂逼重自裁. 初, 重在家, 有人走從門入, 出懷中疏示重, 重看之色動. 入內示其女, 女直叫"絕". 了其意, 出則自裁.
③ 此女甚高明, 重每咨焉.
① · 李重, 已見.
· 『永嘉流人名』曰; 康, 字玄胄, 江夏人. 魏秦州刺史.
② · 『晉諸公贊』曰; 孫秀, 字俊忠, 琅邪人. 初, 趙王倫封琅邪, 秀給爲近職小吏. 倫數使秀作書疏, 文才稱倫意. 倫封趙, 秀徙戶爲趙人. 用爲侍郎, 信任之.
· 『晉陽秋』曰; 倫簒位, 秀爲中書令, 事皆決於秀. 爲齊王所誅.
③ · 按; 諸書皆云; "重知趙王倫作亂, 有疾不治, 遂以致卒." 而此書乃言自裁, 甚乖謬. 且倫・秀兇虐, 動加誅夷, 欲立威權, 自當顯戮, 何爲逼令自裁?

• 19 : 18 [0820]

주준周浚이 안동장군安東將軍으로 있을 때, 사냥하러 나갔다가 폭우를 만나 여남汝南의 이씨李氏 집에 들렀다. 이씨 집은 부유했지만 남자가 없었다. 낙수絡秀라고 하는 딸이 있었는데, 밖에 귀인이 와 있다는 말을 듣고는 하녀 한 명과 함께 안에서 돼지와 양을 잡아 수십 명의 음식을 만들었다. 낙수는 일마다 주도면밀하게 처리했으며 사람소리가 들리지 않았다. 주준이 은밀히 엿보니 한 여자만 보였는데 모습이 매우 아름다웠다. 그래서 주준이 첩으로 삼겠다고 청했으나 낙수의 부형이 허락하지 않자 낙수가 말했다.

"쇠락한[1] 가문에서 어찌 여자 하나를 아끼십니까? 만약 귀족과 혼인을 맺는다면 장래에 아마 큰 도움이 될 것입니다."

부형이 그녀의 말에 따랐다.① 낙수는 마침내 주백인周伯仁[周顗] 형제를 낳았다.② 낙수가 주백인 등에게 말했다.

"내가 절조를 굽혀 너희 집안의 첩이 된 이유는 이씨 가문을 염두에 두었기 때문일 뿐이다.② 너희가 만약 우리 집안을 친척으로 여기지[3] 않는다면 나 역시 여생을 아까워하지 않을 것이다!"④

주백인 등이 모두 그 말에 따랐다. 이로써 이씨는 살아 있는 동안 정당한 예우⑤를 받게 되었다.

1. 『팔왕고사八王故事』: 주준周浚은 자가 개림開林이며 여남 안성安城⑥ 사람이다. 젊어서부터 재명才名이 있었다. 태강太康연간(280~289) 초에 오吳나라를 평정하여, 어사중승御史中丞으로부터 지방으로 나가 양주揚州자사가 되었다. 원강元康연간(291~299) 초에 안동장군에 임명되었다.

2. 생각건대 : 『주씨보周氏譜』에서는 "주준이 같은 군郡의 이백종李伯宗의 딸을 부인으로 맞았다"고 했는데, 여기서는 첩이 되었다고 했으니 터무니없다.

[역주]……………………

① 쇠락한 : 원문은 "殄瘁". 『詩經』 「大雅・瞻卬」의 "人之云亡, 邦國殄瘁."라는 구절에 대한 毛傳에서 "殄, 盡. 瘁, 病也."라고 함. 여기서는 가문이 몰락한 것을 말함.

② 마침내 周伯仁[周顗] 형제를 낳았다 : 『晉書』 권96 「列女傳・周顗母李氏傳」에는 "遂生顗及嵩・謨"라고 되어 있음.

③ 친척으로 여기지 : 원문은 "作親親". 친척으로 여겨 서로 왕래한다는 뜻.

④ 여생을 아까워하지 않을 것이다 : 원문은 "不惜餘年". 즉 빨리 죽고 싶다는 뜻.

⑤ 정당한 예우 : 원문은 "方幅齒遇". '方幅'은 육조시대의 口語로, 본래는 형체가 方整한 것을 뜻하지만 引申하여 正式・正規・正大・正當・公然 등의 뜻으로 쓰였음. 『瑣語』에 "方幅, 晉宋人方言, 猶公然也."라는 구절이 있으며, 「巧藝」10 劉注 1에 인용된 『語林』에도 "祥後客來, 方幅會戱."라는 구절이 있음. '齒遇'는 동렬로 대우한다는 뜻.

⑥ 安城 : 『晉書』 권61 「周浚傳」에는 "安成"이라 되어 있고, 『晉書』 권14 「地理志上」에도 豫州 汝南郡에 安成縣이 소속되어 있는 것으로 보아, "安成"의 오기로 판단됨.

[참고] 『晉書』 96.

周浚作安東時, 行獵, 値暴雨, 過汝南李氏. 李氏富足, 而男子不在. 有女名絡秀, 聞外有貴人, 與一婢於內宰猪羊, 作數十人飮食, 事事精辦, 不聞有人聲. 密覘之, 獨見一女子, 狀貌非常. 浚因求爲妾, 父兄不許, 絡秀曰; "門戶殄瘁, 何惜一女? 若連姻貴族, 將來或大益." 父兄從之. 1 遂生伯仁兄弟. 絡秀語伯仁等; "我所以屈節爲汝家作妾, 門戶計耳. 2 汝若不與吾家作親親者, 吾亦不惜餘年!" 伯仁等悉從命. 由此李氏在世, 得方幅齒遇.

1. 『八王故事』曰; 浚, 字開林, 汝南安城人. 少有才名. 太康初, 平吳, 自御史中丞出爲揚州刺史. 元康初, 加安東將軍.

2. 按; 『周氏譜』 "浚取同郡李伯宗女", 此云爲妾, 妄耳.

• 19 : 19 [0821]

도공陶公[陶侃]은 젊어서 큰 뜻을 품었지만 집안이 몹시 가난했으며 모친 잠씨湛氏와 함께 살았다. 같은 군의 범규范逵는 평소에 이름이 알려져 있었는데, 효렴孝廉에 천거되어 가는 길에① 도간陶侃의 집에 투숙하게 되었다. 그때는 며칠 동안 얼음이 얼고 눈이 내렸는데, 도간의 집에는 아무것도 없었으나① 범규의 말과 시종은 매우 많았다. 도간의 모친 잠씨가 도간에게 말했다.

"너는 밖에 나가서 손님을 붙들고만 있어라. 내가 스스로 계획을 세워보겠다."

잠씨는 머리카락이 땅에 닿을 정도로 길었는데, 그것을 잘라 가발髲 2개를 만들어② 팔아서 몇 곡斛의 쌀을 샀다. 또한 집의 여러 기둥을 잘라서 모두 반으로 쪼개 땔감을 만들었으며, 모든 짚자리를 잘게 썰어 말먹이를 만들었다. 저녁이 되어 마침내 훌륭한 식사를 마련했는데, 시종들까지 모두 부족함이 없었다. 범규는 이미 도간의 재능과 언변에 감탄했으며 또한 그의 후의에 몹시 미안함을 느꼈다. 다음날 아침 범규가 떠날 때, 도간이 계속 뒤따라가며 배웅한 것이 거의 백 리나 되었다. 범규가 말했다.

"길이 너무 멀어졌으니 당신은 돌아가는 게 좋겠네."

도간이 여전히 돌아가지 않자 다시 범규가 말했다.

"그대는 돌아가도 되네. 내가 낙양洛陽에 도착하면 틀림없이 그대를 위해 좋은 말을 해주겠네."

도간은 그제야 돌아갔다. 범규는 낙양에 도착하여 양탁羊晫② 과 고영顧榮 등 여러 사람에게 그를 칭찬했으며, 이로써 도간은 훌륭한 명성을 크게 얻게 되었다.③

① ◦ 범규는 미상이다.

② ▫ 피髲는 "체髢"라고도 한다.③

③ ▫ 『진양추晉陽秋』 : 도간의 부친 도단陶丹은④ 신감新淦의 잠씨 딸을 부인으로 맞이하여 도간을 낳았다. 잠씨는 신중하고 공손했으며 슬기로웠는데, 도씨 집안이 빈천했기 때문에 길쌈을 하여 도간을 뒷바라지했으며 도간에게 자기보다 나은 사람과 사귀도록 했다. 도간이 젊어서 심양尋陽의 관리로 있을 때, 심양의 효렴 범규가 도간의 집에 투숙한 적이 있었다. 그때 큰 눈이 내렸지만 도간의 집에는 짚풀조차 없었다. 그래서 잠씨는 깔고 누웠던 짚자리를 거두어 잘게 썰어 말에게 주었으며, 몰래 머리카락을 잘라 팔아서 손님을 대접했다. 범규는 그 말을 듣고 감탄했다. 범규가 떠날 때 도간이 그를 뒤따라가며 배웅했는데, 범규가 말했다.

"혹 벼슬하고 싶은가?"

도간이 말했다.

"군에서 벼슬하고 싶은 생각이 있습니다."

범규가 말했다.

"틀림없이 그대를 위해 좋은 말을 해주겠네."

범규가 여강廬江을 지나다가 태수 장기張夔에게 그를 칭찬했더니, 장기가 그를 불러 관리로 삼았으며 이로 인해 도간은 효렴에 천거되어 낭중郎中에 제수되었다. 당시 예장豫章의 고영이 한번은 양탁을 질책하며 말했다.

"당신은 어찌하여 소인과 함께 수레를 타는 것이오?"⑤

양탁이 말했다.

"이 사람은 가문은 한미하지만 뛰어난 인물이오."

▫ 왕은王隱의 『진서晉書』 : 도간의 모친이 머리카락을 잘라 손님을 대접한 뒤에 그 이야기를 들은 사람들이 감탄하며 말했다.

"이런 어머니가 아니면 이런 아들을 낳지 못하지!"

그러면서 그를 장기에게 추천했다. 양탁도 그를 위한 추천서를 써주었다. 나중에 양탁이 십군十郡⑥의 중정中正⑦이 되어 도간을 파양鄱陽의 소중정小中正으로 천거함으로써, 도간은 비로소 상품上品⑧이 될 수 있었다.

[역주]······························

① 집에는 아무것도 없었으나 : 원문은 "室如懸磬". 집안이 경쇠를 걸어놓은 것 같다. 즉 집안에 경쇠모양의 서까래만 있고 그밖에 아무것도 없다는 뜻으로, 몹시 가난하다는 말. '磬'은 'ㄱ'자 모양의 돌을 여러 개 매달아 놓은 타악기로,

여기서는 서까래를 비유함. 이 구절은 『左傳』「僖公 26年」條와 『國語』 권4 「魯語上」에 나오는데, 『左傳』의 服虔 注에서 "言室屋皆發撤榱桷, 有如縣磬."이라 했고, 『國語』의 韋昭 注에서 "懸磬, 謂魯府藏空虛如懸磬."이라 함.
② 羊晫: 『晉書』 권66 「陶侃傳」에는 "楊晫"이라 되어 있음. 이하도 마찬가지임.
③ 髲는 "髢"라고도 한다: '髲'와 '髢' 모두 가발이란 뜻. 『詩經』 「國風·鄘風·君子偕老」의 "不屑髢也" 구절에 대한 疏에서 "髢, 一名髲, 益髮也. 髮少則以髢益之."라고 함.
④ 도간의 부친 陶丹은: 『晉書』 권66 「陶侃傳」에는 이 구절 다음에 "吳揚武將軍"이란 구절이 있음.
⑤ 당시 豫章의 고영이~타는 것이오: 『晉書』 권66 「陶侃傳」에서는 "時豫章國郎中令楊晫, 侃州里也, 爲鄕論所歸. 侃詣之, 晫曰; '『易』稱"貞固足以幹事", 陶士行是也.' 與同乘, 見中書郎顧榮, 榮甚奇之. 吏部郎溫雅謂晫曰; '奈何與小人共載?'"라고 하여, 顧榮이 아니라 溫雅가 한 말로 되어 있음.
⑥ 十郡: 目加田誠은 『世說箋本』에 "本郡"이라 고쳐져 있음을 지적했는데, 의미상 타당하다고 여겨짐.
⑦ 中正: 魏나라 이후로 州郡에 설치되어 인재의 등용과 관리 후보자의 鄕品을 결정하는 일을 맡은 관리. 전체 대상자를 9품으로 나누어 관리 선발의 근거로 삼음. 晉 宣帝 司馬懿가 새로 大中正을 설치함으로써 大·小中正의 구별이 생겨남.
⑧ 上品: 9등급의 鄕品 가운데 제1·2품을 말함. 中正은 郡小中正까지 모두 鄕品 2품 이상이었음.

[참고] 『晉書』66·96.

陶公少有大志, 家酷貧, 與母湛氏同居. 同郡范逵素知名, 擧孝廉,① 投侃宿. 于時氷雪積日, 侃室如懸磬, 而逵馬僕甚多. 侃母湛氏語侃曰; "汝但出外留客, 吾自爲計." 湛頭髮委地, 下爲二髲,② 賣得數斛米. 斫諸屋柱, 悉割半爲薪, 到諸薦以爲馬草. 日夕, 遂設精食, 從者皆無所乏. 逵旣歎其才辯, 又深愧其厚意. 明旦去, 侃追送不已, 且百里許. 逵曰; "路已遠, 君宜還." 侃猶不返, 逵曰; "卿可去矣. 至洛陽, 當相爲美談." 侃迺返. 逵及洛, 遂稱之於羊晫·顧榮諸人, 大獲美譽.③

①。逵, 未詳.
②。一作"髢".
③。『晉陽秋』曰; 侃父丹, 娶新淦湛氏女, 生侃. 湛虔恭有智算, 以陶氏貧賤, 紡績以資給侃, 使交結勝己. 侃少爲尋陽吏, 尋陽孝廉范逵嘗過侃宿. 時大雪, 侃家無草, 湛徹所臥薦剉給, 陰截髮, 賣以供調. 逵聞之歎息. 逵去, 侃追送之, 逵曰; "豈欲仕乎?" 侃曰; "有仕郡意."

逵曰; "當相談致." 過廬江, 向太守張夔稱之. 召補史, 擧孝廉, 除郎中. 時豫章顧榮或責羊
晫曰; "君奈何與小人同輿?" 晫曰; "此寒俊也."
◦ 王隱『晉書』曰; 侃母旣戴髮供客, 聞者歎曰; "非此母, 不生此子!" 乃進之於張夔. 羊晫
亦簡之. 後晫爲十郡中正, 擧侃爲鄱陽小中正, 始得上品也.

• 19 : 20 [0822]

도공陶公[陶侃]이 젊었을 때 어량魚梁[1]을 관리하는 관리로 있었는데, 한번은 젓갈 한 단지[2]를 모친께 보내드렸다. 모친은 젓갈을 봉하여 심부름 온 사람에게 돌려주고 답신을 써서 도간陶侃을 질책하며 말했다.

"관리인 네가 관청의 물건을 보내온 것은 보탬이 되지 않을 뿐만 아니라 오히려 나의 근심을 더하게 만든다!"[1]

[1] ◦『도간별전陶侃別傳』: 모친 잠씨湛氏는 현명했으며 법도를 지니고 있었다. 도간이 무창武昌태수로 있을 때 보좌관들과 함께 조용히 주연酒宴을 갖곤 했는데 항상 마시는 데 한도가 있었다. 어떤 사람이 조금 더 마셔도 괜찮다며 권했더니, 도간은 한참 동안 슬퍼하다가 말했다.

"옛날 젊었을 때 일찍이 술로 인해 실수하여 양친에게 제약을 받은 적이 있었기 때문에 감히 한도를 넘을 수 없는 것이오."

도간이 모친상을 당하여 시묘侍墓살이를 하고 있을 때, 난데없이 손님 2명이 조문하러 와서 곡례哭禮도 하지 않고 돌아갔는데, 거동과 의복이 깨끗하고 특이하여 보통사람이 아니라는 것을 알았다. 사람을 보내 따라가서 살펴보라 했더니, 두 마리 학이 하늘로 올라가 날아가는 것만 보였다.

◦『유명록幽明錄』: 도공은 심양尋陽의 서남쪽에 있는 한 어량[3]에서 물고기를 잡았는데, 스스로 그 못을 '학문鶴門'이라 불렀다.

◦ 생각건대 : 오吳나라의 사도司徒 맹종孟宗이 전지電池의 감독관으로 있을 때 젓갈을 모친께 보내드렸으나 모친이 받지 않았으니, 이것은 도간의 이야기가 아니다. 아마도 후인이 맹종의 일로 인해 이 이야기를 거짓으로 만들어낸 것 같다.

[역주]·······················
① 魚梁 : 강에 보를 쌓아 물고기를 잡는 곳.
② 젓갈 한 단지 : 원문은 "坩鮓". '坩(감)'은 흙으로 구워 만든 단지나 항아리. '鮓 (자)'는 젓갈. 宋本에는 "鮺(자)"라 되어 있는데 뜻은 같음. 『釋名』「釋飮食」에서 "鮓, 菹也. 以鹽米釀魚以爲菹, 熟而食之."라고 함. 『藝文類聚』 권72, 『北堂書鈔』 권146, 『太平御覽』 권758·862에 인용된 『世說』에는 이 앞에 "一"자가 들어 있음.
③ 어량 : 원문은 "塞". 막는 것. 보·방죽. 여기서는 어량을 말함.
[참고] 『晉書』96, 『藝文類聚』72, 『北堂書鈔』146, 『太平御覽』758·862.

陶公少時, 作魚梁吏, 嘗以坩鮓餉母. 母封鮓付使, 反書責侃曰; "汝爲吏, 以官物見餉, 非唯不益, 乃增吾憂也!"①
①. ◦『侃別傳』曰; 母湛氏, 賢明有法訓. 侃在武昌, 與佐吏從容飮燕, 常有飮限. 或勸猶可少進, 侃悽然良久曰; "昔年少, 曾有酒失, 二親見約, 故不敢踰限." 及侃丁母憂, 在墓下, 忽有二客來弔, 不哭而退, 儀服鮮異, 知非常人. 遣隨視之, 但見雙鶴沖天而去.
◦『幽明錄』曰; 陶公在尋陽西南一塞取魚, 自謂其池曰鶴門.
◦按; 吳司徒孟宗爲雷池監, 以鮓餉母, 母不受, 非侃也. 疑後人因孟假爲此說.

• 19 : 21 [0823]

환선무桓宣武[桓溫]가 촉蜀을 평정하고① 이세李勢의 여동생②을 첩으로 삼았는데, 매우 총애하여 늘 서재 뒷방에 머물게 했다. 환선무의 부인인 공주는 처음엔 이 사실을 몰랐으나 이미 듣고 나서는 수십 명의 시녀와 함께 시퍼런 칼날을 뽑아들고 쳐들어갔다.① 마침 이씨는 머리를 빗고 있었는데 늘어뜨린 머리카락이 땅에 치렁치렁했고 살빛이 옥같이 빛났으며 조금도 동요하는 모습을 보이지 않았다. 이씨가 천천히 말했다.

"나라가 무너지고 집안이 망하여 아무 생각 없이 이 지경까지 이르고 말았습니다. 오늘 만약 죽게 될 수만 있다면 그야말로 본래 바라던 바입니다!"

그러자 공주는 부끄러워하면서 물러갔다.②

① ▪『속진양추續晉陽秋』: 환온桓溫은 명제明帝[司馬紹]의 딸 남강장공주南康長公主³에게 장가들었다.

② ▪『투기妬記』⁴: 환온이 촉을 평정하고 이세의 딸을 첩으로 삼았다. 남강군주南康郡主⁵는 투기가 몹시 심했는데, 이 사실을 당장에는 몰랐으나 나중에 알고 나서는 곧장 칼을 뽑아들고 이씨의 처소로 가서 죽이려 했다. 가서 보니 이씨가 창가에서 머리를 빗고 있었는데, 자태와 용모가 단정하고 아름다웠다. 이씨는 천천히 머리를 묶어 올리고 나서 손을 공손히 모두고 공주를 향했는데, 기색은 여유 있고 단정했으며 말씨는 몹시 처량했다. 공주는 이에 칼을 내던지고 앞으로 다가가 그녀를 끌어안으며 말했다.

"동생⁶! 내가 자네를 보아도 사랑스러운데 하물며 주인어른이야 오죽하겠는가!"

공주는 마침내 그녀를 잘 대우해주었다.

[역주]……………………

① 桓宣武[桓溫]가 蜀을 평정하고 : 桓溫은 穆帝 永和 2년(346)에 益州刺史 周撫와 南郡太守인 譙王 司馬無忌를 끌어들여 成漢[後蜀]의 토벌에 나섰으며, 이듬해 (347) 參軍 孫盛과 周楚[周撫의 아들]를 남겨 군수품을 지키게 하고 자신은 成都로 진격하여 成漢王 李勢의 군대를 대파함. 『晉書』 권121 「李勢載記」와 「識鑒」20 劉注①에 인용된 『華陽國志』 참조.
② 李勢의 여동생 : 이세는 成漢의 마지막 군주로서 자는 子仁이며 李壽의 장자. 교만하고 음탕하여 국사를 돌보지 않다가 桓溫에게 토벌당하여 성한을 멸망시킴. 晉나라에 귀순한 뒤 歸義侯에 봉해졌으며, 升平 4년(360)에 建康에서 죽음. 『晉書』 권121 「李勢載記」, 「識鑒」20, 「豪爽」8 참조. 『太平御覽』 권154에 인용된 『世說』에는 "이세의 딸"이라 되어 있는데, 劉注에 인용된 『妬記』의 기록과도 부합하므로 타당하다고 여겨짐.
③ 南康長公主 : '長公主'는 천자의 자매, 또는 특별히 공주를 존대할 때 쓰는 호칭. 『太平御覽』 권152에 인용된 『晉中興書』에 "南康宣公主興南, 明帝長女, 庾后所生, 初封遂安縣."이라는 기록이 있음.
④ 『妬記』: 『隋書』「經籍志」에 "『妬記』二卷, 虞通之撰."이란 著錄이 보이며, 魯迅의 『古小說鉤沈』에 佚文이 輯錄되어 있음.
⑤ 南康郡主 : '郡主'는 郡의 公主를 말함. 공주 중에서 郡에 봉해진 자를 일컬음.
⑥ 동생 : 원문은 "阿子". 친근한 감정을 담아 부르는 호칭.

[참고] 『太平御覽』154, 『蒙求原注』上.

桓宣武平蜀, 以李勢妹爲妾, 甚有寵, 常箸齋後. 主始不知, 旣聞, 與數十婢拔白刃襲之.① 正値李梳頭, 髮委藉地, 膚色玉曜, 不爲動容. 徐曰: "國破家亡, 無心至此. 今日若能見殺, 乃是本懷!" 主慙而退.②

①『續晉陽秋』曰: 溫尙明帝女南康長公主.
②『妬記』曰: 溫平蜀, 以李勢女爲妾. 郡主兇妬, 不卽知之, 後知, 乃拔刃往李所, 因欲斫之. 見李在窗梳頭, 姿貌端麗. 徐徐結髮, 斂手向主, 神色閑正, 辭甚悽惋. 主於是擲刀前抱之曰: "阿子! 我見汝亦憐, 何況老奴!" 遂善之.

• 19 : 22 [0824]

유옥대庾玉臺[庾友]는 유희庾羲의 동생이다.① 유희가 주살당하자② 환온桓溫은 장차 유옥대도 죽이려 했다.① 유옥대의 며느리는 환선무桓宣武[桓溫]의 동생인 환활桓豁의 딸③이었는데,② 그 소문을 듣고 맨발로 달려가 환온의 저택에 들어가길 청했으나 문지기가 막고 들여보내 주지 않자, 그녀는 큰소리로 꾸짖으며 말했다.

"이런 무례한 놈! 내 백부 댁의 대문에 나를 들어가지 못하게 하다니!"

그리고는 밀치고 들어가 소리 내어 울며 간청했다.

"유옥대는 늘 다른 사람에게 의지하며 걷고 다리도 3치나 짧은데 어떻게 모반을 할 수 있겠습니까?"

환선무가 웃으며 말했다.

"조카사위[庾宣]가 정말 다급했던 모양이군!"

환선무는 마침내 유옥대 일가를 사면해주었다.③

① 유희는 이미 나왔다.④ 옥대는 유우庾友의 어릴 적 자다.
    『유씨보庾氏譜』: 유우는 자가 혜언惠彦이며 사공司空 유빙庾冰의 셋째아들이다. 중서랑中書郞과 동양東陽태수를 역임했다.
② 『유씨보』: 유우는 자가 홍지弘之다.⑤ 그의 장남 유선庾宣⑥이 환선무의 동생인 환활의 딸을 부인으로 맞았는데 그녀는 자가 여유女幼다.

③ㆍ『중흥서中興書』: 환온이 유희의 동생 유천庾倩을 죽이자, 유희는 그 재난 소식을 듣고 도망쳤다. 유희의 동생 유우도 당연히 주살당할 처지였지만, 환씨桓氏[桓豁]의 딸인 며느리가 환온에게 간청하여 사면을 얻었다.

[역주]
① 庾玉臺[庾友]는 庾希의 동생이다: 庾冰은 希・襲・友・蘊・倩・邈・柔의 7아들을 차례로 두었음.
② 유희가 주살당하자: 외척인 庾希의 형제가 모두 득세하여 桓溫이 그들을 매우 꺼렸는데, 東晉 咸安 원년(371)에 환온이 司馬奕[廢帝 海西公]의 제위를 폐하고 司馬昱[簡文帝]을 옹립했을 때 유희가 반대하자, 환온은 유희의 동생 庾倩과 庾柔를 모함하여 살해함. 海陵으로 도망친 유희를 환온이 체포하려 하자, 유희가 군대를 일으켰으나 실패하여 建康에서 참수당함.
③ 桓豁의 딸: 『晉書』권73 「庾冰傳」에는 "桓祕女"라 되어 있음. 桓祕는 桓豁의 동생임.
④ 이미 나왔다: 「雅量」26 劉注②에 나왔음.
⑤ 유우는 자가 弘之다: 『世說敍錄』「人名譜・潁川鄢陵庾氏譜」에 "友, 冰子, 字惠彦, 又字弘之, 小字玉臺."라는 기록이 있음.
⑥ 庾宣: 『世說敍錄』「人名譜・潁川鄢陵庾氏譜」에서는 "叔宣, 友子. 右衛將軍."이라 하여 '庾叔宣'이라 되어 있음.

[참고] 『晉書』73, 『事文類聚』後11・20.

庾玉臺, 希之弟也. 希誅, 將戮玉臺.① 玉臺子婦, 宣武弟桓豁女也,② 徒跣求進, 閽禁不內, 女厲聲曰; "是何小人! 我伯父門, 不聽我前!" 因突入, 號泣請曰; "庾玉臺常因人, 脚短三寸, 當復能作賊不?" 宣武笑曰; "壻故自急!" 遂原玉臺一門.③

① ㆍ希, 已見. 玉臺, 庾友小字.
ㆍ『庾氏譜』曰: 友, 字惠彦, 司空冰第三子. 歷中書郎・東陽太守.
② ㆍ『庾氏譜』曰; 友, 字弘之. 長子宣, 娶宣武弟桓豁之女, 字女幼.
③ ㆍ『中興書』曰; 桓溫殺庾希弟倩, 希聞難而逃. 希弟友當伏誅, 子婦桓氏女請溫, 得有.

• 19 : 23 [0825]

사공謝公[謝安]의 부인은 여러 시녀들을 휘장으로 둘러쳐놓고 그 앞에서 가무①를 펼치도록 했는데, 사태부謝太傅[謝安]로 하여금 잠깐 보게 하고는 곧장 휘장을 내려버렸다. 사태부가 다시 휘장을 올리고 계속하라고 요청하자 부인이 말했다.

"당신의 훌륭한 덕을 해치게 될까봐 걱정입니다."①

① · 유부인劉夫人[謝安의 부인]은 이미 나왔다.②

[역주]·····················
* 『太平御覽』 권521에 인용된 『妬記』에 다음과 같은 고사가 실려 있음. 사태부의 유부인은 사태부로 하여금 별실에 첩을 두지 못하게 했다. 그러나 사공은 가무와 여색을 몹시 좋아하여 더 이상 부인의 금지를 참을 수가 없어서 마침내 기녀 첩을 두고 싶은 마음이 간절했다. 조카와 외조카들이 은밀히 그러한 뜻을 알아 채고 함께 유부인을 말리기로 했는데, 그 방법으로 투기하지 않는 부덕婦德을 노래한 『시경詩經』의 「관저關雎」와 「종사螽斯」편을 거론했다. 그러자 부인은 자기를 비꼬려는 것임을 알고 물었다. "그 시는 누가 지었는가?" 조카들이 대답했다. "주공周公이지요." 그러자 부인이 말했다. "주공은 남자이니 그렇게 지은 것이 당연하지. 만약에 주공의 부인이 지었다면 전傳에 틀림없이 그런 말이 없었을 게야."[謝太傅劉夫人, 不令太傅有別房寵. 公深好聲樂, 不能令節, 遂頗欲立妓妾. 兄子及外甥等微達其旨, 乃共諫劉夫人, 方便稱「關雎」·「螽斯」有不忌之德. 夫人知諷己, 乃問; "誰撰詩?" 答曰; "周公." 夫人曰; "周公是男子, 乃相爲耳. 若使周姥, 傳應無此語也."]
① 가무 : 원문은 "伎". '技'와 통함. 技藝, 즉 歌舞 따위를 펼치는 것을 말함.
② 이미 나왔다 : 「德行」36 劉注①에 나왔음.

謝公夫人幃諸婢, 使在前作伎, 使太傅暫見, 便下幃. 太傅索更開, 夫人云; "恐傷盛德."①
① · 劉夫人, 已見.

———————— • 19 : 24 [0826]

환거기桓車騎[桓沖]는 새 옷 입는 걸 좋아하지 않았는데, 목욕을 한 뒤에 부인이 일부러 새 옷을 보내주어 입도록 했더니,① 환거기가 크게 화내며 가져가게 하라고 재촉했다. 부인이 다시 가져가서 돌려주며 전언했다.

"옷이 새로운 상태를 거치지 않으면 어떻게 헌 것이 되겠습니까?"
그랬더니 환공桓公[桓沖]이 크게 웃으면서 그것을 입었다.

① 。『환씨보桓氏譜』: 환충桓沖은 낭야琅邪 출신 왕념王恬의 딸을 부인으로 얻었는데, 그녀는 자가 여종女宗이다.①

[역주]……………………
① 자가 女宗이다 : 원문은 "字女宗". 宋本에는 "字女"라고만 되어 있는데 脫字가 있는 것으로 보임.
[참고] 『北堂書鈔』129, 『事類賦』12, 『太平御覽』395·689.

桓車騎不好箸新衣, 浴後, 婦故送新衣與,① 車騎大怒, 催使持去. 婦更持還, 傳語云; "衣不經新, 何由而故?" 桓公大笑, 箸之.
① 。『桓氏譜』曰: 沖娶琅邪王恬女, 字女宗.

・ 19 : 25 [0827]

왕우군王右軍[王羲之]의 처 치부인郗婦人이 치사공郗司空[郗愔]과 치중랑郗中郎[郗曇] 두 동생에게 말했다.①

"왕씨 집안에서 이사二謝[謝安・謝萬]를 만날 때는 광주리를 쏟고 시렁을 넘어뜨릴 정도인데,① ② 너희들이 오는 것을 보고는 덤덤하기만 하니 너희들은 번거롭게 왕래하지 마라."

① 。치사공은 치음郗愔이다. 이미 나왔다.②
  。『치담별전郗曇別傳』: 치담은 자가 중희重熙며 치감郗鑒의 막내아들이다. 성품이 진실하며 온화하고 침착했다. 여러 벼슬을 거쳐 단양윤丹陽尹・북중랑장北中郎將・서연이주자사徐兗二州刺史에 기용되었다.
② 。이사는 사안謝安과 사만謝萬이다.

[역주]……………………
① 광주리를 쏟고 시렁을 넘어뜨릴 정도인데 : 원문은 "傾筐倒庋(기)". 광주리와 시렁에 있는 것을 모두 꺼내 환영한다는 뜻. 宋本에는 "庋"가 "屣(사)"로 되어 있는데, 이 경우는 신발을 거꾸로 신고 나올 정도로 황급히 맞이한다는 뜻.
② 이미 나왔다 : 「品藻」29 劉注①에 나왔음.

③ 重熙 : 『晉書』 권67 「郗曇傳」에도 "重熙"라 되어 있으나, 宋本에는 "重淵"이라 되어 있음.
[참고] 『蒙求原注』上, 『事文類聚』後10.

王右軍郗夫人, 謂二弟司空·中郎曰;① "王家見二謝, 傾筐倒庋,② 見汝輩來, 平平爾, 汝可無煩復往."

① ◦ 司空, 愔. 已見.
◦ 『郗曇別傳』曰: 曇, 字重熙, 鑒少子. 性韻方質, 和正沈簡. 累遷丹陽尹·北中郎將·徐兗二州刺史.
② ◦ 二謝, 安·萬.

----- • 19 : 26 [0828]

왕응지王凝之의 처 사부인謝夫人[謝道蘊][1]은 왕씨 집안으로 시집온 뒤에 왕응지를 매우 경시했다. 사부인이 사씨 집안으로 돌아온 뒤에 마음속으로 몹시 불쾌해하자, 사태부謝太傅[謝安]가 그녀를 위로하며 말했다.

"왕랑王郎[王凝之]은 왕일소王逸少[王羲之]의 아들이며 인품[2]도 나쁘지 않은데, 너는 어찌하여 그렇게 못마땅해 하느냐?"

사부인이 대답했다.

"사씨 가문에는 숙부로는 아대阿大와 중랑中郎[3]이 있고, 여러 종형제로는 봉호封胡과 알말遏末이 있습니다.① 천지간에 왕랑 같은 사람이 있으리라곤 생각지도 못했습니다!"

① ◦ 봉호는 사소謝韶의 어릴 적 자고, 알말은 사연謝淵의 어릴 적 자다. 사소는 자가 목도穆度며 사만謝萬의 아들로 거기사마車騎司馬를 지냈으며, 사연은 자가 숙도叔度며 사혁謝奕의 둘째아들로 의흥義興태수를 지냈다. 당시 사람들은 그들을 사씨 가문에서 특히 빼어난 인물이라고 평가했다. 혹은 봉·호·알·말이라고도 하는데, 봉은 사랑謝朗, 알은 사현謝玄, 말은 사소를 가리킨다. 낭현연朗玄淵[4] 또는 호는 사연, 알은 사현, 말은 사소를 가리킨다고

도 한다.

[역주]………………………
① 謝夫人[謝道蘊] : 謝奕의 딸이자 謝安의 조카. 「言語」71 참조.
② 인품 : 원문은 "人材". 宋本과 袁褧本에는 "人身"이라 되어 있는데 뜻은 같음. 사람의 品貌와 才智를 말함.
③ 阿大와 中郎 : 정확히 누구를 지칭하는지 알 수 없으나, 謝尚과 謝萬으로 추정함. '阿大'에 대해서 余嘉錫은 謝尚의 부친 謝鯤이 아들 사상 하나만 두었기 때문에 그를 阿大라 불렀다고 함. '中郎'에 대해서는 謝萬 이외에 謝據·謝奕을 지칭한다는 설이 있음. 한편 『世說敍錄』「人名譜·陳國陽夏謝氏譜」에는 "阿大中郎, 是謝萬."이라고 하여 한 사람으로 봄.
④ 朗玄淵 : 이 구절은 의미가 통하지 않음. 楊勇과 徐震堮은 "胡謂淵"의 誤記일 것이라고 추정했는데, 문맥상 타당성이 있다고 여겨짐. 한편 『晉書』 권96 「列女傳·王凝之妻謝氏傳」에는 "封謂謝韶, 胡謂謝朗, 羯謂謝玄, 末謂謝川, 皆小字也."라 되어 있고, 『晉書』 권79 「謝萬傳」에는 "子韶, 字穆度, 少有名. 時謝氏尤彥秀者, 稱封·胡·羯·末. 封謂韶, 胡謂朗, 羯謂玄, 末謂川, 皆其小字也. 韶·朗·川竝早卒, 惟玄以功名終."이라 되어 있으며, 『世說敍錄』「人名譜·陳國陽夏謝氏譜」에는 "淵, 奕子, 字叔度, 小字末." "玄, 奕子, 字幼度, 小字遏." "朗, 據子, 字長度, 小字胡兒." "韶, 萬子, 字穆度, 小字封."이라 되어 있음. '川'은 본래 '淵'인데 唐人이 高祖 李淵의 諱를 피하여 고친 것임. 이상과 같이 諸說이 분분하기 때문에 여기서는 일단 劉注의 설을 따르기로 함.

[참고] 『晉書』96.

王凝之謝夫人既往王氏, 大薄凝之. 既還謝家, 意大不說, 太傅慰釋之曰; "王郎, 逸少之子, 人材亦不惡, 汝何以恨迺爾?" 答曰; "一門叔父, 則有阿大·中郎, 羣從兄弟, 則有封胡·遏末.① 不意天壤之中, 乃有王郎!"

①。封胡, 謝韶小字. 遏末, 謝朗小字. 韶, 字穆度, 萬子, 車騎司馬. 淵, 字叔度, 奕第二子, 義興太守. 時人稱其尤彥秀者. 或曰封·胡·遏·末, 封謂朗, 遏謂玄, 末謂韶. 朗玄淵. 一作胡謂淵, 遏謂玄, 末謂韶也.

• 19 : 27 [0829]

한강백韓康伯[韓伯]의 모친이 망가진 낡은 안석에 기대어 있었는데, 외손자 변국卞鞠[卞范之]이 안석이 볼품없는 것을 보고 그것을 바꾸려고 했더니,[1] 한강백의 모친이 말했다.

"내가 만약 이것에 기대고 있지 않는다면 네가 어떻게 골동품을 볼 수 있겠느냐?"

[1]▪ 변국은 변범지卞範之며 한강백 모친의 외손자다.

韓康伯母隱古几毀壞, 卞鞠見几惡, 欲易之,[1] 答曰; "我若不隱此, 汝何以得見古物?"

[1]▪ 鞠, 卞範之, 母之外孫也.

----------• 19 : 28 [0830]

왕강주王江州[王凝之][1]의 부인[謝道蘊]이 사알謝遏[謝玄]에게 말했다.

"너는 어찌하여 학문에 도무지 더 이상 진전이 없는 게냐?[1] 세속의 일에 마음을 쏟기 때문이냐? 아니면 타고난 재능에 한계가 있기 때문이냐?"

[1]▪ 왕강주의 부인은 사현謝玄의 여동생[2]이다.

[역주]·······················
① 王江州[王凝之] : 王凝之가 江州刺史를 지냈기 때문에 그렇게 부름.「言語」71 劉注[2] 참조.
② 여동생 : 원문은 "妹". 本篇 제30조에는 "姊"라 되어 있음. 질책하는 내용으로 보아 '姊'라고 하는 것이 타당하다고 생각됨.

[참고]『晉書』96.

王江州夫人語謝遏曰; "汝何以都不復進?[1] 爲是塵務經心? 天分有限?"
[1]▪ 夫人, 玄之妹.

----------• 19 : 29 [0831]

치가빈郗嘉賓[郗超]이 죽자 부인의 형제들이 친정으로 동생을 돌아오게 하려고 했으나,[1] 부인은 끝까지 돌아가려 하지 않으면서[1] 말

했다.

"살아서는 설령 치랑郗郎[郗超]과 같은 집에서 살지 못했다 하더라도 죽어서까지 어찌 같은 무덤에 묻히지 못하겠는가!"②

① ▫『치씨보郗氏譜』: 치초郗超는 여남汝南 출신 주민周閔②의 딸을 아내로 맞이했는데, 이름은 마두馬頭.

② ▫『모시毛詩』③ : 살아서는 집을 달리해도, 죽어서는 무덤[穴]을 같이하네.
  ▫ 정현鄭玄 주 : 혈穴은 무덤 속의 빈 공간을 말한다.④

[역주]……………………
① 부인의 형제들이 동생을 돌아오게 하려고 했으나 : 원문은 "婦兄弟欲迎妹還". 『晉書』권67「郗超傳」에 따르면, 치초는 42세에 죽었으며 아들이 없었다고 했으므로, 부인의 형제들이 그녀를 친정으로 데려가려 한 것임. 또한『晉書』권69「周閔傳」에 따르면, 주민은 아들이 없어서 동생 周顗의 장남 周琳으로 후사를 삼았다고 했으므로, 친형제가 아닌 사촌형제로 보는 것이 타당함. 한편『太平御覽』권517과『事文類聚』「後集」권11에 인용된『世說』에는 "婦弟欲迎姊還"이라 되어 있는데, 문맥상 보다 타당하다고 여겨짐.

② 周閔 : 周顗의 아들로 자는 子騫이고 시호는 烈이며 秘書監을 지냄.『晉書』권69에 그의 傳이 있음.

③『毛詩』:『詩經』「王風・大車」에 나옴.

④ 무덤 속의 빈 공간을 말한다 : 원문은 "謂壙中墟也". 今本『毛詩』의 鄭玄 注에는 "謂塚壙中也"라고 되어 있음.

[참고]『太平御覽』517,『事文類聚』後11.

郗嘉賓喪, 婦兄弟欲迎妹還, 終不肯歸,① 曰; "生縱不得與郗郎同室, 死寧不同穴!"②

① ▫『郗氏譜』曰; 超娶汝南周閔女, 名馬頭.

② ▫『毛詩』曰; 穀則異室, 死則同穴.
  ▫ 鄭玄注曰; 穴, 謂壙中墟也.

• 19 : 30 [0832]

사알謝遏[謝玄]은 그의 누나[謝道蘊]를 매우 존중했는데, 장현張玄이 늘 자기 여동생을 칭찬하면서 그녀[謝道蘊]와 견주려 했다. 제니濟尼①라고

하는 사람이 장씨와 사씨 두 집안을 모두 출입했는데, 어떤 사람이 그들의 우열을 물었더니 제니가 대답했다.

"왕부인王夫人[謝道蘊]은 정신이 시원스럽게 트였기 때문에 죽림명사竹林名士의 기풍② 이 있고, 고씨顧氏 집안의 부인[장현의 여동생]은 맑은 마음이 옥처럼 빛나기 때문에 당연히 규방의 수재이지요."

[역주]······················
① 濟尼 : 미상. '濟'라고 부르는 스님.
② 竹林名士의 기풍 : 원문은 "林下風氣". 竹林七賢과 같은 風格과 氣稟을 지녔다는 뜻.

[참고] 『晉書』96.

謝遏絕重其姊, 張玄常稱其妹, 欲以敵之. 有濟尼者, 竝遊張·謝二家, 人問其優劣, 答曰; "王夫人神情散朗, 故有林下風氣, 顧家婦淸心玉映, 自是閨房之秀."

• 19 : 31 [0833]

상서尙書 왕혜王惠①가 한번은 왕우군王右軍[王羲之]의 부인[郗氏]을 만나서① 물었다.

"눈과 귀에 불편함을 느끼지 않으십니까?"②

부인이 대답했다.

"머리카락이 희어지고 이가 빠지는 것은 육체에 속하는 것이지만, 눈과 귀는 정신에 관련된 것이니 어찌 다른 사람과 차이날 수 있겠느냐?"

① 『송서宋書』: 왕혜는 자가 영명令明이며 낭야琅邪사람이다. 이부상서吏部尙書를 역임했으며, 태상경太常卿②에 추증되었다.

② 『부인집婦人集』에 실려 있는 「사표謝表」: 신첩은 90세로 외로운 몸만 홀로 생존해 있사옵니다. 원컨대 긍휼히 여기시어 부양해주시옵소서.

[역주]······················
① 王惠 : 王劭의 손자이자 王導의 증손자. 王羲之에게는 손자뻘임. 『宋書』 권58에

그의 傳이 있음.
② 太常卿: 『宋書』권58 「王惠傳」에는 "太常"이라고만 되어 있음.

王尙書惠嘗看王右軍夫人, ① 問; "眼耳未覺惡不?" ② 答曰; "髮白齒落, 屬乎形骸, 至於眼耳, 關於神明, 那可便與人隔?"

① ▫『宋書』曰; 惠, 字令明, 琅邪人. 歷吏部尙書, 贈太常卿.
② ▫『婦人集』載「謝表」曰; 妾年九十, 孤骸獨存. 願蒙哀矜, 賜其鞠養.

• 19 : 32 [0834]

한강백韓康伯[韓伯]의 모친 은씨殷氏가 손자 한회지韓繪之[1]를 따라 형양衡陽으로 갔다가, ① 합려주闔廬洲[2]에서 환남군桓南郡[桓玄]을 만났다. 변국卞鞠[卞範之][3]은 은씨의 외손자였는데 그때 안부를 물으러 왔기에 은씨가 변국에게 말했다.

"내가 제때에 죽지 못해서 그 어린 것들이 두 대代에 걸쳐[4] 역적질하는 꼴을 보는구나!"

형양에서 몇 년을 지낸 뒤에 한회지가 환경진桓景眞[桓亮]의 난을 만나 죽었다. ② 은씨는 시신을 어루만지면서 통곡하며 말했다.

"네 아비[韓伯]는 옛날 예장豫章태수를 그만두었을 때, 초징하는 문서[5]가 아침에 도착하자 저녁에 바로 떠났었다. 그런데 너는 군郡[衡陽郡]의 태수를 그만둔 지 몇 년이나 되었지만 일 때문에 움직일 수 없다가 결국 재난을 당했으니, 더 이상 무슨 말을 하겠느냐!"

① ▫『한씨보韓氏譜』: 한회지는 자가 계륜季倫이다. 부친 한강백은 태상경太常卿[6]을 지냈다. 한회지는 벼슬이 형양태수에 이르렀다.
② ▫『속진양추續晉陽秋』: 환량桓亮은 자가 경진이며 대사마大司馬 환온桓溫의 손자다. 부친 환제桓濟는 급사중給事中을 지냈다. 숙부 환현桓玄이 반역했다가 주살당하자, 환량은 장사長沙에서 무리를 모아 스스로 상주湘州자사라 칭하고 태재太宰 견공甄恭과 전 형양태수 한회지 등 10여 명을 살해했다. 환량은 유의劉毅 휘하의 군인 곽진郭珍[7]에게 참수당했다.

[역주]······················
① 韓繪之 : 『晉書』 권75 「韓伯傳」에는 "韓瑜之"라 되어 있음.
② 闔廬洲 : 長江 가운데에 있는 小洲名. 『資治通鑑』 권93 「晉紀」 注에 "闔廬洲, 在江中. 賀循云; '江中劇地, 惟有闔廬一處, 地勢險奧, 亡逃所聚.'"라는 기록이 있음.
③ 卞鞠 : 桓玄의 부하로 일하면서 환현을 위해 禪讓詔書를 만든 인물. 『晉書』 권99에 그의 傳이 있음.
④ 그 어린 것들이 두 대에 걸쳐 : 원문은 "此竪二世". '竪'는 상대방을 멸시하여 부르는 말. '二世'는 '兩代'와 같은 뜻으로, 桓溫과 桓玄 부자를 지칭함.
⑤ 초징하는 문서 : 원문은 "徵書". 인재를 招徵할 때 보내는 문서. 여기서는 조정에서 내린 轉任 명령서를 말함.
⑥ 太常卿 : 『晉書』 권75 「韓伯傳」에는 "太常"이라고만 되어 있음.
⑦ 郭珍 : 『晉書』 권99 「桓玄傳」에는 "郭彌"라 되어 있음.

韓康伯母殷, 隨孫繪之之衡陽,① 於闔廬洲中逢桓南郡. 卞鞠是其外孫, 時來問訊, 謂鞠曰; "我不死, 見此竪二世作賊!" 在衡陽數年, 繪之遇桓景眞之難也,② 殷撫屍哭曰; "汝父昔罷豫章, 徵書朝至夕發. 汝去郡邑數年, 爲物不得動, 遂及於難, 夫復何言!"
①‧『韓氏譜』曰; 繪之, 字季倫. 父康伯, 太常卿. 繪之仕至衡陽太守.
②‧『續晉陽秋』曰; 桓亮, 字景眞, 大司馬溫之孫. 父濟, 給事中. 叔父玄, 篡逆見誅, 亮聚衆於長沙, 自號湘州刺史, 殺太守甄恭‧衡陽前太守韓繪之等十餘人. 爲劉毅軍人郭珍斬之.

제20편 술해 術解
Technical Understanding

본편은 『세상의 참신한 이야기, 세설신어』의 20번째 편으로 총 11조가 실려 있다.

'술해'는 방술方術이나 술수術數 등에 정통하여 의문점을 잘 풀어낸다는 뜻이다. 본편은 주로 음악·점복占卜·의약을 비롯하여 천문역수天文曆數·상택相宅·상마相馬 등에 관한 고사가 함께 실려 있는데, 이러한 방술이나 술수는 지금의 관점에서 보면 과학적인 것도 있고 다분히 미신에 가까운 비과학적인 것도 있다. 당시에는 방술에 정통하는 것이 특수한 재능을 지니고 있는 것으로 간주되었다. 곽박郭璞·완함阮咸·왕제王濟·은호殷浩 등은 모두 현학가玄學家이자 이름난 명사였지만, 각각 점복·음악·상마·의약에도 뛰어났었다. 심지어 지존至尊의 지위에 있던 진晉 명제明帝도 풍수風水에 일가견이 있었다.

본편을 통하여 우리는 특별한 재능을 지녔던 위진魏晉 인사들의 뛰어난 통찰력과 탁월한 식견들을 엿볼 수 있다.

• 20 : 01 [0835]

순욱荀勖은 음악을 잘 이해하여 당시 논자들이 그를 '암해闇解'①라고 평했다. 그래서 율려律呂②를 조정하여 아악雅樂③을 바르게 했다. 정월 초하루의 조회④ 때마다 궁전에서 음악을 연주하면서 스스로 음계⑤를 조정했는데 음률에 들어맞지 않음이 없었다.

완함阮咸은 감상력이 탁월하여 당시 사람들이 그를 '신해神解'⑥라고 평했다. 공적인 연회⑦에서 음악을 연주할 때마다 완함은 마음속으로 그것이 조화롭지 못하다고 생각했지만 한 마디도 지적하지 않았다. 순욱은 내심 그를 꺼려하여 마침내 완함을 시평始平태수로 전출시켜 버렸다.

나중에 어떤 농부가 들에서 밭을 갈다가 주周나라 때의 옥척玉尺을 주웠는데, 그것은 바로 천하의 표준이 되는 율척律尺⑧이었다. 순욱이 시험 삼아 그것을 가지고 자기가 조율한 종고鐘鼓・금석金石・사죽絲竹⑨의 여러 악기를 비교해보았더니, 모두 한 푼⑩ 정도 짧다는 느낌이 들었다. 그래서 순욱은 완함의 신묘한 감식력에 탄복했다.[1]

[1] •『진후략晉後略』: 종률鐘律의 악기는 주나라 말에 없어졌다가 전한前漢의 성제成帝[劉驁]와 애제哀帝[劉欣] 때 여러 유학자들이 그것을 고쳐서 정비했는데, 후한後漢 말에 다시 망실되었다. 위魏나라의 조정에서 음률에 정통한⑪ 사람인 두기杜夔에게 그것을 만들게 했는데, 전례典禮에서 고찰할 수 없어서 단지 당시의 관현악기 소리와 당시의 율척에만 의거하여 제작하는 바람에 전례의 법도에서 크게 어긋났다. 그래서 진晉 세조世祖[司馬炎]가 중서감中書監 순욱에게 명하여 옛 전례의 법제法制에 의거하여 종률을 정하게 했다. 이미 율관律管을 만들고 나서 옛 기구를 수집하여 주나라 때의 옥률玉律⑫ 몇 개를 찾아냈는데, 그것과 비교해보았더니 차이가 없었다. 또한 여러 군청의 창고에 더러는 한나라 때의 옛 종이 있었는데, 악률樂律에 의거하여 조사했더니 모두 두드려보지 않아도 들어맞았으며 소리의 울림이 음률에 부합하

여 또한 마치 한날한시에 같이 만들어진 것 같았다.

▫『진제공찬晉諸公贊』: 종률이 완성되자 산기시랑散騎侍郞 완함이 말했다. "순욱이 만든 것은 소리가 높으니 높으면 슬프다. 대저 망국의 음악에 슬픈 생각이 깊은 것은 그 백성들이 고달프기 때문이다.[13] 지금의 소리는 아악에 부합하지 않아 덕정德政의 중화中和한 음악이 아닐까 걱정되니, 필시 고금의 율척에 길고 짧음이 있어서 생겨난 결과다. 그러나 지금의 종경鐘磬은 위나라 때의 두기가 만든 것으로, 순욱의 종률과 서로 들어맞지 않으며 그 음조가 유장하고 우아하다. 하지만 오랫동안 두기가 만든 것을 알지 못했기 때문에 오늘날 사람들은 그것을 만들면서도 고치지 못하는 것이다."

순욱은 성격이 자부심이 강했기 때문에 사건에 연루시켜 완함을 시평태수로 좌천시켰으며, 그 결과 완함은 병들어 죽었다.[14] 나중에 땅속에서 옛 동척銅尺을 발견했는데, 순욱이 만든 지금의 율척와 비교해보았더니 4푼이 짧아서 비로소 완함이 정말로 음악에 정통했다는 사실이 증명되었다. 그러나 그것을 바로잡을 수 있는 사람이 없었다.

▫간보干寶의『진기晉紀』: 순욱이 처음「정덕正德」과「대상大象」의 무곡舞曲을 만들었는데, 위나라 두기가 제정한 율려로 대악大樂의 본음本音[15]과 비교해보았더니 조화를 이루지 못했다. 후한에서 위나라에 이르기까지 율척의 길이는 옛날보다 4푼이 더 길었는데, 두기가 그것에 근거했기 때문에 음률이 맞지 않게 되었다. 그래서『주례周禮』에서 곡식을 담아서 도량度量을 측정하던 방법에 의거하여 옛 기구를 재 보았더니 본래 기구에 새겨진 명문銘文에 부합했기 때문에, 마침내 그것을 표준으로 삼아 교묘郊廟의 제사에서 사용했다.

[역주]……………………
① 闇解 : 마음속으로 음악의 오묘한 이치를 탁월하게 解得한다는 뜻.
② 律呂 : 六律과 六呂. 음의 기준을 정하는 竹管. 장단이 다른 음양 각 6개의 竹管 音調에 따라 음의 淸濁과 高低를 정했음.『漢書』「律曆志」에 "律十有二, 陽六爲律, 陰六爲呂."라는 기록이 있음. '六律'은 黃鐘・太簇・姑洗・蕤賓・夷則・無射를 말하고, '六呂'는 大呂・夾鐘・仲呂・林鐘・南呂・應鐘을 말함.
③ 雅樂 : 典雅하고 純正한 음악이란 뜻으로, 郊廟의 제사나 조회 등의 큰 행사 때 사용하는 음악을 말함. 朝代가 바뀌면 새로운 왕조의 군주는 대부분 舊禮에

따라 아악을 정비했는데, 그 의도는 本朝의 功德을 歌頌하는 데 있었음.
④ 정월 초하루의 조회 : 원문은 "正會". '元正의 嘉會'라는 뜻으로, 음력 정월 초하루의 조회의식을 말함. 漢代에 제정되었으며 晉 武帝 때 대폭 개정됨. 상세한 것은 『晉書』 권21 「禮志下」 참조. '元會'라고도 함.
⑤ 음계 : 원문은 "宮商". 五音[宮·商·角·徵·羽]의 기본이 되는 음. 여기서는 음악의 음계를 말함.
⑥ 神解 : 신묘한 이해. 阮咸은 음악에 정통했으며 비파를 잘 연주했는데, 그가 만든 옛 비파를 '阮咸'이라 불렀음. 『通典』 권144에 "阮咸, 亦秦琵琶也, 而項長過於今制, 列十有三柱. 武太后時, 蜀人蒯朗於古墓中得之. 晉「竹林七賢圖」阮咸所彈與此類同, 因謂之'阮咸'. 咸世實以善琵琶知音律稱."이라는 기록이 있음.
⑦ 공적인 연회 : 원문은 "公會". 目加田誠과 R.B.Mather는 '公會'의 오기일지도 모른다고 추정했는데, 公曾은 荀勖의 자임.
⑧ 律尺 : 音律을 잴 때 쓰는 자.
⑨ 金石·絲竹 : '金石'은 鐘·磬과 같은 타악기를 말하고, '絲竹'은 비파와 같은 현악기와 피리와 같은 관악기를 말함.
⑩ 한 푼 : 원문은 "一黍". '一分'의 뜻. '黍'는 옛 도량의 단위. 중간크기의 검은 기장 한 알의 길이를 一分으로 하여 길이의 최소단위로 삼았음. 『漢書』 「律曆志」에 "度者, 分·尺·丈·引也, 所以度長短也. 本起黃鐘之長. 以子穀秬黍中者, 一黍之廣, 度之九十分, 黃鐘之長. 一爲一分, 十分爲寸, 十寸爲尺, 十尺爲丈, 十丈爲引, 而五度審矣."라는 기록이 있음. 한편 『晉書』 「樂志」와 「律曆志」 注에 인용된 『世說』에는 모두 "一米"라 되어 있음.
⑪ 음률에 정통한 : 원문은 "協律知音". 目加田誠은 '協律都尉'일 것이라고 추정함. 『三國志』 권29 「魏書·方技傳」에 따르면, 杜夔는 協律都尉를 지냈음.
⑫ 玉律 : 음률을 잴 때 사용하는 玉으로 만든 律尺.
⑬ 망국의 음악에~고달프기 때문이다 : 원문은 "亡國之音哀以思, 其民困." 『毛詩』 「大序」와 『禮記』 「樂記」에 나오는 구절.
⑭ 병들어 죽었다 : 『晉書』 권49 「阮咸傳」에는 완함이 병들어 죽었다고 되어 있으나, 『晉書』 「樂志」에는 "復徵咸歸"라 되어 있고 『太平御覽』 권565에 인용된 『世說』에는 "徵阮南還"이라 되어 있어서 서로 차이가 있음.
⑮ 大樂의 本音 : '大樂'은 '太樂'과 같으며 官名으로 春官大司樂을 말하는데, 樂官의 長으로서 공경대부의 자제들에게 樂舞를 가르쳤음. 宋本에는 "太樂"이라 되어 있음. '本音'은 '八音'의 오기로 추정함. 『晉書』 「樂志」·「律曆志」와 『太平御覽』 권16에 인용된 王隱의 『晉書』 등에는 모두 "八音"이라 되어 있음. '팔음'은 石·革·匏·竹·木·絲·土·金을 말함. 『晉書』 「樂志」에 "八音, 八方之風也. 乾之音石, 其風不周. 坎之

音革, 其風廣莫. 艮之音匏, 其風融. 震之音竹, 其風明庶. 巽之音木, 其風淸明. 離之音絲, 其風景. 坤之音土, 其風涼. 兌之音金, 其風閶闔"이라는 기록이 있음.
[참고]『晉書』22,『北堂書鈔』105,『太平御覽』565.

荀勗善解音聲, 時論謂之'闇解'. 遂調律呂, 正雅樂. 每至正會, 殿庭作樂, 自調宮商, 無不諧韻. 阮咸妙賞, 時謂'神解'. 每公會作樂, 而心謂之不調, 旣無一言直. 勗意忌之, 遂出阮爲始平太守. 後有 一田父耕於野, 得周時玉尺, 便是天下正尺. 荀試以校已所治鐘鼓·金石·絲竹, 皆覺短一黍. 於是伏阮神識.①

① ○『晉後略』曰; 鐘律之器, 自周之末廢, 而漢成·哀之閒, 諸儒修而治之, 至後漢末, 復隳矣. 魏氏使協律知音者杜夔造之, 不能考之典禮, 徒依于時絲管之聲·時之尺寸而制之, 甚乖失禮度. 於是世祖命中書監荀勗依典制, 定鐘律. 旣鑄律管, 募求古器, 得周時玉律數枚, 比之不差. 又諸郡舍倉庫, 或有漢時故鐘, 以律命之, 皆不叩而應, 聲響韻合, 又若俱成.
○『晉諸公贊』曰; 律成, 散騎侍郞阮咸謂; "勗所造聲高, 高則悲. 夫亡國之音哀以思, 其民困. 今聲不合雅, 懼非德政中和之音, 必是古今尺有長短所致. 然今鐘磬是魏時杜夔所造, 不與勗律相應, 音聲舒雅, 而久不知夔所造, 時人爲之, 不足改易." 勗性自矜, 乃因事左遷咸爲始平太守, 而病卒. 後得地中古銅尺, 校度勗今尺, 短四分, 方明咸果解音. 然無能正者.
○干寶『晉紀』曰; 荀勗始造「正德」·「大象」之舞, 以魏杜夔所制律呂, 校大樂本音不和. 後漢至魏, 尺長於古四分有餘, 而夔據之, 是以失韻. 乃依『周禮』積黍以起度量, 度古器, 符于本銘, 遂以爲式, 用之郊廟.

─────────── • 20 : 02 [0836]

순욱荀勗이 한번은 진晉 무제武帝[司馬炎]의 연회석상에서 죽순과 밥을 먹었는데, 좌중의 사람들에게 말했다.
"이것은 오래된 나무①로 불을 때서 익힌 것이오."
좌중의 사람들이 그 말을 믿지 않고 은밀히 사람을 보내 알아보게 했더니, 정말로 오래된 수레바퀴를 사용한 것이었다.②

[역주]
① 오래된 나무 : 원문은 "勞薪". 땔감을 실어 나르느라 고생한다는 뜻으로 수레바퀴를 말함.『北史』권35「王劭傳」에 "昔師曠食飯, 云; '是勞薪爨.' 晉平公使視之, 果然車輞."이라는 기록이 있음.
② 은밀히~사용한 것이었다 : 원문은 "密遣問之, 實用故車脚."『晉書』권39「荀勗

傳』에는 "帝遺問膳夫, 乃云; '實用故車脚.'"이라 되어 있고, 『藝文類聚』 권80과 『太平御覽』 권850에 인용된 『世說』에는 "帝密遺問, 外云; '實是故車脚.'"이라 되어 있음.
[참고] 『晉書』39, 『藝文類聚』80, 『太平御覽』850.

荀勖嘗在晉武帝坐上食筍進飯, 謂在坐人曰; "此是勞薪炊也." 坐者未之信, 密遣問之, 實用故車脚.

• 20:03 [0837]

어떤 사람이 양호羊祜 부친의 묘①를 점치고 나서, 훗날 틀림없이 천명을 받은 군주가 나올 것이라고 말했다. 양호는 그 말을 꺼려하여② 마침내 묘의 뒷부분을 파내 단절시킴으로써 그 지세地勢를 훼손했다. 점치는 사람이 서서 그것을 보고 말했다.

"그래도 틀림없이 팔 부러진 삼공三公이 나올 것이오."

얼마 뒤 양호는 말에서 떨어져 팔이 부러졌으며, 벼슬이 과연 삼공에 이르렀다.③ [1]

[1] ▫『유명록幽明錄』: 양호는 말 타는 데 뛰어났다. 행실이 단정하고 총명하여 사랑스러운 대여섯 살 된 아들 하나가 있었는데, 묘를 파헤친 뒤에 아들이 곧바로 죽었다. 양호는 당시 양양도독襄陽都督으로 있었는데, 말을 타고 선회하다가 땅으로 떨어져 결국 팔이 부러졌다. 당시 명사들은 모두 그의 충성심에 감탄했다.④

[역주]······················
① 羊祜 부친의 묘 : 원문은 "羊祜父墓". 『晉書』 권34 「羊祜傳」에서는 "祜祖墓所"라고 하여 그의 조부의 묘라고 함.
② 그 말을 꺼려하여 : 羊祜는 자신이 섬기고 있는 晉朝를 무너뜨리고 새로운 왕조를 세울 천자가 자신의 집안에서 나오게 될까 봐 꺼려한 것으로 보임.
③ 삼공에 이르렀다 : 『晉書』 권34 「羊祜傳」에 따르면, 양호는 생전에는 三公에 이르지 못하고 征南大將軍・南城侯를 지냈으나, 사후에 侍中과 太傅에 추증되었는데, 太傅가 삼공 가운데 하나임.
④ 그의 충성심에 감탄했다 : 스스로 조상의 묘를 훼손하여 아들을 죽게 함으로써

천자가 나올 것을 미연에 방지했기 때문에 그 충성심에 감탄한 것으로 보임.
[참고] 『晉書』34, 『太平御覽』558, 『太平廣記』389.

人有相羊祜父墓, 後應出受命君. 祜惡其言, 遂掘斷墓後, 以壞其勢. 相者立視之, 曰; "猶應出折臂三公." 俄而祜墜馬折臂, 位果至公.[1]

[1]。『幽明錄』曰; 羊祜工騎乘. 有一兒五六歲, 端明可喜, 掘墓之後, 兒創亡. 羊時爲襄陽都督, 因盤馬落地, 遂折臂. 于時士林, 咸歎其忠誠.

----・ 20:04 [0838]

왕무자王武子[王濟]는 말의 성질을 잘 이해했다. 한번은 연전連錢 문양이 그려진 장니障泥①를 채운 어떤 말을 탔는데, 앞에 강이 나타나자 말이 종일토록 건너려 하지 않았다.② 왕무자가 말했다.

"이것은 틀림없이 장니가 아까워서일 게야."

사람을 시켜 장니를 벗겨내게 했더니, 말이 곧장 강을 건너갔다.[1]

[1]。『어림語林』: 왕무자는 본래 말을 좋아했으며 또한 그것을 잘 식별했다. 그래서 두예杜預가 말했다.

"왕무자에게는 마벽馬癖이 있고 화장여和長輿[和嶠]에게는 전벽錢癖이 있다."③

무제武帝[司馬炎]가 두예에게 물었다.

"그대에게는 무슨 벽이 있는가?"

두예가 대답했다.

"신에게는 『좌전左傳』벽癖④이 있습니다."

[역주]……………………

① 連錢 문양이 그려진 障泥 : 連錢은 연결된 동전모양의 문양을 말함. 『晉書』 권42 「王濟傳」, 『北堂書鈔』 권126과 『太平御覽』 권773에 인용된 『世說』에는 모두 "連乾"이라 되어 있는데, '錢'과 '乾'은 同音通假의 경우임. '障泥'는 말이 달릴 때 먼지나 진흙 따위가 묻지 않도록 말의 양쪽 옆구리에 드리우는 장식물. 진흙막이.

② 종일토록 건너려 하지 않았다 : 원문은 "終日不肯渡". 『晉書』 권42 「王濟傳」, 『初學記』 권22와 『太平御覽』 권359・773에 인용된 『世說』에는 모두 "日"자가 없는데, 문맥상 보다 타당함. 이 경우는 '끝내'・'끝까지'로 해석됨.

③ 和長輿[和嶠]에게는 錢癖이 있다 : 『晉書』권45 「和嶠傳」에 "嶠家産豊富, 擬於王者. 然性至吝, 以是獲譏於世."라는 기록이 있음. 「儉嗇」1의 본문과 劉注 참조.
④ 『左傳』癖 : 杜預는 『左傳』에 심취하여 『春秋左氏經傳集解』를 지었음.
[참고] 『晉書』42, 『北堂書鈔』126, 『初學記』22, 『太平御覽』359·773.

王武子善解馬性. 嘗乘一馬, 箸連錢障泥, 前有水, 終日不肯渡. 王云; "此必是惜障泥." 使人解去, 便徑渡.①
　①◦『語林』曰; 武子性愛馬, 亦甚別之. 故杜預道; "王武子有馬癖, 和長輿有錢癖." 武帝問杜預; "卿有何癖?" 對曰; "臣有『左傳』癖."

──────── • 20:05 [0839]

진술陳述은 왕대장군王大將軍[王敦]의 속관이 되어 왕대장군으로부터 사랑과 중시를 크게 받았다. 진술이 죽었을 때 곽박郭璞①이 조문하러 가서 곡을 하며 심히 슬퍼하더니, 이윽고 망자를 부르며 말했다.

"사조嗣祖[陳述]! 이렇게 일찍 죽은 것이 어찌 보면 행복이 아니겠는가?"

얼마 뒤 왕대장군이 난을 일으켰으니,② 곽박이 말한 바대로 되었다.①

　①◦『진씨보陳氏譜』: 진술은 자가 사조며 영천潁川 허창許昌사람이다. 훌륭한 명성이 있었다.
　[역주]··························
　① 郭璞 : 『晉書』권72 「郭璞傳」에 따르면, 이 때 郭璞은 王敦의 記室參軍으로 있었음. 또한 곽박은 五行·天文·卜筮 등의 術數에 정통했다고 함.
　② 왕대장군이 난을 일으켰으니 : 대장군 王敦은 東晉 元帝 永昌 원년(322)에 劉隗와 刁協을 토벌한다는 구실로 武昌에서 기병하여 강동을 따라 建康 石頭城에 이르렀음.
　[참고] 『晉書』72, 『太平廣記』76.

陳述爲大將軍掾, 甚見愛重. 及亡, 郭璞往哭之, 甚哀, 乃呼曰; "嗣祖! 焉知非福?" 俄而大將軍作亂, 如其所言.①
　①◦『陳氏譜』曰; 述, 字嗣祖, 潁川許昌人. 有美名.

• 20 : 06 [0840]

진晉 명제明帝[司馬紹]는 묏자리를 점칠 줄 알았다. 곽박郭璞이 다른 사람을 위해 장지葬地를 봐주었다는 소문을 듣고, 명제는 평복을 하고 찾아가서 보았다. 명제가 주인에게 물었다.

"어찌하여 용의 뿔① 자리에 매장하시오? 이런 매장법은 틀림없이 멸족의 화를 불러올 것이오!"

주인이 말했다.

"곽선생은 '이것은 용의 귀 자리에 매장한 것이므로 3년이 넘지 않아서 틀림없이 천자를 이르게 할 수 있을 것이오'라고 말했습니다."

명제가 물었다.

"천자가 나온다는 말이오?"

주인이 대답했다.

"천자가 나온다는 말이 아니라 천자의 방문을 받을 수 있다는 말입니다."1

1。『청오자상총서靑烏子相冢書』② : 용의 뿔 자리에 매장하면 갑자가 부귀해지지만 나중에 멸문滅門의 화를 당하게 된다.

[역주]……………………

① 용의 뿔 : 원문은 "龍角". 일반적으로 風水家들은 산의 형세를 용에 비유함. 『五雜組』 권6에 "葬地大約以生氣爲主, 故謂之龍也."라는 기록이 있음.

②『靑烏子相冢書』: 袁褧本에는 "靑烏子"가 "靑鳥子"라 되어 있는데 오기로 보임. 靑烏先生은 저명한 風水家로 彭祖의 제자라고 전해지는데, 세간에서는 風水術을 '靑烏術'이라고도 함. 『新唐書』『藝文志・子部・五行類』에 『靑烏子』 3권이 저록되어 있으며, 漢나라 靑烏子가 지었다고 하는 『葬經』 1권이 『津逮秘書』와 『學津討原』 등에 수록되어 있음.

[참고] 『晉書』72, 『北堂書鈔』20, 『太平御覽』556.

晉明帝解占冢宅. 聞郭璞爲人葬, 帝微服往看. 因問主人; "何以葬龍角? 此法當滅族!" 主人曰; "郭云; '此葬龍耳, 不出三年, 當致天子.'" 帝問; "爲是出天子邪?" 答曰; "非出天子, 能致天子問耳."①
① □『青烏子相冢書』曰; 葬龍之角, 暴富貴, 後當滅門.

• 20 : 07 [0841]

곽경순郭景純[郭璞]이 강남으로 건너와서 기양暨陽①에 거주했는데, 모친의 묘②가 물에서 백 보도 안 떨어져 있었기에 당시 사람들은 물에서 너무 가깝다고 생각했다. 하지만 곽경순은 말했다.

"장차 틀림없이 육지가 될 것이오."①

그의 말대로 지금은 모래가 불어나서 묘로부터 수십 리가 모두 뽕밭으로 변했다. 그의 시에서 말했다.

"북쪽 언덕은 뾰쪽뾰쪽,③ 대해大海는 출렁출렁.④ 올망졸망⑤ 분묘 셋, 모친과 형제의 것이라네."

① □『곽박별전郭璞別傳』: 곽박은 젊어서부터 경학을 좋아했으며 점복占卜에도 정통했다. 영가永嘉연간(307~313)에 세상이 장차 어지러워지려 하자, 곽박은 점대⑥를 내던지며 탄식했다.

"백성들이 장차 오랑캐와 같아지겠구나!"

그리고는 곧장 친하게 지내던 10여 집과 함께 남쪽으로 장강을 건너가 기양에 거주했다.

[역주]..........................
① 暨陽 : 晉代의 縣名. 晉 武帝 太康 2년(281)에 毗陵縣을 분리하여 설치했으며, 지금의 江蘇省 江陰縣 동남쪽에 治所가 있었음.
② 모친의 묘 : 원문은 "墓".『太平御覽』권558에 인용된『世說』에는 "母亡安墓"라 되어 있으며,『晉書』권72「郭璞傳」에서도 "璞以母憂去職, 卜葬地於暨陽."이라고 한 것으로 보아, '모친의 묘'가 타당하다고 생각함.
③ 뾰쪽뾰쪽 : 원문은 "烈烈". 산이 높고 험준한 모양.
④ 출렁출렁 : 원문은 "混混". 파도가 일렁이는 모양.
⑤ 올망졸망 : 원문은 "壘壘". 물건이 중첩되어 있는 모양. 또는 물건이 이어져 있는 모양.
⑥ 점대 : 원문은 "策". 점을 칠 때 사용하는 筮竹.

[참고] 『晉書』72, 『太平御覽』558.

郭景純過江, 居于暨陽. 墓去水不盈百步, 時人以爲近水. 景純曰; "將當爲陸."① 今沙漲, 去墓數十里皆爲桑田. 其詩曰; "北阜烈烈, 巨海混混. 壘壘三墳, 唯母與昆."

①。『璞別傳』曰; 璞少好經術, 明解卜筮. 永嘉中, 海內將亂, 璞投策歎曰; "黔黎將同異類矣!" 便結親眤十餘家, 南渡江, 居于暨陽.

———————— • 20 : 08 [0842]

왕승상王丞相[王導]이 곽박郭璞에게 시험 삼아 한 괘卦를 짚어보게 했는데, 괘가 나오자 곽박이 매우 난감한 기색을 띠며 말했다.

"공은 벼락 맞을 액운①이 있습니다!"

왕승상이 물었다.

"없앨 수 있는 방법이 있겠소?"

곽박이 말했다.

"거마를 채비하게 하여 서쪽으로 몇 리를 나가면 측백나무 한 그루가 있을 것이니, 그 나무를 공의 키만큼 잘라서 침상의 늘 주무시는 곳에 두시면 재앙이 없어질 것입니다."

왕승상은 그의 말대로 했다. 며칠 뒤에 과연 벼락이 쳐서 측백나무가 산산조각나자, 자제들이 모두 그에게 경하 드렸다.① 왕대장군王大將軍[王敦]이 왕승상에게 말했다.

"당신은 결국 죄를 나무에 전가시켰군요!"

①。왕은王隱의 『진서晉書』: 곽박은 재앙을 없애서 화를 복으로 옮겼으며 재액을 구제하여 좋은 상황을 만들었으므로, 당시 사람들은 모두 경방京房②과 관로管輅③도 그에게 미치지 못한다고 말했다.

[역주]⋯⋯⋯⋯⋯⋯⋯⋯⋯

① 벼락 맞을 액운 : 원문은 "震厄". 震[卦≡, 上≡]은 震動과 벼락을 상징하는 卦. 『周易』「震卦」의 象傳에 "洊雷, 震. 君子以恐懼修身."이라는 구절이 있음.

② 京房 : 漢나라 사람으로 焦延壽에게 『易』을 배웠으며 『京氏易傳』을 지음. 『漢書』 권75에 그의 傳이 있음. 「規箴」2 참조.
③ 管輅 : 魏나라 平原 사람으로 자는 公明이며 점술에 뛰어남. 『三國志』 권29에 그의 傳이 있음. 「規箴」6과 劉注①에 인용된 『管輅別傳』 참조.
[참고] 『晉書』72, 『北堂書鈔』152, 『事類賦』3, 『太平御覽』13.

王丞相令郭璞試作一卦, 卦成, 郭意色甚惡, 云; "公有震厄!" 王問; "有可消伏理不?" 郭曰; "命駕西出數里, 得一柏樹, 截斷如公長, 置牀上常寢處, 災可消矣." 王從其語. 數日中, 果震柏粉碎, 子弟皆稱慶① 大將軍云; "君乃復委罪於樹木!"
① 王隱 『晉書』曰; 璞消災轉禍, 扶厄擇勝, 時人咸言京·管不及.

• 20 : 09 [0843]

환공桓公[桓溫]에게 속관 주부主簿①가 있었는데, 술을 잘 감별했다. 그래서 환공은 술이 있으면 매번 그에게 먼저 맛보게 했는데, 그는 좋은 술은 '청주종사靑州從事'②라고 부르고 나쁜 술은 '평원독우平原督郵'③라고 불렀다. '청주'에는 제군齊郡이 있고, '평원'에는 격현鬲縣이 있다. '종사'는 술이 배꼽臍④까지 도달하는 것을 말하고, '독우'는 술이 횡경막鬲⑤ 위에서 멈추는 것을 말한다.⑥

[역주]
① 主簿 : 문서와 장부를 관리하는 속관.
② 靑州從事 : '靑州'는 州名으로, 濟南·平原·樂安·北海·東萊·齊國의 6郡國을 관할했으며[『後漢書』 「郡國志四」 참고], 그 지역은 지금의 山東省 동부에 해당함. '從事'는 州刺史의 속관.
③ 平原督郵 : '平原'은 郡名으로, 平原·高唐·般·鬲·祝阿·樂陵·濕陰·安德·厭次의 9縣을 관할했음[『後漢書』 「郡國志四」 참고]. '督郵'는 군수나 태수의 속관 가운데 하나로 관할 현을 감독하는 일을 담당했으며, 從事보다 지위가 낮았음.
④ 배꼽[臍] : 靑州 관할 齊郡의 '齊'와 배꼽을 뜻하는 '臍'가 諸音字이기 때문에, 이를 빌려서 좋은 술은 그 기운이 배꼽까지 내려간다고 한 것임.
⑤ 횡경막[鬲] : 平原郡 관할 鬲縣의 '鬲'과 횡경막을 뜻하는 '膈'이 諸音字이기 때문에, 이를 빌려서 나쁜 술은 그 기운이 횡격막 위에서 멈춘다고 한 것임. 한편

楊勇은 문맥에 따라 "鬲"을 "膈"으로 고쳤음.
⑥ '청주에는~말한다 : 이 네 구절은 注文이 本文으로 잘못 들어간 것으로 보임.
[참고] 『北堂書鈔』148, 『事類賦』17, 『太平御覽』371·845.

桓公有主簿, 善別酒. 有酒輒令先嘗, 好者謂'靑州從事', 惡者謂'平原督郵'. '靑州'有齊郡, '平原'有鬲縣. '從事'言到臍, '督郵'言在鬲上住.

• 20 : 10 [0844]

치음郗愔은 매우 독실하게 도교를 신봉했다.① 늘 뱃속이 불편한 병을 앓고 있었지만 여러 의사들도 치료할 수 없었다. 우법개于法開② 가 유명하다는 소문을 듣고 찾아가서 그를 모셔왔다. 우법개는 도착한 뒤 곧장 진맥하고 나서 말했다.

"군후君侯③께서 앓고 있는 병은 바로 정진을 너무 지나치게 해서 생긴 것일 뿐입니다."

그러고는 탕약 한 제를 지어서④ 그에게 주었다. 치음이 탕약을 한 번 복용했더니 곧바로 크게 설사를 하면서 주먹크기만한 종이뭉치가 몇 개 나왔는데, 갈라보니 바로 이전에 삼킨 부적⑤들이었다.①

① ▫『진서晉書』: 우법개는 의술에 뛰어났다. 한번은 출타했다가 날이 저물어⑥ 어떤 집에 투숙했을 때, 그 집 주인의 부인이 산고를 치르고 있었는데 아이가 며칠이 되어도 나오지 않았다. 우법개가 말했다.

"이것은 쉽게 치료할 수 있소."

그러고는 살찐 양 한 마리를 잡아서 저민 고기⑦ 10여 점을 부인에게 먹이고 침을 놓았다. 잠시 뒤 아이가 출생했는데 양의 발기름⑧에 싸여 아이가 나왔다.⑨ 그 의술의 정묘함이 이와 같았다.

[역주]
① 도교를 신봉했다 : 『晉書』 권67 「郗超傳」에 따르면, 郗愔은 도교종파 가운데 하나인 天師道를 믿었다고 함. 「排調」51 劉注①에 인용된 『中興書』 참조
② 于法開 : 東晉의 高僧으로 佛法에 정통하고 의술에도 뛰어남. 謝安·王坦之 등

과 교유했으며 支遁과 명성을 다툼. 『隋書』 「經籍志」에 于法開의 『議論備豫方』 1권이 저록되어 있음. 「文學」 45와 劉注①에 인용된 『高逸沙門傳』과 『高僧傳』 권4 「義解·晉剡白山于法開傳」 참조.
③ 君侯: 高官에 대한 존칭.
④ 지어서: 원문은 "合". 약을 조제한다는 뜻.
⑤ 이전에 삼킨 부적: 天師道를 신봉하는 자는 모두 符籙이나 靈水로 병을 치료할 수 있다고 믿었으며 병이 없어도 정기적으로 부적을 복용했는데, 종이 위에 붉은 글씨를 써서 그것에 재배하고 1달에 3번씩 복용했다고 함.
⑥ 저물어: 원문은 "莫". '暮'와 통함. 宋本에는 "暮"라 되어 있음.
⑦ 저민 고기: 원문은 "臠(련)". 칼로 저미서 부드럽게 한 육고기.
⑧ 양의 발기름: 원문은 "羊膋(료)". 양의 뱃가죽 안쪽에 끼인 기름.
⑨ 우법개는~아이가 나왔다: 『高僧傳』 권4「義解·晉剡白山于法開傳」에는 다음과 같이 되어 있음. "于法開, 不知何許人. 事蘭公爲弟子, 深思孤發, 獨見言表. 善『放光』及『法華』, 又祖述耆婆, 妙通醫法. 嘗乞食投主人家, 値婦人在草危急, 衆治不驗, 擧家遑擾. 開曰; '此易治耳.' 主人正宰羊, 欲爲淫祀, 開令先取少肉爲羹, 進竟, 因氣針之. 須臾羊膜裹兒而出."

郗愔信道甚精勤. 常患腹內惡, 諸醫不可療. 聞于法開有名, 往迎之. 旣來便脈, 云; "君侯所患, 正是精進太過所致耳." 合一劑湯與之. 一服, 卽大下, 去數段許紙如拳大, 剖看, 乃先所服符也.①

① · 『晉書』曰; 法開善醫術. 嘗行, 莫投. 主人妻産, 而兒積日不噇. 法開曰; "此易治耳." 殺一肥羊, 食十餘臠而針之. 須臾兒下, 羊膋裹兒出. 其精妙如此.

• 20 : 11 [0845]

은중군殷中軍[殷浩]은 경맥經脈①에 정통했는데, 중년에는 모두 그만두었다. 은중군이 늘 부리던 하인이 갑자기 피를 흘릴 정도로 머리를 땅에 조아렸다. 은호殷浩가 그 까닭을 물으니 하인이 말했다.
"죽게 될 일이 있으나 끝내 말씀드릴 수 없습니다."
은호가 한참 동안 캐물으니 그제야 하인이 말했다.
"소인의 모친은 백 세 가까이 되었는데 오랫동안 병을 앓고 있습니다. 만약 주인어르신②의 진맥을 한 번만 받을 수 있다면 곧 살아날 가망이 있을 것이오니, 그렇게만 된다면 일이 끝나고 나서 죽임을 당하더라도③ 여한이 없겠습니다."

은호는 그의 지극한 마음에 감동되어 마침내 그의 모친을 메고 오게 하여 진맥을 하고 처방을 해주었다. 하인의 모친이 처음 탕약 한 제를 복용했더니 곧바로 병이 나았다. 은호는 그래서 의약서를 모두 불태워버렸다.④

[역주]························
① 經脈 : 經絡과 血脈. 인체의 氣와 血이 운행하는 통로. 여기서는 '診脈하여 병을 치료한다'는 뜻으로 쓰였음.
② 주인어르신 : 원문은 "官". 하인이 주인을 부를 때 쓰던 호칭. 「傷逝」12 [역주③ 참조.
③ 죽임을 당하더라도 : 옛날에는 의원의 사회적 지위가 미천했기 때문에, 殷浩의 하인이 고관인 주인에게 모친의 병을 치료해달라고 한 것은 不敬의 大罪에 해당하므로 기꺼이 죽겠다고 한 것임.
④ 의약서를 모두 불태워 버렸다 : '의약서'의 원문은 "經方". '經方'은 옛 醫藥方書에 대한 총칭. 『漢書』「藝文志·方技略」에 "經方者, 本草石之寒溫, 量疾病之淺深, 假藥味之滋, 因氣感之宜, 辨五苦六辛, 致水火之齊, 以通閉解結, 反之於平."이라는 기록과 함께 『五藏六府痺十二病方』30권을 비롯하여 11家 274卷의 책이 저록되어 있는데, 지금은 대부분 전해지지 않음. 殷浩는 스스로 명문고관이라 자부하고 있었는데, 의약기술에 정통함으로 인해 하인으로부터 병을 치료해달라는 부탁을 받아 허물이 되었기 때문에, 의약서를 불태워버림으로써 자신이 의약기술을 끊었음을 보여준 것임.

殷中軍妙解經脈, 中年都廢. 有常所給使, 忽叩頭流血. 浩問其故, 云; "有死事, 終不可說." 詰問良久, 乃云; "小人母年垂百歲, 抱疾來久. 若蒙官一脈, 便有活理. 訖就屠戮無恨." 浩感其至性, 遂令舁來, 爲診脈處方. 始服一劑湯, 便愈. 於是悉焚經方.

교예
巧藝
Skill and Art

본편은 『세상의 참신한 이야기, 세설신어』의 21번째 편으로 총 14조가 실려 있다.

'교예'는 여러 기예에 정묘精妙하다는 뜻이다. '예'는 옛날에는 육예六藝[禮·樂·射·御·書·數]를 지칭하는 말이었으나, 육조六朝 이후로는 주로 서예·회화·탄금彈琴·조각·건축을 비롯하여 바둑·말타기·활쏘기 등을 포함한 여러 방면의 예술활동을 지칭하게 되었는데, 이는 당시 귀족생활을 배경으로 박학다예博學多藝를 존중하던 시대사조와 밀접한 관련이 있었다.

여러 기예 중에서 회화는 특히 당시인들의 중시를 받았다. 그 이유는 대체로 인물의 정신을 중시한 위진인魏晉人들이 회화를 통해 비교적 직관적으로 인물의 정신을 표현할 수 있다고 생각했기 때문이다. 위진의 예술가들은 자신의 예술창작을 통해 인물의 정신을 표현해냈을 뿐만 아니라 이론상으로도 독특한 견해를 제시했다. 동진東晉의 대화가 고개지顧愷之가 바로 그 대표적인 인물이다. 그는 당시의 '득의망형得意忘形'이라는 중요한 철학명제의 영향을 받아 '이형사신以形寫神'이라는 창작원칙을 제기했으며, 이로 인해 '전신아도傳神阿堵'라는 고사를 낳게 되었다. 또한 그는 위진 청담淸談의 배경 하에서 자연미自然美로 인격미人格美를 비유하는 방법을 인물화에 응용하기도 했다.

「교예」편에 수록된 고사는 생동감이 넘칠 뿐만 아니라, 동시에 이를 통하여 그 속에 반영되어 있는 위진 예술사상의 깊이와 정묘함을 엿볼 수 있다.

• 21 : 01 [0846]

탄기彈棊는 위魏나라 궁내에서 화장상자를 이용한 놀이에서 시작되었다.① 1 문제文帝[曹丕]는 이 놀이에 특히 뛰어나 수건 모서리로 그것[바둑알]을 튕겼는데 명중하지 않은 적이 없었다. 어떤 객이 자기도 탄기를 잘 한다고 스스로 말하자 문제가 해보라 했더니, 객이 갈포葛布두건을 쓰고 머리를 수그린 채 그 모서리로 바둑알을 튕겼는데,② 교묘함이 문제를 뛰어넘었다. 2

1 ▫ 부현傅玄의 「탄기부서彈棊賦敍」: 한漢 성제成帝[劉驁]가 축국蹴踘③을 좋아했는데, 유향劉向은 축국이 사람의 신체를 피로하게 하고 사람의 힘을 소모시키므로 지존至尊[天子]께서 하시기에 마땅치 않은 것이라고 생각하여, 그것[축국]의 격식에 따라 탄기를 만들었다.④ 지금 그 방법을 살펴보면 축국을 하는 방법이다.

▫ 생각건대 : 부현의 이 말에 따르면 탄기라는 놀이는 그 유래가 오래되었다. 또한 『후한서』 「양기전梁冀傳」⑤에서 "양기는 탄기와 격오格五⑥를 잘했다"고 했으니, 여기에서 위나라 때 시작되었다고 한 것은 잘못되었다.

2 『전론典論』의 문제⑦ 「자서自敍」: 유희의 일은 좋아하는 것이 드물지만, 오직 탄기만은 거의 그 정묘함을 터득했다. 젊었을 때 일찍이 그것에 대한 부賦⑧를 지은 적이 있다. 옛날 도성에 매우 뛰어난 자로 두 사람이 있었는데, 합향후合鄕侯 동방세안東方世安과 장공자張公子다. 나는 그들과 대국할 수 없는 것을 늘 애석해했다.⑨

▫ 『박물지博物志』⑩ : 문제는 탄기를 잘 하여 수건모서리를 사용할 수 있었다. 당시에 어떤 서생은 또 머리를 수그려서 쓰고 있던 갈포두건 모서리로 바둑알을 튕길 수 있었다.

[역주]·····················
① 彈棊는~ 시작되었다 : 원문은 "彈棊始自魏宮內用妝奩戱". '彈棊'는 옛 놀이의 일종으로 漢代의 東方朔 또는 劉向이 만들어냈다고 전해짐. 바둑처럼 판과 알을 사용하는데, 판은 가운데가 사발 엎어놓은 것처럼 도드라져 있으며 알은 검은 알과 흰 알 각 6개씩[일설에는 12개씩]임. 그 방법은 두 사람이 각각 검은 알과

흰 알을 6개씩[또는 12개씩] 판 위에 배열한 뒤에 상대방의 알을 손가락이나 다른 물건으로 튕겨 먼저 맞추는 편이 이김. 魏代에는 16개의 알을 사용했고 唐代에는 24개의 알을 사용했으나, 宋代에 이르러 失傳됨. 柳宗元의 「序棊」 참조. '妝奩'은 '粧奩'과 같으며, 여자들의 화장도구를 넣어두는 상자를 말함. 『太平御覽』 권755에 인용된 「彈棊經後序」에 "自後漢沖·質已後, 此藝中絶. 至獻帝建安中, 曹公執政, 禁闌幽密, 至於博弈之具, 皆不得妄置宮中. 宮人因以金釵玉梳, 戲於粧奩之上, 卽取類於彈棊也. 及魏文帝受禪, 宮人所爲更習彈棊焉."이라는 기록이 있음. 한편 『太平御覽』 권755에 인용된 『世說』에는 이 구절이 "彈棊始自魏文帝宮內裝器戲"라 되어 있음.

② 객이~튕겼는데 : 원문은 "客箸葛巾, 角低頭拂棊." 楊勇·余嘉錫·徐震堮은 모두 "客箸葛巾角, 低頭拂棊."로 句讀했는데, 이 경우 '箸'는 '用'의 뜻으로 해석할 수 있음.

③ 蹴踘 : 옛날 球技운동의 일종으로 오늘날의 축구와 비슷함. '蹴'은 '차다'는 뜻이고, '踘'은 '鞠'과 같으며 깃털과 같은 부드러운 물건으로 속을 채운 가죽공을 말함. 『後漢書』 권64 「梁冀傳」 注에 인용된 劉向의 『別錄』에 "蹴踘者, 傳言黃帝所作, 或曰起戰國之時. 蹋踘, 兵勢也, 所以講武知有材也."라는 기록이 있음.

④ 劉向은~탄기를 만들었다 : 『西京雜記』 권2 「彈棊代蹴踘」에 이와 비슷한 내용이 실려 있음.

⑤ 「梁冀傳」 : 『後漢書』 권64에 실려 있음.

⑥ 格五 : 옛 雙六놀이의 일종으로 추정하지만 그 자세한 방법은 미상. 『後漢書』 권64 「梁冀傳」 注에 인용된 鮑宏의 『簺經』에 "簺有四采, 塞·白·乘·五是也. 至五卽格, 不得行, 故謂之格五."라는 기록이 있음. 한편 楊勇은 "『通俗編』謂今兒童以黑白棊各五, 共行中道, 一移一步, 遇敵則跳越, 以先抵敵境爲勝. 蓋古之格五, 猶今之跳跳棊乎?"라고 하여 오늘날의 '서양장기'와 비슷한 것이 아닐까 함.

⑦ 문제 : 원문은 "常". 宋本에는 "帝"라 되어 있는데, 타당하므로 이것에 따름. 『三國志』 권2 「魏書·文帝紀」 注에 인용된 문장에도 "帝"라 되어 있음.

⑧ 그것에 대한 賦 : 『藝文類聚』 권74 「巧藝部·彈棊」에 魏 文帝의 「彈棊賦」가 실려 있음.

⑨ 옛날 도성에~애석해했다 : 원문은 "昔京師少工有二焉, 合鄕侯東方世安·張公子, 常恨不得與之對也". '少工'은 『太平廣記』 권228에 인용된 『世說』에는 "妙工"이라 되어 있는데, 문맥상 타당하므로 이것에 따라 해석함. 한편 『三國志』 권2 「魏書·文帝紀」 注와 『太平御覽』 권755에 인용된 『典論』에는 이 구절이 "昔京師先工有馬合鄕侯·東方世安·張公子, 常恨不得與彼數子者對."라 되어 있음.

⑩ 『博物志』 : 宋本에는 "博物記"라 되어 있는데 오기로 보임. 『三國志』 권2 「魏

書·文帝紀」注에 같은 문장이 인용되어 있는데, 인용출처가 "博物志"라 되어 있음.

[참고] 『藝文類聚』74, 『文選』42 李善注, 『太平御覽』755, 『太平廣記』228, 『酉陽雜俎』續4.

彈棊始自魏宮內用妝匳戲.① 文帝於此戲特妙, 用手巾角拂之, 無不中. 有客自云能, 帝使爲之, 客篸葛巾, 角低頭拂棊, 妙躓於帝.②

① ◦傅玄「彈棊賦敘」曰; 漢成帝好蹴踘, 劉向以謂勞人體, 竭人力, 非至尊所宜御, 乃因其體, 作彈棊. 今觀其道, 蹴踘道也.
◦按; 玄此言, 則彈棊之戲, 其來久矣. 且「梁冀傳」云"冀善彈棊·格五", 而此云起魏世, 謬矣.
② ◦『典論』常「自敘」曰; 戲弄之事, 少所喜, 唯彈棊略盡其妙. 少時嘗爲之賦. 昔京師少工有二焉, 合鄉侯東方世安·張公子. 常恨不得與之對也.
◦『博物志』曰; 帝善彈棊, 能用手巾角. 時有一書生, 又能低頭以所冠葛巾角撇棊也.

─── • 21 : 02 [0847]

능운대陵雲臺[1]의 누관樓觀[2]은 정교하게 만들어졌는데, 먼저 여러 목재의 경중을 가늠한 연후에 건축했기 때문에 조금도 어긋남이 없었다.[3] 능운대는 굉장히 높아서 항상 바람을 따라 흔들렸지만 결코 무너질 가능성이 없었다. 위魏 명제明帝[曹叡]가 능운대에 올랐을 때 그 형세가 위험함을 두려워하여 따로 큰 목재로 지지하게 했더니 누관이 무너져버렸다. 논자들은 경중의 힘이 한쪽으로 쏠렸기 때문이라고 말했다.①

① ◦『낙양궁전부洛陽宮殿簿』: 능운대는 윗벽이 사방 13장丈이고 높이가 9척이다. 누관은 사방 4장이고 높이가 5장이다. 기둥은 지면으로부터 13장 5척 7촌 5푼[4] 높이다.

[역주]
① 陵雲臺 : 魏 文帝 때 건조한 것으로 지금의 河南省 洛陽市 동쪽에 있음. 元代 『河南志』 권2에 "陵雲臺, 魏文帝黃初二年築, 在宣陽門內."라는 기록이 있음.
② 樓觀 : 높고 큰 樓臺.
③ 조금도 어긋남이 없었다 : 원문은 "無錙銖相負揭". '錙銖'는 극히 작은 분량을

말함. 6銖가 1錙고 4錙가 1兩임. '負揭'는 낮게 처지거나 높이 올라가다, 즉 높낮이가 일정하지 못한 것을 말함.
④ 13장 5척 7촌 5푼 : 『藝文類聚』 권63에 인용된 楊龍驤의 『洛陽記』에서는 "陵雲臺高二十三丈, 登之見孟津."이라 함.
[참고] 『藝文類聚』63, 『初學記』24, 『太平御覽』177, 『太平廣記』225.

陵雲臺樓觀精巧, 先稱平衆木輕重, 然後造構, 乃無錙銖相負揭. 臺雖高峻, 常隨風搖動, 而終無傾倒之理. 魏明帝登臺, 懼其勢危, 別以大材扶持之, 樓卽頹壞. 論者謂輕重力偏故也.①
①『洛陽宮殿簿』曰; 陵雲臺上壁方十三丈, 高九尺. 樓方四丈, 高五丈. 棟去地十三丈五尺七寸五分也.

• 21 : 03 [0848]

위중장韋仲將[韋誕]은 글씨에 뛰어났다. 위魏 명제明帝[曹叡]가 궁전을 세웠을 때 편액을 달고자 하여 위중장으로 하여금 사다리에 올라가서 쓰게 했다. 내려온 뒤에 보니 위중장은 머리카락과 귀밑털이 허옇게① 되어 있었다. 그래서 위중장은 자손들에게 다시는 글씨를 배우지 말라고 경계시켰다.①
①『문장서록文章敍錄』: 위탄韋誕은 자가 중장이며 경조京兆 두릉杜陵사람으로, 태복경太僕卿 위단韋端의 아들이다. 문장과 학문에 뛰어났으며 글을 잘 지었다. 광록대부光祿大夫로 죽었다.
◦ 위항衛恒의 『사체서세四體書勢』② : 위탄은 해서楷書에 뛰어났는데, 위魏나라의 궁전과 누관樓觀의 편액은 대부분 위탄이 쓴 것이다. 명제가 능소관陵霄觀을 세웠을 때 잘못하여 글씨를 쓰기 전에 먼저 편액을 달아버렸다. 그래서 위탄을 바구니에 담고 긴 밧줄에 도르래를 달아 끌어올려 편액에 글씨를 쓰게 했다. 편액이 지면에서 25장丈이나 떨어져 있었기에 위탄은 몹시 두려워했다. 그래서 위탄은 자손들에게 그 해서의 필법을 그만두라고 경계시켰으며, 그것을 가훈으로 삼았다.
[역주]
① 허옇게 : 원문은 "皓然". 하얀 모양. 깨끗한 모양. 밝은 모양.

②『四體書勢』:『隋書』「經籍志」에 "『四體書勢』一卷, 晉長水校尉衛恒撰."이라는 著錄이 있음.

[참고]『太平御覽』747·765.

韋仲將能書. 魏明帝起殿, 欲安榜, 使仲將登梯題之. 旣下, 頭鬢皓然. 因敕兒孫勿復學書.①

①・『文章敍錄』曰; 韋誕, 字仲將, 京兆杜陵人, 太僕端子. 有文學, 善屬辭. 以光祿大夫卒.
・衛恒『四體書勢』曰; 誕善楷書, 魏宮觀多誕所題. 明帝立陵霄觀, 誤先釘榜. 乃籠盛誕, 轆轤長絚引上, 使就題之. 去地二十五丈, 誕甚危懼. 乃戒子孫絶此楷法, 箸之家令.

• 21 : 04 [0849]

종회鍾會는 순제북荀濟北[荀勖]①의 외당숙이었으나 두 사람은 감정이 좋지 않았다. 순제북은 백만금의 가치가 있는 보검을 가지고 있었는데, 늘 모친 종부인鍾夫人의 처소에 두었다.① 종회는 글씨에 뛰어났으므로 순제북의 필적을 모방한 뒤 편지를 써서 순제북의 모친에게 보내 보검을 가져오게 하여 그대로 훔쳐가지고 가서 돌려주지 않았다.② 순욱荀勖은 범인이 종회라는 것을 알았지만 되찾을 길이 없어서 그에게 보복할 방법을 생각했다. 나중에 종회 형제가 천만금을 들여 저택 한 채를 지었는데, 처음 완성되었을 때는 매우 정교하고 화려했으며 아직 이사하여 살지는 않았다. 순욱은 그림에 뛰어났으므로 종회 저택의 문간방②으로 몰래 들어가서 종회 부친인 태부太傅[鍾繇]의 초상을 그려놓았는데, 의관과 모습이 살아 있을 때와 똑 같았다. 종회 형제는 대문을 들어서자마자 크게 슬퍼했으며, 저택은 결국 빈 채로 폐가가 되었다.③

① ・『공씨지괴孔氏志怪』: 순욱은 보검을 부인에게 맡겨두었다.
② ・『세어世語』: 종회는 남의 글씨체를 잘 모방했다. 촉蜀나라를 정벌할 때③ 검각劍閣에서 등애鄧艾에게 장표章表를 쓰라고 요청한 뒤, 전체적으로 그 말

을 생략하여④ 글 뜻을 거만하고 대부분 스스로를 자랑하는 것으로 만들어 버렸다. 등애는 이 때문에 체포당했다.

③ㆍ『공씨지괴』: 당시 사람들은 모두 순욱이 종회에게 보복한 것이 순욱이 잃어버린 것의 수십 배를 넘었다고 말했다. 두 사람의 글씨와 그림은 교묘함의 극치였다.

[역주]··························
① 荀濟北[荀勖] : 荀勖이 晉代에 濟北郡公에 봉해졌기 때문에 그렇게 부름.
② 문간방 : 원문은 "門堂". 대문 옆에 딸린 방.
③ 蜀나라를 정벌할 때 : 蜀나라 장수 姜維가 자주 魏나라 국경을 침범하자, 魏나라의 司馬昭[文王]가 촉나라를 정벌할 기회를 엿보고 있다가 元帝[曹奐] 景元 4년(263) 가을에 鄧艾·鍾會 등을 파견하여 촉나라를 정벌하게 함. 등애와 종회 등의 공격을 받은 蜀帝 劉禪이 항복하자, 촉나라를 평정한 공으로 등애는 太尉에 임명되고 종회는 司徒에 임명됨. 한편 위나라 조정에 대해 모반의 뜻을 갖고 있던 종회는, 권세를 쥐고 전횡을 시작한 등애가 역모를 꾀하고 있다고 은밀히 상주한 뒤, 劍閣에서 등애에게 위나라 조정에 올리는 章表를 쓰게 하여 그 말을 자기가 의도한 대로 고쳤으며, 위나라 조정에서는 호송수레를 보내 등애를 소환함. 그 후 종회는 꺼리는 바가 없어지자 마침내 成都에서 모반함. 『三國志』 권28 「魏書·鍾會傳」 참고.
④ 전체적으로 그 말을 생략하여 : 원문은 "皆約其言". 『三國志』 권28 「魏書·鍾會傳」 注와 『太平御覽』 권494에 인용된 『世語』에는 "皆易其言"이라 되어 있는데, 문맥상 보다 타당함.

[참고] 『北堂書鈔』122, 『太平御覽』180·343, 『歷代名畫記』5.

鍾會是荀濟北從舅, 二人情好不協. 荀有寶劍, 可直百萬金, 常在母鍾夫人許. ① 會善書, 學荀手跡, 作書與母取劍, 仍竊去不還. ② 荀勖知是鍾, 而無由得也, 思所以報之. 後鍾兄弟以千萬起一宅, 始成, 甚精麗, 未得移住. 荀善畫, 乃潛往畫鍾門堂作太傅形象, 衣冠狀貌如平生. 二鍾入門, 便大感慟, 宅遂空廢. ③

① ㆍ『孔氏志怪』曰; 勖以寶劍付妻.
② ㆍ『世語』曰; 會善學人書, 伐蜀之役, 於劍閣要鄧艾章表, 皆約其言, 令詞旨倨傲, 多自矜伐. 艾由此被收也.
③ ㆍ『孔氏志怪』曰; 于時咸謂勖之報會, 過於所失數十倍. 彼此書畫, 巧妙之極.

• 21 : 05 [0850]

양장화羊長和[羊忱]는 학식이 넓고 글씨를 잘 썼으며,① 말타기와 활쏘기에 능하고 바둑을 잘 두었다. 양씨 집안의 사람들은 나중에 대부분 글씨에 조예가 있었지만, 활쏘기와 바둑 등 나머지 기예①는 양장화에게 미치지 못했다.

①•『문자지文字志』: 양침羊忱은 본래 초서草書에 능했으며 행서行書와 예서隸書에도 뛰어나 당시에 명성이 있었다.

[역주]

① 활쏘기와 바둑 등 나머지 기예 : 원문은 "射·奕餘蓺". '奕'은 '弈'과 통하고 '蓺'는 '藝'와 통함.

羊長和博學工書,① 能騎射, 善圍棊. 諸羊後多知書, 而射·奕餘蓺莫逮.
①•『文字志』曰; 忱性能草書, 亦善行隸, 有稱於一時.

• 21 : 06 [0851]

대안도戴安道[戴逵]가 범선范宣에게 나아가 배웠는데,① 범선이 하는 것을 보고서 범선이 책을 읽으면 대안도도 역시 책을 읽고 범선이 책을 베끼면 역시 책을 베꼈다. 그러나 대안도는 유독 그림을 좋아했지만, 범선은 그림이 쓸모없어서 그것에 마음을 수고롭게 하는 것이 마땅치 않다고 생각했다. 하지만 대안도가 「남도부도南都賦圖」①를 그렸더니, 범선은 다 보고 난 뒤 감탄하면서 크게 유익하다고 생각하여 비로소 그림을 중시하게 되었다.

①•『중흥서中興書』: 대규戴逵가 천리를 멀다 하지 않고 예장豫章으로 범선을 찾아갔더니, 범선이 대규를 만나보고 그를 남달리 여겨 형의 딸을 그에게 시집보냈다.

[역주]

① 「南都賦圖」: 「南都賦」는 東漢의 張衡이 지은 것으로, 『文選』 권4에 수록되어

있음. '南都'는 荊州 南陽郡으로 宛縣[지금의 河南省 南陽市]에 治所가 있었음. 東漢의 光武帝 劉秀가 南陽에서 起身했는데, 宛이 洛陽의 남쪽에 있었기 때문에 '南都'이라 불렀음.

[참고] 『歷代名畫記』5, 『太平御覽』605·750.

戴安道就范宣學, ① 視范所爲, 范讀書亦讀書, 范鈔書亦鈔書. 唯獨好畫, 范以爲無用, 不宜勞思於此. 戴乃畫「南都賦圖」, 范看畢, 咨嗟, 甚以爲有益, 始重畫.
①。『中興書』曰; 戴不遠千里往豫章詣范宣, 宣見遂, 異之, 以兄女妻焉.

• 21 : 07 [0852]

사태부謝太傅[謝安]가 말했다.

"고장강顧長康[顧愷之]의 그림은 사람이 생겨난 이래로 없었던 바다."①

①。『속진양추續晉陽秋』: 고개지顧愷之는 특히 그림을 좋아하여 당시에 절묘하게 뛰어났다. 일찍이 한 상자①의 그림을 환현桓玄에게 보내주었는데,② 그 그림들은 모두 절묘한 것으로 매우 진귀한 것이었으며 상자 앞면에는 모두 봉인글씨가 쓰여 있었다. 환현은 상자를 열고 그림을 꺼낸 뒤 그 흔적을 처음과 같이 잘 수리해놓았다. 나중에 고개지가③ 보았더니 봉인글씨는 처음과 같았지만 그림은 모두 남아 있지 않았으며, 단지 "절묘한 그림은 신비한 힘을 지니고 있어서 날개가 돋아 날아가 버렸으니,④ 마치 사람이 신선이 되어 하늘로 올라간 것 같다"라고만 적혀 있었다.

[역주]
① 상자 : 원문은 "廚". 상자·궤짝.
② 그림을 桓玄에게 보내주었는데 : 『歷代名畫記』 권1에 "桓玄性貪好奇, 天下法書名畫, 必使歸己. 及玄簒逆, 晉府名迹, 玄盡得之. 玄敗, 宋高祖先使臧喜入宮載焉."이라는 기록이 있음.
③ 잘 수리했다. 나중에 고개지가 : 원문은 "好加理. 後愷之". 宋本과 袁褧本에는 "好加理, 復愷之."라 되어 있는데, 이 경우는 "잘 수리하여 고개지에게 돌려주었다"로 해석됨. 문맥상 보다 타당하다고 생각함.
④ 날개가 돋아 날아가 버렸으니 : 원문은 "變化而去". 道敎의 神仙說話에서 흔히 말하는 '羽化而飛去'와 같은 뜻.

[참고] 『晉書』92, 『歷代名畫記』5.

謝太傅云; "顧長康畫, 有蒼生來所無."[1]

[1]▫『續晉陽秋』曰; 愷之尤好丹靑, 妙絶於時. 曾以一廚畫寄桓玄, 皆其絶者, 深所珍惜, 悉糊題其前. 桓乃發廚後取之, 好加理. 後愷之見封題如初, 而畫竝不存, 直云; "妙畫通靈, 變化而去, 如人之登仙矣."

• 21 : 08 [0853]

대안도戴安道[戴逵]가 중년에 불상佛像[1]을 그렸는데 매우 정묘했다. 유도계庾道季[庾龢]가 그것을 보고 대안도에게 말했다.

"불상에 드러난 정신이 너무 세속적이니, 그대의 세속의 정이 아직 다 없어지지 않았기 때문인가 보오."

대안도가 말했다.

"오직 옛날의 무광務光만이 그대의 그 말을 면할 수 있을 것이오."[1]

[1]▫『열선전列仙傳』[2] : 무광務光[3]은 하夏나라 때 사람이다. 귀의 길이가 7촌이나 되었으며 금琴을 타길 좋아하고 창포와 부추뿌리를 복용했다. 탕왕湯王이 장차 걸왕桀王을 토벌하려 할 때 무광에게 자문했으나 무광은 말했다.

"내가 관여할 일이 아닙니다."

탕왕이 말했다.

"이윤은 어떻겠소?"

무광이 말했다.

"강인하게 치욕을 참아내긴 했지만 그 밖의 일은 모릅니다."

탕왕이 천하를 평정한 뒤에 무광에게 천하를 넘겨주려 했더니 무광이 말했다.

"내가 듣건대 '도의가 없는 세상에서는 그 땅을 밟지 않는다'고 했는데, 하물며 나에게 천하를 넘겨주려 함에랴!"

무광은 마침내 돌을 짊어지고 스스로 노수盧水에 빠져 죽었다.

[역주]······················

① 佛像 : 원문은 "行像". 석가탄신일인 사월 초파일에 화려하게 장식한 수레에 불상을 싣고 市中을 돌아다니는 것을 말함. '行像'은 '灌佛'과 함께 석가탄신일의 중요한 행사임. 『法苑珠林』 권16에 "逵又造行像五軀, 積慮十年. 像舊在瓦官寺."라

는 기록이 있음.
② 『列仙傳』: 인용된 고사는 『列仙傳』卷上에 보이는데, 전체적으로 생략된 부분이 많고 문자상의 출입도 있음.
③ 務光: 인용문에 나오는 湯王과 務光의 문답과 거의 같은 내용이 『莊子』「讓王篇」에도 나오는데, 거기에는 卞隨라는 인물이 한 명 더 등장하고 '務光'도 '瞀光'이라 되어 있음.

[참고] 『歷代名畫記』5.

戴安道中年畫行像甚精妙. 庾道季看之, 語戴云; "神明太俗, 由卿世情未盡." 戴云; "唯務光當免卿此語耳." ①

①『列仙傳』曰; 務光者, 夏時人也. 耳長七寸, 好鼓琴, 服菖蒲韭根. 湯將伐桀, 謀於光, 光曰; "非吾事也." 湯曰; "伊尹何如?" 務光曰; "彊力忍詬, 不知其他." 湯克天下, 讓於光, 光曰; "吾聞無道之世, 不踐其土.' 況讓我乎!" 負石自沈於盧水.

• 21 : 09 [0854]

고장강顧長康[顧愷之]이 배숙칙裴叔則[裴楷]의 초상을 그릴 때, 뺨 위에 수염 세 올을 더 그려 넣었다.① 사람들이 그 이유를 물었더니 고장강이 말했다.

"배해裴楷는 준수하고 활달하며 식견을 지니고 있는데, 이것이 바로 그 식견을 보여주는 것이오."

그림을 보는 사람들이 그것을 잘 살펴보니, 더 그려 넣은 수염 세 올에 정신이 깃들어 있는 것 같았으며 그것을 그려 넣지 않았을 때보다 훨씬 낫다는 것을 확실히 느꼈다.①

① · 고개지顧愷之는 옛 현인을 차례로 그리고 모두 그들을 위한 찬贊을 지었다.

[역주]
① 뺨 위에 수염 세 올을 더 그려 넣었다: 원문은 "頰上益三毛". 여기에서 '頰上添毫'라는 成語가 생겨났는데, 그림이나 문장이 윤색을 거친 다음에 훨씬 생동감을 띠는 것을 뜻함.

[참고] 『晉書』92, 『藝文類聚』74, 『歷代名畫記』5.

顧長康畫裵叔則, 頰上益三毛. 人問其故, 顧曰; "裵楷儁朗有識具, 正此是其識具." 看畫者尋之, 定覺益三毛如有神明, 殊勝未安時.①

①。愷之歷畫古賢, 皆爲之贊也.

━━━━━━━ • 21 : 10 [0855]

왕중랑王中郞[王坦之]은 바둑을 '좌은坐隱'①이라 했으며, 지공支公[支遁]은 바둑을 '수담手談'②이라 했다.①

①。『박물지博物志』: 요堯임금이 바둑을 만들어 아들 단주丹朱를 가르쳤다.

。『어림語林』: 왕중랑은 바둑을 수담이라 했기 때문에 친상親喪 중에 있을 때에도 상제祥祭③를 마친 뒤에는 손님이 찾아오면 공공연하게④ 함께 바둑을 두며 놀았다.

[역주]······················
① 坐隱 : 앉은 채로 은거한다는 뜻. 또는 앉아서 나누는 隱語라고도 함. 나중에는 바둑의 별칭으로 쓰임.
② 手談 : 손으로 나누는 淸談. 나중에는 '坐隱'과 함께 바둑의 별칭으로 쓰임. 『顔氏家訓』「雜藝」에 "圍棊有手談・坐隱之目, 頗爲雅戲, 但令人耽慎, 廢喪實多, 不可常也."라는 기록이 있음.
③ 祥祭 : 小祥과 大祥을 말함. 망자의 혼령을 선조의 廟堂에 모시는 合祀의식[祔]라고 함]을 마친 뒤에, 13개월째 지내는 祭禮를 小祥이라 하고 25개월째 지내는 제례를 大祥이라 함. 『儀禮』「土虞禮」 참고.
④ 공공연하게 : 원문은 "方幅". 「賢媛」18 [역주]⑤ 참조.

[참고] 『事文類聚』前42.

王中郞以圍棊是'坐隱', 支公以圍棊爲'手談'.①

①。『博物志』曰; 堯作圍棊, 以敎丹朱.
。『語林』曰; 王以圍棊爲手談, 故其在哀制中, 祥後客來, 方幅會戲.

━━━━━━━ • 21 : 11 [0856]

고장강顧長康[顧愷之]은 인물의 모습을 그리길 좋아했다.① 은형주殷荊

州[殷仲堪]를 그리려 했더니 은형주가 말했다.

"나는 모습이 좋지 않으니 수고하지 마시오."

고장강이 말했다.

"명부明府^①께서는 단지 눈 때문에 그러시지만,② 눈동자②를 분명하게 찍은 다음에 비백飛白③의 필법으로 그 위를 스치게 눈썹을 그리면 마치 얇은 구름이 해를 가린 것과 같을 것입니다."④③

① ▫『속진양추續晉陽秋』: 고개지顧愷之는 그림을 그리는 것이 특히 절묘했다.

② ▫ 은중감殷仲堪이 애꾸눈이었기 때문이다.

③ ▫ '해[日]'는 '달[月]'이라 되어 있기도 하다.⑤

[역주] ……………………

① 明府: 漢・魏 이래로 太守나 刺史를 존칭하여 府君 또는 明府君이라 했는데, 줄여서 '明府'라고도 함.

② 눈동자: 원문은 "童子". '童'은 '瞳'의 假借字.

③ 飛白: 東漢의 蔡邕이 만들어냈다고 하는 書法의 筆法 가운데 하나로, 筆勢가 날아 올라가는 듯하고 筆劃을 다 드러내게 하는 수법. 여기서는 飛白의 필법으로 스치듯이 눈동자 위에 눈썹을 그려 애꾸눈을 감춰보이게 했다는 뜻.

④ 마치 얇은 구름이 해를 가린 것과 같을 것입니다: 원문은 "便如輕雲之蔽日".『晉書』권92「顧愷之傳」에는 이 구절 다음에 "豈不美乎! 仲堪乃從之."라는 구절이 있는데, 이 경우 문맥이 보다 완비해짐.

⑤ '해[日]'는 '달[月]'이라 되어 있기도 하다:『藝文類聚』권74,『歷代名畫記』권5,『太平御覽』권740에 인용된『世說』과『晉書』권92「顧愷之傳」에는 모두 "月"이라 되어 있음.

[참고]『晉書』92,『藝文類聚』74,『歷代名畫記』5,『太平御覽』740.

顧長康好寫起人形.① 欲圖殷荊州, 殷曰; "我形惡, 不煩耳." 顧曰; "明府正爲眼爾,② 但明點童子, 飛白拂其上, 便如輕雲之蔽日."③

① ▫『續晉陽秋』曰; 愷之圖寫特妙.

② ▫ 仲堪眇目故也.

③ ▫ '日'一作'月'.

• 21 : 12 [0857]

　고장강顧長康[顧愷之]이 바위 사이에 있는 사유여謝幼輿[謝鯤]를 그렸는데, 사람들이 그 이유를 묻자 고장강이 말했다.
　"사유여는 '한 언덕에서 은거하고 한 골짜기에서 낚시하는 것은 그[庾亮]보다 낫다고 스스로 생각한다'① 고 했으니, 이 사람을 언덕과 골짜기 사이에 놓는 것이 마땅하지요."

　[역주].........................
　① 한 언덕에서~스스로 생각한다 : 원문은 "一丘一壑, 自謂過之." '一丘一壑'은 세속을 벗어나 山水自然 속에서 은거하는 즐거움을 말함. '之'는 庾亮을 지칭함. 「品藻」17 본문과 해당 [역주]② 참조
　[참고] 『晉書』92, 『藝文類聚』74, 『歷代名畫記』5.

　顧長康畫謝幼輿在巖石裏, 人問其所以, 顧曰; "謝云; '一丘一壑, 自謂過之.' 此子宜置丘壑中."

• 21 : 13 [0858]

　고장강顧長康[顧愷之]은 사람의 초상을 그리면서 간혹 몇 년 동안 눈동자를 찍지 않는 경우가 있었다. 사람들이 그 까닭을 물었더니 고장강이 말했다.
　"자태의 미추美醜는 본래 그림의 오묘한 점과는 무관하니, 정신을 전하여 진영眞影을 그려내는 것은 바로 이것 속에 있지요."①

　[역주].........................
　① 정신을~있지요 : 원문은 "傳神寫照, 正在阿堵中." '傳神寫照'는 그림을 그릴 때 대상인물의 정신까지 전달할 수 있을 정도로 생생하고 逼眞하다는 뜻. '阿堵'는 육조시대의 속어로 '阿'는 발어사고 '堵'는 이것[此]의 뜻. 「文學」23 [역주]① 참조 여기에서 '傳神阿堵'라는 성어가 생겨남.
　[참고] 『晉書』92, 『藝文類聚』74, 『歷代名畫記』5

顧長康畫人, 或數年不點目精. 人問其故, 顧曰; "四體姸蚩, 本無關於妙處, 傳神寫照, 正在阿堵中."

• 21 : 14 [0859]

고장강顧長康[顧愷之]이 그림에 대해 말했다.

"'손으로 다섯 현을 뜯는 것'은 그리기 쉽지만, '눈으로 돌아가는 기러기를 보내는 것'은 그리기 어렵다."①

[역주]
① 손으로~어렵다 : 원문은 "手揮五絃易, 目送歸鴻難." '手揮五絃'과 '目送歸鴻'은 魏나라 嵇康의 「贈秀才入軍詩」 제4수 가운데 두 구절. 『文選』 권24에 수록되어 있는 全詩는 다음과 같음. "息徒蘭圃, 秣馬華山. 流磻平皐, 垂綸長川. 目送歸鴻, 手揮五絃. 俯仰自得, 游心泰玄. 嘉彼釣叟, 得魚忘筌. 郢人逝矣, 誰與盡言." 『晉書』 권92 「顧愷之傳」에 "愷之每重嵇康四言詩, 因爲之圖. 恒云; '手揮五絃易, 目送歸鴻難.'"이라는 기록이 있음.

[참고] 『晉書』92.

顧長康道畫; "'手揮五絃'易, '目送歸鴻'難."

제22편

총 례
寵 禮
Favors and Gifts

본편은 『세상의 참신한 이야기, 세설신어』의 22번째 편으로 총 6조가 실려 있는데, 모두 동진東晉 때의 고사다.

'총례'는 총애하고 예우한다는 뜻으로, 본편은 천자나 권력자에게 총애와 예우를 받은 사람들에 관한 고사를 모아놓은 것이다. 동진 왕조는 사족士族집단의 지지를 받아 강남에서 건국했기 때문에, 황권은 나약한 반면에 사족세력은 강대했다. 또한 강북의 사족이 대거 강남으로 이주함으로 인해, 본래 격렬한 투쟁을 벌이고 있던 사족집단 사이의 모순이 더욱 복잡해졌다. 이러한 강남의 정권이 안정되기 위해서는 반드시 사족 내부 각 집단 사이의 분쟁을 해소하고 권신權臣과 사대부들을 구슬릴 필요가 있었다. 따라서 통치자들은 자신의 세력을 강화하고 확장하기 위하여 널리 인재를 초빙하고 인심을 얻고자 했다. 그래서 '총애'와 '예우'라는 방법이 위진魏晉 통치자들의 통치수단 가운데 하나가 되었는데, 여기에는 표방할 만한 어떤 원칙이나 도리는 없었으며 단지 형국을 안정시키는 데 유리하면 곧 시행했던 것이다.

본편에는 당시의 특수한 시대환경에서 비롯된 이러한 인간관계가 잘 드러나 있다.

• 22 : 1 [0860]

원제元帝[司馬睿]가 원단元旦의 조회① 때 왕승상王丞相[王導]을 이끌어 어좌에 오르도록 했는데, 왕공王公[王導]이 한사코 사양했지만 중종中宗[司馬睿]②은 더욱 강하게 그를 이끌었다. 그러자 왕공이 말했다.

"만약 태양이 만물과 함께 빛난다면 신하가 어떻게 우러러 볼 수 있겠습니까?"[1]

[1]ㆍ『중흥서中興書』: 원제가 제위에 올랐을 때 백관이 배석한 상황에서 왕도王導에게 어좌에 오르라고 명했는데, 왕도가 한사코 사양한 뒤에야 그만두었다.

[역주]

① 元旦의 조회 : 원문은 "正會". 음력 정월 초하루에 천자가 群臣들과 조회하는 의식. '元會'라고도 함. 「術解」1 [역주]④ 참조.
② 中宗[司馬睿] : 東晉 元帝의 廟號.

[참고] 『晉書』65, 『藝文類聚』4, 『北堂書鈔』11, 『太平御覽』29·98.

元帝正會, 引王丞相登御牀, 王公固辭, 中宗引之彌苦. 王公曰; "使太陽與萬物同暉, 臣下何以瞻仰?"[1]

[1]ㆍ『中興書』曰; 元帝登尊號, 百官陪位, 詔王導升御坐, 固辭, 然後止.

• 22 : 2 [0861]

환선무桓宣武[桓溫]가 일찍이 막료들에게 관부官府로 들어와 숙직하도록 청했을 때, 원굉袁宏과 복도伏滔가 차례로 도착했다. 관부에서 점호를 했더니① 원참군袁參軍이라는 사람이 또 있었다. 원언백袁彥伯[袁宏]이 의아하여 전령傳令②으로 하여금 다시 물어보게 했더니 전령이 말했다.

"참군은 '원복袁伏'③의 원씨인데, 더 이상 무엇을 의아해하십니까?"

[역주]……………………
① 점호를 했더니 : 원문은 "菡名". 도착한 사람의 이름을 확인하는 것을 말함. '菡'는 '莅'의 속자로 '到'·'臨'의 뜻.
② 傳令 : 명령을 전달하는 郡史.『通鑑』 권89 「晉紀」 注에 "傳敎, 郡吏也, 宣傳敎令者也."라는 기록이 있음.
③ 袁伏 : 袁宏과 伏滔.『晉書』 권92 「袁宏傳」에 "[袁宏]與伏滔在溫府, 府中呼爲'袁伏', 宏心恥之. 每歎曰; '公之厚恩, 未優國士, 而與滔比肩, 何辱之甚!'"이라는 기록이 있음.

桓宣武嘗請參佐入宿, 袁宏·伏滔相次而至. 菡名府中, 復有袁參軍. 彥伯疑焉, 令傳敎更質, 傳敎曰; "參軍是'袁·伏'之袁, 復何所疑?"

• 22 : 3 [0862]

왕순王珣과 치초郗超는 모두 훌륭한 재능을 갖고 있어서 환대사마桓大司馬[桓溫]의 중시를 받아 발탁되었다. 왕순은 주부主簿가 되었고 치초는 기실참군記室參軍이 되었는데, 치초는 수염①이 많은 사람이었고 왕순은 모습②이 왜소했다. 그래서 당시에 형주荊州사람들이 그들을 두고 말했다.③

"털보 참군, 땅딸보 주부. 공公을 기쁘게 할 수도 있고, 공을 화나게 할 수도 있다네."①

① 『속진양추續晉陽秋』: 치초는 재주와 능력을 지녔고 왕순은 기량과 명망을 지녔는데, 모두 환온桓溫의 총애를 받았다.

[역주]……………………
① 수염 : 원문은 "髥". '鬚'와 통함. 宋本에는 "鬢"이라 되어 있음. '鬚'는 턱 주변에 나는 보통 수염을 말하고, '鬢'은 뺨 가장자리에 나는 구레나룻을 말함.
② 모습 : 원문은 "狀".『藝文類聚』 권19와 『太平御覽』 권249·465에 인용된 『世說』에는 "形狀"이라 되어 있음. 한편 宋本에는 "行狀"이라 되어 있는데 의미가 통하지 않음.
③ 말하길 : 원문은 "語曰".『藝文類聚』 권19와 『太平御覽』 권249·374·465에 인용된 『世說』에는 모두 "歌曰"이라 되어 있는데, 다음 구절의 "簿"와 "怒"가 같은

韻部에 속하는 것으로 보아 타당하다고 생각됨.
[참고] 『晉書』67, 『藝文類聚』19, 『太平御覽』249·374·465.

王珣·郗超竝有奇才, 爲大司馬所眷拔. 珣爲主簿, 超爲記室參軍, 超爲人多鬚, 珣狀短小. 于時荊州爲之語曰; "髥參軍, 短主簿. 能令公喜, 能令公怒."①
①·『續晉陽秋』曰; 超有才能, 珣有器望, 竝爲溫所暱.

━━━━━━ • 22:4 [0863]

허현도許玄度[許詢]가 도성에 한 달 동안 머물고 있을 때, 유윤劉尹[劉惔]은 그를 찾아가지 않는 날이 없었는데 이윽고 탄식했다.

"그대가 잠시라도 도성을 떠나지 않는다면, 나는 직무를 태만히 하는① 경윤京尹②이 될 것이오!"①

①·『어림語林』: 허현도가 도성으로 나왔을 때, 유진장劉眞長[劉惔]은 9일 동안 11번이나 그를 방문했는데 이렇게 말했다.

"그대가 도성을 떠나지 않는다면 나를 박덕한 경윤③으로 만들 것이오."

[역주]························
① 직무를 태만히 하는 : 원문은 "輕薄". 본래는 언행이 장중하지 못한 것을 뜻하지만, 여기서는 맡은 바 임무를 소홀히 하는 것을 말함.
② 京尹 : 京兆尹. 도성이 소재한 지역의 행정장관. 劉惔은 당시 丹陽尹으로 있었는데, 丹陽郡은 당시 도성 建康을 포함한 지금의 江蘇省 일대를 관할했음.
③ 경윤 : 원문은 "二千石". 당시 京兆尹이 받던 봉록. 여기서는 경조윤을 뜻함.

許玄度停都一月, 劉尹無日不往, 乃歎曰; "卿復少時不去, 我成輕薄京尹!"①
①·『語林』曰; 玄度出都, 眞長九日十一詣之, 曰; "卿尙不去, 使我成薄德二千石."

━━━━━━ • 22:5 [0864]

효무제孝武帝[司馬曜]가 황궁의 서당西堂①에서 조회를 열었을 때, 복도伏滔도 그 자리에 참석해 있었다. 복도가 집으로 돌아와 수레에서 내리며 아들①을 불러 말했다.

"많은 사람이 모인 성대한 모임에서 천자께서 어좌에 앉자마자 다른 말은 하지 않고 먼저 '복도는 어디 있는가? 여기 있는가?'라고 물으셨으니, 이것은 진실로 쉽게 얻을 수 있는 영광이 아니니라. 너의 부친 되는 사람이 이와 같으니 어떠하냐?"

① · 아들은 바로 복계伏系②다.
· 구연지丘淵之의 『문장록文章錄』: 복계는 자가 경로敬魯다. 벼슬은 광록대부光祿大夫에 이르렀다.

[역주]
① 西堂 : 東晉 황궁에 딸린 堂名. 즉 太極殿의 西堂을 말함.
② 伏系 : 『晉書』 권92 「伏滔傳」에는 "滔子系之"라고 되어 있음.

[참고] 『晉書』92, 『北堂書鈔』82, 『太平御覽』539.

孝武在西堂會, 伏滔預坐. 還, 下車呼其兒,① 語之曰; "百人高會, 臨坐未得他語, 先問; '伏滔何在? 在此不?' 此故未易得. 爲人作父如此, 何如?"
① · 兒, 卽系也.
· 丘淵之『文章錄』曰; 系, 字敬魯. 仕至光祿大夫.

• 22 : 6 [0865]

변범지卞範之가 단양윤丹陽尹으로 있을 때, 양부羊孚가 남주南州[姑熟]①에서 잠시 도성으로 돌아와 변범지의 처소를 찾아가서 말했다.

"소관小官②은 병이 발작하여③ 앉아 있을 수 없습니다."

변범지가 곧바로 침대휘장을 걷고 침구를 정돈하자, 양부는 곧장 큰 침대 위로 올라가더니 이불 속으로 들어가 베개를 베었다. 변범지는 양부 쪽으로 돌아앉아 아침부터 저녁까지 몸을 기울인 채 그를 쳐다보았다. 양부가 떠날 때 변범지가 말했다.

"나는 철리를 담론하는 제일인자가 되기를④ 그대에게 기대하니, 그대는 나를 저버리지 마시게."①

① ▫ 구연지丘淵之의 『문장록文章錄』: 변범지는 자가 경조敬祖며 제음濟陰 원구宛句사람이다. 조부 변외卞㟶는 하비下邳태수를 지냈고, 부친 변순卞循은 상서랑尙書郞을 지냈다. 환현桓玄이 정사를 보좌했을 때, 변범지는 단양윤으로 전임되었다. 환현이 패한 뒤 변범지도 주살당했다.

[역주]··························
① 南州[姑熟 : 東晉 때 축조한 城으로 '姑熟[孰]'이라고도 하며, 옛 터가 지금의 安徽省 當塗縣에 있음.
② 小官 : 자신을 낮추어 부르는 謙稱.
③ 병이 발작하여 : 楊勇은 羊孚가 당시 마약의 일종인 '五色散'을 복용했을 것이라고 추정함.
④ 철리를 담론하는 제일인자가 되기를 : 원문은 "以第一理". 「文學」62에서도 "孚雅善理義"라고 하여 羊孚가 淸談에 뛰어났다는 점을 지적함.

[참고] 『太平御覽』699.

卞範之爲丹陽尹, 羊孚南州暫還, 往卞許, 云; "下官疾動, 不堪坐." 卞便開帳拂褥, 羊徑上大牀, 入被須枕. 卞回坐傾睞, 移晨達莫. 羊去, 卞語曰; "我以第一理期卿, 卿莫負我."①

① ▫ 丘淵之『文章錄』曰; 範之, 字敬祖, 濟陰宛句人. 祖㟶, 下邳太守. 父循, 尙書郞. 桓玄輔政, 範之遷丹陽尹. 玄敗, 伏誅.

제23편

임 탄
任 誕

The Free and Unrestrained

본편은 『세상의 참신한 이야기, 세설신어』의 23번째 편으로 총 54조가 실려 있다.

'임탄'은 '제멋대로 방종한다'는 뜻으로, 본편에는 위진魏晉 명사들의 탈예교적脫禮敎的인 다양한 고사가 수록되어 있다.

사마씨司馬氏는 조위曹魏 정권 찬탈을 전후하여 '효로써 천하를 다스린다[以孝治天下]'는 미명하에 반대파 사족집단의 반항을 진압했는데, 일련의 명사들은 사마씨 정권의 그러한 허위적이고 잔인한 태도에 불만을 품고서 은일隱逸을 모색하거나 '임탄'적인 언행을 통하여 그들의 저항의식을 표출했다. 혜강嵇康과 완적阮籍을 중심으로 한 죽림칠현竹林七賢이 바로 이러한 명사들의 대표적인 인물이었다.

'임탄'적인 기풍은 진대晉代에 더욱 성행했는데, 이것은 당시 학술의 주류가 되었던 현학玄學과 밀접한 관계가 있다. 노장사상을 바탕으로 한 현학은 자연自然과 현리玄理를 숭상하여 정신상으로 외물外物에 구속받지 않고 자유로운 개성을 강조했으며, 이로 인해 자연스럽게 가식적인 예법과 명교名敎의 속박에서 벗어나고자 했다. 그밖에 문벌사족 집단의 격렬한 투쟁으로 인해 사대부들이 염세적인 정서를 갖게 된 것도 그 중요한 원인 가운데 하나였다. 당시 명사들은 현실의 정치투쟁에서 도피하여 고의적으로 예법과 정리情理에서 벗어난 일탈적인 행위를 함으로써 현실적인 가치를 부정했던 것이다.

'임탄'적인 행위는 술과 불가분의 관계에 있는데, 술은 바로 위진 풍도風度의 핵심이라 할 수 있다. 본편 전체 54조 가운데 술과 관계된 고사가 거의 30조에 이른다. 위진 명사들은 음주와 득도를 연계시켜, 술에 취함으로써 영욕과 생사를 초탈하고 정신을 정화할 수 있다고 생각했다. 또한 술에 취한다는 것은 험악한 정치상황에서 몸을 보전하고 화를 피하는 수단이 되기도 했다.

• 23:01 [0866]

　　진류陳留의 완적阮籍, 초국譙國의 혜강嵇康, 하내河內의 산도山濤, 이 세 사람은 모두 나이가 서로 비슷했는데① 혜강의 나이가 약간 적었다. 이 모임에 참여한 사람은 패국沛國의 유령劉伶, 진류의 완함阮咸, 하내의 상수向秀, 낭야琅邪의 왕융王戎이었다. 이 일곱 사람은 늘 대숲 아래에 모여 마음껏 즐겁게 술을 마셨기 때문에 세간에서 그들을 '죽림칠현'②이라 불렀다.1

　　1。『진양추晉陽秋』: 당시에 그들의 명성이 세상에 자자했으며 지금까지도 그들을 기리고 있다.

　　[역주]
　　① 세 사람은 모두 나이가 서로 비슷했는데 : 山濤는 建安 10년(205)에 태어나 太康 4년(283)에 79세로 죽었고, 阮籍은 建安 15년(210)에 태어나 景元 4년(263)에 54세로 죽었으며, 嵇康은 黃初 4년(223)에 태어나 景元 3년(262)에 40세로 죽었음. 따라서 혜강은 산도보다 18살 적었고 완적보다 13살 적었음.
　　② 죽림칠현 : 1960년 江蘇省 南京市 西善橋에서 출토된 東晉時代 古墳磚壁畵에는 '竹林八賢圖'가 그려져 있는데, 위의 7명 외에 榮啓期가 더 들어 있음.
　　[참고] 『晉書』49, 『白氏六帖』30, 『太平廣記』235.

陳留阮籍, 譙國嵇康, 河內山濤, 三人年皆相比, 康年少亞之. 預此契者, 沛國劉伶, 陳留阮咸, 河內向秀, 琅邪王戎. 七人常集于竹林之下, 肆意酣暢, 故世謂'竹林七賢'.1

　　1。『晉陽秋』曰; 于時風譽扇于海內, 至于今詠之.

• 23:02 [0867]

　　완적阮籍이 모친상을 당했을 때, 진晉 문왕文王[司馬昭]의 연회석상에서 술과 고기를 먹었다. 사례교위司隷校尉① 하증何曾도 그 자리에 있었는데,1 이렇게 말했다.

"명공明公께서 바야흐로 효孝로써 천하를 다스리고 계신데, 완적은 친상親喪을 당했으면서도 공공연하게 명공의 연회석상에서 술을 마시고 고기를 먹으니, 마땅히 나라 밖으로 유배시켜 풍속과 교화를 바로잡아야 합니다."

그러자 문왕이 말했다.

"완사종阮嗣宗[阮籍]이 이처럼 쇠약해졌는데도 그대는 함께 그를 걱정하지는 못할망정 그 무슨 말인가? 또한 상중이라도 병이 들었을 경우에는 술을 마시고 고기를 먹는 것이 본래 상례喪禮다."[2]

완적은 마시고 먹는[3] 것을 멈추지 않았는데 그 기색이 태연자약했다.[2]

[1] ▫『진제공찬晉諸公贊』: 하증은 자가 영고穎考며 진군陳郡[4] 양하陽夏사람이다. 부친 하기何夔는 위魏나라 태복太僕을 지냈다. 하증은 고아한 인물이라고 칭송되었고 게다가 성품이 어질고 효성스러웠다. 여러 벼슬을 거쳐 사례교위에 기용되었다. 마음 씀이 매우 엄정하여 조정에서 그를 스승으로 삼았다.[5] 진晉나라에서 벼슬하여 태재太宰[6]에 이르렀다.

[2] ▫ 간보干寶의 『진기晉紀』: 하증이 일찍이 완적에게 말했다.

"그대는 아무 거리낌 없이 마음 내키는 대로 행동하니 풍속을 해치는 사람이오. 지금 충실한 현자가 집정하여 명실名實을 고찰하고 있으니, 그대와 같은 무리가 어찌 오래 갈 수 있겠소!"

하증은 다시 태조太祖[司馬昭]에게 그것을 진언했으나 완적은 먹고 마시는 것을 그치지 않았다. 그래서 위진魏晉 사이에 머리를 풀어헤치고 오만하게 행동하면서 죽음과 삶을 아랑곳하지 않는 사람을 오히려 '예를 행하는 자'라고 생각한 것은 완적이 만들어낸 것이다.

▫『위씨춘추魏氏春秋』: 완적은 천성이 지극히 효성스러워서, 상중에 있을 때 비록 통상적인 예법을 따르지는 않았지만 거의 목숨이 끊어질 정도로 쇠약해졌다.[7] 그러나 하증 등과 같은 예속적인 사람들에게 원수 같은 미움을 받았다. 대장군大將軍 사마소司馬昭는 그의 거침없이 뛰어난 기량을 사랑하여 박해를 가하지 않았다.

[역주]……………………
① 司隸校尉: 도성을 중심으로 하여 그 부근 지역 몇 郡의 非違를 감찰하는 행정관.
② 병이 들었을~喪禮다: 원문은 "有疾而飮酒食肉, 固喪禮也."『禮記』「曲禮上」에 "居喪之禮, 頭有創則沐, 身有瘍則浴, 有疾則飮酒食肉, 疾止復初. 不勝喪, 乃比於不慈不孝."라는 기록이 있고,『禮記』「喪大記」에 "有疾, 食肉飮酒可也."라는 기록이 있음.
③ 먹는: 원문은 "噉(담)". "啖"과 같음. 씹어 먹다.
④ 陳郡:『晉書』권33「何曾傳」에는 陳國이라 되어 있음.
⑤ 그를 스승으로 삼았다: 원문은 "師之". 宋本과 袁褧本에는 "憚之"라 되어 있음.
⑥ 太宰: '太師'와 같음. 晉 景帝 司馬師의 휘를 피하여 '太宰'라고 한 것임. 본래는 太傅·太保와 함께 周代의 三公 가운데 하나였으나, 육조시대에는 당시의 三公[太尉·司徒·司空]보다 위에 있었으며 대부분 추증되는 관직이었음.
⑦ 거의 목숨이 끊어질 정도로 쇠약해졌다: 원문은 "毀幾滅性". 부모상을 당하여 슬픔이 지나쳐 목숨이 위태로울 정도로 몸이 쇠약해지는 것을 말하는데, 儒家의 喪禮에서는 이를 금함.『禮記』「喪服四制」에 "三日而食, 三月而沐, 期而練, 毀不滅性, 不以死傷生也."라는 기록이 있음.
[참고]『晉書』33,『太平御覽』845.

阮籍遭母喪, 在晉文王坐進酒肉. 司隸何曾亦在坐,① 曰; "明公方以孝治天下, 而阮籍以重喪, 顯於公坐飮酒食肉, 宜流之海外, 以正風敎." 文王曰; "嗣宗毀頓如此, 君不能共憂之, 何謂? 且有疾而飮酒食肉, 固喪禮也." 籍飮噉不輟, 神色自若.②

①。『晉諸公贊』曰; 何曾, 字穎考, 陳郡陽夏人. 父夔, 魏太僕. 曾以高雅稱, 加性仁孝. 累遷司隸校尉. 用心甚正, 朝廷師之. 仕晉至太宰.
②。干寶『晉紀』曰; 何曾嘗謂阮籍曰; "卿恣情任性, 敗俗之人也. 今忠賢執政, 綜核名實, 若卿之徒, 何可長也!" 復言之於太祖, 籍飮噉不輟. 故魏晉之閒, 有被髮夷傲之事, 背死忘生之人, 反謂行禮者, 籍爲之也.
。『魏氏春秋』曰; 籍性至孝, 居喪, 雖不率常禮, 而毀幾滅性. 然爲文俗之士何曾等深所讐疾. 大將軍司馬昭愛其通偉, 而不加害也.

• 23 : 03 [0868]

유령劉伶이 술병이 들어 기갈이 심해지자 부인에게 술을 구해오라 했더니, 부인이 술을 버리고 술그릇을 깨면서 울며 간했다.

"당신은 너무 지나치게 마시는데, 이는 섭생攝生의 길이 아니니 반드시 끊으셔야 합니다!"

유령이 말했다.

"심히 좋소! 그러나 나는 스스로 술을 끊을 수 없으니 마땅히 신명神明에게 기도하여 끊겠다고 맹세하겠소. 속히 술과 고기를 차려오도록 하시오."

부인이 말했다.

"삼가 말씀대로 하겠습니다."

그러고는 신명 앞에 술과 고기를 차려놓고 유령에게 기도하며 맹세하길 청했다. 유령이 무릎을 꿇고 기도했다.

"하늘이 유령을 태어내실 적에 술로 이름나게 하셨으니, 한 번 마시면 10말이요 해장술로 5말이니,⃞ 부인의 말은 삼가 듣지 마소서."①

그러고는 곧장 술과 고기를 가져다가 곤드레만드레② 취해버렸다.⃞

⃞ ▫『시경詩經』 모공毛公의 주③ : 숙취宿醉를 정酲이라 한다.④
⃞ ▫『죽림칠현론竹林七賢論』에 보인다.

[역주]
① 하늘이~마소서 : 원문은 "天生劉伶, 以酒爲名. 一飮一斛, 五斗解酲. 婦人之言, 愼不可聽." 伶·名·酲·聽이 押韻임. '解酲'은 숙취로 인해 정신이 흐리멍덩한 상태를 깨게 하는 것을 말함. 여기서는 '해장'하다로 풀었음.
② 곤드레만드레 : 원문은 "隗(외)然". 술에 만취한 모양. '隗'는 '巍'의 假借. 또는 '隗'를 '隤(퇴)'의 通假借로 보아 술에 취하여 쓰러진 모양이라고도 함.
③ 毛公의 주 : 『詩經』의 毛傳을 말함.
④ 숙취를 酲이라 한다 : 원문은 "酒病曰酲". 『詩經』「小雅·節南山」의 "憂心如酲" 구절에 대한 毛傳인데, 현행본에는 "病酒曰酲"이라 되어 있음.

[참고] 『晉書』49, 『事類賦』17, 『太平御覽』436·846.

劉伶病酒, 渴甚, 從婦求酒, 婦捐酒毁器, 涕泣諫曰; "君飮太過, 非攝生之道, 必宜斷之!" 伶曰; "甚善! 我不能自禁, 唯當祝鬼神, 自誓斷之耳. 便可具酒肉." 婦曰; "敬聞命." 供酒肉於神前, 請伶祝誓. 伶跪而祝曰; "天生劉伶, 以酒 爲名, 一飲一斛, 五斗解酲.① 婦人之言, 愼不可聽." 便引酒進肉, 隗然已醉矣.②
① · 毛公注曰; 酒病曰酲.
② · 見『竹林七賢論』.

----- · 23:04 [0869]

유공영劉公榮[劉昶]은 사람들과 술을 마실 때 비천한 부류와 난잡하게 어울렸다.① 어떤 사람이 비난했더니 유공영이 대답했다.②

"나보다 나은 사람과는 함께 마시지 않을 수 없고, 나만 못한 사람과도 역시 함께 마시지 않을 수 없으며, 정작 나와 같은 무리와는 또한 함께 마시지 않을 수 없소."

그래서 유공영은 하루 종일 그들과 함께 마시고 취했다.①

① · 『유씨보劉氏譜』: 유창劉昶은 자가 공영이며 패국沛國사람이다.
 · 『진양추晉陽秋』: 유창은 사람됨이 대범하고 활달했으며, 벼슬은 연주兗州자사에 이르렀다.

[역주]·····················
① 비천한 부류와 난잡하게 어울렸다: 원문은 "雜穢非類". '雜穢'는 어지럽게 뒤섞이는 것을 말함. '非類'는 같은 신분에 속하지 않는 비천한 부류의 사람을 말함.
② 대답했다: 「簡傲」2에도 똑같이 대답한 내용이 보임.

劉公榮與人飮酒, 雜穢非類. 人或譏之, 答曰; "勝公榮者, 不可不與飮. 不如公榮者, 亦不可不與飮. 是公榮輩者, 又不可不與飮." 故終日共飮而醉.①
① · 『劉氏譜』曰; 昶, 字公榮, 沛國人.
 · 『晉陽秋』曰; 昶爲人通達, 仕至兗州刺史.

----- · 23:05 [0870]

보병교위步兵校尉① 자리가 비었는데, 그곳 관청의 주방②에 수백 곡斛의 술이 저장되어 있자, 완적阮籍은 곧바로 그곳의 보병교위가 되겠

다고 자청했다.①

①『문사전文士傳』: 완적은 방탄放誕하여 세상에 대해 오만한 마음을 가졌으며 벼슬하는 것을 좋아하지 않았다. 진晉 문제文帝[司馬昭]는 완적을 친애하여 늘 그와 함께 담소했으며, 그가 하고자 하는 대로 맡겨두고서 관직을 가지고 다그치지 않았다. 완적이 한번은 조용히 말했다.

"이전에 동평군東平郡을 유람한 적이 있는데 그곳의 풍토가 마음에 들기에 원컨대 동평태수가 될 수 있었으면 합니다."

그러자 문제는 기뻐하며 그의 뜻에 따랐다. 완적은 곧장 나귀를 타고 동평군에 도착한 뒤, 관청의 여러 장벽을 모두 무너뜨려서 관청의 안과 밖이 서로 보이도록 했는데, 그런 연후에 정령政令이 공정하고 편안하게 시행되었다. 그러다가 10여 일 뒤에 곧장 다시 나귀를 타고 떠나갔다. 나중에 보병교위가 근무하는 관청의 주방에 술 300석石이 있다는 소문을 듣고 기쁜 마음으로 보병교위가 되겠다고 자청했다. 그래서 관청으로 들어가 유령劉伶과 함께 술을 실컷 마셨다.

『죽림칠현론竹林七賢論』에서 또 말했다.

"완적과 유령은 보병교위의 주방에서 함께 술을 마시고 둘 다 취하여 죽고 말았다."

그런데 이것은 호사가들이 지어낸 말이다. 완적은 위魏나라 경원景元연간(260~263)에 죽었지만,③ 유령은 진晉나라 태시太始연간(265~274)에도 여전히 살아 있었다.④

[역주]······················

① 步兵校尉 : 漢代에 설치되어 魏晉代까지 존속된 관명. 宿衛兵을 관장했으며, 司馬 1명을 아래에 두고 관원 73명과 병사 700명을 거느렸음.
② 주방 : 여기서는 廚營을 말함. 주영에서는 군대를 위로할 때 쓰는 술을 저장해 두었음.
③ 완적은 魏나라 景元연간(260~263)에 죽었지만 :『晉書』권49「阮籍傳」의 기록에 따르면, 阮籍은 경원 4년(263) 겨울에 54세로 죽었음.
④ 유령은 晉나라 太始연간(265~274)에도 여전히 살아 있었다 :『晉書』권49「劉伶傳」의 "泰始初, 對策盛言無爲之化. 時輩皆以高第得調, 伶獨以無用罷. 竟以壽終."이란 기록에 따르면, 劉伶이 泰始연간에 생존해 있었음을 알 수 있음. '泰始'는 '太始'와 같음.

[참고] 『晉書』49, 『事類賦』17, 『太平御覽』845.

步兵校尉缺, 廚中有貯酒數百斛, 阮籍乃求爲步兵校尉. ①
① 『文士傳』曰; 籍放誕有傲世情, 不樂仕宦. 晉文帝親愛籍, 恒與談戲, 任其所欲, 不迫以職事. 籍常從容曰; "平生曾遊東平, 樂其土風, 願得爲東平太守." 文帝說, 從其意. 籍便騎驢徑到郡, 皆壞府舍諸壁障, 使內外相望, 然後敎令淸寧. 十餘日, 便復騎驢去. 後聞步兵廚中有酒三百石, 欣然求爲校尉. 於是入府舍, 與劉伶酣飮.
◦『竹林七賢論』又云; "籍與伶共飮步兵廚中, 竝醉而死." 此好事者爲之言. 籍景元中卒, 而劉伶太始中猶在.

• 23 : 06 [0871]

유령劉伶은 항상 맘껏 술을 마시고 분방하게 행동했는데,① 간혹 옷을 벗고 나체로 집 안에 있곤 했다. 사람들이 그것을 보고 비난하자 유령이 말했다.

"나는 천지를 거처로 삼고 집을 속옷②으로 삼고 있는데, 제군들은 어찌하여 나의 속옷 안으로 들어왔소?"①

① ◦ 등찬鄧粲의『진기晉紀』: 어떤 손님들이 유령을 찾아왔는데 마침 유령이 발가벗은 채로 있었다. 유령이 웃으며 말했다.

"나는 천지를 거처로 삼고 집을 속옷으로 삼고 있으니, 제군들이 나의 속옷 안으로 들어온 것은 본디 부당한 일인데 또한 어찌하여 흉을 보시는가?"

그가 스스로를 방임함이 이와 같았다.

[역주]
① 분방하게 행동했는데 : 원문은 "放達". 자유분방하고 대범하여 예법에 구애받지 않는 것을 말함.
② 속옷 : 원문은 "幝(곤)". '褌'과 같음. 가랑이가 짧은 속옷.

[참고] 『太平御覽』845.

劉伶恒縱酒放達, 或脫衣裸形在屋中. 人見譏之, 伶曰; "我以天地爲棟宇, 屋室爲幝衣, 諸君何爲入我幝中?"①

1▫鄧粲『晉紀』曰; 客有詣伶, 値其裸袒. 伶笑曰; "吾以天地爲宅舍, 以屋宇爲褌衣, 諸君自不當入我褌中, 又何惡乎?" 其自任若是.

———— • 23 : 07 [0872]

완적阮籍의 형수가 한번은 친정집으로 돌아갔는데, 완적이 직접 형수를 만나서 함께 이별의 말을 나누었다. 어떤 사람이 그것을 비난하자1 완적이 말했다.

"예법이란 것이 어찌 나 같은 무리를 위해서 만든 것이겠소?"

1▫『예기禮記』「곡례曲禮」①에서 "형수와 시숙은 안부의 말을 주고받지 않는다"라고 했기 때문에 비난한 것이다.

[역주]
① 「曲禮」: 인용된 구절은 『禮記』「曲禮上」에 나오며, 鄭玄의 注에서 "皆爲重別防淫亂. …通問, 謂相稱謝也."라고 함.

[참고] 『晉書』49, 『藝文類聚』29, 『白氏六帖』6, 『太平御覽』489·517.

阮籍嫂嘗還家, 籍見與別. 或譏之,1 籍曰; "禮豈爲我輩設也?"

1▫「曲禮」"嫂叔不通問", 故譏之.

———— • 23 : 08 [0873]

완공阮公[阮籍]의 이웃집 부인이 미모를 갖추고 있었는데 주막에서 술을 팔았다.① 완적과 왕안풍王安豐[王戎]은 늘 그 부인을 찾아가서 술을 마시곤 했는데, 완적은 취하면 곧장 그 부인의 옆에서 잠을 잤다. 그 부인의 남편은 처음에는 자못 그를 의심했지만, 자세히 관찰하고 나서는 결국 그에게 다른 뜻이 없다는 것을 알게 되었다.1

1▫왕은王隱의 『진서晉書』: 완적의 이웃집 처녀가 재색才色을 갖추었는데 시집도 가기 전에 죽었다. 완적은 그녀와 친척관계도 없었고 생전에 서로 알고 지내지도 않았는데, 찾아가서 곡을 하고 극진히 애도한 뒤 떠났다. 그

분방하여 예법에 구애받지 않음이 모두 이와 같았다.

[역주]┈┈┈┈┈┈┈┈┈┈
① 주막에서 술을 팔았다 : 원문은 "當壚酤酒". '壚'는 술 단지를 올려놓는 土臺. '酤'는 술을 파는 것을 말함.

[참고] 『晉書』49, 『太平御覽』828.

阮公鄰家婦有美色, 當壚酤酒. 阮與王安豐常從婦飮酒, 阮醉, 便眠其婦側. 夫始殊疑之, 伺察, 終無他意.①

①。王隱『晉書』曰; 籍鄰家處子有才色, 未嫁而卒. 籍與無親, 生不相識, 往哭, 盡哀而去. 其達而無檢, 皆此類也.

• 23 : 09 [0874]

완적阮籍은 모친의 장례를 치르게 되었을 때, 살찐 돼지 한 마리를 삶고 술 두 말을 마신 연후에 영결永訣에 임하여 "끝났구나!"①라고만 했다. 이 한 번의 통곡 끝에 피를 토하더니 오랫동안 혼절했다.①

①。등찬鄧粲의 『진기晉紀』: 완적은 모친이 돌아가시려 할 때, 다른 사람과 태연하게 바둑을 두고 있었다. 상대방이 그만두자고 청했으나, 완적은 동의하지 않고 그를 붙잡아 두고서 승부를 결판냈다. 잠시 뒤 3말의 술을 마시고 나서 소리를 질러 한 번 통곡하더니 몇 되의 피를 토하고는 오랫동안 혼절했다.

[역주]┈┈┈┈┈┈┈┈┈┈
① 끝났구나 : 원문은 "窮矣". 의지할 곳이 없는 孤立無援의 처지가 되었다는 뜻. 晉代의 풍습에는 부모의 상을 당한 喪主가 '奈何'・'窮矣' 등의 號哭을 했음. 唐長孺의 『魏晉南北朝史論叢』에서 "孝子喚奈何・喚窮疑, 爲洛陽及其附近風俗. 蓋父母之喪, 孝子循例要喚'窮'也."라고 함. 『藝文類聚』권85에 인용된 『笑林』에 이러한 풍습에 관한 고사가 실려 있음.

[참고] 『晉書』49, 『太平御覽』375・556.

阮籍當葬母, 蒸一肥豚, 飮酒二斗, 然後臨訣, 直言; "窮矣!" 都得一號, 因吐血, 廢頓良久.①

①▫ 鄧粲『晉紀』曰; 籍母將死, 與人圍棊如故. 對者求止, 籍不肯, 留與決賭. 既而飲酒三斗, 舉聲一號, 嘔血數升, 廢頓久之.

• 23 : 10 [0875]

완중용阮仲容[阮咸]①과 완보병阮步兵[阮籍]①은 길의 남쪽에서 살았고 그밖에 완씨들은 길의 북쪽에서 살았는데, 북쪽의 완씨는 모두 부유했지만 남쪽의 완씨는 가난했다. 7월 7일에 북쪽의 완씨는 거창하게 옷을 말렸는데,② 모두 화려한 비단옷들이었다. 완중용은 뜰 안에서 거친 베로 만든 짧은 바지③를 장대에다 걸어놓았다. 어떤 사람이 그것을 이상하게 여기자 완중용이 대답했다.

"풍습을 따르지 않을 수 없기에 할 수 없이 이렇게 때우는 것이오!"②

①▫ 완중용은 완함阮咸이다.
②▫『죽림칠현론竹林七賢論』: 완씨 일족은 전대前代에 모두 유학자였으며 집안 살림을 잘 꾸려나갔지만,④ 오직 완함 일가는 노장老莊의 도를 숭상하고 세상일을 도외시한 채 술을 좋아하여 가난했다. 옛 풍습에는 7월 7일에 옷을 말리는 것이 당연한 일이었다. 다른 완씨 일족의 뜰은 비단옷들로 휘황찬란했는데, 당시 소년이었던 완함은 긴 장대를 세워서 짧은 바지를 걸어놓았다.

[역주]
① 阮仲容[阮咸]과 阮步兵[阮籍] : 원문은 "阮仲容・步兵". 阮咸은 阮籍의 형의 아들임. 한편 李慈銘은 '步兵' 2자를 衍文이라고 추정했는데, 사실상 본문의 내용도 완함의 고사만을 다루고 있기 때문에 일리가 있다고 여겨짐.
② 옷을 말렸는데 : 음력 7월 7일에 책이나 옷 등을 햇볕에 말려 해충을 막는 풍습이 예로부터 있었음.『太平御覽』권31에 인용된 崔寔의『四民月令』에 "七月七日暴經書及衣裳, 習俗然也."라는 기록이 있음.
③ 거친 베로 만든 짧은 바지 : 원문은 "大布犢鼻褌". '大布'는 거친 베. '犢鼻褌'은 허드렛일을 할 때 입는 짧은 바지를 말하는데, 모양이 쇠코와 같다고 해서 그렇게 부른다고 함. 일설에는 '犢鼻'가 穴의 명칭으로 사람의 무릎 아래를 말하므로

바지의 길이가 무릎 아래 犢鼻穴까지 닿는 짧은 바지라고도 함.
④ 집안 살림을 잘 꾸려나갔지만: 원문은 "善居室". 『論語』 「子路」에 나오는 구절.
[참고] 『晉書』49.

阮仲容①‧步兵居道南, 諸阮居道北, 北阮皆富, 南阮貧. 七月七夕, 北阮盛曬衣, 皆紗羅錦綺. 仲容以竿挂大布犢鼻褌於中庭. 人或怪之, 答曰; "未能免俗, 聊復爾耳!"②

①‧咸也.
②‧『竹林七賢論』曰; 諸阮前世皆儒學, 善居室, 唯咸一家尙道棄事, 好酒而貧. 舊俗, 七月七日, 法當曬衣. 諸阮庭中爛然錦綺, 咸時總角, 乃竪長竿, 挂犢鼻褌也.

• 23:11 [0876]

완보병阮步兵[阮籍]①이 모친상을 당했을 때 배령공裴令公[裴楷]②이 조문하러 갔더니, 완보병은 바야흐로 술에 취해 머리를 풀어헤치고 평상에 앉아 있었는데 다리를 쭉 뻗고 앉아① 곡도 하지 않았다. 배령공은 도착하여 땅에 자리를 깔고 곡을 했으며, 애도의 조문②을 마친 뒤 곧바로 떠나갔다. 어떤 사람이 배령공에게 물었다.

"무릇 조문이라는 것은 주인이 먼저 곡을 해야 손님이 비로소 곡읍哭泣의 예를 행하는 법입니다. 완보병이 곡을 하지 않았는데도 당신은 어찌하여 곡을 했습니까?"

배령공이 말했다.

"완보병은 세속을 초월한 사람③이기 때문에 예법을 존숭하지 않지만, 나와 같은 무리는 세속 속의 사람이기 때문에 예의를 스스로 지켜야 하지요."

당시 사람들은 둘 다 그 타당함을 얻었다고 감탄했다.③

①‧완보병은 완적阮籍이다.
②‧배령공은 배해裴楷다.
③‧『명사전名士傳』: 완적은 모친상을 당했을 때 세간의 예법을 따르지 않

았다. 배해가 조문하러 갔더니 마침 완적은 바야흐로 술에 취해 머리를 풀어헤친 채 다리를 쭉 뻗고 앉아 옆에 아무도 없는 듯이 행동했다. 배해는 곡읍하고 극진한 애도를 표한 뒤 돌아갔는데 다른 기색이 전혀 없었다. 그들이 서로 다른 처경處境에서 편안한 것이 이와 같았다.

◦ 대규戴逵의 논평 : 배공裴公[裴楷]이 조문한 것④은 외물과 다투지 않음으로써 자신의 예의를 지키고자 했으니,⑤ 이치에 통달하면서 예법을 잘 지킨 것이다.

[역주]··························
① 다리를 쭉 뻗고 앉아 : 원문은 "箕踞". 엉덩이를 땅에 대고 두 다리를 쭉 뻗은 채로 앉는 것을 말하는데, 그 모양이 키와 같다고 해서 '箕踞'라고 함. 이러한 자세는 오만불손하거나 예의를 차리지 않는 태도임.
② 애도의 조문 : 원문은 "弔唁". '弔'는 亡者를 애도하는 것이고, '唁'은 망자의 가족을 위로하는 것으로 '喭'과 같은 뜻.
③ 세속을 초월한 사람 : 원문은 "方外之人". 세속적인 禮教를 초월한 사람.『莊子』「大宗師」의 "孔子曰; '彼遊方之外者也, 丘遊方之內者也.'"라는 구절에 대한 司馬彪의 注에서 "方, 常也. 言彼遊心於常教之外也."라고 함.
④ 조문한 것 : 원문은 "制弔". 宋本에는 "致弔"라 되어 있는데 문맥상 보다 타당함.
⑤ 외물과 다투지 않음으로써 자신의 예의를 지키고자 했으니 : 원문은 "欲冥外以護內". 楊勇은 "冥外, 不與它競. 護內, 守己護禮也."라고 함.

[참고] 『晉書』49.

阮步兵⑴喪母, 裴令公⑵往弔之, 阮方醉, 散髮坐牀, 箕踞不哭. 裴至, 下席於地哭, 弔唁畢, 便去. 或問裴; "凡弔, 主人哭, 客乃爲禮. 阮既不哭, 君何爲哭?" 裴曰; "阮方外之人, 故不崇禮制, 我輩俗中人, 故以儀軌自居." 時人歎爲兩得其中.⑶
⑴ ◦ 籍也.
⑵ ◦ 楷也.
⑶ 『名士傳』曰; 阮籍喪親, 不率常禮. 裴楷往弔之, 遇籍方醉, 散髮箕踞, 傍若無人. 楷哭泣盡哀而退, 了無異色. 其安同異如此.
◦ 戴逵論之曰; 若裴公之制弔, 欲冥外以護內, 有達意也, 有弘防也.

---------- • 23 : 12 [0877]

완씨阮氏 집안사람들은 모두 술을 잘 마셨다. 완중용阮仲容[阮咸]이

일족의 거처[1]로 가서 함께 모일 때면, 보통 술잔으로 술을 따르지 않고 커다란 옹기에 술을 담아놓고 빙 둘러앉아 서로 맞대고서 마구 마셨다. 그때 돼지들이 술을 마시려고 달려들었는데, 완함은 그 사이를 곧장 파고들어[2] 돼지들과 함께 술을 마셨다.

[역주]
① 거처 : 원문은 "閒". '間'과 같으며 거처·장소를 뜻함.
② 곧장 파고들어 : 원문은 "直接去上". 『晉書』 권49 「阮咸傳」의 "咸直接去其上"이란 구절에 따르면, 행동의 주체가 阮咸임을 알 수 있음.

[참고] 『晉書』49, 『北堂書鈔』148, 『太平御覽』758·845.

諸阮皆能飮酒. 仲容至宗人閒共集, 不復用常杯斟酌, 以大甕盛酒, 圍坐相向大酌. 時有羣猪來飮, 直接去上, 便共飮之.

• 23 : 13 [0878]

완혼阮渾은 장성했을 때[1] 풍격과 기질이 부친[阮籍]과 비슷했으며, 역시 방달放達한 인물이 되고자 했다. 그러나 완보병阮步兵[阮籍]은 말했다.

"중용仲容[阮咸]은 이미 거기에 들어 있지만, 너는 더 이상 그럴 수 없다."[1]

[1] 『죽림칠현론竹林七賢論』 : 완적이 완혼을 깎아내린 것은 아마도 완적 자신이 방달하다고 여기는 바를 완혼이 아직 모르고 있다고 생각했기 때문인 것 같다. 나중에 완함의 형의 아들 완간阮簡이 또한 광달曠達하다고 자부했다. 부친이 돌아가셨을 때 길을 가다가 큰 눈을 만나 추워서 떨다가 준의浚儀현령을 찾아갔는데, 현령이 그의 빈객들을 위하여 술과 고깃국[2]을 대접하자 완간은 그것을 먹었으며, 그로 인해 청의淸議[3]에 걸려 거의 30년 동안 관로官路가 막혔다.[4] 이때는 죽림 제현諸賢의 평판이 비록 높았다고 해도 예교가 오히려 준엄했는데, 원강元康연간(291~299)에 이르러서는 마침내 방탕하여 예교를 무시했다. 악광樂廣이 그것을 비난하여 말했다.

"훌륭한 성현의 가르침에도 본디 즐거운 경지가 있는데 하필 그렇게

까지 할 필요가 뭐람!"⑤

　악령樂令[樂廣]의 말에 도리가 있도다! 생각해보니 그들은 노장老莊의 심오한 심경은 없으면서 다만 그 방종함을 좋다고 할 뿐이었다.

[역주]

① 장성했을 때 : 원문은 "長成". 한편 「賞譽」28 劉注①에 인용된 『世語』와 『晉書』 권49 「阮渾傳」에서는 阮渾의 자를 '長成'이라 함.
② 술과 고깃국 : 원문은 "黍臛(확)". 黍는 3升이 들어가는 酒器. 여기서는 그냥 술의 뜻으로 쓰였음. 臛은 고깃국.
③ 淸議 : 본래는 士人들 사이의 바른 의론을 말하는데, 이것에 근거하여 관료인 사인들이 처벌당했음. 南朝에서는 사인들이 名敎를 무시하고 不孝와 친족 간의 不倫 등을 행했을 때 청의에 걸려 공직에서 추방당하는 벌책이 있었는데, 이것을 '淸議禁錮之科'라고 불렀음. 阮簡이 청의에 걸린 것은 예법을 무시한 채 상중에 먹어서는 안될 酒肉을 먹었기 때문임.
④ 官路가 막혔다 : 원문은 "廢頓". 파직당한 뒤 복직의 길이 막힌 것을 말함.
⑤ 훌륭한 성현의~필요가 뭐람 : 원문은 "名敎中自有樂地, 何至於此." 樂廣의 이 말은 「德行」23에도 보이는데, 거기에는 "名敎中自有樂地, 何爲乃爾也."라 되어 있음. '名敎'는 명분의 가르침이라는 뜻으로 육조시대에는 老莊의 가르침에 대한 상대적인 개념으로 쓰였는데, 구체적으로는 유교의 도덕을 지칭함.

[참고] 『晉書』49.

阮渾長成, 風氣韻度似父, 亦欲作達. 步兵曰; "仲容已預之, 卿不得復爾."①
①. 『竹林七賢論』曰; 籍之抑渾, 蓋以渾未識己之所以爲達也. 後咸兄子簡, 亦以曠達自居. 父喪, 行遇大雪寒凍, 遂詣浚儀令, 令爲它賓設黍臛, 簡食之, 以致淸議, 廢頓幾三十年. 是時竹林諸賢之風雖高, 而禮敎尙峻, 迨元康中, 遂至放蕩越禮. 樂廣譏之曰; "名敎中自有樂地, 何至於此" 樂令之言有旨哉! 謂彼非玄心, 徒利其縱恣而已.

• 23 : 14 [0879]

　배성공裴成公[裴頠]의 부인은 왕융王戎의 딸이다. 왕융이 아침 일찍 배성공의 집①으로 찾아가 통보도 하지 않고 곧바로 들어갔더니, 배성공은 침상의 남쪽에서 내려오고 딸은 침상의 북쪽에서 내려와 서로 마주하고 손님과 주인의 예를 차렸는데, 모두 어색한 기색이 전

혀 없었다.[1]

[1] 『배씨가전裵氏家傳』: 배위裵頠는 왕융의 맏딸을 부인으로 맞았다.

[역주]······················
① 집 : 원문은 "許". 거처·처소

裵成公婦, 王戎女. 王戎晨往裵許, 不通徑前, 裵從牀南下, 女從北下, 相對作賓主, 了無異色.[1]

[1] 『裵氏家傳』曰; 頠取戎長女.

• 23 : 15 [0880]

완중용阮仲容[阮咸]은 이전에 고모집의 선비족鮮卑族 하녀를 총애했다. 모친상을 치르고 있을 때 고모가 먼 곳으로 이사하게 되었는데, 처음에는 하녀를 남겨두겠다고 말했으나 떠날 때는 정작 데리고 가버렸다. 그러자 완중용은 손님의 나귀를 빌려 타고 중복重服①을 입은 채로 직접 뒤쫓아 가서 그녀와 함께 나귀를 타고② 돌아와서는 말했다.

"사람의 씨③를 잃어버릴 수는 없지!"

그 하녀가 바로 완요집阮遙集[阮孚]의 어머니다.[1]

[1] 『죽림칠현론竹林七賢論』: 완함阮咸이 상중에 하녀를 뒤쫓아 갔는데, 이로 인해 세간의 의론이 분분했다. 그래서 완함은 위魏나라 말기부터 시골에 묻혀 지내다가 진晉나라 함녕咸寧연간(275~279)에 이르러서야 비로소 벼슬길에 올랐다.

◦『완부별전阮孚別傳』: 완함이 고모에게 편지를 보내 말했다.

"오랑캐 하녀가 마침내 오랑캐 아들을 낳았습니다."

고모가 답장했다.

"'노영광전부魯靈光殿賦'④에서 '오랑캐가 기둥 높은 곳에 멀리 모여 있네[遙集]'라고 했으니, 그 아들의 자를 '요집'이라 하면 좋겠다."

그래서 완부의 자를 요집이라 했다.

[역주] ························
① 重服 : 부모상을 당했을 때 입는 상복.
② 함께 나귀를 타고 : 원문은 "累騎". 말 한 필에 두 사람이 함께 타는 것을 말함. 『資治通鑑』 권78 「魏紀」 注에 "累, 重也. 兩人共馬, 謂之累騎."라는 구절이 있음.
③ 사람의 씨 : 이 구절로 보아 당시 그녀가 임신하고 있었음을 알 수 있음.
④ 「魯靈光殿賦」: 東漢 王延壽가 지은 것으로 『文選』 권11에 수록되어 있음. 옛 魯나라 靈光殿 기둥의 상부에 胡人의 모습이 새겨져 있었다고 함.

[참고] 『晉書』49.

阮仲容先幸姑家鮮卑婢. 及居母喪, 姑當遠移, 初云當留婢, 既發, 定將去. 仲容借客驢箸重服自追之, 累騎而返, 曰; "人種不可失!" 即遙集之母也.①
① ◦『竹林七賢論』曰; 咸既追婢, 於是世議紛然. 自魏末沈淪閭巷, 逮晉咸寧中始登王途.
◦『阮孚別傳』曰; 咸與姑書曰; "胡婢遂生胡兒." 姑答書曰; "「魯靈光殿賦」曰胡人遙集於上楹, 可字曰遙集也." 故字字遙集.

• 23 : 16 [0881]

임개任愷는 권세를 잃은 뒤로 더 이상 자신을 단속하지 않았다.①
어떤 사람이 화교和嶠②에게 말했다.
"당신은 어찌하여 임원부任元裒[任愷]가 실패한 것을 앉아서 보기만 하고 구해주지 않는 것이오?"
화교가 말했다.
"임원부는 북하문北夏門③처럼 갈라져서④ 저절로 무너지려 하니 나무 하나로 지탱할 수 있는 바가 아니오."①

① ◦『진제공찬晉諸公贊』: 임개는 자가 원부元裒⑤며 낙안樂安 박창博昌사람이다. 훌륭한 식견과 치국治國의 기량을 지니고 있어서 크고 작은 조정의 정무⑥를 대부분 처리했다. 가충賈充과 사이가 좋지 않았기에, 가충은 임개가 이부吏部를 관장해야 한다고 천자께 아뢰고⑦ 또한 관리로 하여금⑧ 임개가 천자의 식기⑨를 사용한다고 상주하게 했는데, 이 일로 인해 임개는 면직되었으며 세조世祖[司馬炎]의 마음도 마침내 그에게서 멀어졌다.

|역주|··························

① 자신을 단속하지 않았다 : 『晉書』 권45 「任愷傳」에 "愷旣失職, 乃縱酒耽樂, 極滋味以自奉養. 初, 何劭以公子奢侈, 每食必盡四方珍饌, 愷乃逾之, 一食萬錢, 猶云無可下箸處."라는 기록이 있음.
② 和嶠 : 『晉書』 권45 「任愷傳」에 따르면, 任愷는 和嶠·庾純·張華·溫顒·向秀 등과 친했으며 賈充은 楊珧·王恂·華廙 등과 친했는데, 서로 朋黨을 결성하여 다투었음. 한편 任愷가 실권했을 당시 和嶠는 中書令으로 있었음.
③ 北夏門 : 洛陽城門 가운데 하나인 大夏門을 말함. 성의 북쪽에 있었기 때문에 '北夏門'이라 함. 『晉書』 권14 「地理志上·河南郡洛陽」의 原注에 "北有大夏·廣莫二門"이라는 기록이 있고, 『洛陽伽藍記』 「序」에도 "北面有二門, 西頭曰大夏門. 漢曰夏門, 魏晉曰大夏門. 嘗造三層樓, 去地二十丈. 洛陽城門樓皆兩重, 去地百尺, 惟大夏門甍棟干雲."이라는 기록이 있음.
④ 갈라져서 : 원문은 "拉攞". '拉'은 꺾이다. '攞'는 갈라지다.
⑤ 元裒 : 『晉書』 권45 「任愷傳」에서는 任愷의 자를 "元褒"라 함.
⑥ 조정의 정무 : 원문은 "萬機". 천자가 처리하는 여러 가지 일. 국가의 모든 정무. 천하의 정치.
⑦ 가충은 임개가 吏部를 관장해야 한다고 천자께 아뢰고 : 『晉書』 권45 「任愷傳」에 따르면, 가충은 侍中으로 있던 임개에게 밀려 오랫동안 조정에서 힘을 쓰지 못했기에, 임개를 천자로부터 멀어지게 하기 위하여 吏部를 맡도록 추천했음. 임개는 侍中에서 吏部尙書로 전임된 뒤 결과적으로 천자를 알현할 기회가 점차 줄어들었음.
⑧ 관리로 하여금 : 『晉書』 권45 「任愷傳」에 따르면, 賈充은 尙書右僕射 高陽王 司馬珪를 보내 上奏하게 했다고 함.
⑨ 천자의 식기 : 원문은 "御食器". 『晉書』 권45 「任愷傳」에 따르면, 任愷의 부인인 齊長公主[魏 明帝의 딸]가 하사받은 魏代의 御器였다고 함.

任愷旣失權勢, 不復自檢括. 或謂和嶠曰; "卿何以坐視元裒敗而不救?" 和曰; "元裒如北夏門, 拉攞自欲壞, 非一木所能支." ①

① ◦『晉諸公贊』曰; 愷, 字元裒, 樂安博昌人. 有雅識國幹, 萬機大小多綜之. 與賈充不平, 充乃啓愷掌吏部, 又使有司奏愷用御食器, 坐免官, 世祖情遂薄焉.

• 23 : 17 [0882]

유도진劉道眞[劉寶]은 젊었을 때 늘 잡초 우거진 못에서 고기를 잡

앉는데, 노래를 잘 불러서 그의 노래를 들은 사람은 모두 걸음을 멈추고 머뭇거렸다. 그가 비범한 인물임을 알아본 한 노파가 있었는데, 그가 노래 부르는 것을 매우 좋아하여 돼지를 잡아서 그에게 대접했다. 유도진은 돼지를 다 먹고 나서도 전혀 감사의 말을 하지 않았다. 노파는 그가 아직 배부르지 않은 것이라고 생각하여 다시 돼지 한 마리를 대접했는데, 유도진은 절반만 먹고 절반은 남겨서 돌려주었다.

나중에 유도진이 이부랑吏部郎이 되었을 때 노파의 아들이 소령사 小令史①로 있기에 유도진이 그를 발탁하여 등용했다. 노파의 아들은 무슨 연유인지 알지 못하여 모친에게 물어보았더니 모친이 그간의 사정을 일러주었다. 그래서 쇠고기와 술을 싸들고 유도진을 찾아갔더니 유도진이 말했다.

"돌아가게! 돌아가! 이젠 더 이상 서로 갚을 필요가 없네!"[1]

[1]。유보劉寶는 이미 나왔다.②

[역주]

① 小令史 : 晉代에 중앙 또는 지방의 州郡에 소속된 하급관리. 주로 문서나 일반 사물을 관리했음.

② 이미 나왔다 : 「德行」22 劉注[1]에 나왔음.

劉道眞少時, 常漁草澤, 善歌嘯, 聞者莫不留連. 有一老嫗, 識其非常人, 甚樂其歌嘯, 乃殺豚進之. 道眞食豚盡, 了不謝. 嫗見不飽, 又進一豚, 食半餘半, 迺還之. 後爲吏部郎, 嫗兒爲小令史, 道眞超用之. 不知所由, 問母, 母告之. 於是齎牛酒詣道眞, 道眞曰; "去! 去! 無可復用相報!"[1]

[1]。劉寶, 已見.

• 23 : 18 [0883]

완선자阮宣子[阮脩]는 항상 걸어서 외출할 때마다 돈 백 냥을 지팡이 끝에 매달아 가지고 다니다가 술집에 이르면 혼자 마음껏 술을

마셨다. 비록 제아무리 당세의 권문귀족이라 하더라도 찾아가려 하지 않았다.①

① ▫『명사전名士傳』: 완수阮脩는 성품이 대범하고 분방했다.①

[역주]⋯⋯⋯⋯⋯⋯⋯⋯⋯⋯
① 분방했다 : 원문은 "任". 袁褧本에는 "仕"라 되어 있는데 오기로 보임.
[참고]『晉書』49.

阮宣子常步行, 以百錢挂杖頭, 至酒店, 便獨酣暢. 雖當世貴盛, 不肯詣也.①
① ▫『名士傳』曰; 脩性簡任.

・ 23 : 19 [0884]

산계륜山季倫[山簡]은 형주荊州자사로 있을 때, 때때로 외출하여 마음껏 술을 마셨다. 사람들이 그를 두고 노래했다.

"산공山公[山簡]은 때때로 취했다 하면, 곧장 고양지高陽池①로 간다네. 날이 저물어서야 거꾸로 누운 채 실려② 돌아오는데, 흐리멍덩하여③ 아무 것도 모른다네. 다시 준마 타고, 흰 두건④ 거꾸로 쓴 채, 손 들어 갈강葛彊에게 묻나니, 나를 병주幷州의 남아⑤와 비교하면 어떠한가?"

고양지는 양양襄陽에 있다. 갈강은 그가 아끼는 장수로 병주사람이다.⑥①

① ▫『양양기襄陽記』: 한漢나라의 시중侍中 습욱習郁⑦은 현산峴山의 남쪽에다 범려范蠡가 물고기를 길렀던 방법에 의거하여 물고기 연못을 만들었다. 연못의 주변에는 높은 둑이 있고 대나무와 키 큰 개오동나무를 심었으며 연꽃・마름・가시연⑧이 물을 덮었는데, 나들이하여 놀기에 이름난 곳이다. 산간山簡은 이 연못에 갈 때마다 크게 취해서 돌아오지 않은 적이 없었으며, "이곳은 나의 고양지다"라고 말했다. 양양의 아이들이 그러한 노래를 불렀다.

[역주]⋯⋯⋯⋯⋯⋯⋯⋯⋯⋯
① 高陽池 : 지금의 湖北省 襄陽縣에 있는 習氏 집안의 연못. 山簡이 酈食其의 高陽

酒黨 고사에 의거하여 '高陽池'라는 이름을 붙였다 함. 『史記』권97 「酈生陸賈列傳」에 따르면, 酈食其가 유학자를 싫어하는 漢 高祖에게 알현을 신청할 때 스스로 "吾高陽酒徒也, 非儒人也."라고 했다고 함. 그 이후로 '高陽'은 酒黨의 대명사가 되었음. 또한 『晉書』권43 「山簡傳」에는 "簡優游卒歲, 唯酒是眈. 諸習氏, 荊土豪族, 有佳園池. 簡每出嬉遊, 多之池上, 置酒輒醉, 名之曰高陽池."라 하여, '고양지'라고 명명한 경위가 기록되어 있음.

② 거꾸로 누운 채 실려: 원문은 "倒載". 술에 만취한 탓에 몸을 가누지 못하여 누운 채로 수레에 실려 갔다는 뜻.

③ 흐리멍덩하여: 원문은 "茗艼". 酩酊과 같음. 술에 취하여 정신이 흐리멍덩한 상태를 말함. 『賞譽』138 [역주]① 참조.

④ 흰 두건: 원문은 "白接䍦". '䍦'는 '離'와 통함. '接䍦'는 백로의 깃털로 장식한 남자용 두건의 일종으로 '睫攡'라고도 함. 『爾雅』「釋鳥」의 '鷺, 春鉏.' 구절에 대한 郭注에 "白鷺. 頭翅背上皆有長翰毛, 今江東人取以爲睫攡, 名之曰白鷺縗."라는 기록이 있음. 李白은 「襄陽歌」에서 山簡의 고사를 전고로 사용하여 "落日欲沒峴山西, 倒著接䍦花下迷."라는 구절을 지음.

⑤ 幷州의 남아: 예로부터 幷州[지금의 山西省 일대]의 男兒는 말을 잘 타고 호쾌했다고 알려짐.

⑥ 고양지는 襄陽에 있다. 갈강은 그가 아끼는 장수로 병주사람이다: 원문은 "高陽池在襄陽. 彊是其愛將, 幷州人也." 이 세 구절은 아마도 注文이 本文으로 잘못 들어간 것으로 추정됨.

⑦ 習郁: 宋本에는 "習郞"이라 되어 있음.

⑧ 가시연: 원문은 "芡(검)". 못이나 늪에서 자라는 연꽃의 일종.

[참고] 『晉書』43, 『事類賦』17, 『太平御覽』687·845.

山季倫爲荊州, 時出酣暢. 人爲之歌曰; "山公時一醉, 徑造高陽池. 日莫倒載歸, 茗艼無所知. 復能乘駿馬, 倒著白接䍦. 擧手問葛彊, 何如幷州兒?" 高陽池在襄陽. 彊是其愛將, 幷州人也.①

①·『襄陽記』曰: 漢侍中習郁於峴山南, 依范蠡養魚法作魚池. 池邊有高隄, 種竹及長楸, 芙蓉菱芡覆水, 是遊燕名處也. 山簡每臨此池, 未嘗不大醉而還, 曰; "此是我高陽池也." 襄陽小兒歌之.

───────── • 23: 20 [0885]

장계응張季鷹[張翰]은 제멋대로 행동하고 예법에 구속받지 않았으므로, 당시 사람들이 그를 '강동江東의 보병步兵[阮籍]'①이라 불렀다. 어떤 사람이 그에게 말했다.

"당신은 바야흐로 한 세상을 제멋대로 즐기고 있는데, 어찌 죽은 뒤의 명성은 생각하지 않소?"

장계응이 대답했다.

"나에게 죽은 뒤의 명성이 있다 해도 바로 지금의 한 잔 술만 못하지요!"1

1 •『문사전文士傳』: 장한張翰은 마음 내키는 대로 유유자적하면서 당세에 바라는 것이 없었으므로, 당시 사람들이 그의 광달曠達함을 귀히 여겼다.

[역주]..........................

① 江東의 步兵[阮籍]: '江東'은 지금의 安徽省 蕪湖 이하의 장강 하류 남안지역을 말함. '步兵'은 阮籍을 지칭하는데, 그가 일찍이 步兵校尉를 지냈기 때문에 흔히 '阮步兵'이라 불렸음. 張翰이 江東 지역의 吳사람이었기 때문에 '강동의 보병'이라 부른 것임.

[참고]『晉書』92,『北堂書鈔』148,『事類賦』17,『太平御覽』845.

張季鷹縱任不拘, 時人號爲'江東步兵'. 或謂之曰; "卿乃可縱適一時, 獨不爲身後名邪?" 答曰; "使我有身後名, 不如卽時一桮酒!"1

1 •『文士傳』曰; 翰任性自適, 無求當世, 時人貴其曠達.

──────── • 23 : 21 [0886]

필무세畢茂世[畢卓]가 말했다.

"한 손엔 게 집게발을 들고 한 손엔 술잔을 든 채 술 연못 속에서 헤엄친다면 일생을 만족하게 마칠 수 있겠다."①1

1 •『진중흥서晉中興書』: 필탁畢卓은 자가 무세며 신채新蔡사람②이다. 젊어서부터 도도하고 방달放達하여 호무보지胡母輔之의 인정을 받았다. 태흥太興 연간(318~321) 말에 이부랑吏部郞이 되었지만, 늘 술을 마심으로써 직무를 유기遺棄했다. 이웃집에 사는 관리가 술을 담가 익었을 때, 필탁이 술에 취하

여 밤에 그 술독 있는 곳으로 가서 마셨다. 주인은 그가 도둑이라고 생각하여 붙잡아 결박했는데, 알고 보니 이부랑이어서 풀어주었다. 필탁은 결국 주인을 이끌고 술독 옆에서 놀다가 취한 뒤 돌아갔다. 평소에 필탁을 인정하고 아끼던 온교溫嶠가 필탁을 평남장군平南將軍의 장사長史로 초빙했지만③ 죽고 말았다.④

[역주]······················

① 한 손엔~마칠 수 있겠다 : 원문은 "一手持蟹螯, 一手持酒杯, 拍浮酒池中, 便足了一生." 『晉書』 권49 「畢卓傳」에는 "得酒滿數百斛船, 四時甘味置兩頭, 右手持酒杯, 左手持蟹螯, 拍浮酒船中, 便足了一生矣."라고 되어 있음. '拍浮'는 손발로 물을 치면서 헤엄치는 것을 말함.
② 新蔡사람 : 『晉書』 권49 「畢卓傳」에는 "新蔡鮦陽人"이라 되어 있음.
③ 平南將軍의 長史로 초빙했지만 : 『晉書』 권67 「溫嶠傳」에 따르면, 溫嶠가 咸和 연간(326~334) 초에 應詹을 대신하여 江州刺史·持節·都督·平南將軍이 되었을 때, 畢卓이 그의 府下에 초빙되어 長史가 되었다고 함.
④ 죽고 말았다 : 원문은 "卒". 『晉書』 권49 「畢卓傳」에서는 "卒官"이라 함.

[참고] 『晉書』49, 『事類賦』17, 『太平御覽』846.

畢茂世云; "一手持蟹螯, 一手持酒杯, 拍浮酒池中, 便足了一生."①
①○『晉中興書』曰; 畢卓, 字茂世, 新蔡人. 少傲達, 爲胡母輔之所知. 太興末, 爲吏部郞, 嘗飮酒廢職. 比舍郞釀酒熟, 卓因醉, 夜至其甕間取飮之. 主者謂是盜, 執而縛之, 知爲吏部也, 釋之. 卓遂引主人燕甕側, 取醉而去. 溫嶠素知愛卓, 請爲平南長史, 卒.

• 23 : 22 [0887]

하사공賀司空[賀循]이 태손사인太孫舍人①으로 부임하기 위하여 낙양洛陽으로 들어가던 중에 오군吳郡의 창문閶門②을 지나다가 배 안에서 금琴을 연주했다. 장계응張季鷹[張翰]은 본래 하사공과 서로 면식이 없었는데, 이전부터 금창정金閶亭③에 있다가 아주 맑은 금琴 소리를 듣고는 배에서 내려 하사공을 찾아가 함께 담소한 끝에④ 서로 크게 의기투합했다. 장계응이 하사공에게 물었다.

"당신은 어디로 가고자 하시오?"

하사공이 말했다.

"부임하러 낙양으로 지금 가고 있는 중이오."

장계응이 말했다.

"나 역시 북경北京[洛陽]⁵에 일이 있소."

그리고는 그길로 같은 배에 타고서 곧장 하사공과 함께 출발했다. 장계응은 애당초 집에 알리지 않았기 때문에, 집에서는 뒤늦게 수소문한 끝에 비로소 그의 행방을 알았다.

[역주]······················
① 太孫舍人: 皇太孫의 속관으로 문서와 奏記를 관리했음. 目加田誠은 『世說箋本』에 의거하여 '太孫'은 晉 景帝의 장자 司馬遹을 지칭한다고 함. 한편 『晉書』 권68 「賀循傳」에는 "太子舍人"이라 되어 있는데, 이 경우는 愍懷太子를 지칭함. 민회태자는 晉 惠帝 永康 원년(300)에 폐위되었다가 賈后에 의해 살해당했으며, 나중에 그의 아들이 황태손이 되자 太子官屬이 太孫官屬으로 전임되었음. 余嘉錫과 徐震堮은 『晉書』 권68 「賀循傳」과 『資治通鑑』 권83 「晉紀」에 근거하여 '太子舍人'이 맞는다고 주장함.
② 閶門: 옛 吳郡의 성문 이름으로, 지금의 江蘇省 蘇州市의 西門. 宋本에는 "昌門"이라 되어 있음.
③ 金閶亭: 閶門 안에 있던 정자로, 성의 서쪽에 위치하고 閶門 가까이에 있었기 때문에 '금창정'이라 함. '金'은 오행 가운데 방위로는 '西'에 해당함. 宋本에는 "金昌亭"이라 되어 있음.
④ 담소한 끝에: 원문은 "語". 宋本에는 "話", 『晉書』 권92 「張翰傳」에는 "言譚"이라 되어 있음.
⑤ 北京[洛陽]: 賀循과 張翰은 모두 吳郡사람이었기 때문에 북쪽에 있던 낙양을 '北京'이 부른 것임.

[참고] 『晉書』92.

賀司空入洛赴命, 爲太孫舍人, 經吳閶門, 在船中彈琴. 張季鷹本不相識, 先在金閶亭, 聞絃甚淸, 下船就賀, 因共語, 便大相知說. 問賀; "卿欲何之?" 賀曰; "入洛赴命, 正爾進路." 張曰; "吾亦有事北京." 因路寄載, 便與賀同發. 初不告家, 家追問迺知.

• 23 : 23 [0888]

조거기祖車騎[祖逖]는 강남으로 건너왔을 때, 공적으로나 사적으로나 검소하여 좋은 의복이나 물건이 없었다. 왕도王導와 유량庾亮 등 여러 인사들이 함께 조거기를 찾아갔는데, 언뜻 보았더니 갖옷과 핫옷이 겹겹이 쌓여 있고 진귀한 장식물이 가득 늘어져 있기에 여러 인사들이 이상하게 여겨 물으니 조거기가 말했다.

"어젯밤에 또 남당南塘①을 한 차례 다녀왔소."

당시에 조거기는 늘 장사壯士들로 하여금 북을 치면서 나아가 약탈하게② 했는데, 담당관리③들도 그 일을 용인해주고 죄를 묻지 않았다.①

① ▫『진양추晉陽秋』: 조적祖逖은 성격이 융통성이 있고 대범하여 자질구레한 예절에 구속받지 않았다. 또한 따르는 자들은 대부분 거칠고 사나운④ 장사였는데, 조적은 그들을 모두 자신의 자제처럼 대우했다. 영가永嘉연간(307~313)에 유랑민이 만 명을 헤아리고 양주揚州에 큰 기근이 들었을 때, 조적의 식객들이 약탈을 자행했지만 조적은 언제나 그들을 보호하여 온전하게 지켜주었다. 논자들이 이로 인해 그를 폄하했기 때문에 조적은 오랫동안 전임되지 못했다.⑤

[역주]
① 南塘 : 東晉의 도성 建康을 흐르는 秦淮河의 남쪽 제방으로, 지금의 南京 부근에 있음.
② 북을 치면서 나아가 약탈하게 : 원문은 "鼓行劫鈔". 북을 치면서 공개적으로 약탈하는 것을 말함. 옛 군대에서는 북을 치면 진격하고 징을 치면 퇴각했기 때문에 '진격'하는 것을 '鼓行'이라 함. '劫鈔'는 '劫抄'와 같으며 약탈한다는 뜻.
③ 담당관리 : 원문은 "任事之人". 해당사건을 처리할 책임이 있는 관리를 말함.
④ 거칠고 사나운 : 원문은 "桀黠". 험악하고 포악하다는 뜻. 『晉書』 권62 「祖逖傳」에는 "暴桀"이라 되어 있음.
⑤ 전임되지 못했다 : 원문은 "不得調". '調'는 '選'의 뜻으로, 인재를 선발하여 관직에 임명하는 것을 말함. 여기서는 더 높은 관직으로 전임되는 것을 말함.

祖車騎過江時, 公私儉薄, 無好服玩. 王·庾諸公共就祖, 忽見裘袍重疊, 珍飾盈列, 諸公怪問之, 祖曰; "昨夜復南塘一出." 祖于時恒自使健兒鼓行劫鈔, 在事之人, 亦容而不問.①

① 『晉陽秋』曰; 逖性通濟, 不拘小節. 又賓從多是桀黠勇士, 逖待之皆如子弟. 永嘉中, 流民以萬數, 揚土大饑, 賓客攻剽, 逖輒擁護全衛. 談者以此少之, 故久不得調.

———————— • 23 : 24 [0889]

홍려경鴻臚卿① 공군孔羣은 술 마시길 좋아했는데, 왕승상王丞相[王導]이 말했다.

"당신은 어찌하여 항상 술만 마시는 게요? 술집에서 술 단지를 덮어놓은 천이 날이 가고 달이 가면 썩어버리는 것②을 보지 못했소?"

공군이 말했다.

"그렇지 않소이다. 술지게미에 절인 고기가 오히려 훨씬 오래 가는 것은 보지 못했소이까?"

공군이 한번은 친구에게 편지를 썼다.

"올해 밭에서 700곡斛의 찰수수를 수확했는데, 그것으로는 술 담그기에③ 충분하지 않을 것 같네."①

① 공군은 앞에서 이미 나왔다.④

[역주]··························

① 鴻臚卿 : 외국에서 들어오는 朝貢을 관장하는 鴻臚寺의 장관으로 9卿 가운데 하나.
② 썩어버리는 것 : 술 단지를 덮어놓은 천이 썩어버릴 정도로 독하기 때문에 그만큼 몸에 해롭다는 뜻.
③ 술 담그기에 : 원문은 "麴櫱事". '麴櫱(얼)'은 술을 담그는 데 쓰는 발효물. 누룩·효모. 여기서는 그냥 술 담그는 일을 말함.
④ 이미 나왔다 : 「方正」36 劉注①에 나왔음.

[참고] 『晉書』78, 『北堂書鈔』148, 『事類賦』17, 『太平御覽』845, 『事文類聚』續15.

鴻臚卿孔羣好飮酒, 王丞相語云; "卿何爲恒飮酒? 不見酒家覆瓿布, 日月糜

爛?" 羣曰; "不爾. 不見糟肉乃更堪久?" 羣嘗書與親舊; "今年田得七百斛秫米, 不了麴蘖事." ①

① 羣, 已見上.

• 23 : 25 [0890]

어떤 사람이 주복야周僕射[周顗]를 비난했다.

"친구들과 말장난이나 하고 난잡하게 굴면서 절제함이 없다." ①

그러자 주복야가 말했다.

"나는 만 리 장강長江과 같으니, 어찌 천 리마다 한 번씩 굽이지지 않을 수 있겠소?"①

① . 등찬鄧粲의 『진기晉紀』: 왕도王導가 주의周顗와 조정 신하들과 함께 가기歌伎를 구경하러 상서尚書 기첨紀瞻을 찾아갔다. 기첨에게 애첩이 있었는데 새로운 곡조를 잘 불렀다. 주의는 사람들 속에서 그 첩과 사귀어보려고 추태를 드러냈는데, 얼굴에 부끄러운 기색이 없었다. 관리가 주의의 관직을 파면시켜야 한다고 상주했지만, 천자는 조서를 내려② 그를 특별히 용서해 주었다.

[역주]
① 어찌 천 리마다 한 번씩 구비지지 않을 수 있겠소 : 일생의 언행 가운데 사소한 실수는 있기 마련임을 비유적으로 표현한 것임.
② 조서를 내려 : 『晉書』 권69 「周顗傳」에 "詔曰; '顗參副朝右, 職掌銓衡, 當敬愼德音, 式是百辟. 屢以酒過, 爲有司所繩. 吾亮其極歡之情, 然亦是濡首之誡也. 顗必能克己復禮者, 今不加黜責.'"이라는 기록이 있음.

[참고] 『晉書』69.

有人譏周僕射; "與親友言戱, 穢雜無檢節." ① 周曰; "吾若萬里長江, 何能不千里一曲?"

① 鄧粲『晉紀』曰; 王導與周顗及朝士, 詣尚書紀瞻觀伎. 瞻有愛妾, 能爲新聲. 顗於衆中欲通其妾, 露其醜穢, 顔無怍色. 有司奏免顗官, 詔特原之.

• 23 : 26 [0891]

온태진溫太眞[溫嶠]은 지위가 아직 높지 않았을 때, 양주揚州와 회중淮中 지방①의 상인들과 자주 저포樗蒱노름②을 했는데 매번 이기지 못했다.③ 한번은 한 판④에 크게 판돈을 걸었는데,⑤ 도박에서 지는 바람에⑥ 돌아갈 수가 없게 되었다. 온태진은 유량庾亮과 가까운 사이였으므로 배 안에서 큰 소리로 유량을 불러 말했다.

"날 좀 빼내주게!"

유량이 즉시 빚진 돈을 물어주고 난 연후에 온태진은 돌아갈 수 있었다. 이러한 일을 겪은 것이 여러 번⑦이었다.①

① ▫『중흥서中興書』: 온교溫嶠는 준수하고 활달하다는 평을 받았으며, 사소한 예절에는 구애받지 않았다.

[역주]
① 淮中 지방 : 淮河 유역 일대.
② 樗蒱노름 : 摴蒱라고도 함. 漢代부터 六朝時代까지 유행한 노름의 일종으로, 그 방법은 오늘날 주사위를 가지고 하는 雙六과 비슷함. 자세한 사항은 本篇 제34조 [역주]⑥ 참조.
③ 이기지 못했다 : 원문은 "不競". 상대가 되지 못한다는 뜻.『左傳』「襄公18年」의 "南風不競, 多死聲, 楚必無功."이란 구절에 근거함.「方正」59 본문과 劉注① 참조.
④ 한 판 : 원문은 "一過". 한 차례의 대결. '一局'·'一場'과 같은 뜻.
⑤ 판돈을 걸었는데 : 원문은 "輸物". 본래는 '도박이나 내기 따위에서 져서 재물을 잃다'는 뜻인데, 여기서는 문맥상 '도박에 돈을 걸었다'는 뜻이 보다 타당함.
⑥ 도박에서 지는 바람에 : 원문은 "戱屈". '戱'는 博戱, 즉 도박을 말함.
⑦ 여러 번 : 원문은 "數四". 많지 않은 대강의 숫자를 나타내는 습관적인 표현.

[참고]『太平御覽』754.

溫太眞位未高時, 屢與揚州·淮中估客樗蒱, 與輒不競. 嘗一過, 大輸物, 戱屈, 無因得反. 與庾亮善, 於舫中大喚亮曰; "卿可贖我!" 庾卽送直, 然後得還. 經此數四.①

① ▫『中興書』曰; 嶠有儁朗之目, 而不拘細行.

• 23 : 27 [0892]

온공溫公[溫嶠]은 함부로 말하길[1] 좋아했으며, 변령卞令[卞壼]은 예법을 자처했다.[1] 두 사람이 유공庾公[庾亮]의 집에 갔을 때 서로 격렬하게 공격했는데, 온공이 저속하고 더러운 말을 입에 담았으나 유공은 천천히 말했다.

"온태진溫太眞[溫嶠]은 온 종일 저속한 말일랑 하지 않는다."[2]

[1] ㅇ『변호별전卞壼別傳』: 변호가 위의威儀를 단정히 하고 조정에 서 있으면, 모든 관료들이 몹시 어려워했으며, 귀족자제들도 삼가지 않는 자가 없었다.

[2] ㅇ 그의 방달放達함을 중히 여긴 것이다.

[역주]
① 함부로 말하길 : 원문은 "慢語". 남을 업신여기는 말을 아무 거리낌 없이 한다는 뜻.

溫公喜慢語, 卞令禮法自居.[1] 至庾公許, 大相剖擊, 溫發口鄙穢, 庾公徐曰; "太眞終日無鄙言."[2]

[1] ㅇ『卞壼別傳』曰; 壼正色立朝, 百寮嚴憚, 貴遊子弟, 莫不祇肅.

[2] ㅇ 重其達也.

• 23 : 28 [0893]

주백인周伯仁[周顗]은 품덕이 아정하고 중후했으며, 위험하고 어지러운 시국을 깊이 통찰하고 있었다. 강남으로 건너온 뒤로는 다년간 늘 진탕 술을 마셨는데, 한번은 사흘 동안 깨어나지 못한 적도 있었다.[1] 그래서 당시 사람들이 그를 '삼일복야三日僕射'[2]라고 불렀다.[1]

[1] ㅇ『진양추晉陽秋』: 처음에 주의周顗는 아정한 덕망德望으로 천하의 훌륭한 명성을 얻었지만, 나중에는 자주 술로 인해 실수를 했다. 그래서 유량庾亮이 말했다.

"주후周侯[周顗]의 말년은 봉황의 덕이 쇠했다고[3] 말할 수 있다."

· 『어림語林』: 주백인은 실제로 누나의 상을 당했을 때 3일 동안 취하고 고모의 상을 당했을 때 이틀 동안 취함으로써,④ 가문의 명망을 크게 실추시켰다. 주백인이 취해 있을 때마다 여러 공공들이 항상 함께 그를 지켰다.

[역주]

① 한번은 사흘 동안 깨어나지 못한 적도 있었다 : 원문은 "嘗經三日不醒". 『晉書』 권69 「周顗傳」에서는 "爲僕射, 略無醒日, 時人號爲三日僕射."라 했고, 『藝文類聚』 권48과 『太平御覽』 권211·497에 인용된 『世說』에는 "嘗經三日醒"이라 되어 있음. 이 경우는 "[다른 날은 모두 취해 있었는데] 한번은 사흘 동안만 깨어 있었다"로 해석되는데, 周顗의 행적으로 보아 보다 타당하다고 생각됨.

② 三日僕射 : '僕射'는 尙書令의 보좌관으로 그 職權이 상당히 높았음. 周顗는 일찍이 尙書左僕射를 지냈음. 나중에 '술만 마시고 직무를 돌보지 않는 재상'을 뜻하는 '삼일복야'의 典故가 여기에서 비롯됨.

③ 봉황의 덕이 쇠했다고 : 원문은 "鳳德之衰". 『論語』 「微子」의 "鳳兮鳳兮, 何德之衰."라는 구절에 근거함.

④ 주백인은~취함으로써 : 원문은 "伯仁正有姊喪三日醉, 姑喪二日醉." 『太平御覽』 권497에 인용된 『語林』에는 "周伯仁過江恒醉, 止有姊喪三日醒, 姑喪三日醒也."라 되어 있음.

[참고] 『晉書』69, 『藝文類聚』48, 『北堂書鈔』59, 『白氏六帖』21, 『太平御覽』211·497·845.

周伯仁風德雅重, 深達危亂. 過江積年, 恒大飲酒, 嘗經三日不醒. 時人謂之 '三日僕射'.①

①·『晉陽秋』曰; 初, 顗以雅望獲海內盛名, 後屢以酒失. 庾亮曰; "周侯末年, 可謂鳳德之衰也."
·『語林』曰; 伯仁正有姊喪三日醉, 姑喪二日醉, 大損資望. 每醉, 諸公常共屯守.

• 23 : 29 [0894]

위군장衛君長[衛永]이 온공溫公[溫嶠]의 장사長史가 되었는데, 온공이 그를 매우 마음에 들어 했다. 온공은 툭하면① 술과 육포를 들고 위군장을 찾아가서 다리를 쭉 뻗고 앉아② 편안한 자세로 하루 종일 마주 대했는데, 위군장이 온공의 집을 찾아갔을 때도 역시 그러했다.①

①·위영衛永은 이미 나왔다.③

[역주]
① 툭하면 : 원문은 "率爾". '率然'과 같음. 마음 내키는 대로. 즉흥적으로.
② 다리를 쭉 뻗고 앉아 : 원문은 "箕踞". 엉덩이를 땅에 대고 두 다리를 쭉 뻗은 채로 앉는 것을 말하는데 그 모양이 키와 같다고 해서 '箕踞'라고 함. 이러한 자세는 예의를 차리지 않는 태도임.
③ 이미 나왔다 : 「賞譽」107 劉注[1]에 나왔음.

衛君長爲溫公長史, 溫公甚善之. 每率爾提酒脯就衛, 箕踞相對彌日. 衛往溫許, 亦爾.[1]

[1] ▫ 衛永, 已見.

• 23 : 30 [0895]

소준蘇峻이 난을 일으키자[1] 유씨庾氏 일족이 도망쳐 흩어졌다. 유빙庾冰은 당시 오군내사吳郡內史[2]로 있었는데 단신으로 도망쳤다. 백성과 관리들도 모두 떠났지만, 오직 어떤 군졸郡卒만이 혼자 작은 배에 유빙을 태우고 전당강錢塘江 어귀로 나가서 대나무 거적[3]으로 그를 덮어주었다. 당시 소준은 상금을 걸고 유빙을 찾느라 도처에 명하여 매우 다급하게 수색했다. 군졸은 시장이 있는 모래섬에 배를 대놓고는 술을 마시고 취한 채로 돌아와 노를 휘두르며 다른 배를 향하여 말했다.

"어느 곳에서 유오군庾吳郡庾冰을 찾으시오? 바로 이 안에 있소이다!"

유빙은 몹시 두려웠지만 감히 움직이지 못했다. 수색하는 관리가 보니 배가 작고 물건을 실은 공간도 비좁은데다 군졸이 취하여 제정신이 아니라고 생각하여 전혀 의심하지 않았다. 군졸이 호송하여 제강淛江[浙江][4]을 건네준 덕택에 유빙은 산음현山陰縣의 위씨魏氏 집에 기거하여 화를 면했다.[1]

나중에 소준의 반역사건이 평정되고 나서 유빙이 군졸에게 보답하고자 그가 원하는 바를 들어주고자 했더니 군졸이 말했다.

"저는 출신이 비천하므로[5] 훌륭한 관직[6]은 바라지 않습니다. 다만 어려서부터 천한 일을 하느라[7] 고달파서 실컷 술을 마실 수 없는 것을 항상 걱정했으니, 만약 여생을 마칠 때까지 술이 풍족하다면 더 이상 필요할 게 없겠습니다."

유빙은 그를 위해 큰 집을 지어주고 노비를 사주었으며, 그가 죽을 때까지 집 안에 백 곡斛의 술이 늘 있도록 해주었다. 당시 사람들은 그 군졸이 지혜가 있을 뿐만 아니라 인생에도 달관했다고[8] 생각했다.

[1]◦『중흥서中興書』: 유빙이 오군내사로 있을 때, 소준이 반역을 일으켜 군대를 파견하여 유빙을 치게 하자, 유빙은 오군을 버리고 회계會稽로 도망갔다.

[역주]··················

① 蘇峻이 난을 일으키자 : 晉 明帝 太寧 3년(325)에 명제가 죽고 겨우 5살 된 成帝가 즉위하자, 庾太后가 섭정하고 王導·庾亮[庾太后의 오빠] 등이 정권을 장악했는데, 유량은 소준과 祖約 등을 의심하여 成帝 咸和 2년(327)에 소준을 입조케 하여 그의 병권을 빼앗고자 함. 소준은 조약과 함께 유량 토벌을 구실로 삼아 반란을 일으켜, 함화 3년(328)에 建康까지 진격하여 조정의 군대를 대패시킴. 유량의 동생인 유빙도 이때 반군을 피하여 도망감.
② 吳郡內史 : 원문은 "吳郡". 유빙은 일찍이 吳國內史와 會稽內史를 지냈는데, '吳國'은 '吳郡'과 같으며, '內史'는 '太守'와 같음. 한편 『晉書』 권73 「庾冰傳」에는 "吳興內史"를 지냈다고 되어 있음.
③ 대나무 거적 : 원문은 "蓬筰(거저)". '蓬'는 '籧'와 같음. 갈대나 대나무 따위로 엮어 만든 粗惡한 자리.
④ 淛江[浙江] : 浙江의 옛 명칭. 절강에는 水源이 셋 있는데, 처음 합류되는 지점에서는 桐江·富春江이라 부르고, 吳郡 錢塘縣으로 들어가서는 錢塘江이라 부르며, 끝에 杭州灣으로 흘러들어감.
⑤ 비천하므로 : 원문은 "廝下". 본래는 말을 사육하는 잡역부를 뜻하는데, 여기서는 신분이나 지위가 비천한 사람을 말함.
⑥ 훌륭한 관직 : 원문은 "名器". '名'은 작위, '器'는 輿服[수레와 관복]을 뜻함. 여기서는 그냥 훌륭한 관직으로 풀었음. 한편 『北堂書鈔』 권77에 인용된 『世說』에는 "名品"이라 되어 있는데, '名品'은 上品을 뜻함. 魏晉代에는 九品官人制를 시행하

여 먼저 中正에서 대상인물을 품평한 뒤에 吏部에서 등용했는데, 여기서 말하는 '名品'은 名人의 품평을 받아 고관에 임명되는 것을 말함.
⑦ 천한 일을 하느라 : 원문은 "執鞭". 채찍을 잡고 말을 모는 사람. 일반적으로 천한 일에 종사하는 사람을 가리킴. 『論語』「述而」에 "子曰; '富而可求也, 雖執鞭之士, 吾亦爲之. 如不可求, 從吾所好.'"라는 구절이 있음.
⑧ 인생에도 달관했다고 : 원문은 "達生". 인생의 이치에 통달했다는 뜻. 『莊子』「達生」에 "達生之情者, 不務生之所無以爲."라는 구절이 있음.

[참고] 『北堂書鈔』77.

蘇峻亂, 諸庾逃散. 庾冰時爲吳郡, 單身奔亡. 民吏皆去, 唯郡卒獨以小船載冰出錢塘口, 蓬篠覆之. 時峻賞募覓冰, 屬所在搜檢甚急. 卒捨船市渚, 因飲酒醉還, 舞棹向船曰; "何處覓庾吳郡? 此中便是!" 冰大惶怖, 然不敢動. 監司見船小裝狹, 謂卒狂醉, 都不復疑. 自送過浙江, 寄山陰魏家, 得免.① 後事平, 冰欲報卒, 適其所願, 卒曰; "出自廝下, 不願名器. 少苦執鞭, 恒患不得快飲酒, 使其酒足餘年畢矣, 無所復須." 冰爲起大舍, 市奴婢, 使門內有百斛酒, 終其身. 時謂此卒非唯有智, 且亦達生.

① 『中興書』曰; 冰爲吳郡, 蘇峻作逆, 遣軍伐冰, 冰棄郡奔會稽.

• 23 : 31 [0896]

은홍교殷洪喬[殷羨]가 예장豫章태수가 되어① 임지로 떠날 때, 도성사람들①이 그가 가는 편에 백여 통의 편지를 부쳤다. 은홍교는 석두石頭②에 이르러 그 편지들을 모두 강 속에 던져버리고서 빌며 말했다.

"가라앉을 것은 저절로 가라앉고 뜰 것은 저절로 뜨게 하소서. 은홍교는 편지 전하는 배달부가 될 수 없으니!"

① 『은씨보殷氏譜』 : 은선殷羨은 자가 홍교며 진군陳郡사람이다. 부친 은식殷識은 진동장군鎭東將軍의 사마司馬를 지냈다. 은선은 벼슬이 예장태수에 이르렀다.③

[역주]
① 도성사람들 : 원문은 "都下人". 도성은 建康을 말함. 한편 『太平御覽』 권70에 인용된 『宣城記』, 『太平御覽』 권593과 『北堂書鈔』 권103에 인용된 『語林』에는

모두 "郡人"이라 되어 있는데, 이 경우는 '豫章郡 사람'을 가리킴.
② 石頭:『讀史方輿紀要』권48에 "石頭驛在南昌章江門外十里, 有石頭渚, 亦曰投書渚, 卽殷羨投書處."라는 기록이 있는데, 지금의 江西省 新建縣 서북쪽에 있음.
③ 은선은 벼슬이 예장태수에 이르렀다:『晉書』권77「殷浩傳」에는 "羨終於光祿勳"이라 하여 光祿勳까지 올랐다고 되어 있음.
[참고]『晉書』77.

殷洪喬作豫章郡,] 臨去, 都下人因附百許函書. 旣至石頭, 悉擲水中, 因祝曰; "沈者自沈, 浮者自浮. 殷洪喬不能作致書郵!"
[1]◦『殷氏譜』曰: 羨, 字洪喬, 陳郡人. 父識, 鎭東司馬. 羨仕至豫章太守.

• 23 : 32 [0897]

왕장사王長史[王濛]와 사인조謝仁祖[謝尙]가 함께 왕공王公[王導]의 속관이 되었다.[1] 왕장사가 말했다.

"사연謝掾[謝尙]은 색다른 춤을 잘 춘답니다."

그러자 사인조가 곧바로 일어나 춤을 추었는데, 그 정신①이 매우 여유로웠다.[2] 왕공이 찬찬히 보다가 손님들에게 말했다.

"사람들에게 왕안풍王安豊[王戎]을 생각나게 하는군!"[3]

[1]◦『왕몽별전王濛別傳』: 승상 왕도는 당시의 명사와 현인을 초징招徵하여 진조晉朝의 중흥을 돕도록 했다. 현자를 초빙하라는 명을 받으면② 반드시 준재를 맞이했는데, 왕몽을 속관으로 초징했다.
[2]◦『진양추晉陽秋』: 사상謝尙은 성품이 방달放達했으며 음악에 뛰어났다.
◦『어림語林』: 사진서謝鎭西[謝尙]는 술을 마신 뒤에 쟁반과 방석 사이에서 낙양의 저자에서③ 추는 구욕무鴝鵒舞④를 추었는데 매우 아름다웠다.
[3]◦ 왕융王戎은 성품이 방달했는데 사상이 그와 비슷했다.

[역주]··········
① 정신:원문은 "神意". 여기서는 자태와 표정 등에 드러난 정신적인 기품을 말함.
② 현자를 초빙하라는 명을 받으면:원문은 "旌命所加". '旌'은 현자를 초징할

때 군주의 명을 받은 使者가 들고 가는 깃발. 『文選』 권53 陸士衡 「辯亡論上」에 "旄命交於塗巷"이란 구절이 있음.
③ 洛陽의 저자에서 : 원문은 "洛市肆工". 宋本에는 "洛市肆上"이라 되어 있는데, 문맥상 타당하므로 이것에 따름.
④ 鴝鵒舞 : 樂舞의 명칭. 자세한 것은 미상이지만 '鴝鵒'이라는 새의 몸짓을 형상화한 춤으로 추정함. '鴝鵒'은 '鸜鵒'이라고도 하며 九官鳥의 일종. 전체적으로 검고 날개에 흰 점이 있으며 사람의 말을 잘 흉내 낸다고 함.

[참고] 『晉書』79.

王長史·謝仁祖同爲王公掾.① 長史云; "謝掾能作異舞." 謝便起舞, 神意甚暇. ② 王公熟視, 謂客曰; "使人思安豊!"③
①•『王濛別傳』曰; 丞相王導辟名士時賢, 協贊中興. 旄命所加, 必延俊乂, 辟濛爲掾.
②•『晉陽秋』曰; 尙性通任, 善音樂.
　•『語林』曰; 謝鎭西酒後, 於槃案閒, 爲洛市肆工鴝鵒舞, 甚佳.
③•戎性通任, 尙類之.

• 23 : 33 [0898]

왕몽王濛과 유담劉惔이 함께 항남杭南①에 있을 때, 환자야桓子野[桓伊]의 집에서 주연을 즐겼다.① 사진서謝鎭西[謝尙]는 사상서尙書[謝裒]의 묘소에 갔다가 돌아오고 있었는데, 그날은 매장한 뒤 사흘째로 반곡反哭의 예②를 행해야 했다. 주연을 즐기던 사람들이 그를 초청하고 싶어서 처음에 사자使者를 보냈는데, 사진서는 아직 응답하지 않았지만 이미 수레를 멈추고 있었다. 다시 초청했더니 곧장 수레를 돌렸다. 사람들이 문밖에서 그를 맞이하면서 팔을 붙잡아 수레에서 끌어내렸다. 사진서는 겨우 두건만 벗고 모자는 쓴 채로③ 주연을 절반정도 즐기다가 그제야 상복④을 벗지 않았다는 것을 알아차렸다.②
① • 환이桓伊는 이미 나왔다.⑤
② • 사상서는 사부謝裒며 사상謝尙의 숙부다. 이미 나왔다.⑥
　• 송宋 명제明帝의 『문장지文章志』 : 사상은 성격이 즉흥적이어서 세세한

예절에 구애받지 않았다. 형의 장례[7]를 치른 뒤 묘소에 갔다가 돌아오고 있었는데, 왕몽과 유담이 함께 신정新亭[8]에서 놀다가 왕몽이 사상을 초대하고 싶어서 먼저 유담에게 물었다.

"예상컨대 사인조謝仁祖[謝尚]는 당연히 예속의 이동異同을 따지지 않겠지요?"

유담이 말했다.

"사인조의 성격상 틀림없이 올 것이오."

그래서 사람을 보내 그를 초청했다. 사상은 처음엔 사양했지만 이미 돌아갈 뜻이 없었다. 다시 초청했더니 즉시 수레를 돌렸다. 그의 즉흥적인 성격이 이와 같았다.

[역주]……………………
① 杭南 : '杭'은 '柿'·'航'과 통하며, 朱雀航을 가리킴. 建康 朱雀航의 남쪽에 烏衣巷이 있었는데, 여기에 王家와 謝家를 비롯한 귀족들의 저택이 많이 있었다고 함. 『景定建康志』에 "烏衣巷在秦淮南, 晉南渡, 王·謝諸名族居此, 時謂其子弟爲烏衣諸郎. 今城南長干寺北有小巷, 曰烏衣巷, 去朱雀橋不遠."이란 기록이 있음.
② 反哭의 예 : 옛 喪禮에 따르면, 매장한 뒤에 상주는 神主를 받들어 묘당에 모시고 곡을 했는데, 묘당에서 靈柩를 꺼내 안장하고 대신 신주를 모시기 때문에 '反哭'이라 한 것임. 『禮記』 「檀弓下」에 "反哭升堂, 反諸其所作也."라는 기록이 있음.
③ 겨우 두건만 벗고 모자는 쓴 채로 : 원문은 "裁得脫幘箸帽". '裁'는 '纔(才)'와 같음. '幘'은 머리를 감싸는 두건으로 冠 안에 씀. 문맥상 '두건'과 '모자'의 위치가 서로 바뀐 것 같음.
④ 상복 : 원문은 "衰(최)". '縗'와 같음. 상복이름.
⑤ 이미 나왔다. 「方正」55 劉注①에 나왔음.
⑥ 이미 나왔다. 「方正」25 劉注①에 나왔음.
⑦ 형의 장례 : 謝裒는 謝安의 부친이고 謝尚의 숙부이므로, 여기서 '형'이라 한 것은 아마도 착오로 여겨짐.
⑧ 新亭 : 지금의 江蘇省 江寧縣 남쪽에 있음. 「言語」31 劉注①에 인용된 『丹陽記』 참조.

王·劉共在杭南, 酣宴於桓子野家.① 謝鎭西往尙書墓還, 葬後三日反哭. 諸人欲要之, 初遣一信, 猶未許, 然已停車. 重要, 便回駕. 諸人門外迎之, 把臂便下. 裁得脫幘箸帽, 酣宴半坐, 乃覺未脫衰.②
①。伊, 已見.

2 ㅇ 尙書, 謝裒, 尙叔也. 已見.
　ㅇ 宋明帝『文章志』曰: 尙性輕率, 不拘細行. 兄葬後, 往墓還, 王濛·劉惔共遊新亭, 濛欲招尙, 先以問惔曰: "計仁祖正當不爲異同耳?" 惔曰: "仁祖韻中自應來." 乃遣要之. 尙初辭, 然已無歸意. 及再請, 卽回軒焉. 其率如此.

• 23 : 34 [0899]

환선무桓宣武[桓溫]는 젊었을 때 집이 가난했는데, 도박에서 크게 져서 빚을 갚으라는 채권자의 독촉이 매우 급했다. 스스로 잃은 돈을 회복할 방법을 생각해보았으나 도무지 알 수 없었다. 진군陳郡의 원탐袁耽은 호탕하고 다재다능한 사람이었다.1 환선무는 원탐에게 도움을 청하고 싶었으나, 원탐이 당시 상중에 있었기 때문에 주저할까 봐 걱정하면서도 시험 삼아 그에게 얘기를 꺼냈다. 원탐은 그 자리에서 당장 허락했으며 조금도 꺼리는 기색이 없었다. 원탐은 마침내 상복을 갈아입고 상모喪帽①를 가슴에 품고서 환온桓溫을 따라가서 채권자와 도박을 했다. 원탐은 평소에 기예의 명성이 높았기 때문에 채권자가 도박판에 나서며 말했다.

"당신은 틀림없이 원언도袁彦道[袁耽]가 아니겠지요?"②

마침내 함께 도박을 했는데, 한 판에 십만 전錢씩 걸어 곧장 백만 전을 넘었다. 원탐은 말③을 던지며 소리를 크게 질렀는데 옆에 아무도 없는 것처럼 행동하다가 상모를 꺼내 상대방에게 던지며 말했다.

"당신은 이제 원언도를 아시겠소?"2

1 『원씨가전袁氏家傳』: 원탐은 자가 언도며 진군 양하陽夏사람으로, 위魏나라 중랑령中郞令④ 원환袁渙의 증손자다. 체구가 건장하고 성격이 활달했으며 풍격이 고매했다. 젊어서부터 호탕하여 구애받지 않았고⑤ 남다른 재능이 있었기에 많은 선비들이 그를 따랐다. 벼슬은 사도종사중랑司徒從事中郞에 이르렀다.

2 ㅇ『곽자郭子』: 환공桓公[桓溫]이 저포樗蒲노름⑥을 하다가 수백 곡의 쌀을

잃고 원탐에게 구원을 요청했더니, 상중에 있던 원탐이 즉석에서 말했다.

"그거 좋지! 내가 귀채貴采[7]를 만들어낼 테니까 당신은 그저 소리만 크게 지르시오."

즉시 상복을 벗고 함께 문을 나섰는데, 도중에 머리에 상모를 쓰고 있는 것을 알아차리고는 벗어던진 뒤에 작은 모자를 썼다. 이미 도박이 시작되자 원탐은 기세를 몰아 소리를 지르며 팔을 걷어붙였는데, 던졌다 하면 반드시 노盧 아니면 치雉[8]였다. 두 사람이 함께 소리를 지르는 사이에 상대방은 순식간에 수백만 전을 잃었다.

[역주]······················
① 喪帽 : 상중에 쓰는, 삼베로 만든 모자.
② 당신은 틀림없이 袁彦道[袁耽]가 아니겠지요 : 원문은 "汝故當不辦作袁彦道邪". 채권자는 袁耽의 명성만 들었지 만나본 적이 없었기 때문에 이렇게 물은 것임. 『晉書』 권83 「袁耽傳」에 "耽素有藝名, 債者聞之而不相識."이라는 기록이 있음. '辦'은 '辨'과 통하며 '能'의 뜻.
③ 말 : 원문은 "馬". 樗蒲노름을 할 때 사용하는 기구로 자세한 것은 미상. 오늘날의 윷놀이나 주사위놀이를 할 때 사용하는 말과 비슷한 용도로 쓰였을 것이라고 추정함. 本條 [역주]⑥ 참조 또는 도박할 때 돈을 계산하는 산가지라고도 함. 『禮記』 「投壺」의 "爲勝者立馬"라는 구절에 대한 鄭注에서 "馬, 勝算也."라고 함.
④ 中郎令 : 『晉書』 권83 「袁渙傳」에는 "郎中令"이라 되어 있는데, 魏代의 관직명으로 타당함.
⑤ 호탕하여 구애받지 않았고 : 원문은 "倜儻不羈(척당불기)". 성격이 호탕하고 자유분방하여 어떤 것에도 구애받지 않는 것을 말함.
⑥ 樗蒲노름 : 漢代부터 六朝시대까지 유행한 도박의 일종. 『太平御覽』 권726에 인용된 『博物志』에 "老子入西戎, 造樗蒲."라는 기록이 있고, 『唐國史補』에 "洛陽令崔師本又好爲古之摴蒲[樗蒲]. 其法三分, 其子三百六十, 限以二關, 人執六馬. 其骰五枚, 分上爲黑, 下爲白. 黑者刻二爲犢, 白者刻二爲雉. 擲之全黑者爲盧, 其采十六. 三雉三黑爲雉, 其采十四. 二犢三白爲犢, 其采十. 全白爲白, 其采八. 四者貴采也. 開爲十二, 塞爲十一, 塔爲五, 禿爲四, 撅爲三, 梟爲二, 六者雜采也. 貴采得連擲, 得打馬, 得過關, 餘采則否."라는 기록이 있음.
⑦ 貴采 : 저포노름을 할 때 5개의 '骰(투)'를 던져서 나온 점수. '骰'는 오늘날의 주사위와 비슷하지만, 정육면체가 아니며 가늘고 기다란 막대기 모양임. '采'는 盧·白·雉·犢이라는 貴采[王采라고도 함]와 開·塞·塔·禿·撅·梟라는 雜采가 있는데, '骰'를 던져서 나온 采의 조합에 따라 점수의 과다가 결정됨. 本條 [역주]

⑥에 인용된 『唐國史補』 참조.

⑧ 盧 아니면 雉 : 本條 [역주]⑥에 인용된 『唐國史補』의 기록에 따르면, '盧'와 '雉'는 모두 貴采로서 '盧'는 최고점수인 16점이고 '雉'는 그 다음 점수인 14점임.

[참고] 『晉書』83.

桓宣武少家貧, 戱大輸, 債主敦求甚切. 思自振之方, 莫知所出. 陳郡袁耽, 俊邁多能.① 宣武欲求救於耽, 耽時居艱, 恐致疑, 試以告焉. 應聲便許, 略無慊容. 遂變服懷布帽隨溫去, 與債主戱. 耽素有藝名, 債主就局曰; "汝故當不辦作袁彥道邪?" 遂共戱, 十萬一擲, 直上百萬數. 投馬絶叫, 傍若無人, 探布帽擲對人曰; "汝竟識袁彥道不?"②

①『袁氏家傳』曰; 耽, 字彥道, 陳郡陽夏人, 魏中郞令渙曾孫也. 魁梧爽朗, 高風振邁. 少倜儻不羈, 有異才, 士人多趉之. 仕至司徒從事中郞.

②『郭子』曰; 桓公榻蒱, 失數百斛米, 求救於袁耽, 耽在艱中, 便云: "大快! 我必作采, 卿但大喚." 卽脫其衰, 共出門去, 覺頭上有布帽, 擲去, 箸小帽. 旣戱, 袁形勢呼祖, 擲必盧雉. 二人齊叫, 敵家頃刻失數百萬也.

• 23 : 35 [0900]

왕광록王光祿[王蘊]①이 말했다.

"술은 정말로 사람들을 저절로 고원高遠하게 만든다."①

① · 왕광록은 왕온王蘊이다.
· 『속진양추續晉陽秋』: 왕온은 평소에 술을 좋아했는데 만년에는 더욱 심했다. 회계會稽에 있을 때②는 깨어 있는 날이 거의 없었다.

[역주]
① 王光祿[王蘊] : 王蘊은 죽은 뒤 光祿大夫・開府儀同三司에 추증되었음.
② 會稽에 있을 때 : 王蘊은 당시 會稽內史로 있었음.

王光祿云; "酒正使人人自遠."①

①·光祿, 王蘊也.
·『續晉陽秋』曰; 蘊素嗜酒, 末年尤甚. 及在會稽, 略少醒日.

• 23 : 36 [0901]

유윤劉尹[劉惔]이 말했다.

"손승공孫承公[孫統]은 매우 분방한 사람이다. 매번 어느 곳을 갔다 하면 며칠 동안이고 구경하며 즐기며, 어떤 때는 절반정도 돌아왔다가 다시 돌아가곤 한다."

① 『중흥서中興書』: 손승공은 젊어서부터 자유분방하여 구속받지 않았다. 회계會稽에서 거주했으며 천성이 산수를 좋아했다. 자청하여 은현鄞縣의 현령이 되었지만, 자질구레한 사무에는 마음을 두지 않고 마음껏 노니는 데에 뜻을 쏟아서, 이름난 산과 강이라면① 유람해보지 않은 것이 없었다.

[역주]
① 이름난 산과 강이라면 : 원문은 "名阜盛川". 宋本과 袁褧本에는 "名阜勝川"이라 되어 있는데, 의미는 서로 비슷함.

劉尹云; "孫承公狂士. 每至一處, 賞翫累日, 或回至半路卻返."①
① 『中興書』曰; 承公少誕任不羈. 家於會稽, 性好山水. 及求鄞縣, 遺心細務, 縱意遊肆, 名阜盛川, 靡不歷覽.

• 23 : 37 [0902]

원언도袁彦道[袁耽]에게 두 명의 누이가 있었는데, 한 명은 은연원殷淵源[殷浩]에게 시집갔고 한 명은 사인조謝仁祖[謝尙]에게 시집갔다.① 원언도가 환선무桓宣武[桓溫]에게 말했다.

"당신에게 시집보낼 누이가 한 명 더 없어서 애석하오!"①

① 『원씨보袁氏譜』: 원탐袁耽의 큰누이는 이름이 여황女皇이고 은호殷浩에게 시집갔으며, 작은누이는 이름이 여정女正②이고 사상謝尙에게 시집갔다.

[역주]
① 당신에게~애석하오 : 袁耽이 桓溫에게 면전에서 이렇게 말한 것은 상당히 무례한 일인데, 劉義慶은 이러한 언행을 '放誕不羈'하다고 여겨 本篇에 수록한 것임.

② 女正 : 宋本에는 "女仁"라 되어 있음.
[참고] 『太平御覽』517.

袁彦道有二妹, 一適殷淵源, 一適謝仁祖.① 語桓宣武云; "恨不更有一人配卿!"
①。『袁氏譜』曰; 耽大妹名女皇, 適殷浩. 小妹名女正, 適謝尙.

• 23 : 38 [0903]

환거기桓車騎[桓沖]가 형주荊州자사로 있을 때, 시중侍中 장현張玄이 명을 받고 강릉江陵으로 가는 도중에 양기촌陽岐村을 지나게 되었다.① 잠시 뒤에 보니 한 사람이 작은 대광주리에 살아 있는 물고기를 절반 정도 담아가지고 곧장 배로 다가와서 말했다.

"물고기가 있는데 회를 뜨게 부탁 좀 하려 합니다."

장현이 배를 매어놓고 그를 맞이했다. 장현이 그의 성명을 물으니 유유민劉遺民[劉驎之]이라고 했다.② 장현은 평소에 그의 명성을 들었기 때문에 크게 환대했다. 유유민은 장현이 도성으로부터 명을 받은 사자使者라는 사실을 알고 나서 물었다.

"사안謝安과 왕문도王文度[王坦之]는 모두 잘 계시든가요?"

장현은 그와 몹시 얘기를 나누고 싶었지만, 유유민은 머물 뜻이 전혀 없었다. 유유민은 장현에게 회를 드린 뒤에 곧장 떠나며 말했다.

"방금 전에 이 물고기를 잡고 나서 보니 당신의 배 안에 틀림없이 회 뜨는 도구가 있을 것 같아서 찾아왔을 뿐입니다."

그리고는 곧장 떠나버렸다. 장현이 이내 유유민의 집까지 뒤쫓아 갔더니, 유유민이 술을 내왔는데 술맛이 그다지 좋지는 않았다. 그러나 장현은 그 사람을 존경했으므로 하는 수 없이 술을 마셨다. 한창 함께 마주보며 마시다가 유유민이 불쑥 먼저 일어나며 말했다.

"지금 억새를 베고 있던 중이라 오래 지체할 수 없소이다."

장현도 그를 붙잡지 않았다.
1ㆍ양기촌은 장강長江에 임해 있으며, 형주에서 200리 떨어져 있다.
2ㆍ『중흥서中興書』: 유린지劉驎之의 또 다른 자는 유민이다.[1]
　ㆍ유린지는 이미 나왔다.[2]

[역주]
[1] 또 다른 자는 유민이다.:「栖逸」8「劉注」1에 인용된 鄧粲의 『晉紀』에서는 "驎之, 字子驥, 南陽安衆人."이라 했으며, 『太平御覽』 권504에 인용된 『晉中興書』에는 "劉驎之, 字子驥, 一字道民."이라 되어 있음. 한편 余嘉錫은 후대에 劉注를 교감한 자가 '道民'을 '遺民'으로 함부로 고쳤다고 주장했으며, 徐震堮은 『蓮社高賢傳』에 근거하여 廬山에 은거했던 劉程之[族號 遺民]와 陽岐에 은거했던 劉驎之[字 子驥]를 劉孝標가 한 사람으로 誤認했다고 주장함.
[2] 이미 나왔다.:「栖逸」8「劉注」1에 나왔음.
[참고] 『北堂書鈔』145, 『太平御覽』862.

桓車騎在荊州, 張玄爲侍中, 使至江陵, 路經陽岐村.1 俄見一人, 持半小籠生魚, 徑來造船, 云; "有魚, 欲寄作膾." 張乃維舟而納之. 問其姓字, 稱是劉遺民.2 張素聞其名, 大相忻待. 劉旣知張銜命, 問; "謝安·王文度並佳不?" 張甚欲話言, 劉了無停意. 旣進膾, 便去, 云; "向得此魚, 觀君船上當有膾具, 是故來耳." 於是便去. 張乃追之劉家, 爲設酒, 殊不淸旨. 張高其人, 不得已而飮之. 方共對飮, 劉便先起, 云; "今正伐荻, 不宜久廢." 張亦無以留之.
1ㆍ村臨江, 去荊州二百里.
2ㆍ『中興書』曰; 劉驎之, 一字遺民.
　ㆍ已見.

—————— • 23 : 39 [0904]

왕자유王子猷[王徽之]가 치옹주郗雍州[郗恢]를 찾아갔는데,1 치옹주는 내실에 있었다. 왕자유는 고운 모직담요[1]가 있는 것을 보고 말했다.
"아걸阿乞[郗恢]이 어디서 이 물건을 얻었을까?"2
그러고는 시종들에게 그것을 자기 집으로 가지고 돌아가게 했다. 치옹주가 나와서 그것을 찾자[2] 왕자유가 말했다.

"방금 전에 힘센 장사가 그것을 들쳐 메고 달아나버렸소."③
이 말을 듣고도 치옹주는 불쾌한 기색이 없었다.

① 『중흥서中興書』: 치회郗恢는 자가 도윤道胤이며 고평高平 사람이다. 부친 치담郗曇은 북중랑장北中郞將을 지냈다. 치회는 키가 8척이고 수염이 멋졌으며 기품이 헌걸찼다. 열종烈宗 효무제孝武帝 사마요司馬曜은 그를 중시하여 훌륭한 제후③의 덕망을 지녔다고 생각했다. 태자좌솔太子左率④에서 옹주자사로 발탁되었다.

② 아걸은 치회의 어릴 적 자다.

③ 『장자莊子』⑤: 대저 배를 계곡에 감춰두고 그물⑥을 못에 감춰두고서 그것을 든든하다고 한다. 그러나 힘센 장사가⑦ 그것을 짊어지고 달아나도 어리석은 사람은 알지 못한다.

[역주]

① 고운 모직담요 : 원문은 "氈㲪(탑등)". '㲪'은 '毾'과 같음. 가는 羊毛로 짜서 만든 올이 고운 담요. 『後漢書』 「西域傳」에 "天竺國有細布好氈㲪"이란 기록이 있으며, 『太平御覽』 권708에 인용된 『通俗文』에 "氈㲪者, 施大牀之前, 小榻之上, 所以登而上牀也."라는 기록이 있음.

② 찾자 : 원문은 "見". 宋本과 袁褧本에는 모두 "覓"이라 되어 있는데, 문맥상 타당하므로 이것에 따라 번역함.

③ 훌륭한 제후 : 원문은 "蕃伯". 천자의 울타리가 될 만한 제후라는 뜻.

④ 太子左率 : 太子左衛率을 말함. 황태자의 호위경비를 맡는 관리. 한편 『晉書』 권67 「郗恢傳」에는 "領太子右衛率"이라 되어 있음.

⑤ 『莊子』 : 인용문은 『莊子』 「大宗師」편에 나옴.

⑥ 그물 : 원문은 "山". 汕과 같으며 물고기를 잡는 기구, 즉 오구[그물의 일종]를 뜻함.

⑦ 그러나 힘센 장사가 : 원문은 "然有大力者". 현행 『莊子』 텍스트에는 "然而夜半有力者"라 되어 있음.

[참고] 『太平御覽』 708.

王子猷詣郗雍州,① 雍州在內. 見有氈㲪, 云; "阿乞那得此物?"② 令左右送還家. 郗出見之, 王曰; "向有大力者負之而趨."③ 郗無忤色.

① 『中興書』曰; 郗恢, 字道胤, 高平人. 父曇, 北中郎將. 恢長八尺, 美鬚髥, 風神魁梧. 烈宗器之, 以爲蕃伯之望. 自太子左率擢爲雍州刺史.

② 阿乞, 恢小字.

③ㅇ『莊子』曰; 夫藏舟於壑, 藏山於澤, 謂之固矣. 然有大力者負之而走, 昧者不知也.

──────── • 23 : 40 [0905]

사안謝安이 처음 서쪽으로 나들이하여① 놀다가 수레와 소를 잃어버리자, 지팡이를 짚고 걸어서 돌아가고 있었다. 도중에 유윤劉尹[劉惔]② 을 만났는데 유윤이 말했다.

"안석安石[謝安]! 혹시 다치지 않았소?"③

사안은 유윤의 수레를 함께 타고 돌아갔다.

[역주]
① 서쪽으로 나들이하여 : '서쪽'은 도성 建康을 가리킴. 謝安은 40세까지 동쪽 會稽山에서 은거하다가 桓溫의 부름을 받고 도성 건강으로 나왔음. 「賞譽」101 劉注①에 인용된 『續晉陽秋』 참조.
② 劉尹[劉惔] : 謝安의 처는 劉惔의 여동생이므로 유담은 사안의 손위처남임.
③ 혹시 다치지 않았소 : 원문은 "將無傷". '將無'는 위진남북조 시대에 자주 사용된 말로서, 우리말의 '아마[혹시, 어쩌면, 거의]~이 아닐는지요?'의 어감에 해당함. 「文學」18 [역주]① 참조.

謝安始出西戲, 失車牛, 便杖策步歸. 道逢劉尹, 語曰; "安石! 將無傷?" 謝乃同載而歸.

──────── • 23 : 41 [0906]

양양襄陽의 나우羅友는 훌륭한 기품을 지녔는데, 젊었을 때는 많은 사람들이 그를 바보라고 생각했다. 한번은 남이 제사지내는 것을 살피다가 음식을 얻어먹고 싶었는데, 너무 일찍 가는 바람에 문이 아직 열리지 않았다. 주인이 신神을 맞이하려고① 나왔다가 그를 보고서 때 아닌 시간에 어찌하여 여기에 있느냐고 물었더니, 나우가 대답했다.

"당신 집에서 제사지낸다고 들었기에 한 끼 식사를 얻어먹으려 했을 뿐이오."

그리고는 마침내 문 옆에 숨어 있다가 동틀 무렵에 음식을 먹고 곧장 떠났는데, 부끄러운 표정이 전혀 없었다.

나우는 기억력이 강한 사람이었다. 환선무桓宣武[桓溫]를 따라서 촉 蜀을 평정했을 때,② 촉의 성궐과 누각을 돌아다니면서 조사하여, 안 팎 도로의 너비와 심어놓은 과일나무・대나무의 수량을 모두 암기 했다. 나중에 환선무가 표주漂洲③에서 간문제簡文帝[司馬昱]와 함께 모였 을 때, 나우도 거기에 참석했다. 함께 촉에서의 일을 얘기하다가 잊 어버린 것이 있으면, 나우가 그 이름까지 모두 열거했는데 틀리거나 빠뜨린 것이 하나도 없었다. 환선무가 촉 성궐에 대해 기록한 장부 를 가지고 대조해보았더니, 모두 그의 말 대로여서 좌중의 사람들이 탄복했다. 그래서 사공謝公[謝安]이 말했다.

"나우가 어찌 위양원魏陽元[魏舒]④만 못하겠는가!"

나우가 나중에 광주廣州자사가 되어 임지로 떠나게 되었을 때, 형 주荊州자사 환활桓豁이 그에게 저녁에 와서 묵으라고 말했더니, 나우 가 대답했다.

"저⑤는 이미 선약이 있습니다. 그 집의 주인은 가난한 처지에 아 마도 술과 안주를 마련하느라 비용이 들었을 것이며 또한 저와는 깊 은 옛 정이 있으니,⑥ 청컨대 다른 날에 명을 받들겠습니다."

정서장군征西將軍[桓溫]은 은밀히 사람을 보내 그를 살펴보게 했다. 저녁이 되자⑦ 나우는 형주 문하서좌門下書佐⑧의 집으로 갔는데, 그곳 에서 즐거워하는 모습이 현달顯達한 사람의 집에 있는 것과 다름이 없었다. 나우가 익주益州에 있을 때, 아들에게 말했다.

"나에게 5백 명의 식기가 있다."

그는 예전부터 청빈했는데 갑자기 이런 물건을 가지고 있다고 하

니 집안사람들이 크게 놀랐다. 알고 봤더니 250개의 찬합⁹이었다.⑪

⑪ 『진양추晉陽秋』: 나우는 자가 타인他仁⑩이며 양양襄陽사람이다. 어려서부터 학문을 좋아했으며, 절제를 지키지 않았다. 천성이 술을 좋아하여 초대하는 곳이 있으면 사인士人과 서민을 가리지 않았다. 또한 남이 제사지내는 것을 살폈다가 찾아가서 남은 음식을 얻어먹길 좋아했는데, 비록 군영軍營이나 주막⑪에서일지라도 부끄럽다고 생각하지 않았다. 환온桓溫이 한번은 그를 책망하며 말했다.⑫

"그대는 너무 품위가 없네.⑬ 먹을 것이 필요할 경우, 어찌하여 나에게 찾아와 구하지 않고 이런 곳에 와 있는가?"

그랬더니 나우가 도도한 태도로 달갑게 여기지 않으면서 대답했다.

"공公을 찾아가 먹을 것을 얻을 경우, 오늘은 그래도 얻을 수 있겠지만 내일은 이미 없을 것입니다."

그러자 환온이 크게 웃었다. 나우는 처음에 형주에서 벼슬하다가 나중에는 환온의 막부幕府에 있었다. 집안이 가난하여 봉록을 구했는데, 환온은 비록 그를 재학이 뛰어난 사람으로 대우하긴 했지만, 성격이 자유분방하기 때문에 백성을 다스릴 만한 재목이 아니라고 생각하여, 인정은 하되 등용하지는 않았다. 나중에 같은 막부에 있던 사람 가운데 군郡의 태수로 발탁된 자가 있어서 환온이 그를 송별하는 자리를 마련했는데, 나우가 가장 늦게 도착했다. 그 연유를 물었더니 나우가 대답했다.

"저는 천성이 술을 마시고⑭ 맛난 음식을 좋아합니다. 어제 교지를 받들고 바로 꼭두새벽에 문을 나서서 오는 도중에 한 귀신을 만났는데, 그 귀신이 크게 핀잔을 주면서 말했습니다. '나는 군태수가 된 사람을 당신이 송별하는 것만 보았소. 어찌하여 군태수가 된 당신을 다른 사람이 송별하는 것을 볼 수 없는 것이오?' 저는 처음에는 두려웠지만 나중에는 부끄러워서 다시 집으로 돌아가 그 문제를 풀어보려다가⑮ 저도 모르게 늦게 도착하는 죄를 범하고 말았습니다."

환온은 비록 그의 재치 있는 말에 웃긴 했지만 마음속으로는 자못 부끄러웠다. 나중에 환온이 나우를 양양태수로 삼았으며, 나우는 여러 벼슬을 거쳐 광주자사와 익주자사에 기용되었다. 나우는 임지에 있을 때 큰 기강만 세우고 사소한 규제는 두지 않아서, 관리와 백성들이 그를 매우 편하고 기쁘게 여겼다. 익주에서 죽었다.

[역주]························

① 神을 맞이하려고 : 옛날에는 제사를 지낼 때 날이 밝기 전에 대문 밖으로 나가 제사모실 神을 맞이하는 풍습이 있었음.
② 桓宣武[桓溫]를 따라서 蜀을 평정했을 때 : 桓溫이 蜀을 평정한 것은 東晉 穆帝 永和 3년(347)의 일임.
③ 溧洲 : '溧洲'라는 지명은 東晉時代에는 보이지 않음. 아마도 建康의 동남쪽을 흐르는 溧水가에 위치한 '溧洲'로 추정함. '溧洲'는 '洌洲'라고도 함. 『資治通鑑』권112 「晉紀」34의 胡三省 注에 "溧水出溧陽縣, 在建康東南. 元顯遣牢之西上擊桓玄, 亦其路也. 『晉書』「劉牢之傳」作洌洲. 今舟行自采石東下, 未至三山, 江中有洌山, 卽洌洲也."라는 기록이 있음.
④ 魏陽元[魏舒] : 晉 武帝 때 司徒 벼슬을 지낸 魏舒. 『晉書』권41에 그의 傳이 있음. 「賞譽」17 劉注②에 인용된 王隱의 『晉書』참조.
⑤ 저 : 원문은 "民". 자신에 대한 謙稱. 군주나 장관에 대하여 자신을 낮추어 부를 때 쓰는 말. 羅友의 고향인 襄陽은 荊州에 속해 있었는데, 桓豁이 荊州刺史로 가 있었으므로 나우가 자신을 '民'이라 한 것임.
⑥ 깊은 옛 정이 있으니 : 원문은 "見與甚有舊". 나우 자신과 오래 전부터 쌓인 친분이 깊다는 뜻.
⑦ 저녁이 되자 : 원문은 "至日". 宋本에는 "至夕"이라 되어 있는데, 문맥상 타당하므로 이것에 따라 번역함.
⑧ 門下書佐 : 州의 속관 가운데 하나로, 主簿 밑에서 庶務를 담당했음.
⑨ 250개의 찬합 : 원문은 "二百五十沓烏樏". '沓'은 器物을 세는 量詞. '烏樏'는 검은 옻칠을 한 찬합으로, 납작한 직사각형 모양이며 위에 덮개가 있고 가운데에 칸막이가 있어서 두 사람 분의 음식을 담을 수 있음. 『玉篇』에 "扁榼謂之樏", 『廣韻』에 "盤中有隔也"라는 기록이 있음.
⑩ 宅仁 : 沈寶硯 校本에는 "宅仁"이라 되어 있는데, 字義上 타당하다고 여겨짐. 또한 '宅仁'은 『論語』「里仁」의 "里仁爲美, 擇不處仁, 焉得知?"라는 구절에서 유추한 것으로 보임.
⑪ 주막 : 원문은 "壚肆". '壚'는 술 단지를 놓아두는 土臺. '肆'는 가게. 즉 술집이나 주막을 말함.
⑫ 桓溫이 한번은 그를 책망하며 말했다 : 원문은 "桓溫常責之云". 宋本에는 "桓過營責之云"이라 되어 있는데, 이 경우는 '환온이 군영을 지나가다가 그를 책망하며 말했다'로 해석됨.
⑬ 품위가 없네 : 원문은 "不逮". 品行과 威儀 등이 명성에 미치지 못한다는 뜻.

⑭ 술을 마시고 : 원문은 "飮道". 王先謙의 「校勘小識補」에서 "'飮道'當作'飮酒'"라고 했는데, 문맥상 타당하므로 이것에 따라 번역함.
⑮ 풀어보려다가 : 원문은 "解". 왜 자신이 관직에 오르지 못하는지 그 이유를 곰곰이 생각해 보았다는 뜻. 한편 目加田誠은 '액막이하다'는 뜻이라 함.

[참고] 『蒙求原注』1.

襄陽羅友有大韻, 少時多謂之癡. 嘗伺人祠, 欲乞食, 往太蚤, 門未開. 主人迎神出見, 問以非時何得在此, 答曰; "聞卿祠, 欲乞一頓食耳." 遂隱門側, 至曉得食便退, 了無怍容. 爲人有記功. 從桓宣武平蜀, 按行蜀城闕觀宇, 內外道陌廣狹, 植種果竹多少, 皆默記之. 後宣武漂洲與簡文集, 友亦預焉. 共道蜀中事, 亦有所遺忘, 友皆名列, 曾無錯漏. 宣武驗以蜀城闕簿, 皆如其言, 坐者歎服. 謝公云; "羅友詎減魏陽元!" 後爲廣州刺史, 當之鎭, 刺史桓豁語令莫來宿. 答曰; "民已有前期. 主人貧, 或有酒饌之費, 見與甚有舊, 請別日奉命." 征西密遣人察之, 至日乃往荊州門下書佐家, 處之怡然, 不異勝達. 在益州, 語兒云; "我有五百人食器." 家中大驚, 其由來淸, 而忽有此物, 定是二百五十杏烏樏.☐
☐. 『晉陽秋』曰; 友, 字它仁, 襄陽人. 少好學, 不持節儉. 性嗜酒, 當其所遇, 不擇士庶. 又好伺人祠, 往乞餘食, 雖復營署廬肆, 不以爲羞. 桓溫常責之云; "君太不逮! 須食, 何不就身求, 乃至於此?" 友傲然不屑, 答曰; "就公乞食, 今乃可得, 明日已復無." 溫大笑之. 始仕荊州, 後在溫府. 以家貧乞祿, 溫雖以才學遇之, 而謂其誕肆, 非治民才, 許而不用. 後同府人有得郡者, 溫爲席別別, 友至尤晩. 問之, 友答曰; "民性飮道嗜味. 昨奉敎旨, 乃是首旦出門, 於中路逢一鬼, 大見揶揄, 云; '我只見汝送人作郡, 何以不見人送汝作郡?' 民始怖終慚, 回還以解, 不覺成淹緩之罪." 溫雖笑其滑稽, 而心頗愧焉. 後以爲襄陽太守, 累遷廣·益二州刺史. 在藩擧其宏綱, 不存小察, 甚爲吏民所安說. 薨於益州.

• 23 : 42 [0907]

환자야桓子野[桓伊]①는 매번 만가輓歌②를 들을 때마다 "아이고!"③라고 외치곤 했다. 사공謝公[謝安]이 그 말을 듣고 말했다.

"환자야는 한결같이 깊은 정을 지닌 사람④이라 할 만하도다!"

[역주]
① 桓子野[桓伊] : 子野는 桓伊의 小字. 「方正」55 劉注①에 인용된 『續晉陽秋』에 "少有才藝, 又善聲律."이라는 기록이 있고, 『晉書』권81 「桓伊傳」에도 "善音樂, 盡一

時之妙, 爲江左第一."이라는 기록이 있음. 本篇 제49조 참조
② 輓歌 : 원문은 "淸歌". 본래는 악기반주 없이 부르는 노래를 뜻하지만, 여기서는 상여소리, 즉 만가를 말함. 桓伊는 특히 만가에 뛰어났다고 함.
③ 아이고 : 원문은 "奈何". 감탄사. 찬미와 비탄의 감정을 표현할 때 모두 사용함. 『古今樂錄』에 "奈何, 曲調之遺音."이라는 기록이 있음. 즉 한 사람이 선창하면 나머지 사람들이 화답하는 소리를 말함.
④ 한결같이 깊은 정을 지닌 사람 : 원문은 "一往有深情". '一往'은 처음부터 끝까지 한결같이 변함이 없다는 뜻. '一往情深'이라는 成語가 여기에서 비롯됨.

桓子野每聞淸歌, 輒喚"奈何!" 謝公聞之曰; "子野可謂一往有深情!"

• 23 : 43 [0908]

장담張湛은 서재 앞에 소나무와 잣나무를 심길 좋아했으며,①[1] 당시에 원산송袁山松은 나들이할 때마다 매번 시종들에게 만가輓歌를 부르게 하길 좋아했다.②[2] 그래서 당시 사람들이 말했다.

"장담은 집 밑에 시체를 늘어놓고, 원산송은 길 위에서 운구運柩한다."③[3]

[1] ▫『진동궁관명晉東宮官名』: 장담은 자가 처도處度며 고평高平사람이다.
  ▫『장씨보張氏譜』: 장담의 조부 장억張嶷은 정원랑正員郞이었고, 부친 장광張曠은 진군사마鎭軍司馬였으며, 장담은 벼슬이 중서랑中書郞에 이르렀다.
[2] ▫ 원산송은 따로 나온다.④
  ▫『속진양추續晉陽秋』: 원산송은 음악에 뛰어났다. 북방사람의 옛 노래 중에 「행로난行路難」⑤이라는 곡이 있는데, 그 가사가 자못 질박했다. 원산송은 그 곡을 좋아하여 그 문구를 다듬고 그 가락을 완곡하게 하였다. 매번 주흥이 오를 때면 뒤이어 이 노래를 불렀는데, 들은 사람은 모두 눈물을 흘렸다. 처음에 양담羊曇은 가창에 뛰어났고 환이桓伊는 만가에 능했으며 원산송은 「행로난」으로 그 대열에 끼었는데, 당시 사람들이 그들을 '삼절三絶'이라 불렀다.
  ▫ 지금 본문에서 말하는 '만가'는 미상이다.

③ㆍ배계裴啓의 『어림語林』: 장담은 서재 앞에 소나무를 심고 구욕조鴝鵒鳥⑥를 기르길 좋아했으며, 원산송은 나들이할 때 시종들에게 만가를 부르게 하길 좋아했으므로, 당시 사람들이 그렇게 말한 것이다.

[역주]․․․․․․․․․․․․․․․․․․․․․․․

① 소나무와 잣나무를 심길 좋아했으며 : 소나무와 잣나무는 일반적으로 무덤 주변에 심는 나무이기 때문에, 당시 사람들이 張湛에 대해서 "집 밑에 시체를 늘어놓았다"고 한 것임.

② 挽歌을 부르게 하길 좋아했다 : 만가는 상여를 끌 때, 즉 運柩할 때 부르는 노래이기 때문에, 당시 사람들이 袁山松에 대해서 "길 위에서 운구한다"고 한 것임. '挽歌'는 '輓歌'라고도 함.

③ 運柩한다 : 원문은 "行殯". 出殯과 같은 말. '殯'은 시체를 염하는 것. 여기서는 염한 시체를 넣은 널을 말함.

④ 따로 나온다 : 「排調」60 劉注① 에 나옴.

⑤ 「行路難」: 樂府雜曲歌辭 가운데 하나. 郭茂倩의 『樂府詩集』 권70 「雜曲歌辭·行路難」에서 『樂府解題』를 인용하여 "「行路難」, 備言世路艱難, 及離別悲傷之意, 多以'君不見'爲首. 按'陳武別傳'曰; '武常牧羊, 諸家牧豎有知歌謠者, 武遂學'行路難'.' 則所起亦遠矣."라고 함. 현존하는 「행로난」의 가장 오래된 擬古詩는 남조 宋나라 鮑照의 「擬行路難十八首」임.

⑥ 鴝鵒鳥 : 찌르레기과의 새로 九官鳥의 일종. 본편 제32조 [역주]④ 참조. 한편 『漢書』 권27 「五行志」에 따르면, 구욕조는 북방 夷狄의 새라고 하여 예로부터 이 새가 중국에 날아오면 君臣 사이에 이변이 일어날 불길한 조짐이라고 생각했음.

[참고] 『晉書』83, 『太平廣記』253.

張湛好於齋前種松柏,① 時袁山松出遊, 每好令左右作挽歌.② 時人謂; "張屋下陳屍, 袁道上行殯."③

①ㆍ『晉東宮官名』曰; 湛, 字處度, 高平人.
　ㆍ『張氏譜』曰; 湛祖嶷, 正員郞. 父曠, 鎭軍司馬. 湛仕至中書郞.

②ㆍ山松, 別見.
　ㆍ『續晉陽秋』曰; 袁山松善音樂. 北人舊歌有「行路難」曲, 辭頗疎質. 山松好之, 乃爲文其章句, 婉其節制. 每因酒酣, 從而歌之, 聽者莫不流涕. 初, 羊曇善唱樂, 桓伊能挽歌, 及山松以「行路難」繼之, 時人謂之'三絶'.
　ㆍ今云'挽歌', 未詳.

③ㆍ裴啓『語林』曰; 張湛好於齋前種松, 養鴝鵒, 袁山松出遊, 好令左右作挽歌, 時人云云.

• 23 : 44 [0909]

나우羅友가 형주荊州자사桓溫의 종사從事로 있을 때, 환선무桓宣武[桓溫]가 왕거기王車騎[王洽]를 위해 송별연을 벌렸다.① 나우가 들어와서 한동안 앉아 있다가 떠나겠다고 말하자 환선무가 말했다.

"그대는 방금 전까지만 해도 물어볼 일이 있는 것 같더니, 어찌하여 금방 떠나는가?"

나우가 대답했다.

"저는 흰 양의 고기가 맛있다고 들었지만 평생 한 번도 먹어본 적이 없기 때문에 실례를 무릅쓰고 뵙기를 청했을 뿐이며 달리 물어볼 일은 없습니다. 지금 이미 배부르게 먹었으니 더 이상 머물 필요가 없습니다."

그러면서도 조금도 부끄러워하는 기색이 없었다.

① ▫ 왕거기는 왕흡王洽이다. 따로 나온다.①

[역주] ┈┈┈┈┈┈┈┈┈┈

① 따로 나온다 : 원문은 "別見". 劉注의 通例上 뒤에 나올 경우는 '別見'이라 하고, 앞에 나온 경우는 '已見'이라 하는데, 王洽에 대해서는 「賞譽」114 劉注②에 이미 나왔으므로, '別見'은 '已見'으로 고쳐야 함.

[참고] 『太平御覽』863.

羅友作荊州從事, 桓宣武爲王車騎集別.① 友進, 坐良久, 辭出, 宣武曰; "卿向欲咨事, 何以便去?" 答曰; "友聞白羊肉美, 一生未曾得喫, 故冒求前耳, 無事可咨. 今已飽, 不復須駐." 了無慚色.

① ▫ 車騎, 王洽. 別見.

• 23 : 45 [0910]

장린張驎[張湛]이 술을 마신 뒤에 만가挽歌를 불렀는데, 몹시 처량하고 구슬펐다. 환거기桓車騎[桓沖]가 말했다.

"그대는 전횡田橫[1]의 제자도 아니면서 어떻게 갑자기[2] 이런 절묘한 경지에 도달했소?"①

① 장린은 장담張湛의 어릴 적 자다.

▫ 초자譙子[3]의 『법훈法訓』 : 상중에 노래 부르는 자가 있었는데, 어떤 사람이 말했다.

"그가 상중에 음악을 연주하는 것은 해서는 안되는 일이겠지요?"

초자가 말했다.

"『서경書經』에서 '천하가 음악을 끊고 고요했다'[4]라고 했으니, 어떻게 상중에 음악을 연주하는 일이 있겠소?"

그 사람이 또 말했다.

"지금 장례식에서 만가를 부르는 것은 무슨 이유입니까?"

초자가 말했다.

"내가 듣건대 고제高帝[漢 高祖 劉邦]가 제齊의 전횡을 소환했을 때 전횡이 호향정戶鄕亭[5]에 이르러 스스로 머리를 베어 바쳤소. 전횡의 종자들은 전횡의 시체를 끌고 고제의 궁전에 도착했는데, 감히 소리 내서 곡하지는 못했지만 슬픔을 이길 수 없었기 때문에 노래를 지어 슬픈 소리에 애도의 마음을 기탁했던 것이오. 그것은 그 때에만 행한 것이었소. 『예기禮記』에서도 이웃집에서 상을 당하면 절구질할 때 소리를 내지 않으며[6] 운구運柩하는 사람에겐 입에 재갈을 물린다[7]고 했으니, 누가 상중에 음악을 연주한단 말이오?"

▫ 생각건대 : 『장자莊子』[8]에서 말했다.

"운구노래[紼謳]가 생겨난 까닭은 반드시 힘을 덜고자[斥苦] 함이었다."

이 구절에 대한 사마표司馬彪의 주에서 말했다.

"불紼은 운구할 때 쓰는 밧줄을 말한다. 척斥은 완화시킨다는 뜻이다. 고苦는 힘을 쓴다는 뜻이다. 밧줄을 끌 때 노래를 부르는 것은 사람마다 힘을 씀이 같지 않기 때문에 그것을 다그치기 위함이다."

『춘추좌씨전春秋左氏傳』[9]에서도 말했다.

"노魯 애공哀公이 오吳나라와 회맹하여 제齊나라를 토벌할 때, 그의 장수 공손하公孫夏가 부하들에게 「우빈虞殯」을 노래하라 명했다."

이 구절에 대한 두예杜預의 주에서 말했다.

"「우빈」은 장송곡이니 필사의 결의를 보인 것이다."

『사기史記』「강후세가絳侯世家」⑩에서도 말했다.

"주발周勃은 퉁소를 불며 장례식에서 음악을 연주했다."

그런즉 만가의 유래는 오래 되었으며, 전횡에게서 처음 시작된 것이 아니다. 그러나 초씨도 『예기』의 문장을 인용하여 자못 분명한 근거가 있으니, 나와 같은 고루한 자가 상세히 알 수 있는 바가 아니다. 의심나는 것은 의심나는 채로 전하여 박통博通한 학자를 기다린다.

[역주]

① 田橫 : 秦나라 말엽 때의 사람. 韓信이 齊를 격파하자 田橫은 스스로 齊王이 되어 부하 500명을 이끌고 섬으로 도망갔다가, 나중에 劉邦이 천하를 통일하자 漢나라의 신하되기를 수치로 여겨 자살함.

② 갑자기 : 원문은 "頓爾". '突然'과 같은 뜻.

③ 譙子 : 이름은 周, 자는 允南. 三國時代 巴西 西充國 사람. 蜀나라 建興연간(223~237)에 諸葛亮의 초징으로 勸學從事가 되었으며, 나중에는 光祿大夫에까지 오르고 陽場亭侯에 봉해짐. 晉朝에서는 벼슬하지 않음. 저서에 『法訓』 외에 『五經論』과 『古史考書』 등이 있음. 『三國志』 권42 「蜀書」에 그의 傳이 있음.

④ 천하가 음악을 끊고 고요했다 : 원문은 "四海遏密八音". 『書經』 「舜典」에 나오는 구절. 帝堯가 죽은 뒤 3년 동안 蠻夷戎狄까지도 음악을 연주하지 않았다고 함. 孔傳에서 "遏, 絶. 密, 靜也. 八音, 金·石·絲·竹·匏·土·革·木也. 四夷絶音三年, 則華夏可知."라고 함.

⑤ 尸鄕亭 : 宋本과 袁褧本에는 모두 "尸鄕亭"이라 되어 있음. 『漢書』 권33 「魏豹田儋韓信傳」에서 "至尸鄕廐置, …遂自剄, 令客奉其頭"라 했고, 이 구절에 대한 應劭의 注에서 "尸鄕, 在偃師城西."라고 한 것으로 보아, '尸鄕亭'이 옳다고 여겨짐.

⑥ 이웃집에서 상을 당하면 절구질할 때 소리를 내지 않으며 : 원문은 "鄰有喪, 舂不相." 『禮記』 「曲禮上」과 「檀弓上」에 나오는 구절. 「曲禮」의 鄭注에서 "相, 謂送杵聲."라고 함.

⑦ 運柩하는 사람에겐 입에 재갈을 물린다 : 원문은 "引挽人銜枚". '枚'는 입에 물려서 말을 하지 못하게 하는 막대기. 『禮記』 「雜記下」에 "升正柩, 諸侯執紼五百人, 四紼皆銜枚."라는 구절이 있음.

⑧ 『莊子』 : 현행본 『莊子』에는 劉注에 인용된 구절이 없음.

⑨ 『春秋左氏傳』 : 인용문은 「哀公11年」條에 나옴.

⑩ 『史記』「絳侯世家」 : 『史記』 권57 「絳侯周勃世家」에 "周勃常爲人吹簫給喪事"라는 구절이 있음.

張騂酒後挽歌甚悽苦. 桓車騎曰; "卿非田橫門人, 何乃頓爾至致?"①

① ◦ 騂, 張湛小字也.

◦ 譙子『法訓』云 : 有喪而歌者, 或曰; "彼爲樂喪也, 有不可乎?" 譙子曰; "『書』云四海遏密八音, 何樂喪之有?" 曰; "今喪有挽歌者, 何以哉?" 譙子曰; "周聞之, 蓋高帝召齊田橫, 至于尸鄕亭, 自刎奉首. 從者挽至於宮, 不敢哭而不勝哀, 故爲歌以寄哀音. 彼則一時之爲也. 鄰有喪, 舂不相, 引挽人銜枚, 孰樂喪者邪?"

◦ 按; 『莊子』曰; "紼謳所生, 必於斥苦." 司馬彪注曰; "紼, 引柩索也. 斥, 疏緩也. 苦, 用力也. 引紼所以有謳歌者, 爲人有用力不齊, 故促急之也." 『春秋左氏傳』曰; "魯哀公會吳伐齊, 其將公孫夏命歌「虞殯」." 杜預曰; "「虞殯」, 送葬歌, 示必死也." 『史記』「絳侯世家」曰; "周勃以吹簫樂喪." 然則挽歌之來久矣, 非始起於田橫也. 然譙氏引『禮』之文, 頗有明據, 非固陋者所能詳聞. 疑以傳疑, 以俟通博.

• 23 : 46 [0911]

왕자유王子猷[王徽之]가 한번은 남의 빈집에 잠시 기거한 적이 있었는데, 곧장 대나무를 심게 했다. 어떤 사람이 물었다.

"잠시 머물면서 어찌하여 이렇게 번거롭게 하시오?"

왕자유는 한참 동안 휘파람을 불더니① 대나무를 똑바로 가리키며 말했다.

"어찌 하루라도 이분②이 없을 수 있겠소?"①

① ◦ 『중흥서中興書』 : 왕휘지王徽之는 초연하게 어떤 것에도 구속받지 않았으며, 방달放達한 사람이 되고 싶어서 음악과 여색에 빠진 것이 자못 과도했다. 당시 사람들은 그의 재능은 흠모했지만 그의 행동은 멸시했다.

[역주]
① 휘파람을 불더니 : 원문은 "嘯詠". '歌嘯'·'吟嘯'·'諷嘯'·'長嘯'라고도 함. 六朝의 문인들은 휘파람 잘 부는 것을 문인의 고상한 長技로 여겼음. 한편 소리를 길게 빼서 노래하는 것이라고도 함.
② 이 분 : 원문은 "此君". 대나무의 별칭 가운데 하나인 '此君'이란 말이 여기에서 비롯된 것임.

[참고] 『晉書』80, 『白氏六帖』3, 『太平御覽』392.

王子猷嘗暫寄人空宅住, 便令種竹. 或問; "暫住何煩爾?" 王嘯詠良久, 直指竹曰; "何可一日無此君?"[1]

[1]◦『中興書』曰; 徽之卓犖不羈, 欲爲傲達, 放肆聲色頗過度. 時人欽其才, 穢其行也.

• 23 : 47 [0912]

왕자유王子猷[王徽之]가 산음현山陰縣①에서 거주하고 있을 때, 밤에 큰 눈이 내렸다. 잠에서 깨어나 방문을 열고 술을 가져오라 했는데 사방이 온통 은빛이었다. 그래서 일어나 배회하면서 좌사左思의「초은시招隱詩」②를 읊조리다가[1] 갑자기 대안도戴安道[戴逵] 생각이 났다. 당시 대안도는 섬현剡縣③에 있었기 때문에 왕자유는 곧장 그 밤으로 작은 배를 타고 그를 찾아 나섰다. 하룻밤이 지나서 비로소 도착했는데, 대문까지 갔다가 들어가지 않은 채 돌아갔다. 어떤 사람이 그 까닭을 물으니 왕자유가 말했다.

"나는 본래 흥이 올라서 왔다가 흥이 다해서 돌아간 것이니, 어찌 반드시 대안도를 만나야만 하리오!"

[1]◦『중흥서中興書』: 왕휘지王徽之는 마음 내키는 대로 자유분방하게 행동했는데, 관직을 버리고 동쪽으로 돌아가④ 산음현에서 거주했다.

◦좌사의「초은시」: 지팡이 짚고 은사를 찾아 나서니, 황량한 길은 예나 지금이나 가로질러 있네. 바위 동굴엔 번듯한 집도 없는데, 언덕에선 금琴소리 울리네. 흰 눈⑤은 그늘진 산등성이에 쌓여 있고, 붉은 꽃은 햇볕 드는 숲에서 빛나네.

[역주]
① 山陰縣: 晉代에는 揚州 會稽郡에 속했으며, 지금의 浙江省 紹興縣 會稽山 북쪽에 있었음.
② 左思의「招隱詩」: 인용된 시구는『文選』권22에 수록되어 있는 左太冲[左思]의「招隱詩二首」가운데 제1수의 전반부임.
③ 剡縣: 晉代에는 會稽郡에 속했으며, 지금의 浙江省 嵊縣에 있었음.『輿地紀勝』권10에 "剡溪, 在嵊縣南一百五十步. 王子猷在剡溪, 雪中乘小舟訪戴. 今人稱爲戴溪, 又名雪溪."라는 기록이 있음.

④ 관직을 버리고 동쪽으로 돌아가 : 『晉書』권80 「王徽之傳」에 따르면, 왕휘지는 黃門侍郎 벼슬을 그만두고 동쪽 山陰縣으로 돌아갔다고 함.
⑤ 흰 눈 : 원문은 "白雪". 六臣注本 『文選』에는 "白雲"이라 되어 있는데, 문맥상 보다 어울림.

[참고] 『晉書』80.

王子猷居山陰, 夜大雪. 眠覺, 開室, 命酌酒, 四望皎然. 因起仿偟, 詠左思「招隱詩」, ① 忽憶戴安道. 時戴在剡, 卽便夜乘小船就之. 經宿方至, 造門不前而返. 人問其故, 王曰; "吾本乘興而行, 興盡而返, 何必見戴!"
① ▫『中興書』曰; 徽之任性放達, 棄官東歸, 居山陰也.
   ▫左詩曰; 杖策招隱士, 荒塗橫古今. 巖穴無結構, 丘中有鳴琴. 白雪停陰岡, 丹葩曜陽林.

──────── • 23 : 48 [0913]

왕위군王衛軍[王薈]이 말했다.

"술은 정말로 사람을 이끌어 훌륭한 경지에 이르게 한다."①
① ▫왕회王薈①는 이미 나왔다.②

[역주]························
① 王薈 : 원문은 "王薈". 宋本에는 "王薈"라 되어 있는데 타당하므로 고침.
② 이미 나왔다 : 「雅量」26 劉注①에 나왔음.

王衛軍云; "酒正自引人箸勝地."①
① ▫王薈, 已見.

──────── • 23 : 49 [0914]

왕자유王子猷[王徽之]가 도성[建康]으로 나와 아직 청계저靑溪渚① 부근에 배를 정박하고 있었다. 왕자유는 예전부터 환자야桓子野[桓伊]가 피리를 잘 분다는 소문은 들었지만① 서로 면식은 없었다. 우연히 환자야가 언덕 위를 지나가고 있을 때 왕자유는 배 안에 있었는데, 손님 가운데 그를 알아본 사람이 말했다.

"저 사람이 환자야!"

왕자유는 곧장 사람을 보내 인사를 건네며 말했다.

"당신이 피리를 잘 분다고 들었는데 나를 위해 한 번 연주해주시지요."

환자야는 당시 이미 고귀한 신분이었지만 평소 왕자유의 명성을 들었기 때문에, 즉시 몸을 돌려 수레에서 내린 뒤[2] 호상胡牀[3]에 걸터앉아 세 곡조를 연주했는데, 곡을 끝내고는 곧바로 수레를 타고 가버렸다. 두 사람은 결국 한 마디 말도 나누지 않았다.

① 『속진양추續晉陽秋』: 좌장군左將軍 환이桓伊는 음악에 뛰어났다. 효무제孝武帝[司馬曜]가 주연을 마련했을 때 사안謝安이 모시고 배석했는데, 효무제가 환이에게 피리를 연주하라고 명했다. 환이는 싫어하는 기색 없이 한 곡을 연주하고 나서 피리를 내려놓으며 말했다.

"신은 아쟁에 대해서는 피리만 못하지만 노래나 관악기에 가락을 맞출 수는 있습니다. 신에게 노복 한 명이 있는데 피리를 잘 불며 서로 즉석에서 합주할 수 있으니, 연주해 올리기를 청합니다."

효무제는 그의 분방함과 솔직함이 마음에 들어 노복을 부르라고 허락했다. 노복이 도착하여 피리를 불자, 환이는 아쟁을 타면서 원시怨詩를 부름으로써 효무제를 풍간諷諫했다.[4]

[역주]······················
① 青溪渚 : 원문에는 "渚"라고만 되어 있는데, 『晉書』 권81 「桓伊傳」의 "王徽之赴召京師, 泊舟青溪側."이란 구절에 근거하여 보충함.
② 몸을 돌려 수레에서 내린 뒤 : 원문은 "回下車". 晉代의 車制에 따르면 수레 뒤를 통하여 타고 내렸으므로 '回'자를 쓴 것임.
③ 胡牀 : 등받이와 팔걸이가 있고 다리를 접을 수 있는 간이 의자의 일종. 본래 胡地에서 전래되었기 때문에 '胡'자를 붙인 것임. '交牀'·'交椅'라고도 함.
④ 怨詩를 부름으로써 효무제를 諷諫했다 : 『晉書』 권81 「桓伊傳」에 따르면, 이때 桓伊는 "爲君旣不易, 爲臣良獨難. 忠信事不顯, 乃有見疑患. 周旦佐文武, 金縢功不刊. 推心輔王政, 二叔反流言."이라는 曹植의 「怨歌行」을 불렀다고 함. 또한 당시에 謝安의 사위 王國寶가 자신을 억압하는 사안을 미워하여 사안과 효무제 사이를 이간질했는데, 이 시는 그러한 상황을 암암리에 풍자하여 사리에 밝지

못한 효무제에게 간언하고자 한 것임. 이 시를 들은 사안은 눈물을 흘리며 감격했으며 효무제는 자신의 불찰을 부끄러워했다고 함.
[참고] 『晉書』81, 『藝文類聚』44, 『北堂書鈔』111.

王子猷出都, 尚在渚下. 舊聞桓子野吹笛,① 而不相識. 遇桓於岸上過, 王在船中, 客有識之者, 云; "是桓子野!" 王便令人與相聞, 云; "聞君善吹笛, 試爲我一奏." 桓時已貴顯, 素聞王名, 卽便回下車, 踞胡牀, 爲作三調. 弄畢, 便上車去. 客主不交一言.

① ○『續晉陽秋』曰; 左將軍桓伊善音樂. 孝武飮燕, 謝安侍坐, 帝命伊吹笛. 伊神色無忤, 旣吹一弄, 乃放笛云; "臣於箏乃不如笛, 然自足以韻合歌管. 臣有一奴, 善吹笛, 且相便串, 請進之." 帝賞其放率, 聽召奴. 奴旣至, 吹笛, 伊撫箏而歌怨詩, 因以爲諫也."

• 23 : 50 [0915]

환남군桓南郡[桓玄]이 태자세마太子洗馬①로 초징되어① 배를 적저荻渚②에 정박하고 있을 때, 왕대王大[王忱]는 오석산五石散③을 복용한 뒤라 이미 약간 취했지만 환남군을 만나러 갔다. 환남군이 그를 위해 술을 차렸는데, 왕대는 차가운 술을 마실 수 없었기 때문에④ 좌우 시종들에게 자주 말했다.

"술을 데워[溫] 오도록 하라!"

그 말을 들은 환남군이 눈물을 흘리면서 울먹이자, 왕대가 금방 떠나려 했더니 환남군은 수건으로 눈물을 훔치며 왕대에게 말했다.

"우리 집안의 가휘家諱⑤를 범한 것인데 당신과 무슨 상관이 있소?"

왕대가 감탄하며 말했다.

"영보靈寶[桓玄]는 정말로 방달放達하도다!"③

① ○『환현별전桓玄別傳』: 환현이 처음 태자세마에 임명되었는데, 당시 조정에서는 그의 부친 환온桓溫에게 모반의 행적이 있다고 하여 환현을 억눌러 낮은 관직⑥을 주었다.

② ○『진안제기晉安帝紀』: 환현은 슬픔과 기쁨의 감정이 남보다 지나쳤는데,

매번 기쁘거나 슬픈 감정이 들 때마다 울지 않은 적이 없었다.

3 ▫ 영보는 환현의 어릴 적 자다.

▫『이원異苑』: 환현이 태어났을 때 빛이 방을 비추었는데,[7] 점을 잘 치는 사람이 말했다.

"이 아이는 태어날 때 기이한 빛을 지녔으니, 이름을 '천인天人'이라고 짓는 것이 마땅할 것입니다."[8]

부친 환선무桓宣武[桓溫]가 세 글자인 것을 꺼려하자, 점치는 사람이 다시 '신령보神靈寶'로 지으라고 말했는데, 여전히 또 세 글자였다. 환선무는 점치는 사람에게 다시 물어보기가 난처했으므로 '신령보'에서 '신' 한 글자를 빼서[9] '영보'라고 이름 지었다.

▫『어림語林』: 환현은 부친이 돌아가신 날은 지키지 않고 단지 돌아가신 시각만 지켰다. 그 방달하여 구속받지 않음이 모두 이와 같았다.

[역주]⋯⋯⋯⋯⋯⋯⋯⋯⋯⋯⋯⋯
① 太子洗馬: 東宮太子의 속관. 漢代에는 태자가 출행할 때 그 선도를 맡았으나, 晉代 이후로는 圖書典籍을 관장했음.
② 荻渚: 秦淮河 근처에 있던 지명. 옛 터가 지금의 湖北省 江陵縣에 있음.
③ 五石散: 일종의 마약. '寒食散'이라고도 함. 紫石英・白石英・赤石脂・鐘乳石・硫黃 등 5종의 광물질을 배합하여 가루로 만들었기 때문에 '五石散'이라 함.
④ 차가운 술을 마실 수 없었기 때문에: 五石散을 복용한 뒤에는 열을 발산하기 위하여 반드시 산책을 했는데, 이를 '行散'이라 했음. 또한 한겨울에도 얇은 옷을 입고 차가운 물로 몸을 씻었으며 차가운 음식을 먹었는데, 술만은 데워서 먹었음. 「德行」41 참조.
⑤ 家諱: 父親이나 祖父의 이름. 여기서는 桓玄의 부친 桓溫의 휘를 가리킴. 王忱이 "술을 데워 오라고溫酒來" 말했을 때 '溫'자가 환현 부친의 휘를 범한 것임. 晉代에는 특히 家諱를 중시했는데, 부친의 사후에 생전의 이름을 피휘하여 결코 입에 담지 않았으며 남에게서 듣는 것조차 꺼려했음. 또한 남이 그 휘를 말하면 돌아가신 부친에 대한 그리움 때문에 눈물을 흘렸다고 함.『顔氏家訓』「風操篇」에 그것에 관한 상세한 기록이 있음.
⑥ 낮은 관직: 원문은 "素官". 권세가 없는 관직, 즉 별로 중요하지 않은 낮은 관직을 말함.
⑦ 환현이 태어났을 때 빛이 방을 비추었는데:『晉書』권97「桓玄傳」에 "其母馬氏, 嘗與同輩夜坐於月下, 見流星墜銅盆水中, 忽如二寸火珠, 晃然明淨. 競以瓢接取, 馬氏得而吞之. 若有感, 遂有娠. 及生玄, 有光照室. 占者奇之, 故小名曰靈寶."라는

기록이 있음.
⑧ 이름을 '天人'이라고 짓는 것이 마땅할 것입니다 : 원문은 "宜目爲天人". 宋本에는 "目"이 "字"로 되어 있고, 袁褧本에는 "白"로 되어 있음. 다음 문장에 "세 글자인 것을 꺼려했다"는 구절이 있는 것으로 보아 아마도 "天人"의 앞이나 뒤에 어떤 한 글자가 빠진 것으로 추정함. 한편 楊勇과 目加田誠은 세 글자를 '爲天人'으로 판단했는데, 문장 구조상 무리가 있음.
⑨ 다시 물어보기가~ 한 글자를 빼서 : 원문은 "旣難重前, 卻減'神'一字." 楊勇과 目加田誠은 "旣難重前卻, 減'神'一字."로 句讀했는데, 이 경우 '前卻'은 '망설이다'로 해석됨.

[참고] 『北堂書鈔』94.

桓南郡被召作太子洗馬,① 船泊荻渚. 王大服散後已小醉, 往看桓. 桓爲設酒, 不能冷飮, 頻語左右; "令溫酒來!" 桓乃流涕嗚咽, 王便欲去, 桓以手巾掩淚, 因謂王曰; "犯我家諱, 何預卿事?"② 王歎曰; "靈寶故自達!"③

① 『玄別傳』曰; 玄初拜太子洗馬, 時朝廷以溫有不臣之迹, 故抑玄爲素官.
② 『晉安帝紀』曰; 玄哀樂過人, 每歡戚之發, 未嘗不至嗚咽.
③ 靈寶, 玄小字也.
  · 『異苑』曰; 玄生而有光照室, 善占者云; "此兒生有奇耀, 宜目爲'天人'." 宣武嫌其三文, 復言爲'神靈寶', 猶復用三. 旣難重前, 卻減'神'一字, 名曰靈寶.
  · 『語林』曰; 玄不立忌日, 止立忌時. 其達而不拘, 皆此類.

• 23 : 51 [0916]

왕효백王孝伯[王恭]이 왕대王大[王忱]에게 물었다.
"완적阮籍은 사마상여司馬相如와 비교하여 어떠합니까?"
왕대가 말했다.
"완적은 가슴속에 응어리가 쌓여① 있기 때문에 모름지기 술로 씻어내려야 하지요."①

① 완적은 모든 면에서 사마상여와 같았지만,② 술 마시는 것만 달랐다는 말이다.

[역주]
① 응어리가 쌓여 : 원문은 "壘塊". 많은 돌이 쌓여 있는 모양. 여기서는 마음속에

맺힌 것이 많다는 뜻. 『晉書』 권49 「阮籍傳」에서 "籍本有濟世志, 屬魏晉之際, 天下多故, 名士少有全者. 籍由是不與世事, 遂酣飲爲常."이라고 함.
② 완적은 모든 면에서 사마상여와 같았지만: 司馬相如와 阮籍은 모두 禮敎에 구속받지 않은 放達한 文士로서, 각각 「大人賦」와 「大人先生傳」을 지었음.

[참고] 『事類賦』17, 『太平御覽』371·845, 『事文類聚』續14.

王孝伯問王大; "阮籍何如司馬相如?" 王大曰; "阮籍胸中壘塊, 故須酒澆之."①
①。言阮皆同相如, 而飮酒異耳.

• 23:52 [0917]

왕불대王佛大[王忱]①가 탄식하며 말했다.

"삼일 동안 술을 마시지 않으면, 육체와 정신이 더 이상 서로 가까워지지 않음을 느낀다!"①

①。『진안제기晉安帝紀』: 왕침王忱은 젊어서부터 방달放達한 기풍을 흠모했으며 술을 좋아했다. 형주荊州에 있을 때는 더욱 심하여② 한 번 마셨다 하면 며칠 동안 깨어나지 못하기도 했는데, 결국 이 때문에 죽었다.

。송宋 명제明帝의 『문장지文章志』: 왕침은 술을 좋아하여 취했다 하면 며칠씩 가곤 했으며, 스스로를 '상돈上頓'이라 불렀다. 세간의 속어 가운데 술을 많이 마시는 것을 '상돈'이라 하는데, 이것은 왕침에게서 비롯되었다.

[역주]
① 王佛大[王忱]: 宋本에는 "王佛太"라 되어 있는데 오기로 보임.
② 荊州에 있을 때는 더욱 심하여: 『晉書』 권75 「王忱傳」에 따르면, 王忱은 太元 연간(376~396)에 荊州刺史·都督荊益寧三州軍事·建武將軍·假節이 되어 "放酒誕節"했다고 함.

[참고] 『晉書』75, 『太平御覽』845.

王佛大歎言; "三日不飮酒, 覺形神不復相親."①
①。『晉安帝紀』曰; 忱少慕達, 好酒. 在荊州轉甚, 一飮或至連日不醒, 遂以此死.
。宋明帝『文章志』曰; 忱嗜酒, 醉輒經日, 自號上頓. 世謠以大飮爲上頓, 起自忱也.

• 23 : 53 [0918]

왕효백王孝伯[王恭]이 말했다.

"명사는 반드시 특별한 재능이 필요한 것은 아니다. 단지 늘 일이 없고 통쾌하게 술을 마시며 「이소離騷」를 숙독하기만 하면, 곧 명사라고 일컬을 만하다."

[역주]
* 王恭의 이 말은 풍자의 의미가 담겨 있긴 하지만, 또한 당시 士人들의 일반적이 기풍을 엿볼 수 있음.

[참고] 『蒙求原注』下, 『太平御覽』845.

王孝伯言; "名士不必須奇才. 但使常得無事, 痛飮酒, 孰讀「離騷」, 便可稱名士."

• 23 : 54 [0919]

왕장사王長史[王廞]가 모산茅山①에 올라 크게 통곡하며 말했다.

"낭야琅邪의 왕백여王伯輿[王廞]가 결국에는 정 때문에 죽는구나!"②[1]

[1] ▫『왕씨보王氏譜』: 왕흠王廞은 자가 백여며 낭야사람이다. 부친 왕회王薈는 위장군衛將軍이었다. 왕흠은 사도장사司徒長史③를 역임했다.

▫ 주지周祗의『융안기隆安記』: 처음에 왕공王恭이 장차 의병을 일으키려 했을 때, ④ 삼오三吳지방⑤에 훈령을 내려 상중에 있던 왕흠을 발탁하여 오국내사吳國內史로 삼았다. 왕국보王國寶가 죽고 난 뒤에 왕공은 군대를 철수하고 왕흠에게 다시 거상居喪하라고 했다. 왕흠이 크게 화가 나서 그날로 오도吳都[建康]를 점거하고 왕공에게 반기를 들자, 왕공은 사마司馬 유뢰지劉牢之에게 왕흠을 토벌하게 했다. 왕흠은 패배했으며 그 소재를 알 수 없었다.

[역주]
① 茅山 : 建康 부근[지금의 江蘇省 句容縣 동남쪽]에 있는 道敎의 靈山 가운데 하나. 句曲山·三茅山이라고도 함. 漢나라 때 茅盈이 동생 茅衷·茅固와 함께 이 산에서 득도했기 때문에 '茅山'이라는 이름이 붙었다고 함.

② 정 때문에 죽는구나 : 王廞은 처음에는 王恭의 起兵에 호응했지만, 나중에는 죽음

을 각오하고 왕공과 싸우고자 했는데, 이 구절은 그의 결연한 각오를 나타냄.
③ 司徒長史 : 『晉書』 권65 「王薈傳」에서는 "子廞, 歷太子中庶子·司徒左長史."라고 하여, 王廞이 '司徒左長史'를 역임했다고 함.
④ 王恭이 장차 의병을 일으키려 했을 때 : 東晉 安帝 隆安 원년(397)에 王恭과 殷仲堪은 당시 권력을 전횡하고 있던 會稽王 司馬道子와 王國寶를 미워하여 表文을 올리고 왕국보를 토벌하고자 했는데, 왕공은 당시 吳에서 모친의 상중에 있던 王廞을 오국내사로 발탁하여 군대를 일으키게 함. 그 결과 사마도자는 부득이 왕국보에게 죄를 씌워 그를 죽였음. 「規箴」26 劉注①에 인용된 『晉安帝紀』와 『王國寶別傳』 참조.
⑤ 三吳지방 : 吳興·吳郡·會稽를 말함.

王長史登茅山, 大慟哭曰; "琅邪王伯輿, 終當爲情死!"①
①．『王氏譜』曰; 廞, 字伯輿, 琅邪人. 父薈, 衛將軍. 廞歷司徒長史.
　．周祇『隆安記』曰; 初, 王恭將唱義, 使喩三吳, 廞居喪, 拔以爲吳國內史. 國寶旣死, 恭罷兵, 令廞反喪服. 廞大怒, 卽日據吳都以叛, 恭使司馬劉牢之討廞. 廞敗, 不知所在.

제24편

간 오
簡 傲
Rudeness and Contempt

본편은 『세상의 참신한 이야기, 세설신어』의 24번째 편으로 총 17조가 실려 있다.

'간오'는 남을 경멸하고 스스로 오만하다는 뜻이다. 위진魏晉 정권 교체 시기에 혜강嵇康 등의 사인士人들은 사마씨司馬氏와 그 추종자들을 멸시하면서 그들에 대해 공공연하게 오만불손한 태도를 취했는데, 사마씨 정권은 사인들의 마음을 달래기 위하여 잠시 그러한 행위를 용인해주었다. 그 후 세상을 깔보고 제멋대로 행동하는 것을 청고淸高하다고 여기는 위진의 기풍이 점점 형성되었으며, 오만하고 불경스런 행위가 더욱 성행했다.

문인학사들은 노장현학을 숭상하고 방달放達한 기풍을 흠모하여 예법을 무시했으며, 귀족자제들은 우월한 가문을 배경 삼아 남을 능멸했으며, 관직에 있는 관리는 범속함을 초탈한다고 표방하면서 직무를 돌보지 않았다. 이러한 기풍이 만연해지자 시류에 편승하여 '청고'함을 자처하며 추태를 일삼는 자들도 생겨났다.

그러나 '간오'한 행위는 대부분의 사인들에게 용납되고 심지어 존경까지 받았는데, 환온桓溫·환충桓沖·사안謝安과 같은 당시의 내로라하는 권문귀족이나 대명사大名士들까지도 모두 그러한 행위를 이해하고 이상하게 여기지 않았다. 따라서 본편을 통하여 당시를 풍미했던 '간오'한 기풍의 다양한 양태와 그것에 대한 당시인의 인식을 잘 살펴볼 수 있다.

• 24 : 01 [0920]

진晉 문왕文王司馬昭은 공적과 덕망이 성대하여, 좌석에 있는 사람들이 그를 엄숙하게 공경하는 모습이 제왕을 대하는 것 같았다.① 그러나 완적阮籍만은 좌중에서 다리를 쭉 뻗고 앉아 휘파람을 불었으며① 마음껏 술을 마시면서② 태연자약했다.

① 『한진춘추漢晉春秋』: 문왕文王이 왕으로 작위가 승진되자,③ 사도司徒 하증何曾과 조정의 신하들이 모두 예를 다했지만, 왕상王祥만은 길게 읍揖만 하고 배례拜禮하지 않았다.④

[역주]………………

① 휘파람을 불었으며 : 원문은 "嘯歌". '歌嘯'・'嘯詠'・'吟嘯'・'諷嘯'・'長嘯'라고도 함. 六朝의 문인들은 휘파람 잘 부는 것을 고상한 멋으로 여겼으나, 신하들이 모여 있는 조정에서, 그것도 尊者의 면전에서 휘파람을 분 것은 오만불손한 행위임.

② 마음껏 술을 마시면서 : 원문은 "酣放". 자유분방하게 마음껏 술을 마신다는 뜻. 『太平御覽』 권392에 인용된 『世說』에는 "酣酒"라 되어 있는데, 의미가 보다 분명함.

③ 문왕이 왕으로 작위가 승진되자 : 司馬昭는 魏 甘露 3년(258)에 晉公에 봉해져 九錫을 하사받았으며 相國으로 승진되었다가, 元帝[曹奐] 咸熙 원년(264)에 晉王으로 작위가 승진되어 20郡을 다스렸으며, 사후에 '文王'이라는 시호를 받음.

④ 王祥만은 길게 揖만 하고 拜禮하지 않았다 : 『晉書』 권33 「王祥傳」에서 "及武帝爲晉王, 祥與荀顗往謁. 顗謂祥曰; '相王尊重, 何侯旣已盡敬, 今便當拜也.' 祥曰; '相國誠爲尊貴, 然是魏之宰相. 吾等魏之三公, 公王相去, 一階而已, 班例大同, 安有天子三司而輒拜人者? 損魏朝之望, 虧晉王之德, 君子愛人以禮, 吾不爲也.' 及入, 顗遂拜, 而祥獨長揖. 帝曰; '今日方知君見顧之重矣.'"라고 함. 여기에서 '武帝'는 '文帝' 또는 '文王'의 오기로 보임.

[참고] 『藝文類聚』19, 『白氏六帖』18, 『太平御覽』392.

晉文王功德盛大, 坐席嚴敬, 擬於王者.① 唯阮籍在坐, 箕踞嘯歌, 酣放自若.

① 『漢晉春秋』曰; 文王進爵爲王, 司徒何曾與朝臣皆盡禮, 唯王祥長揖不拜.

• 24 : 02 [0921]

왕융王戎이 약관의 나이에 완적阮籍을 찾아갔는데, 그때 유공영劉公榮[劉昶]도 그 자리에 있었다. 완적이 왕융에게 말했다.

"우연히 좋은 술 두 말이 생겼으니 당연히 그대와 함께 마셔야겠네. 저 공영이란 사람은 끼워주지 말고."

두 사람은 술잔을 주거니 받거니 하면서 마셨지만[①] 유공영은 끝내 한 잔도 마시지 못했다. 그러나 토론하고 담소하는 것은 세 사람이 다름이 없었다. 어떤 사람이 그 일에 대해서 물었더니 완적이 대답했다.

"공영보다 나은 사람과는 함께 술을 마시지 않을 수 없고, 공영만 못한 사람과도 함께 술을 마시지 않을 수 없으나, 오직 공영과는 함께 술을 마실 수 없소."[②]

[①] ▫『진양추晉陽秋』: 왕융이 15살 때 부친 왕혼王渾을 따라 관사에 있었는데, 완적이 그를 보고 좋아했다. 완적은 매번 왕혼에게 가서는 잠깐만 있었지만 왕융의 방에서는 오랫동안 머물렀는데, 왕혼에게 말했다.

"준충濬沖[王戎]의 고상함은 당신에게 비할 바가 아니오."

왕융이 한번은 완적을 찾아가 함께 술을 마신 적이 있었는데, 유창劉昶도 그 자리에 있었으나 함께 하지 못했다. 그렇지만 유창은 원망하는 기색이 조금도 없었다. 한참 있다가 왕융이 완적에게 물었다.

"저 사람은 누굽니까?"

완적이 말했다.

"유공영이네."

왕준충이 말했다.[③]

"공영보다 나은 사람이라면 말할 것도 없이 함께 술을 마셔야 하고, 공영만 못한 사람이라도 함께 술을 마시지 않을 수 없지만, 오직 공영만은 함께 술을 마실 수 없지요."

▫『죽림칠현론竹林七賢論』: 처음에 완적이 왕융의 부친 왕혼과 함께 상서

랑尙書郎으로 있었을 때, 매번 왕혼을 찾아가서는 자리에 미처 편하게 앉기도 전에 말했다.

"당신과 얘기하는 것은 아융阿戎[王戎]과 얘기하는 것만 못하오."

그리고는 왕융에게 가서는 반드시 날이 저물어서야 돌아갔다. 완적은 왕융보다 20살이 많았지만,④ 마치 동년배처럼 서로 친밀했다. 유공영은 통달한 선비였으며 본래 술을 몹시 좋아했다. 완적과 왕융이 하루 종일 술잔을 주고받을 때 유공영은 한 잔도 받지 못했지만, 세 사람은 각자 스스로 만족했다. 왕융이 세간의 품평⑤으로부터 존경받음이 모두 이와 같았다.

[역주]······················

① 술잔을 주거니 받거니 하면서 마셨지만 : 원문은 "交觴酬酢". '觴'은 본래 짐승의 뿔로 만든 술잔이지만 여기서는 술잔의 통칭으로 쓰였음. 다음에 나오는 '桮'도 본래는 나무를 구부려 만든 술잔이지만 마찬가지로 술잔의 통칭으로 쓰였음. '酬酢'은 '酬酌'과 같으며, 주인과 손님이 서로 술을 따라주는 것을 말함.
② 공영보다 나은 사람과는~ 함께 술을 마실 수 없소 : 이와 비슷한 말이 「任誕」4에도 나오는데, 거기에는 劉昶 자신이 한 말로 되어 있음.
③ 왕준충이 말했다 : 원문은 "濬沖曰". 『晉書』 권43 「王戎傳」에는 劉義慶의 본문처럼 완적이 한 말로 되어 있음. 徐震堮도 완적이 한 말이라고 주장하면서 "濬沖曰" 석 字가 衍文일 것이라고 주장함.
④ 완적은 왕융보다 20살이 많았지만 : 실제로는 완적이 왕융보다 24살이 많았음.
⑤ 세간의 품평 : 원문은 "物論". 세간의 논평. 輿論.

[참고] 『晉書』43.

王戎弱冠詣阮籍, 時劉公榮在坐. 阮謂王曰; "偶有二斗美酒, 當與君共飮. 彼公榮者無預焉." 二人交觴酬酢, 公榮遂不得一桮. 而言語談戱, 三人無異. 或有問之者, 阮答曰; "勝公榮者, 不得不與飮酒. 不如公榮者, 不可不與飮酒. 唯公榮, 可不與飮酒."①

①◦『晉陽秋』曰; 戎年十五, 隨父渾在郎舍, 阮籍見而說焉. 每適渾俄頃, 輒在戎室久之, 乃謂渾; "濬沖淸尙, 非卿倫也." 戎嘗詣籍共飮, 而劉昶在坐, 不與焉, 昶無恨色. 旣而戎問籍曰; "彼爲誰也?" 曰; "劉公榮也." 濬沖曰; "勝公榮, 故與酒. 不如公榮, 不可不與酒. 唯公榮者, 可不與酒."

◦『竹林七賢論』曰; 初, 籍與戎父渾俱爲尙書郎, 每造渾, 坐未安, 輒曰; "與卿語, 不如與阿戎語." 就戎, 必日夕而返. 籍長戎二十歲, 相得如時輩. 劉公榮通士, 性尤好酒. 籍與戎酬酢終日, 而公榮不蒙一桮, 三人各自得也. 戎爲物論所先, 皆此類.

• 24:03 [0922]

종사계鍾士季[鍾會]는 재성才性 이론에 정통했지만, 이전부터 혜강嵇康과는 면식이 없었다. 그래서 종사계는 당시 명현준재名賢俊才들을 초청하여 함께 혜강을 찾아갔다. 혜강은 큰 나무 아래에서 한창 쇠를 불리고 있었고, 상자기向子期[向秀]는 조수로서 풀무질을 하고① 있었다. 혜강은 망치를 들고서 쉬지 않았는데, 마치 옆에 아무도 없는 것처럼 한참 동안 한 마디 말도 건네지 않았다. 종사계가 일어나 가려 하자 혜강이 말했다.

"무얼 듣고 왔다가 무얼 보고 가시는가?"

종사계가 말했다.

"들을 걸 듣고 왔다가 볼 걸 보고 가지요." [1]

[1] ◦『문사전文士傳』: 혜강은 본래 손재주가 뛰어나 쇠 불리는 일을 잘했다. 집에 무성한 버드나무가 있었는데, 물을 끌어들여② 버드나무 둘레를 흐르게 해놓아 여름에도 매우 시원했다. 혜강은 늘 그 아래에서 한가롭게 놀았으며 자신이 직접 쇠를 불리곤 했다. 집안은 비록 가난했지만 사람들이 쇠 불릴 일을 부탁하더라도③ 혜강은 품삯을 받지 않았다. 다만 친척이나 친구들이 닭과 술을 가지고 찾아오면, 함께 먹고 마시면서 청담淸談만 나눌 뿐이었다.

◦『위씨춘추魏氏春秋』: 종회鍾會는 대장군大將軍 형제[司馬師・司馬昭]와 친하게 지냈는데, 혜강의 명성을 듣고 그를 찾아갔다. 종회는 귀공자로서 재능이 뛰어나 총애를 받았기에, 살찐 말을 타고 가벼운 갖옷을 입었으며④ 따르는 자들이 구름처럼 많았다. 그때 혜강은 다리를 쭉 뻗고 앉아서 한창 쇠를 불리고 있었는데, 종회가 왔는데도 그에게 인사를 하지 않았으므로, 종회는 깊은 원한을 품었다. 나중에 종회는 여안呂安의 사건⑤에 연루시켜 마침내 혜강을 참소했다.⑥

[역주]······················
① 풀무질을 하고 : 원문은 "鼓排". '排'는 '韛'·'鞴'와 통하며, 가죽으로 만든 바람주머니를 말하는데, 오늘날 대장간에서 사용하는 풀무와 비슷한 역할을 했음. 『玉篇』에서 "韛, 韋囊, 可以吹火令熾."라고 함. '鼓'는 동사로 쓰였음.
② 물을 끌어들여 : 원문은 "激水". 물길을 인공적으로 만들어 흐르게 하는 것을 말함. 目加田誠은 물의 흐름을 막아 그 세기를 강하게 하여 풀무를 작동하게 한 것이 아닐까 하고 추정함.
③ 쇠 불릴 일을 부탁하더라도 : 원문은 "說鍛". 宋本에는 "就鍛"이라 되어 있는데, 이 경우는 '쇠 불릴 일거리를 가지고 찾아오다'로 해석됨.
④ 살찐 말을 타고 가벼운 갖옷을 입었으며 : 원문은 "乘肥衣輕". 부귀한 사람의 훌륭한 행차를 말함. 『論語』「雍也」篇에 "赤之適齊也, 乘肥馬, 衣輕裘"라는 기록이 있음.
⑤ 呂安의 사건 : 呂安의 형 呂巽[呂遜이라고 함]이 여안의 처 徐氏와 간통했는데, 사람들에게 알려질까 두려워 오히려 여안을 참소하여 그를 변방으로 추방해야 한다는 상소문을 올린 사건을 말함. 당시 嵇康은 친구 여안의 무고함을 변호하다가 사건에 연루되어 투옥되었으며, 나중에 여안과 함께 주살당함. 여손은 鍾會의 총애를 받은 사람이었음. 『三國志』권21 「魏書·王粲傳」 裵注에 인용된 『魏氏春秋』, 『文選』권16 向秀 「思舊賦」 李善注에 인용된 干寶의 『晉紀』, 「雅量」2 劉注 ①에 인용된 『晉陽秋』·『文士傳』 등에도 이 사건과 관련된 기록이 있음.
⑥ 혜강을 참소했다 : 鍾會가 嵇康을 참소한 내용은 「雅量」2 劉注 ①에 인용된 『文士傳』에 상세히 기록되어 있으며, 『晉書』권49 「嵇康傳」에도 실려 있음.

[참고] 『晉書』49.

鍾士季精有才理, 先不識嵇康. 鍾要于時賢儁之士, 俱往尋康. 康方大樹下鍛, 向子期爲佐鼓排. 康揚槌不輟, 傍若無人, 移時不交一言. 鍾起去, 康曰; "何所聞而來? 何所見而去?" 鍾曰; "聞所聞而來, 見所見而去." ①

①·『文士傳』曰; 康性絶巧, 能鍛鐵. 家有盛柳樹, 乃激水以圜之, 夏天甚淸涼. 恒居其下傲戲, 乃身自鍛. 家雖貧, 有人說鍛者, 康不受直. 唯親舊以雞酒往, 與共飮噉, 淸言而已.
·『魏氏春秋』曰; 鍾會爲大將軍兄弟所暱, 聞康名而造焉. 會, 名公子, 以才能貴幸, 乘肥衣輕, 賓從如雲. 康方箕踞而鍛, 會至不爲之禮, 會深銜之. 後因呂安事, 而遂譖康焉.

—————— • 24 : 04 [0923]

혜강嵇康과 여안呂安은 사이가 좋아서, 매번 서로 생각이 났다 하면 천 리를 마다 않고 수레를 채비하게 하여 찾아가곤 했다.⑴ 여안이 나중에 찾아갔을 때, 마침 혜강은 집에 없었고 혜강의 형 혜희嵇喜가 문을 열고 그를 맞이했는데, 여안은 들어가지도 않고⑵ 대문 위에 '봉새 봉鳳'자만 써놓고 가버렸다. 혜희는 그 의미를 깨닫지 못하고 오히려 기뻐했다. 여안이 일부러 '봉'자를 써놓은 것은 보통 새[凡鳥]라는 뜻이었다.①⑶

⑴▫『진양추晉陽秋』: 여안은 자가 중제仲悌②며 동평東平사람으로, 기주冀州자사 여초呂招③의 둘째아들이다. 뜻이 크고 도량이 넓었으며, 세속을 초탈한 기풍을 지녔다.

▫ 간보干寶의 『진기晉紀』: 이전에 여안이 혜강과 사귈 때, 서로 생각이 났다 하면 갑자기 수레를 채비하게 하여 찾아갔다.

⑵▫『진백관명晉百官名』: 혜희는 자가 목공公穆이다. 양주揚州자사를 역임했으며 혜강의 형이다. 완적이 상을 당했을 때 혜희가 조문하러 갔다. 완적은 청안靑眼과 백안白眼④을 할 수 있었는데, 범속한 사람을 보면 백안을 하고 대했다. 혜희가 조문하러 갔을 때 완적이 곡도 하지 않고 백안을 내보였기 때문에 혜희는 기분이 상하여 돌아갔다. 혜강이 그 일을 듣고서 술과 금琴을 가지고 그를 찾아가 마침내 서로 친한 사이가 되었다.

▫ 간보의 『진기』: 여안이 한번은 혜강을 찾아갔는데, 공교롭게도 혜강은 외출 중이었고 혜강의 형 혜희가 자리를 닦아놓고서 그를 기다렸다. 그러나 여안은 돌아보지도 않고 혼자 수레 안에 앉아 있었다. 혜강의 모친이 술과 음식을 차려주자, 여안은 혜강의 아들을 불러서 함께 얘기하며 놀다가 한참 뒤에 돌아갔다. 그가 지체 높은 사람을 가볍게 여기는 것이 이와 같았다.

⑶▫ 허신許愼의 『설문해자說文解字』⑤: 봉새[鳳]는 신령한 새다. '조鳥'는 뜻 부분이고 '범凡'은 소리부분이다.

[역주]........................

① 일부러 '봉'자를 써놓은 것은 보통 새[凡鳥]라는 뜻이었다 : 원문은 "故作鳳字, 凡鳥也." 楊勇·余嘉錫·徐震堮은 모두 "故作"을 앞 구절에 붙여 句讀했으며, 특히 徐震堮은 '故作' 두 자를 衍文이라고 주장함. 여기에서 呂安은 '鳳'자를 써서 嵇喜가 凡才라는 것을 풍자했는데, 나중에 '題鳳'·'題凡鳥'라는 말은 평범한 범재를 풍자하는 典故가 되었음.

② 中悌 : 宋本에는 "仲悌"라 되어 있는데, 呂安이 둘째아들인 것으로 보아 '仲'이 타당하다고 생각됨.『三國志』권16「魏書・杜恕傳」의 "鎭北將軍呂昭又領冀州牧"이라는 구절에 대한 裵注에서『世語』를 인용하여 "昭, 字子展, 東平人. 長子巽, 字長悌, 爲相國掾, 有寵於司馬文王. 次子安, 字仲悌, 與嵇康善, 與康俱被誅. 次子粹, 字季悌, 河南尹."이라 함.
③ 呂招 :『三國志』권21「魏書・王粲傳」裵注와『文選』권16 向秀「思舊賦」李善注에 인용된『魏氏春秋』에는 모두 "呂昭"라 되어 있음.
④ 靑眼과 白眼 : '靑眼'은 靑目・靑睞・靑盼이라고도 하며, 호의가 담긴 따사로운 눈길을 말함. '白眼'은 눈의 흰자위를 보이면서 시쁘게 여기거나 냉대하여 보는 눈길을 말함.
⑤『說文解字』: 권7에 나옴.
[참고]『晉書』49.

嵇康與呂安善, 每一相思, 千里命駕.① 安後來, 値康不在, 喜出戶延之, 不入, ② 題門上作'鳳'字而去. 喜不覺, 猶以爲欣. 故作'鳳'字, 凡鳥也.③
①・『晉陽秋』曰; 安, 字仲悌, 東平人, 冀州刺史招之第二子. 志量開曠, 有拔俗風氣.
・干寶『晉紀』曰; 初, 安之交康也, 其相思則率爾命駕.
②・『嵇百官名』曰; 嵇喜, 字公穆. 歷揚州刺史, 康兄也. 阮籍遭喪, 往弔之. 籍能爲靑白眼, 見凡俗之士, 以白眼對之. 及喜往, 籍不哭, 見其白眼, 喜不懌而退. 康聞之, 乃齎酒挾琴而造之, 遂相與善.
・干寶『晉紀』曰; 安嘗從康, 或遇其行, 康兄喜拭席而待之. 不顧, 獨坐車中. 康母就設酒食, 求康兒共語戲, 良久則去. 其輕貴如此.
③・許愼『說文』曰; 鳳, 神鳥也. 從鳥, 凡聲.

• 24 : 05 [0924]

육사형陸士衡[陸機]이 처음 낙양에 들어갔을 때, 누구를 찾아보는 것이 좋을지를 장공張公[張華]에게 물었는데, 유도진劉道眞[劉寶]이 그 가운데 한 사람이었다. 육사형이 찾아갔더니 유도진은 아직 상중에 있었다. 유도진은 본래 술을 좋아했으므로, 인사를 끝낸 뒤에 다른 말은 전혀 하지 않고 오직 물었다.

"동오東吳①에 목 긴 호로박②이 있는데, 그대는 그 씨를 가지고 왔는가?"
　육사형 형제는 몹시 실망하여 찾아간 것을 후회했다.

　[역주]……………………
　① 東吳 : 삼국시대 孫權이 세운 吳나라가 長江 동쪽에 있었기 때문에 그렇게 불렀음. 陸機는 吳나라 사람임.
　② 목 긴 호로박 : 원문은 "長柄壺盧". '壺盧'는 '葫蘆'와 같음. '葫蘆'는 술을 담기에 좋은 그릇이며, 특히 몸에 차고 다니기에 편리했는데, 목이 긴 것은 들고 다니기에 좋고 술이 새지도 않아서 애주가들이 좋아했음.

　[참고]『太平御覽』979.

陸士衡初入洛, 咨張公所宜詣, 劉道眞是其一. 陸既往, 劉尚在哀制中. 性嗜酒, 禮畢, 初無他言, 唯問; "東吳有長柄壺盧, 卿得種來不?" 陸兄弟殊失望, 乃悔往.

・ 24 : 06 [0925]

　왕평자王平子[王澄]가 도성을 나가 형주荊州자사로 부임하게 되었는데,① 왕태위王太尉[王衍]와 당시 명현 등 그를 전송하는 인파가 길을 메웠다. 그때 정원에 큰 나무가 있었고 그 위에 까치집이 있었다. 왕평자는 옷과 두건을 벗고는 곧장 나무로 올라가 까치새끼를 잡으려 했는데, 속옷①이 나뭇가지에 걸리자② 곧바로 그것마저 벗어 던졌다. 결국 까치새끼를 잡아가지고 내려와서 놀았는데, 안색이 태연자약했으며 마치 옆에 아무도 없는 듯했다.②

　①ㆍ『진양추晉陽秋』: 혜제惠帝[司馬衷] 때 태위 왕이보王夷甫[王衍]가 인재선발을 맡은 관리에게 부탁하여,③ 동생 왕징王澄을 형주자사로 삼고 사촌동생 왕돈王敦을 청주靑州자사로 삼았다. 왕징과 왕돈이 함께 왕태위를 찾아가 인사드리자 왕태위가 말했다.
　　"지금 왕실이 장차 쇠하려 하기 때문에 동생들을 제齊와 초楚 땅④에 거하게 한 것이니, 밖으로는 가히 패업을 세우고 안으로는 족히 황실을 구하는 것이 두 동생에게 바라는 바다."

②▫ 등찬鄧粲의 『진기晉紀』: 왕징은 방탕하여 구속받지 않았는데, 당시 사람들은 그를 방달放達하다고 했다.

[역주]⋯⋯⋯⋯⋯⋯⋯⋯⋯⋯⋯
① 속옷 : 원문은 "涼衣". 여름에 입는 홑겹 속바지. 揚雄의 『方言』 권4에 "約䙱謂之褌"이라는 구절이 있고, 이것에 대한 郭璞의 注에서 "今又呼爲涼衣也"라고 함.
② 걸리자 : 원문은 "拘閡". '拘'는 '掛'의 뜻이고, '閡'는 '碍'와 통함. 즉 걸려서 장애가 된다는 뜻.
③ 인재선발을 맡은 관리에게 부탁하여 : 『晉書』 권43 「王衍傳」에 따르면, 王衍은 東海王 司馬越에게 부탁했다고 함.
④ 齊와 楚 땅 : 靑州는 齊에 있었고, 荊州는 楚에 있었음.

[참고] 『晉書』43.

王平子出爲荊州,① 王太尉及時賢送者傾路. 時庭中有大樹, 上有鵲巢. 平子脫衣巾, 徑上樹取鵲子, 涼衣拘閡樹枝, 便復脫去. 得鵲子還下弄, 神色自若, 傍若無人.②

①▫ 『晉陽秋』曰; 惠帝時, 太尉王夷甫言於選者, 以弟澄爲荊州刺史, 從弟敦爲靑州刺史. 澄·敦俱詣太尉辭, 太尉謂曰; "今王室將卑, 故使弟等居齊·楚之地, 外可以建覇業, 內足以匡帝室, 所望於二弟也."
②▫ 鄧粲 『晉紀』曰; 澄放蕩不拘, 時謂之達.

• 24 : 07 [0926]

고좌도인高坐道人[帛尸黎密多羅]①은 왕승상王丞相[王導]의 자리에서는 항상 그 곁에 드러누워 있었지만, 변령卞令[卞壼]을 보면 엄숙하게 용모를 바로하며 말했다.

"저 사람은 예법을 따지는 사람이다."②①

①▫ 『고좌전高坐傳』: 왕공王公[王導]이 화상和上[高坐道人]을 찾아갔을 때, 화상은 허리띠를 풀어놓고 드러누워 있었는데 깨달음의 말이 신묘했다. 그러나 화상은 상서령尙書令 변망지卞望之[卞壼]를 보고는 곧장 옷깃을 여미고 용모를 단정하게 했다. 당시 사람들은 화상이 어떤 경우에도 모두 그 적당한 바

를 얻었다고 감탄했다.

[역주]……………………………
① 高坐道人[帛尸黎密多羅] : 西域人으로 永嘉연간(307~313)에 중국에 들어온 和尙. 그에 대한 행적은 「言語」39 劉注①에 인용된 『高坐別傳』에 상세히 나와 있음.
② 저 사람은 예법을 따지는 사람이다 : 「任誕」27에서도 "卞令禮法自居"라고 함.
[참고] 『高士傳』1.

高坐道人於丞相坐, 恒偃臥其側, 見卞令, 肅然改容云; "彼是禮法人."①
① ▫『高坐傳』曰; 王公曾詣和上, 和上解帶偃伏, 悟言神解. 見尙書令卞望之, 便斂衿飾容. 時歎皆得其所.

• 24 : 08 [0927]

 환선무桓宣武[桓溫]가 서주徐州자사가 되었을 때 사혁謝奕이 진릉晉陵태수로 있었는데,① 두 사람은 그 전에는 속마음만 대강 피력했을 뿐 특별한 교분은 없었다. 그러다가 환선무가 형주荊州자사로 전임되어① 장차 서쪽②으로 가려고 했을 즈음에는 사혁에 대한 환선무의 정의情意가 매우 돈독해졌으며, 사혁은 그에 대해 의심을 하지 않았다. 오직 사호자謝虎子[謝據]의 부인 왕씨王氏③만이 그의 진의④를 알아차리고서② 매번 말했다.

 "환형주桓荊州[桓溫]의 마음 씀이 사뭇 다르니, 틀림없이 사진릉謝晉陵[謝奕]과 함께 서쪽으로 갈 것입니다."

 얼마 뒤에 환선무는 사혁을 발탁하여 사마司馬⑤로 삼았다. 사혁은 형주로 부임한 뒤에도 여전히 환선무와 포의지교布衣之交⑥를 지속했는데, 환온桓溫의 자리에 있을 때에도 두건을 풀어 젖힌 채⑦ 휘파람을 불면서⑧ 평상시와 다름없었다. 환선무는 매번 사혁에 대해 "나의 방외方外⑨ 사마"라고 했다. 사혁은 마침내 술로 인해 일상적인 예절⑩까지도 무시하는 지경에 이르렀다. 환온이 그를 놔두고 내실로 들어가면 사혁도 따라 들어갔다. 나중에 사혁이 몹시 취하자, 환온이 부인인 공주⑪의 처소로 피신했더니 공주가 말했다.

"당신에게 망나니 사마가 없었다면 내가 어떻게 당신을 만나 볼 수 있겠습니까?"⑫

1 ▫ 『중흥서中興書』: 사혁은 이부랑吏部郎으로 있다가 진릉태수로 나갔다.

2 ▫ 호자는 사거謝據의 어릴 적 자며, 사혁의 동생이다. 그의 처 왕씨는 이미 나왔다.⑬

[역주]······················

① 荊州자사로 전임되어 : 원문은 "還荊州". 宋本에는 "遷荊州"라 되어 있는데, 타당하므로 이것에 따라 번역함. 桓溫은 東晉 康帝 建元 원년(343)에 徐州刺史가 되었다가, 穆帝 永和 원년(345)에 荊州刺史로 전임되었으므로, '遷'이라고 하는 것이 타당함.

② 서쪽 : 東晉 때는 荊州를 西州라고 불렀음.

③ 王氏 : 謝朗의 모친 王夫人. 太原 王韜의 딸로서 이름은 綏며 謝安의 형 謝據에게 시집갔음. 「文學」39에 나왔음.

④ 그의 진의 : 桓溫이 반란을 기도하려 한 것을 말함.

⑤ 司馬 : 將軍이나 都督의 속관. 公府나 軍府의 막료로서 그 지위는 長史의 밑이며 軍事를 통솔했음.

⑥ 布衣之交 : 신분이나 지위의 고하를 초월한 사귐.

⑦ 두건을 풀어 젖힌 채 : 원문은 "岸幘". 두건을 풀어 젖혀서 이마를 드러내는 것을 말함.『資治通鑑』권92「晉紀」의 胡三省 注에 "岸幘者, 幘微脫額也."라는 기록이 있음. 이러한 행동은 예법을 무시한 태도임.

⑧ 휘파람을 불면서 : 원문은 "嘯詠". 本篇 제1조 [역주]① 참조. 한편『晉書』권79「謝奕傳」에는 "笑詠"이라 되어 있음.

⑨ 方外 : 세속의 밖. 즉 세속의 예법을 초탈했다는 뜻.

⑩ 일상적인 예절 : 원문은 "朝夕禮". 아침과 저녁에 차리는 일상적인 예절. 常禮. 한편『晉書』권79「謝奕傳」에는 "朝廷禮"라 되어 있음.

⑪ 공주 : 원문은 "主". 桓溫은 明帝의 딸 南康長公主에게 장가들었음.

⑫ 내가 어떻게 당신을 만나볼 수 있겠습니까 : 桓溫은 南康長公主를 정실로 맞이했으나 나중에 蜀을 평정했을 때 李勢의 여동생을 妾으로 들여 별실에 두었는데, 공주가 그 사실을 알고 칼을 들고 첩을 찾아갔다는 일화가 있음(「賢媛」21 참조). 본문에서 공주가 한 이 말은 아마도 첩을 가까이 하던 당시의 환온을 비꼰 것으로 여겨짐.

⑬ 이미 나왔다 : 「文學」39 劉注②에 나왔음.
[참고] 『晉書』79, 『北堂書鈔』68, 『太平御覽』248.

桓宣武作徐州, 時謝奕爲晉陵.① 先粗經虛懷, 而乃無異常. 及桓還荊州, 將西之間, 意氣甚篤, 奕弗之疑. 唯謝虎子婦王悟其旨.② 每曰; "桓荊州用意殊異, 必與晉陵俱西矣." 俄而引奕爲司馬. 奕旣上, 猶推布衣交, 在溫坐, 岸幘嘯詠, 無異常日. 宣武每曰; "我方外司馬." 遂飮酒, 轉無朝夕禮. 桓舍入內, 奕輒復隨去. 後至奕醉, 溫往主許避之, 主曰; "君無狂司馬, 我何由得相見?"
① . 『中興書』曰; 奕自吏部郞, 出爲晉陵太守.
② . 虎子, 謝據小字, 奕弟也. 其妻王氏, 已見.

• 24 : 09 [0928]

사만[謝萬]이 형[謝安]의 앞에서 일어나 변기를 찾으려 했는데, 그 때 완사광[阮思曠][阮裕]이 그 자리에 있다가 말했다.

"신출내기 가문①은 진솔하지만② 예의가 없군!"

[역주]
① 신출내기 가문 : 원문은 "新出門戶". 신흥 명문가. 陳郡의 謝氏는 본래 명문대족이 아니었으나, 謝安의 조부 謝衡이 西晉 때 國子祭酒를 지낸 뒤로 西晉·東晉 교체시기에 사형의 아들 謝鯤과 사곤의 아들 謝尙을 거치면서 점점 가문을 형성했다가, 사상의 族弟인 사안 형제가 동진 때 두각을 드러내면서 비로소 謝氏와 王氏가 '王謝'로 병칭되어 동진 제일의 명문대족이 되었음. 이와는 반대로 陳留의 阮氏는 東漢 때 이미 명문대족이 되었기 때문에 阮裕가 사씨를 "신출내기 가문"이라고 비꼰 것임.
② 진솔하지만 : 원문은 "篤". 형제 사이의 우의가 돈독하고 격의가 없다는 뜻.

謝萬在兄前, 欲起索便器, 于時阮思曠在坐, 曰; "新出門戶, 篤而無禮!"

• 24 : 10 [0929]

사중랑[謝中郞][謝萬]은 왕람전[王藍田][王述]의 사위였다.① 한번은 백륜건

白綸巾①을 쓴 채 견여肩輿②를 타고 곧장 양주揚州자사③의 관청으로 가서 왕람전을 보고는 다짜고짜 말했다.

"사람들이 군후君侯[王述]를 어리석다고 하더니,④ 군후는 정말로 어리석습니다!"

그러자 왕람전이 말했다.

"그런 논평이 없는 것은 아니지만 다만 나는 늦게 훌륭해졌을 뿐이지."⑤②

1・『사씨보謝氏譜』: 사만謝萬은 태원太原 왕술王述의 딸을 부인으로 맞았는데, 그녀는 이름이 왕전王荃이다.

2・『왕술별전王述別傳』: 왕술은 젊었을 때 홀로 도를 닦으면서 물러나 고요히 지냈기 때문에 사람들이 일찍이 알아보지 못했다. 그래서 '늦게 훌륭해졌다'는 말이 있게 되었다.

[역주]……………………

① 白綸巾: 風流人이나 隱者가 썼다는 두건. '綸巾'은 푸른 실로 만든 두건으로, 諸葛亮이 즐겨 썼다고 해서 '諸葛巾'이라고도 함.

② 肩輿: 두 사람이 어깨에 메고 가는 가마. '平肩輿'라고도 함. 후대의 轎子와 비슷함.

③ 揚州자사: 『晉書』 권75 「王述傳」에 따르면, 당시에 王述은 殷浩를 대신하여 양주자사로 있었다고 함.

④ 君侯[王述]를 어리석다고 하더니: '君侯'는 尊者에 대한 경칭. 王述이 어리석다고 알려진 것은 「賞譽」62에도 나옴.

⑤ 늦게 훌륭해졌을 뿐이지: 원문은 "晩令". 大器晩成하였다는 뜻. 「賞譽」62에서도 "王藍田爲人晩成"이라고 함. 한편 『晉書』 권79 「謝萬傳」에는 "晩合"이라 되어 있음.

[참고] 『晉書』79.

謝中郎是王藍田女壻.① 嘗箸白綸巾, 肩輿徑至揚州聽事見王, 直言曰; "人言君侯癡, 君侯信自癡!" 藍田曰; "非無此論, 但晩令耳."②

1・『謝氏譜』曰; 萬取太原王述女, 名荃.

2・『述別傳』曰; 述少眞獨退靜, 人未嘗知, 故有晩令之言.

• 24 : 11 [0930]

왕자유王子猷[王徽之]가 환거기桓車騎[桓沖]의 기병참군騎兵參軍[1]이 되었는데, 환거기가 물었다.

"그대는 어느 부서에 있는가?"

왕자유가 대답했다.

"어느 부서인지는 모르지만, 때때로 말을 끌고 오는 것이 보이니 아마도 마조馬曹[2]인 것 같습니다." 1

"관서에 몇 마리의 말이 있는가?"

"말에 대해서는 묻지 않았으니, 어떻게 그 수를 알겠습니까?" 2

"말이 근자에 몇 마리나 죽었는가?"

"살아 있는 것도 아직 알지 못하는데 어떻게 죽은 것을 알겠습니까?" 3

1 『중흥서中興書』: 환충桓沖이 왕휘지王徽之를 발탁하여 참군으로 삼았는데, 왕휘지는 머리를 풀어헤치고 관대도 풀어놓은 채 자기 관서의 일에 대해서 전혀 알지 못했다.

2 『논어論語』[3]: 마구간이 불에 탔는데, 공자께서 퇴조退朝하여 물으셨다.

"사람이 다쳤느냐?"

그리고는 말에 대해서는 묻지 않으셨다.

◦ 주注 : 사람을 귀하게 여기고 가축을 천하게 여겼기 때문에 묻지 않은 것이다.

3 『논어』[4]: 자로子路가 죽음에 대해서 물으니 공자께서 말씀하셨다.

"삶도 아직 알지 못하는데 어떻게 죽음을 알겠느냐?"

◦ 마융馬融의 주 : 죽음의 일은 알기 어렵고 말해봤자 무익하기 때문에 대답하지 않은 것이다.

|역주|
① 騎兵參軍 : 대부분 武人이 임명되는 관직으로, 말을 사육하여 공급하는 일을 관장함. 요직이긴 했지만 淸官은 아니었음.

② 馬曹 : 당시에 '騎曹'는 있었지만 '馬曹'는 없었음. 王徽之가 자기 부서의 명칭조차도 모를 정도로 직무에 무관심했음을 알 수 있음.
③ 『論語』: 「鄕黨」篇에 나오는 구절.
④ 『논어』: 「先進」篇에 나오는 구절.

[참고] 『晉書』80.

王子猷作桓車騎騎兵參軍, 桓問曰; "卿何署?" 答曰; "不知何署, 時見牽馬來, 似是馬曹."① 桓又問; "官有幾馬?" 答曰; "不問馬, 何由知其數?"② 又問; "馬比死多少?" 答曰; "未知生, 焉知死?"③

① ・『中興書』曰; 桓沖引徽之爲參軍, 蓬首散帶, 不綜知其府事.
② ・『論語』曰; 廐焚, 孔子退朝曰; "傷人乎?" 不問馬.
　・注; 貴人賤畜, 故不問也.
③ ・『論語』曰; 子路問死, 孔子曰; "未知生, 焉知死?"
　・馬融注曰; 死事難明, 語之無益, 故不答.

------- • 24 : 12 [0931]

사공謝公[謝安]이 일찍이 동생 사만謝萬과 함께 서쪽으로 나가는① 길에 오군吳郡을 지나게 되었는데, 아만阿萬[謝萬]이 함께 왕념王恬의 집을 방문하고 싶어 했다.① 사태부謝太傅[謝安]가 말했다.

"아무래도 그가 틀림없이 너를 상대해주지 않을 것이니, 내 생각엔 그럴 필요가 없을 것 같다."

사만은 그래도 한사코 졸랐지만 사태부가 결코 마음을 돌리지 않기에 사만은 혼자서 갔다. 잠시 앉아 있다가 왕념이 갑자기 문 안으로 들어가자, 사만은 자못 기쁜 기색을 띠며 자기를 후하게 대접할 것이라고 생각했다. 한참 지난 뒤에 왕념은 머리를 감고 머리카락을 풀어헤친 채로 나와서는 자리에 앉지도 않고 호상胡牀②에 기대어 정원에서 머리를 말렸는데, 그 표정이 몹시 오만했으며 사만을 상대하려는 뜻이 전혀 없었다.③ 그래서 사만은 이내 돌아갔는데, 배에 이르기도 전에 먼저 사태부를 부르자, 사안謝安이 말했다.

"아리阿螭[王恬]가 너를 상대해주지 않았구나!"②

①。왕념은 이미 나왔다.④ 당시 왕념은 오군吳郡태수로 있었음.
②。왕념은 어릴 적 자가 이호螭虎다.

|역주|……………
① 서쪽으로 나가는 : 원문은 "出西". 도성 建康으로 간다는 뜻. 도성 건강에서 볼 때 會稽는 동쪽에 있었는데, 謝安과 謝萬은 회계에 거주했으므로 도성으로 들어가는 것을 '서쪽으로 나간다'고 한 것임.
② 胡牀 : 交椅. 「任誕」49 [역주]③ 참조.
③ 상대하려는 뜻이 전혀 없었다 : 王恬이 謝萬을 무시한 근본적인 이유에 대해서는 本篇 제9조 [역주]① 참조.
④ 이미 나왔다 : 「德行」29 劉注②에 나왔음.

|참고| 『晉書』65.

謝公嘗與謝萬共出西, 過吳郡, 阿萬欲相與萃王恬許.① 太傅云; "恐伊不必酬汝, 意不足爾." 萬猶苦要, 太傅堅不回, 萬乃獨往. 坐少時, 王便入門內, 謝殊有欣色, 以爲厚待已. 良久, 乃沐頭散髮而出, 亦不坐, 仍據胡牀, 在中庭曬頭, 神氣傲邁, 了無相酬對意. 謝於是乃還, 未至船, 逆呼太傅, 安曰; "阿螭不作爾!"②
①。恬, 已見. 時爲吳郡太守.
②。王恬, 小字螭虎.

• 24 : 13 [0932]

왕자유王子猷[王徽之]가 환거기桓車騎[桓沖]의 참군參軍으로 있었는데, 환거기가 왕자유에게 말했다.

"그대는 관부官府에 오래 있었으니 가까운 시일에 틀림없이 발탁해주겠네."①

왕자유는 애당초 대답도 없이 다만 높은 곳을 쳐다보며 수판手版②으로 뺨을 괴고서 말했다.

"서산西山의 아침이 상쾌한 기운을 가져다주는군!"

[역주]
① 발탁해주겠네 : 원문은 "料理". '料量'과 같은 말로, 일을 잘 헤아려서 처리해준다는 뜻. 여기서는 더 높은 관직으로 발탁해준다는 뜻.
② 手版 : '手板'과 같으며 '笏'을 말함. 관리가 몸에 휴대하고 다니던 폭이 좁은 판. 사용할 때는 손에 올려놓고서 일을 기록했으며, 사용하지 않을 때는 腰帶에 꽂고 다녔음. 지위에 따라 그 재질과 모양이 달랐음.
[참고] 『晉書』80, 『北堂書鈔』69·128, 『太平御覽』498·692.

王子猷作桓車騎參軍, 桓謂王曰; "卿在府日久, 比當相料理." 初不答, 直高視, 以手版拄頰云; "西山朝來, 致有爽氣!"

• 24 : 14 [0933]

사만謝萬은 북정北征①했을 때, 늘 고고하게 휘파람만 불었으며 장병들을 위로한 적이 한 번도 없었다. 사공謝公[謝安]은 동생 사만을 매우 중시하고 아꼈는데, 그가 반드시 패배하리라는 것을 알았기에 함께 출정하여 조용히 사만에게 말했다.

"너는 원수이니 마땅히 여러 장군을 자주 불러서 연회를 베풀어 사람들의 마음을 기쁘게 해주어야 할 것이다."

사만은 그 충고에 따라 여러 장군을 소집했는데, 아무런 말도 없이 단지 여의如意②로 좌중을 가리키며 말했다.

"제군은 모두 강인한 병사③들이오!"

장군들은 그 말에 심히 분개했다. 사공은 장병들에게 은총과 신임을 깊이 심어주려고 대장隊長④과 장군으로부터 그 이하 사람들에게까지 모두 직접 찾아가 매우 겸손하게 사과했다. 사만이 원정에 실패했을 때 군중軍中에서 그를 죽이려 하자 사공이 또 말했다.

"이 은사隱士[謝安] 생각 좀 해주시오!"⑤

그래서 사만은 다행히 죽음을 면할 수 있었다.

[1]• 사만이 패배한 일은 이미 앞에 나왔다.[6]

[역주]

① 北征 : 東晉 穆帝 升平 3년(359)에 謝萬은 西中郎將·督四州軍事·豫州刺史의 신분으로 詔書를 받고 前燕의 慕容儁을 정벌하러 출정했다가, 壽春에서 대패하고 돌아온 뒤 庶人으로 강등당함.「品藻」49 참조.

② 如意 : 器物名. 약간 휘어진 가늘고 긴 자루 끝에 손가락 모양, 心字 모양, 구름 모양 등이 달려 있으며, 骨·角·竹·木·玉·銅·鐵 등으로 만들었음. 위진시대에 淸談家나 스님들이 주로 애용했음. 가려운 곳을 마음대로 긁을 수 있다고 해서 '如意'라고 했다 함.「雅量」41 [역주]① 참조.

③ 강인한 병사 : 원문은 "勁卒". 장군들에게 '卒'이라는 말을 썼기 때문에 분개한 것임.『資治通鑑』권100「晉紀」의 胡三省 注에 "凡奮身行伍者, 以兵與卒爲諱. 旣爲將矣, 而稱之爲卒, 所以益恨也."라는 기록이 있음. '兵'은 그 음이 '殯'과 비슷하고 '卒'은 '死亡'의 뜻도 있기 때문에 군인들이 '兵'과 '卒'이란 말을 기피했다고 함.

④ 隊長 : 원문은 "隊主". 부대의 우두머리.

⑤ 이 隱士[謝安] 생각 좀 해주시오 : 원문은 "當爲隱士". 이 隱士의 체면을 봐서라도 구해달라는 뜻. 당시 謝安은 出仕하지 않고 會稽에 은거하고 있었기 때문을 자신을 '隱士'라고 한 것임.

⑥ 이미 앞에 나왔다 :「品藻」49의 본문과 劉注에 인용된『中興書』에 나왔음.

[참고]『晉書』79,『北堂書鈔』135,『太平御覽』392·703.

謝萬北征, 常以嘯詠自高, 未嘗撫慰衆士. 謝公甚器愛萬, 而審其必敗, 乃俱行, 從容謂萬曰; "汝爲元帥, 宜數喚諸將宴會, 以說衆心." 萬從之, 因召集諸將, 都無所說, 直以如意指四坐云; "諸君皆是勁卒!" 諸將甚忿恨之. 謝公欲深箸恩信, 自隊主將帥以下, 無不身造, 厚相遜謝. 及萬事敗, 軍中因欲除之, 復云; "當爲隱士!" 故幸而得免.[1]

[1]• 萬敗事, 已見上.

• 24 : 15 [0934]

왕자경王子敬[王獻之] 형제는 치공郗公[郗愔]을 만날 때면 가죽신발[1]을 신고 안부를 물으면서 외조카[2]로서의 예의를 깍듯이 차렸으나, 치가빈郗嘉賓[郗超]이 죽은 뒤에는 모두 굽 높은 나막신[3]을 끌었으며 태도가 오만했다. 치공이 앉으라고 하면 모두 말했다.

"일이 있어서 앉을 겨를이 없어요."

그들이 가고 난 뒤에 치공이 개탄하며 말했다.

"가빈이 죽지 않았다면 쥐새끼 같은 놈들이 감히 그럴 수 있겠는가!"[1]

[1]。 치음郗愔의 아들 치초郗超는 훌륭한 명성이 있었으며 환온桓溫에게 총애를 받았다. 그래서 치초 때문에 치음을 존경했던 것이다.

[역주]····················

① 가죽신발 : 원문은 "屨". 朱駿聲의 『說文通訓定聲』에서 "古曰屨, 漢以後曰履, 今曰鞵"라고 함. '鞵'는 생가죽 신발을 말함. 가죽신발은 正裝에 신는 신발로 예의를 갖출 경우에 신음.

② 외조카 : 원문은 "外生". '外甥'과 같음. 王獻之의 부친 王羲之가 郗愔의 부친인 郗鑒의 딸을 부인으로 맞았으므로, 왕희지의 아들 王獻之 · 王徽之 형제는 치감의 아들인 치음의 외조카가 됨.

③ 굽 높은 나막신 : 원문은 "高屐(극)". 晉代의 귀족자제들은 굽 높은 나막신을 신길 좋아했는데, 간편한 복장에 신었음. 굽 높은 나막신을 신고 외출하여 어른을 만나는 것은 무례한 행동으로 여겨졌음.

[참고] 『晉書』67, 『太平御覽』698.

王子敬兄弟見郗公, 蹋履問訊, 甚修外生禮. 及嘉賓死, 皆箸高屐, 儀容輕慢. 命坐, 皆云; "有事, 不暇坐." 旣去, 郗公慨然曰; "使嘉賓不死, 鼠輩敢爾!"[1]
[1]。愔子超, 有盛名, 且獲寵於桓溫, 故爲超敬愔.

• 24 : 16 [0935]

왕자유王子猷[王徽之]가 한번은 외출하여 오중吳中을 지나가다가 한 사대부의 집에 최고로 좋은 대나무①가 있는 것을 보았다. 주인은 왕자유가 틀림없이 찾아오리라는 것을 이미 알고서 물 뿌리고 비질하고② 음식을 차려놓은 뒤에 대청에 앉아서 기다렸다. 왕자유는 견여肩輿③를 타고 곧바로 대나무 아래로 가더니 한참 동안 휘파람을 불었다. 주인은 이미 실망했지만 그래도 돌아갈 때는 당연히 인사라도 하기를 바랐다. 그러나 왕자유가 결국 그냥 문을 나가려고 하자, 주인은 도저히 참을 수가 없어서 냅다 시종에게 명하여 문을 닫아 왕자유를 나가지 못하게 하라고 했다. 왕자유는 오히려 이 때문에 주인이 마음에 들어 그대로 눌러앉아 실컷 즐기고 나서 돌아갔다.

[역주]
① 최고로 좋은 대나무 : 王徽之가 대나무를 좋아한 고사는 「任誕」46에도 실려 있음.
② 비질하고 : 원문은 "埽". 宋本에는 "掃"라 되어 있는데 뜻은 같음.
③ 肩輿 : 본편 제10조 [역주]② 참조.

[참고] 『晉書』80.

王子猷嘗行過吳中, 見一士大夫家, 極有好竹. 主已知子猷當往, 乃灑埽施設, 在聽事坐相待. 王肩輿徑造竹下, 諷嘯良久. 主已失望, 猶冀還當通. 遂直欲出門, 主人大不堪, 便令左右閉門不聽出. 王更以此賞主人, 乃留坐, 盡歡而去.

• 24 : 17 [0936]

왕자경王子敬[王獻之]이 회계會稽로부터 오군吳郡을 지나가다가, 고벽강顧辟疆[1]이 훌륭한 정원을 소유하고 있다는 소문을 들었다. 왕자경은 그전까지 주인과 면식이 없었지만 곧장 그 집으로 찾아갔다. 마침 고벽강은 친구들과 함께 한창 주연을 즐기고 있었는데, 왕자경은 차례차례 다 둘러보고 나서는 옆에 아무도 없는 것처럼 불손하게 손으로 가리키면서 정원의 좋은 점과 나쁜 점을 비평했다. 고벽강이 발끈하여 참지 못하고 말했다.

"주인에게 오만한 것은 예의가 아니며, 귀하다고 남에게 교만한 것은 도리가 아니오. 이 두 가지를 갖추지 못한 자는 사람 축에도 끼지 못하는 촌무지렁이일 뿐이오!"①

그리고는 곧장 왕자경의 시종들을 문밖으로 내쫓아버렸다. 왕자경은 혼자 견여肩輿 위에 앉아② 주위를 돌아다보았지만 시종들은 한참이 지나도 오지 않았다. 나중에 고벽강이 자기 시종을 시켜서 왕자경을 문밖으로 내보내게 했는데, 왕자경은 흔연히 개의치 않았다.③

1 ◦『고씨보顧氏譜』: 고벽강은 오군吳郡사람이다. 오군의 공조참군功曹參軍과 평북장군平北將軍의 참군을 역임했다.

[역주]……………………

① 사람 축에도 끼지 못하는 촌무지렁이일 뿐이오 : 원문은 "不足齒人, 傖耳." '齒'는 같은 부류로 여긴다는 뜻. '傖'은 촌놈・시골뜨기・촌무지렁이라는 뜻으로, 육조시대에 강남 토착인들이 북방에서 강남으로 이주한 사람을 얕잡아 부르던 호칭. 王獻之의 본관이 琅邪[지금의 山東省]였기 때문에 顧辟疆이 그를 '傖'이라고 부른 것임. 「雅量」18 劉注④에 인용된『晉陽秋』와 [역주]④ 참조.
② 왕자경은 혼자 肩輿 위에 앉아 : 육조시대의 귀족들은 외출하거나 유람할 때 대부분 두 사람이 어깨에 메고 가는 견여를 탔는데, 顧辟疆이 王獻之의 시종들을 쫓아버렸기 때문에 왕헌지가 혼자 견여에 있었던 것임.
③ 개의치 않았다 : 원문은 "不屑". 마음에 두지 않았다는 뜻.

[참고]『晉書』80,『藝文類聚』65,『太平御覽』824.

王子敬自會稽經吳, 聞顧辟疆1有名園. 先不識主人, 徑往其家. 值顧方集賓友酣燕, 而王遊歷旣畢, 指麾好惡, 傍若無人. 顧勃然不堪曰; "傲主人, 非禮也. 以貴驕人, 非道也. 失此二者, 不足齒人, 傖耳!" 便驅其左右出門. 王獨在輿上, 回轉顧望, 左右移時不至. 然後令送箸門外, 怡然不屑.

1 ◦『顧氏譜』曰; 辟疆, 吳郡人. 歷郡功曹・平北參軍.

배조
排調
Taunting and Teasing

본편은 『세상의 참신한 이야기, 세설신어』의 25번째 편으로 총 65조가 실려 있다.

　'배조'는 일반적으로 친구 사이의 선의의 희학戲謔과 조소嘲笑를 말한다. 위진인魏晉人들은 재성才性을 중시하여, 심각하게 현리玄理를 담론할 때뿐만 아니라 서로 조롱하고 조소할 때에도 인물의 재능·학식·재치·유머 등을 늘 드러내곤 했다.

　본편에 수록된 고사 가운데 어떤 고사들은 경전의 명구나 역사적 전고를 자유자재로 활용하여 재기가 넘치고, 어떤 고사들은 고도의 언어기교를 운용하여 기민한 예지叡智로 탄성을 자아내게 하며, 어떤 고사들은 풍부한 철리哲理를 담고 있어서 깊이 음미할 만하고, 어떤 고사들은 풍부한 문학적 의미를 함축하고 있기도 하다.

　이러한 고사들은 겉으로 보기에는 조소하고 있는 것 같지만, 실제로는 지혜·재학才學·기지·사변력·철리 등을 겨루고 있어서 읽을수록 흥미를 느끼게 한다.

• 25:01 [0937]

제갈근諸葛瑾이 예주豫州자사로 있을 때, 별가別駕①를 조정②에 파견하면서① 말했다.

"내 아들[諸葛恪]이 담론을 할 줄 아니 그대는 함께 얘기해볼 만할 것이네."

별가가 입조하여 일을 끝낸 뒤에 연이어 제갈각諸葛恪을 찾아갔지만,② 제갈각은 그를 만나주지 않았다. 나중에 장보오張輔吳[張昭]③의 연회석상에서 서로 만났을 때,③ 별가가 제갈각을 부르며 말했다.

"훌륭하신 도련님!"④

제갈각이 그를 조롱하며 말했다.

"예주가 어지러운데 무슨 훌륭함이 있겠습니까?"

별가가 대답했다.

"사리에 밝으신 부군府君과 어진 관리들⑤이 있을 뿐, 그곳이 어지럽다는 소리는 듣지 못했지요."

제갈각이 말했다.

"옛날 요임금이 위에 있을 때에도 아래에는 사흉四凶⑥이 있었습니다."

별가가 대답했다.

"사흉만이 아니라 단주丹朱⑦도 있었지요."

이에 온 좌중이 크게 웃었다.

① ▫ 제갈근諸葛瑾은 이미 나왔다.⑧

② ▫ 『강표전江表傳』: 제갈각은 자가 원손元遜이며, 제갈근의 장자다. 어려서부터 재명才名이 있었고, 시문詩文에 뛰어나고 총명했으며, 논변할 때 임기응변에 능하여 상대할 자가 없었다. 손권孫權이 그를 보고 훌륭하다고 여겨 제갈근에게 말했다.

"남전藍田에서 미옥美玉이 나온다[9]는 말이 정말 거짓이 아니오!"
제갈각은 오吳나라에서 벼슬하여 태부太傅에 이르렀으며, 손준孫峻에게 살해당했다.

3. 환제環濟의 『오기吳紀』: 장소張昭는 자가 자포子布. 충정한 성품에 재능과 도의를 지녔는데, 오나라에서 벼슬하여 보오장군輔吳將軍이 되었다.

[역주] ························
① 別駕 : 別駕從事. 州刺史의 보좌관으로서 자사를 수행하여 州를 순찰하는 관리. 자사와는 다른 수레를 타기 때문에 '別駕'라고 함. 『通典』권32「職官典·總論州佐」참조.
② 조정 : 원문은 "臺". 위진시대에는 조정의 禁省을 '臺'라고 불렀음.
③ 張輔吳[張昭] : 三國 彭城사람. 孫策의 長史와 撫軍中郎將을 지냈으며, 손책의 사후에 孫權을 옹립함.
④ 훌륭하신 도련님 : 원문은 "咄咄郎君". '咄咄(돌)'은 감탄과 찬미의 소리. 또는 의외의 일에 경탄하는 소리라고도 함. '郎君'은 漢代에는 봉록 2천 석 이상의 관직에 있는 자의 아들을 일컬었으나, 나중에는 장관이나 스승의 자제를 일컬었음. 『資治通鑑』권76「魏紀」의 胡三省 注 참조.
⑤ 사리에 밝으신 府君과 어진 관리들 : 원문은 "君明臣賢". 여기서는 예주자사로 있던 諸葛瑾과 그 부하 관리들을 말함.
⑥ 四凶 : 요임금 때 4명의 악인. 『尙書』「堯典」에서는 共工·驩兜·三苗·鯀이라 했고, 『左傳』「文公十八年」條에서는 渾敦·窮奇·檮杌·饕餮이라 함.
⑦ 丹朱 : 요임금의 아들. 불초했기 때문에 제위를 舜에게 선양했다고 함. 『史記』「五帝本紀」참조. 여기서는 諸葛瑾의 아들 諸葛恪을 빗댄 말임.
⑧ 이미 나왔다 : 「品藻」4 劉注1에 나왔음.
⑨ 藍田에서 美玉이 나온다 : '藍田'은 陝西省 藍田縣 동남쪽에 있는 산. 예로부터 美玉의 산지로 유명함. 여기서는 명문가에서 훌륭한 인물이 나온다는 뜻. 諸葛氏는 대대로 琅邪의 명문이었음.

[참고] 『藝文類聚』25, 『太平御覽』390.

諸葛瑾爲豫州, 遣別駕到臺, 1 語云; "小兒知談, 卿可與語." 連往詣恪, 2 恪不與相見. 後於張輔吳坐中相遇, 3 別駕喚恪; "咄咄郎君!" 恪凶嘲之曰; "豫州亂矣, 何咄咄之有?" 答曰; "君明臣賢, 未聞其亂." 恪曰; "昔唐堯在上, 四凶在下." 答曰; "非唯四凶, 亦有丹朱." 於是一坐大笑.

1. 瑾, 已見.

②。『江表傳』曰; 恪, 字元遜, 瑾長子也. 少有才名, 發藻岐嶷, 辯論應機, 莫與爲對. 孫權見而奇之, 謂瑾曰; "藍田生玉, 眞不虛也!" 仕吳至太傅, 爲孫峻所害.
③。環濟『吳紀』曰; 張昭, 字子布. 忠正有才義, 仕吳爲輔吳將軍.

• 25 : 02 [0938]

진晉 문제文帝[司馬昭]가 이진二陳[陳騫·陳泰]과 함께 수레를 타고 가던 도중에 종회鍾會의 집을 지나가다가 함께 타고 가자고 종회를 불러놓고는, 곧바로 수레를 몰아 그를 버려두고 떠났다. 종회가 나왔을 때는 그들이 이미 멀어져 있었다. 목적지에 도착한 뒤에 문제가 종회를 놀리며 말했다.

"다른 사람과 동행하기로 약속해놓고는 어찌하여 그렇게 굼뜨오? 그대를 바라보았더니 저 멀리서[遙遙]① 따라오지 못하더군."

종회가 대답했다.

"탁월하게[矯] 훌륭하고[懿] 진실한[實] 사람이 어찌 보통 무리[羣]와 함께할 필요가 있겠습니까?"

문제가 다시 종회에게 물었다.

"고요皐繇②는 어떤 사람이오?"

종회가 대답했다.

"위로는 요堯와 순舜에게 미치지 못하고 아래로는 주공周公과 공자孔子에게 미치지 못하지만, 역시 한 시대의 훌륭한[懿] 인물③입니다."①

①。이진은 진건陳騫과 진태陳泰다. 종회 부친의 이름이 요繇기 때문에 '저 멀리서[遙遙]'라는 말로 그를 놀린 것이다. 진건 부친의 휘는 교矯고, 선제宣帝[文帝의 부친]의 휘는 의懿며, 진태 부친의 휘는 군羣이고 조부의 휘는 식寔이다. 그래서 종회가 이것을 가지고 그들에게 응수한 것이다.

[역주]
① 저 멀리서[遙遙] : '遙'는 鍾會 부친의 휘인 '繇'와 통함. 당시에는 상대방의 家諱를 언급하는 것을 금기시하는 풍속이 있었음. 이것에 대해서는 「任誕」50 [역주]

⑤ 참조 아래 문장의 '矯'·'懿'·'實'··'皐'도 마찬가지임. '實'은 '定'과 통함.
② 皐繇 : '皐陶'·'咎繇'라고도 함. 舜의 신하로 법률과 형벌을 관장했다고 함. 여기서는 文帝가 鍾會의 家諱를 분명하게 언급하여 종회를 재차 놀린 것임.
③ 훌륭한[懿] 인물 : 원문은 "懿士". 文帝의 부친인 宣帝의 휘가 懿이기 때문에, 종회가 이를 이용하여 재반격한 것임.

晉文帝與二陳共車, 過喚鍾會同載, 即駛車委去. 比出, 已遠. 既至, 因嘲之曰; "與人期行, 何以遲遲? 望卿遙遙不至." 會答曰; "矯然懿實, 何必同群?" 帝復問會; "皐繇何如人?" 答曰; "上不及堯·舜, 下不逮周·孔, 亦一時之懿士."①
①。二陳, 騫與泰也. 會父名繇, 故以遙遙戲之. 騫父矯, 宣帝諱懿, 泰父羣, 祖父定, 故以此酬之.

• 25 : 03 [0939]

종육鍾毓은 황문랑黃門郎으로 있었으며 기지機智①가 뛰어났다. 경왕景王[司馬師]의 연회석상에서 술을 마시며 즐겼는데, 당시 진군陳羣의 아들 진현백陳玄伯[陳泰]과 무주武周의 아들 무원하武元夏[武陔]도 그 자리에 함께 있다가① 다 같이 종육을 놀렸다. 경왕이 말했다.

"고요皐繇②는 어떤 사람이오?"

종육이 대답했다.

"옛날의 훌륭한[懿] 인물③입니다."

그리고는 진현백과 무원하를 돌아보며 말했다.

"군자는 두루 사귀되 결탁하지 않고[周而不比],④ 함께 어울리되 파당 짓지 않는[羣而不黨]⑤ 법이지요."②

① 『위지魏志』 : 무주는 자가 백남伯南이며 패국沛國 죽읍竹邑사람이다. 벼슬은 광록대부光祿大夫에 이르렀다.

② 『논어論語』 공안국孔安國 주注 : 진심을 다하여 미더운 것을 주周라 하고, 아첨하여 한패가 되는 것을 비比라 한다. 당黨은 도와준다는 뜻이다. 군자는 비록 모여 있더라도 사사로이 도와주지 않는다.

[역주]··
① 機智 : 원문은 "機警". 기민하여 재빨리 깨닫는다는 뜻. 宋本과 袁褧本에는 모두 "譏警"이라 되어 있는데, 아마도 오기인 것 같음. 굳이 해석하자면 '譏弄에 뛰어났다'로 할 수 있음.
② 皐繇 : 鍾毓[鍾會의 형] 부친의 휘가 '繇'기 때문에, 景王이 皐繇를 언급하여 종육의 家諱를 범한 것임. 본편 제2조 [역주]② 참조.
③ 훌륭한[懿] 인물 : 원문은 "懿士". 景王[文帝 司馬昭의 형]의 부친인 宣帝의 휘가 '懿'기 때문에, 鍾毓이 일부러 '懿'자를 언급하여 경왕의 가휘를 범한 것임.
④ 두루 사귀되 결탁하지 않고[周而不比] : 『論語』 「爲政」篇에 나오는 구절. '周'는 武陔 부친의 휘임.
⑤ 함께 어울리되 파당 짓지 않는[羣而不黨] : 『論語』 「衛靈公」篇에 나오는 구절. '羣'은 陳泰 부친의 휘임. 鍾毓은 『논어』 구절을 인용하여 무해와 진태의 가휘를 범함으로써 같이 짜고 자기를 놀린 경왕·무해·진태의 행위를 조롱한 것임.

鍾毓爲黃門郎, 有機警. 在景王坐燕飮, 時陳羣子玄伯, 武周子元夏同在坐, ①
共嘲毓. 景王曰; "皐繇何如人?" 對曰; "古之懿士." 顧謂玄伯·元夏曰; "君子
周而不比, 羣而不黨." ②
①•『魏志』曰; 武周, 字伯南, 沛國竹邑人. 仕至光祿大夫.
②•孔安國注『論語』曰; 忠信爲周, 阿黨爲比. 黨, 助也. 君子雖衆, 不相私助.

──────── • 25 : 04 [0940]

혜강嵇康·완적阮籍·산도山濤·유령劉伶이 죽림에서 한창 술을 즐기고 있을 때, 왕융王戎이 나중에 도착했더니① 완보병阮步兵[阮籍]이 말했다.
"결국 속물이 와서 사람 기분을 잡치는군!"①
그러자 왕융이 웃으며 말했다.
"당신 같은 사람들의 기분도 잡쳐질 수 있소?"②
①•『위씨춘추魏氏春秋』: 당시에 왕융은 아직 세속을 초탈하지 못했다고 평가되었다.

[역주]··
① 嵇康·阮籍·山濤·劉伶~王戎이 나중에 도착했더니 : 이들은 모두 竹林七賢

중의 인물임. 「任誕」1 참조.
② 기분도 잡쳐질 수 있소 : 원문은 "意亦復可敗邪". 세속을 초탈한 사람의 기분은 어떠한 것에도 좌우되지 않는 법인데, 나 때문에 기분이 잡쳐졌다면 당신들 역시 속물이라는 뜻을 담고 있음.『晉書』권43「王戎傳」에는 "意亦復易敗耳"라 되어 있는데, 이 경우는 "기분도 쉽게 잡쳐지는군요"라고 해석됨.

[참고]『晉書』43.

嵇・阮・山・劉在竹林酣飮, 王戎後往, 步兵曰; "俗物已復來敗人意!"① 王笑曰; "卿輩意亦復可敗邪?"

① 。『魏氏春秋』曰; 時謂王戎未能超俗也.

* 25 : 05 [0941]

진晉 무제武帝[司馬炎]가 손호孫皓에게 물었다.①

"듣자하니 남방 사람들은 「이여가爾汝歌」①를 잘 짓는다고 하던데, 한 번 지어보지 않겠소?"

손호는 한창 술을 마시고 있다가 술잔을 들어 무제에게 권하며 말했다.

"옛날에는 자네의 이웃이었지만, 지금은 자네의 신하되었네.② 자네에게 술 한 잔 올려, 자네의 만수무강을 비네."

무제는 손호에게 노래시킨 것을 후회했다.

① 。『오록吳錄』: 손호孫皓는 자가 원종元宗, 일명 팽조彭祖라고도 하며 오吳나라 대황제大皇帝[孫權]의 손자다. 경제景帝[孫權의 아들 孫休]가 붕어하자 손호가 제위를 이었으며, 진晉나라에게 멸망당한 뒤 귀명후歸命侯에 봉해졌다.

[역주]
① 「爾汝歌」: 魏晉代에 남방에서 유행한 民歌로서, 가사에 '爾'나 '汝'자를 넣어 불렀음. '爾'와 '汝'는 윗사람이 아랫사람을 친근하게 부르거나 동년배 사이에서 사용하는 호칭으로, 우리말의 '자네'에 해당됨.
② 지금은 자네의 신하되었네 : 원문은 "今與汝爲臣".『太平御覽』권118·571에 인용된『世說』에는 "今爲汝作臣"이라 되어 있음.

[참고] 『太平御覽』118·571.

晉武帝問孫皓;[1] "聞南人好作「爾汝歌」, 頗能爲不?" 皓正飮酒, 因擧觴勸帝而言曰; "昔與汝爲鄰, 今與汝爲臣. 上汝一桮酒, 令汝壽萬春." 帝悔之.

[1]。『吳錄』曰; 皓, 字元宗, 一名彭祖, 大皇帝孫也. 景帝崩, 皓嗣位, 爲晉所滅, 封歸命侯.

• 25 : 06 [0942]

손자형孫子荊[孫楚]이 젊었을 때 은거하고 싶었는데, 왕무자王武子[王濟]에게 당연히 '돌로 베개 삼고 냇물로 양치한다枕石漱流'[1]고 말해야 할 것을 '돌로 양치하고 냇물로 베개 삼는다漱石枕流'고 잘못 말했다. 왕무자가 말했다.

"냇물로 베개 삼을 수 있고 돌로 양치할 수 있소?"

손자형이 말했다.

"냇물로 베개 삼는 것은 귀를 씻고자 함이고,[1] 돌로 양치하는 것은 치아를 갈고자 함이지요."

[1]。『일사전逸士傳』: 허유許由가 요堯에게서 제위를 선양받자, 친구 소부巢父가 그를 책망했다. 그래서 허유는 청령수淸泠水로 가서 귀를 씻고 눈을 닦으며 말했다.

"아까 탐욕의 말을 들었다가 내 친구를 저버리게 되었구나."

[역주]
① 돌로 베개 삼고 냇물로 양치한다枕石漱流 : 산림에서의 은거생활을 뜻함. 『三國志』 권40 「蜀書·彭羕傳」에서 彭羕이 太守 許靖에게 秦宓을 추천하면서 "枕石漱流, 吟詠緼袍."라는 말을 함.

[참고] 『晉書』56, 『太平御覽』368, 『太平廣記』245.

孫子荊年少時欲隱, 語王子當'枕石漱流', 誤曰'漱石枕流'. 王曰; "流可枕, 石可漱乎?" 孫曰; "所以枕流, 欲洗其耳,[1] 所以漱石, 欲礪其齒."

[1]。『逸士傳』曰; 許由爲堯所讓, 其友巢父責之. 由乃過淸泠水洗耳拭目, 曰; "向聞貪言, 負吾之友."

• 25 : 07 [0943]

「진자우秦子羽의 머리가 진자우를 꾸짖는 글頭責秦子羽」에서 말했다.①
"그대는 결국 태원太原의 온옹溫顒, 영천潁川의 순우荀寓,①② 범양范陽의 장화張華, 사경士卿 유허劉許,②③ 의양義陽의 추담鄒湛, 하남河南의 정후鄭詡만 못하다.④ 이 몇 사람 가운데 어떤 자는 말을 더듬어 음정을 맞추지 못하며,③ 어떤 자는 허약한 체구에 못생겼고④ 말이 거의 없으며, 어떤 자는 뽐내듯이 일부러 모습을 잘 꾸미며,⑤ 어떤 자는 시끄럽게 떠들면서 지모智謀가 적으며,⑥ 어떤 자는 입에 끈끈한 엿을 물고 있는 것 같으며,⑦ 어떤 자는 머리가 양념 빻는 절구⑧에 두건을 씌워놓은 것 같다.⑤ 그렇지만 그들은 문장이 볼 만하고 사고가 면밀하기⑨ 때문에 권문세가에 의지하여 모두 조정에 올랐던 것이다."⑩⑥

①▫진자우는 미상이다.
②▫온옹은 이미 나왔다.⑪
  ▫『순씨보荀氏譜』: 순우는 자가 경백景伯이다. 조부 순식荀式은 태위太尉를 지냈고, 부친 순보荀保는 어사중승御史中丞을 지냈다.⑫
  ▫『세어世語』: 순우는 젊어서부터 배해裴楷·왕융王戎·두묵杜默과 함께 명성이 있었으며, 진晉나라에서 벼슬하여 상서尙書에 이르렀다.
③▫『진백관명晉百官名』: 유허는 자가 문생文生이며 탁록涿鹿 약鄀사람이다. 부친 유방劉放은 위魏나라의 표기장군驃騎將軍을 지냈다. 유허는 혜제惠帝[司馬衷] 때 종정경宗正卿⑭이 되었다.
  ▫생각건대 : 유허는 장화와 함께 범양사람이기 때문에 '사경'이라고 하여 반복을 피하기 위하여 그 말을 바꾼 것이다. 종정경은 사경이라고도 한다.
④▫『진제공찬晉諸公贊』: 추담은 자가 윤보潤甫며 신야新野사람이다. 문재文才로 영달하여 벼슬이 시중侍中에 이르렀다. 정후는 자가 사연思淵이며 형양滎陽 개봉開封사람이다. 위위경衛尉卿⑮을 지냈다. 조부 정태鄭泰는 양주揚州자사를 지냈고, 부친 정포鄭袤⑯는 사공司空을 지냈다.
⑤▫『문사전文士傳』: 장화는 사람됨이 위의威儀가 적었고 모습을 잘 꾸몄다.

。이 말로 유추해본다면 이 여섯 구절은 역시 위의 여섯 사람을 평한 것이다. "입에 끈끈한 엿을 물고 있는 것 같다"고 한 것은 추담을 가리킨다. 추담은 변설辯舌이 매끄럽고 두루 뛰어났는데도 이러한 평을 받은 것은 잘 모르겠다.

6 ◦『장민집張敏集』에 실려 있는「머리가 자우를 꾸짖는 글[頭責子羽文]」[17] : 내 친구 중에 진생秦生이란 자가 있는데, 비록 나에게는 자부姊夫이긴 하지만 젊어서부터 가까이 지냈다. 같은 때에 친하게 교제한 사람으로는 태원의 온옹[字 長仁], 영천의 순우[字 景伯], 범양의 장화[字 茂先], 사경 유허[字 文生], 남양南陽[18]의 추담[字 潤甫], 하남의 정휘[字 思淵]가 있었다. 그들은 몇 년 동안 차례로 조정에 올랐지만, 이 어진 사람[진생]은 누추한 동네[19]에 살면서 여러 번 자신을 팔려고 했지만 좋은 값을 쳐주는 사람이 없었기에,[20] 높은 뜻을 지닌 채 유유자적하며 끝내 지조를 꺾지 않으므로 내가 그것을 유감스러워한다. 또한 되먹지 못하게도 그들은 이미 관직에 있으면서도 옛 친구를 잊지 않던『시경詩經』「벌목伐木」편의 새 우는 소리[21]가 전혀 없고, 친구를 이끌어 주던 왕길王吉과 공우貢禹의 갓 털던 뜻[22]을 크게 어겼다. 그래서 진생의 용모가 훌륭한 것으로 인해「머리가 꾸짖는 글」을 지어 장난을 치면서, 아울러 여섯 사람을 조롱하고자 한다. 비록 겉으로는 해학 같지만 실제로는 기탁한 바가 있다. 그 글은 다음과 같다.

"태시泰始 원년(265)에 머리가 자우를 꾸짖어 말했다.

'내가 그대에게 붙어 머리가 된지 만여 일이 되었다. 천지는 나에게 정신을 내려주고 나에게 육체를 만들어주었다.[23] 나는 그대를 위해 두피에 머리카락을 심고, 코와 귀를 설치하고, 눈썹과 수염을 안치하고, 치아를 박아 넣었으며, 눈동자에서 빛이 나게 하고, 양쪽 광대뼈를 솟아나게 했다. 매번 출입하면서 저자거리를 노닐 때마다 지나가는 자는 길을 비키고 앉아 있는 자는 삼가 예의를 갖춘다. 어떤 자는 군후君侯라 부르고 어떤 자는 장군이라 부르면서, 양손을 모아 몸을 숙이고[24] 똑바로 서서 허리를 굽힌다.[25] 이렇게 하는 것은 진실로 나의 용모가 훌륭하기 때문이다. 그대는 관리의 관도 쓰지 않고 금은의 장식물도 차지 않으며, 부녀자들이나 꽂는 비녀로 상투꽂이를 대신하고 부녀자들이나 쓰는 머리쓰개로 모자를 대신하며,[26] 맛있는 음식도 먹지 못하고 조나 푸성귀를 먹으며, 시골에 파묻혀[27] 거름 주느라 땀으로 더럽혀지면서도, 세월이 저물도록 일찍이 스스로 후회한 적이 없다. 그대는 나의 모습에 싫증나고, 나는 그대의 마음가짐을 경멸한다. 이렇게 된 것은 틀림없이 그대의 처신이 잘못되었기 때문이다. 그대는 나를 원수처럼 대하고 나는 그대를 적과 같이 여기므로, 평상시에 즐겁지 못하고 둘 다 모두 근심하니 얼마나 비참한가! 그대가 남의 보배가 되고자 한다면, 당연히 고요皐陶·후직后稷·무함巫咸·이척伊陟[28]처럼 국가를 보호하여 영원히 봉토를 받아야 할 것이다. 그대가 고상한 명성을 얻고자 한다면, 당연히 허유許由·자위子威·변수卞隨·무광務光[29]처럼 귀를 씻고 봉록을 피하여 천추千秋에 꽃다운 이름을 남겨야 할 것이다. 그대가 유세를 하고자 한다면, 당연히 진진陳軫·괴통蒯通·육생陸生[陸賈]·등공鄧公[30]처럼 화를 복으로 만들고 언변을 당당하게 해야 할 것이다. 그대가 진취적이고자 한다면, 당연히 가생賈生[賈誼]이 등용되기를 구하고[31] 종군終軍이 남월南越의 사신을 자청했던[32] 것처럼 예봉銳鋒을 갈고 닦아 국사를 맡아야 한다. 그대가 고요히 담박하게 지내고자 한다면, 당연히 노담老聃[老子]이 무위無爲의 도를 지키고 장주莊周[莊子]가 스스로 속세를 떠나 즐겼던 것처럼 마음을 텅 비운 채 욕심을 버리고 뜻은 구름과 해를 뛰어넘어야 할 것이다. 그대가 은둔하고자 한다면, 당연히 영계기榮啓期가 새끼 띠를 두르고[33] 어부漁父가 물가에서 놀았던[34] 것처럼 깊은 산 속에서 살고 큰 계곡에서 낚싯줄을 드리워야 할 것이다. 이것은 혼자서 자신을 드러내 이름을 이룬 경우다. 지금 그대는 위로는 노장老莊의 도를 바라지도 않고, 중간으로는 유묵儒墨의 도를 본받지도 않은 채, 홀로 빈천하게 지내면서 그 어리석은 생각만 지키고 있다. 그대의 마음을 살펴보고 그대의 뜻을 관찰해보니, 물러나도 처사處士[35]가 되지 못하고 나아가도 삼공三公[36]을 바랄 수 없으며, 다만 세월만 보내면서 신체를 수고롭게 하고 보통사람이 좋아하는 것에 익숙해 있으니, 이 또한 잘못이 아닌가!'

자우가 근심스레 깊은 생각에 잠겼다가 대답했다.

'무릇 가르쳐주신 바는 삼가 받들겠습니다. 저는 타고난 천성이 매인 게 많아서 예의의 말씀을 듣지 못했는데, 우연히 천행天幸을 얻어 당신이 저의 몸에 기탁하게 되었습니다. 그렇지만 지금 나에게 충의를 다하게 하려고 한다면 당연히 오자서伍子胥와 굴평屈平[屈原]⑰처럼 되어야 하고, 나에게 신의를 다하게 하려고 한다면 당연히 몸을 희생하여 이름을 이루어야 하며, 나에게 절개를 지키게 하려고 한다면 당연히 물과 불 속으로 뛰어들어 지조를 온전하게 해야 합니다. 이 네 가지 일⑱은 사람들이 꺼리는 바이므로 저는 감히 그러한 마음을 먹지 못하겠습니다.'

머리가 말했다.

'그대가 말하는 바의 천지의 법망이란 것은 강건한 덕⑲의 허물이니, 그런 경우는 포초鮑焦나 개지추介之推처럼 산에 올라 나무를 끌어안은 채 죽지⑳ 않으면 변수卞隨나 무광務光처럼 치마를 걷고 강물에 빠져 죽게 된다.㉑ 나는 그대에게 성명性命을 보양하는 법을 일러주고 그대에게 유유자적한 도를 가르쳐주려고 한 것인데, 그대는 서캐나 이와 같은 마음을 갖고 나의 조언을 듣지 않는다. 슬프도다! 다 같이 사람의 몸에 깃들면서도 유독 그대의 머리가 되다니! 또한 다른 사람들을 헤아려 그대의 친구들과 비교해본다면, 그대는 태원의 온옹, 영천의 순우, 범양의 장화, 사경 유허, 남양의 추담, 하남의 정후만 못하다. 이 몇 사람 가운데 어떤 자는 말을 더듬어 음정을 맞추지 못하며, 어떤 자는 허약한 체구에 못생겼고 말이 거의 없으며, 어떤 자는 뽐내듯이 일부러 모습을 잘 꾸미며, 어떤 자는 시끄럽게 떠들면서 지모가 적으며, 어떤 자는 입에 끈끈한 엿을 물고 있는 것 같으며, 어떤 자는 머리가 양념 빻는 절구에 두건을 씌워놓은 것 같다. 그렇지만 그들은 문장이 볼 만하고 사고가 면밀하기 때문에 권문세가에 의지하여 모두 조정에 올랐던 것이다. 어떤 사람들은 치질을 핥아 수레를 얻기도 하고㉒ 연못에 잠수하여 진주를 얻기도 하는데,㉓ 어찌하여 그대 같은 사람은 단지 입술과 혀를 썩어 문드러지게 하고 손과 발을 물에 적시고 있는가? 다사다난한 세상에 살면서 권모權謀 쓰는 것을 부끄러워하는 것은, 비유하자면 연못을 파고 들어가 물을 담은 물동이를 안고 나오는 것㉔과 같으니, 그것으로는 부귀를 구하기 어렵다. 아! 자우여! 그대는 우리 속에 갇힌 곰, 깊은 함정에 빠진 호랑이, 바위틈에 있는 굶주린 게, 구멍 속에 있는 쥐와 무엇이 다르랴? 비록 열심히 일에 힘을 쏟아도 얻는 효과는 심히 보잘것없으니, 구부리고 움츠린 채㉕ 노년에 이르기까지 바라는 바가 없는 것이 마땅하다. 사지가 몸에서 떨어져도 오히려 곤궁하지 않을 수 있으니[46] 천명이 아니겠는가! 어찌 그대와 함께 지낼 수 있으리오!'"[47]

|역주|

① 荀寓:『三國志』권10「魏書·荀彧傳」裵注에 인용된『荀氏家傳』에는 "荀寓"라 되어 있음.

② 劉訏:『隋書』「經籍志」에 "梁有宗正劉訏集二卷, 餘一卷."이라는 著錄이 있고,『舊唐書』「經籍志」에 "張儆集二卷, 劉訏集二卷."이라는 著錄이 있음. 楊勇은 '訏'는 '大'의 뜻이고 그의 자 '文生'과 의미가 가까우므로 "劉訏"가 옳다고 주장함.

③ 말을 더듬어 음정을 맞추지 못하며: 원문은 "謇喫無宮商". '謇喫'은 말을 더듬는 것을 말함. 宋本에는 '謇吃'이라 되어 있는데, '喫'은 '吃'의 俗字임. '宮商'은 五音[宮·商·角·徵·羽]의 代稱.

④ 허약한 체구에 못생겼고: 원문은 "尪(왕)陋". '尪'은 몸이 허약한 것, 또는 등이 굽은 것을 말함. '陋'는 얼굴이 추하게 생긴 것을 말함.

⑤ 뽐내듯이 일부러 모습을 잘 꾸미며: 원문은 "淹伊多姿態". '淹伊'는 인위적으로 꾸며서 남에게 환심을 사는 모양.

⑥ 시끄럽게 떠들면서 지모가 적으며: 원문은 "諠譁少智諝". '諠(훤)譁'는 喧譁와 같으며, 시끄럽게 떠드는 모양. '智諝(서)'는 才智와 智謀.

⑦ 입에 끈끈한 엿을 물고 있는 것 같으며: 원문은 "口如含膠飴". 입이 끈끈하게 달라붙은 것처럼 발음이 분명하지 않다는 뜻. 또는 입에 꿀을 바른 것처럼 말이 달콤하다고 풀기도 함.

⑧ 양념 빻는 절구: 원문은 "齏(제)杵". '齏'는 마늘이나 생강 따위의 양념을 잘게 부수거나 빻는 것을 말함.

⑨ 면밀하기: 원문은 "詳序". 상세하고 조리가 있다는 뜻.

⑩ 권문세가에 의지하여 모두 조정에 올랐던 것이다: 원문은 "攀龍附鳳, 並登天府." '攀龍附鳳'은 용에 매달리고 봉황을 따른다는 뜻으로, 훌륭한 인물이나 권문귀족에게 의지하여 자신의 지위를 높이는 것을 비유함. '天府'는 조정을 비유함.『漢書』권100「叙傳」에 "攀龍附鳳, 並乘天衢."라는 구절이 있음.

⑪ 이미 나왔다: 溫顒의 이름은 현행본『世說新語』에 보이지 않음. 아마도 원본에는 있었지만 수본에서는 망실된 것으로 추정됨. 溫顒의 이름은『晉書』권45「任愷傳」의 "賈充旣爲帝所遇, 欲專名勢, 而庾純·張華·溫顒·向秀·和嶠之徒皆與愷善."이라는 구절에서만 보임.

⑫ 荀寓는~ 조부 荀式은~ 부친 荀保는 御史中丞을 지냈다:『三國志』권10「魏書·荀彧傳」에는 "荀彧子惲, 嗣侯. …惲弟俁, 御史中丞."이라 되어 있으며, 이것에 대한 裵注에서 인용한『荀氏家傳』에는 "俁字叔倩, …俁子寓, 字景伯."이라 되어 있

음. 이 기록에 따르면, '荀式'은 '荀彧'이 맞고 '荀保'는 '荀侯'가 맞음.
⑬ 涿鹿 鄀 : 宋本과 袁褧本에는 "涿鹿郡"이라 되어 있음. '涿鹿'과 '鄀'은 각각 지금의 河北省과 湖北省에 있어서 위치상 서로 맞지 않으므로, '涿鹿郡'이 타당할 것이라고 생각됨. 그러나 역사상 '涿鹿郡'이란 지명은 보이지 않으며, '涿郡'[지금의 河北省 涿縣] 또는 '涿鹿縣'[지금의 河北省 涿鹿縣 동남쪽]은 보임. 徐震堮은 『晉書』「地理志」范陽國 注의 "漢置涿郡, 魏文帝更名范陽郡, 武帝置國, 封宣帝弟子綏."라는 기록에 근거하여 '鹿'을 衍字로 추정함.
⑭ 宗正卿 : 황족의 일을 관장하는 관리.
⑮ 衛尉卿 : 천자의 호위와 屯兵을 관장하는 관리.
⑯ 鄭褒 : 『晉書』권44「鄭袤傳」에는 鄭謝의 부친 이름이 "鄭袤"로 되어 있음.
⑰ 『張敏集』에 실려 있는 「머리가 자우를 꾸짖는 글[頭責子羽文]」: 洪邁의 『容齋隨筆』권4 「晉代遺文」條에 「頭責子羽文」이 인용되어 있는데 『晉代名臣文集』에서 뽑았다고 했으며, 또한 "張敏者, 太原人. 仕歷平南參軍·太子舍人·濟北長史."라고 함.
⑱ 南陽 : 『晉書』「地理志」에 따르면, 晉 武帝가 吳를 평정한 뒤에 南陽郡을 분리하여 義陽郡을 설치했음. 余嘉錫은 이것에 근거하여, 泰始 원년은 吳를 평정하기 전이므로 劉注에서 '南陽'이라 했다고 했으며, 또한 본문에서 '義陽'이라 한 것은 나중에 고친 것이라고 주장함.
⑲ 누추한 동네 : 원문은 "陋巷". 『論語』「雍也」篇에 나오는 말.
⑳ 팔려고 했지만 좋은 값을 쳐주는 사람이 없었기에 : 원문은 "屨沽而無善價". 『論語』「子罕」篇의 "子貢曰; '有美玉於斯, 韞匵而藏諸? 求善賈而沽諸?' 子曰; '沽之哉! 沽之哉! 我待賈者也.'"라는 구절을 원용한 것임.
㉑ 「伐木」편의 새 우는 소리 : 원문은 "「伐木」嚶鳴之聲". 嚶鳴之聲은 친구의 소리를 찾아 우는 새의 소리. 사람에게 비유하면 옛 친구를 잊지 않는 것을 말함. 『詩經』「小雅·伐木」에 "伐木丁丁, 鳥鳴嚶嚶. …嚶其鳴矣, 求其友聲."이라는 구절이 있고, 이것에 대한 毛傳에서 "君子雖遷處於高位, 不可以忘其朋友."라고 함.
㉒ 王吉과 貢禹의 갓 털던 뜻 : "王·貢彈冠之義". '王'은 王吉[字 子陽], '貢'은 貢禹[字 少翁]로, 모두 西漢 琅邪사람. '彈冠'은 관에 쌓인 먼지를 털고서 추천되기를 기다린다는 뜻. 왕길과 공우는 우정이 매우 돈독하여 언제나 그 진퇴를 함께 했으므로, 당시에 "王陽在位, 貢公彈冠"이라는 말이 있었음. 『漢書』권72「王吉傳」참조.
㉓ 천지는~주었다 : 원문은 "大塊稟我以精, 造我以形." 『莊子』「大宗師」篇의 "夫大塊載我以形, 勞我以生."이라는 구절을 원용한 것임. '大塊'는 천지자연을 말함.
㉔ 몸을 숙이고 : 원문은 "傾側". 마음을 기울여 상대방을 존경하는 것. 여기서는

그러한 행동을 말함.
㉕ 허리를 굽힌다 : 원문은 "崎嶇". '傾側'과 같은 뜻. 몸을 숙여 절을 하는 것.
㉖ 비녀로 상투꽂이를 대신하고 머리쓰개로 모자를 대신하며 : 원문은 "釵以當笄, 帨以代幗." '釵(차)'는 여자들이 꽂는 비녀. '笄(계)'는 남녀 모두 사용하지만 여기서는 문맥상 남자들의 상투꽂이가 타당함. '帢(갑)'은 남자들이 쓰는 모자. '幗(괵)'은 여자들이 머리에 쓰는 꾸미개. 문맥상 '帨以代幗'은 "幗以代帢"으로 바꾸어야 타당함. 이 구절은 남자다운 기개가 없음을 말한 것임.
㉗ 파문혜 : 원문은 "隈摧". 세상과 격리되어 외따로 떨어져 있는 것을 말함.
㉘ 皐陶·后稷·巫咸·伊陟 : '皐陶'는 舜의 신하로 형법을 관장했음. '后稷'은 周나라의 시조로, 姜嫄이 天帝의 발자국을 밟고 나서 잉태하여 낳았다고 전해지며, 농사를 관장했음. '巫咸'은 殷나라의 賢臣으로, 殷 中宗 때 巫者가 되었다고 함. 『尙書』「君奭」, 『楚辭』「離騷」 참조. '伊陟'은 殷나라의 賢相으로, 伊尹의 아들. 『尙書』「君奭」 참조. 이들은 모두 국가를 위하여 헌신했던 인물임.
㉙ 許由·子臧·卞隨·務光 : '許由'는 堯시대의 은자로, 요가 천하를 양보하는 것을 거절하고 箕山에 들어가 은거했으며, 다시 九州의 長으로 초빙되자 潁水 가에서 귀를 씻었다고 함. 『莊子』「逍遙遊」와 皇甫謐의 『高士傳』 참조. '子威'는 '子臧'의 誤記로 보임. 『左傳』「成公15年」條, 『藝文類聚』 권17, 『容齋隨筆』 권4에 인용된 「頭責子羽文」에는 모두 '子臧'이라 되어 있음. 子臧은 춘추시대 曹나라 宣公의 庶子인 공자 欣時. 子臧은 그의 字. 宣公이 秦나라와의 전쟁에서 전사한 뒤 왕위계승다툼이 일어나자, 공자 負芻가 태자를 죽이고 왕위를 빼앗아 成公이 되었는데, 제후들이 부추를 체포하고 자장을 옹립하려 했지만 자장은 사양하고 宋나라로 도망갔음. 『左傳』「成公十13·15年」條 참조. '卞隨'는 夏나라의 은자. 殷 湯王이 夏 桀王을 토벌한 뒤에 천하를 그에게 양보했지만, 변수는 받지 않고 강물에 투신자살함. 『莊子』「讓王」, 『呂氏春秋』「離俗覽」 참조. '務光'은 夏나라의 은자. 卞隨가 湯王의 양위를 받아들이지 않자, 탕왕은 다시 務光에게 양위하려 했는데, 무광도 받지 않고 강물에 투신자살함. 『莊子』「讓王」·「大宗師」, 『史記』「伯夷列傳」, 『呂氏春秋』「離俗覽」 등 참조. 이들은 모두 속세의 부귀영달을 버리고 스스로 은거한 인물임.
㉚ 陳軫·蒯通·陸生[陸賈]·鄧公 : '陳軫'은 전국시대 楚나라 사람. 張儀와 함께 秦 惠王을 섬긴 遊說家. 『史記』 권70 「張儀列傳」 참조. '蒯通'은 范陽 사람으로 楚漢爭霸 시기의 유세가. 『漢書』 권45 「蒯伍江息夫傳」 참조. '陸生'은 陸賈. 楚나라 사람으로 辯舌에 능했으며, 漢 高祖의 명을 받아 南越을 漢나라에 복속시킴. 『漢書』 권43 「酈陸朱劉叔孫傳」 참조. '鄧公'은 鄧先이라고도 함. 漢 景帝 때 校尉가 되었고 吳·楚를 격파하여 장군이 됨. 建元연간(140 BC~135 BC)에는 武帝가

그를 賢良으로 초징함. 『史記』 권101 「袁盎鼂錯列傳」 참조 이들은 모두 변설에 뛰어난 유세가임.
㉛ 賈生[賈誼]이 등용되기를 구하고 : '賈生'은 賈誼. 西漢 洛陽 사람. 西漢 文帝 때 20여 세에 博士가 되었으며, 자주 계책을 올리고 의식법령을 起草함. 『史記』 권84 「屈原賈生列傳」 참조.
㉜ 終軍이 南越의 사신을 자청했던 : '終軍'은 자가 子雲이며 西漢 濟南 사람. 武帝의 인정을 받아 謁者給事中이 되었으며, 남월에 사신으로 가서 남월을 한나라에 귀속시킴. 『漢書』 권64下 「嚴朱吾丘主父徐嚴終王賈傳」 참조.
㉝ 榮啓期가 새끼 띠를 두르고 : 원문은 "榮期之帶索". '榮期'는 榮啓期. 춘추시대의 은자. 사슴 갖옷에 새끼 띠를 두르고 은둔했으며, 사람으로 태어난 것, 남자로 태어난 것, 오래 산 것을 세 가지 즐거움이라고 함. 『列子』 권1 「天瑞」 참조.
㉞ 漁父가 물가에서 놀았던 : 원문은 "漁父之濈濶". '漁父'는 물가에서 고기잡이하는 노인이란 뜻. 어부의 고사는 역대로 여러 전적에 다양하게 실려 있는데, 그 중에서 『莊子』 「漁父」와 『楚辭』 「漁父」에 나오는 것이 널리 알려져 있음. '濈濶(집착)'은 물에 들어갔다 나왔다 하는 모양.
㉟ 處士 : 관직에 나아가지 않고 초야에 묻혀 지내는 사람.
㊱ 三公 : 원문은 "三事". 天・地・人 三事를 다스린다는 뜻에서 삼공을 가리킴.
㊲ 伍子胥와 屈平[屈原] : '伍子胥'는 伍員. 춘추시대 楚나라 사람으로, 楚 平王에게 부친과 형이 살해당하자, 吳王을 도와 초나라를 공격하여 평왕을 무덤을 파헤쳐 시체에 채찍질을 했으며, 나중에 오왕 夫差에게 살해당한 뒤 장강에 수장됨. 『史記』 권66 「伍子胥列傳」 참조. '屈平'은 屈原. 전국시대 楚나라 사람으로, 楚 懷王의 측근이 되어 국사를 보좌했지만 上官大夫의 참언으로 추방당하자 「離騷」를 지어 자신의 뜻을 서술했으며, 나중에 다시 頃襄王에게 추방당하자 汨羅江에 투신자살함. 『史記』 권84 「屈原賈生列傳」 참조.
㊳ 이 네 가지 일 : 실제로는 세 가지 일임.
㊴ 강건한 덕 : 원문은 "剛德". 성품이 강직한 것을 말함.
㊵ 산에 올라 나무를 끌어안은 채 죽지 : 高士로서 명성이 높은 鮑焦와 介之推의 행적을 말함. 포초는 周나라의 은자로 高節을 지킨 채 세상을 비난하면서 나무를 끌어안고 죽었다고 함. 『莊子』 「盜跖」, 『韓詩外傳』 권1, 『風俗通義』 권3 참조 개지추는 춘추시대 晉 文公의 신하로, 문공의 망명길을 오랫동안 수행했지만 봉록을 얻지 못하자 모친과 함께 緜山에서 은거하다 죽었다고 함. 『左傳』 「僖公 24年」條, 『史記』 권39 「晉世家」 참조.
㊶ 치마를 걷고 강물에 빠져 죽게 된다 : 夏나라의 은자 卞隨와 務光의 행적을 말함. 변수와 무광에 대해서는 本條 [역주]㉙ 참조.

㊷ 치질을 핥아 수레를 얻기도 하고 : 굴욕적인 일을 참고 행하여 이득을 얻는 것을 말함. 『莊子』 「列御寇」篇에 "秦王有病召醫. 破癰潰痤者得車一乘, 舐痔者得車五乘. 所治愈下, 得車愈多."라는 고사가 있음.

㊸ 연못에 잠수하여 진주를 얻기도 하는데 : 생사가 걸린 위험을 감수하여 진귀한 보물을 얻는 것을 말함. 『莊子』 「列御寇」篇에 "河上有家貧恃緯蕭而食者. 其子沒于淵, 得千金之珠. 其父謂其子曰: '取石來鍛之! 夫千金之珠, 必在九重之淵而驪龍頷下. 子能得珠者, 必遭其睡也. 使驪龍而寐, 子尚奚微之有哉!'"라는 고사가 있음.

㊹ 연못을 파고 들어가 물을 담은 물동이를 안고 나오는 것 : 원문은 "鑿池抱甕". 宋本에는 "池"가 "地"로 되어 있는데 문맥상 보다 합당함. 땅을 파서 우물을 만든 뒤 그 속으로 들어가 물동이에 물을 담아가지고 나와서 채마밭에 물을 준다는 뜻. 즉 수고는 많이 하지만 그 효과는 너무 적음을 말함. 『莊子』 「天地」篇에 "子貢南遊於楚, 反於晉, 過漢陰, 見一丈人方將爲圃畦, 鑿隧而入井, 抱甕而出灌, 搰搰然用力甚多而見功寡."라는 고사가 있음.

㊺ 구부리고 움츠린 채 : 원문은 "拳局翦翳". '拳局'은 '拳跼'과 같으며, 구부리고 오그린다는 뜻. '翦翳'은 宋本에는 "煎翳", 袁褧本에는 "剪翳"이라 되어 있음. 모두 움츠린다는 뜻. 이 구절은 자유롭게 나아가지 못하는 것을 말함.

㊻ 사지가 몸에서 떨어져도 오히려 곤궁하지 않을 수 있으니 : 원문은 "支離其形, 猶能不困." '支離其形'은 몸이 불구라는 뜻. 『莊子』 「人間世」篇에 "夫支離其形者, 猶足以養其身, 終其天年, 又況支離其德者乎!"라는 기록이 있음.

㊼ 천명이 아니겠는가! 어찌 그대와 함께 지낼 수 있으리오 : 원문은 "非命也夫! 豈與夫子同處也." 『容齋隨筆』 권4에 인용된 「頭責子羽文」에는 "命也夫! 與子同處."라 되어 있는데, 이 경우는 "천명이로다! 그대와 함께 지내는 것이"라고 해석됨.

[참고] 『藝文類聚』17, 『容齋隨筆』4.

「頭責秦子羽」云: ① "子曾不如太原溫顒, 潁川荀寓, ② 范陽張華, 士卿劉許, ③ 義陽鄒湛, 河南鄭詡. ④ 此數子者, 或騫喫無宮商, 或尫陋希言語, 或淹伊多姿態, 或謇謇少智諝, 或口如含膠飴, 或頭如巾齏杵. ⑤ 而猶以文采可觀, 意思詳序, 攀龍附鳳, 並登天府." ⑥

① ◦ 子羽, 未詳.

② ◦ 溫顒, 已見.
 ◦ 『荀氏譜』曰: 寓, 字景伯. 祖式, 太尉. 父保, 御史中丞.
 ◦ 『世語』曰: 寓少與裴楷·王戎·杜默俱有名, 仕晉, 至尙書.

③ ◦ 『晉百官名』曰: 劉許, 字文生, 涿鹿郡人. 父放, 魏驃騎將軍. 許, 惠帝時爲宗正卿.

○按; 許與張華同范陽人, 故曰'士卿', 互其辭也. 宗正卿, 或曰士卿.

[4] ○『晉諸公贊』曰; 湛, 字潤甫, 新野人. 以文義達, 仕至侍中. 詡, 字思淵, 滎陽開封人. 爲衛尉卿. 祖泰, 揚州刺史. 父褒, 司空.

[5] ○『文士傳』曰; 華爲人少威儀, 多姿態.

○推意此語, 則此六句, 還以目上六人. 而"口如含膠飴", 則指鄒湛. 湛辯麗英博, 而有此稱, 未詳.

[6] ○『張敏集』載「頭責子羽文」曰; 余友有秦生者, 雖有姊夫之尊, 少而狎焉. 同時好暱, 有太原溫長仁顒, 潁川荀景伯寓, 范陽張茂先華, 士卿劉文生許, 南陽鄒潤甫湛, 河南鄭思淵詡. 數年之中, 繼踵登朝, 而此賢身處陋巷, 屢沽而無善價, 尤志自若, 終不衰墮, 爲之慨然. 又怪諸賢既已在位, 曾無「伐木」嚶鳴之聲, 甚違王・貢彈冠之義. 故因秦生容貌之盛, 爲「頭責之文」以戲之, 幷以嘲六子焉. 雖似詭譎, 實有興也. 其文曰; "維泰始元年, 頭責子羽曰; '吾託子爲頭, 萬有餘日矣. 大塊稟我以精, 造我以形. 我爲子植髮膚, 置鼻耳, 安眉須, 挺牙齒, 眸子摛光, 雙顴隆起. 每至出入之間, 遨遊市里, 行者辟易, 坐者竦跽. 或稱君侯, 或言將軍, 捧手傾側, 佇立崎嶇. 如此者, 故我形之足偉也. 子冠冕不戴, 金銀不佩, 釵以當笄, 帢以代幧, 旨味弗營, 食粟茹菜, 隈摧園閈, 糞壤汗黑, 歲莫年過, 曾不自悔. 子厭我於形容, 我賤子乎意態. 若此者乎, 必子行己之累也. 子遇我如讐, 我視子如仇, 居常不樂, 兩者俱憂, 何其鄙哉! 子欲爲人寶也, 則當如皋陶・后稷・巫咸・伊陟, 保乂王家, 永見封殖. 子欲爲名高也, 則當如許由・子威・卞隨・務光, 洗耳逃祿, 千歲流芳. 子欲爲遊說也, 則當如陳軫・酈通・陸生・鄧公, 轉禍爲福, 令辭從容. 子欲爲進趣也, 則當如賈生之求試, 終軍之請使, 砥礪鋒穎, 以幹王事. 子欲爲恬淡也, 則當如老聃之守一, 莊周之自逸, 廓然離欲, 志陵雲日. 子欲爲隱遁也, 則當如榮期之帶索, 漁父之滄濁, 棲遲神丘, 垂餌巨壑. 此一介之所以顯身成名者也. 今子上不希道德, 中不效儒墨, 塊然窮賤, 守此愚惑. 察子之情, 觀子之志, 退不爲於處士, 進無望於三事, 而徒翫日勞形, 習爲常人之所喜, 不亦過乎!' 於是子羽愀然深念而對曰; '凡所教敕, 謹聞命矣. 以受性拘係, 不聞禮義, 設以天幸, 爲子所寄. 今欲使吾爲忠也, 卽當如伍胥・屈平. 欲使吾爲信也, 則當殺身以成名. 欲使吾爲介節邪, 則當赴水火以全貞. 此四者, 人之所忌, 故吾不敢造意.' 頭曰; '子所謂天刑地網, 剛德之尤, 不登山抱木, 則褰裳赴流. 吾欲告爾以養性, 誨爾以優游, 而以蟣蝨同情, 不聽我謀. 悲哉! 俱寓人體, 而獨爲子頭. 且擬人其倫, 喩子儔偶. 子不如太原溫顒, 潁川荀寓, 范陽張華, 士卿劉許, 南陽鄒湛, 河南鄭詡. 此數子者, 或謇喫無宮商, 或尫陋希言語, 或淹伊多姿態, 或謹譁少智諝, 或口如含膠飴, 或頭如巾齏杵, 而猶文采可觀, 意思詳序, 攀龍附鳳, 並登天府. 夫舐痔得車, 沈淵得珠, 豈若夫子徒令脣舌腐爛, 手足沾濡哉? 居有事之世, 而恥爲權圖, 譬猶鑿池抱甕, 難以求富. 嗟乎子羽! 何異檻中之熊, 深穽之虎, 石間饑蟹, 竇中之鼠? 事力雖勤, 見功甚苦, 宜其拳局齡蹙, 至老無所希也. 支離其形, 猶能不困, 非命也夫! 豈與夫子同處也!'"

• 25:08 [0944]

왕혼[王渾]이 부인 종씨[鍾氏]①와 함께 앉아 있다가 아들 왕무자[王武子][王濟]가 뜰을 지나가는 것을 보았다. 왕혼이 흐뭇해하며 부인에게 말했다.

"낳은 아들이 이와 같으니 내 마음이 매우 든든하오!"

부인이 웃으며 말했다.

"만약 이 몸②이 참군[參軍][시동생 王淪]과 부부가 될 수 있었더라면, 낳은 아들은 말할 것도 없이 이 정도에서 그치지 않았겠지요." 1

1 □『왕씨가보[王氏家譜]』: 왕륜[王倫]③은 자가 태충[太沖]이며, 사공[司空] 목후[穆侯] [王昶]④의 셋째아들이자 사도[司徒] 왕혼의 동생이다. 성품이 순수하고 대범했으며, 노장[老莊]의 학문을 귀히 여겨 마음 씀이 담담했다.『노자례략[老子例略]』과 『주기[周紀]』를 지었다. 20여 세에 효렴에 천거되었으나 나아가지 않았다. 대장군[大將軍][司馬昭]⑤의 참군을 역임했는데, 25세에 죽자 대장군이 그를 위해 눈물을 흘렸다.

[역주]
① 부인 鍾氏 :「賢媛」12 劉注 2 참조.「賢媛」16에도 나옴.
② 이 몸 : 원문은 "新婦". 결혼한 부인이 자신을 일컫는 말.
③ 王倫 : '王淪'의 오기로 추정함.『晉書』권96「列女傳·王渾妻鍾氏傳」,『太平御覽』권391에 인용된『郭子』,『世說敍錄』「人名譜·太原王氏譜」에는 모두 "王淪"이라 되어 있음. 또한 王昶은 아들 渾·深·淪·湛을 차례로 낳았으므로, 王淪은 王昶의 셋째아들임.
④ 사공 穆侯[王昶] :『三國志』권27「魏書·王昶傳」에 따르면, 王昶은 魏나라의 사공을 지냈으며, 甘露 4년(259)에 죽은 뒤 穆이라는 시호를 받았음.
⑤ 大將軍[司馬昭] :『太平御覽』권391에 인용된『郭子』에 "參軍是渾中弟, 名淪, 字太沖. 嘗爲晉文王大將軍參軍, 從征壽春, 遇疾亡, 時人惜焉."이라는 기록이 있는데, 여기에서 '晉文王大將軍'은 文帝 司馬昭를 말함. 한편 目加田誠은 曹爽이라고 추정했는데 근거가 명확하지 않음.

[참고]『晉書』96.

王渾與婦鍾氏共坐, 見武子從庭過. 渾欣然謂婦曰; "生兒如此, 足慰人意!" 婦

笑曰; "若使新婦得配參軍, 生兒故可不啻如此." [1]

[1] ◦『王氏家譜』曰; 倫, 字太沖, 司空穆侯中子, 司徒渾弟也. 醇粹簡遠, 貴老莊之學, 用心淡如也. 爲『老子例略』·『周紀』. 年二十餘擧孝廉, 不行. 歷大將軍參軍, 二十五卒, 大將軍爲之流涕.

• 25 : 09 [0945]

순학명荀鶴鳴[荀隱]과 육사룡陸士龍[陸雲] 두 사람이 아직 서로 면식이 없었을 때, 장무선張茂先[張華]이 마련한 자리에서 함께 만났다. 장무선은 두 사람에게 함께 얘기를 나누라고 했는데, 그들이 모두 뛰어난 재능을 지니고 있었기 때문에 평범한 말은 쓰지 말라고 했다. 육사룡이 손을 들며 말했다.

"구름 사이[雲間]의 육사룡이오."①

순학명이 답했다.

"태양 아래[日下]의 순학명이오."②

다시 육사룡이 말했다.

"이미 푸른 구름이 걷히고 흰 꿩③이 보이는데도 어찌하여 당신의 활시위를 당겨 당신의 화살을 걸치지 않는 것이오?"

순학명이 답했다.

"본래는 구름 사이의 건장한 용④인 줄로 생각했는데 알고 봤더니 산야의 사슴⑤인지라, 사냥감은 약하고 활은 강하기 때문에 발사를 늦추었던 것이오."

장무선은 손뼉을 치며 크게 웃었다. [1]

[1] ◦『진백관명晉百官名』: 순은荀隱은 자가 명학이며 영천穎川사람이다.

◦『순씨가전荀氏家傳』: 순은의 조부 순흔荀昕은 낙안樂安태수를 지냈고, 부친 순악荀岳은 중서랑中書郎을 지냈다. 순은과 육운陸雲이 장화張華가 마련한 자리에서 얘기하면서 서로 응수했는데, 육운이 연거푸 당했다. 순은의 말이 모두 미려했기에 장공張公[張華]이 훌륭하다고 칭찬했다. 세간에 이러한 것을

기록해놓은 책이 있다고 해서 찾아보았지만 얻지 못했다.⑥ 순은은 태자사인太子舍人과 연위평延尉平⑦을 역임했으며, 일찍 죽었다.

[역주] ······················
① 구름 사이[雲間]의 육사룡이오 : '雲間'은 옛 華亭의 별칭으로 지금의 上海市 松江 서쪽에 있었음. 陸遜이 華亭侯에 봉해진 이후로 육씨 일족은 대대로 화정에서 거주했음. 여기서는 陸雲이 자신의 출신지 '雲間'과 자신의 字 중의 '龍'을 언급하여 비범한 인물임을 암시한 것임.
② 태양 아래[日下]의 순학명이오 : '日下'는 도성, 즉 西晉의 수도 洛陽을 말함. 荀隱은 潁川 출신인데, 영천이 도성 부근에 있었기 때문에 그렇게 말한 것임. 여기서는 荀隱이 도성에 가까운 자신의 출신지를 '日下'라 하고 자신의 字 중의 '鶴'을 언급하여 淸高한 인물임을 암시한 것임.
③ 흰 꿩 : 荀隱이 자신을 학에 비유한 것에 대하여 陸雲이 그를 폄하하여 '꿩'이라 한 것임.
④ 구름 사이의 건장한 용 : 원문은 "雲龍騤騤". '騤騤'는 웅건하고 품위 있는 모양.
⑤ 산야의 사슴 : 원문은 "山鹿野麋". 陸雲이 자신을 용에 비유한 것에 대하여 荀隱이 그를 폄하하여 '사슴'이라 한 것임.
⑥ 세간에~못했다 : 원문은 "云世有此書, 尋之未得." 이 구절은 아마도 본래 『荀氏家傳』에 들어 있지 않았을 것으로 추정됨. 그리하여 余嘉錫은 이 구절을 劉孝標의 말이라고 했으며, 目加田誠은 이 구절 이하를 모두 유효표의 말로 여겼음. 한편 楊勇은 이 구절을 張華가 한 말인 것으로 보았으나 문맥이 통하지 않음.
⑦ 延尉平 : '延'은 '廷'의 오기로 보임. 宋本과 袁褧本에는 모두 "廷尉平"이라 되어 있음. '廷尉平'은 정위의 속관으로 廷尉評이라고도 하며, 옥사와 송사를 관장했음.

[참고] 『晉書』54, 『藝文類聚』25, 『太平御覽』390, 『太平廣記』253.

荀鳴鶴·陸士龍二人未相識, 俱會張茂先坐. 張令共語, 以其並有大才, 可勿作常語. 陸擧手曰; "雲間陸士龍." 荀答曰; "日下荀鳴鶴." 陸曰; "旣開靑雲覩白雉, 何不張爾弓, 布爾矢?" 荀答曰; "本謂雲龍騤騤, 定是山鹿野麋, 獸弱弩彊, 是以發遲." 張乃撫掌大笑.①
①◦『晉百官名』曰; 荀隱, 字鳴鶴, 潁川人.
　◦『荀氏家傳』曰; 隱祖昕, 樂安太守. 父岳, 中書郞. 隱與陸雲在張華坐語, 互相反覆, 陸連受屈. 隱辭皆美麗, 張公稱善. 云世有此書, 尋之未得. 歷太子舍人·廷尉平, 蚤卒.

• 25 : 10 [0946]

육태위陸太尉[陸玩]가 왕승상王丞相[王導]을 방문했더니,① 왕공王公[王導]이 그에게 타락죽①을 대접했다. 육태위는 돌아간 뒤에 결국 병이 났다. 다음 날 육태위가 왕승상에게 편지를 써서 말했다.

"어제 타락죽을 조금 많이 먹은 탓에 밤새껏 고통스러웠습니다.② 저는 비록 오吳땅 사람이지만 거의 북방 촌놈의 귀신이 될 뻔했습니다."③

① · 육완陸玩은 이미 나왔다.④

[역주]······················
① 타락죽 : 원문은 "酪". 양이나 소의 젖을 발효시켜 만든 半凝固 상태의 유제품. 주로 북방인들이 즐겨 먹는 음식.
② 고통스러웠다 : 원문은 "委頓". 곤란을 겪다. 고생하다. 피곤하다.
③ 저는~뻔했습니다 : 원문은 "民雖吳人, 幾爲傖鬼." '民'은 지방장관에 대하여 자신을 낮추어 부르던 말. 陸玩은 吳郡 吳사람이었음. '傖'은 당시 토착 남방인이 남쪽으로 이주해 온 북방인을 멸시하여 부르던 말. 「雅量」18 劉注④에 인용된 『晉陽秋』의 기록과 [역주]④ 참조. 여기서 '傖鬼'는 북방음식인 타락죽을 먹고 거의 죽을 뻔했다는 뜻임. 이 말에서 토착 남방인과 南渡한 북방인 사이의 대립문제를 엿볼 수 있음. 『晉書』권77 「陸玩傳」에는 이 구절 뒤에 "其輕易權貴如此" 구절이 덧붙여져 있음.
④ 이미 나왔다 : 「政事」13 劉注①에 나왔음.

[참고] 『晉書』77, 『太平御覽』858.

陸太尉詣王丞相,① 王公食以酪. 陸還, 遂病. 明日, 與王牋云; "昨食酪小過, 通夜委頓. 民雖吳人, 幾爲傖鬼."
① · 陸玩, 已見.

• 25 : 11 [0947]

원제元帝[司馬睿]의 황자皇子①가 태어나자, 원제는 신하들에게 두루 물품을 하사했다. 은홍교殷洪喬[殷羨]가 감사드리며 말했다.①

"황자께서 탄생하심을 온 세상이 함께 경하드리고 있사옵니다. 신은 아무런 공훈도 없는데 후한 하사품을 외람되이 받았나이다."

중종中宗[元帝]②이 웃으며 말했다.

"이 일은 어찌 그대에게 공훈을 세우게 할 수 있겠소?"

①. 은선殷羨은 이미 나왔다.③

[역주]······················
① 皇子 : 元帝는 6명의 황자를 두었는데, 그 중에서 簡文帝 司馬昱만 원제가 즉위한 뒤에 출생했으므로, 여기서 말하는 '皇子'는 아마도 簡文帝일 것으로 추정함.
② 中宗[元帝] : 東晉 元帝 司馬睿의 廟號.
③ 이미 나왔다 : 「任誕」31 劉注①에 나왔음.

[참고] 『事文類聚』後5.

元帝皇子生, 普賜羣臣. 殷洪喬謝曰;① "皇子誕育, 普天同慶. 臣無勳焉, 而猥頒厚賚." 中宗笑曰; "此事豈可使卿有勳邪?"

①. 殷羨, 已見.

──────── • 25 : 12 [0948]

제갈령諸葛令[諸葛恢]과 왕승상王丞相[王導]이 함께 성족姓族의 선후①에 대해 다투었다. 왕승상이 말했다.

"그렇다면 어찌하여 '갈왕葛王'②이라 말하지 않고 '왕갈王葛'이라 하는 것이오?"

제갈령이 말했다.

"비유하면 '여마驢馬'라고 말하지 '마려馬驢'라고 하지 않는 것과 같습니다만, 그렇다고 해서 '나귀[驢]'가 어찌 '말[馬]'보다 낫겠습니까?"③①

①. 제갈회諸葛恢는 이미 나왔다.④

[역주]······················
① 선후 : 여기서는 우열의 의미까지 담겨 있음.
② 葛王 : 諸葛氏는 본래 葛氏였는데, 옛날에 琅邪郡의 諸縣[지금의 山東省 諸城縣 서남쪽]에 거주했기 때문에 나중에 諸葛氏라 함.

③ '나귀[驢]'가 어찌 '말[馬]'보다 낫겠습니까 : '나귀'와 '말'은 각각 王氏와 諸葛氏를 암시함. 余嘉錫의 견해에 따르면, 漢語 중에서 두 명칭의 병렬은 '夏商'·'漢唐'·'孔孟'·'老莊'의 경우처럼 시간이나 연배상의 선후를 제외하고는 일반적으로 양자간에 어떠한 先後高下도 없으나, 두 글자의 平仄이 다를 경우에는 종종 平聲을 앞에 두고 仄聲을 뒤에 두었기 때문에 '王葛'·'驢馬'라 한 것이라고 함. 즉 한어 발음의 자연스러움에 따른 것이지 근본적으로 그 선후로 우열을 따질 수는 없다는 것임.

④ 이미 나왔다 : 원문은 "已見". 원문에는 이 2자가 없지만 宋本에 의거하여 보충함. 「方正」25 劉注1 에 나왔음.

[참고] 『晉書』77, 『太平御覽』362.

諸葛令·王丞相共爭姓族先後. 王曰; "何不言葛王, 而云王葛?" 令曰; "譬言驢馬, 不言馬驢, 驢寧勝馬邪?"①

①·諸葛恢.

―――――――――――――― • 25 : 13 [0949]

유진장劉眞長[劉惔]이 처음 왕승상王丞相[王導]을 만났다. 그 때는 한창 더운 계절이었는데, 왕승상이 배를 탄기彈棊판에 갖다 대며① 말했다.

"어쩌면 이렇게 차가울까[冷]?"②①

유진장이 나온 뒤에 어떤 사람이 물었다.

"왕공王公[王導]을 만나보니 어떻습니까?"③

유진장이 말했다.

"다른 특이한 점은 보지 못했고, 다만 오어吳語을 사용하는④ 것만 들었소이다."②

①·오吳지방 사람들은 '차갑다[冷]'는 말을 '콍淘'이라 한다.

②·『어림語林』: 유진장이 말했다.

"승상이 뭐가 특별한가? 다만 오어를 할 줄 알고 잔기침만 할 뿐이다."

[역주]··················

① 배를 彈棊판에 갖다 대며 : 원문은 "以腹熨彈棊局". '熨'는 눌러 붙인다는 뜻. '彈棊'에 대해서는 「巧藝」1 [역주]① 참조. 그 판은 대부분 옥이나 돌로 만들며

가운데가 도드라져 있음.
② 차가울까洽 : 洽의 음에 대해서『太平御覽』권21에 인용된『世說』에서는 "吳人以冷爲洽也, 音楚敬反."이라 했고, 같은 책 권371에 인용된『世說』에서는 "吳人以冷爲䶛, 或作洽, 音與鄭相近."이라 함.
③ 어떻습니까 : 원문은 "云何". '如何'와 같은 뜻.
④ 吳語를 사용하는 : 陳寅恪의 견해에 따르면, 東晉 초에 국가기반이 아직 다져지지 않았을 때 王導는 江東의 인심을 달래기 위하여 일부러 吳語를 사용했다고 함(余嘉錫의 按語 참조).

[참고]『事類賦』4,『太平御覽』21·371·755.

劉眞長始見王丞相. 時盛暑之月, 丞相以腹熨彈棊局, 曰; "何乃渹?"① 劉旣出, 人問; "見王公云何?" 劉曰; "未見他異, 唯聞作吳語耳!"②
①·吳人以冷爲渹.
②·『語林』曰; 眞長云; "丞相何奇? 止能作吳語及細唾也."

• 25 : 14 [0950]

왕공王公[王導]이 조정의 관리들과 함께 술을 마시다가 유리주발①을 들고서 주백인周伯仁[周顗]에게 말했다.
"이 주발은 속이 텅 비어 있는데도 보배로운 기물이라 하니 어찌 그렇소?"①
주백인이 대답했다.
"이 주발은 밝게 빛나며② 신실도 밝고 투명합니다. 그래서 보물로 여기는 것이지요."
①·주백인의 무능함을 조롱한 것이다.

[역주]
① 유리주발 : 원문은 "瑠璃盌". '瑠璃'는 '琉璃'라고도 함. 옛 사람들은 이것을 보석으로 여겼음. '盌'은 宋本에는 '椀'이라 되어 있는데, 같은 뜻임.
② 밝게 빛나며 : 원문은 "英英". 밝게 빛나는 모양. 또는 희고 깨끗한 모양.

王公與朝士共飮酒, 擧瑠璃盌謂伯仁曰; "此盌腹殊空, 謂之寶器, 何邪?"① 答曰; "此盌英英, 誠爲淸徹, 所以爲寶耳."
①。以戲周之無能.

• 25 : 15 [0951]

사유여謝幼輿[謝鯤]가 주후周侯[周顗]에게 말했다.

"당신은 토지신단의 신수神樹①와 같소. 멀리서 바라보면 까마득히 높아서 푸른 하늘을 스치지만, 가까이 다가가서 보면 그 뿌리에 뭇 여우들이 살고 있어서 아래엔 오물이 쌓여 있을 뿐이오."①

주후가 대답했다.

"가지가 푸른 하늘을 스쳐도 높다고 생각하지 않으며, 뭇 여우들이 그 아래를 어지럽혀도 더럽다고 생각하지 않소. 쌓여 있는 오물의 더러움은 당신이 가지고 있는 바이니,② 어찌 스스로 자랑할 필요가 있겠소?"

①。주의周顗가 난잡하게 행동하는 것을 좋아하기③ 때문에 한 말이다.

[역주]
① 토지신단의 神樹 : 원문은 "社樹". 社廟 주변에 심어놓은 神木. '社'는 土地神.
② 쌓여 있는 오물의 더러움은 당신이 가지고 있는 바이니 : 이 구절은 謝鯤이 본래 난잡한 행동을 좋아하는 장본인이라는 의미임. 謝鯤은 일찍이 이웃집 여자를 넘보다가 베틀 북에 얻어맞아 치아 두 개가 부러진 적이 있었음. 「賞譽」97 劉注①에 인용된 『江左名士傳』과 「品藻」17 劉注①에 인용된 鄧粲의 『晉紀』 참조.
③ 난잡하게 행동하는 것을 좋아하기 : 원문은 "好媟瀆". '媟瀆(설독)'은 행동이 상스럽고 문란하여 품위가 없는 것을 말함. 그의 이러한 행동의 일단이 「任誕」25 劉注①에 인용된 鄧粲의 『晉紀』에 나와 있음.

謝幼輿謂周侯曰; "卿類社樹. 遠望之, 峨峨拂青天, 就而視之, 其根則羣狐所託, 下聚溺而已."① 答曰; "枝條拂青天, 不以爲高, 羣狐亂其下, 不以爲濁. 聚溺之穢, 卿之所保, 何足自稱?"
①。謂顗好媟瀆故.

• 25 : 16 [0952]

　　왕장예[王長豫][王悅]는 어려서부터 온순하고 영리했는데, 부친 왕승상[王丞相][王導]이 몹시 사랑하여 응석받이로 키웠다.[1] 매번 함께 바둑을 두곤 했는데, 왕승상이 수를 물리려[2] 했더니 왕장예가 왕승상의 손가락을 누르며 들어주지 않자 왕승상이 웃으며 말했다.

　　"어떻게 이럴 수 있느냐? 서로 친족관계[瓜葛][3]인 것 같은데!"[1]

　　[1]。채옹[蔡邕] : 과갈[瓜葛]은 서로 가까운 사이를 말한다.[4]

[역주]
① 사랑하여 응석받이로 키웠다 : 원문은 "愛恣". 너무 사랑한 나머지 제멋대로 하게 내버려두는 것을 말함. 즉 溺愛하다는 뜻.
② 수를 물리려 : 원문은 "擧行". 한 번 둔 바둑알을 물리고 다시 두는 것, 즉 바둑에서 수를 물리는 것을 말함. '行'은 바둑알을 바둑판 위에 놓는 것을 말함.
③ 친족관계[瓜葛] : '瓜葛'은 오이와 칡. 모두 넝쿨식물로서 서로 연결되어 있기 때문에 흔히 친척관계에 비유됨. 『玉臺新詠』 권2에 실려 있는 魏 明帝의 「樂府二首」 중 제2수에 "與君新爲婚, 瓜葛相結連."이라는 구절이 있음.
④ 瓜葛은 서로 가까운 사이를 말한다 : 원문은 "瓜葛, 疎親也." '瓜葛'이란 말은 蔡邕의 『獨斷』에 나오지만, 今本에는 "瓜葛, 疎親也."라는 문장은 보이지 않음.

[참고] 『晉書』65.

王長豫幼便和令, 丞相愛恣甚篤. 每共圍棊, 丞相欲擧行, 長豫按指不聽. 丞相笑曰; "詎得爾? 相與似有瓜葛!"[1]

　　[1]。蔡邕曰; 瓜葛, 疎親也.

• 25 : 17 [0953]

　　명제[明帝][司馬紹]가 주백인[周伯仁][周顗]에게 물었다.

　　"유진장[劉眞長][劉惔]은 어떠한 인물이오?"

　　주백인이 대답했다.

　　"진정 천 근이나 되는 힘센 수소[1]입니다."

왕공王公[王導]이 그 말을 듣고 웃었더니 주백인이 말했다.

"말 잘 듣는 뿔 꼬부라진 암소②만은 못하지요."[1]

[1]▪ 왕도王導를 조롱한 것이다.

[역주]……………………

① 힘센 수소 : 원문은 "犓(개)特". '犓'는 '犍'과 같은 뜻이며 거세한 소를 말함. '特'은 수소 일반적으로 거세한 소는 힘이 세어짐. 여기서는 劉惔이 국가를 위해 막중한 임무를 수행할 만한 훌륭한 인재임을 비유한 것임.

② 말 잘 듣는 뿔 꼬부라진 암소 : 원문은 "捲角牸有盤辟之好". '捲角牸'는 늙은 암소를 말함. 소는 늙으면 뿔이 꼬부라짐. '牸'는 암소. '盤辟'은 '槃辟'과 같으며, 선회하는 모양을 말함. 이 구절은 늙은 암소는 성질이 온순해서 부리는 사람의 뜻대로 잘 움직이지만, 기력이 쇠하여 큰일을 맡지 못한다는 뜻. 여기서는 東晉의 원로인 王導가 동진 조야의 복잡하게 얽힌 모순, 특히 남북 사족집단 간의 모순 속에서 잘 타협하고 화합하긴 하나 과단성 있게 일을 처리하지 못함을 비유한 것임.

明帝問周伯仁; "眞長何如人?" 答曰; "故是千斤犓特." 王公笑其言, 伯仁曰; "不如捲角牸有盤辟之好."[1]

[1]▪ 以戲王也.

• 25 : 18 [0954]

왕승상王丞相[王導]이 주백인周伯仁[周顗]의 무릎을 베고 있다가 그의 배를 가리키며 말했다.

"그대의 이 속에는 무엇이 들어 있소?"

주백인이 대답했다.

"이 속은 텅 비어 아무것도 없지만, 그대 같은 사람 수백 명을 담을 수 있소."①

[역주]……………………

① 그대 같은 사람 수백 명을 담을 수 있소 : 원문은 "容卿輩數百人". 『晉書』 권69 「周顗傳」에는 "足容卿輩數百人"이라 되어 있는데, 語義가 훨씬 풍부함.

[참고] 『晉書』69, 『事文類聚』後20.

王丞相枕周伯仁膝, 指其腹曰; "卿此中何所有?" 答曰; "此中空洞無物, 然容卿輩數百人."

• 25 : 19 [0955]

간보干寶가 유진장劉眞長[劉惔]에게① 자신의 『수신기搜神記』①에 대해 이야기했더니② 유진장이 말했다.

"그대는 가히 귀신세계의 동호董狐②라고 부를 만하오!"③

①•『중흥서中興書』: 간보는 자가 영승令升이며 신채新蔡사람이다. 조부 간정干正③은 오吳나라의 분무장군奮武將軍을 지냈고, 부친 간영干瑩은 단양승丹陽丞을 지냈다. 간보는 박학하고 재능과 기량이 뛰어나 이름이 알려졌으며, 산기상시散騎常侍를 역임했다.

②•『공씨지괴孔氏志怪』: 간보의 부친에게 총애하는 첩이 있었는데, 간보의 모친이 질투가 심하여 간보 부친을 장례치를 때 그녀를 무덤 속으로 밀어 넣어 버렸다. 10년이 지난 뒤에 모친이 죽자 합장하기 위하여 부친의 무덤을 열었더니 그 하녀 첩이 관 위에 엎드려 있었는데, 다가가서 살펴보니 차츰차츰 숨을 쉬었으며 수레에 실어서 집으로 돌아온 뒤로 하루가 지나자 소생했다. 그녀의 말에 따르면, 간보의 부친은 늘 음식을 가져다주고 그녀와 함께 잠을 잤으며 애정이 살아 있을 때와 같았다고 했다. 집안의 길흉에 대해서도 말하곤 했는데, 조사해보았더니 모두 들어맞았다. 그녀는 완전히 회복되어 몇 년을 살고 난 뒤에 비로소 죽었다. 그래서 간보가 『수신기』를 지었는데, 그 중에서 "느낀 바가 있었다"고 말한 것이 바로 이 일이다.

③•『춘추전春秋傳』: 조천趙穿이 진晉 영공靈公을 도원桃園에서 공격하여 죽이자, 조선자趙宣子[趙盾]는 진晉나라의 국경을 넘어가기 전에 돌아왔다. 태사太史[董狐]가 "조둔趙盾이 그 군주를 시해했다"④고 기록하자, 조선자가 "그렇지 않다"고 말했더니 태사가 대답했다.

"당신은 정경正卿의 신분으로, 망명해서도 국경을 넘지 않았고 돌아와서도 역적을 토벌하지 않았으니, 군주를 시해한 자가 당신이 아니면 누구란 말이오?"

◦ 공자孔子 : 동호는 옛 훌륭한 사관史官으로, 법을 기록함에 숨김이 없었다. 조둔은 옛 어진 대부로, 법 때문에 악명을 받았다.

[역주]····················
① 『搜神記』 : 東晉의 干寶가 지은 중국 志怪小說의 대표적인 작품으로, 그 내용은 대부분 神仙·鬼神·因果應報·民間傳說 등에 관한 것임. 원서는 남송 때 망실된 것으로 보이며, 今本 20권은 후대인이 찬집한 것임.
② 귀신세계의 董狐 : '董狐'는 춘추시대 晉나라의 史官. 孔子로부터 良史라는 칭송을 받은 이후로 '훌륭한 사관'의 대명사가 되었음. 干寶 역시 사관으로 東晉 元帝 때 국사편찬을 맡았고 『晉紀』 20권을 지어 당시에 '良史'라고 일컬어졌기 때문에, 劉惔이 이렇게 말한 것임.
③ 干正 : 『晉書』 권82 「干寶傳」에는 "干統"이라 되어 있음.
④ 趙盾이 그 군주를 시해했다 : 춘추시대 晉 靈公이 무도함을 자행하자 대부 趙盾이 누차 간했으나, 영공이 오히려 조둔을 죽이려 하자 조둔은 망명길에 올랐으며, 조둔의 族弟 趙穿이 영공을 시해함. 나중에 조둔이 돌아오자 동호는 조정에 "趙盾弑其君"이라고 써놓았음. 『春秋左氏傳』 「宣公2年」條 참조.

[참고] 『晉書』82.

干寶向劉眞長①敍其『搜神記』.② 劉曰; "卿可謂鬼之董狐!"③
① ◦『中興書』曰; 寶, 字令升, 新蔡人. 祖正, 吳奮武將軍. 父瑩, 丹陽丞. 寶少以博學才器著稱, 歷散騎常侍.
② ◦『孔氏志怪』曰; 寶父有嬖人, 寶母至妬, 葬寶父時, 因推著藏中. 經十年而母喪, 開墓, 其婢伏棺上, 就視猶暖, 漸有氣息, 輿還家, 終日而蘇. 說寶父常致飮食, 與之接寢, 恩情如生. 家中吉凶, 輒語之, 校之悉驗. 平復數年後, 方卒. 寶因作『搜神記』, 中云"有所感起"是也.
③ ◦『春秋傳』曰; 趙穿攻晉靈公於桃園, 趙宣子未出境而復. 太史書"趙盾弑其君", 宣子曰; "不然." 對曰; "子爲正卿, 亡不越境, 反不討賊, 非子而誰?"
◦ 孔子曰; 董狐, 古之良史也, 書法不隱. 趙盾, 古之賢大夫也, 爲法受惡.

---------- • 25 : 20 [0956]

허문사許文思[許玧]가 고화顧和의 집을 찾아갔는데, 고화는 그 이전에 휘장 속에서 자고 있었다. 허문사는 도착하자마자 곧장 침상으로 가서 뿔 베개①를 베고 함께 이야기했다.① 한참 뒤에 허문사가 고화를

불러 함께 나가자고 했더니, 고화가 시종에게 옷걸이에서② 새 옷을 가져오라고 명하여 몸에 걸치고 있던 옷과 바꿔 입자 허문사가 웃으며 말했다.

"그대에게도 외출복③이 있소?"

1ᆞ허침許琛은 이미 나왔다.④

[역주].........................
① 뿔 베개 : 짐승의 뿔로 장식한 베개.『詩經』「唐風·葛生」에 "角枕粲兮, 錦衾爛兮."라는 구절이 있음.
② 옷걸이에서 : 원문은 "枕上". 宋本에는 "机枕上", 袁褧本에는 "杭上"이라 되어 있는데, 문맥상 "杭上"이 가장 타당하므로 이것에 따라 번역함. '杭'은 '桁'과 같으며 옷걸이를 말함.
③ 외출복 : 원문은 "行來衣". '行來'는 '出入'의 뜻.
④ 許琛은 이미 나왔다 : 字가 文思인 허침에 대해서는『世說新語』전체를 통해서 여기서만 나오므로 "이미 나왔다"는 것은 착오임. 한편「雅量」16 劉注1에 인용된『晉百官名』과『許氏譜』에는 자가 思文인 許琛에 대한 기록이 보이는데,「雅量」16의 내용도 顧和와 관련된 것이므로 아마도 동일한 인물로 추정됨.

許文思往顧和許, 顧先在帳中眠. 許至, 便徑就牀角枕共語.1 旣而喚顧共行, 顧乃命左右取枕上新衣, 易己體上所著, 許笑曰; "卿乃復有行來衣乎?"
1ᆞ許琛, 已見.

• 25 : 21 [0957]

강승연康僧淵①은 눈이 깊숙하고 코가 높았는데, 왕승상王丞相[王導]이 매번 그를 놀리곤 하자 강승연이 말했다.

"코는 얼굴의 산이고1 눈은 얼굴의 연못이니, 산이 높지 않으면 신령스럽지 않고 연못이 깊지 않으면 맑지 않지요."

1ᆞ『관로별전管輅別傳』: 코는 천중天中②의 산이다.
ᆞ『상서相書』: 코가 있는 곳을 천중이라 한다. 코는 산의 형상을 하고 있기 때문에 산이라고 하는 것이다.

[역주]··························
① 康僧淵 : 「文學」47 劉注에서는 "僧淵氏族, 所出未詳. 疑是胡人."이라 했고, 『高僧傳』권4 「康僧淵傳」에서는 "康僧淵, 本西域人."이라 했음. 본문의 얼굴묘사로 보아 西域계통의 사람일 가능성이 높음.
② 天中 : 얼굴 한복판을 말함. 한편 骨相學에서는 일반적으로 이마의 윗부분을 '천중'이라 함.

[참고] 『高僧傳』4, 『太平御覽』365·366·367.

康僧淵目深而鼻高, 王丞相每調之, 僧淵曰; "鼻者面之山,① 目者面之淵, 山不高則不靈, 淵不深則不淸."
①·『管輅別傳』曰; 鼻者, 天中之山.
·『相書』曰; 鼻之所在爲天中. 鼻有山象, 故曰山.

———————— • 25 : 22 [0958]

하차도何次道[何充]는 와관사瓦官寺①에 가서 매우 열심히 예불했는데,① 완사광阮思曠[阮裕]이 그에게 말했다.
"그대의 뜻은 우주보다 크고,② 용기는 고인[終古]을 능가하오."③
하차도가 말했다.
"그대는 오늘 어쩐 일로 갑자기 나를 추켜세우는 게요?"
완사광이 말했다.
"나는 수천 호戶를 다스리는 군郡의 태수가 되고자 하지만 아직도 되지 못하고 있는데, 그대는 곧 부처가 되려고 하니 또한 대단하지 않소?"④
①·하충何充은 부처를 숭상하여 매우 경배했다.
②·『윤자尹子』② : 천지사방天地四方을 우宇라 하고, 고왕금래古往今來를 주宙라 한다.
③·종고終古는 과거라는 뜻이다.
·『초사楚辭』: 나는 이런 지난날[終古]을 참을 수 없다.③
④·완사광은 완유阮裕다.

[역주]
① 瓦官寺 : 晉 哀帝의 칙명으로 도성 建康에 지은 절. 처음 이름은 慧方寺였으며, 경내에 瓦官閣이 있음.
② 『尹子』: 宋本과 袁褧本에는 모두 『尸子』라 되어 있음. 또한 劉注에서 인용한 문장은 『尸子』 佚文에 들어 있으므로, '尹子'는 '尸子'의 오기일 가능성이 높음. 『尸子』에 대해서는 『隋書』 「經籍志·子部·雜家類」에 "尸子二十卷, 目一卷."이라는 著錄이 있고, 그 밑에 "梁十九篇. 秦相衛鞅上客尸佼撰. 其九篇亡, 魏黃初中續."이라는 注가 달려 있음.
③ 나는 이런 지난날을 참을 수 없다 : 원문은 "吾不能忍此終古也". 일단은 '終古'를 '과거'로 해석한 劉孝標의 견해에 따라 원문에 의거하여 번역했음. 그러나 현행본 『楚辭』 「離騷」에는 "余焉能忍與此終古[내가 어찌 차마 이런 세상과 함께 영원히 지낼 수 있으리오]"라 되어 있는데, 이 경우의 '終古'는 '영원히'·'영구히'라는 뜻으로 '과거'의 의미가 아님.

[참고] 『晉書』79.

何次道往瓦官寺禮拜甚勤,① 阮思曠語之曰; "卿志大宇宙,② 勇邁終古."③ 何曰; "卿今日何故忽見推?" 阮曰; "我圖數千戶郡, 尙不能得, 卿迺圖作佛, 不亦大乎?"④

① · 充崇釋氏, 甚加敬也.
② · 『尹子』曰; 天地四方曰宇, 往古來今曰宙.
③ · 終古, 往古也.
· 『楚辭』曰; 吾不能忍此終古也.
④ · 思曠, 裕也.

• 25 : 23 [0959]

유정서庾征西[庾翼]가 대대적으로 호족胡族[後趙] 정벌에 나섰는데,① 이미 출발하고 나서 더 이상 진군하지 않고 양양襄陽에 주둔하고 있었다.① 은예장殷豫章[殷羨]이 그에게 편지를 쓰고 부러진 뿔 여의如意② 하나를 보내 그를 조롱했더니,② 유정서가 답장하여 말했다.

"보내주신 것 잘 받았습니다. 비록 망가진 물건이지만 그래도 고쳐서 쓰려고 합니다."

① ▫ 『진양추晉陽秋』: 유익庾翼은 군대를 이끌고 면구沔口③로 들어가 장차 북적北狄[後趙]을 정벌하려 했는데, 이미 양양에 이르렀으나 북적이 여전히 강성하여 결전을 할 수 없었다. 때마침 강제康帝[司馬岳]가 붕어하고 형 유빙庾冰이 죽자, 유익은 장남 유방지庾方之를 남겨두어 양양을 지키게 하고 자신은 급히 하구夏口④로 돌아갔다.
② ▫ 은예장은 은선殷羨⑤이다.

[역주]........................

① 대대적으로 胡族[後趙] 정벌에 나섰는데 : 『晉書』 권73 「庾翼傳」에 따르면, 東晉 康帝 建元 원년(343)에 庾亮의 동생인 庾翼은 북방 後趙의 石季龍을 정벌할 것을 조정에 건의했으며, 조정의 반대에도 불구하고 출병을 강행했음.
② 부러진 뿔 如意 : '如意'에 대해서는 「雅量」41 [역주]①과 「簡傲」14 [역주]② 참조. 殷羨이 庾翼에게 부러진 여의를 보낸 이유는 庾翼이 襄陽에 머물면서 마음대로 [如意] 진격하지 못함을 조롱하기 위한 것임.
③ 沔口 : 원문은 "沔". 여기서는 沔口를 말함. 면구는 沔水가 長江으로 유입되는 곳으로 漢口 부근을 말함.
④ 夏口 : 원문에는 "夏"라고만 되어 있지만, 宋本과 袁褧本에 의거하여 보충함.
⑤ 殷羨 : 「任誕」31 劉注①에 인용된 『殷氏譜』 참조

庾征西大擧征胡, 旣成行, 止鎭襄陽.① 殷豫章與書, 送一折角如意以調之.②
庾答書曰; "得所致. 雖是敗物, 猶欲理而用之."
① ▫ 『晉陽秋』曰; 翼率衆入沔, 將謀伐狄, 旣至襄陽, 狄尙彊, 未可決戰. 會康帝崩, 兄冰薨, 留長子方之守襄陽, 自馳還夏.
② ▫ 豫章, 殷羨.

• 25 : 24 [0960]

환대사마桓大司馬[桓溫]가 눈 내리는 것을 틈타 사냥을 하려 했는데, 먼저 왕몽王濛과 유담劉惔 등의 거처에 들렀다. 유진장劉眞長[劉惔]이 그의 군복차림①을 보고 물었다.

"영감탱이②는 그렇게 차려입고 무얼 하시려오?"

환대사마가 말했다.

"내가 만약 이렇게 하지 않는다면③ 그대들이 어떻게 한가로이 앉아서 청담淸談을 나눌 수 있겠소?"⊡

⊡ㆍ『어림語林』: 환선무桓宣武[桓溫]가 원정에서 돌아오자, 유윤劉尹[劉惔]이 수십 리를 나가 그를 맞이했는데, 환선무는 아무런 말도 없이 다만 말했다.

"긴 옷을 드리우고 청담을 나누는 것은 결국 누구의 공이오?"

유윤이 대답했다.

"진晉나라의 국덕國德이 오래 지속되는 것은 그 공이 어찌 당신에게 있기 때문이겠소?"

ㆍ두 사람의 말이 본문과 약간 다르기 때문에 그것을 상세히 기록한다.

[역주]······

① 군복차림: 원문은 "裝束單急". '急裝'과 같은 뜻. '裝束'은 옷차림을 말하고, '單急'은 위급한 상황에 대비하여 복장이 가볍고 간편한 것을 말함. 여기서는 무장한 군복차림을 말함. 『宋書』 권77 「沈慶之傳」에 "慶之戎服履襪縛袴入, 上見而驚曰; '卿何意乃爾急裝?' 慶之曰; '夜半喚隊主, 不容緩裝.'"이라는 기록이 있음.

② 영감탱이: 원문은 "老賊". 조롱하여 부르는 말. 우리말의 '영감탱이'·'늙다리'·'늙정이' 정도의 어감에 해당함.

③ 내가 만약 이렇게 하지 않는다면: '내가 이처럼 평상시에 武藝를 연마하지 않는다면', 즉 '평상시에 국방에 힘쓰지 않는다면'이라는 뜻.

桓大司馬乘雪欲獵, 先過王ㆍ劉諸人許. 眞長見其裝束單急, 問; "老賊欲持此何作?" 桓曰; "我若不爲此, 卿輩亦那得坐談?"⊡

⊡『語林』曰; 宣武征還, 劉尹數十里迎之, 桓都不語, 直云; "垂長衣, 談淸言, 竟是誰功?" 劉答曰; "晉德靈長, 功豈在爾?"

ㆍ二人說小異, 故詳載之.

25:25 [0961]

저계야褚季野[褚裒]가 손성孫盛에게 물었다.

"그대가 짓고 있는 국사國史①는 언제쯤 완성되는 것이오?"

손성이 말했다.

"오래 전에 당연히 끝냈을 것인데, 공무公務를 처리하느라 겨를이 없어서 오늘까지 온 것입니다."

저계야가 말했다.

"옛 사람은 '전술傳述하되 창작하지 않는다'②고 했으니, 어찌 반드시 잠실蠶室③ 속에 있어야만 하리!"①

①。『한서漢書』: 이릉李陵④이 흉노에게 항복하자 무제武帝[劉徹]가 격노했다. 태사령太史令 사마천司馬遷이 이릉의 충성심을 적극적으로 해명했더니, 무제는 사마천이 이릉을 위해 변호한다고 생각하여 사마천을 부형腐刑⑤에 처해 버렸다. 그래서 사마천은 요堯·순舜 이후로 무제가 기린을 포획한 때까지의 사건을 기술하여⑥ 『사기史記』를 지었다. 사마천은 임안任安에게 편지를 보내 말했다.

"이릉은 이미 산 채로 항복했고, 나 또한 잠실에 처넣어졌다."⑦

。소림蘇林의 주注: 부형腐刑의 경우에는 밀실을 만들어서 열을 보존했는데, 그것이⑧ 잠실과 같았다. 옛날 평음현平陰縣⑨에 잠실감옥이 있었다.

[역주]························

① 國史: 孫盛은 『魏氏春秋』와 『晉陽秋』라는 역사서를 저술했는데, 『隋書』 「經籍志」에 "魏氏春秋二十卷"과 "晉陽秋三十二卷"이 저록되어 있음. 여기서는 『晉陽秋』를 말함. 『晉書』 권82 「孫盛傳」에 "『晉陽秋』詞直而理正, 咸稱良史焉."이라는 기록이 있음.

② 傳述하되 창작하지 않는다: 원문은 "述而不作". 『論語』 「述而」에 "述而不作, 信而好古."라는 구절이 있음.

③ 蠶室: 거세하는 형벌인 腐刑[宮刑이라고도 함]을 당한 자가 들어가는 감옥. 누에를 치는 방처럼 따뜻하다고 해서 그렇게 불렸음. 『後漢書』 권1 「光武帝紀下」 注에 "蠶室, 宮刑獄名. 宮刑者畏風, 須暖, 作窨室蓄火如蠶室, 囚以名焉."이라는 기록이 있음.

④ 李陵: 西漢의 武將으로 李廣의 손자. 武帝 天漢 2년(99 BC) 가을에 貳師將軍 李廣利가 흉노를 공격하려고 하여, 이릉에게 병사 5천 명을 주어 흉노의 군대를 분산시키도록 했는데, 이릉의 군대는 흉노의 8만 대군에게 포위당하여 분전했으나 패했으며, 군량도 떨어지고 지원병도 오지 않아 결국 흉노에 항복함. 그 뒤 이릉은 單于의 딸과 결혼하여 그곳에서 20여 년을 살다가 병사함.

⑤ 腐刑: 宮刑을 말함. 『漢書』 권5 「景帝紀」의 蘇林 注에 "宮刑, 其創腐臭, 故曰腐也."라는 기록이 있고, 如淳 注에 "腐, 宮刑也. 丈夫割勢, 不能復生子, 如腐木不生實."이라는 기록이 있음.

⑥ 그래서~기술하여 : 원문은 "乃述唐·虞以來, 至于獲麟". 魯 哀公 14년(481 BC)에 서쪽을 순수하여 '獲麟'했는데, 孔子는 聖王의 상서로운 조짐인 仁獸 麒麟이 난세에 출현한 것에 느낀 바 있어서 『春秋』를 지었고, 그 기술을 '獲麟'한 때에서 끝냈다고 함. 이 구절은 司馬遷도 공자의 뜻을 이어받아 武帝가 雍땅에서 白麟을 포획한 때에서 기술을 끝냈다는 뜻. 한편 今本 『漢書』 권62 「司馬遷傳」과 『史記』 권130 「太史公自序」에는 모두 "卒述陶·唐以來, 至於麟止."라 되어 있으며, 이 구절에 대한 服虔의 注에서는 "武帝得白麟, 而鑄金作麟足形, 作『史記』止於此也."라고 했고, 張晏의 注에서는 "武帝獲麟, 遷以爲述事之端, 上記黃帝, 下至麟止, 猶『春秋』止於獲麟也."라고 했으며, 顔師古의 注에서는 "遷序事盡太初, 故言至麟而止. 張說是也."라고 함.

⑦ 이릉은~쳐 넣어졌다 : 원문은 "李陵旣生降, 僕又茸之以蠶室." 이 구절은 『漢書』 권62 「司馬遷傳」의 "李陵旣生降, 隤其家聲, 而僕又茸之以蠶室, 重爲天下觀笑." 중에서 摘取한 것임. '茸'에 대해서 顔師古는 '推'의 뜻이라 했고, 蘇林은 '次'의 뜻이라 했는데, 여기서는 顔師古의 說을 따랐음. 한편 『文選』에 실려 있는 「報任少卿書」에는 "佴"라 되어 있음.

⑧ 그것이 : 원문은 "時". '是'와 같음.

⑨ 平陰縣 : 河南郡의 縣名으로, 지금의 河南省 孟津縣 부근에 해당함. 平城의 남쪽에 있었기 때문에 '平陰'이라 했다 함.

褚季野問孫盛; "卿國史何當成?" 孫云; "久應竟, 在公無暇, 故至今日." 褚曰; "古人 '述而不作', 何必在蠶室中!"①

① 『漢書』曰; 李陵降匈奴, 武帝甚怒. 太史令司馬遷盛明陵之忠, 帝以遷爲陵遊說, 下遷腐刑. 乃述唐·虞以來, 至于獲麟, 爲『史記』. 遷與任安書; "李陵旣生降, 僕又茸之以蠶室." ◦蘇林注曰; 腐刑者, 作密室蓄火, 時如蠶室. 舊時平陰有蠶室獄.

----- • 25 : 26 [0962]

사공謝公[謝安]이 동산東山①에 있을 때, 출사하라는 조정의 명이 누차 내려졌으나 사공은 움직이지 않았다. 나중에 환선무桓宣武[桓溫]의 사마司馬가 되어 장차 신정新亭②을 출발할 때, 조정 관리들이 모두 나와서 그를 전송餞送했다. 당시 어사중승御史中丞으로 있던 고령高靈[高崧]도 전송하러③ 갔는데, 그 전에 얼마간의 술을 마셨기 때문에 술기운

을 빌어 조롱했다.

"그대는 누차 조정의 뜻을 어긴 채 고고하게 동산에 누워 있었기에 사람들이 매번 말하기를 '안석安石[謝安]이 동산에서 나오려 하지 않으니 장차 백성들을 어떻게 하나?'라곤 했는데, 이제는 또한 백성들이 장차 그대를 어떻게 해야 하오?"

사공은 웃기만 하고 대답하지 못했다.④ 1

1・ 고령은 이미 나왔다.⑤

・『부인집婦人集』의 기록 : 환현桓玄이 왕응지王凝之의 부인 사씨謝氏[謝道蘊]⑥에게 물었다.

"사태부謝太傅[謝安]는 동산에서 20여 년을 지냈지만 결국에는 끝까지 버티지 못했으니, 그 이유는 무엇입니까?"

사씨가 대답했다.

"돌아가신 숙부이신 태부 선현先賢⑦께서는 무용無用으로 마음을 삼고서 출사와 은거로 우열을 삼으셨으니, 그 처음과 끝은 진실로 동動과 정靜의 다름일 뿐이지요."⑧

[역주]
① 東山 : 지금의 浙江省 上虞縣 서남쪽 45리에 있는 산. 謝安이 일찍이 여기에서 은거했음.
② 新亭 : 지금의 江蘇省 江寧縣 남쪽에 있던 정자. 東晉 때 조정의 관리나 명사들이 연회나 餞別宴을 자주 열던 장소 「言語」31 劉注 1 에 인용된 『丹陽記』 참조.
③ 전송하러 : 원문은 "祖". 길 떠나는 사람을 위해 가는 길의 평안함을 路神에게 빌며 드리는 제사. 引申하여 '餞送'・'餞別'・'送別'의 뜻으로 쓰임.
④ 사공은 웃기만 하고 대답하지 못했다 : 원문은 "謝笑而不答". 『晉書』 권79 「謝安傳」에는 "安甚有愧色"이라 되어 있음.
⑤ 고령은 이미 나왔다 : 高靈은 高崧을 말함. 「言語」82 劉注 2 에 "阿䴵, 崧小字也"라는 기록이 있지만, '靈'이 '䴵'으로 되어 있음.
⑥ 謝氏[謝道蘊] : 王凝之의 부인 謝道蘊은 謝安의 형인 謝奕의 딸임.
⑦ 先賢 : 원문은 "先正". 과거의 賢人. 先賢・先哲과 같은 뜻.
⑧ 無用으로 마음을 삼고서 출사와 은거로 우열을 삼으셨으니, 그 처음과 끝은 진실로 動과 靜의 다름일 뿐이지요 : 이 구절은 謝安이 '無用'을 기본사상으로 삼고서 시대의 변화에 따라 進退顯隱을 결정했다는 뜻. '無用'에 대해서는 『莊子』

「人間世」에 "人皆知有用之用, 而莫知無用之用也."이라는 구절이 있음. '처음'과 '끝'은 각각 은거와 출사를 말함.

[참고] 『晉書』79.

謝公在東山, 朝命屢降而不動. 後出爲桓宣武司馬, 將發新亭, 朝士咸出瞻送. 高靈時爲中丞, 亦往相祖, 先時, 多少飮酒, 因倚如醉, 戱曰: "卿屢違朝旨, 高臥東山, 諸人每相與言; '安石不肯出, 將如蒼生何?' 今亦蒼生將如卿何?" 謝笑而不答.①

① ◦高靈, 已見.
◦ 『婦人集』載: 桓玄問王凝之妻謝氏曰: "太傅東山二十餘年, 遂復不終, 其理云何?" 謝答曰: "亡叔太傅先正, 以無用爲心, 豊陵爲優劣, 始末正當動靜之異耳."

• 25 : 27 [0963]

처음 사안謝安이 동산東山①에 머물며 평민으로 있을 때, 형제 중에서 이미 부귀해진 자들②이 가문에 모이면 세간의 이목이 집중되었다. 유부인劉夫人③이 농담 삼아 사안에게 말했다.

"대장부라면 당연히 이와 같아야 하지 않겠어요?"

그러자 사안이 코를 잡고 말했다.④

"나도 그렇게 되는 것을 면치 못할까봐 걱정일 뿐이오!"⑤

[역주]
① 東山 : 본편 조 [역주]① 참조
② 형제 중에서 이미 부귀해진 자들 : 謝安의 형 謝尚과 謝奕, 동생 謝萬은 모두 차례로 조정에 들어가 고관이 되었음.
③ 劉夫人 : 謝安의 부인 劉氏는 劉惔의 여동생임. 「德行」36 참조
④ 사안이 코를 잡고 말하길 : 謝安은 본래 콧병이 있어서 말소리가 重濁했기 때문에 늘 코를 문질러서 말소리를 분명하게 하려고 했다 함. 말할 때 코를 잡는 것은 상대방에 대한 무례한 행동임.
⑤ 면치 못할까봐 걱정일 뿐이오 : 형제들처럼 부귀해질까봐 걱정이라는 뜻. 즉 자신은 본래 부귀에 관심이 없어서 조정의 招徵을 누차 사양하고 출사하지 않았지만, 시세의 강요에 못 이겨 출사하게 될까봐 걱정이라는 뜻.

[참고]『晉書』79,『太平御覽』367.

初, 謝安在東山居布衣時, 兄弟已有富貴者, 翕集家門, 傾動人物. 劉夫人戲謂安曰; "大丈夫不當如此乎?" 謝乃捉鼻曰; "但恐不免耳!"

• 25 : 28 [0964]

지도림支道林[支遁]이 다른 사람을 통해 심공深公[竺法深]에게서 인산印山①을 사고자 했더니 심공이 말했다.

"소부巢父와 허유許由②가 산을 사서 은거했단 소리는 듣지 못했소이다!"①

①▫『일사전逸士傳』: 소부는 요堯임금 때의 은자다. 산에 은거하면서 세속의 명리를 구하지 않았으며, 노년에는 나무에 움집을 틀고 그 위에서 잠을 잤다. 그래서 '소부'라고 불렀다.

▫『고일사문전高逸沙門傳』: 지둔支遁은 심공의 말을 듣고 매우 부끄러워했다.

[역주]
① 印山: '卭山'의 오기로 보임.『言語』76과『高僧傳』권4「竺道潛傳」에는 "卭山"이라 되어 있음. 卭山은 會稽郡 剡縣[지금의 浙江省 嵊縣] 동쪽에 있다고 함.
② 許由: 상고시대의 隱士. 요임금이 천하를 그에게 양보했으나 거절하고 箕山에서 은거함. 본편 제7조 [역주]㉙ 참조.

[참고]『高僧傳』4,『藝文類聚』36,『太平御覽』510.

支道林因人就深公買印山, 深公答曰; "未聞巢·由買山而隱!"①

①▫『逸士傳』曰; 巢父者, 堯時隱人. 山居, 不營世利, 年老以樹爲巢, 而寢其上, 故號巢父.
▫『高逸沙門傳』曰; 遁得深公之言, 慙恧而已.

• 25 : 29 [0965]

왕몽王濛과 유담劉惔은 늘 채공蔡公[蔡謨]을 존경하지 않았다. 두 사람이 한번은 채공을 방문하여 한참 동안 얘기한 뒤에 채공에게 물었다.

"공은 스스로 보기에 왕이보王夷甫[王衍]①와 비교하여 어떻습니까?"

채공이 대답했다.

"나는 왕이보만 못하지요."

왕몽과 유담이 서로 눈짓하고 웃으며 말했다.

"공의 어떤 점이 못합니까?"

채공이 대답했다.

"왕이보에겐 그대들과 같은 손님이 없지요!"

[역주]··························
① 王夷甫[王衍] : 王夷甫는 고관이자 淸談의 대가로서, 당시에 명성이 높았음.

王·劉每不重蔡公. 二人嘗詣蔡, 語良久, 乃問蔡曰; "公自言何如夷甫?" 答曰; "身不如夷甫." 王·劉相目而笑曰; "公何處不如?" 答曰; "夷甫無君輩客!"

• 25 : 30 [0966]

장오흥張吳興[張玄之]이 8살 때 이가 빠졌는데,1 선배들①은 그가 비범하다는 것을 알고 있었기에 일부러 그를 놀려 말했다.

"그대의 입속엔 어찌하여 개구멍②이 뚫어져 있는가?"

장오흥이 그 말을 곧장 받아서 대답했다.

"바로 당신들을 이곳으로 들고나게 하려고요!"

1. 장현지張玄之는 이미 나왔다.③

[역주]··························
① 선배들 : 원문은 "先達". 덕행과 학문을 갖추고 명성이 높은 선배를 말함.
② 개구멍 : 원문은 "狗竇". 竇는 '穴'과 같음.
③ 이미 나왔다 : 「言語」51 劉注1에 나왔음.

張吳興年八歲, 虧齒,1 先達知其不常, 故戲之曰; "君口中何爲開狗竇?" 張應聲答曰; "正使君輩從此中出入!"

① ◦ 玄之, 已見.

--------• 25 : 31 [0967]

학륭郝隆이 7월 7일①에 햇볕으로 나가 드러누워 있었는데, 어떤 사람이 그 까닭을 물었더니 대답했다.

"나는 지금 뱃속에 들어 있는 책을 말리고 있소."②①

① ◦『정서료속명征西寮屬名』: 학륭은 자가 좌치佐治며 급군汲郡 사람이다. 오吳에서 벼슬하여③ 정서대장군征西大將軍[桓溫]의 참군에 이르렀다.

[역주]..........
* 『藝文類聚』 권4, 『事類賦』 권5, 『太平御覽』 권31에 인용된 『世說』에는 전체 고사가 "郝隆七月七日, 見鄰人皆曝曬衣物, 隆乃仰臥出腹, 云曬書." 라 되어 있음.
① 7월 7일: 음력 7월 7일에는 책과 옷을 햇볕에 내다 말려서 부패와 해충을 방지하는 풍습이 있었음. 『太平御覽』 권31에 인용된 崔寔의 『四民月令』에 "七月七日, 曝經書及衣裳."이라는 기록이 있음. 또한 「任誕」10 劉注②에 인용된 『竹林七賢論』에도 "舊俗, 七月七日, 法當曬衣."라는 기록이 있음.
② 나는 책을 말리고 있소: 원문은 "我曬書". 『蒙求』 卷上에 인용된 『世說』에는 "我曬腹中書也"라 되어 있는데, 의미가 보다 구체적임. 이 구절은 책 속에 쓰여 있는 학문을 이미 터득하여 자기 뱃속에 넣어두었다는 뜻.
③ 吳에서 벼슬하여: 楊勇은 桓溫이 征西大將軍이 된 것은 晉나라 永和 2년(346)[일설에는 4년]의 일인데, 그 때는 吳나라가 망한 지 이미 66년이 지났으므로 郝隆이 吳나라에서 벼슬할 수 없었음이 분명하다고 주장하면서, '吳'는 아마도 衍字일 것이라고 함.
[참고] 『藝文類聚』4, 『蒙求原注』1, 『事類賦』5, 『太平御覽』31·371·393

郝隆七月七日, 出日中仰臥, 人問其故, 答曰; "我曬書."①
① ◦『征西寮屬名』曰; 隆, 字佐治, 汲郡人. 仕吳至征西參軍.

--------• 25 : 32 [0968]

사공謝公[謝安]은 처음에는 동산東山의 뜻①을 지켰으나, 나중에 출사出仕하라는 엄한 명령이 누차 이르러 부득이한 상황이 되자 비로소

환공桓公[桓溫]의 사마司馬로 취임했다. 당시에 어떤 사람이 환공에게 약초를 선물했는데, 그 중에 '원지遠志'②가 있었다. 환공이 그것을 들고 사공에게 물었다.

"이 약초는 또한 '소초小草'라고도 하는데, 어찌하여 한 가지 물건에 두 가지 명칭이 있는 것이오?"①

사공은 즉시 대답하지 못했다. 그때 학륭郝隆이 그 자리에 있다가 곧바로 대답했다.

"이것은 아주 쉽게 설명할 수 있으니, 땅 속에 묻혀 있으면 '원지'가 되고 땅 위로 나오면 '소초'가 되는 것입니다."③

사공은 몹시 부끄러운 기색을 띠었다. 환공이 사공을 보면서 웃으며 말했다.

"학참군郝參軍[郝隆]의 이러한 해석④은 그리 나쁘지 않으며, 또한 매우 적절하기도⑤ 하군!"

① ▫『본초本草』: 원지는 일명 극완棘菀이라고도 하며, 그 잎을 소초라고 한다.⑥

[역주]························

① 東山의 뜻 : 東山에 은거하려는 뜻. 謝安은 동산에서 20여 년 동안 은거했음. 본편 조 참조.

② 遠志 : 遠志科에 속하는 다년초. 애기풀・細草・靈神草라고도 함. 키는 7~8촌쯤 되고, 줄기는 가늘고 잎은 계란형이며, 늦여름에 보라색 꽃이 피고, 산야에서 자생함. 뿌리와 줄기를 약용하는데, 이것을 먹으면 지혜가 증진되어 총명해지고 心志가 강해지며 邪氣를 막아준다고 함. 『本草綱目』 권12 「草部・遠志」에 "此草服之, 能益智强志, 故有遠志之稱. 『世說』載謝安云; '處則爲遠志, 出則爲小草.'"라는 기록이 있음.

③ 땅 속에 묻혀 있으면 원지가 되고 땅 위로 나오면 소초가 되는 것입니다 : 원문은 "處則爲遠志, 出則爲小草." 땅 속에 있는 뿌리는 遠志라 하고 땅 위로 나온 잎은 小草라 한다는 표면적인 의미와, 은거하면 뜻이 고원하지만 출사하면 보잘것없다는 심층적인 의미를 포함하고 있음. 이 구절은 東山에서 은거하다가 결국 출사한 謝安을 암암리에 비꼰 것임.

④ 이러한 해석 : 원문은 "此過". 『太平御覽』 권989에 인용된 『世說』에는 "此通"이라 되어 있는데, 보다 타당하므로 이것에 따라 번역함. '通'은 闡述・解釋의 뜻.

⑤ 적절하기도 : 원문은 "會". 勝意[심오한 뜻]라고 해석하기도 함.
⑥ 원지는 일명 棘宛이라고도 하며, 그 잎을 소초라고 한다 :『本草綱目』권12 「草部・遠志」의 釋名에 "苗名小草, 細草, 棘宛, 葽繞."라는 기록이 있음.
[참고]『藝文類聚』25,『太平御覽』466・989,『事文類聚』前33・別20.

謝公始有東山之志, 後嚴命屢臻, 勢不獲已, 始就桓公司馬. 于時人有餉桓公藥草, 中有'遠志'. 公取以問謝; "此藥又名'小草', 何一物而有二稱?"① 謝未卽答. 時郝隆在坐, 應聲答曰; "此甚易解, 處則爲'遠志', 出則爲'小草'." 謝甚有愧色. 桓公目謝而笑曰; "郝參軍此過乃不惡, 亦極有會!"
① .『本草』曰; 遠志, 一名棘宛, 其葉名小草.

• 25:33 [0969]

유원객庾園客[庾爰之]①이 손감孫監[孫盛]②을 찾아갔더니 손감은 마침 외출 중이었고, 아들 손제장孫齊莊[孫放]이 밖에 있는 것을 보았는데, 손제장은 아직 어렸지만 명민했다. 유원객이 시험 삼아 물었다.

"손안국孫安國[孫盛]③은 어디 있느냐?"

손제장이 즉시 대답했다.

"유치공庾穉恭[庾翼]④의 집이요."

유원객이 크게 웃으며 말했다.

"손씨孫氏 집안이 크게 흥성하여[盛]⑤ 이런 아들이 있구나!"

손제장이 또 대답했다.

"유씨庾氏 집안의 번성함[翼翼]⑥만 못하지요."

손제장은 돌아가서 사람들에게 말했다.

"내가 확실히 이겼어요. 그 자의 부친 이름을 두 번이나 불렀으니까요."①

① .『손방별전孫放別傳』: 손방의 형제는 모두 남달리 뛰어났으며, 유익庾翼의 아들 유원객과 함께 학생이 되었다. 유원객은 젊어서부터 훌륭한 명성이 있었는데, 담소하는 중에 손방을 조롱했다.

"손씨 가문이 오늘날 흥성하군[盛]."

흥성의 '성盛'자는 감군監君[孫盛]의 휘였다. 손방이 즉시 대답했다.

"유씨 집안의 번성함[翼翼]만 못하지요."

손방이 임기응변으로 상대방을 제압하자 당시 사람들이 감탄했다. 사마경왕司馬景王[司馬師]・진陳・종鍾⑦ 등 여러 명현들이 응수했지만 그를 누르지 못했다.

[역주]

① 庾園客[庾爰之] : 宋本에는 本文과 劉注 모두 "庾爰客"이라 되어 있음. 「識鑒」 19 劉注①에서는 "園客, 爰之小字也."라고 하여 本條의 기록과 같음. 한편 『晉書』 권82 「孫盛傳」에는 "庾翼子爰客"이라 되어 있음.

② 孫監[孫盛] : '監'은 祕書監을 말함. 孫盛이 일찍이 비서감을 지냈기 때문에 그렇게 부른 것임.

③ 孫安國[孫盛] : 魏晉人들은 避諱를 특히 중시했기 때문에, 庾爰之가 孫放의 면전에서 그의 부친 孫盛의 字를 언급함으로써 손방이 어떻게 나오는지 시험해 본 것임.

④ 庾稚恭[庾翼] : 孫放 역시 庾爰之의 면전에서 그의 부친 庾翼의 字를 언급하여 응수한 것임.

⑤ 孫氏 집안이 크게 흥성하여[盛] : 庾爰之가 '孫'과 '盛' 두 자를 넣어 다시 孫放 부친의 휘를 직접 언급한 것임.

⑥ 庾氏 집안의 번성함[翼翼] : 孫放 역시 '庾'와 '翼' 두 자를 넣어 庾爰之 부친의 휘를 언급함으로써 응수한 것임.

⑦ 陳・鍾 : 구체적으로 누구를 말하는 지 알 수 없지만, 피휘와 관련된 내용으로 보아 본편 제2・3조에 나오는 陳騫・陳泰 형제와 鍾毓・鍾會 형제로 추정함.

[참고] 『晉書』82.

庾園客詣孫監, 値行, 見齊莊在外, 尙幼而有神意. 庾試之曰; "孫安國何在?" 卽答曰; "庾穉恭家." 庾大笑曰; "諸孫大盛, 有兒如此!" 又答; "未若諸庾之翼翼." 還, 語人曰; "我故勝, 得重喚奴父名."①

① 『孫放別傳』曰; 放兄弟並秀異, 與庾翼子園客同爲學生. 園客少有佳稱, 因談笑嘲放曰; "諸孫於今爲盛." 盛, 監君諱也. 放卽答; "未若諸庾之翼翼." 放應機制勝, 時人仰焉. 司馬景王・陳・鍾諸賢相酬, 無以踰也.

• 25 : 34 [0970]

범현평范玄平[范汪]이 간문제簡文帝[司馬昱]가 마련한 자리에 참석하여 담론을 하다가 지려고 하자, 왕장사王長史[王濛]를 잡아끌며 말했다.

"그대가 날 좀 도와주시오!"①

왕장사가 말했다.

"이건 산을 뽑을 만한 힘으로도 도와줄 수 없는 일이오!"②

① 『범왕별전范汪別傳』: 범왕은 자가 현평이며 영양穎陽①사람으로, 좌장군左將軍 범략范略의 손자다.② 젊어서부터 비범한 뜻을 지녔으며, 명민하고 박식한데다 경적經籍을 널리 섭렵하여 당시에 명성을 얻었다. 이부상서吏部尙書와 서주徐州・연주兗州자사를 역임했다.

② 『사기史記』③: 항우項羽가 한군漢軍에게 포위당했을 때 밤에 일어나 노래를 불렀다.

"힘은 산을 뽑을 만하고 기개는 세상을 덮을 만하지만, 시운時運이 불리하여 추騅가 나아가질 않네."④

[역주]……………………
① 穎陽 : 『晉書』 권75 「范汪傳」에는 "順陽"이라 되어 있음.
② 左將軍 范略의 손자다 : 『晉書』 권75 「范汪傳」에는 "雍州刺史晷之孫"이라 되어 있고, 『世說敍錄』「人名譜・南鄕舞陰范氏譜」에도 "范晷"라 되어 있는 것으로 보아, '范略'은 '范晷'의 오기가 분명함.
③ 『史記』 : 권7 「項羽本紀」에 보임.
④ 힘은~않네 : 「垓下歌」의 일부.

范玄平在簡文坐, 談欲屈, 引王長史曰; "卿助我!"① 王曰; "此非拔山力所能助!"②
① 『范汪別傳』曰; 汪, 字玄平, 穎陽人, 左將軍略之孫. 少有不常之志, 通敏多識, 博涉經籍, 致譽於時. 歷吏部尙書・徐兗二州刺史.
② 『史記』曰; 項羽爲漢兵所圍, 夜起歌曰; "力拔山兮氣蓋世, 時不利兮騅不逝."

• 25 : 35 [0971]

학륭郝隆이 환공桓公[桓溫]의 남만참군南蠻參軍①이 되었을 때 3월 3일의 모임②에서 시를 지었는데, 짓지 못하는 자는 벌주 3되③를 마셨다. 학륭이 맨 처음 짓지 못하여 벌주를 받았는데, 다 마시고 나더니 붓을 쥐고서 바로 한 구절을 지었다.

"추우娵隅가 맑은 연못에서 뛰노네."

환공이 물었다.

"추우는 어떤 것인가?"

"남만南蠻에서는 물고기를 추우라고 합니다."

다시 환공이 말했다.

"시를 짓는 데 어찌하여 남만의 말을 쓰는가?"

학륭이 말했다.

"천릿길을 달려와 공께 의탁하여 비로소 만부蠻府의 참군이 되었으니, 어찌 남만의 말을 쓰지 않을 수 있겠습니까?"

[역주]
① 桓公桓溫의 南蠻參軍 : '南蠻參軍'은 南蠻校尉의 속관. 당시 桓溫은 庾翼의 추천을 받아 都督荊梁四州諸軍事・安西將軍・荊州刺史・領護南蠻校尉・假節로 있었음.
② 3월 3일의 모임 : 1년 동안 쌓인 심신의 때를 털어내기 위해 흐르는 물가에서 修禊를 하면서 동시에 酒宴과 作詩會를 열어 '曲水流觴'을 즐기던 옛 풍습. 修禊는 부정함을 씻기 위해 沐浴齋戒하는 禊祭를 말함. 본래는 음력 3월 上巳日에 행했으나 위진시대 이후에는 3월 3일에 행했음.
③ 3되 : 원문은 "三升". 宋本에는 "三斗"라 되어 있음.

[참고] 『白氏六帖』21, 『太平御覽』390・785, 『太平廣記』246, 『事文類聚』別6.

郝隆爲桓公南蠻參軍, 三月三日會, 作詩, 不能者罰酒三升. 隆初以不能受罰, 旣飮, 攬筆便作一句云; "娵隅躍淸池." 桓問; "娵隅是何物?" 答曰; "蠻名魚爲娵隅." 桓公曰; "作詩何以作蠻語?" 隆曰; "千里投公, 始得蠻府參軍, 那得不作蠻語也?"

• 25 : 36 [0972]

원양袁羊[袁喬]이 한번은 유회劉恢①를 찾아갔는데, 유회는 내실에서

자면서 아직 일어나지 않았다. 그래서 원양이 시를 지어 그를 놀렸다.

"뿔 베개②는 채색 요에서 아름답고, 비단이불은 긴 자리에서 찬란하네."①

유회는 진晉 명제明帝[司馬紹]의 딸에게 장가들었다.③② 공주가 그 시를 보고 불쾌하여 말했다.

"원양, 옛 미치광이의 떨거지 같으니!"④

① ◦『시경詩經』「당풍唐風」의 시⑤ : 진晉 헌공獻公이 전쟁을 좋아하여 백성 중에 죽은 자가 많았다.⑥ 그 시에서 말했다.

"뿔 베개 아름답고, 비단이불 찬란해도, 내 님은 여기 안 계시니, 누구와 함께 외로운 밤 지새리?"

◦그래서 원양이 이 시를 가지고 그를 놀린 것이다.

② ◦『진양추晉陽秋』: 유회는 여릉장공주廬陵長公主에게 장가들었는데, 공주의 이름은 남제南弟다.

[역주]······················
① 劉恢 : '劉惔'의 오기로 보임.『晉書』권75「劉惔傳」에 "尙明帝女廬陵公主"라는 기록이 있음.『晉書』에는 「劉恢傳」이 없음. 아마도 '恢'와 '惔'의 글자가 비슷하여 착오를 일으킨 것 같음.
② 뿔 베개 : 짐승의 뿔로 장식한 베개.
③ 장가들었다 : 원문은 "尙". 帝王의 딸을 부인으로 맞이하는 것을 말함.
④ 옛 미치광이의 떨거지 같으니 : 원문은 "古之遺狂". 옛날의 미치광이가 지금까지 살아남아 있다는 뜻.
⑤ 「唐風」의 시 : 원문은 "唐詩".『詩經』「唐風・葛生」을 말함. 이 시는 전쟁에 나가 죽은 남편을 애도하는 과부의 노래임.
⑥ 晉 獻公이 전쟁을 좋아하여 백성 중에 죽은 자가 많았다 : 이 구절은 「葛生」편의 小序에 나옴. 小序에서 "葛生, 刺獻公也. 好攻戰, 則國人多喪矣."라고 함.

袁羊嘗詣劉恢, 恢在內眠未起. 袁因作詩調之曰; "角枕粲文茵, 錦衾爛長筵."
① 劉尙晉明帝女.② 主見詩, 不平曰; "袁羊, 古之遺狂!"

① ◦「唐詩」曰; 晉獻公好攻戰, 國人多喪. 其詩曰; "角枕粲兮, 錦衾爛兮. 予美亡此, 誰與獨旦?"
◦袁故嘲之.

②·『晉陽秋』曰; 恢尙廬陵長公主, 名南弟.

----------- • 25 : 37 [0973]

은홍원殷洪遠[殷融]이 손홍공孫興公[孫綽]에게 답하는 시에서 말했다.
"이제 다시 한 곡을 연주하네."①

유진장劉眞長[劉惔]이 그 말이 서툴다고 웃으면서 은홍원에게 물었다.
"당신은 어떻게 연주하겠다는 것이오?"

은홍원이 말했다.

"탑랍榻臘으로도 연주할 수 있으니, 어찌 반드시 종과 방울이라야만 하리오?"②①

①·은융殷融은 이미 나왔다.③

[역주]··················
① 한 곡을 연주하네 : 원문은 "放一曲". '放'은 음악을 연주거나 노래를 부른다는 뜻, 또는 '倣'[모방하다·흉내내다]의 뜻이라고도 함.
② 榻臘으로도~종과 방울이라야만 하리오 : 원문은 "榻臘亦放, 何必其鎗鈴邪". '榻臘'은 본래 북소리를 표현하는 의성어지만, 轉義하여 西域 악기의 일종인 榻臘鼓를 가리킴. 여기서는 낯선 서역 북소리를 말함. '鎗(쟁)鈴'은 종소리와 방울소리. 여기서는 아름다운 金石 악기의 소리를 말함. 이 구절은 낯선 서역 악기로도 충분히 음악을 연주할 수 있으니, 아름다운 소리를 내는 종과 방울을 꼭 쓸 필요는 없다는 말. 그 이면의 뜻은 詩語가 비록 훌륭하지 않더라도 뜻만 통하면 되므로 반드시 아름답게 조탁할 필요는 없다는 것을 비유함. 余嘉錫의 按語에서 "蓋'榻臘'本爲鼓聲, 及轉爲'答臘', 又轉爲'榻拉', 遂爲拊鼓之專名. 以其純用手擊, 故謂之'手榻臘'. … 此云'榻臘亦放, 何必鎗鈴'者, 謂己詩雖不工, 亦足以達意, 何必雕章繪句, 然後爲詩? 猶之鼓雖無當於五聲, 亦足以應節, 何必金石鏗鎗, 然後爲樂也?"라고 함. 한편 楊勇은 饒固庵의 說을 인용하여, '榻臘'은 '灑臘', 즉 梵語 Sādava의 漢譯으로 고전 梵樂七調(Rāga) 가운데 5번째며, '鎗鈴'은 아름다운 雅音을 비유한 것으로 梵響의 胡音과 상반되는 것이라고 함.
③ 이미 나왔다 : 「文學」74 劉注①에 나왔음.

殷洪遠答孫興公詩云; "聊復放一曲." 劉眞長笑其語拙, 問曰; "君欲云那放?" 殷曰; "榻臘亦放, 何必其鎗鈴邪?"①

① ∘ 殷融, 已見.

----------- • 25 : 38 [0974]

환공桓公[桓溫]이 해서공海西公[司馬奕]을 폐하고 나서 간문제簡文帝[司馬昱]를 옹립했는데,① 시중侍中 사공謝公[謝安]이 환공을 만나 절을 하자 환공이 놀라면서 웃으며② 말했다.

"안석安石[謝安], 당신은 어쩐 일로 이러시오?"

사공이 말했다.

"군주가 앞에서 절을 하는데 신하가 뒤에 서 있는 법은 없지요."③

① ∘『진양추晉陽秋』: 해서공은 휘가 혁奕이고 자가 연령延齡이며, 성제成帝[司馬衍]의 아들이다. 흥녕興寧연간④(363~365)에 즉위했다. 젊었을 때 환관과 똑같은 병⑤을 얻었으므로, 궁녀를 좌우 시종과 사통하게 하여 아들을 낳았다. 대사마大司馬 환온桓溫이 광릉廣陵에서 고숙姑孰으로 돌아가는 도중에 도성[建康]에 들렀다가 황태후의 명령을 반포하여 천자를 해서공으로 폐위시켰다.

[역주]··························
① 簡文帝[司馬昱]를 옹립했는데 : 太和 6년(371)에 대사마 桓溫이 晉帝 司馬奕을 海西公으로 폐위시키고 相王 司馬昱을 천자로 옹립함.
② 놀라면서 웃으며 : 원문은 "驚笑". 『晉書』 권98 「桓溫傳」에는 '笑'자가 없는데, 문맥상 보다 자연스러움.
③ 군주가~없지요 : 원문은 "未有君拜於前, 臣立於後". 이 구절은 천자조차도 환공을 두려워하는 판에 신하된 내가 어떻게 서 있을 수 있겠느냐는 뜻으로, 천자까지도 좌우지하는 환온을 비꼰 것임. 『晉書』 권9 「簡文帝紀」에 "溫既仗文武之任, 屢建大功, 加以廢立, 威振內外. 帝雖處尊位, 拱默守道而已, 常懼廢黜."이라는 구절이 있음.
④ 興寧연간 : 정확히는 興寧 3년(365) 2월임.
⑤ 환관과 똑같은 병 : 원문은 "同閹人之疾". 즉 고자병을 말함. '閹人'은 궁형을 당하고 궁중에서 일하는 자를 말함.

[참고]『晉書』98.

桓公既廢海西, 立簡文,① 侍中謝公見桓公, 拜, 桓驚笑曰; "安石, 卿何事至爾?" 謝公曰; "未有君拜於前, 臣立於後."

① · 『晉陽秋』曰; 海西公, 諱奕, 字延齡, 成帝子也. 興寧中卽位. 少同閹人之疾, 使宮人與左右淫通生子. 大司馬溫自廣陵還姑孰, 過京都, 以皇太后令, 廢帝爲海西公.

• 25 : 39 [0975]

치중희郗重熙[郗曇]가 사공謝公[謝安]에게 편지를 보내 왕경인王敬仁[王脩]에 대해 말했다.

"들자하니 한 젊은이①가 문정問鼎의 야심②을 품고 있다고 하는데,① 환공桓公③의 덕이 쇠한 것인지 아니면 젊은 후배가 가히 두려운 것인지 모르겠습니다."②

① · 치담郗曇과 왕수王脩는 이미 나왔다.④

· 『사기史記』⑤ : 초楚 장왕莊王이 주周나라의 도성 교외에서 군대를 열병하자, 주 정왕定王이 왕손만王孫滿을 보내 초왕을 영접하여 수고를 달래도록 했다. 장왕이 주나라의 정鼎의 크기와 무게를 묻자 왕손만이 대답했다.

"왕자王者의 위엄은 덕德에 있지 정鼎에 있지 않습니다."

장왕이 말했다.

"그대는 그대의 나라가 갖고 있는 구정九鼎을 믿지 말라.⑥ 초나라는 구부러진 창의 끄트머리만으로도 충분히 구정을 만들 수 있다."

② · 『춘추전春秋傳』⑦ : 제齊 환공桓公이 초나라를 정벌하면서 그령⑧을 바치지 않은 것을 질책했다.

· 『논어論語』⑨ : 젊은 후배는 두려워할 만하니, 앞으로 나올 그들이 지금 우리들보다 못하리란 것을 어찌 알겠는가?

· 공안국孔安國의 주注 : 후생은 젊다는 뜻이다.⑩

[역주]
① 한 젊은이 : 王敬仁을 가리킴.
② 問鼎의 야심 : '問鼎'은 국가의 상징인 九鼎의 경중을 물어본다는 뜻으로, 천하를 차지하려는 의도를 드러낸 것을 말함. 九鼎은 禹임금 때 九州로부터 공납받은 황금으로 주조한 솥인데, 夏·殷나라 이래로 천자의 寶器가 되었음.
③ 桓公 : 春秋五覇 가운데 하나인 齊 桓公을 말함. 管仲을 재상으로 등용하고 제후를 규합하여 천하를 바로잡음으로써 패업을 달성했으나, 관중이 죽은 뒤

간신을 믿고 정치에 태만하여 덕망이 쇠함. 여기서는 桓溫을 비유함. 한편 目加田誠은 謝安을 비유한다고 하면서 젊은 王脩가 謝安을 능가하려는 것을 말한다고 함. 사안은 환온의 司馬를 지낸 적이 있음.
④ 이미 나왔다 : 郗曇은 「賢媛」25 劉注①에 나왔고, 王脩는 「文學」38 劉注①에 나왔음. 宋本에는 "郗雲"이라 되어 있는데 오기임.
⑤ 『史記』 : 권40 「楚世家」에 보임.
⑥ 믿지 말라 : 원문은 "無阻". '無恃'의 뜻. '無'는 禁止辭.
⑦ 『春秋傳』 : 『春秋左氏傳』 「僖公4年」條에 보임.
⑧ 그령 : 원문은 "苞茅". 띠풀의 일종. 그 줄기를 엮어서 제사에서 술을 거를 때 사용했음.
⑨ 『論語』 : 「子罕」篇에 보임.
⑩ 후생은 젊다는 뜻이다 : 원문은 "後生, 少年." 현행본 『論語集解』에는 "後生, 謂年少."라 되어 있음.

郗重熙與謝公書, 道王敬仁; "聞一年少懷問鼎,① 不知桓公德衰, 爲復後生可畏."②
①。郗曇・王脩, 已見.
 。『史記』曰; 楚莊王觀兵於周郊, 周定王使王孫滿迎勞楚王. 王問鼎大小輕重, 對曰; "在德不在鼎." 莊王曰; "子無阻九鼎. 楚國折鉤之喙, 足以爲九鼎也."
②。『春秋傳』曰; 齊桓公伐楚, 責苞茅之不貢.
 。『論語』曰; 後生可畏, 焉知來者之不如今?
 。孔安國曰; 後生, 少年.

• 25 : 40 [0976]

장창오張蒼梧[張鎭]는 장빙張憑①의 조부였는데, 한번은 장빙의 부친에게 말했다.
"나는 너만 못하다."
장빙의 부친이 그 까닭을 이해하지 못하자 장창오가 말했다.
"너에게 훌륭한 아들이 있어서니라."①
장빙은 당시 나이가 몇 살 밖에 안되었는데, 공손히 두 손을 모으고 말했다.
"할아버지, 어찌하여 자식을 가지고 아비를 놀리십니까?"

1 ▫ 「장창오비張蒼梧碑」: 장군張君은 휘가 진鎭이고 자가 의원義遠이며, 오국吳國 오吳사람이다. 진실하고 너그럽고 사리에 밝았으며, 대범하면서도 올곧았다. 태안泰安② 연간(302~303)에 창오태수로 임명되었으며, 왕함王含③을 토벌하는 데 공을 세워 홍도현후興道縣侯에 봉해졌다.

[역주]··················
① 張憑: 「文學」53 劉注1 참조.
② 泰安: 宋本에는 "太安"이라 되어 있음.
③ 王含: 王敦의 형. 왕돈이 난을 일으켜 姑孰에 주둔하자 王含도 그 대열에 참여했는데, 太寧 2년(324)에 도성으로 진격하던 도중 明帝[司馬紹]의 군대에게 越城에서 패한 뒤 주살당함.「言語」37 참조.

[참고] 『晉書』75.

張蒼梧是張憑之祖, 嘗語憑父曰; "我不如汝." 憑父未解所以, 蒼梧曰; "汝有佳兒."1 憑時年數歲, 斂手曰; "阿翁, 詎宜以子戲父?"

1 ▫ 「張蒼梧碑」曰; 君諱鎭, 字義遠, 吳國吳人. 忠恕寬明, 簡正貞粹. 泰安中, 除蒼梧太守, 討王含有功, 封興道縣侯.

-------- • 25:41 [0977]

습착치習鑿齒와 손흥공孫興公[孫綽]이 아직 면식이 없었을 때, 환공桓公[桓溫]이 마련한 자리에 함께 참석했다. 환공이 손흥공에게 말했다.
"습참군習參軍[習鑿齒]과 함께 얘기를 나눠보시오."
손흥공이 말했다.
"꿈틀거리는[蠢爾] 만형蠻荊이 감히 대국과 맞서려 하다니!"①
습착치가 말했다.
"험윤獫狁을 토벌하여 태원太原에 도달했지!"②1

1 ▫ 『시경詩經』「소아小雅」의 시다.
▫ 『모시毛詩』주注: '준蠢'은 움직인다는 뜻이다. '형만荊蠻'은 형荊땅의 만족蠻族이다.③ '험윤'은 북방 오랑캐다.④
▫ 습착치는 형주荊州 양양襄陽사람이고 손흥공은 태원太原사람이기 때문에 『시경』의 시구를 가지고 서로 조롱한 것이다.

[역주]……………………
① 꿈틀거리는[蠢爾]~하다니 : 원문은 "蠢爾蠻荊, 敢與大邦爲讎." 『詩經』「小雅·采芑」에 "蠢爾蠻荊, 大邦爲讎."라는 구절이 있음. '蠢爾'는 벌레 따위가 꿈틀거리는 모양. '蠻'은 남방 이민족에 대한 卑稱. '荊'은 楚國. '大邦'은 천자국인 周나라. 이 시는 周 宣王의 남방 초국 정벌을 묘사한 것임. 여기서는 孫綽이 荊州 襄陽 출신인 習鑿齒를 荊蠻에 빗대어 조롱한 것임.
② 獫狁을 토벌하여 太原에 도달했지 : 원문은 "薄伐獫狁, 至于太原." 『詩經』「小雅·六月」에 "薄伐獫狁, 以奏膚公."이라는 구절이 있음. '薄'은 어조사. '獵狁'은 '獫狁'과 같으며 북방 이민족인 흉노족을 말함. '膚'는 '大', '公'은 '功'의 뜻. 이 시는 周 宣王의 북방 험윤 정벌을 묘사한 것임. 여기서는 習鑿齒가 太原[북방 이민족 통치지역]에 있었음 출신인 孫綽을 獫狁에 빗대어 조롱한 것임.
③ '蠢'은~蠻族이다 : 원문은 "蠢, 動也. 荊蠻, 荊之蠻也." 「采芑」편의 毛傳에 보이는데, 뒤 구절이 "蠻荊, 荊州之蠻也."라 되어 있음.
④ '험윤'은 북방 오랑캐다 : 원문은 "獫狁, 北夷也." 『詩經』「小雅·采薇」의 "獫狁之故" 구절에 대한 毛傳에 보임. 鄭箋에서는 "北狄, 今匈奴也."라고 함.

習鑿齒·孫興公未相識, 同在桓公坐. 桓語孫; "可與習參軍共語." 孫云; "蠢爾蠻荊, 敢與大邦爲讎!" 習云; "薄伐獫狁, 至于太原!"①
①「小雅」詩也.
◦『毛詩』注曰; 蠢, 動也. 荊蠻, 荊之蠻也. 獫狁, 北夷也.
◦習鑿齒, 襄陽人. 孫興公, 太原人. 故因詩以相戲也.

────────── • 25 : 42 [0978]

환표노桓豹奴[桓嗣]는 왕단양王丹陽[王混]의 외조카였는데, 모습이 그의 외숙과 닮아서 환표노가 몹시 못마땅해 했다.① 환선무桓宣武[桓溫]①가 말했다.

"늘 닮은 것이 아니고 때때로 닮았을 뿐이니, 늘 닮은 것은 모습이고 때때로 닮은 것은 정신이다."

환표노는 더욱 불쾌해했다.

①◦표노는 환사桓嗣의 어릴 적 자다.
◦『중흥서中興書』 : 환사는 자가 공조恭祖며, 거기장군車騎將軍 환충桓冲의 아들

이다. 젊어서부터 훌륭한 명성이 있었다. 벼슬은 강주江州자사에 이르렀다.
　□『왕씨보王氏譜』: 왕혼王混은 자가 봉정奉正이며 중군장군中軍將軍② 왕념王恬의 아들이다. 벼슬은 단양윤丹陽尹에 이르렀다.

[역주]……………………
① 桓宣武[桓溫] : 桓溫은 桓嗣의 백부임.
② 中軍將軍 : 천자 직속 近衛軍團의 지휘관 가운데 하나.
[참고]『太平御覽』396.

桓豹奴是王丹陽外生, 形似其舅, 桓甚諱之.① 宣武云; "不恒相似, 時似耳, 恒似是形, 時似是神." 桓逾不說.
① □豹奴, 桓嗣小字.
　□『中興書』曰; 嗣, 字恭祖, 車騎將軍沖子也. 少有淸譽, 仕至江州刺史.
　□『王氏譜』曰; 混, 字奉正, 中軍將軍恬子. 仕至丹陽尹.

　　　　　　　　　　　　　　　　　　　• 25 : 43 [0979]

왕자유王子猷[王徽之]가 사만謝萬을 방문했을 때, 임공林公[支遁]이 먼저 그 자리에 있었는데 쳐다보는 눈빛이 몹시 도도했다.① 왕자유가 말했다.

"만약 임공의 수염과 머리카락이 모두 온전하다면,② 기품이 틀림없이 지금보다 훨씬 낫지 않겠소?"

사만이 말했다.

"입술과 이는 서로 필요하므로 어느 한 쪽이 없어서는 안되지만,① 수염과 머리카락이 기품과 무슨 상관입니까?"

임공은 몹시 기분 나빠하면서 말했다.

"7척의 내 몸을 오늘 당신 두 분께 맡기겠소!"

① □『춘추전春秋傳』③ : 입술이 없으면 이가 시리다.

[역주]……………………
① 쳐다보는 눈빛이 몹시 도도했다 : 원문은 "瞻矚甚高". 상대방을 쳐다보는 눈빛이 매우 도도하고 오만하다는 뜻.

② 수염과 머리카락이 모두 온전하다면 : 중[和尙]인 林公에게 머리카락이 없기 때문에 이렇게 말함으로써 그를 은근히 조롱한 것임.
③ 『春秋傳』: 『春秋左氏傳』「僖公5年」・「哀公8年」條와 『春秋公羊傳』「僖公2年」 條 등에 보임.

[참고] 『太平御覽』368.

王子猷詣謝萬, 林公先在坐, 瞻矚甚高. 王曰; "若林公鬚髮並全, 神情當復勝此不?" 謝曰; "脣齒相須, 不可以偏亡, 鬚髮何關於神明?" 林公意甚惡, 曰; "七尺之軀, 今日委君二賢!"

①。『春秋傳』曰; 脣亡齒寒.

• 25 : 44 [0980]

치사공郗司空[郗愔]이 북부北府에 임명되었을 때,① 외조카 왕황문王黃門[王徽之]이 치사공의 집을 방문하여 하례하며 말했다.

"임기응변의 용병책략은 그의 특장이 아니라네."

왕황문이 이 말을 거듭 뇌까리며 그치지 않자, 치창郗倉[郗融]이 형 치가빈郗嘉賓[郗超]에게 말했다.

"부친께서 오늘 임명되셨는데, 왕자유王子猷[王徽之]의 언사가 몹시 불손하니 결코 용납할 수 없습니다!"②

치가빈이 말했다.

"그것은 진수陳壽가 제갈량諸葛亮을 비평한 말이다.③ 남이 너의 부친②을 무후武后[諸葛亮]③에 견주는데 더 이상 무슨 할 말이 있느냐?"

①。『남서주기南徐州記』: 이전에는 서주도독徐州都督을 동부東府라고 불렀는데, 진조晉朝가 남쪽으로 천도한 뒤로는 서주자사 왕서王舒가 북중랑장北中郎將을 겸했다. 북부라는 호칭은 여기에서 비롯되었다.

②。치창은 치융郗融의 어릴 적 자다.

。『치씨보郗氏譜』: 치융은 자가 경산景山이며 치음郗愔의 둘째아들이다. 낭

야왕琅邪王의 문학文學④으로 초징되었으나, 임명받지 못하고 일찍 죽었다.
③ 『촉지蜀志』⑤의 진수陳壽 평 : 제갈량은 매년 군대를 동원했지만 공을 이루지 못했으니, 대개 임기응변의 용병책략은 그의 특장이 아니다.

  ○ 왕은王隱의 『진서晉書』 : 진수는 자가 승조承祚며 파서巴西 안한安漢 사람이다. 학문을 좋아하고 저술에 뛰어났으며, 벼슬은 중서자中庶子⑥에 이르렀다. 처음에 진수의 부친은 마속馬謖의 참군參軍이었는데, 제갈량이 마속을 죽일 때 그의 부친을 삭발형⑦에 처했으며, 제갈량의 아들 제갈첨諸葛瞻도 진수를 경시했다. 그래서 진수는 『촉지』를 찬할 때, 자기의 애증愛憎을 가지고 제갈량을 평했다.

[역주]……………………
① 北府에 임명되었을 때 : '北府'는 東晉 도성 建康 북쪽의 廣陵에 설치한 軍府로, 조정의 주요 병권을 장악하고 있었음. 나중에는 京口로 옮김. 『晉書』 권8 「廢帝海西公紀」에 "[太和二年(367)] 秋九月, 以會稽內史郗愔爲都督徐兗靑幽四州諸軍事·平北將軍·徐州刺史."라는 기록이 있는데, 북부에 임명되었다는 것은 아마도 이 일을 가리키는 것으로 보임.
② 너의 부친 : 원문은 "汝家". '家'는 부친을 말함. 위진남북조시대의 習語.
③ 武后諸葛亮 : 제갈량은 사후에 "忠武后"라는 시호를 받았음.
④ 文學 : 문학을 담당하는 막료.
⑤ 『蜀志』 : 『三國志』 권35 「蜀書·諸葛亮傳」에 보임.
⑥ 中庶子 : 東宮의 庶務를 총괄하는 관리.
⑦ 삭발형 : 원문은 "髡". 머리카락을 삭발하는 옛 형벌 가운데 하나.

郗司空拜北府,① 王黃門詣郗門拜, 云; "應變將略, 非其所長." 驟詠之不已, 郗倉謂嘉賓曰; "公今日拜, 子猷言語殊不遜, 深不可容!"② 嘉賓曰; "此是陳壽作諸葛評.③ 人以汝家比武侯, 復何所言?"

① ○『南徐州記』曰; 舊徐州都督以東爲稱, 晉氏南遷, 徐州刺史王舒加北中郎將. 北府之號, 自此起也.
② ○倉, 郗融小字也.
  ○『郗氏譜』曰; 融, 字景山, 愔第二子. 辟琅邪王文學, 不拜而蚤終.
③ ○『蜀志』陳壽評曰; 亮連年動衆, 而無成功, 蓋應變將略, 非其所長也.
  ○王隱『晉書』曰; 壽, 字承祚, 巴西安漢人. 好學, 善著述, 仕至中庶子. 初, 壽父爲馬謖參軍, 諸葛亮誅謖, 髡其父頭, 亮子瞻又輕壽. 故壽撰『蜀志』, 以愛憎爲評也.

• 25 : 45 [0981]

왕자유王子猷[王徽之]가 사공謝公[謝安]을 방문했는데, 사공이 말했다.
"칠언시란 어떤 것이오?"①

왕자유가 질문을 받고 대답했다.

"천리의 준마처럼 기세등등하고, 수중의 오리처럼 둥둥 떠 있네."①②

①・『동방삭전東方朔傳』② : 한漢 무제武帝[劉徹]가 백량대柏梁臺 위에서 신하들에게 칠언시를 짓게 했다.
　。칠언시는 여기에서 시작되었다.③
②・「이소離騷」④에서 나온 것이다.

[역주]……………………
① 천리의~떠 있네 : 원문은 "昂昂若千里之駒, 汎汎若水中之鳧." '昂昂'은 말이 기세 좋게 달리는 모양. '汎汎'은 물에 떠다니는 모양. 『楚辭』「卜居」에 "寧昂昂若千里之駒乎? 將汎汎若水中之鳧乎? 與波上下, 偸以全吾軀乎?"라는 구절이 있음. 여기서는 王徽之가 「卜居」의 두 구절을 이용하여 칠언시에 대해 설명함과 동시에, '千里駒'와 '水中鳧'라는 말을 가지고 謝安의 出處 태도가 다름을 교묘하게 꼬집은 것임.
② 『東方朔傳』 : 『隋書』「經籍志」에 "東方朔傳八卷"이 著錄되어 있음.
③ 칠언시는 여기에서 시작되었다 : 칠언시의 기원에 대해서는 諸說이 분분하여 아직까지 정설이 없음. 한 무제가 신하들에게 짓게 했다는 「백량대시柏梁臺詩」에서 비롯되었다는 설 외에 東漢 張衡의 「四愁詩」[我所思兮在泰山, 欲往從之梁父艱, 側身東望兮涕沾翰]에서 비롯되었다는 설과 민간에서 자연스럽게 발생했다는 설 등이 있음.
④ 「離騷」 : 여기서는 『楚辭』에 대한 총칭으로 쓰였음.

王子猷詣謝公, 謝曰; "云何七言詩?"① 子猷承問, 答曰; "昂昂若千里之駒, 汎汎若水中之鳧."②

①・『東方朔傳』曰; 漢武帝在柏梁臺上, 使羣臣作七言詩.
　。七言詩自此始也.
②・出「離騷」.

• 25 : 46 [0982]

　왕문도王文度[王坦之]와 범영기范榮期[范啓]가 함께 간문제簡文帝[司馬昱]의 초청을 받았는데, 범영기는 나이는 많았지만 지위가 낮았고 왕문도는 나이는 적었지만 지위가 높았다. 앞으로 나아가려 할 때 서로 앞서라고 양보하다가 한참 실랑이를 벌인 뒤에 왕문도가 결국 범영기의 뒤에 있게 되었다. 그래서 왕문도가 말했다.
　"까부르고 날리고 나니 겨와 쭉정이만 앞에 있네."
　그러자 범영기가 말했다.
　"씻어내고 골라내고 나니 모래와 조약돌만 뒤에 있네."[1]
　[1]。왕탄지王坦之와 범계范啓는 이미 나왔다.① 세간의 설② 에는 손작孫綽과 습착치習鑿齒가 한 말이라고도 한다.③

[역주]······················
① 이미 나왔다 : 王坦之는 「言語」72 劉注[1]에 나왔고, 范啓는 「文學」86 劉注[1]에 나왔음.
② 세간의 설 : 원문은 "世說". 宋本에는 "一說"이라 되어 있는데 타당함. 余嘉錫은 '世說'을 서명으로 보았는데, 이 경우는 후대인이 竄入한 것으로 이해해야 함.
③ 孫綽과 習鑿齒가 한 말이라고도 한다 : 『晉書』권56 「孫綽傳」에 "嘗與習鑿齒共行, 綽在前, 顧謂鑿齒曰; '沙之汰之, 瓦石在後.' 鑿齒曰; '簸之颺之, 糠秕在前.'"이라는 기록이 있음.

[참고] 『晉書』56.

王文度·范榮期俱爲簡文所要, 范年大而位小, 王年小而位大. 將前, 更相推在前, 旣移久, 王遂在范後. 王因謂曰; "簸之揚之, 糠秕在前." 范曰; "洮之汰之, 沙礫在後."[1]
　[1]。王坦之·范啓, 已見. 世說是孫綽·習鑿齒言.

• 25 : 47 [0983]

　유준조劉遵祖[庾爰之]는 젊었을 때 은중군殷中軍[殷浩]의 인정을 받았는데, 은중군이 유공庾公[庾亮]에게 그를 칭찬했더니 유공이 매우 기뻐하면서 곧바로 그를 막료로 삼았다. 유공은 유준조를 만나본 뒤에 그를 독탑獨榻① 위에 앉히고 함께 담론했는데, 그날 유준조는 담론수준이 그의 명성과 거의 어울리지 못했다. 유공은 약간 실망하여 마침내 그를 '양공羊公[羊祜]의 학'이라고 불렀다. 이전에 양숙자羊叔子[羊祜]에게 춤을 잘 추는 학이 있었는데,② 한번은 손님에게 자랑하자 손님이 시험 삼아 몰아오게 했더니, 학이 날개를 축 늘어뜨린 채③ 춤을 추려 하지 않았다. 그래서 유준조를 그것에 비유하여 부른 것이다.①

① 서광徐廣의 『진기晉紀』: 유원지庾爰之는 자가 준조며 패군沛郡사람이다. 젊어서부터 재능과 학식을 갖추었으며 철리는 담론하는 데 뛰어났다. 중서랑中書郎과 선성宣城태수를 역임했다.

[역주]……………

① 獨榻: 혼자 앉는 걸상. 獨榻에 앉히는 것은 상대방에 대한 존경을 나타낸 것임. 여러 명이 함께 앉는 걸상은 '連榻'이라 함. 「方正」13 [역주]① 참조.
② 羊叔子[羊祜]에게 춤을 잘 추는 학이 있었는데: 王象之의 『輿地紀勝』권64에 "晉羊祜鎭荊州, 江陵澤中多有鶴, 常取之敎舞以娛賓客. 因名曰鶴澤. 後人遂呼江陵郡爲鶴澤."이라는 기록이 있음.
③ 날개를 축 늘어뜨린 채: 원문은 "毰毸". 털이 흩어지는 모양. 여기서는 새가 날개를 늘어뜨린 것을 말함.

[참고] 『事類賦』18, 『太平御覽』916.

劉遵祖少爲殷中軍所知, 稱之於庾公, 庾公甚忻然, 便取爲佐. 旣見, 坐之獨榻上與語, 劉爾日殊不稱. 庾小失望, 遂名之爲'羊公鶴'. 昔羊叔子有鶴善舞, 嘗向客稱之, 客試使驅來, 毰毸而不肯舞. 故稱比之.①

① 徐廣『晉紀』曰; 庾爰之, 字遵祖, 沛郡人. 少有才學, 能言理. 歷中書郎·宣城太守.

위장제魏長齊[魏顗]는 평소에 넓은 도량을 지녔지만, 재능과 학문은 뛰어나지① 못했다. 처음 관리가 되어 부임하러 떠날 때, 우존虞存이 그를 조롱하며 말했다.

"그대와 세 가지 법을 약정하려 하오. 현리玄理를 담론하면 사형이고, 시문을 지으면 체형體刑이며, 인물을 품평하면 유죄有罪오."②

위장제는 유쾌하게 웃었으며 못마땅한 기색이 없었다.①

① 『위씨보魏氏譜』: 위의魏顗는 자가 장제며 회계會稽사람이다. 조부 위윤魏胤은 벼슬하지 못했고, 부친 위열魏說은 대홍려경大鴻臚卿③이었다. 위의는 벼슬이 산음령山陰令에 이르렀다.

◦ 『한서漢書』④ : 패공沛公[劉邦]이 진秦나라의 도성 함양咸陽에 입성하여 부로父老⑤들을 불러놓고 말했다.

"천하가 진나라의 가혹한 형법에 고통 받은 지 오래되었으니, 오늘 부로들과 세 가지 법을 약정하겠소. 사람을 죽인 자는 사형이고, 그 나머지는 사람을 해치거나 도적질한 자만 죄에 해당하오[抵]."

◦ 응소應劭의 주 : 저抵는 지至의 뜻이다. 이 세 가지 경우만 죄에 해당한다는 말이다.

[역주]
① 뛰어나지 : 원문은 "經". 수련하다. 연마하다. 여기서는 잘하다·뛰어나다는 뜻.
② 담론하면~ 有罪이오 : 원문은 "談者死, 文筆者刑, 商略抵罪." '談'은 玄理를 논하는 것, '文筆'은 시문을 짓는 것, '商略'은 인물을 품평하고 논평하는 것. 이 세 가지는 모두 당시 문사들이 즐겨 하던 고상한 일이었음. 魏顗는 '才學'이 부족하여 이 세 가지 일에 능하지 못했기 때문에 虞存이 이것으로 그를 조롱한 것임.
③ 大鴻臚卿 : 九卿 가운데 하나로, 大鴻臚의 장관. 궁중의 慶弔儀式이나 來朝한 이민족의 접대를 관장함.
④ 『漢書』: 권1 「高帝紀上」에 보임.
⑤ 父老 : 한 마을에서 나이가 많고 덕망이 있는 어른.

魏長齊雅有體量, 而才學非所經. 初宦當出, 虞存嘲之曰; "與卿約法三章. 談者死, 文筆者刑, 商略抵罪." 魏怡然而笑, 無忤於色.①

① ◦『魏氏譜』曰: 顗, 字長齊, 會稽人. 祖胤, 處士. 父說, 大鴻臚卿. 顗仕至山陰令.

◦『漢書』曰: 沛公入咸陽, 召諸父老曰: "天下苦秦苛法久矣, 今與父老約法三章耳. 殺人者死, 傷人及盜抵罪."

◦ 應劭注曰; 抵, 至也. 但至於罪.

• 25:49 [0985]

치가빈郗嘉賓[郗超]이 원호袁虎[袁宏]에게 편지를 보내 대안도戴安道[戴逵]와 사거사謝居士[謝敷]를 평했다.

"항심恒心을 갖고 책임지는 기풍은 마땅히 넓혀야弘 할 바이오."①

원호에게 항심이 없었기 때문에 치가빈이 이러한 말로 그를 분발케 한 것이다.1

1. 원굉袁宏·대규戴逵·사부謝敷는 모두 이미 나왔다.②

[역주]······················

① 恒心을~바이오 : 원문은 "恒任之風, 當有所弘耳." '恒任'은 어떤 일을 할 때 변함없는 마음으로 끝까지 책임지는 것을 말함. '弘'은 확충하고 선양한다는 뜻. 이 구절은 겉으로는 戴逵와 謝敷를 평하고 있지만, 속으로는 袁虎의 이름인 '宏'과 비슷한 발음인 '弘'자를 넣어 그의 약점을 지적한 것임.

② 모두 이미 나왔다 : 袁宏은 「文學」88 劉注2에, 戴逵는 「雅量」34 劉注1에, 謝敷는 「棲逸」17 劉注1에 나왔음.

郗嘉賓書與袁虎, 道戴安道·謝居士云; "恒任之風, 當有所弘耳." 以袁無恒, 故以此激之.1

1. 袁·戴·謝, 並已見.

• 25:50 [0986]

범계范啓가 치가빈郗嘉賓[郗超]에게 편지를 보내 말했다.

"왕자경王子敬[王獻之]은 온몸에 넉넉하거나 늘어진 부분이 없어① 살갗을 벗겨내도 기름기가 없겠소."②

치가빈이 답장했다.

"온몸에 기름기가 없는 것은 온몸이 진짜가 아닌 것과 비교하여 어떻소?"

범계는 성품이 으스대고 가식이 많았기③ 때문에 치가빈이 그러한 말로 그를 조롱한 것이다.

[역주].........................
① 넉넉하거나 늘어진 부분이 없어 : 원문은 "無饒縱". 살이 찌지 않고 말랐다는 뜻.
② 살갗을 벗겨내도 기름기가 없겠소 : 원문은 "掇皮無餘潤". '掇'은 깎아내다·벗겨내다는 뜻. '餘潤'은 皮下脂肪이 많은 것을 말함. 이 구절은 王獻之의 몸이 비쩍 말라서 풍채가 없음을 나타낸 것임. 「賞譽」78에서 謝安이 王述을 평하여 "掇皮皆眞"이라 한 바 있음.
③ 으스대고 가식이 많았기 : 원문은 "矜假多煩". '多煩'은 번거롭게 꾸밈이 많다는 뜻.

范啓與郗嘉賓書曰; "子敬擧體無饒縱, 掇皮無餘潤." 郗答曰; "擧體無餘潤, 何如擧體非眞者?" 范性矜假多煩, 故嘲之.

• 25 : 51 [0987]

이치二郗[郗愔·郗曇]는 도교를 신봉했고, 이하二何[何充·何準]는 불교를 신봉했는데, 모두 많은 재물을 바쳤다. 사중랑謝中郞[謝萬]이 말했다. "이치는 도사에게 아첨하고 이하는 부처에게 아부한다."①

①▫『중흥서中興書』: 치음郗愔과 동생 치담郗曇은 천사도天師道①를 신봉했다.
▫『진양추晉陽秋』: 하충何充은 본래 불도를 좋아하여 불사佛寺를 받들어 수축하고 스님 수백 명을 공양했다. 오랫동안 양주揚州에 있으면서,② 사원을 짓는 데 관리와 백성들을 징집했으며, 공로상금으로 수만 냥을 희사했다. 그래서 원근으로부터 비난을 받았다. 하충의 동생 하준何準 또한 불도에 정진하여, 오로지 불경을 읽고 사원을 건축할 뿐이었다.

[역주].........................
① 天師道 : 東漢의 張道陵이 창시한 도교의 일파.
② 오랫동안 揚州에 있으면서 : 『晉書』 권7 「康帝紀」에 따르면, 何充은 建元 원년(343)에 中書監·都督揚豫二州諸軍事·揚州刺史·錄尙書事가 되었음.

[참고] 『晉書』77.

二郗奉道, 二何奉佛, 皆以財賄. 謝中郞云; "二郗諂於道, 二何佞於佛."①

①▫『中興書』曰; 郗愔及弟曇, 奉天師道.

○『晉陽秋』曰; 何充性好佛道, 崇修佛寺, 供給沙門以百數. 久在揚州, 懲役吏民, 功賞萬計, 是以爲遐邇所譏. 充弟準, 亦精勤, 唯讀佛經, 營治寺廟而已矣.

———————————— • 25 : 52 [0988]

왕문도王文度[王坦之]가 서주西州[揚州]①에 있을 때 임법사林法師[支遁]와 강론했는데,② 한백韓伯과 손작孫綽 등 여러 사람이 함께 그 자리에 있었다. 임공林公[支遁]의 논리가 번번이 약간 열세에 몰리려 하자 손흥공孫興公[孫綽]이 말했다.

"법사는 오늘 헤진 솜옷을 입고 가시나무 속에 있는 것처럼 닿는 곳마다 걸리는군요."③

[역주]..........................
① 西州[揚州] : 東晉 때 揚州刺史의 治所가 臺城[東晉의 궁성]의 서쪽에 있었기 때문에 揚州를 '西州'라고 불렀음.
② 강론했는데 : 경전의 의리에 대해 담론했다는 뜻.
③ 걸리는군요 : 원문은 "挂閡". '挂'는 '掛'와 같고, '閡'는 '硋'와 같음.
[참고] 『太平御覽』819.

王文度在西州, 與林法師講, 韓·孫諸人並在坐. 林公理每欲小屈, 孫興公曰; "法師今日如著弊絮在荊棘中, 觸地挂閡."

———————————— • 25 : 53 [0989]

범영기范榮期[范啓]가 치초郗超의 속기俗氣①가 엷어지지 않은 것을 보고 그를 조롱하며 말했다.②

"백이伯夷·숙제叔齊·소부巢父·허유許由는 한결같이 후세에 이름을 드리웠는데, 어찌 반드시 정신을 피로하게 하고 신체를 고달프게 하여 [사광師曠처럼] 몸을 지팡이에 의지하고 [혜자惠子처럼] 책상에 기댈③ 필요가 있겠소?"

치초가 미처 대답하지 못하자 한강백韓康伯[韓伯]이 말했다.

"어찌하여 [포정庖丁처럼] 텅 빈 곳에서 칼날을 놀리지 않는 것이오?"①

① ▫『장자莊子』④ : 소문昭文⑤은 금琴을 연주하고 사광師曠⑥은 지팡이에 의지하고 혜자惠子⑦는 책상에 기대었는데, 이 세 사람의 지혜는 극에 달하여 모두 훌륭했기 때문에 후세까지 이름이 기록되었다.

포정庖丁이 문혜군文惠君을 위해 소를 잡았는데, 3년이 지난 뒤에는 소의 전체를 보지 않게 되었다. 칼을 사용한 지가 19년이나 되었고 잡은 소가 수천 마리였지만, 칼날은 숫돌에서 막 간 것 같았다. 문혜군이 그 까닭을 묻자 포정이 말했다.

"관절에는 틈이 있고 칼날에는 두께가 없습니다. 두께 없는 것을 틈 있는 곳에 넣기 때문에 텅 비어서⑧ 칼을 놀릴 때 반드시 남은 공간이 있게 됩니다."

[역주].........................
① 俗氣 : 원문은 "俗情". 세속의 감정. 功名과 利祿 등을 추구하는 마음을 말함.
② 조롱하여 말하길 : 郗超는 불교를 신봉하면서도 '俗情'에서 벗어나지 못했기 때문에 范啓가 그를 조롱한 것임.
③ [師廣처럼] 몸을 지팡이에 의지하고 [惠子처럼] 책상에 기댐 : 원문은 "支策據梧". '支'는 '枝'와 같고, '梧'는 책상을 말함. 출전인『莊子』「齊物論」에서의 해석은 여러 설이 있지만, 여기서는 智力을 다 써버려서 심신이 몹시 피곤한 상태를 말함. 이 구절에 대한 郭象의 注에서 "夫三子者, 皆欲辯非己所明以明之, 故知盡慮窮, 形勞神倦, 或枝策假寐, 或據梧而瞑."이라 함.
④『莊子』: 전반부는 「齊物論」에 보이고, 후반부는 「養生主」에 보임.
⑤ 昭文 : '昭'는 성씨, '文'은 이름. 琴의 名手로 알려짐.
⑥ 師曠 : 字는 子野. 춘추시대 晉 平公의 樂師. 楚나라가 鄭나라를 침략할 때 "南風不競, 多死聲."이라고 하여 초나라가 패할 것을 예언한 일화가 잘 알려져 있음.「方正」59 참조.
⑦ 惠子 : 惠施. 宋나라 사람으로 名家의 주요인물. 전국시대 魏 惠王과 襄王을 섬긴 변론가.
⑧ 텅 비어서 : 원문은 "恢恢乎". 매우 넓은 모양. 텅 비어 있는 모양.

范榮期見郗超超俗情不淡, 戯之曰: "虞·齊·巢·許, 一詣垂名, 何必勞神苦形, 支策據梧邪?" 郗未答. 韓康伯曰: "何不使遊刃皆虛?"①

[1] 『莊子』曰; 昭文之鼓琴, 師曠之支策, 惠子之據梧, 三子之智幾矣, 皆其盛也, 故載之末年. / 庖丁爲文惠君解牛, 三年之後, 未嘗見全牛也. 用刀十九年矣, 所解數千牛, 而刀刃若新發於硎. 文惠君問之, 庖丁曰; "彼節者有閒, 而刀刃無厚. 以無厚入有閒, 恢恢乎其於遊刃必有餘地."

• 25:54 [0990]

간문제簡文帝[司馬昱]가 대전 위에서 걸어가고 있을 때, 왕우군王右軍[王羲之]과 손흥공孫興公[孫綽]이 뒤에 있었다. 왕우군이 간문제를 가리키며 손흥공에게 말했다.

"저 사람은 명예를 밝히는 자①다!"

간문제가 돌아보며 말했다.

"세상엔 본래 이빨 날카로운 놈②이 있지!"

그 후에 왕광록王光祿[王蘊]이 회계내사會稽內史가 되었을 때, 사거기謝車騎[謝玄]가 곡아曲阿③로 나가 그를 전송했는데,④[1] 비서승祕書丞에서 파직당한 왕효백王孝伯[王恭]도 그 자리에 있었다. 사거기가 그 일을 언급하다가 왕효백을 보며 말했다.

"왕승王丞[王恭]의 이빨도 무디진 않을 텐데."⑤

그러자 왕효백이 말했다.

"무디지 않지요. 역시 꽤 효과가 있지요."

[1] 왕온王蘊과 사현謝玄은 이미 나왔다.⑥

[역주]

① 명예를 밝히는 자 : 원문은 "噉名客". '噉'은 '啖'과 같음. 好名家. 명성을 얻길 좋아하는 사람이라는 뜻. 한편 余嘉錫은 '噉名客'과 뒤 구절의 '利齒兒'라는 말이 서로 어울리지 않는다고 하면서, 『類說』 권49에 실려 있는 『殷芸小說』에 인용된 『世說』의 "右軍指孫曰; '此是啖石客.' 簡文曰; '公豈不聞天下自有利齒兒耶?'"라는 기록에 근거하여, "夫簡文旣稱右軍爲公, 則不得復呼之爲利齒兒, 益知此語不爲右軍而發. 蓋道家有啖石之法, 右軍以興公善於持論, 然多強辭奪理, 故戲之爲啖石客. 簡文聞之, 便解其意, 因答言彼齒牙堅利, 自能啖石耳. 亦以譏興公也."라고 함.

② 이빨 날카로운 놈 : 원문은 "利齒兒". 毒舌家. 직언을 서슴지 않고 논변이 날카

로운 사람이라는 뜻.
③ 曲阿 : 縣名. 지금의 江蘇省 丹陽縣에 있었음.
④ 餞送했는데 : 원문은 "祖". 본편 조 [역주]③ 참조.
⑤ 王丞[王恭]의 이빨도 무디진 않을 텐데 : 『晉書』 권84 「王恭傳」에 "恭每正色直言, 司馬道子深憚而忿之." "恭性抗直, 深存節義."라는 기록이 있는 것으로 보아, 王恭의 그러한 성향을 엿볼 수 있음.
⑥ 이미 나왔다 : 王蘊은 「德行」44 劉注①에, 謝玄은 「德行」41 劉注①에 나왔음.
[참고] 『續談助』4.

簡文在殿上行, 右軍與孫興公在後. 右軍指簡文語孫曰; "此噉名客!" 簡文顧曰; "天下自有利齒兒!" 後王光祿作會稽, 謝車騎出曲阿祖之.① 王孝伯罷祕書丞在坐. 謝言及此事, 因視孝伯曰; "王丞齒似不鈍." 王曰; "不鈍, 頗亦驗."
①。王蘊・謝玄, 已見.

• 25 : 55 [0991]

사알謝遏[謝玄]①이 여름날에 한번은 드러누워 있었는데, 숙부 사공謝公[謝安]이 첫새벽에 갑자기 찾아오자 옷 입을 겨를도 없이 맨발로 집밖으로 나가서야 비로소 신발을 신고② 인사했더니, 사공이 말했다.

"너는 가히 '전에는 거만하다가 나중에는 공손하다'고 할 만하다."①

①。『전국책戰國策』③ : 소진蘇秦④은 혜왕惠王에게 유세했으나 등용되지 못했다. 검은 담비갖옷은 헤지고 황금 백 근도 다 써버린 채 크게 곤궁해져서 돌아갔더니, 부모는 그에게 말도 걸지 않았고 부인은 베틀에서 내려오지도 않았으며 형수는 식사를 차려주지도 않았다. 그러나 소진이 나중에 합종合縱의 장長⑤이 되어 낙양洛陽⑥을 지나갈 때 거마와 짐수레⑦가 매우 많자, 소진의 형제・부인・형수는 눈길을 돌리며 감히 쳐다보지 못했다. 이것을 보고 소진이 웃으며 형수에게 말했다.

"어찌하여 전에는 거만하다가 나중에는 공손한 것입니까?"⑧

형수가 사죄하며 말했다.

"도련님⁹을 보니 지위가 높고 돈이 많아서지요."

소진이 탄식하며 말했다.

"똑같은 한 사람의 몸인데도 부귀하면 친척도 두려워하지만 빈천하면 깔보니, 하물며 다른 사람임에랴!"¹⁰

[역주]························

① 謝遏[謝玄] : 謝玄의 어릴 적 자.
② 신발을 신고 : 연장자를 뵐 때는 반드시 신발을 신는 것이 예법이었음.
③ 『戰國策』: 『戰國策』「秦策一」에서 截錄한 것임.
④ 蘇秦 : 전국시대의 遊說家. 처음에는 秦 惠王에게 連衡策을 유세했으나 등용되지 못하자, 발분하여 呂尙의 『陰符』를 공부한 뒤, 趙王에게 合縱策을 유세하여 스스로 從約의 長이 되어 6국의 재상을 겸했음. 나중에 張儀의 連衡策에 패하여 암살당함.
⑤ 合縱의 長 : 원문은 "從長". '從'은 '縱'과 같음. 六國燕·齊·楚·韓·魏·趙 同盟의 長. 秦나라에 대항하기 위하여 蘇秦은 合縱策을 유세하여 그 同盟의 長이 되었음. 『史記』 권69 「蘇秦列傳」에 "蘇秦爲從約長, 幷相六國."이라는 기록이 있음.
⑥ 洛陽 : 蘇秦의 고향. 『史記』「蘇秦列傳」에서 "東周雒陽人"이라고 했으며, 「正義」에 인용된 『戰國策』에서는 "雒陽乘軒里人"이라고 함.
⑦ 짐수레 : 원문은 "輜重". 군수품을 실은 수레. 여기서는 많은 짐을 실은 짐수레를 말함.
⑧ 어찌하여 전에는 거만하다가 나중에는 공손한 것입니까 : 원문은 "何先倨而後恭". 通行本 『戰國策』에는 "嫂何前倨而後卑也"라 되어 있고, 『史記』「蘇秦列傳」에는 "何前倨而後恭也"라 되어 있음.
⑨ 도련님 : 원문은 "季子". 『史記』「蘇秦列傳」의 「索隱」에 따르면, 형수가 시동생을 부르는 통칭이라 함. 그러나 「集解」에 인용된 譙周의 說에서는 蘇秦의 자라고 함.
⑩ 소진은 탄식하며~다른 사람임에랴 : 원문은 "秦歎曰; '一人之身, 富貴則親戚畏懼, 貧賤則輕易之, 而況於他人哉!'" 『戰國策』에는 "蘇秦曰; '嗟乎! 貧窮則父母不子, 富貴則親戚畏懼, 人生世上, 勢位富厚, 蓋可以忽乎哉!'"라 되어 있고, 『史記』에는 "蘇秦喟然歎曰; '此一人之身, 富貴則親戚畏懼之, 貧賤則輕易之, 況衆人乎!'"라 되어 있으므로, 이 구절은 『戰國策』보다는 『史記』의 기록에 가까움.

[참고] 『太平御覽』21, 『事文類聚』後21.

謝遏夏月嘗仰臥, 謝公淸晨卒來, 不暇著衣, 跣出屋外, 方躡履問訊, 公曰; "汝可謂‘前倨而後恭’.”[1]

[1] 『戰國策』曰: 蘇秦說惠王而不見用. 黑貂之裘弊, 黃金百斤盡, 大困而歸, 父母不與言, 妻不爲下機, 嫂不爲炊. 後爲從長, 行過洛陽, 車騎輜重甚衆, 秦之昆弟妻嫂側目不敢視. 秦笑謂其嫂曰; “何先倨而後恭?” 嫂謝曰; “見季子位高而金多.” 秦歎曰; “一人之身, 富貴則親戚畏懼, 貧賤則輕易之, 而況於他人哉!”

• 25 : 56 [0992]

고장강顧長康[顧愷之]이 은형주殷荊州[殷仲堪]의 막료로 있다가 휴가를 청하여 동쪽으로 돌아갔다.① 당시의 관례로는 막료에게 베돛②을 지급하지 않았는데, 고장강은 한사코 요청하여 결국 얻어가지고 출발했다. 그러나 파총破冢③에 이르러 폭풍을 만나 베돛이 크게 부서지고 말았다.[1] 고장강이 은형주에게 서찰을 써서 말했다.

"지명이 파총이라 하더니 정말로 무덤을 깨고 나왔습니다.④ 나그네는 안전하고 베돛은 별 탈 없습니다."⑤

[1] 주지周祗의 『융안기隆安記』: 파총은 모래섬의 명칭으로, 화용현華容縣에 있다.

|역주|
① 동쪽으로 돌아갔다 : 顧愷之의 고향은 晉陵 無錫인데, 무석은 荊州의 동쪽에 있었음.
② 베돛 : 원문은 "布颿". '颿'은 '帆'과 같음.
③ 破冢 : 지명. 『資治通鑑』 권115 「晉紀」37의 胡三省 注에서 "破冢在江津之東"이라 함. 지금의 湖北省 江陵縣 동쪽 30리의 長江 東岸에 있음.
④ 무덤을 깨고 나왔습니다 : 원문은 "破冢而出". '破冢'이라는 지명에 빗대서 한 말로, 죽을 뻔하다가 겨우 살아났다는 뜻.
⑤ 나그네는 안전하고 베돛은 별 탈 없습니다 : 원문은 "行人安穩, 布颿無恙." 본래 '行人無恙, 布颿安穩.'이라고 해야 하는데, 일부러 거꾸로 말함으로써 풍랑을 만나 배가 뒤집혔음을 넌지시 암시한 것임.

[참고] 『晉書』92, 『北堂書鈔』138, 『事類賦』16, 『太平御覽』634·771.

顧長康作殷荊州佐, 請假還東. 爾時例不給布颿, 顧苦求之, 乃得發. 至破冢,遭風大敗.☐ 作賤與殷云; "地名破冢, 眞破冢而出. 行人安穩, 布颿無恙."
☐ ◦ 周祗『隆安記』曰; 破冢, 洲名, 在華容縣.

• 25 : 57 [0993]

부랑苻朗[1]이 처음 강남으로 넘어왔을 때☐ 호기심이 강했던 왕자의王咨議[王廞]가 중원[2]의 인물과 풍토·산물에 대해 물었는데, 한도 끝도 없었기에☐ 부랑은 몹시 귀찮아했다. 이번에는 다시 노비의 값에 대해 묻자 부랑이 말했다.

"신중하고 성실하며 식견[3]이 있는 자는 십만 냥이고, 생각도 없이 노비에 대해 묻는 자[4]는 단지 수천 냥일 뿐이오."

☐ ◦ 배경인裴景仁의『진서秦書』[5] : 부랑은 자가 원달元達이며 부견苻堅의 종형從兄[6]이다. 성품이 호방했으며 머리가 총명했다. 부견이 늘 말했다.

"우리 가문의 천리마다."

부견이 모용충慕容沖에게 포위당하자,[7] 부랑은 사현謝玄에게 투항하여 원외산기시랑員外散騎侍郎으로 등용되었다.

이부랑吏部郎 왕침王忱이 형 왕국보王國寶와 함께 거마를 채비하게 하여 그를 방문했다. 스님 축법태竺法汰가 부랑에게 물었다.

"왕이부王吏部[王忱] 형제는 만나보셨습니까?"

부랑이 말했다.

"한 사람은 개 얼굴에 사람 마음을 하고 있는 자고, 또 한 사람은 사람 얼굴에 개 마음을 하고 있는 자 아닙니까?"

이렇게 말 한 것은 왕침은 못 생겼으나 재능이 있고, 왕국보는 잘 생겼으나 마음이 비뚤어졌기 때문이었다.

부랑은 늘 조정의 관리들과 연회를 벌였는데, 당시 명사들은 모두 타구를 사용했다. 부랑은 그들에게 과시하려고 시동侍童에게 꿇어앉아 입을 벌리게 하여 침을 뱉으면 받아서 머금고 있다가 뱉어 내게 했다. 또한 부랑은 음식의 맛을 잘 알고 있었는데, 회계왕會稽王 사마도자司馬道子가 그를 위해 훌륭한 음식을 차려주고 식사가 끝난 뒤에 물었다.

"관중關中의 음식은 이것과 비교하여 어떻소?"

부랑이 말했다.

"다 좋습니다만, 오직 소금 맛이 약간 덜 밴 것 같습니다."⑧

즉시 요리사에게 물어보니 그의 말 대로였다. 어떤 사람이 닭을 잡아서 대접했더니 부랑이 말했다.

"이 닭은 항상 반 노천에서 잠을 잤군요."

물어보니 역시 맞았다. 또 거위구이를 먹으면서 거위의 흰 부분과 검은 부분을 알아맞혔는데, 시험 삼아 그것을 모두 기록해보니 조금도 틀림이 없었다.

부랑은 『부자苻子』 수십 편을 지었는데, 대개 노장老莊의 부류다.

부랑은 자긍심이 높아서 사람들의 뜻에 거슬렸기 때문에 세상에 용납되지 못했으며, 나중에 사람들이 참소하여 그를 죽였다.⑨

[2] ㅇ『왕씨보王氏譜』: 왕숙지王肅之는 자가 유공幼恭이며, 우장군右將軍 왕희지王羲之의 넷째아들이다. 중서랑中書郞과 표기장군驃騎將軍의 자의참군咨議參軍을 역임했다.

[역주]··························
① 苻朗 : 宋本에는 "苻郞"이라 되어 있는데 타당함. 『晉書』 권114 「苻堅載記·苻朗傳」에도 "苻朗"이라 되어 있음. 아래의 문장에서도 마찬가지임.
② 中原 : 원문은 "中國". 당시 晉朝는 이미 東遷한 상태였지만, 여전히 북방 중원 지역을 본토라고 생각했음.
③ 식견 : 원문은 "識中". 식견·지식.
④ 생각도 없이 노비에 대해 묻는 자 : 원문은 "無意爲奴婢問者". 다른 것은 염두에 없고 단지 노비에 대해서만 묻는 자라는 뜻. 한편 徐震堮은 "問"을 衍字라고 함.
⑤ 裴景仁의 『秦書』: 『隋書』 「經籍志」에 "秦記十一卷, 宋殿中將軍裴景仁撰, 梁維州主簿惠明注."라는 저록이 있는데, 아마도 『秦書』와 『秦記』는 같은 책일 것이라고 생각됨.
⑥ 從兄 : 『晉書』 권114 「苻堅載記·苻朗傳」에는 "從兄之子"라 되어 있음.
⑦ 부견이 慕容沖에게 포위당하자 : 『資治通鑑』 권105 「晉紀」27의 기록에 따르면, 太元 9년(384) 9월에 慕容沖이 長安에 있던 苻堅을 포위했으며, 다음 달에 苻朗은 謝玄에게 투항했음.
⑧ 약간 덜 밴 것 같습니다 : 원문은 "小生". '生'은 낯설다, 어울리지 않는다는 뜻. 즉 맛이 조화를 이루지 못했다는 뜻.

⑨ 사람들이 참소하여 그를 죽였다 : 『晉書』 권114 「苻堅載記·苻朗傳」에 따르면, 王國寶가 苻朗을 참소하여 죽였다고 함.

苻朗初過江,① 王咨議大好事, 問中國人物及風土所生, 終無極已,② 朗大患之. 次復問奴婢貴賤, 朗云; "謹厚有識中者, 乃至十萬, 無意爲奴婢問者, 止數千耳."
① · 裴景仁『秦書』曰; 朗, 字元達, 苻堅從兄. 性宏放, 神氣爽悟. 堅常曰; "吾家千里駒也." 堅爲慕容沖所圍, 朗降謝玄, 用爲員外散騎侍郎. 吏部郎王忱與兄國寶命駕詣之. 沙門法汰問朗曰; "見王吏部兄弟未?" 朗曰; "非一狗面人心, 又一人面狗心者是邪?" 忱醜而才, 國寶美而狠故也. 朗常與朝士宴, 時賢並用唾壺, 朗欲夸之, 使小兒跪而張口, 唾而含出. 又善識味, 會稽王道子爲設精饌, 訖, 問; "關中之食, 孰若於此?" 朗曰; "皆好, 唯鹽味小生." 卽問宰夫, 如其言. 或人殺雞以食之, 朗曰; "此雞棲恒半露." 問之, 亦驗. 又食鵝炙, 知白黑之處, 咸試而記之, 無毫釐之差. 著『符子』數十篇, 蓋老莊之流也. 朗矜高忤物, 不容於世, 後衆譖而殺之.
② · 『王氏譜』曰; 肅之, 字幼恭, 右將軍義之第四子. 歷中書郎·驃騎咨議.

• 25 : 58 [0994]

동부東府①의 객관客館②은 판잣집이었다. 사경중謝景重[謝重]이 사마태부司馬太傳[司馬道子]를 방문했는데, 당시 빈객들이 객관에 가득 있었다. 사경중은 빈객들과 처음부터 한 마디도 나누지 않은 채, 단지 위만 쳐다보며 말했다.

"회계왕會稽王[司馬道子]은 결국 이 집을 서융西戎처럼 만들어 놓았군!"③①
①·진시秦詩의 서敍④ : 진秦 양공襄公이 군대를 정비하여 서융을 토벌했을 때, 부인이 그 남편을 딱하게 여겨서 지었다.
  · 시詩 : 당신이 판잣집에 계시니, 내 마음이 산란스러워요.
  · 모공毛公[毛亨]의 주 : 서융의 판잣집이다.⑤

[역주]
① 東府 : 당시 揚州刺史의 治所로, 지금의 江蘇省 南京市 동쪽에 있었음. 會稽王 司馬道子가 양주를 다스렸는데, 그의 저택이 양주의 동쪽에 있었기 때문에 '東府'라고 불렀음. 顧野王의 『興地志』에 "晉安帝義熙十年, 築東府城. 西本簡文帝爲會稽王時第, 其東則丞相會稽文孝王道子府. 謝安薨, 以道子代領揚州, 第在州東, 故時人號爲東府."라는 기록이 있음.

② 客館: 빈객을 접대하는 객사.
③ 會稽王[司馬道子]은~놓았군: 司馬道子가 장차 나라를 어지럽히려는 것을 비꼰 것임. 또는 서방 이민족인 西戎에 빗대서 객관에 있던 빈객을 무시한 것으로도 볼 수 있음.
④ 秦詩의 敍: 『詩經』「秦風·小戎」의 序를 말함. 그 서문에서 "小戎, 美襄公也. 備其兵甲以討西戎, 西戎方强而征伐不休. 國人則矜其車甲, 婦人能閔其君子焉."이라 함.
⑤ 서융의 판잣집이다: 원문은 "西戎之版屋". '版屋'은 '板屋'과 같음. 「小戎」의 疏에 인용된 『地理志』에 "天水·隴西山多林木, 民以板爲屋."이라는 기록이 있음.

東府客館是版屋. 謝景重詣太傅, 時賓客滿中, 初不交言, 直仰視云; "王乃復西戎其屋."①
①・秦詩敍曰; 襄公備其兵甲以討西戎, 婦人閔其君子, 故作.
　・詩曰; 在其版屋, 亂我心曲.
　・毛公注曰; 西戎之版屋也.

• 25:59 [0995]

고장강[顧長康[顧愷之]]은 사탕수수를 먹을 때, 끝부분부터 먼저 먹었다.① 어떤 사람이 그 이유를 물으니② 고장강이 말했다.
"점점 멋진 경지에 이르기 때문이지요."③

[역주]
① 끝부분부터 먼저 먹었다: 『晉書』권92「顧愷之傳」에는 "恒自尾至本"이라 되어 있는데, 의미가 보다 분명함.
② 그 이유를 물으니: 원문은 "問所以". 宋本과 袁褧本에는 앞에 "人"자가 들어 있음.
③ 점점 멋진 경지에 이르기 때문이지요: 원문은 "漸至佳境". 『晉書』권92「顧愷之傳」과 『藝文類聚』권87에 인용된 『世說』에는 "漸入佳境"이라 되어 있음. '漸入佳境'이란 성어가 바로 이 고사에서 비롯된 것임.
[참고] 『晉書』92, 『藝文類聚』87.

顧長康噉甘蔗, 先食尾. 問所以, 云; "漸至佳境."

• 25:60 [0996]

효무제孝武帝[司馬曜]가 왕순王珣에게 사윗감을 찾아달라고 부탁하면서 말했다.

"왕돈王敦①이나 환온桓溫② 같은 탁월한③ 인물은 이미 다시 얻기 어렵지만, 또한 약간 뜻을 얻었다고 해서 다른 사람의 집안일에 관여하길 좋아한다면,④ 정말 필요한 사람이 아니오. 정작 유진장劉眞長[劉惔]⑤이나 왕자경王子敬[王獻之]⑥ 같은 사람이라면 가장 좋겠소."

그러자 왕순이 사혼謝混을 추천했다. 나중에 원산송袁山松이 사혼과 혼인관계를 맺으려 하자⑦① 왕순이 말했다.

"그대는 천자의 고기⑧에 접근하지 마시오."

① 『속진양추續晉陽秋』: 원산송은 진군陳郡사람이다. 조부 원교袁喬는 익주益州자사를 지냈고, 부친 원방평袁方平은 의흥義興태수를 지냈다. 원산송은 비서감秘書監과 오국내사吳國內史를 역임했다. 손은孫恩이 난을 일으켰을 때⑨ 진압에 나섰다가 살해당했다. 처음에 효무제가 진릉공주晉陵公主를 위해 왕순에게 사윗감을 찾아달라고 하자, 왕순이 사혼을 추천하면서 말했다.

"사혼의 재능은 유진장에는 미치지 못하지만 왕자경보다 못하지는 않습니다."

효무제가 말했다.

"그렇다면 충분하오."

[역주]
① 王敦: 왕돈은 武帝의 딸 襄城公主의 남편이었음.
② 桓溫: 환온은 明帝의 딸 南康長公主의 남편이었음.
③ 탁월한: 원문은 "磊砢". 본래는 돌이 쌓여 있는 모양을 뜻함. 여기서는 탁월한 재능을 지닌 俊才를 말함.
④ 약간 뜻을 얻었다고 해서 다른 사람의 집안일에 관여하길 좋아한다면: 왕돈과 환온이 駙馬가 된 뒤에 병권을 장악하고 권력을 전횡하면서 제위 찬탈을 기도한 것을 두고 한 말임.
⑤ 劉眞長[劉惔]: 劉惔은 明帝의 딸 廬陵公主의 남편이었음.

⑥ 王子敬[王獻之] : 王獻之는 簡文帝의 딸 新安公主의 남편이었음.
⑦ 나중에 袁山松이 사혼과 혼인관계를 맺으려 하자 : 『晉書』권79 「謝混傳」에 따르면, 王珣이 孝武帝에게 謝混을 사윗감으로 추천한 뒤 얼마 되지 않아서 효무제가 죽었기 때문에 원산송이 자기 딸을 謝混에게 혼인시키려 했다고 함.
⑧ 천자의 고기 : 원문은 "禁臠". 천자만 먹는 최상의 저민 고기라는 뜻. 『晉書』권79 「謝混傳」에 "初, 元帝始鎭建業, 公私窘罄, 每得一豚, 以爲珍膳. 項上一臠尤美, 輒以薦帝, 羣下未嘗敢食. 于時呼爲禁臠. 故珣因以爲戲."라는 기록이 있음. 여기서는 천자의 사위, 즉 駙馬를 비유한 것임.
⑨ 孫恩이 난을 일으켰을 때 : 孫恩의 亂에 대해서는 「德行」45 劉注②에 인용된 『晉安帝紀』참조

[참고] 『晉書』79.

孝武屬王珣求女壻, 曰; "王敦·桓溫, 磊砢之流, 旣不可復得. 且小如意, 亦好豫人家事, 酷非所須. 正如眞長·子敬比, 最佳." 珣擧謝混. 後袁山松欲擬謝婚, ① 王曰; "卿莫近禁臠.
①。『續晉陽秋』曰; 山松, 陳郡人. 祖喬, 益州刺史. 父方平, 義興太守. 山松歷秘書監·吳國內史. 孫恩作亂, 見害. 初, 帝爲晉陵公主訪壻於王珣, 珣擧謝混, 云; "人才不及眞長, 不減子敬." 帝曰; "如此, 便已足矣."

• 25 : 61 [0997]

환남군[桓南郡[桓玄]이 은형주[殷荊州[殷仲堪]와 담론하다가 함께 끝나버린 상황을 묘사한 연구[聯句[了語]①를 짓기로 했다. 고개지[顧愷之]가 말하였다.
"불이 벌판을 태우고 불씨조차 남지 않은 것[火燒平原無遺燎]."
환남군이 말했다.
"흰 천으로 관을 묶고 조기[弔旗]②를 세우는 것[白布纏棺豎旒旐]."
은형주가 말했다.
"깊은 연못에 물고기를 놓아주고 나는 새를 풀어주는 것[投魚深淵放飛鳥]."
다음으로는 위험한 상황을 묘사한 연구[危語]③를 짓기로 했다. 환

남군이 말했다.

"창끝으로 쌀을 씻고 칼끝으로 불을 때는 것[矛頭淅米劍頭炊]."④

은형주가 말했다.

"백 살 노인이 고목 가지에 올라가는 것[百歲老翁攀枯枝]."

고개지가 말했다.

"우물 위의 도르래에 갓난아이를 뉘어놓는 것[井上轆轤臥嬰兒]."

은형주 휘하의 한 참군參軍이 그 자리에 있다가 말했다.

"맹인이 애꾸눈 말을 타고 한밤중에 깊은 연못으로 가는 것[盲人騎瞎馬, 夜半臨深池]."

그랬더니 은형주가 말했다.

"으악! 사람을 놀래 죽이는군!"⑤

은중감殷仲堪이 애꾸눈이었기 때문이다.①

①·『중흥서中興書』: 은중감의 부친[殷師]이 일찍이 병환을 앓았을 때, 은중감은 몇 년 동안 옷에서 허리띠를 풀지 않았다. 스스로 탕약을 조제하다가⑥ 잘못하여 약 묻은 손으로 눈물을 훔치는 바람에 결국 한 쪽 눈이 멀고 말았다.

[역주]······················

① 끝나버린 상황을 묘사한 聯句[了語] : 내용상으로는 完了나 終了의 의미를 담고 있는 詩句를 돌아가면서 짓고, 형식상으로는 '了'자의 韻을 맞추는 것을 말함. 아래 聯句의 '燎'·'旒'·'鳥'는 '了'와 같은 韻임.

② 弔旗 : 원문은 "旒旐(류조)". 出喪할 때 영구 앞에 세우는 깃발. '旒'는 깃대에 매지 않는 쪽의 기폭 귀에 붙인 장식물. '旐'는 거북과 뱀이 그려진 폭이 넓은 검은 색깔의 깃발.

③ 위험한 상황을 묘사한 연구[危語] : 내용상으로는 위험하다는 의미를 담고 있는 시구를 돌아가면서 짓고, 형식상으로는 '危'자의 韻을 맞추는 것을 말함. 아래 聯句의 '炊'·'枝'·'兒'·'池'는 '危'와 같은 韻임.

④ 창끝으로 쌀을 씻고 칼끝으로 불을 때는 것[矛頭淅米劍頭炊] : 余嘉錫은 전장에서 밥 짓는 것은 생사가 경각에 달린 때이므로 위험하다고 함.

⑤ 으악! 사람을 놀래 죽이는군 : 원문은 "咄咄逼人". '咄咄'은 놀라 지르는 소리. '逼人'은 氣勢로 사람을 압도하는 것을 말함.

⑥ 스스로 탕약을 조제하다가 : 殷仲堪은 醫藥에 관심이 많았다고 함.『晉書』권84

「殷仲堪傳」에서 "躬學醫術, 究其精妙."라 했고, 『隋書』「經籍志」에는 "殷荊州要方一卷"이 저록되어 있으며, 『顔氏家訓』「雜藝篇」에 "醫方之事, 微解藥性, 小小和合, 居家得以救急, 皇甫謐・殷仲堪則其人也."라는 기록이 있음.

[참고] 『晉書』92, 『太平御覽』390・740, 『事文類聚』別20.

桓南郡與殷荊州語次, 因共作了語. 顧愷之曰; "火燒平原無遺燎." 桓曰; "白布纏棺豎旒旐." 殷曰; "投魚深淵放飛鳥." 次復作危語. 桓曰; "矛頭淅米劍頭炊." 殷曰; "百歲老翁攀枯枝." 顧曰; "井上轆轤臥嬰兒." 殷有一參軍在坐, 云; "盲人騎瞎馬, 夜半臨深池." 殷曰; "咄咄逼人!" 仲堪眇目故也. ①

① 『中興書』曰; 仲堪父嘗疾患經時, 仲堪衣不解帶數年. 自分劑湯藥, 誤以藥手拭淚, 遂眇一目.

• 25 : 62 [0998]

환현桓玄이 활 쏘러 나갔을 때 유참군劉參軍과 주참군周參軍이 한 조가 되어 내기를 했는데, 이기기까지① 단 한 발만 남겨놓고 있었다. 유참군이 주참군에게 말했다.

"자네가 이 한 발②을 명중하지 못하면 내가 자네를 때리겠네."

주참군이 말했다.

"왜 자네의 매를 맞아야 하지?"

유참군이 말했다.

"백금伯禽③ 같은 귀한 분도 매 맞는 걸 면치 못했는데 하물며 자네임에랴!" ①

주참군은 이 말을 듣고도 못마땅한 기색이 전혀 없었다. 이걸 보고 있던 환현이 유백란庾伯鸞[庾鴻]에게 말했다. ②

"유참군은 마땅히 착실히 책을 읽어야 하고,④ 주참군 또한 학문에 열중해야 하겠소."⑤

① 『상서대전尚書大傳』⑥: 백금이 숙부 강숙康叔과 함께 부친 주공周公을 뵈었는데, 세 번 뵈어서 세 번 모두 매를 맞았다. 강숙이 놀란 기색을 띠며 백

금에게 말했다.

"상자商子라고 하는 현인이 있으니 함께 그를 만나보자."

상자를 만나 물었더니 상자가 말했다.

"남산의 남쪽에 나무가 있는데 '교喬'라고 합니다."

두 사람이 가서 '교'라는 나무를 보았는데, 정말로 높다랗게 위로 뻗어 있었다. 돌아가서 상자에게 알렸더니 상자가 말했다.

"'교'라는 나무는 아비의 도道입니다. 남산의 북쪽에 나무가 있는데 '재梓'라고 합니다."

두 사람이 다시 가서 '재'라는 나무를 보았는데, 정말로 겸손하게[7] 아래로 숙이고 있었다. 돌아가서 상자에게 알렸더니 상자가 말했다.

"'재'라는 나무는 자식의 도입니다."

두 사람은 다음 날 주공을 뵐 때, 문을 들어가서는 종종걸음치고 당堂에 올라서는 무릎을 꿇었다. 주공은 그들의 머리를 쓰다듬으면서 칭찬하고 식사를 대접한 뒤 말했다.

"너희는 어디서 군자를 만났더냐?"

◦『예기禮記』[8] : 성왕成王에게 잘못이 있으면 주공은 백금을 매질했다.

◦ 같은 의도다.

②◦『진동궁백관명晉東宮百官名』: 유홍庾鴻은 자가 백란이며 영천潁川사람이다.

◦『유씨보庾氏譜』: 유홍의 조부 유의庾義[9]는 오국내사吳國內史[10]를 지냈고, 부친 유해庾楷는 좌위장군左衛將軍[11]을 지냈다. 유홍은 벼슬이 보국장군輔國將軍의 내사內史에 이르렀다.

[역주]······················

① 이기기까지 : 원문은 "垂成". 승리를 거의 눈앞에 두고 있다는 뜻.

② 이 한 발 : 원문은 "此起". '起'는 發射의 뜻. 『法帖』6에도 "武子一起便破的"이라는 구절이 있음.

③ 伯禽 : 周公의 아들로서 魯나라에 봉해졌음.

④ 유참군은 마땅히 착실히 책을 읽어야 하고 : 유참군이 伯禽의 典故를 잘못 사용했기 때문에 책을 정확하게 읽어야 한다고 한 것임. 전고에 대해서는 아래의 劉注 참조.

⑤ 주참군 또한 학문에 열중해야 하겠소 : 주참군이 유참군에게서 비난을 받고도 불쾌한 기색을 보이지 않은 것은 伯禽의 전고를 몰랐기 때문이므로 학문에 힘쓰

⑥ 『尙書大傳』 : 『隋書』「經籍志」에 鄭玄注 三卷本 『尙書大傳』이 저록되어 있음. 이 책은 漢나라 伏生이 죽은 뒤 그의 제자들이 스승의 설을 편집한 것이라 함.
⑦ 겸손하게 : 원문은 "晉晉然". 예의바르고 공손한 모양.
⑧ 『禮記』 : 「文王世子」篇에 보임. 成王은 文王의 아들. 周公은 成王에게 세자로서의 도를 가르치기 위하여 아들 백금을 대신 매질한 것임. 「文王世子」篇에 "成王幼, 不能涖阼. 周公相, 踐阼而治, 抗世子法於伯禽, 欲令成王知父子君臣長幼之道也. 成王有過, 則撻伯禽, 所以示成王世子之道也."라는 기록이 있음.
⑨ 庾羲 : 『晉書』권84 「庾楷傳」과 『世說敍錄』「人名譜·潁川鄢陵庾氏譜」에는 "庾羲"라 되어 있음. 庾羲는 太尉 庾亮의 둘째아들임.
⑩ 吳國內史 : 『晉書』권84 「庾楷傳」에는 "會稽內史"를 지냈다고 되어 있음.
⑪ 左衛將軍 : 『晉書』권84 「庾楷傳」에는 "左將軍"이라 되어 있음.

[참고] 『藝文類聚』25.

桓玄出射, 有一劉參軍與周參軍朋賭, 垂成, 唯少一破. 劉謂周曰; "卿此起不破, 我當撻卿." 周曰; "何至受卿撻?" 劉曰; "伯禽之貴, 尙不免撻, 而況於卿!" ① 周殊無忤色. 桓語庾伯鸞曰;② "劉參軍宜停讀書, 周參軍且勤學問."

① ◦『尙書大傳』曰; 伯禽與康叔見周公, 三見而三笞. 康叔有駭色, 謂伯禽曰; "有商子者, 賢人也, 與子見之." 乃見商子而問焉, 商子曰; "南山之陽有木焉, 名喬." 二三子往觀之, 見喬, 實高高然而上. 反以告商子, 商子曰; "喬者, 父道也. 南山之陰有木焉, 名曰梓." 二三子復往觀焉, 見梓, 實晉晉然而俯. 反以告商子, 商子曰; "梓者, 子道也." 二三子明日見周公, 入門而趨, 登堂而跪. 周公拂其首, 勞而食之, 曰; "爾安見君子乎?"
 ◦『禮記』曰; 成王有罪, 周公則撻伯禽.
 ◦ 亦其義也.
② ◦『晉東宮百官名』曰; 庾鴻, 字伯鸞, 潁川人.
 ◦『庾氏譜』曰; 鴻祖義, 吳國內史. 父楷, 左衛將軍. 鴻仕至輔國內史.

• 25 : 63 [0999]

환남군桓南郡[桓溫]이 도요道曜와 함께 『노자老子』를 강론하고 있을 때, 주부로 있던 왕시중王侍中[王楨之]이 그 자리에 있었다. 환남군이 말했다.

"왕주부王主簿[王楨之]는 자신의 이름을 돌아보고 뜻을 생각해보시오."

왕시중이 미처 대답하지 못하고 크게 웃자 환남군이 말했다.

"왕사도王思道[王楨之]는 대갓집 자식의 웃음을 잘 웃는군."[1]

[1]。도요는 미상이다. 사도는 왕정지王楨之[2]의 어릴 적 자다.『노자』는 도도를 천명한 책이고 정지는 자가 사도思道이기 때문에 "이름을 돌아보고 뜻을 생각해보라"고 한 것이다.

[역주]
① 대갓집 자식의 웃음을 잘 웃는군 : 원문은 "能作大家兒笑". 王楨之는 명문가인 琅邪 王氏로서 王羲之의 손자였기 때문에 '大家兒'라 한 것임. 또한『老子』제41장에 "上士聞道, 勤而行之. 中士聞道, 若存若亡. 下士聞道, 大笑之."라는 구절이 있음. 여기서는 思道라는 자를 가지고 있는 王楨之를, 도를 깨닫지 못하고 웃기만 하는 下士로 여겨서 비꼰 것임.
② 王禎之 : 王楨之의 오기로 보임.「品藻」80,『晉書』권80「王楨之傳」,『世說敍錄』「人名譜・琅邪臨沂王氏譜」에는 모두 "王楨之"라 되어 있음.

[참고]『藝文類聚』25.

桓南郡與道曜講『老子』, 王侍中爲主簿在坐. 桓曰; "王主簿, 可顧名思義." 王未答, 且大笑, 桓曰; "王思道能作大家兒笑."[1]

[1]。道曜, 未詳. 思道, 王楨之小字也.『老子』明道, 楨之字思道, 故曰; "顧名思義."

• 25 : 64 [1000]

조광祖廣은 걸어 다닐 때 항상 머리를 움츠렸다. 조광이 환남군桓南郡[桓玄]을 방문하여 막 수레에서 내리자 환남군이 말했다.

"하늘이 너무나 맑게 개었는데도 조참군祖參軍[祖廣]은 마치 비가 새는 방[1]에서 나온 것 같군."[1]

[1]。『조씨보祖氏譜』: 조광은 자가 연도淵度며 범양范陽사람이다. 부친 조태지祖台之는 광록대부光祿大夫를 지냈다. 조광은 벼슬이 호군장군護軍將軍의 장사長史에 이르렀다.

[역주]
① 비가 새는 방 : 원문은 "屋漏". 본래는 작은 휘장을 쳐놓고 신주를 모시는 방

안의 서북쪽 구석을 말하는데, 여기서는 문자 그대로 '비가 새는 방'으로 풀었음.
[참고] 『太平御覽』364, 『事文類聚』後18.

祖廣行恒縮頭. 詣桓南郡, 始下車, 桂曰; "天甚晴朗, 祖參軍如從屋漏中來." ①
①▫『祖氏譜』曰; 廣, 字淵度, 范陽人. 父台之, 仕光祿大夫. 廣仕至護軍長史.

• 25 : 65 [1001]

환현桓玄은 평소에 사촌형제인 환애桓崖[桓脩]①를 경멸했다. 환애는 도성에서 좋은 복숭아나무를 가지고 있었는데, 환현이 계속 찾아가 복숭아를 달라고 했으나 결국 좋은 것을 얻지 못했다.① 환현이 은중문殷仲文에게 편지를 써서 그 일을 가지고 환애를 비웃으며 말했다.

"덕德이 훌륭하면② 숙신肅愼③도 호시楛矢④를 바쳤지만, 그렇지 못하면 집 울타리 안에 있는 물건⑤도 얻을 수가 없소."②

①▫ 환애는 환수桓脩의 어릴 적 자다.
▫『속진양추續晉陽秋』: 환수는 젊었을 때 환현에게 모욕을 당했는데, 환현은 말끝마다 늘 그를 비웃었다.

②▫『국어國語』⑥ : 중니仲尼[孔子]가 진陳나라에 있을 때, 새매가 진후陳侯의 정원에 날아와서 죽었는데, 호시가 그것을 관통했으며 돌화살촉이 1척 8촌⑦이나 되었다. 중니에게 물으니 대답했다.

"이 새매는 먼 데서 날아왔으며, 이것은 숙신의 화살입니다. 옛날 주周 무왕武王이 상商나라를 정벌했을 때, 구이九夷와 백만百蠻⑧까지도 길을 뚫어서 각지의 특산물을 바치도록 했습니다. 그래서 숙신씨가 호시를 바친 것입니다. 옛날에는 이성異姓에게도 먼 지역에서 바친 공물을 나눠줌으로써⑨ 귀복歸服함을 잊지 않도록 했기 때문에, 이성인 진陳나라⑩에게도 숙신의 공물을 나눠준 것입니다. 만약 옛 창고에서 그것을 찾아보면 얻을 수 있을 것입니다."

진후가 그것을 찾게 하여 살펴보니 황금상자에 처음 그대로 있었다.⑪

[역주]⋯⋯⋯⋯⋯⋯⋯⋯⋯
① 桓崖[桓脩] : 자는 承祖며 譙國사람. 桓崖의 부친 桓沖은 桓溫의 동생이고, 桓玄

은 환온의 아들이므로, 환현과 환애는 사촌형제 사이임. 환애는 簡文帝의 딸 武昌公主의 남편이 되어 고관을 역임했으며, 환현이 제위를 찬탈한 뒤에 撫軍大將軍이 되었음. 나중에 劉裕에게 살해당함. 『晉書』 권74에 그의 傳이 있음.

② 德이 훌륭하면 : 원문은 "德之休明". '休明'은 훌륭하고 성대함을 뜻함. 『左傳』 「宣公2年」條에 "在德不在鼎…德之休明, 鼎小, 重也."라는 구절이 있음.

③ 肅愼 : 殷周時代에 동북지역에 거주했던 이민족 국가. 楛矢와 石弩의 특산지로 유명했음.

④ 楛矢 : 싸리나무를 깎아서 만든 화살. '楛'는 荊과 비슷하고 색깔이 붉음. 예로부터 고급 화살대의 재료로 쓰였음.

⑤ 울타리 안에 있는 물건 : 원문은 "籬壁間物". 평상시에 늘 보는 평범한 물건이라는 뜻.

⑥ 『國語』 : 「魯語下」에 보임.

⑦ 8촌 : 원문은 "咫". 『國語』의 韋昭 注에서 "八寸曰咫"라고 함.

⑧ 九夷과 百蠻 : 모든 이민족을 통틀어서 일컬은 말.

⑨ 異姓에게도 먼 지역에서 바친 공물을 나눠줌으로써 : 원문은 "分異姓之職". 『國語』에는 "分異姓以遠方之職貢"이라 되어 있는데, 문맥상 타당하므로 이것에 따라 번역함.

⑩ 이성인 陳나라 : 陳나라는 國姓이 嬀(규)고 周나라는 國姓이 姬이므로 이성임.

⑪ 처음 그대로 있었다 : 원문은 "如初". 『國語』에는 "如之"라 되어 있고, 이것에 대한 韋昭의 注에서 "如孔子之言也"라고 함.

[참고] 『藝文類聚』86, 『事文類聚』後25.

桓玄素輕桓崖. 崖在京下有好桃, 玄連就求之, 遂不得佳者.① 玄與殷仲文書, 以爲嗤笑曰; "德之休明, 肅愼貢其楛矢, 如其不爾, 籬壁間物, 亦不可得也."②

① ◦ 崖, 桓脩小字.
 ◦ 『續晉陽秋』曰; 脩少爲玄所侮, 於言端常嗤鄙之.

② ◦ 『國語』曰; 仲尼在陳, 有隼集陳侯之庭而死, 楛矢貫之, 石砮尺有咫. 問於仲尼, 對曰; "隼之來遠矣, 此肅愼之矢也. 昔武王克商, 通道于九夷·百蠻, 使各以方賄貢, 於是肅愼氏貢楛矢. 古者分異姓之職, 使不忘服也, 故分陳以肅愼之貢. 若求之故府, 其可得." 使求得之, 金櫝如初.